디오게네스 라에르티오스(?~?)　3세기 고대 그리스의 전기작가. 17세기 판화

아테네학당　라파엘로. 1511. 바티칸박물관

아낙시만드로스(BC 610?~546?) 〈아카데미학당〉 부분

피타고라스(BC 582?~497?) 〈아카데미학당〉 부분

헤라클레이토스(BC 540?~480?)　헨드릭 테르브루그헨. 1628. 암스테르담 국립박물관

파르메니데스(BC 512?~445?) 엘레아학파 시조. 〈아카데미학당〉 부분

아낙사고라스(BC 500?~428?)   아테네대학교 프레스코화 부분

안티스테네스(BC 445?~365?) 아테네대학교 프레스코화 부분

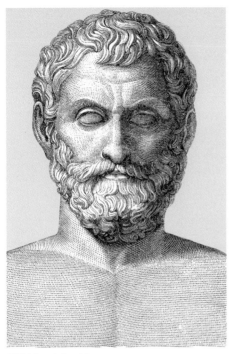

탈레스(BC 624~545)

크세노크라테스(BC 396?~314?)

크세노폰(왼쪽, BC 430?~355?)과 소크라테스

소크라테스(BC 469?~399) 아테네 아카데미(학술원), 기둥 위는 아폴론상

플라톤(왼쪽)과 아리스토텔레스(오른쪽, BC 384~322), 철학의 두 세계 〈아카데미학당〉 부분

플라톤(BC 427?~347?) 아테네 아카데미(학술원). 기둥 위는 아테나상

디오게네스(시노페, BC 400?~323?)

크리시포스(BC 279?~206?)

에피쿠로스(BC 342?~271) 대리석 조각

World Book 79
Diogenes Laërtios
VITAE PHILOSOPHORUM
그리스철학자열전
디오게네스 라에르티오스/전양범 옮김

동서문화사

디자인 : 동서랑 미술팀

그리스철학자열전
차례

일러두기

1. 이 책은 H. S. Long, Diogenis Laertii Vitae Philosophorum, 2 vols., 1964, Oxford Classical Texts 을 번역 대본으로 하였다.

2. 제1권의 '머리글' 및 각 권의 인명 앞에 매겨진 번호는, 원본에는 없지만 옮긴이가 편의상 붙인 것이다. 각 권의 '절(節)'에는 관례에 따라 번호를 붙였다. 단, '절'의 단락 구분은 옮긴이가 임의로 적절히 나눈 것이다.

3. 역주는 '＊'로 표시하여, 각 페이지 아래에 정리하였다. 이 역주에는 고유명사나 사항에 대한 설명을 실었다.

4. ( )는 두 가지 경우에 사용되었다. 하나는 원어와 역어를 함께 기록할 때나 문장의 뜻을 보다 분명히 드러내기 위해 옮긴이가 어떤 내용을 보충할 때이고, 다른 하나는 연대나 인용이나 참조 대상 등에 대하여 간단한 설명을 달 때이다.

5. 빼는 편이 좋다고 생각되는 문장 또는 어구(語句)는 〔 〕로 묶었다.

6. 이 책에는 많은 출처가 사용되고 있다. 반복해서 사용되는 출처에 대해서는, 처음 나왔을 때 한 번만 주석을 달았다.

머리글

(1) 철학은 그리스인이 아닌 이민족(바르바로이)들 사이에서 생겨났다고 하는 사람들이 있다. 즉 페르시아인들에게는 마고스(주술사)들이 있었고, 바빌로니아인과 아시리아인들에게는 칼다이오스(점성술사)들이, 또 인도인에게는 짐노소피스트(알몸 行者)들이, 그리고 켈트인과 가라타이(골)인들에게는 드루이드 또는 셈노테오스라고 하는 사람들이 있었다. 그것은 아리스토텔레스가 〈마기코스(마고스의 가르침)〉[*1]에서, 또 소티온[*2]이 〈철학자들의 계보〉 제23권에서 쓰고 있는 바와 같다고 그들은 말하고 있다. 나아가 그들은 모코스[*3]는 페

[*1] 고대부터 전승되어 온 아리스토텔레스의 저작 목록에는 이 책의 이름은 없다. 잃어버린 책 중의 일부였는지도 모른다.

또한 마고스, 기타에 대해서는 나중에 (6~9절) 다시 설명하겠지만, 한 마디 덧붙이면 마고스란 원리는 메디아인의 일부 족속의 이름인데(헤로도토스 〈역사〉 1권 101절), 메디아의 왕, 나중에는 페르시아 왕을 섬기면서 신에 관한 일·예언·꿈풀이·제물 등을 관장한 신관 계급. 칼다이오스(카르디아인)는 티그리스·유프라테스강의 남부지역에 살았던 부족으로 신에 관한 일·점·꿈풀이 등을 관장했던 바빌로니아의 제사 계급. 나중에는 칼다이오스라고 하면 점성술사를 가리키게 되었다.

짐노소피스트는 인도의 바라문 계급에 속해 있던 고행승.

드루이드는 켈트인의 제사계급으로 카이사르의 시대까지 특권계급을 형성하고 있었다고 한다. 그들은 병역의무와 조세부담이 면제되고, 청년들의 교사나 재판관으로도 활동했지만, 제사에 관한 일로는 예언이나 제물을 관장하고, 또한 영혼의 불사를 믿었었다(카이사르 〈갈리아전기〉 6권 13~14절 참조).

[*2] 알렉산드리아 출신의 페리파토스파 저술가. BC 2세기 전반에 활동. 그의 〈철학자들의 계보〉는 철학자들의 계보를 이오니아계와 이탈리아계로 양분하고 있다는 점 등, 직접적이지는 않지만 이 책의 주요 자료가 되고 있다.

또한 이 책은 아마도 13권으로 이루어져 있었다고 짐작되므로, 제23권은 13권의 잘못인 것 같다. 7절의 기록에 관해서도 마찬가지이다(힉스).

[*3] 롱의 교본에는(아페르트의 번역서에도) 오코스인데, 다마스키오스의 보고에는 모코스이므로(그는 천지창조를 설파한 사람이라고 한다), 힉스 교본의 읽기 방식에 따름.

또한 자목시스(또는 잘목쿠시스, 또는 살목시스)는 트라키아의 게타이인들이 믿었던 신령(다이몬). 트라키아인들은 영혼불멸을 믿고, 죽은 사람은 자목시스가 있는 곳으로 간다고

니키아인·자목시스는 트라키아인·아틀라스는 리비아인이었다고 말하고 있다.

또한 이집트인들도 헤파이스토스는 나일의 아들로서 그가 철학을 시작했으며, 그리고 신관이나 예언자들이 철학의 지도자였다고 하기 때문이다.

(2) 그리고 그런 헤파이스토스에서 마케도니아의 알렉산드로스(대왕) 시대까지는 4만 8663년의 세월이 흘렀고, 그 사이에는 373차례의 일식과 832차례의 월식이 일어났다고 하고 있는 것이다.

또한 페르시아인인 조로아스트레스를 시조로 하는 마고스들의 시대에서 트로이의 함락까지의 기간은 플라톤학파의 헤르모도로스[*4]가 〈수학론〉에서 쓰고 있는 바에 따르면 5천 년이었다. 그러나 리디아인 크산토스[*5]는 조로아스트레스에서 크세르크세스의 (그리스) 원정까지의 기간을 6천 년으로 보고 있고, 그리고 그 이후에도 또한 오스타네스·아스트람프쉬코스·고블리아스·파자테스 같은 이름의 수많은 마고스들이 뒤를 이어 나와서 알렉산드로스에 의해 페르시아제국이 해체되기까지 존속했다고 쓰고 있다.

(3) 그러나 단순히 철학뿐만 아니라 인간 종족 자체[*6]도 그리스인에게서 시작되었다는 것을 지은이들은 알지 못한 채, 그리스인의 공적을 잘못하여 이민족에게 돌리고 있는 것이다. 사실 예를 들어 무사이오스는 아테네인 사이에서 생겨났고, 리노스는 테베인 사이에서 생겨났던 것이다. 그리고 전자인 무사이오스는 에우몰포스의 아들이고, 이 사람이 최초로 신통기(神統記)를 쓰고, 천구의(天球儀)를 만들었다고 한다. 또 그는 만물은 1에서 출발하여 다시 그와

믿었다. 다만 그리스인의 전설에는 자목시스는 인간으로서 피타고라스의 노예였는데, 나중에 자유의 몸이 되어 트라키아로 돌아가 인간의 불사와 영생을 설파했다고 한다.

아틀라스는 그리스 신화에선 천공을 떠받치고 있는 거인인데, 훗날 천문학자(점성술사)·수학자·철학자, 또는 아틀란티스섬의 왕 등, 그에 관한 다양한 전설이 생겨났다.

헤파이스토스도 그리스 신화에선 대장간의 신에 지나지 않지만, 나중에 헬레니즘 시대의 이집트에서는 원초의 왕, 철학자 등으로 여기기에 이르렀다.

[*4] 슈라크사이 사람으로 플라톤의 제자. 이 〈수학론〉 (또는 〈학문론〉) 외에 플라톤이 만년에 강의한 '선'에 관한 중요한 보고도 남아 있다. 또 그는 플라톤의 책을 시칠리아에서 팔았다고 전해지기도 한다.

[*5] 헤로도토스와 같은 시대 리디아 출신의 역사가. 〈리디아 역사〉 4권, 〈엠페도클레스전〉 등의 저서가 있다. 제6권 101절, 8권 63절 참조.

[*6] 제우스의 분노로 인류가 대홍수에 의해 멸망된 뒤에 배를 타고 피신했던 데우칼리온과 퓔라는 인간의 탄생을 바라고 신의 명령으로 각각 돌을 던지자 그 돌이 남자와 여자가 되고, 이리하여 그리스인의 조상이 탄생되었다고 하는 신화.

똑같은 1로 해체된다고 주장했다고도 한다. 그는 팔레론땅에서 죽었는데, 그의 묘비에는 다음과 같은 엘레게이아조의 시구가 새겨져 있었다고 한다.

> 에우몰포스의 사랑스런 아들 무사이오스,
> 그의 주검을 팔레론땅은 이 묘비 아래 묻다.

또한 아테네의 에우몰피다이 일족도 무사이오스의 아버지(에우몰포스)에게서 그 이름을 딴 것이다.

(4) 한편 리노스는, 신 헤르메스와 무사 여신 우라니아의 아들이었다(고 한다). 그리고 그는 우주의 탄생, 태양과 달의 운행, 동물과 작물의 성장에 관한 시를 지었는데, 그 시는 다음과 같은 구절로 시작되었다고 한다.

> 모든 것이 동시에 생겨난, 옛날에 그런 때가 있었던 것이다.

그리고 아낙사고라스는 그것에서 착안하여 '모든 것은 뒤죽박죽'이었지만, 누스(知性)가 등장하여 그것들의 질서를 잡았다는 식으로 말하고 있다. 그런데 리노스는 아폴론의 화살에 맞아 에우보이아땅에서 죽었는데, 그의 묘비명에는 다음과 같이 쓰여 있었다고 한다.

> 죽은 테베인 리노스를 대지는 이에 받아들이다.
> 화관으로 아름답게 장식한 무사 우라니아의 아들을.

이렇게 지금까지 살펴본 것처럼 철학은 그리스인 사이에서 일어났으며, 철학이라는 이름 자체도 그리스어 이외의 다른 나라 말로 불리기를 거부하고 있는 것이다.

(5) 그렇지만 철학의 발견을 이민족에게 돌리는 사람들은 트라키아인 오르페우스를 내세워 그는 철학자였고, 더구나 매우 옛날 사람이었다고 말한다. 그러나 신들에 관하여 그와 같은 (모독하는) 말을 대놓고 하는 사람을 과연 철학자라고 불러도 되는지 모르겠다. 그리고 또한 대부분의 사람들이 당하는 모든 괴로움을, 아니 두세 사람이 혀끝만으로 어쩌다가 행하는 그런 음란한 것

마저도 아무렇지 않게 신들이 한 것으로 만드는 사람을 뭐라고 불러야 할지를 나는 모르겠다. 그런데 이 사람은 여인들의 손에 의해 죽었다고 이야기는 전하고 있다. 그러나 마케도니아의 디온에 있는 묘비명에는 그가 벼락을 맞아 죽은 것이 다음과 같이 쓰여 있다.

> 황금 리라를 든 트라키아인 오르페우스를 무사 여신들은 이곳에 묻다.
> 하늘 높이 군림하는 제우스가 불을 뿜는 화살로 그를 쏘아 죽였다.

(6) 한편, 철학이 이민족 사이에서 생겨났다고 주장하는 사람들은 각 나라에서의 철학의 양식에 대해서도 자기들의 생각을 남기고 있다. 즉 그들의 말에 따르면 짐노소피스트들과 드루이드들은 이해할 수 없는 방식으로 말하면서 철학을 했으므로 신들을 공경하고, 나쁜 짓은 어느 것 한 가지도 행하지 않고, 용기를 갖도록 사람들에게 설파했다. 사실 짐노소피스트들은 죽음마저도 경멸했다는 것을 클레이타르코스[*7]는 그의 책 제12권에서 쓰고 있기 때문이다. 또한 그에 따르면 칼다이오스인들은 천문학에 고무되어 미래를 예언하는 데 전념했고, 한편 마고스들은 신들에 대한 봉사와 희생, 기원 속에서 세월을 보내면서 신들이 자기들만의 소원을 들어준다고 믿었다. 그래서 그들 마고스들은 신들의 본질과 기원에 관한 자기들의 견해를 밝혔던 것인데, 신들은 불이나 흙, 물이라는 것이 그들의 생각이었다고 한다. 또 그들은 우상(의 사용)을 비난했는데, 특히 신들에게는 남녀의 성(性)이 있다고 말하는 사람들을 힐난했다고 한다.

(7) 또한 그들(마고스들)은 정의(正義)에 대해서도 논하고, 화장을 불경스런 것으로 여겼다. 그러나 어머니나 누이와 성교하는 것은 불경한 일이 아니라고 믿었다는 것이 소티온의 책(〈계보〉) 제23권에 나와 있다. 나아가 그들은 복점술과 미래를 예언하는 데 정열을 쏟았는데, 자기들에게는 신들이 눈에 보이는 형태로 나타난다고 믿었다. 뿐만 아니라 공중에는 (사물로부터 박리된) 피막(被膜)이 가득 차 있고, 그것들이 증기처럼 흘러나옴으로써 시력이 뒤떨어진 자

---

*7 BC 3세기 전반에 활동했던 알렉산드리아의 역사가. 알렉산드로스 대왕의 사적을 기록한 책을 썼는데 이것은 알렉산드로스에게 호의적이지 않은 역사소설이어서 사실성(史實性)이 부족하다고 한다.

들의 눈 속으로 들어간다고 생각했다. 또한 그들은 눈에 띄는 장신구나 황금제품의 착용을 금하고, 옷은 흰 것, 잠자리는 봉당 위에 만들고, 먹을 것은 채소와 치즈, 거친 빵이었다. 또 갈대를 지팡이로 삼고, 그 지팡이로 치즈를 찍어서 그것을 들어올려 입으로 가져갔다고도 한다.

(8) 다만 그들은 마법술은 전혀 몰랐음을 아리스토텔레스는 그의 〈마기코스〉에서, 또 데이논*8도 그의 〈역사〉 제5권에 쓰고 있다. 데이논은, 또는 조로아스트레스라는 이름은 글자의 뜻 그대로 번역하면 '별을 숭배하는 사람'(아스트로튀테스)이라는 뜻이라고 쓰고 있다. 그리고 헤르모도로스도 같은 말을 하고 있다. 그러나 아리스토텔레스는 〈철학에 관하여〉 제1권에서 마고스들은 이집트인들(의 철학자)보다도 시대적으로 앞서며, 또한 그들에 따르면 선한 영혼(다이몬)과 악한 영혼의 두 가지 원리가 있는데, 전자는 제우스 또는 오로마스테스라 불리고, 후자는 하데스 또는 아레이마니오스라고 불렀다고 쓰고 있다. 그리고 이것은 헤르미포스*9도 마고스들에 관한 그의 책 제1권에서, 또 에우독소스*10는 〈세계주유기〉에서, 또 테오폼포스*11는 〈필리포스론〉 제8권에서 쓰고 있다.

(9) 테오폼포스는 또한 마고스들의 설(說)로서 인간은 다시 태어나 불사의 몸이 될 것이며, 또한 존재하는 것은 그들의 기원에 의해 그대로 영속하리라고 쓰고 있다. 그리고 이런 것들은 로도스 사람 에우데모스*12에 의해서도 확

---

*8 BC 4세기 중반 무렵에 활동한 콜로폰 출신의 역사가. 앞에서 나온 클레이타르코스의 아버지로 〈페르시아 역사〉의 지은이.

*9 스미르나 출신의 페리파토스파 전기작가. 칼리마코스의 제자로서 BC 3세기에 활동. 저명한 작가·정치가·철학자들에 관한 전기를 썼는데, 특히 그 사람들의 죽음의 모습에 관심을 기울였다.

*10 이 에우독소스를 롱은 유명한 크니도스 출신의 에우독소스라고 하는데(이 사람에게는 분명히 〈페리오도스〉라고 하는 표제의 책이 있다. 제9권 83절 참조), 아페르트는 로도스 출신의 에우독소스라고 하고 있다. 어느 쪽인지는 명확하지 않다. 후자는 역사가로 BC 3세기 후반에 활동한 사람. 같은 시대의 역사를 다룬 저서(《역사》)가 있지만, 이 〈세계주유기(페리오도스)〉도 그 중의 일부였는지도 모른다. 전자의 에우독소스에 관해서는 29절의 역주를 참조.

*11 키오스 출신의 유명한 역사가. 이소크라테스의 제자로 BC 4세기 후반에 활동. 〈그리스 역사(헬레니카)〉 12권, 〈필리포스론(필리피카)〉 58권으로 알려져 있다. 나중에 몇 차례 인용될 〈기담집(타우마시아)〉은 후자의 일부가 다른 제목을 단 것으로 추정된다.

*12 로도스 출신의 철학자. 아리스토텔레스의 제자인데, 그의 생애는 그다지 알려져 있지 않

인되어 있다. 그러나 헤카타이오스*¹³는 또한 마고스들의 설로는 신들은 태어난 것이기도 하다고 되어 있다. 또한 솔로이 사람 클레아르코스*¹⁴는 〈교육론〉에서 짐노소피스트들도 마고스들의 후예라고 쓰고 있지만, 어떤 사람들은 유대인들의 기원도 같다고 보고 있다. 또한 마고스들에 관하여 책을 쓴 사람들은 헤로도토스를 비난하고 있지만, 그것은 태양이나 바다는 마고스들에 의해 신으로 받아들여진 이상, 크세르크세스가 태양을 향해 창을 던지거나 바다에 족쇄를 채우거나 하지는 않았기 때문이라는 것이다. 다만 신들의 상을 크세르크세스가 넘어뜨렸다는 것은 충분히 있을 수 있는 일이라고 보고 있다.

(10) 한편, 이집트인들의 철학은 신들과 정의(正義)에 관해서는 다음과 같은 것이었다고 짐작된다. 즉 그들의 말로는 질료가 (만물의) 시초이고, 다음으로 4원소가 그 질료로부터 분리되어 생겨나고, 이리하여 온갖 종류의 생물들이 만들어지게 되었던 것이다. 또한 태양과 달은 신이며, 전자는 오시리스, 후자는 이시스라 불렀다. 또 그들은 갑충·뱀·매, 그 밖의 동물에 의해 신들을 이해할 수 없는 형태로 표현했다는 것이 마네토스*¹⁵의 〈자연학설 요약〉과, 헤카타이오스의 〈이집트인의 철학〉 제1권에 나와 있다. 그러나 그들은 신의 참모습을 몰랐기 때문에 (이들 성스런 동물에 대해) 상을 만들거나 신역(神域)을 설정했던 것이다.

(11) 또 그들 이집트인들에 따르면 세상(우주)은 태어난 것, 따라서 죽는 것이고, 형태는 구(球)의 모양으로 생각되었다. 그리고 별들은 불로 되어 있고, 그 불들의 적당한 열에 의해 지상의 작물은 자라난다고 그들은 말한다. 또 월식은 달이 지구의 그림자 속으로 들어갈 때 일어난다든지, 영혼은 죽은 뒤에도 존속하여 다른 몸 속으로 옮겨간다든지, 비는 대기의 변화에 의해 초래되는

다. 아마도 만년에 로도스 섬으로 돌아가 그곳에서 자신의 학원을 연 것으로 추측된다. 〈수학사〉, 〈천문학사〉, 〈신학사〉 등의 저술로 유명.

*13 아브데라 출신의 역사가. BC 300년 무렵의 프톨레마이오스 1세 통치 때의 이집트에 머묾. 저서 〈이집트 역사〉가 있다. 〈이집트인의 철학〉은 그의 일부일까?

*14 키프로스섬의 솔로이 출신. 아리스토텔레스의 제자로 페리파토스파 철학자. 전기와 심리학적인 문제에 관심을 가졌던 사람. 같은 학파에 속하는 아리스토크세누스가 반플라톤적이었던 것과는 대조적으로 그는 플라톤에게 호의적이었다. 〈플라톤에게 바치는 송사〉라는 저서가 있다.

*15 이집트 헬리오폴리스의 신관. BC 280년 무렵이 그의 전성기. 프톨레마이오스 2세의 요청으로 그리스인을 위해 신화시대부터 제30왕조까지의 〈이집트 역사〉를 썼다.

것이라는 식으로 그들은 말한다. 그리고 그 밖의 현상에 대해서도 그들은 자연학적인 설명을 부여한 것이 헤카타이오스나 아리스타고라스*¹⁶에 의해 보고되어 있다. 또 그들은 정의를 위해 여러 가지 법률을 정했는데, 그 법률들은 헤르메스의 신이 내려준 것으로 보고 있다. 또 인간에게 쓸모있는 동물을 그들은 신격화하고 있었다. 또한 기하학이나 천문학, 수론(數論)을 발명한 것은 자기들이라고도 그들은 말하고 있다. 그리고 그런 학문들의 발명에 관한 것은 진실이다.

(12) 그렇지만 철학이라는 말을 최초로 사용하고, 또 자기들을 철학자(지혜를 사랑하는 자)라고 부른 최초의 사람은 피타고라스였다. 그것은 폰토스의 헤라클레이데스*¹⁷가 〈숨이 끊어진 여인에 관하여〉에서 쓰고 있는 바에 따르면 피타고라스가 시키온 또는 플레이우스의 지배자였던 레온과 대담할 때, 신 이외에는 아무도 지혜 있는 자는 없다고 말했기 때문이라고 한다. 그런 활동이 지혜(소피아)라 명명되거나, 또는 그런 활동에 종사한다고 공언하는 자는 정신적인 완성에 이르러 있으리라고 짐작하여 지혜로운 자(소포스)라 불리거나 하는 것은 지나치게 성급한 일이며, 철학자(필로소포스)란 지혜를 열심히 추구하는 사람인 것이다.

한편, 지혜로운 자는 또한 소피스트(소피스테스)라고 불리기도 했는데, 그것도 단순히 철학자뿐만 아니라 시인들도 그렇게 불렸던 것이다. 그 점은 크라티노스*¹⁸도 〈아르킬로코이〉에서 호메로스나 헤시오도스를 가리키면서 그들을 소피스트라고 부르는 것에서도 알 수 있다.

(13) 그런데 일반적으로 지혜로운 자(현인)로 인정을 받는 것은 다음과 같은 사람들이다. 즉 탈레스·솔론·페리안드로스·클레오불로스·케이론·비아스·피타코스 같은 사람들이다. 여기에 추가로 스키타이인 아나카르시스, 케인 사람 뮈손, 슐로스 사람 페레키데스, 크레타 사람 에피메니데스도 그것에 넣고 있다. 그러나 어떤 사람들은 참주 페이시스트라토스도 여기에 넣고 있다. 지자(知者)들에 관해서는 이것으로 그치기로 한다.

＊16 밀레토스 사람으로 BC 4세기 무렵에 활동한 역사가. 저서 〈이집트 역사〉가 있다.
＊17 폰토스(흑해)의 헤라클레아 출신. BC 390년 무렵~310년. 아카데미아파 철학자이자 저술가.
＊18 아리스토파네스·에우폴리스와 나란히 아티카의 3대 고전희극 작가의 한 사람. BC 484년 무렵~419년 무렵. 〈아르킬로코이〉 외에 〈케일론들〉(제1권 62절) 등의 작품이 있다.

그러나 철학(지혜의 사랑)에 대해서는 그 기원은 두 가지가 있었다. 하나는 아낙시만드로스로부터 시작된 것이고, 다른 하나는 피타고라스의 그것이다. 전자는 탈레스에게서 가르침을 받았고, 피타고라스의 것은 페레키데스가 이것을 지도했던 것이다. 그리고 한쪽은 이오니아학파라 불렸는데, 그것은 탈레스가 밀레토스 사람으로 이오니아인이었고, 또 그가 아낙시만드로스를 가르쳤기 때문이다. 다른 한편으론 피타고라스로부터 시작되고 이탈리아학파라 불렸는데, 그것은 피타고라스가 주로 이탈리아땅에서 철학을 연구했기 때문이다.

　(14) 이오니아학파는 클레이토마코스와 크리시포스, 테오프라스토스에서 끝나고, 이탈리아학파는 에피쿠로스로 끝나고 있다. 즉 전자의 계보는 탈레스에서 아낙시만드로스로, 이어 아낙시메네스, 그리고 아낙사고라스·아르켈라오스·소크라테스의 순서로 이어지는데, 이 소크라테스는 윤리학을 (철학에) 도입한 사람이다. 그리고 그로부터 다른 소크라테스학파 사람들, 특히 옛 아카데메이아학파의 창시자 플라톤으로 이어지며, 그 뒤로 스페우시포스와 크세노크라테스, 그리고 폴레몬·크란토르와 크라테스, 중기 아카데메이아학파를 연 아르케실라오스, 새 아카데메이아학파의 철학자가 된 라키데스[19]·카르네아데스·클레이토마코스의 순서로 이어지는데, 이리하여 이 계보는 클레이토마코스에서 끝나는 것이다.

　(15) 그러나 다음과 같이 크리시포스로 끝나는 다른 계보도 있다. 즉 그것은 소크라테스에서 안티스테네스로, 이어 디오게네스, 그리고 테베 사람 크라테스, 키티온 사람 제논, 클레안테스, 크리시포스로 이어진다. 그러나 또한 다음과 같이 테오프라스토스로 끝나는 계보도 있다. 즉 그것은 플라톤에서 아리스토텔레스로, 그리고 테오프라스토스로 이어진다는 것이다. 어쨌든 이오니아학파는 그런 식으로 끝나고 있는 것이다.

　이에 반해 이탈리아학파의 계보는 다음과 같이 되어 있다. 즉 페레키데스에서 피타고라스로, 이어 그의 아들 테라우게스, 그리고 크세노파네스·파르메니데스·엘레아 사람 제논·레우키포스·데모크리토스, 그리고 이 사람에게는 많은 제자가 있었는데 그 중에서 이름을 든다면 나우시파네스, 그리고 에피쿠로

＊19 신아카데메이아파는 다음의 카르네아데스에서 시작되었다는 설도 있지만 (예를 들면 섹스토스 엠페이리코스 〈피론철학의 개요〉 제1권 220절), 이 책에서는 일관하여 라키데스를 새 아카데메이아파의 창시자로 보고 있다. 제1권 19절 및 제4권 59절 참조.

스의 순서이다.

(16) 이런 철학자들 가운데서 어떤 사람들은 독단론자(자기의 설을 주장하는 사람)였지만, 어떤 사람들은 판단유보자(회의론자)였다. 즉 다양한 일에 관하여 그것들이 (우리의 지성에 의해) 파악될 수 있는 것으로 보고 자기 의견을 밝히는 사람들은 모두 독단론자이고, 파악할 수 없는 것이라며 판단을 보류하는 사람들은 모두 회의론자이다.

또한 이런 철학자들 가운데 어떤 사람들은 훗날 책을 남겼지만, 어떤 사람들은 전혀 아무것도 쓰지 않았다. 쓰지 않은 사람들로는, 어떤 사람들에 따르면 소크라테스·스티르폰·필리포스·메네데모스·피론·테오도로스·카르네아데스·브뤼손 등이 있다. 또 어떤 사람들에 따르면 피타고라스와 키오스 사람 아리스톤도 그 안에 들어 있다. 다만 이 사람들도 2, 3통의 편지는 남기고 있다. 또한 각각 하나뿐인 글을 쓴 사람들도 있다. 멜리소스·파르메니데스·아낙사고라스가 그들이다. 그러나 제논은 많은 책을 썼고, 크세노파네스는 그보다 더 많은 것을, 데모크리토스는 더 많이, 아리스토텔레스는 더욱 많은 것을, 에피쿠로스는 더더욱 많이, 그리고 크리시포스는 그보다 훨씬 많은 책을 썼다.

(17) 또한 이들 철학자 중에는 그들이 살았던 도시의 이름을 따서 불렸던 사람들이 있다. 예를 들면 엘리스학파, 메가라학파, 엘레토리아학파, 키레네학파가 그것이다. 또한 가르친 곳에서 이름을 인용해 불린 사람들도 있었다. 예를 들면 아카데메이아학파와 스토아학파이다. 그리고 페리파토스학파처럼 우연한 사정에서 비롯된 것도 있고, 키니코스학파처럼 비웃음에서 비롯된 것도 있다. 나아가 행복론자들처럼 그들의 기질에 바탕하여 이름이 붙여진 사람들도 있는가 하면, 진리애호자들이라든가 논박가들, 또는 비유론자들처럼 그들의 자부심에 바탕하여 이름이 붙은 사람들도 있다. 그러나 소크라테스학파라든지 에피쿠로스학파, 그 밖에 이와 비슷한 학파처럼 스승의 이름에서 비롯된 것도 몇몇 있다. 또 어떤 사람들은 자연을 고찰하기 때문에 자연학자라는 이름을 얻었고, 어떤 사람들은 윤리적인 사항에 전념한다는 이유로 윤리학자라 불리고 있다. 한편, 말의 섬세한 천착에 몰입한 사람들은 모두 문답경기가(궤변가)이다.

(18) 철학에는 세 가지 부문이 있다. 자연학과 윤리학, 논리학이다. 우주와 그 안에 있는 것을 대상으로 하는 (철학의) 부문이 자연학이고, 인생과 우리와

관계있는 것들을 다루는 부문이 윤리학이다. 한편, 이들 두 부문에서 쓰이는 논의를 연마하는 부문이 논리학이다. 아르켈라오스의 무렵까지는 자연학이 우세했다. 또 윤리힉은 앞에서 말한 것처럼 소크라테스로부터 시작되었다. 그리고 논리학은 엘레아의 제논에게 그 기원이 있다. 그런데 윤리학에는 10개의 학파가 있었다. 아카데메이아학파・키레네학파・엘리스학파・메가라학파・키니코스학파・엘레토리아학파・궤변학파・페리파토스학파・스토아학파・에피쿠로스학파이다.

(19) 이 학파들을 연 사람은 다음과 같다. 옛 아카데메이아학파의 시조는 플라톤, 중기 아카데메이아학파의 시조는 아르케실라오스, 새 아카데메이아학파의 시조는 라키데스이다. 키레네학파는 키레네 사람 아리스티포스, 엘리스학파는 엘리스 사람 파이돈, 메가라학파는 메가라 사람 에우클레이데스, 키니코스학파는 아테네 사람 안티스테네스, 엘레토리아학파는 엘레토리아 사람 메네데모스, 궤변학파는 칼케돈 사람 클레이토마코스, 페리파토스학파는 스타게이라 사람 아리스토텔레스, 스토아학파는 키티온 사람 제논이 시조이다. 또한 에피쿠로스학파는 에피쿠로스라는 사람에서 이름을 따서 불린 것이다.

그러나 히포보토스*20는 〈철학의 학파에 대하여〉라는 책에서 9개의 학파 또는 분파가 있다고 쓰고 있다. 즉 그것들은 (1)메가라학파, (2)엘레토리아학파, (3)키레네학파, (4)에피쿠로스학파, (5)안니케리스학파, (6)테오도로스학파, (7)제논학파 또는 스토아학파, (8)옛 아카데메이아학파, (9)페리파토스학파이다.

(20) 그러나 그는 키니코스학파도, 엘리스학파도, 또 궤변가도 들고 있지 않다. 또한 키론의 학파에 대해서는 그들의 학설이 불명확하기 때문에 많은 사람들이 그것을 학파로 인정하지 않은 탓에 나와 있지 않다. 다만 어떤 점에선 그것이 학파임을 인정하지만, 다른 점에선 인정하지 않는 사람들도 있다. 그렇지만 그것은 학파인 것으로 생각된다. 왜냐하면 현상을 다루기에 즈음하여 어떤 이론을 따르는 사람들, 또는 따르는 것처럼 보이는 사람들을 우리는 학파라는 이름으로 부르기 때문이다. 그리고 그 점에선 회의파를 하나의 학파라 불러도 이치에 맞을 것이다. 그러나 우리가 '학파'라고 하면 시작과 끝이 일관된 학설을 선호하는 경향이 있음을 참작할 때, 그것은 이미 학파라 불릴 수 없

---

*20 BC 3세기 말 무렵의 사람으로 짐작되나 생애는 밝혀져 있지 않다. 이 〈철학의 학파에 대하여〉와 〈철학자 명감〉(제1권 42절)이 디오게네스의 인용에 의해 알려져 있을 뿐이다.

을 것이다. 그것은 일정한 학설을 지니고 있지 않기 때문이다.

그럼 이것으로 철학의 기원과 그 계보, 또 철학에는 어떤 부문이 있고, 얼마만큼의 학파가 있는가 하는 점에 관해서는 설명을 마치기로 한다.

(21) 한마디 덧붙이면, 하나의 절충학파가 알렉산드리아 사람 포타몬*²¹에 의해서 초래된 것은 그리 오랜 일은 아니다. 그는 각 학파에서 여러 가지 다양한 학설을 뽑아내 절충했던 것이다. 그리고 그가 직접 〈철학입문〉에서 쓰는 바와 같이 그는 진리의 기준으로 다음과 같은 것을 들고 있다. 즉 그의 하나는 판단이 그것에 의해 이루어지는 것, 즉 (영혼의) 지도적 부분이며, 다른 하나는 판단이 그것을 통하여 이루어지는 것, 예를 들면 가장 정확한 표상이다. 또 그가 사물 전체의 원리로 삼았던 것은 질료·작용원인·성질·장소이다. 왜냐하면 사물이 생겨나는 것은 어떤 것으로부터(질료), 무엇에 의해서인가(작용원인), 또 어떤 것이고(성질), 어디에서 이루어지는가(장소)와 같이 이들 네 가지가 원리가 되기 때문이다. 또 그는 모든 것이 그것에 귀착하는 궁극목적은 몸에 자연적으로 본디 갖추고 있는 것과, 외적인 선에 부족한 것 없이 모든 점에서 완전한 덕에 따라 살아가는 것이라고 보았다.

그럼 이제는 철학자들에 관하여 알아보기로 한다. 맨 먼저 탈레스부터 시작하기로 하겠다.

---

*21 아우구스투스 황제의 치세(BC 31~AD14) 무렵에 활동한 알렉산드리아 출신의 철학자. 그는 플라톤과 페리파토스파의 학설을 스토아파의 그것과 연결지으려 하였다.

제1권

1 탈레스

(22) 탈레스는 헤로도토스와 두리스,[1] 데모크리토스의 말에 따르면 아버지 엑사뮈아스와 어머니 클레오불리네 사이에서 태어나 테리다이[2] 일족에 속해 있었다. 그 일족은 페니키아인으로 카드모스와 아게노르의 혈통을 잇는 사람들 중에서도 가장 명문이었다. 그는 플라톤도 말하는 것처럼 7현인의 한 사람이었다. 그리고 현인이라 불린 최초의 사람은 그인데, 그것은 아테네에서 다마시아스가 아르콘(정무장관)이던 때(BC 582년)이다. 그리고 그 사람의 시기에 '7현인'이라는 호칭도 쓰이게 되었음을 팔레론 사람 데메트리오스[3]가 〈아르콘록〉에 쓰고 있다.

한편, 탈레스가 밀레토스에서 시민권을 얻은 것은 페니키아에서 추방당한 네일레오스와 함께 그 도시로 왔을 때이다. 그러나 많은 사람들의 말에 따르면 그는 순수한 밀레토스 사람이었고, 훌륭한 가문 출신이었다고 한다.

(23) 그는 정치활동에 관여한 뒤에 자연 연구에 종사했다. 그리고 어떤 사람들에 따르면 그는 한 권의 책도 써서 남기지 않았다. 왜냐하면 그의 글로 추정되는 〈항해용 천문학〉은 사모스 사람 포코스가 쓴 것이라고 하기 때문이다. 그러나 칼리마코스[4]는 그가 작은곰자리를 발견한 사람임을 알고 있다. 왜냐

---

[1] 사모스섬 출신의 역사가. 테오프라스토스의 제자. 사모스섬의 〈연대기〉 외에 〈회화론〉 (제1권 38절) 등의 저서가 있다.

[2] 바이우오타는 '네리다이'로 정정하고 있다.

[3] 팔레론 출신의 아테네 정치가임과 동시에 페리파토스파의 학자이자 저술가. BC 350년 무렵에 태어남. 사망 시기는 불명. 마케도니아의 카산드로스에 의해 10년 동안(BC 317~307년) 아테네의 총독으로 임명되었지만, 데메트리오스 1세에게 쫓겨남. 나중에 알렉산드리아로 옮겨가 프톨레마이오스 1세 치하에서 도서관장이 되어 학문연구에 종사했다. 제5권 5장 75~83절에 그에 관한 기록이 있다.

[4] 키레네 출신의 위대한 문헌학자이자 시인. BC 305년 무렵~240년 무렵. 알렉산드리아 도서관에서 문서정리·목록작성·문학사연구를 함과 동시에 문예비평가·시인으로도 활동했다.

하면 〈이암보스 시집〉에서 칼리마코스는 다음과 같이 쓰고 있기 때문이다.

> 그는 또한 큰곰자리 속의 자은 별들(작은곰자리)을 관측했다고 한다,
> 페니키아인들이 그것에 의지하여 항해하는 바로 그 별들을.

그러나 다른 사람들에 따르면 그는 〈(태양의)지점(至點)에 대하여〉와 〈주야평분시(춘분·추분점)에 대하여〉라는 두 권의 책만을 썼는데, 그 밖의 것은 파악되지 않는다는 것이다. 그러나 어떤 사람들이 말하는 것처럼 그는 천문학을 연구한 최초의 사람일뿐만 아니라, 태양의 일식과 지점을 예언한 최초의 사람이기도 한 것 같다. 그 점은 에우데모스가 〈천문학사〉에서 쓰는 바와 같다. 그렇기 때문에 크세노파네스와 헤로도토스도 그를 칭찬하는 것이고, 또 헤라클레이토스와 데모크리토스도 그것을 증언하고 있는 것이다.

(24) 또 어떤 사람들은—시인 코이릴로스*5도 그런 한 사람인데—영혼이 죽지 않는다는 것을 주장한 최초의 사람은 그라고 말하고 있다. 또 그가 맨 처음으로 지점(至點)에서 지점까지의 태양의 궤도를 발견했으며, 나아가 어떤 사람들에 따르면 그가 최초로 태양의 크기는 태양의 궤도원의 720분의 1이고, 그것은 정확히 달의 크기가 달의 궤도원의 720분의 1인 것과 같다고 했다는 것이다. 또 한 달의 마지막 날을 '제30일'이라고 부른 것은 그가 최초이며, 또 어떤 사람들의 말로는 자연에 관해 논한 최초의 사람이기도 했다.

아리스토텔레스와 히피아스의 기록에 따르면 그는 자석과 호박(琥珀)을 증거로 무생물에게조차도 영혼(생명)을 부여했다는 것이다. 또한 팜필레*6에 따르면 그는 이집트인에게서 기하학을 배워서 직각삼각형을 원(반원)에 내접시킨 최초의 사람이고, 또 그 일로 한 마리의 수소를 제물로 바쳤다고 한다.

(25) 그러나 이것은 피타고라스에 대한 이야기라고 말하는 사람들도 있는데, 그 중에는 수학자 아폴로도로스도 들어 있다. (칼리마코스가 〈이암보스 시집〉

---

*5 사모스섬 출신의 서사시인. 헤로도토스의 벗으로 〈페르시아전쟁 이야기(페르시카)〉로 알려져 있다.

*6 네로 황제 시대에 로마에서 활동했던 여성 역사가. 옛 사람들의 전기·일화·연대 등에 흥미를 가졌던 그녀의 〈각서〉 (정확히는 〈역사연구 잡록집〉) 헤라클레이데스 렘부스·소티온·헤르미포스 등을 자료로 삼았던 것인데, 훗날 파보리누스가 이것을 이용하고 있다.

에서 프리기아 사람 에우포르보스에게 귀착된 발견, 예를 들면 부등변(직각)삼각형이나 삼각형 일반, 그리고 선의 이론에 관한 연구를 매우 높은 단계에까지 추진한 것은 이 피타고라스였던 것이다).

탈레스는 또한 정치적인 사항에 대해서도 매우 뛰어난 권고를 했던 사람으로 여겨진다. 실제로 클레이소스가 밀레토스인에게 사자를 보내 동맹을 요청했을 때 그는 그것을 거절하게 했던 것인데, 바로 그 때문에 나중에 키루스가 승리를 거두었을 때, 그 도시(밀레토스)는 살아나게 되었던 것이다. 그러나 혜라클레이데스가 어떤 대화편 속에서 탈레스의 입을 빌려 한 말에 따르면, 그는 나라일로부터 초연하게 세상을 떠나 홀로 고독하게 지낸 것으로 되어 있다.

(26) 또 어떤 사람들에 따르면 그는 결혼하여 큐비스토스라는 아들을 얻은 것으로 되어 있는데, 다른 사람들에 따르면 그는 결혼하지 않은 채 삶을 마감했고, 누이(동생)의 아들을 양자로 삼은 것으로 되어 있다. 그리고 어째서 자기 자식을 낳지 않았는가라는 질문을 받았을 때, "자식을 사랑하기 때문이다"라고 대답했다는 것이다. 또 그의 어머니가 그를 억지로 결혼시키려 했을 때, "아직 그럴 때가 아니다"라고 그는 대답했는데, 그 뒤 적령기를 넘긴 뒤에 어머니가 다시 강하게 재촉하자 "이제 그럴 시기가 아니다"라고 대답했다고 한다. 또한 로도스 사람 히에로니무스[7]는 〈각서잡찬(覺書雜纂)〉 제2권에서 탈레스는 부자가 되기가 얼마나 쉬운 일인지를 보이려고 올리브가 풍년이 들 것을 예측하고, 올리브 착유기를 모조리 빌려다 붙들고 있음으로써 막대한 재산을 일구었다는 이야기를 전하고 있다.[8]

(27) 탈레스는 만물의 근원을 물로 보았다. 그리고 세상은 살아 있는(생명을 지닌) 것이고, 신들(다이몬)로 가득 차 있다고 생각했다. 또 그는 1년에 4계절이 있음을 발견하고, 1년을 365일로 나누었다고 한다.

그는 아무에게서도 가르침을 받은 적이 없었지만, 다만 이집트로 가서 그곳의 신관들과 함께 지낸 일이 있다. 그리고 히에로니무스가 전하는 바에 따르면 그는 우리의 그림자가 우리 자신과 똑같은 길이가 되는 시각을 눈여겨보았다가, 그 그림자를 바탕으로 피라미드의 높이를 쟀다고 한다. 또 미뉴에스의

---

[7] 로도스 출신의 철학자·문학사가. BC 290년 무렵~230년. 페리파토스파의 학원에서 수학했으나 훗날 그 학원을 떠나 절충적인 학파를 만들었다.
[8] 아리스토텔레스 〈정치학〉 제1권 11장에도 이 이야기가 나온다.

말로는 그가 밀레토스의 독재자 트라시불로스와 교제가 있었다고도 한다.

한편 어부들에 의해 발견되고, 그리고 밀레토스 사람들에 의해 현자들에게 속속 전해진 그 솥(삼각대)에 관한 이야기는 널리 알려져 있는 바이다.

(28) 그 이야기에 따르면 이오니아의 한 젊은이들이 밀레토스의 어부들에게서 그들이 잡은 어획물을 샀는데, 잡아올린 것 속에 솥이 있었기 때문에 그것을 둘러싸고 다툼이 생겼다. 그래서 밀레토스 사람들은 마지막으로 델포이에 물었는데, 신(아폴론)이 내린 신탁은 다음과 같은 것이었다.

밀레토스의 아들이여, 솥에 관해 포이보스(아폴론)에게 묻는 것인가?
누구든지 지혜가 가장 뛰어난 자, 그 사람에게 솥이 돌아가야 한다.

그래서 밀레토스 사람들은 그 솥을 탈레스에게 주었는데, 그는 이것을 다른 사람에게 주고, 다른 사람은 또다시 다른 사람에게 주었다. 이리하여 마침내 솔론의 수중에 들어갔다. 그러나 솔론은 신이 지혜가 가장 뛰어나다고 하면서 그 솥을 델포이로 보냈다는 것이다.

그러나 이 일에 관해서는 칼리마코스는 〈이암보스 시집〉에서 밀레토스 사람 레안돌리오스[*9]가 전해준 다른 이야기를 전하고 있다. 즉 그것은 아르카디아 사람으로 바튀클레스라고 하는 사람이 (죽음을 맞아) 한 개의 잔을 남기면서, 이것을 "지혜 있는 자 가운데서 가장 도움이 된 사람에게 주라"고 명했다. 그래서 이 잔은 탈레스에게 주어졌는데, 그 뒤로 다시 여러 현자들 사이를 빙빙 돌다가 다시 탈레스에게로 돌아왔다는 것이다.

(29) 그래서 그는 그 잔을 디디마의 아폴론에게 바쳤는데, 칼리마코스에 따르면 거기에는 다음과 같은 헌사가 첨부되어 있었다고 한다.

네일레우스 백성(밀레토스인)의 주인(인 아폴론)에게 나(이 잔)를 바친 것은 탈레스이다.
두 번이나 잔을 받은 영예로운 관(冠)일지니.

[*9] 〈밀레토스 역사〉의 지은이. 생애와 연대는 미상.

그러나 산문에는 다음과 같이 되어 있다. "엑사뮈아스의 아들, 밀레토스 사람 탈레스는 델피니오스 아폴론에게 이것을 바친다. 그것은 그리스인에게서 두 번이나 얻은 영예로운 관일진대." 그런데 그 잔을 차례로 옮긴 사람은 바튀클레스의 아들로서 튀리온이라고 하는 사람이었음을 엘레우시스*[10]는 〈아킬레우스론〉에서, 또 뮌도스 사람 알렉손*[11]은 〈전설집〉 제9권에서 쓰고 있다.

그러나 크니도스 사람 에우독소스*[12]나 밀레토스 사람 에우안테스*[13]는 다음과 같이 말하고 있다. 크로이소스(왕)의 벗이었던 한 남자가 그리스인 가운데서 가장 현명한 사람에게 주라고 왕에게서 황금 술잔을 받았는데, 그 사람은 이것을 탈레스에게 주었다.

(30) 그래서 그 술잔은 탈레스에게서 차례로 다른 사람의 손을 거치다가 마침내 키론에게 건네졌다. 그래서 키론은 피티오스 아폴론에게 "나보다 현명한 사람은 누구입니까?"라고 물었더니, 신은 "뮈손이다"라고 대답했다. 이 뮈손에 대해서는 뒤에 가서 다루게 될 것이다. 에우독소스는 클레오불로스 대신에 뮈손을 7현인 속에 넣고 있으며, 플라톤도 페리안드로스 대신에 이 사람을 넣고 있는 것이다. 한편, 그 뮈손에 관한 피티오스 아폴론의 대답은 다음과 같은 것이었다.

오이테의 케인에서 사는 뮈손이란 사람,
너보다 훨씬 현명하고 분별력이 있는 사람이다.

그리고 이 질문을 한 것은 아나카르시스*[14]였다고 한다. 그러나 프라타이아 사람 다이마코스*[15]와 클레아르코스는, 그 술잔은 크로이소스에게서 피타고

---

*10 역사가로 추정되나 미상.
*11 카리아 지방 민도스 출신의 역사가. 생애와 연대 모두 미상. 〈전설집〉 외에 〈기담집성〉, 〈흑해주유기〉 등의 저서가 있다.
*12 크니도스 출신의 유명한 수학자이자 천문학자, 지리학자이기도 했던 사람. BC 408년 무렵~355년 무렵. 그는 아카데메이아의 학원에 가담한 적도 있고, 플라톤과도 친했다. 제8권 8장 86~91절에 그에 관한 기록이 있다.
*13 밀레토스 출신의 역사가. 생애·연대 모두 미상.
*14 이 사람에 관해서는 제1권 8장 101~105절에서 쓰고 있다.
*15 프라타이아 출신의 역사가. BC 4세기 전반에 활동. 같은 시대의 역사를 다룬 책이 있다.

라스에게 보내졌고 그리하여 차례로 현자들에게 건네졌다고 말하고 있다.

또한 안드론*16은 〈솥〉이라는 작품에서 아르고스인이 덕의 영광스런 관으로서 그리스인 가운데서 가장 현명한 사람에게 솥을 제공한 것이며, 스파르타인의 아리스토데모스가 그런 사람으로 판정을 받았는데, 그는 그것을 키론에게 양도한 것이라고 전하고 있다.

(31) 이 아리스토데모스에 관해서는 아르카이오스*17 또한 다음과 같이 쓰고 있다.

실제로 아리스토데모스는 과거 스파르타에서 이런 식으로 힘찬 말을 했다고 한다.

"부(富)는 바로 사람을 남자이게 하는 것이다. 누구라도 가난하면 뛰어난 자도, 영예로운 자도 될 수 없다"라고.

그러나 어떤 사람들의 말에 따르면 짐을 잔뜩 실은 한 척의 배가 (코린토스의 독재자) 페리안드로스에게서 밀레토스의 독재자 트라쉬불로스에게 보내졌는데, 코아의 해역에서 난파했다. 그래서 그 뒤에 어부들에 의해 솥이 발견되었다는 것이다. 그러나 파노디코스*18는 그것이 발견된 것은 아테네 해역이고, 거기서 아테네로 운반되었다, 그리하여 민회가 열려 그 솥은 비아스에게 보내졌다고 쓰고 있다.

(32) 그러나 그것이 어떤 이유에 의한 것인지는 비아스를 다룬 곳(82절)에서 설명하기로 한다.

또한 달리 전하는 바에 따르면 그 솥은 헤파이스토스가 만든 것으로서 펠롭스가 결혼할 때, 그 신이 그에게 선물한 것이었다. 그것은 이어 메넬라오스에게 건네졌고, 다시 알렉산드로스(파리스)에 의해 헬레네와 함께 빼앗겼는데, 라코니아의 여인(헬레네)은 그것이 분쟁의 씨앗이 되리라고 여겨 코아의 바다

---

*16 에페소스 출신의 역사가. BC 4세기에 활동. 그리스인의 씨족과 도시의 유대를 논한 책이 있다.

*17 레스보스섬 미틸레네 출신의 귀족으로 서정시인. BC 7~6세기 사람. 조국의 정쟁에 관여하고 전투를 즐겼으며, 술과 부를 사랑하는 시를 지었다.

*18 역사가로 추정되지만, 생애와 연대는 미상.

에 그것을 던졌다. 세월이 흘러 레베도스 사람들이 그곳에서 한 그물의 어획물을 샀을 때, 솥도 겸하여 얻었다. 그런데 그 솥을 둘러싸고 어부들이 말다툼을 했기 때문에 그들은 코스까지 나갔다. 그러나 다툼을 해결할 수 없어서 그들은 모국인 밀레토스에 그 일을 보고했다. 밀레토스 사람은 코스로 사절을 보냈지만 무시당하였으므로 코스인에게 싸움을 청했다. 이 전쟁으로 양쪽 모두에 많은 전사자를 냈는데, 솥은 가장 현명한 사람에게 주어져야만 한다는 신탁이 내려왔다. 그래서 쌍방은 모두 그것을 탈레스에게 주도록 동의했다. 그러나 탈레스는, 그것이 현자들 사이를 빙빙 돈 뒤에 이것을 디디마의 아폴론에게 바쳤다고 말하는 것이다.

(33) 한편, 코스인들에게 내려온 신탁은 다음과 같은 것이었다.

멜로푸스 사람(코스인)과 이오니아인의 분쟁은 그치지 않으리라.
헤파이스토스가 바다에 던진 황금 솥을 그들이 도시 밖으로 **빼내어**,
현재·미래, 그리고 과거를 아우르는 현명한 사람의 집에,
그 솥이 다다를 때까지는.

또한 밀레토스인에게 내려진 신탁은,

밀레토스의 아들이여, 솥 문제로 포이보스에게 묻는 것인가?……

라는 것이고, 이에 이어지는 문장은 앞에서(28절) 말한 것과 같다. 그럼 이 솥에 관한 이야기는 이것으로 그치기로 하겠다.

그런데 헤르미포스는 〈철학자전〉에서 소크라테스에 관해 어떤 사람들이 전하는 이야기를 탈레스에게 돌리고 있다. 즉 그것은 다음 세 가지 때문에 탈레스는 운명의 여신에게 감사하고 있다는 것이었다. 즉 첫째, 짐승이 아니라 인간으로 태어난 것, 두 번째는 여자가 아니라 남자로 태어난 것이며, 세 번째는 이민족이 아니라 그리스인으로 태어났다는 것이다.

(34) 또 이런 이야기도 전해진다. 그는 언젠가 별을 관찰하기 위해 노파와 함께 집밖으로 나갔는데 웅덩이에 빠지고 말았다. 그래서 큰소리로 도움을 청하

자 그 노파는 이렇게 대답했다고 한다. "탈레스님, 당신은 발밑에 있는 것조차 보지 못하시건만 어찌 천상에 있는 것을 알 수가 있다고 생각하시는지요?"라고. 그리고 티몬[19] 또한 그가 별을 관찰하고 있었음을 알고 있고, 〈실로이〉(풍자시)에서 그를 다음과 같이 칭찬하고 있다.

7현인 중에서는 별의 관찰에서 탈레스만큼 뛰어난 사람이 없다.

탈레스가 쓴 것은 아르고스 사람 로본[20]에 따르면 200행에 이르렀다고 한다. 또 그의 상(像)에는 다음과 같은 글이 새겨져 있었다고 한다.

이런 탈레스를 이오니아의 도시 밀레토스는 길러내어 세상에 높이 드러내었다.
모든 천문학자 중에서도 지혜에서 가장 앞선 이 사람을.

(35) 또 지금도 여전히 전해져 내려오는 이야기 가운데 다음도 그에 관한 것이다.

많은 말을 해도 결코 사려 있는 생각이 나오지는 않는다.
뭔가 현명한 것을 한 가지 찾으라.
뭔가 선한 것을 한 가지 선택하라.
수다스런 사람이 질리지 않고 말하는 혀를 너는 분명 제압할 것이므로.

또 다음과 같은 그의 금언도 세상에 널리 알려져 있다.

무릇 존재하는 것 가운데서 가장 오랜 것은 신이다. 신은 태어난 존재가

---

[19] 플레이우스 출신. 회의파의 시조 피론의 제자. BC 320년 무렵~230년 무렵. 소피스트로서 각지를 편력했으나, 만년에는 아테네에서 살다가 죽었다. 3권의 〈실로이〉는 호메로스풍의 시적 틀을 이용해 독단론적인 철학자들을 비웃은 것이다. 제9권 12장 109~116절에 그에 관한 기록이 있다. 〈실로이〉에 대해서는 110~112절 참조.
[20] 아르고스 출신. BC 3세기 무렵의 사람. 〈시인에 관하여〉에서는 자작시를 7현인의 것으로 하거나, 초기 시인의 것으로 하는 등 문학을 날조한 작자로 인식되어 있다.

아니기 때문이다.

가장 아름다운 것은 우주이다. 신이 만든 것이므로.

가장 큰 것은 공간이다. 모든 것을 포함하니까.

가장 빠른 것은 지성(마음)이다. 모든 것을 꿰뚫고 달리므로.

가장 센 것은 필연이다. 모든 것을 지배하니까.

가장 현명한 것은 시간이다. 모든 것을 밝은 빛에 드러내기 때문이다.

그는 죽음은 삶과 조금도 다를 바가 없다고 말했다. "그런데 너는 어찌하여 죽으려 하지 않는 것인가?"라고 어떤 사람이 묻자, "(살아 있는 것과)조금도 다르지 않기 때문이지"라고 그는 대답했다.

(36) 밤과 낮 가운데 어느 것이 먼저 생겨났는지를 묻는 사람에게는 "밤이 하루만큼 먼저다"라고 그는 대답했다. 어떤 사람이 그에게, "사람이 나쁜 짓을 했는데 신이 모른 채 넘어갈 수 있는가?"라고 질문하자, "아니, 나쁜 짓을 기도하기만 해도 모른 채 그냥 넘어가지는 않는다"라고 그는 대답했다. 간통한 남자가, 자기가 간통하지 않았다고 맹세했는지 아닌지를 묻자, "거짓 맹세는 간통보다 나쁘지는 않다"고 그는 대답했다. 무엇이 어려운 일인지를 묻자, "자기 자신을 아는 것이다"라고. 또 무엇이 쉬운 일인가라는 물음에는 "남에게 충고하는 것이다"라고. 무엇이 가장 유쾌한 일인가라는 질문에는 "순조롭게 흘러가고 있을 때이다"라고. 무엇이 신적인 일인가 하는 물음에는 "시작도 끝도 없는 것"이라고 대답했다. 또한 지금까지 본 것 가운데 무엇이 진기한 것이었는가라는 물음에는 "늙은 독재자"라고 했다. 그는 어떻게 하면 역경을 가장 쉽게 견뎌낼 수 있는가라는 말에는 "적이 보다 더 어려운 지경에 있음을 본다면"이라고 했다. 어떻게 하면 우리는 가장 선하고, 가장 올바른 인생을 살 수 있을까라는 질문에는 "남을 비난하는 일을 우리들 자신이 하지 않는다면"이라고 답했다.

(37) 어떤 사람이 행복한가라는 물음에는 "몸이 건강하고, 정신은 기지가 풍부하며, 성품이 순수한 사람"이라고 했다. 벗은 곁에 있는 사람이든, 없는 사람이든 잊지 않도록 하라고 그는 말하고 있다. 또한 겉모습의 아름다움을 자랑하지 말고 매일 할 일을 할 때 아름다운 사람이 되도록 하라고도 했다. 또 "나쁜 방법으로 부를 차지해선 안 되거니와, 전혀 근거가 없는 말에 속아서 너의

신뢰를 획득한 사람들을 나쁘게 말해서도 안 된다"라고 그는 말하고 있다. 또한 "네가 부모를 어떻게 보살폈건 그것과 똑같은 것을 자식들에게서 받지 않으면 안 된다"라고. 그는 나인강의 범람은 반대방향에서 부는 계절풍에 의해 강의 흐름이 되밀려 올라가기 때문에 생긴다고 설명했다.

한편, 아폴로도로스*21는 〈연대기〉에서 탈레스가 태어난 해를 제39회*22 올림픽 대회기간의 첫해(BC 624년)로 보고 있다.

(38) 그리고 그는 78세로—또는 소시크라테스*23에 따르면 90세로—세상을 떠났다. 왜냐하면 그는 제58회 올림픽 대회기간(BC 548~545년)에 세상을 떠났기 때문이다. 그는 크로이소스와 동시대 사람이고, 그 왕을 위해 할리스강의 흐름을 바꿈으로써 다리를 놓지 않고 그 강을 건널 수 있게 해 주었던 것이다.

탈레스라는 이름의 사람은 마그네시아 사람 데메트리오스*24가 〈동명인록〉에서 쓰는 바에 따르면, 모두 5명이 있었다. 하나는 카라티아 사람으로서 으스대는 문체로 글을 썼던 변론가. 다음은 시키온 사람으로 천부적 재능을 타고난 화가. 제3은 매우 옛날 사람으로서 헤시오도스나 호메로스, 리쿠르고스와 동시대의 사람. 제4는 두리스가 〈회화론〉에서 말하고 있는 사람. 제5는 디오니시오스*25의 〈평론집〉에 실려 있는, 보다 가까운 시대의 사람인데 세상에는

---

* 21 아테네 출신으로 BC 2세기의 박식한 문헌학자. 철학·역사·신화·지리 등 여러 분야의 저서가 있다. 〈연대기(크로니카)〉 4권은 페르가몬의 왕 아탈로스 2세에게 헌정된 것이고, BC 284~3년(에라토스테네스가 트로이아의 함락 연대로 본 시기)에서 BC 144~3년까지를 다루고 있다.

* 22 힉스, 아페르트는 제35회 올림픽 대회 기간이라고 하는 사본의 방식을 따르고 있지만, 디루스의 정정에 의한 롱의 교본을 따른다. 다음에 나오는 것처럼 제58회 올림픽 대회기간에 78세로 죽었다고 한다면, 제39회 올림픽 대회기간이 더 합당하기 때문이다. 다만, 소시크라테스의 말처럼 58회 올림픽 대회기간에 90살로 죽었다면 태어난 해를 35회 올림픽 대회기간으로 해도 계산이 조금 맞지 않는다.

* 23 로도스 출신의 전기작가. 생애는 불명이지만, 연대는 BC 2세기 무렵의 사람. 그는 스승과 제자의 관계를 더듬으면서 철학자들의 생애를 쓴 〈철학자들의 계보〉를 썼는데, 그것은 헤르미포스, 그리고 어쩌면 사티로스와 같은 종류의 책을 이용한 것으로 추측된다.

* 24 마그네시아 출신의 문서학자. BC 1세기 전반에 활동. 키케로의 벗이었던 아티쿠스의 벗. 그의 저서인 〈동명인록〉은 같은 이름을 지닌 시인이나 산문작가 등에 관해 명확히 구별하려 한 것이다. 같은 이름의 도시에 대해서도 마찬가지의 저서가 있다.

* 25 디오뉘시오스라는 이름의 사람이 많아서 어떤 디오뉘시오스를 가리키는지 불명확하다.

알려져 있지 않다.

(39) 그것은 어찌됐든 이 현자(탈레스)는 체육경기를 관람하다가 더위와 갈증, 그리고 이미 많은 나이 탓에 쇠약하여 죽은 것이다. 그리고 그의 묘비에는 다음과 같은 비문이 새겨져 있었다.

> 보라, 이 볼품없는 무덤을. 그 명성은 하늘에까지 다다를지니.
> 여기는 지혜 깊은 탈레스의 무덤이노라.

그리고 나의 〈에피그램집〉 또는 〈판메트론〉(잡시집)*26 제1권 가운데 그에게 바치는 다음 시구를 인용하겠다.

> 어느 날 체육경기를 구경하던 현자 탈레스를,
> 해의 신 제우스여, 당신이 경기장에서 데리고 가셨습니다.
> 그를 당신 곁으로 데려가 주셔서 감사합니다.
> 사실, 그 노인은 이 지상에서 더 이상 별들을 볼 수 없었으니까요.

(40) "너 자신을 알라"는 말은 그가 한 것인데, 안티스테네스*27는 〈철학자들의 계보〉에서 이것을 페모노에*28의 말이라고 하고, 또 키론에 의해 도용된 것이라고 말하고 있다.

한편, 7현인에 대해서는—왜냐하면 여기서 그들에 대해서도 전반적으로 서술해 두는 것이 적당하기 때문인데—다음과 같이 설명되어 있다. 즉, 〈철학자들에 관하여〉라는 책을 쓴 키레네 사람 다몬*29은 모든 현자를 비난하고 있는데, 특히 7현인에 대해서는 혹독하다. 또 아낙시메네스*30는 그들 모두가 시

---

*26 〈판메트론〉은 모든 종류의 운률을 섞은 것의 뜻. 또한 제1권 63절에, 이 시집에 대해서 설명이 있다.

*27 로도스 출신의 역사가. BC 2세기 초에 활동. 〈철학자들의 계보〉 외에 〈로도스 역사〉라는 저서가 있다.

*28 델포이 신전 최초의 여성 사제(피티아)로 6각운의 정형시를 발견한 사람이라고 한다.

*29 이 사람에 대해서는 〈철학자들에 관하여〉라는 저서가 있다는 것 외에는 불명.

*30 롱은 이 아낙시메네스를 밀레토스파 철학자 아낙시메네스로 보고 있지만, 아낙시메네스에게는 람프사코스 출신의 변론가와 역사가가 있으므로 이쪽이 맞는지도 모른다.

짓기를 시도했다고 쓰고 있다. 나아가 디카이아르코스*31는, 그들은 현자도 철학자도 아니라 단순히 명민한 입법 능력을 갖췄을 뿐인 사람이었다고 말한다. 또 시라쿠사 사람 아르케티모스*32는 키프셀로스 궁정에서 열린 그들의 모임에 대해 쓰고 있는데, 그 모임에는 그 자신도 마침 함께 있었다고 한다. 그러나 에포로스*33는 그 모임은 크로이소스 궁전에서 있었다고 하면서 탈레스를 그 안에서 빼고 있다. 그러나 또한 그들이 열었던 모임은 코린토스와 델포이에서의 범(汎)이오니아 대제(大祭)였다고 말하는 사람들도 있다.

(41) 또한 그들의 발언도 각각 다르게 전해지고 있어서 같은 말이 때로는 어떤 사람에게, 또 때로는 다른 사람에게 돌아가고 있다. 예를 들면 다음 말의 경우가 그러하다.

라케다이몬 사람 키론은 현자였다. 그는 이런 말을 했던 것이다.
"도를 넘지 말라. 모든 뛰어난 것은 적절함에 의해 초래된다"고.

또한 그들의 인원수가 얼마였는지에 대해서도 의견이 분분하다. 즉, 레안돌리오스는 클레오불로스나 뮈손 대신에 레베도스 또는 에페소스 사람으로 고르시아다스의 아들 레오판토스와, 크레타 사람 에피메니데스를 넣고 있다. 또한 플라톤은 〈프로타고라스〉(343A)에서 페리안드로스 대신에 뮈손을 넣고 있으며, 에포로스는 뮈손 대신에 아나카르시스를 넣고 있다. 또 어떤 사람들은 그(7인의)밖에 피타고라스도 넣는다. 나아가 디카이아르코스는 탈레스·비아스·피타코스·솔론의 4명은 누구에게나 승인을 받은 사람들로 전하고 있지만, 그 밖에도 6명의 이름을 들면서 그 중에 3명을 고르고 있다. 6명이란 아리스토데모스·판피로스·라케다이몬 사람, 키론·클레오불로스·아나카르시스·페리안드로스이다. 또한 아르고스 사람으로 카바스 내지는 스카불라스의 아들, 아쿠실라오스를 추가하는 사람들도 있다.

---

*31 시칠리아의 메사나 출신. 아리스토텔레스의 제자로 페리파토스파 철학자. BC 4세기 말 무렵에 활동. 정치·철학·문학·지리 등에 관한 많은 저서가 있다. 키케로가 그를 매우 존경하여 테오프라스토스와 대조시켜서 실천적 생활의 전형으로 삼았던 것은 유명하다.

*32 시칠리아의 시라쿠사 출신 역사가. 생애·연대 모두 미상.

*33 키메 출신으로 이소크라테스의 제자. BC 405년 무렵~330년. 크세노폰을 제외하면 BC 4세기 최대의 역사가로 많은 저서가 있는데, 30권의 〈역사〉가 가장 중요하다.

(42) 헤르미포스는 〈현자론〉에서 17명의 이름을 들고 있는데, 그 사람들이 제각기 7명의 이름을 고르고 있다고 말한다. 그 17명이란 솔론·탈레스·피타코스·비아스·키론·뮈손·클레오불로스·페리안드로스·아나카르시스·아쿠실라오스·에피메니데스·레오판토스·페레키데스·아리스토데모스·피타고라스·라소스—이 사람은 카르만티데스 또는 시슘불리노스의 아들이며, 또는 아리스토크세누스*34에 따르면 카르불리노스의 아들로 헤르미오네 사람이라고 한다— 그리고 아낙사고라스이다. 그러나 히포보토스는 〈철학자 명감〉에서 다음과 같은 사람들을 들고 있다. 즉, 오르페우스·리노스·솔론·페리안드로스·아나카르시스·클레오불로스·뮈손·탈레스·비아스·피타코스·에피카르모스·피타고라스이다.

한편, 탈레스에 관해서는 다음과 같은 편지가 그의 것으로 전해지고 있다.

페레키데스에게
탈레스

(43) '귀하가 이오니아에서는 최초로 신적인 사항에 관한 이론을 그리스인에게 보이려 하고 있음을 나는 들었습니다. 그리고 귀하가 그런 책을 공개한 것은 이것을 누구든지 특정한 사람들에게 위임하여 아무런 도움도 되지 못하는 것보다 어쩌면 옳은 생각이었을 것입니다. 그리하여 귀하에게도 그것이 바람직한 일이라면 저는 제자가 되어 귀하가 쓰고 있는 어떤 것에 관해서든 배우고 싶은 마음입니다. 그렇게 하라고 명하신다면 슐로스님에게 가겠습니다. 저로서도, 또 아테네의 솔론에게도 크레타로 건너가 그곳의 일에 관해 연구한다든지, 또는 이집트로 가서 그곳의 신관이나 천문연구자들과는 논의를 하였는데, 귀하에게는 가려 하지 않는다면 우리 두 사람은 사려 없는 사람이 될 테니까요. 실제로 솔론도 만일 허락하신다면 그쪽으로 분명 갈 것입니다.'

(44) '분명 귀하는 태어난 땅에 집착하고 있어서 이오니아를 방문하는 일

---

*34 타라스 출신의 철학자·음악이론가. 아테네로 나와서 처음엔 피타고라스파 사람에게 배웠으나, 나중에 아리스토텔레스의 제자가 된다. 음악이론에 관한 책 외에 전기와 역사 등의 저서도 있다. 소크라테스와 플라톤에 대해서는 악의에 찬 비판을 하고 있다.

은 거의 없고, 또 타국 사람들과 교류하고 싶은 마음도 없어서 어쩌면 저술이라는 단 한 가지 일에 전념하고 계신 듯합니다. 한편, 저희처럼 아무것도 글을 쓰지 않는 사람은 그리스와 아시아를 여행하고 돌아다닌답니다.'

솔론에게
탈레스

'만일 귀하가 아테네를 떠나신다면 귀하 나라의 식민지인 밀레토스에 거처를 잡는 것이 가장 적당하리라고 생각됩니다. 그곳에는 귀하에게 위험할 것이 하나도 없을 테니까요. 그러나 만일 우리 밀레토스 사람들이 참주의 지배 아래 있음을 귀하가 불쾌하게 여기신다면—왜냐하면 귀하는 독재자라면 모두 미워하고 계시니까요—적어도 우리와 함께 생활함으로써 즐거운 나날을 보내시게 될 것입니다. 그리고 비아스도 플리에네로 오시라는 편지를 귀하께 보냈습니다. 그러니 만일 플리에네 쪽이 귀하가 거주하시기에 훨씬 적합하다면 저도 귀하의 곁에 머물도록 하겠습니다.'

2 솔론

(45) 솔론은 엑세케스티데스의 아들로 살라미스 사람. 그가 아테네 사람을 위해 맨 먼저 한 일은 '무거운 짐 내리기'(부채탕감)였다. 그것은 몸이나 재산을 해방시켜 주는 일이었다. 왜냐하면 사람들은 몸을 담보로 하여 돈을 빌렸고, 많은 사람들이 그 빚을 갚지 못해서 농노의 신분으로 추락했기 때문이다. 그래서 그에게는 아버지가 빌려준 7탈란톤의 채권이 있었는데, 자기가 먼저 그것을 포기하고 다른 사람들에게도 자신을 따르라고 권했다. 이 법률은 '무거운 짐 내리기'(세이사크테이아)라고 불렸는데, 그렇게 불린 까닭은 명백하다.

그는 그것 외에도 각종 법률을 정하고—이 법률들을 일일이 열거하자면 이야기가 길어진다—그것을 회전판(액손) 위에 썼다.

(46) 그러나 그의 가장 큰 업적은 이것이었다. 즉 그가 태어난 곳(살라미스)은 아테네와 메가라에 의해 영유권 분쟁이 있었는데, 아테네는 그 전쟁에서 몇 차례나 패배를 겪은 탓에 앞으로 살라미스에서 계속 싸우자고 제안하는 자가 있으면, 그 자는 사형에 처해야만 한다는 민회의 결의가 있었다. 그래서 솔론은 광기를 가장하고 머리에 화관을 쓴 채 아고라(광장)로 나아갔다. 그곳에서 살라미스를 제재로 하여 쓴 엘레게이아조(調)의 시를 포고 담당관을 통해 읽게 하여 아테네 사람의 마음을 고무했다. 이리하여 아테네는 메가라에게 다시 도전을 하여 솔론 덕분에 승리를 거두었던 것이다.

(47) 한편, 아테네 사람들의 마음을 가장 강하게 촉구했던 엘레게이아조의 시란 다음과 같은 것이었다.

이럴 바엔 나는 차라리 아테네 사람이 아니라 조국을 바꿔서,
포레간드로스섬이나 시키노스섬(처럼 작은 곳)의 사람이고 싶다.
당장에라도 사람들에게 이런 소문이 퍼질 테니까.

"보아라, 이놈도 살라미스를 배신한 아티카 사내다"라고.

그리고 또,

이제 살라미스로 가서 사랑하는 섬을 위해 싸우자.
그리하여 이 괴로운 치욕을 물리치지 않으려는가!

또한 그는 트라키아의 케로네소스도 점령하라고 아테네 사람들을 설득했던 것이다.

(48) 한편 그는, 살라미스를 얻는 것이 단순히 힘에 의한 것이 아니라 정의에 따른 것이기도 하다는 인정을 받으려고, 몇몇 무덤을 파내어 시신이 얼굴을 동쪽으로 향하여 매장되어 있다는 사실을 보였다. 그것이 아테네인의 매장 관습이었기 때문이다. 뿐만 아니라 무덤 자체도 동쪽으로 향해 있다는 것, 또 그 위에 새겨진 묘비명도 죽은 사람을 출신구(데모스)에 따라 썼다는 것―이것도 아테네인 고유의 것이지만―을 보였다. 또 어떤 사람들은 호메로스의 '선박 카탈로그'의,

아이아스는 살라미스에서 12척의 배를 이끌고 와서,

라는 시구*35 뒤에,

아테네 선단이 대기하고 있는 곳으로 이끌고 와서 진을 치게 했다.

는 문구를 삽입한 것은 솔론이었다고 하고 있다.

(49) 그 뒤로 민중은 그를 존경하고, 그가 독재자로 지배를 해도 기꺼이 그것을 받아들이려 했다. 그러나 그는 독재자가 되기를 거부하고, 소시크라테스의 말에 따르면 그의 친척인 페이시스트라토스의 야망을 간파하고 있는 힘을 다해 이것을 저지했다. 그는 창과 방패를 들고 서둘러 민회로 들어가 페이시스트

---

*35 〈일리아스〉 제2권 557행.

라토스의 기도를 사람들에게 경고했다. 그리고 단순히 경고만 한 것이 아니라 다음과 같이 말하여 민중을 도울 준비가 되어 있음도 알렸다. "아테네인 여러분, 나는 여러분 가운데의 어떤 사람들보다는 현명하거니와 어떤 사람들보다도 용기가 있습니다. 즉, 페이시스트라토스의 간계를 간파하지 못하는 사람들보다는 현명하고, 또 그것을 알면서도 두려움 때문에 침묵하는 사람들보다는 용기가 있는 것입니다"라고. 그러자 이미 페이시스트라토스 쪽에 서 있던 정무심의회 의원들은 그가 미쳤다고 말했다. 그러자 그는 이렇게 되받았다.

시간이 흐르면 사람들은 알 것이다. 내가 미쳤는지 어떤지를.
진리가 모두의 한가운데에 나타나는 바로 그 때에는.

(50) 그가 예언했던 페이시스트라토스의 독재제에 관한 엘레게이아조의 시는 다음과 같은 것이었다.

눈과 싸락눈은 구름에서 나오고,
천둥은 번쩍이는 번개에서 생겨난다.
그와 마찬가지로 강력한 사내들에 의해 나라는 멸망하고,
백성은 알지 못하는 사이에 독재자에게 예속되는 것이다.

그러나 이 설득은 효력을 발휘하지 못하고 페이시스트라토스의 지배가 이미 확고해지자 솔론은 장군들이 모여 있는 앞에서 그의 무기를 내려놓고, "조국이여, 나는 너를 말과 행동으로써 지키고자 하였더니"라고 말했다. 그 뒤 그는 이집트로, 이어 키프로스를 향해 배를 띄웠다. 거기서 다시 리디아의 크로이소스왕에게 갔다. 크로이소스가 "누가 행복한 사람이라고 생각하는가?"라고 물었을 때, 솔론은 "아테네의 틸로스가 그러며, 또한 클레오비스와 비톤이 그러합니다"라고 대답했고, 이밖에도 세상에 널리 전해지고 있는 것들을 이야기했다.

(51) 또 어떤 사람들의 전하는 바에 따르면, 크로이소스는 화려하게 장식하고 왕좌에 앉으면서 솔론을 향해 이보다 더 아름다운 것을 본 적이 있느냐고 물었다. 그러자 솔론은 "보고말고요. 수탉과 꿩, 비둘기를요. 이 새들은 타고난

색깔로 1만 배나 더 아름답게 몸을 치장하고 있으니까요"라고 대답했다. 이어 그곳을 떠난 뒤에 그는 키리키아에 살면서 도시를 하나 건설했는데, 그는 자기 이름을 따서 그 도시를 '솔로이'라고 했다. 그리고 그는 그 도시에 소수의 아테네인을 옮겨와 살게 했는데, 이 아테네 사람들은 세월이 흐르는 사이에 자기들의 말(아티카어)의 순수성을 잃고, 솔로이 사투리를 쓴다는 말을 듣게 되었다. 그래서 이 도시 출신 사람들은 솔로이인(솔리오이)이라 불리는 것이다.

한편, 페이시스트라토스가 이미 독재자가 된 것을 알고 솔론은 아테네인에게 다음과 같은 글을 써서 보냈다.

> (52) 여러분 자신의 비겁함 때문에 혹독한 일을 겪는다 해도,
> 그것을 신 탓으로 돌려서는 안 된다.
> 적에게 내맡기고 그들을 증대시킨 것은 여러분 자신이니까.
> 그러므로 여러분은 지금 불행한 예속상태에 빠져 있는 것이다.
> 여러분 한 사람 한 사람은 여우처럼 조심성이 많지만,
> 한데 뭉치면 여러분에게는 분별이 전혀 없게 된다.
> 달콤한 말로 유혹하는 사내의 혀와 말에 마음을 빼앗겨,
> 실제로 벌어지고 있는 일에는 전혀 주의를 기울이지 않으니까.

솔론은 위와 같이 써서 보냈던 것이다. 그러나 페이시스트라토스는 망명해 있는 솔론에게 다음과 같은 편지를 보냈다.

솔론에게
페이시스트라토스

(53) '그리스인 가운데서 참주의 지위를 노린 것은 나 혼자만이 아니거니와, 코드로스왕의 자손의 일원인 나에게 그 지위는 적합지 않을 것도 없습니다. 나로선 아테네인이 코드로스와 그 일족에게 언제까지나 지킬 것을 서약하면서 이미 채택된 특권을 다시 받아들였을 따름입니다. 그리고 그 밖의 일에 관해서는 나는 신에게도, 또 인간에게도 아무런 죄를 저지르고 있지 않습니다.

아테네 시민은 정해진 법률에 따라 사는 것을 인정하고 있거니와, 그들은 민주제 아래 있을 때보다 훨씬 좋은 통치를 받고 있는 것입니다. 왜냐하면 나는 어떤 사람이든 분에 넘치는 행동을 용서하지 않기 때문입니다. 또 나는 참주이기는 하지만, 부당하게 많은 명예나 관직을 얻고 있지 않습니다. 그것은 옛 왕들에게 주어졌었다고 하는 특권과 비슷한 정도에 지나지 않는 것입니다. 또 아테네 시민은 각자 자기 수입의 10분의 1을 세금으로 내고 있지만, 그것은 나에게 내는 것이 아니라 공공의 비용으로 꾸려 나가는 제물이라든가 그 밖의 공공행사를 위해서 내는 것이며, 또는 우리가 전쟁을 해야 할 경우를 대비한 재원을 위해 내는 것입니다.'

　(54) '그러나 귀하가 나의 기도(企圖)를 만천하에 밝힌 데 대해, 나는 귀하를 탓하지는 않겠습니다. 그것은 나에 대한 적의 때문이라기보다는 오히려 국가에 대한 호의에서 이루어진 일이니까요. 그것은 나아가 내가 어떤 지배체제를 확립하려 했는지를 귀하가 알지 못했기 때문이기도 합니다. 만일 알았더라면 귀하는 그 지배의 확립을 받아들일 수 있었을 테고, 나라밖으로 나가는 일도 없었을 테니까요. 그러므로 나를 믿고 다시 한 번 귀국하여 주시기 바랍니다. 다만 솔론은 페이시스트라토스에게서 아무런 불쾌한 일을 당하지 않았다는 요지의 서약을 할 수는 없습니다만. 그러나 나의 정적 가운데 어느 누구도 그런 일을 당해서는 안 된다는 것은 알기 바랍니다. 그리고 만일 귀하가 내 벗이 되기를 바란다면 귀하는 최고의 대우를 받게 될 것입니다. 나는 귀하에게서 배신이나 불신을 인정하지 않으니까요. 또 만일 다른 조건으로 아테네에서 살기를 희망한다면 그렇게 해드리겠습니다. 부디 우리의 일로 귀하가 조국을 잃는 일이 없기를 바라는 바입니다.'

　(55) 페이시스트라토스의 편지 내용은 위와 같았다. 그런데 솔론은 70세가 사람의 한평생의 한계라고 말하고 있다. 또 그는 몇 가지 매우 훌륭한 법률을 정한 것 같다. 예를 들면 부모를 부양하지 않는 자는 시민권을 박탈해야 한다는 것이 그것이다. 뿐만 아니라 부모에게서 받은 재산을 탕진한 자도 마찬가지의 처벌을 받게 되어 있다. 나아가 일정한 직업이 없이 빈둥거리는 자는 누구든지 원하는 사람이 그를 고소해도 된다고 했다. 다만 리시아스는 니키다스를 탄핵하는 연설에서 그 법률을 정한 것은 드라콘이며, 솔론은 간통한 자에게는

의회에서의 발언을 허용하지 않는다는 법률을 정했다고 하고 있다. 또 그는 경기에 참가한 선수들에 대한 보상금을 삭감하고, 올림피아 경기의 승자에게도 그에 비례하는 금액을 정했다. 왜냐하면 그는 이 사람들의 보상금을 늘리는 것은 적절치 않으며, 다만 전쟁에서 죽은 사람들에게만 그렇게 하는 것이 적당하고, 또 그 사람들의 자녀는 공적인 비용으로 부양하고 교육해야 한다고 했기 때문이다.

(56) 그 결과, 많은 사람들이 전쟁터에서 훌륭한 공을 세우려고 경쟁하게 되었다. 예를 들면 폴뤼젤로스·키네게이로스·칼리마코스, 그리고 마라톤에서 싸웠던 사람들 모두가 그러하다. 나아가 하르모디오스와 아리스토게이톤, 밀티아데스, 그 밖에 몇 천의 사람들이 그러했다. 이에 반해 경기선수들은 훈련에는 많은 비용이 들고, 또 승리를 거두어도 득이 되지 않으며, 영예로운 관을 수상해도 그것은 경쟁상대보다 오히려 조국을 상대로 한 것이 되고, 또 나이가 든 뒤에는 에우리피데스의 문구에도 있다시피,[36]

    옷엔 털이 다 빠져서 완전히 누더기가 되어 있다

는 형편이었다. 그래서 솔론은 이런 상태를 보면서도 그들을 적당히 다루고 있었던 것이다. 또한 고아의 후견인은 그 아이의 어머니와 결혼해서는 안 된다든지, 고아가 죽었을 경우에 그 재산을 승계하도록 되어 있는 자는 후견인이 될 수 없다는 규정도 매우 훌륭한 것이다.

(57) 나아가 도장을 새기는 사람은 자기가 판매한 반지의 도장의 모양을 보관하고 있어선 안 된다는 규정과, 눈이 한쪽밖에 없는 사람의 남은 눈을 망가뜨린 자는 그 대신에 자기의 두 눈을 잃게 된다는 규정도 있다. 또 자기가 남겨놓은 것이 아니면 가져가서는 안 되며,[37] 만일 이를 위반하면 그 벌은 사형이라든지, 관리가 만취한 상태를 발견할 때에는 사형으로써 벌한다는 규정도 있다.

나아가 호메로스의 시를 읊는 것은 최초의 사람이 읊기를 그친 곳에서부터, 다음 사람이 읊기 시작해야 한다는 식으로 정해진 순서로 이루어지지 않으면

---

*36 에우리피데스의 잃어버린 작품 〈아우톨리코스〉 속의 시구. 단편 282.
*37 플라톤 〈법률〉 제11권 913C 참조.

안 된다고 그는 규정했다. 따라서 디에우키다스*³⁸가 〈메가라 역사〉 제5권에서 쓴 바와 같이 페이시스트라토스보다 오히려 솔론이 호메로스를 보다 잘 이해할 수 있게 했던 것이다. 그리고 호메로스의 시구 가운데서 그가 특별히 말했던 것은 "그런데 아테네를 영유하는 사람들은……" 하는 부분*³⁹이다.

(58) 솔론은 한 달의 30번째 날을 '옛것과 새것인 날'(먼저달의 날도, 새달의 날도 되는 날)*⁴⁰이라고 부른 최초의 사람이고, 또 아폴로도로스*⁴¹가 〈입법론자〉 제2권에서 쓴 것처럼 9명의 장관(아르콘)이 서로 의논하기 위해 모임을 둔 것도 그가 최초이다. 뿐만 아니라 국내에서 내란이 일어났을 때, 그는 도심 사람들에게도, 평원지대 사람들에게도, 또 해안지방 사람들에게도 편을 들지 않았다.

그가 한 말 중에는 말은 행동의 그림자라든가, 힘이 가장 센 자가 왕이라든지 하는 것이 있다. 또 법률은 거미줄과 비슷하다고 그는 말했는데, 그 까닭은 뭔가 가볍고 약한 것이 그 위에 떨어지면 거미줄이 감당을 해내지만, 보다 강대한 것은 그것을 부수고 도망치기 때문이라는 것이다. 나아가 말은 침묵에 의해 봉쇄된다든지, 침묵은 호기(好機)에 의해 봉쇄된다고 그는 말했다.

(59) 또 그는 독재자들 밑에서 권력을 휘두르는 자들은 계산할 때 쓰이는 돌멩이와 같다고 했다. 왜냐하면 돌멩이 하나하나는 때로는 큰 수를, 때로는 작은 수를 나타내고 그와 마찬가지로 독재자들도 이 사람들 하나하나를 중요한 인물로 대우하지만, 때로는 아무짝에도 쓸모없는 사람으로 다루기 때문이라고. 어째서 부모 살해에 관한 법률을 정하지 않았느냐고 물었을 때, "그런 일이 일어나지 않기를 바라기 때문이다"라고 그는 대답했다. 또 어떻게 하면 사람들의 부정행위가 가장 줄어들겠느냐는 질문에는 "부정한 일을 당하지 않은 사람들이 부정한 일을 당하는 사람들과 똑같이 분노를 느낀다면"이라고 답했다.

---

*38 메가라 출신의 역사가. BC 4세기 사람.

*39 〈일리아스〉 제2권 546행.

*40 그리스력은 태음력이고, 제1월(헤카톤바이온)은 하지 뒤 최초의 초승달이 뜨는 날로 시작되고, 그 다음 30일과 29일인 달이 번갈아서 오는데, 월령은 29일 2분의 1이므로 한 달의 30번째 날은 달이 이지러졌지만, 같은 날 다시 차기 시작하기 때문이다. 때문에 그 날은 옛달의 날이기도 함과 동시에 새로운 달의 날이기도 하다는 것이다.

*41 롱은 이 아폴로도로스를 (60절의 그것도) 에피쿠로스파의 아폴로도로스(제10권 25절 참조)와 동일시하고 있다.

그리고 "부에 의해 포만은 생겨나고, 포만에 의해 오만이 생겨난다"고 덧붙였다. 또 그는 아테네인에게 태음력의 채용을 바랐다. 그는 또한 테스피스가 비극을 상연하는 것을 금지했는데, 그것은 거짓말을 하는 것은 해롭다는 이유에서였다.

(60) 그러므로 페이시스트라토스가 스스로 자기 몸에 상처를 내고 나타났을 때, "이것은 그것에서 일어난 일이다(연극을 하고 있는 것이다)"라고 그는 말했던 것이다. 그는 사람들에게 많은 충고를 했는데, 아폴로도로스가 〈철학의 여러 학파에 관하여〉에서 전하는 바에 따르면, 그것은 다음과 같은 것이었다.—맹세의 말보다도 인격의 훌륭함을 신뢰하라. 거짓말을 하지 말라. 성실한 일에 힘써라. 벗은 서둘러서 만들지 말라. 그러나 일단 벗이 된 사람들은 버리지 않도록 하라. 지배하기 전에 먼저 복종하는 법을 배워라. 충고를 할 때는 가장 즐거운 일이 아니라 가장 선한 일을 충고하라. 이성을 길잡이로 삼아라. 악한 사람들과는 교제하지 말라. 신을 공경하고 부모를 존경하라.

그는 또한 밈네르모스*42가

> 아, 병도 성가신 일도 없이,
> 60살로 죽음을 맞이하고 싶도다.

라고 시에 쓴 것을 꾸짖으면서,

(61) 다음과 같이 응답했다고 전해진다.

> 그러나 만일 지금이라도 나의 말에 따라준다면 그 시구는 취소하게나.
> 내가 자네보다 훌륭한 생각을 해냈다고 해서 질투하지 말게.
> 시를 고쳐서 리기아스타데스(밈네르모스)여, 다음과 같이 노래하게나.
> 80세로 죽음을 맞이하고 싶노라고.

또 그의 시에는 다음과 같은 것도 들어 있다.

---

*42 BC 7세기 후반에 활동했던 콜로폰 출신의 엘레게이아조 시인. 인생무상을 한탄한 시로 알려져 있다.

어떤 남자든 경계하여,

그가 가슴속에 감춰진 적의를 품었으면서,

밝게 웃는 얼굴로 말을 하고 있지 않은지,

그의 두 혀는 검은 마음으로 말하고 있는 것은 아닌지,

깊이 살펴라.

그는 물론 법률 초안자였지만, 그 밖에도 정치(의회)연설이라든가 자기 자신에 대한 훈계인 엘레게이아조의 시, 또 모두 500행이 넘는 살라미스와 아테네의 국가체제에 관한 시, 그리고 이암보스조의 시와 에포도스(2행시)를 쓴 사람이기도 했다.

(62) 그의 상(像)에는 다음과 같은 문구가 새겨져 있었다.

페르시아인의 부정한 야망을 좌절시킨 살라미스는,

성스런 입법자, 솔론이 태어난 곳.

그의 전성기는 소시크라테스의 말에 따르면 제46회 올림픽 대회기간(BC 596~593년) 무렵이고, 3년째 되는 해(BC 594년)에 그는 아테네의 아르콘이 되었다. 또 그가 여러 법률을 제정한 것도 그 시기였다. 그리고 그는 80세를 일기로 키프로스땅에서 세상을 떠났는데, 죽음에 임하여 그는 자기의 뼈를 살라미스로 옮겨 그곳에서 화장한 다음에 대지 위에 뿌리라고 가까운 이들에게 부탁했다. 그래서 크라티노스도 그의 작품 〈케일론들〉에서 솔론의 입을 통해 이렇게 말하고 있다.

내가 살 곳은 이 섬, 하지만 사람들의 말처럼

아이아스땅 전체에 흩뿌려지나니.

(63) 나 자신이 그에게 보냈던 에피그램도 앞에서(39절) 말했던 〈판메트론〉(잡시집)에 글을 남기고 있다. 그 시집에서 온갖 종류의 운(韻, 메트론)과 리듬을 사용하여, 또 에피그램과 서정시의 형식으로 고인이 된 모든 유명인에 관

해 논평하고 있는데, 솔론에 관한 것은 다음과 같다.

> 솔론의 몸은 이국땅에서 키프로스의 불이 이것을 빼앗았지만,
> 뼈는 살라미스로 옮겨져 그 재에서 곡식의 이삭이 나도다.
> 그의 영혼은 법률을 기록한 회전판이 이것을 즉시 하늘로 옮겨갔다.
> 그가 정한 멋진 법은 시민들에게는 매우 가벼운 짐이기 때문에.

'도를 지나치지 말라'는 금언은 그에게서 나온 것이라고 한다. 또 디오스쿠리데스[*43]가 〈각서〉에 쓴 바에 따르면 그가 죽은 아들을 위해—이 아들에 대해서는 우리는 더 이상은 알 수가 없지만—눈물을 흘리고 있을 때, "운다고 되는 것은 아무것도 없어요"라고 말한 사람에게, "되는 것이 아무것도 없기 때문에 나는 울고 있는 것이다"라고 대답했다고 한다.

또 다음의 편지도 그의 것으로 전해지고 있다.

(64) 페리안드로스에게
솔론

'귀하에게서 들은 바로는 많은 사람이 귀하에게 모반을 기도하고 있다더군요. 귀하가 만일 그들 모두를 물리칠 생각이라면 망설여서는 안 됩니다. 하지만 귀하에게 모반을 기도하는 자는 혐의를 받지 않은 자들 중에도 있을 것입니다. 곧 그 자들은 자기 신변의 안전을 두려워하고 있으며, 또 어떤 자는 귀하가 어떤 일에나 두려움을 갖고 있음을 잘 알고 있습니다. 그러므로 만일 귀하가 의혹의 눈길을 받지 않게 된다면, 그것을 발견한 사람은 국가국민에게서 감사함을 받게 될 것입니다. 따라서 최선의 길은 지금의 지위에서 떠나는 것입니다. 그리하면 그런 걱정을 할 까닭이 없어지겠지요. 그러나 귀하가 어떻게 해서든지 참주의 지위에 머물러야겠다고 한다면 시민의 군대보다 더 수가 많은 외국인 용병을 지니기 위해 움직일 것입니다. 그리하면 귀하에게는 더 이상 두려운 자는 아무도 없게 되고, 또 누군가를 물리칠

[*43] 이소크라테스의 제자로 역사가. 〈라코니아의 국가체제〉의 지은이. 그밖에는 불명.

필요도 없어질 것입니다.'

에페메니데스에게
솔론

'내가 정한 법률은 아테네인에게 크게 이득을 준 것 같지도 않고, 당신도 국가를 정화함으로써 득을 본 것이 없는 듯합니다. 왜냐하면 신성한 행사도 입법도 그것만으로는 국가에 이득을 초래할 수는 없기 때문입니다. 그렇게 할 수 있는 것은 국민 대중을 항상 자기의 생각대로 이끌고 있는 사람들뿐입니다. 그러므로 신성한 행사나 법률은 그들의 지도방식이 바람직하면 도움이 되지만, 지도방식이 나쁘면 아무 도움도 되지 않습니다.'

(65) '이렇게 내가 정한 법률도, 내가 제정한 모든 것도 효과는 없었습니다. 그러나 이런 민중지도자들은 모든 일을 방임함으로써 국가공동체에 해를 끼치고, 페이시스트라토스가 참주의 지위에 앉는 것을 막지 못했던 것입니다. 또한 내가 그것을 미리 경고했을 때에도 그들은 나를 믿지 않았습니다. 진실을 말하는 나보다 아테네 시민에게 아첨하고 있는 페이시스트라토스가 훨씬 더 신용을 받은 것입니다. 그래서 나는 장군들이 모인 앞에서 무기를 내려놓고 이렇게 말했던 것입니다. 페이시스트라토스가 참주의 지위를 노리는 것을 알아채지 못하는 사람들보다 내가 더 현명하거니와, 또 이런 사태를 막는 일에 엉거주춤하고 있는 자들보다 용기가 있는 것이라고요. 그러나 장군들은 솔론이 미쳤다고 선고하더군요. 그래서 마지막으로 나는 이렇게 말하여 그들에게 항의했던 것입니다. "오, 조국이여, 이 솔론은 말로도 행동으로도 그대를 지키려 했건만 이 사람들은 오히려 나더러 미쳤다고 합니다. 그래서 나는 오직 페이시스트라토스 한 사람만을 적으로 삼고 이 사람들을 떠나려 합니다. 원컨대 이 사람들은 페이시스트라토스를 위한 창이 되는 것이 낫겠습니다"라고. 왜냐하면 벗이여, 이 자가 얼마나 간사하고 교활하게 참주의 지위를 획득했는지를 당신이 알기 바라서입니다.'

(66) '곧 그는 민중지도자로 출발했던 것입니다. 아울러 그는 자기 몸에 스스로 상처를 내고, 민중법정에 모습을 드러내고는 이 상처는 적대자들이 입힌 것이라고 큰소리로 외치면서 자기에게 400명의 젊은이를 호위병으로 붙

여달라고 요구했습니다. 그래서 시민들은 나의 말에는 귀를 기울이지 않고 그 젊은이들을 제공해 주었습니다만, 이자들은 곤봉을 지니고 다니더군요. 그래서 그 뒤에 그는 민주제를 파괴해 버렸던 것입니다. 이로써 내가 아테네 시민 중에 가난한 사람들을 농노의 처지에서 해방해주려고 노력한 일도 모두 허사가 되었던 것입니다. 이제 시민 모두가 노예로서 페이시스트라토스라는 한 사람의 주인을 섬기고 있는 상황이니까요.'

페이시스트라토스에게
솔론

'나는 귀하로부터 아무런 해를 입은 것이 없다고 믿습니다. 왜냐하면 귀하가 참주가 되기 전부터 나는 귀하의 벗이었고, 또 현재도 나는 참주제를 달가워하지 않는 다른 어떤 아테네인보다도 귀하와 적대적인 관계에 있지 않기 때문입니다. 아테네인에게 과연 한 인간에게 지배를 받는 것이 좋은지, 아니면 민주제 아래서 살아가는 것이 좋은지는 우리 두 사람 모두 자기의 생각에 따라 결정하기로 합시다.'

(67) '또한 나는 귀하가 모든 참주 가운데서 가장 뛰어난 분이란 것은 인정하지만, 그러나 아테네로 다시 돌아오는 것은 나로선 적당치 않다고 봅니다. 나는 아테네인에게 평등한 시민권을 부여했거니와, 또 참주가 될 기회가 있었을 때에도 스스로 그것을 물리쳤으면서 이제 와서 귀국하여 귀하가 하고 있는 일을 시인한다면 사람들은 나를 비난할 테니까요.'

크로이소스에게
솔론

'귀하가 나에게 보내주었던 두터운 뜻을 나는 기쁘게 생각하는 바입니다. 그리고 아테나 여신을 걸고 말하건대, 만일 내가 민주제 아래에서 살아가는 것을 가장 중요시하지 않았다면 아테네에서보다 오히려 귀하의 왕국에서 살 것을 받아들였을 테지요. 아테네에서는 페이시스트라토스의 폭력적인 참주지배가 이루어지고 있으니까요. 그렇지만 누구나 평등한 권리를 지닌 그

런 삶을 나는 더 바람직하게 여깁니다. 허나 그것은 그렇고, 나는 귀하의 손
님이 되기를 원하므로 귀하에게 가기로 하겠습니다.'

3 키론

(68) 키론은 다마게토스의 아들로 라케다이몬 사람이다. 이 사람은 200행이 넘는 엘레게이아조의 시를 썼다. 또 그는 '미래의 일을 추리로써 포착할 수 있는 한 예견하는 것이 사내의 덕'이라고 말했다. 그의 형제가, 그는 감독관(에포로스)이 되었는데 자신은 되지 못했다고 투덜댄 것에 "나는 옳지 못한 일을 당해도 참을 수 있지만, 너는 그렇게 할 수 없기 때문이다"라고 그는 대답했다. 그가 감독관이 된 것은 제55회 올림픽 대회기간(BC 560~557년)이었다. 그러나 팜필레는 56회 올림픽 대회기간(BC 556~553)이라고 쓰고 있다. 또한 소시크라테스에 따르면 그가 최초로 감독관이 된 사람이지만, 그것은 에우튀데모스가 아테네의 아르콘이던 때였다고 한다. 그리고 감독관 직책을 왕들과 나란히 한 것은 그가 최초였다고 한다. 그러나 사티로스*44는 그 제도를 정한 것은 리쿠르고스였다고 하고 있다.

헤로도토스가 〈역사〉 제1권 59절에 쓴 바에 따르면 페이시스트라토스의 아버지 히포크라테스가 올림피아에서 제물을 바치던 때에 커다란 솥이 불도 붙이지 않았는데 저절로 끓기 시작했으므로 그것을 본 키론은 그에게 충고하기를, 결혼을 하지 말거나, 아니면 이미 아내가 있다면 아내와는 인연을 끊고 자식들은 놓아주라고 말하고 있다.

(69) 또한 그가 아이소포스(이솝)에게 제우스는 무엇을 하고 있느냐고 물었더니, "높은 것을 낮추고, 낮은 것을 높이고 계시다"고 아이소포스는 대답했다는 이야기도 있다. 또한 교육을 받은 자는 교육이 없는 자와 어떤 점에서 다르냐고 물었을 때는, "바람직한 희망이 있다는 점에서다"라고 그는 답했다. 무엇

---

*44 폰토스(흑해)의 카라티스 출신. BC 3세기 후반에서 BC 2세기 전반에 걸쳐 활동했던 페리파토스파 전기작가. 주로 옥시링코스와 알렉산드리아에 머물면서 과거의 유명 인사들의 전기를 썼는데, 역사적 사실보다 일화에 관심을 기울였다.

이 어려운 일이냐는 물음에는 "비밀을 지키는 것과, 한가로움을 능숙하게 쓰는 것, 그리고 옳지 못한 일을 당해도 견뎌내는 것이다"라고 대답했다.

다음에 나오는 것도 그가 훈계한 것이다.—입을 조심할 것, 연회석에서는 더더욱 그러하다. 주변 사람의 험담은 하지 말 것, 그렇지 않으면 훗날 괴로운 말을 듣게 될 것이다.

(70) 어떤 사람도 협박하지 말 것, 그것은 여자들이나 쓰는 방식이니까. 벗들을 방문하는 것은 그 사람이 순탄할 때보다 역경에 처했을 때에 먼저 할 것. 결혼식에는 돈을 들이지 말 것. 죽은 사람의 험담은 하지 말 것. 노인을 공경할 것. 자기 자신의 안전을 도모할 것. 부끄러운 이득보다 손실을 선택할 것. 손실은 한때의 괴로움을 초래할 뿐이지만, 부끄러운 이득은 언제까지나 괴로움이 되니까. 불운한 사람을 비웃지 말 것. 강한 자는 온화하게 처신할 것. 그리하면 주변 사람은 두려워하지 않고 존경해줄 테니까. 자기 집을 훌륭하게 관리하는 방법을 익힐 것. 혀가 마음(분별)보다 앞서지 않도록 할 것. 분노를 억누를 것. 점을 치지 말 것. 불가능한 일은 바라지 말 것. 가는 길을 서두르지 말 것. 손짓 발짓으로 이야기를 하지 말 것, 그것은 미친 짓이므로. 법률을 따를 것. 조용히 할 것.

(71) 그의 시 가운데서 가장 평판이 좋았던 것은 다음이다.

> 황금은 연마석 속에서 시험을 받아야
> 그 참값 밝혀지지만,
> 좋은 사람과 나쁜 사람의 마음은
> 황금 속에서 시험을 받는다.

그는 이미 연로해 있었지만, 자신은 지금까지의 생애를 통해 법률을 위반한 기억은 하나도 없다고 했다고 전해진다. 그러나 그는 단 한 가지 일에 실수를 한 적이 있다. 그것은 그의 벗과 관련된 재판에서 그는 법률에 따라 판결을 내렸는데, 그러나 동료를 설득하여 피고를 무죄로 해주었다. 그 일로 그는 법률과 벗 양쪽을 지키려 했던 것이다.

그가 그리스인들 사이에서 특히 명성을 높였던 것은, 라코니아의 키테라 섬에 관한 예언 때문이다. 즉 그는 그 섬의 상태를 잘 알고 있었으므로 "이 섬은 태어나지 말았으면 좋았을 것을. 아니면 태어났더라도 바다 깊숙이 가라앉아 버렸으면 좋았을 텐데"라고 말했기 때문이다. 그리고 이것은 장래를 내다본 말이었던 것이다.

(72) 왜냐하면 데마라토스가 라케다이몬(스파르타)에서 망명한 사람으로서 페르시아에 머물 때, 그는 크세르크세스왕에게 진언하여 선단을 그 섬에 정박시키라고 권했던 것인데, 만일 크세르크세스가 그 권고를 받아들였더라면 그리스는 정복당했을 것이기 때문이다. 또 나중에 펠로폰네소스전쟁 때 니키아스는 이 섬을 점령하고 아테네의 수비대를 그곳에 주둔시켜 라케다이몬인에게 큰 손해를 끼쳤기 때문이다.

키론은 말수가 적은 사람이었다. 그래서 밀레토스 사람 아리스타고라스도 그런 문체(브라킬로기아, 短言法)를 키론식이라고 부르고 있는데, 그러나 또한 이 명칭은,[45] 브랑키다이에 있는 신전 건설자 브랑코스에서 유래한다고 하기도 한다. 키론은 52회 올림픽 대회기간(BC 572~569년) 무렵에는 연로했지만, 그 시절에 우화작가 아이소포스는 인생의 전성기였다. 그리고 헤르미포스에 따르면 키론은 그의 아들이 권투 경기에서 올림픽대회의 승자가 된 것을 축하한 뒤 곧 피사땅에서 죽었는데, 그 죽음의 원인은 고령으로 약해져 있는 데다가 너무 기뻐했기 때문이라고 한다. 축하연 참가자는 모두 깊은 경의를 담아서 그의 장례에 참가했다.

한편, 나는 그를 위해서도 다음과 같은 에피그램을 쓰고 있다.

(73) 빛을 초래하는 폴리데우케스여, 나는 당신에게 감사드립니다,
키론의 아들이 권투에서 월계관을 획득한 것을.
그리고 그의 아버지가 관을 쓴 아들을 보고 기쁜 나머지 세상을 떠났지만,
한탄할 일은 아닙니다. 나에게도 그런 죽음이 찾아왔으면 좋겠습니다.

또 그의 상(像)에는 다음과 같은 명문이 새겨져 있었다.

이 키론을 낳은 것은 무용으로 영예로운 스파르타.

---

[45] 이 부분은 '키론 식으로 불리는데' 이하의 문장이 빠져 있는데, 문장의 뜻을 추측하여 보충하였다.

이 사람이야말로 7현인 중에서도 지혜에 있어서 제일 가는 사람.

그의 금언에 "보증인이 되는 것은 화(禍)의 근원"이라는 것이 있다. 또 다음의 짧은 편지도 그의 것이라고 한다.

페리안드로스에게
키론

'귀하는 나라 밖의 군대를 이끌고, 그리고 그들도 출정하라는 지령을 나에게 알리셨습니다. 그러나 나는 국내 일도 독재자에게는 안전하지 않아 보입니다. 그리고 참주들 중에는 자기 집에서 자연히 숨을 거두는 것이야말로 행복한 일이라고 나는 생각합니다.'

4 피타코스

(74) 피타코스는 히라디오스의 아들로 미틸레네 사람이다. 그러나 두리스는, 그의 아버지는 트라키아인이었다고 전하고 있다. 그는 아르카이오스 형제들의 도움을 빌어서 레스보스섬의 참주 멜란크로스를 쳐부수었다. 그리고 아킬레이티스땅을 둘러싸고 아테네인과 미틸레네인이 싸웠을 때는, 그가 직접 미틸레네군의 지휘를 맡았다. 한편 아테네군의 지휘관은 판크라티온 경기로 올림픽 대회의 승자가 된 적이 있는 프리논이었다. 그래서 피타코스는 프리논에게 결투를 신청했다. 그는 방패 뒤에 그물을 몰래 감춰놓고, 그것으로 프리논을 잡아서 그를 죽이고, 그 땅을 차지했던 것이다. 그러나 그 뒤에 아폴로도로스가 〈연대기〉에 쓴 바에 따르면 그 땅의 일로 아테네인은 미틸레네인을 상대로 하여 소송을 걸었지만, 페리안드로스는 그 소송을 듣고 아테네인에게 유리한 판결을 내렸다는 것이다.

(75) 당시에 미틸레네 사람들은 피타코스를 매우 존경했으므로 나라의 통치를 그에게 맡겼다. 그는 10년간 지배자의 지위에 올라 국가체제의 질서를 바로잡은 뒤에 지배자의 자리에서 내려왔는데, 그 뒤에도 10년을 그는 더 살았다. 그래서 미틸레네 사람들은 그에게 한 구획의 땅을 선물했는데, 그는 이것을 성스런 땅이라며 신에게 바쳤다. 이것은 오늘날에도 피타코스의 땅이라 불리고 있다. 그러나 소시크라테스가 전하는 바에 따르면, 그 땅의 조금을 자기 것으로 분할한 다음에 반은 전체보다 많다고 말했다고 한다. 뿐만 아니라 크로이소스가 제공한 금도 자신은 원하는 액수의 2배나 갖고 있다면서 그것을 받지 않았다는 것이다. 왜냐하면 그의 형제는 자식이 없는 채로 죽었기 때문에 그가 그 유산을 상속했기 때문이다.

(76) 팜필레가 〈각서〉 제2권에 쓴 바에 따르면 그의 아들 티라이오스가 키메의 이발소에서 앉아 있을 때, 대장장이 하나가 도끼를 휘둘러 그의 아들을

죽였다. 키메 사람들이 이 살인자를 피타코스에게 인도하자, 그는 일의 경위를 묻고 나서 그 사람을 사면해 주면서 이렇게 말했다는 것이다. "용서해 주는 편이 벌을 내리고 후회하는 것보다 낫다"고. 그러나 헤라클레이토스가 전하는 바로는 그가 잡은 것은 아르카이오스였고, 그 사람을 사면해 준 것이며, 또 당시의 말은 "용서해 주는 편이 보복하는 것보다 낫다"는 것이었다.

그는 여러 가지 법률을 제정했는데, 그 하나로 술에 취해 죄를 지은 자에게는 벌이 2배로 가중된다는 것이 있다. 이것은 그 섬에는 포도주가 많이 생산되었으므로 술주정뱅이를 없애려는 의도에서였다. 또 그가 한 말로 "뛰어난 사람이기는 어렵다"는 것이 있다. 이것은 시모니데스 또한 "훌륭한 사람이 되기는 참으로 어렵다고 한 피타코스의 말"이라는 형태로 말하고 있는 바이다.

(77) 그리고 플라톤 또한 〈프로타고라스〉에서 이를 말하고 있다. 또 "필연에는 신들도 결점을 말하지 못한다"는 말도 있다. 나아가 "관직이 사람의 참값을 밝혀준다"는 것도 있다. 언젠가는 어떻게 하는 것이 가장 좋으냐는 물음에 "현재 있는 것을 잘 이용하는 것이다"라고 그는 대답했다. 크로이소스가 무엇이 가장 훌륭한 지배인지를 물었을 때, "다종다양한 목재에 따른 지배다"라고 대답했다. '목재'란 법률을 가리킨다. 그는 또한 피를 흘리지 않고 승리를 거둘 것을 권장했다. 한 포카이아인이 훌륭한 사람을 찾아야만 한다고 한 것에 "너무 깊이 찾다 보면 발견되지 않을 것이다"라고 그는 답했다. 또 그는 여러 가지 질문에 답했는데, 그것은 다음과 같다. 즉, "무엇이 가장 감사한 일인가?"라는 질문에는 '시간'이라고. 또 "불확실한 것은?"에는 '미래'. "의지할 만한 것은?"에는 '대지'. "의지하지 말아야 할 것은?"에는 '바다'라고 답했던 것이다.

(78) 또한 그가 한 말에는 다음과 같은 것이 있다.―난처한 일이 일어나기 전에 그것이 일어나지 않도록 미리 대처해 두는 것이 분별 있는 사람이 할 일이다. 그러나 이미 일어났다면 원만히 처리하는 것이 용기 있는 사람이 할 바이다. 앞으로 하고자 하는 일을 미리 남에게 알려서는 안 된다. 실패하면 웃음거리가 될 테니까. 남의 불운을 조롱하지 말 것, 보복은 무서우므로. 맡아둔 것은 반환할 것. 벗을 나쁘게 말하지 말 것, 아니 적조차도 나쁘게 말하지 말 것. 신의 공경에 힘쓸 것. 절제의 덕을 사랑할 것. 정직·성실·경험·솜씨·우정·친절한 마음을 기를 것.

그의 시에는 다음의 것이 특히 평판이 되었다.

활과 화살통을 메고
악인을 향해 나아가라.
그놈의 입에서 나오는 말은 절대로 믿지 말라.
가슴에는 두 마음이 있어서 그것이 말하고 있으므로.

(79) 그는 또한 600행의 엘레게이아조의 시를 지었다. 그리고 시민들을 위해 〈법률에 관하여〉라는 책을 산문으로 썼다.

그의 전성기는 42회 올림픽 대회기간(BC 612~609년) 무렵이었다. 그리고 52회 올림픽 대회기간(BC 572~569년)의 3년째 되는 해(BC 570년)에, 아리스토메네스가 아테네의 아르콘이던 해에 70세를 넘은 고령으로 세상을 떠났다. 그의 묘비에는 다음과 같은 문구가 새겨져 있었다.

피타코스를 낳은 어머니이신 이 성스런 레스보스는,
육친의 눈물로써 죽은 아들을 탄식하고 슬퍼하는도다.

"호기를 알라"는 금언은 그의 것이다.

파보리누스[46]가 〈각서〉 제1권에서, 또 데메트리오스가 〈동명인록〉에서 쓰고 있는 것처럼 피타코스라는 이름의 사람은 한 사람 입법자가 더 있었다. 그리고 그 사람은 소(小)피타코스라고도 불렸다.

현자 피타코스에 대해서는 그가 언젠가 젊은이에게서 결혼 문제로 상담요청을 받았을 때, 이렇게 답했다는 이야기가 전해진다. 그 내용은 칼리마코스가 〈에피그램집〉에서 쓰는 바에 따르면 다음과 같다.

(80) 아타르네우스 출신의 어떤 외국인이 히라데이오스의 아들로
미틸레네 사람, 피타코스에게 다음과 같이 말했다.
"노인장, 제가 결혼 신청을 두 사람으로부터 받았습니다. 한쪽 아가씨는

---

[46] 골의 알레라테 출신 변론가·박식가. AD80년 무렵~150년 무렵, 디온 크리소스토모스에게 배우고, 하드리아누스 황제의 총애를 받은 적도 있다. 플루타르코스의 벗으로서 제자 중에는 헤로데스 아티쿠스·프론토·아울루스 겔리우스 등이 있다. 수많은 저서를 남겼지만, 〈역사연구잡록집〉과 〈각서〉는 디오게네스가 특히 이용했던 것이다.

재산과 가문의 수준이 저와 동등하지만, 다른 아가씨는 저보다 위입니다. 어느 쪽이 좋을까요? 어떻게 하면 좋을지 저에게 충고해 주십시오. 두 아가씨 중에 어느 쪽과 결혼해야 좋을지를."

그 남자는 이렇게 말했다. 그러자 피타코스는 노인의 무기인 지팡이를 휘두르면서

"저기를 보아라. 저 아이들이 모든 것을 가르쳐 주리라"고 말했다.

그 아이들은 광장에서 각자 채찍을 휘두르며 빠르게 도는 놀이에 빠져 있었다.

"저 아이들을 보고 배우거라"고 피타코스는 말했다. 그래서 그는 아이들에게로 다가갔다.

그랬더니 아이들은 "너에게 있는 것을 좇아라"라고 말하고 있었다.

그 남자는 이것을 듣고 아이들의 말에서 암시를 받아 가문이 훌륭한 아가씨와 결혼하기를 삼갔다.

그렇게 그 사람이 신분이 낮은 쪽 신부를 맞아들인 것처럼, 그와 같이 자네도, 디온이여, 자네 자신에게 있는 것을 좇도록 하라.

(81) 피타코스의 이 충고는 그 자신의 사정에 근거한 것이었던 듯하다. 왜냐하면 그의 아내는 펜틸로스의 아들 드라콘의 누이였으므로 그보다 출신가문이 좋았기 때문에, 그에게 매우 교만했기 때문이다.

아르카이오스는 그에게 '살라푸스' 또는 '살라포스'라고 별명을 붙였는데, 그것은 그가 평발이어서 발을 질질 끌며 걸었기 때문이다. 또 그의 발에는 금이 있었기 때문에—그 금은 '케일라스'라고 한다—'케일로포데스'(발에 금이 간 사람)라는 별명도 붙였다. 나아가 그는 심하게 자랑을 했기 때문에 '허풍쟁이'라고 불리기도 하고, 또 뚱뚱해서 '큰북 배' 또는 '자루배'라고도 불렸다. 그는 또 등불 없이 생활했으므로 '암흑 속에서 저녁을 먹는 사람'이라고도 불렸고, 칠칠치 못하고 불결했기 때문에 '게으름뱅이'라 불리기도 했다. 철학자 클레아르코스에 따르면 곡식을 빻아서 가루를 내는 것이 그의 운동이었다고 한다.

다음의 짧은 편지도 그의 것으로 추측된다.

크로이소스에게
피타코스

'귀하의 번영한 모습을 보기 위해 리디아로 오라는 권유를 받았습니다. 그러나 나는 그것을 보지 않아도 아리아테스의 아들(크로이소스)이 왕들 중에서는 가장 부유한 사람임을 확신합니다. 그리고 사르디스에 나가 보아도 나에겐 아무런 이득도 되지 않을 것입니다. 나는 나 자신에게 뿐만 아니라 나의 벗들에게도 충분할 만큼의 것을 갖고 있으니까요. 그렇기는 하지만 나는 가기로 하겠습니다. 귀하의 손님으로서 두터운 뜻을 받기 위하여.'

5 비아스

(82) 비아스는 테우타메스의 아들로 프리에네 사람이다. 사티로스는 그를 7현인의 으뜸으로 들고 있다. 어떤 사람들은 그를 부유한 집안 출신이라고 하지만, 두리스는 남의 집에서 허드렛일을 하던 사람이었다고 쓰고 있다. 파노디코스에 따르면 그는 전쟁에서 붙잡힌 몇몇 메세니아 처녀들의 몸값을 지급하여 자유의 몸으로 만들어 주고, 자기 딸처럼 길러서 지참금과 함께 메세니아의 그녀들의 아버지에게로 돌려보냈다고 한다. 세월이 흘러 앞에서 말한 것처럼 (31절) '현자에게'라는 글자가 새겨진 청동 솥을 아테네의 해역에서 어부가 발견했을 때, 사티로스에 따르면 그 처녀들이—그러나 파노디코스나 그 밖의 사람들에 따르면 그녀들의 아버지가—민회에 출두하여 자기들의 신상을 상세히 말하여 비아스야말로 참된 현자라고 알렸다. 그래서 그 솥을 그에게 보냈는데, 비아스는 그것을 보더니 아폴론 신이야말로 현자라고 하면서 이것을 받지 않았다는 것이다.

(83) 그러나 다른 사람들의 말로는 그는 그 솥을 테베에 있는 헤라클레스 신전에 바쳤다고 되어 있다. 왜냐하면 그는, 파노디코스도 쓴 바와 같이 프리에네로 이주한 테베인들의 후예였기 때문이다.

또 이런 이야기도 전해진다. 아리아테스가 프리에네를 공격하여 포위하고 있을 때, 비아스는 두 마리의 당나귀를 살찌워서 이것을 적의 진영으로 보냈다. 아리아테스는 이것을 보고 프리에네 사람들의 식량의 풍부함이 말 못하는 짐승들에게까지 미쳐 있음에 깜짝 놀랐다. 그래서 그는 화의를 맺을 생각에 사자를 보냈다. 비아스는 모래산을 만들고, 그 위에 곡물을 뿌려놓아 사자가 보게 했다. 사자들에게서 이 보고를 받은 아리아테스는 마침내 프리에네 사람들과 평화조약을 맺었던 것이다. 그러나 그 일이 있은 바로 뒤에 아리아테스가 비아스에게 사자를 보내 자기 궁정으로 오라고 초청했을 때, 그는 그에 답하기를 "아리아테스에게 양파를 먹는다고(눈물을 흘려준다) 전해주게"라고 했다고 한다.

(84) 그는 또한 소송의 변호에 매우 뛰어났다고 한다. 그는 훌륭한 목적을 위해 언론의 힘을 사용했던 것이다. 그러므로 레로스 사람 데모도코스[47]도 그것을 암시하여,

> 만일 자네가 소송에 관여하게 될 경우에는 프리에네에서 이루어지도록 변호하게.

라고 쓰고 있고, 또한 히포나쿠스[48]도,

> 프리에네의 비아스보다 더 강력한 변호

에 관해 쓰고 있는 것이다.

한편, 그의 죽음은 이러했다. 즉 그는 이미 매우 고령이었음에도 한 의뢰인을 위해 변호연설을 했는데, 연설을 마친 뒤에 외손자의 가슴에 머리를 기댔다. 이어 반대측의 변호인도 연설하고, 재판관들이 비아스가 변호한 사람에게 유리한 판결을 내리고 재판이 끝났을 때, 비아스는 외손자의 품에서 숨이 끊어져 있었던 것이다.

(85) 국가는 그를 성대히 장례하고, 그의 무덤에 다음의 글을 새겼다.

> 영예로 드높은 프리에네땅에서 태어나,
> 이오니아 사람의 커다란 표상이 된 비아스를 이 묘석은 감싸안노니.

나도 또한 다음과 같은 비명을 만들어 보았다.

> 여기에 비아스를 묻었다. 연로하여 머리는 눈처럼 희어진 이 사람을,

---

*47 경구와 잠언을 좋아했던 서정시인. 생애와 연대는 모두 미상.
*48 BC 6세기 후반에 활동했던 에포소스 출신의 이암보스 시인. 풍자시와 회화체 시를 지었다.

헤르메스는 조용히 하데스로 데려갔나니.
그가 벗을 위해 변호해준 뒤에 외손자의 팔에 기대어,
영원한 잠으로 빠져들어 갔나니.

그는 이오니아가 어떻게 하면 번영할까에 대하여 200행이 넘는 시를 지었다.
또 그의 시에서 평판이 된 것은 다음의 것이다.

시민 모두에게 사랑을 받도록 하라. ……(빠짐)……
어떤 나라에서 살든 그것이 가장 감사해야할 일이므로.
그러나 제멋대로에 건방진 행동을 하면 자주 화를 초래하게 된다.

(86) 또한 힘센 자가 되는 것은 자연이 하는(타고나는) 일이지만, 조국의 이익을 말할 수 있는 능력은 영혼과 사려에만 속하는 일이라든지, 우연에 의해서도 많은 사람들이 풍요로운 재산을 일굴 수 있다는 말도 있다. 또한 불행을 견뎌내지 못하는 사람이야말로 진정으로 불행한 사람이라든지, 불가능한 일을 바라는 것은 영혼의 병이라든지, 남의 악은 기억하지 말아야 한다는 말도 하고 있다. 나아가 무엇이 어려운 일인가라고 물었을 때, "사태가 보다 나쁜 방향으로 변화해 갈 때 품위 있게 인내하는 것이다"라고 그는 대답했다. 그는 언젠가 신을 믿지 않는 사람들과 함께 항해를 하고 있었는데, 배가 풍랑을 만나자 그 사람들 또한 신들에게 도움을 청했으므로 그는 이렇게 말했다. "조용히 하십시오. 당신들이 지금 배에 타고 있음을 신들이 아시면 안 되니까"라고. 어떤 경건하지 않은 사람이 경건이란 대체 무엇이냐고 물었을 때, 그는 침묵했다. 그 사람이 어째서 대답을 하지 않느냐고 묻자, "내가 침묵하는 것은, 당신에게는 전혀 관심이 없는 일을 당신이 묻고 있기 때문이다"라고 그는 대답했다.

(87) 또 인간에게 감미로운 일이란 무엇이냐고 물었을 때는 "희망이다"라고 답했고, 벗들 사이의 분쟁을 중재하는 것보다 적들끼리의 분쟁을 중재하는 것이 바람직하다고 그는 말했다. 왜냐하면 벗의 경우에는 결국 어느 한 사람을 적으로 만드는 결과가 되지만, 적끼리의 경우에는 한쪽을 내편으로 만들게 되기 때문이다. 나아가 어떤 일에 종사하면 즐겁겠느냐고 물었을 때, "돈이 많이 벌리는 일이다"라고 대답했다. 그는 또 사람들에게 앞으로 살아갈 시간은 길

기도 하지만, 짧기도 하다는 마음가짐으로 인생을 계산하라고 권했다. 또 남을 사랑하는 경우에는 언젠가는 미워지게 될지도 모른다는 생각으로 사랑하라고 했다. 왜냐하면 인간은 대개 열악하기 때문이라고. 그는 또 다음과 같이 충고했다. 사업에는 느긋하게 임할 것. 그러나 일단 시작한 뒤에는 철저하게 몰두할 것. 또 성급한 말투는 삼갈 것. 제정신이 아니라는 인상을 주니까.

(88) 사려를 존중할 것. 신들에 대해서는 존재한다고 말할 것. 하찮은 인간을 돈 때문에 칭찬하지 말 것. 힘에 의해서가 아니라 설득에 의해 손에 넣을 것. 뭔가 좋은 일을 했다면 그것은 신의 덕택으로 돌릴 것. 청년에서 노년으로 가는 여행길의 채비로 지혜를 마련할 것. 왜냐하면 이것은 다른 어떤 소지품보다 확실하므로.

한편, 비아스는 앞에서 쓴 것처럼 (84절) 히포나쿠스도 말하고 있는데, 까다로운 헤라클레이토스도 다음과 같이 말하여 그를 크게 칭찬하고 있다. (단편 39) "프리에네에는 테우타메스의 아들 비아스가 있었다. 그는 다른 사람들보다 말할 가치가 큰 인물이었다." 그리고 프리에네 사람들은 '테우타메이온'이라 불리는 성지를 그에게 바쳤다. "인간은 대부분 열악하다"는 것은 그의 금언이다.

6 클레오불로스

(89) 클레오불로스는 에우아고라스의 아들로 린도스 사람이다. 그러나 두리스에 따르면 카리아 사람이었다고 한다. 또 어떤 사람들은 그의 가계는 헤라클레스로까지 거슬러 올라가며, 그는 체력으로 보나 생김새로 보나 뛰어났고, 이집트 철학에도 능통했다고 한다. 그리고 그에게는 클레오불리네라는 딸이 있는데, 그 딸은 6각운으로 수수께끼 같은 시를 쓴 시인이었다는 것이다. 이 딸에 대해서는 크라티노스도—복수형으로 '클레오불리나이'가 되는데—그녀와 같은 이름의 극작품에서 말하고 있다. 그는 또한 과거 다나오스가 세운 아테나 여신의 신전을 다시 고쳐지었다고 한다. 또 이 사람은 전체 300행이 넘는 시와 숨은 그림(글)찾기를 만들기도 했다.

어떤 사람들은 미다스 왕의 다음의 묘비명도 이 사람이 지었다고 한다.

나는 청동의 딸, 미다스의 무덤 위에 누워 있다.
물은 흐르고, 키 큰 나무는 울창하다,
(90) 태양은 떠올라 빛나고, 달도 밝은데,
강물은 흐르고, 바다는 기슭을 씻어내리는 한,
나는 이곳, 깊은 슬픔의 이 무덤 위에 머물러,
길 가는 사람에게 알리노니, 미다스는 이곳에 잠들어 있노라고.

그리고 그 증거로서 그 사람들이 내놓은 것은 시모니데스의 시인데, 그 시에서 시모니데스는 이렇게 쓰고 있다.

분별 있는 자라면 대체 누가 린도스의 주민
클레오불로스를 칭찬할 것인가?

흐르기를 멈추지 않는 강과,

봄날의 꽃,

태양의 휘황함과 황금의 달,

그리고 소용돌이치는 바다에,

묘석의 힘을 대항케 했던 그를.

어떤 것도 신들의 힘에는 미치지 못하며,

인간의 손조차 대리석을 가루내어 부수건만.

그것은 모두 어리석은 자의 생각에 지나지 않나니.

또한 그 묘비명은 호메로스의 것이 아니라고 하는데, 그 까닭은 호메로스는 미다스보다 훨씬 오래 전의 사람이기 때문이라는 것이다.

그러나 팜필레의 〈각서〉에는 클레오불로스의 다음과 같은 수수께끼 같은 시도 들어 있다.

(91) 아버지는 한 사람인데, 그 자식은 12명이다. 그리고 그 자식들 한 사람 한 사람이 30의 2배인 딸들이 있고, 그 딸들은 모습이 둘이다.

한쪽 딸들은 겉보기에도 색깔이 희지만, 다른 한쪽은 색깔이 검다.

그리고 양쪽 모두 불사의 존재이면서 모두 멸망해 버리는 존재이다.

이것의 답은 물론 '한 해(1년)'이다.

또 그의 시의 문구 중에는 다음과 같은 것이 평판이 되었다.

죽어야 할 사람들 사이에선 교양 없고 말수가 많은 것이 세력을 떨치고 있지만, 그러나 적절함이야말로 도움이 되어줄 것이다.

고상한 일에 마음을 쏟아 어리석고 소신 없는 자가 되지 않도록 하라.

그는 또한 사람은 자기의 딸들을 나이의 측면에선 소녀로, 그러나 사려의 측면에선 여자로서 짝을 찾아 주어야 한다고 했다. 이리하여 소녀들에게도 소년들과 마찬가지로 교육의 필요성이 있음을 보였던 것이다. 또 자기편에게는 그 사람이 보다 친한 사람이 되어 주도록 친절하게 대해야만 하며, 또한 적에게는 그 사람을 내편으로 만들기 위해 친절히 대해야만 한다고 그는 말했다. 왜냐하면 우리는 아군의 비난과 적의 음모를 경계해야 하기 때문이라고.

(92) 또 사람이 집을 나설 때는, 그 전에 미리 무엇을 할 예정인지를 스스로에게 묻고, 다시 집으로 돌아왔을 때는 무엇을 했는지 자신에게 묻도록 하라고도 했다. 나아가 그가 충고한 것 가운데는 다음과 같은 것도 있다.—몸을 잘 단련시킬 것. 말하기를 좋아하는 사람이 되기보다 듣기를 즐겨하는 사람이 될 것. 무학인 자보다는 학문을 좋아하는 자가 될 것. 불길한 말은 삼갈 것. 덕에는 친하게, 악덕에는 냉담하게 할 것. 부정을 피할 것. 국가에 최선의 것을 권고할 것. 쾌락에 승리를 거둘 것. 무엇을 하든 폭력을 쓰지 말 것. 자녀를 가르칠 것. 적의는 버릴 것. 남 앞에서는 아내에게 깊은 애정을 보이지도 아내와 싸우지도 말 것. 전자는 사려 없음을 나타내고, 후자는 제정신이 아님을 나타내므로. 술을 마셨을 때*[49] 하인을 나무라지 말 것, 술 탓이라는 인상을 주기 때문이다. 비슷한 수준의 가문에서 아내를 얻을 것. 높은 가문에서 아내를 얻으면 아내의 친족들이 너의 주인이 될 것이므로.

(93) 또 조롱을 당하는 사람들을 비웃지 말 것, 그 사람들의 미움을 초래하게 되므로. 행운을 얻었을 때에도 오만해지지 말며, 궁핍에 빠지더라도 비굴해지지 말 것. 운명의 변동에 품위 있게 견디는 방법을 익힐 것 등도 말하고 있다.

그는 70년의 생애를 보내고 고령으로 세상을 떠났다. 그의 무덤에는 다음의 말이 새겨져 있었다.

세상을 떠난 현자 클레오불로스를,
바다를 긍지로 삼는 조국 린도스는 애도한다.

'적절한 최선'이란 그의 금언이다. 또 그는 솔론에게 다음과 같은 편지를 보냈다.

---

*49 힉스의 교본을 따랐다.

솔론에게
클레오불로스

'당신에게는 많은 벗이 있거니와 어디에나 거주할 집이 있습니다. 그러나 나는 민주제가 이루어지고 있는 이곳 린도스야말로 솔론에게는 가장 적합한 곳이라고 단언합니다. 이 섬은 큰 바다 위에 있고, 이곳에서 사는 사람에게는 페이시스트라토스로부터의 위협은 전혀 없습니다. 그리고 많은 곳에서 벗들이 당신에게로 올 것입니다.'

7 페리안드로스

(94) 페리안드로스는 킵셀로스의 아들로 코린토스 사람인데, 헤라클레스의 가계에 속했다. 그는 뤼시데를 아내로 두었으나, 그는 그 아내를 멜리사라고 불렀다. 그녀의 아버지는 에피다우로스의 참주(僭主) 프로클레스이며, 어머니는 아리스토클라테스의 딸로 아리스토데모스의 누나인 에리스테네이아였다. 그의 외할아버지와 외삼촌이 아르카디아 대부분을 지배했었다고 폰토스의 헤라클레이데스는 〈통치론〉에 쓰고 있다. 이 아내에게서 페리안드로스는 2명의 아들, 킵셀로스와 리코프론을 얻었다. 작은아들 리코프론은 영리했지만, 큰아들 킵셀로스는 아둔했다. 그는 끝내 첩들의 중상을 믿고 홧김에 임신 중인 아내에게 맷돌을 던졌거나, 또는 발로 걷어차서 죽여 버렸다. 훗날 그는 이 첩들도 불에 태워 죽였다. 그리고 아들 리코프론이 어머니의 죽음을 슬퍼하자 페리안드로스는 그것을 빌미로 케르키라로 추방했던 것이다.

(95) 그러나 그 뒤, 이미 매우 나이가 든 뒤에 그는 참주의 지위에 앉히려고 그 아들을 다시 부르기 위해 케르키라로 사람을 보냈다. 그러나 케르키라 사람들은 선수를 쳐서 그 아들을 죽였다. 이에 분노한 페리안드로스는 케르키라의 남자아이들을 모두 환관으로 만들라고 리디아의 왕 아리아테스에게 배를 보냈다. 그러나 그 배가 사모스섬에서 정박하고 있을 때 그 아이들은 헤라 신전에 탄원하기 위해 도망을 쳤고, 사모스인이 그들을 구조했던 것이다. 때문에 페리안드로스는 낙담하여 죽었는데, 당시에 그는 이미 80세였다. 소시크라테스에 따르면 그는 크로이소스보다 41년 먼저 죽은 것이고, 그것은 제49회 올림픽 대회기간(BC 584~581년)보다 이전의 일이었다고 한다. 또 헤로도토스는 〈역사〉 제1권 20절에서 그가 밀레토스의 참주 트라시불로스의 손님이었다고 말하고 있다.

(96) 또한 아리스티포스*50는 〈옛사람의 사치에 대하여〉 제1권에서 그에 관해 다음과 같은 이야기를 전하고 있다. 즉 그의 어머니 크라테이아는 그를 사랑하여 은밀히 정을 통했고 그도 그것을 즐겼는데, 그 사실이 밝혀지자 발각된 것에 화가 나서 누구 가릴 것 없이 무턱대고 사람을 해쳤다는 것이다. 또한 에포로스의 기록에 따르면 그는, 만일 4두마차 경기에서 올림픽대회의 승자가될 수 있었다면 황금상을 바치겠다는 맹세를 했었다. 그러나 승리를 거두고도 황금이 부족했기 때문에, 어떤 시골의 제례에서 여인들이 장신구를 하고 있는 것을 보고 그것을 모조리 빼앗아다가 봉납품을 바쳤다는 것이다.

또 어떤 사람들의 기록에 따르면 그는 자기가 묻힐 곳이 사람들에게 알려지지 않기를 바랐으므로 다음과 같은 대책을 세웠었다고 한다. 즉 그는 2명의 젊은이에게 어떤 길을 지목하고, 밤에 그 길을 지나다가 만나는 자는 죽여서 장사하도록 명령했다. 그 뒤, 다른 4명에게 앞의 2명을 쫓게 하여 그들을 죽여서 매장하도록 명령했다. 다시 더 많은 수의 사람에게 4명의 뒤를 쫓게 했다. 이런 식으로 해 두었기 때문에 그 자신은 최초의 2명을 만나 죽임을 당했다는 것이다. 그러나 코린토스 사람들은 그의 빈 무덤 위에 다음과 같이 새겨 놓던 것이다.

(97) 황금과 지혜가 풍부한 참주 페리안드로스는,
바닷가에서 나서 이곳 코린토스 깊숙한 곳에서 쉬고 있다.

다음은 내가 그를 위하여 지은 에피그램이다.

그대, 무언가 손해 보더라도 결코 슬퍼하지 말라. 아니,
신이 주시는 모든 것에 기뻐하라.
현자 페리안드로스는 낙담한 나머지 죽어 버렸으니,

---

*50 키레네파의 아리스티포스(제2권 65~83절)와 동명의 인물인데, 이 사람의 저작표(83~85절)에는 이 책에 인용되어 있는 〈옛사람의 사치에 대하여〉라는 책은 없다. 또 그것에 나와 있는 동명의 인물 중에도 해당하는 사람이 없으므로, 이 책은 이 사람의 이름을 붙인 다른 사람의 작품으로 추측된다. 이 책은 철학자, 특히 아카데메이아파 사람들을 매우 예리하게 비판하고 있는 듯하다.

자신이 하고자 했던 일이 제대로 안 되었던 탓에.

"어떤 일도 돈을 위해 해서는 안 된다, 돈을 벌어도 괜찮은 곳에서 벌어야 하므로"라는 말도 그의 것이다. 그는 또한 2000행의 교훈시를 썼다. 나아가 참주의 지위에 있으면서 안전하고자 하는 자는 호위병의 무기에 의해서가 아니라, 그 충성심에 의해 지킴을 받아야 한다고 그는 말했다. 또 언젠가는 어째서 참주 자리에 있느냐고 물었을 때, "내 발로 그 지위에서 물러나는 것도, 또 그 지위를 빼앗기는 것도 모두 다 위험하니까"라고 그는 대답했다. 또 다음과 같은 것도 그의 말이다.─조용히 있는 것은 좋은 일이다. 성급함은 위험하다. 이득은 더럽다. 민주제는 참주제보다 낫다. 쾌락은 사라지지만 명예는 불멸이다.

(98) 순탄할 때는 적정함을 지키고, 역경 속에서는 사려 깊을 것. 벗들에게는 그들이 순탄할 경우에도, 또 역경에 있을 경우에도 항상 똑같이 대할 것. 약속한 일은 무엇이든 반드시 지킬 것. 비밀은 새어나가지 않게 할 것. 잘못을 저지른 자뿐만 아니라 저지르려 하는 자도 징벌할 것.

이 사람이 최초로 호위병을 두었으며, 또 최초로 지배체제를 참주제로 바꾸었다. 에포로스나 아리스토텔레스의 기록에 따르면 그는 누구나 자기 뜻대로 시내에서 살도록 허락하지 않았다. 그의 전성기는 제38회 올림픽 기간(BC 628~625년)이며, 40년 동안 참주의 지위에 있었다.

한편 소티온이나 헤라클레이데스에 따르면, 또 팜필레의 〈각서〉 제5권에도 페리안드로스라는 사람은 2명이 있는데 한 사람은 이 참주이고, 다른 한 사람은 암브라키아 출신의 현자였다고 한다.

(99) 키지코스 사람 네안데스*51도 그 말을 하고 있고, 그리고 이 두 사람은 사촌간이었다고 한다. 또한 아리스토텔레스는 코린토스의 페리안드로스를 현자의 한 사람으로 들고 있지만, 플라톤은 이를 인정하고 있지 않다.*52

"연습이 모두이다"라는 것은 그의 금언이다. 그는 또한 이스트모스에 운하

---

*51 키지코스 출신의 역사가. BC 3세기 사람. 〈그리스 역사〉 〈키지코스 연대기〉 그리고 특히 피타고라스와 그 파 사람들을 다룬 〈저명인들에 대하여〉 등의 저서가 있다.
*52 〈정치학〉 제5권 4장(1304a32)에 페리안드로스라는 이름이 나오지만, 그를 7현인의 한 사람으로 들고 있는 부분은 현존하는 〈아리스토텔레스 저작집〉에는 없다. 플라톤은 〈프로타고라스〉 (343A)에서 7현인을 들고 있는데, 그것에서는 페리안드로스 대신에 뮈손을 넣고 있다.

를 만들려 했다. 다음의 편지도 그의 것으로 전해지고 있다.

현자들에게
페리안드로스

'여러분들이 한 곳에 모여 계신 것을 알고, 그렇게 하신 아폴론신께 저는 깊이 감사하고 있습니다. 그래서 저의 이 편지는 여러분을 코린토스로 모시게 될 것입니다. 그리고 여러분이 직접 보시는 바와 같이 저는 될 수 있는 대로 친절하게 맞이하려 합니다. 제가 들은 바로는 여러분은 작년에 사르디스의 리디아 왕의 궁전에서 모임을 가졌다고 합니다. 그러므로 이제 망설이지 말고 코린토스의 지배자인 저에게로 와 주십시오. 코린토스 사람들은 여러분이 페리안드로스의 거처에 오신 것을 보고 기뻐할 것입니다.'

프로클레스에게
페리안드로스

(100) '제가 당신의 따님인 아내에게 비정한 일을 한 것은 어쩔 수 없는 일이었습니다. 그런데도 당신은 아들의 마음을 나에게서 이반시킴으로써 고의로 부정을 저지르게 하였습니다. 그러므로 아들의 무법한 처사를 그만두게 하든지, 아니면 당신의 몸을 지키든지 하게 될 것입니다. 왜냐하면 나로서는 모든 코린토스 여인들의 옷을 모아서 불태움으로써 벌써 오래 전에 당신의 따님에게는 보상을 했기 때문입니다.'*53

또 트라시불로스가 그에게 보낸 다음의 편지도 있다.

페리안드로스에게
트라시불로스

---

*53 헤로도토스 〈역사〉 제5권 92절(η)에도 이 내용이 써 있다.

'귀하의 사자에게 저는 아무런 대답을 하지 않았습니다. 저는 다만 그자를 밀밭으로 데려가서 그가 보는 앞에서 지팡이를 휘둘러 밀 이삭 가운데 웃자라 있는 것을 잘라 떨어뜨려 보였을 따름입니다. 그자가 저에게서 무엇을 들었는지, 또는 무엇을 보았는지를 그에게 물으신다면 그는 귀하에게 보고할 것입니다. 귀하가 만일 독재권을 강대하게 만들 작정이라면 그렇게 하십시오. 시민 중에서 유달리 특출난 자들이 있다면, 그들이 귀하에게 적으로 보이든 보이지 않든 제거해야 합니다. 독재자는 같은 편일지라도 의심의 눈길로 보는 것이 좋기 때문입니다.'[*54]

[*54] 헤로도토스 〈역사〉 제5권 92절(ζ)에도 이 내용이 써 있다.

8 아나카르시스

(101) 스키티아인인 아나카르시스는 그누로스의 아들로 스키티아의 왕 카두이다스의 형제였다. 그러나 그의 어머니는 그리스인이었기 때문에 그는 2개국어를 말할 수 있었다. 그는 스키티아인의 습속과 그리스인의 그것에 관해 생활의 간결함과 싸움에 관한 것을 다룬 800행의 시를 지었다. 또 그는 뭐든지 솔직하게 말하는 사람이었으므로, '스키티아인의 대화방식'*55이라는 말을 낳는 계기가 되기도 했다.

그는 제47회 올림픽 대회기간(BC 592~589년) 무렵에 에우크라테스가 아테네의 아르콘이던 당시에 아테네에 왔다고 소시크라테스는 전하고 있다. 또 헤르미포스가 전하는 바로는, 그는 솔론의 집에 닿자 하인에게 아나카르시스가 왔으며, 면회를 바란다는 것, 그리고 될 수 있으면 손님으로 대우해 주었으면 좋겠다고 솔론에게 전해달라고 했다.

(102) 그래서 하인은 그런 요지를 전했는데, 솔론은 손님으로 대우하는 것은 자기 나라 사람에 국한되기 때문에 안 된다고 대답하라고 명령했다. 그러나 아나카르시스는 그 하인을 붙잡고 자기는 지금 당신의 나라 안에 있으므로 손님 대우를 받을 권리가 있다고 말했다. 그래서 솔론은 그의 임기응변과 기지에 감탄하여 그를 집으로 불러들여 가장 중요한 벗으로 대우해 주었다.

그러나 마침내 시간이 흘러 아나카르시스는 스키티아로 돌아갔는데, 뭐든지 그리스풍으로 하는 데 열심이었기 때문에, 조국의 풍습을 파괴하는 자라는 평판을 받아 사냥 중에 그의 형제인 왕에게서 화살을 맞고 세상을 떠났다. "평판 때문에 나는 그리스로부터 무사히 돌아올 수 있었는데, 내 나라에서는 평판을 초래하는 질투 때문에 죽는구나"라고 한 것이 당시에 그가 한 말이었

---

*55 헤로도토스 〈역사〉 제4권 127절 참조.

다. 그러나 일설로는 그는 그리스풍의 비밀스러운 의식을 행하고 있다가 죽임을 당했다고 한다.

그를 위해서 내가 지은 에피그램도 있다.

(103) 아나카르시스는 많은 지역을 여행한 뒤 스키티아로 돌아와,
　그리스인의 풍습에 따라 생활하자고 모두를 설득했다.
　하지만 그의 이야기가 아직 절반이나 입속에 남아 있는데,
　날개 달린 화살이 순식간에 그를 납치하여 불사의 사람들 곁으로 데리고
가 버렸다.

그는 포도나무에는 세 종류의 포도가, 즉 첫째는 쾌락, 둘째는 술에 취하는, 셋째는 불쾌의 포도가 있다고 했다. 그는 또한 그리스에서는 경기에서 싸우는 데는 전문가인데, 심판을 내리는 데는 완전 초보인 것은 어째선지 의아하다고 말했다. 어떻게 하면 사람들이 술을 좋아하지 않을 수 있을까 묻자, "술에 취한 사람들의 흐트러진 모습을 눈으로 보아야 한다"고 대답했다. 또 그는 그리스인들은 폭력을 휘두르는 사람들은 법으로 벌하면서, 경기자들이 서로 치고받는 것에는 명예를 주고 있는 것은 무슨 까닭인지 모르겠다고 했다. 또 배의 두께가 4다크티로스(손가락 폭)인 것을 알고 승객들은 죽음으로부터 딱 그만큼 떨어져 있는 것이라고도 했다.

(104) 그는 올리브기름이 광기를 초래하는 약이라고 했다. 경기자들은 몸에 그것을 바름으로써 서로 상대를 미치게 하기 때문이라고. "그리스인들은 거짓말을 금지하면서, 물건을 사고 팔 때는 왜 공공연히 거짓말을 하는가?"라고 그는 말했다. 또 "그리스인은 잔치에서 처음엔 작은 잔으로 마시다가 충분히 술에 취한 뒤에는 큰 잔으로 마시는 것은 이해할 수 없다"고도 했다. 그의 상(像)에는 "혀와 배와 국부를 통제할 것"이라고 씌어 있었다. 스키티아인에게 피리가 있느냐고 묻자, "아니, 포도나무도 없다"*56라고 그는 대답했다. 또 어떤 배가 가장 안전한지를 묻자, "육지로 인양된 배다"라고 했다. 나아가 자신이 그리스에서 보았던 가장 의아한 일은 그들 그리스인은 연기를 산에 남겨놓고, 목재

_____

*56 피리는 포도나무로 만들었기 때문일까?

를 숯의 형태로 마을로 가져오는 것이라고 말했다. 살아 있는 사람과 죽은 자 가운데 어느 쪽이 숫자가 많은지를 묻자, "그럼 당신은 항해하는 사람들을 어느 쪽에 넣겠는가?"라고 되물었다. 그가 스키티아인인 것을 언젠가 아티카 사람이 비웃자, "맞다, 나의 조국은 나에게 부끄러움이지만, 너는 조국의 부끄러움이 되고 있다"고 되받았다.

(105) 세상에서 선한 것임과 동시에 악한 것이 무엇인지를 물었을 때, "그것은 혀다"라고 그는 대답했다. 또한 크고 많은 가치를 지닌 벗 한 명을 갖는 편이, 아무런 가치도 없는 벗을 많이 갖는 것보다 낫다고 그는 말했다. 또 시장은 사람들이 서로 치고받거나, 상대를 앞지르기 위해 정해진 곳이라고도 했다. 술자리에서 한 젊은이가 무례한 행동을 했을 때, "젊은이여, 너는 젊은데도 술을 이기지 못한다면 나이가 들어서 물을 나르는 자가 되리라"고 그는 말했다.

어떤 사람들에 따르면 그는 닻과 도공의 물레를 생활에 도움이 되게 하기 위해 발명했다고 한다.

그는 또 다음과 같은 편지도 썼다.

크로이소스에게
아나카르시스

'리디아인의 왕이여, 나는 그리스인의 땅에 그들의 습속과 생업을 배우기 위해 왔습니다. 나에게는 황금은 필요치 않습니다. 보다 훌륭한 사람이 되어서 스키티아로 돌아가면 충분합니다. 어쨌든 나는 지금 사르디스에 와 있습니다. 귀하의 사랑과 후원을 뜨겁게 바라면서요.'

9 뮈손

(106) 뮈손은 스티르몬의 아들로서, 소시크라테스가 헤르미포스를 인용하면서 쓴 바에 따르면 테살리아산 오이테 지역의, 또는 라코니아 지방의 한 마을인 케인 출신이었다. 그도 7현인의 한 사람에 넣고 있다. 그리고 그의 아버지는 참주였다고도 한다. 또 어떤 사람에 따르면 아나카르시스가 자기보다 현명한 사람이 누가 있느냐고 신탁에 물었을 때, 피티아의 제녀는 앞에서 '탈레스의 생애'에서 키론에 관해 말했던 것과 마찬가지로 (30절),

    오이테땅의 케인에 사는 뮈손이란 사람,

    너보다 훨씬 현명하고 분별력이 있는 사람이다.

라고 대답했다. 그래서 아나카르시스는 이 신탁이 매우 흡족하여 그 마을을 향해 떠났다. 그리하여 뮈손이 여름인데도 호미날에 손잡이를 끼우려는 것을 보고 "뮈손이여, 아직 호미를 사용할 계절이 아니건만"이라고 하자, "맞소. 그래서 준비해 두는 것이오"라고 그는 대답했다는 것이다.

(107) 그러나 다른 사람들은 지금의 신탁의 첫머리 부분은 '오이테땅의……'가 아니라 '에티스땅의……'가 맞다고 하면서 에티스 사람이란 어떤 의미인지를 조사하고 있다. 사실 파르메니데스는, 에티스는 라코니아의 한 지역이었으며, 뮈손은 그곳 출신이라고 하고 있다. 그러나 소시크라테스는 〈철학자들의 계보〉에서 그의 부계는 에티스 사람이지만, 모계는 케인 사람이라고 하고 있다. 또한 폰토스 사람 헤라클레이데스의 아들 에우티프론은 그가 크레타 사람이라고 하고 있다. 왜냐하면 에티스는 크레타의 도시이기 때문이다. 나아가 아낙시라오스는 그를 아르카디아 사람이라고 하고 있다.

한편, 히포나쿠스도 그에 관해 말하기를,

그리고 뮈손, 이 사람을 신 아폴론은,
모든 인간들 가운데서 가장 사려가 깊은 사람으로 추앙했던 것인데.

라고 쓰고 있다. 또 아리스토크세누스는 〈잡록집〉에서 그는 티몬이나 아페만토스와 비슷하지 않은 점이 없었다고 말하고 있다. 왜냐하면 그는 인간을 혐오했기 때문이라고 했다.

(108) 어쨌든 그가 라케다이몬의 인적이 없는 곳에서 혼자 웃고 있는 것을 누군가 보았다. 그래서 어떤 사람이 갑자기 그의 집에 찾아가서 아무도 없는데 어째서 웃었느냐고 묻자, "아무도 없기 때문에 웃었다"라고 그는 대답했다고 한다. 또 아리스토크세누스는 그의 명성이 오르지 않았던 까닭은 그가 도시 출신이 아니라 시골 출신이고, 더구나 그것도 이름 없는 시골이었기 때문이라고 쓰고 있다. 따라서 그는 유명하지 않았기 때문에 어떤 사람들은 그가 한 말을 참주 페이시스트라토스에게 돌리고 있다. 다만, 철학자 플라톤은 다르다. 왜냐하면 플라톤 또한 〈프로타고라스〉(343A)에서 그에 관해 말하면서 페리안드로스 대신에 그를 7현인의 한 사람에 넣고 있기 때문이다.

한편, 그는 말에서 사실을 추측하지 말고 사실로부터 말을 추측하라고 주장했다. 왜냐하면 사실이 말에 맞춰서 만들어진 것이 아니라, 말이 사실에 맞게끔 만들어져 있기 때문이라고.

그는 97세로 세상을 떠났다.

10 에피메니데스

(109) 에피메니데스는 테오폼포스와 그 밖의 많은 사람들의 기록에 따르면 파이스티오스의 아들이었다. 그러나 어떤 사람들은 도시아데스의 아들이라고 하고, 또 어떤 사람들은 아게사르코스의 아들이라고 한다. 그는 크레타 사람으로 크노소스 출신이었다. 다만 머리를 길게 늘어뜨리고 다녔으므로 크레타인처럼 보이지는 않았다. 그는 어느 날 아버지의 심부름으로 양을 찾기 위해 들판에 나갔다가 길에서 떨어져 있는 동굴 속에서 한낮에 잠이 들었고, 그 길로 57년 동안을 내내 잤다. 그 뒤에 그는 일어나서 양을 찾으러 갔는데 자기로서는 아주 짧은 시간동안 잤다고 생각했다. 그러나 양을 찾지 못한 채 들판으로 나가 보니 모든 것이 달라졌고, 땅도 남의 손에 넘어가 있음을 알았다. 그래서 그는 완전히 곤혹에 빠져 마을로 돌아왔다. 자기 집을 찾아서 들어갔다가 그는 자기가 누구인지 궁금해 하는 사람들에게 온통 둘러싸였다. 마침내 그는 이제 완전한 노인이 되어 버린 동생을 발견하고는 그 동생에게서 일의 모든 진상을 들어 알게 되었다.

(110) 그러나 그는 그리스인 사이에서 평판이 되었고, 신에게 특별히 사랑을 받는 사람으로 인정을 받기에 이르렀다.

한편, 그 무렵에 아테네인에게 전염병이 돌았다. 피티아(아폴론의 제녀)가 그에게 도시를 깨끗하게 하라는 신탁을 전달했을 때, 그들 아테네인은 니케라토스의 아들 니키아스가 인솔하는 배를 크레타로 보내어 에피메니데스에게 도움을 청하게 했다. 그래서 그는 제46회 올림픽 대회기간(BC 596~593년) 무렵 아테네에 와서 도시를 정화하여 전염병을 멎게 했는데, 그것은 다음과 같은 방법에 의해서였다. 즉 그는 검은 양과 흰 양을 구하여 아레이오스 파고스로 데려가서 거기에 양을 놓아주고, 어디든지 가고 싶은 방향으로 가게 했다. 그리고 양의 뒤를 좇는 사람들에게는 각 양이 누운 곳에서 그 땅의 신에게 제물을 바치라고 명령했다. 이렇게 하여 그는 그 재앙을 멈추게 했던 것이다. 그래서 오늘날에도 아테네의 여러 지방에서는 이름이 새겨져 있지 않은 제단을 찾아볼 수 있는데, 그것들은 그때 이루어진 감사의 흔적인 것이다. 그러나 어떤 사람들에 따르면 그 전염병은 키론이 도시로 가져온 더러움에 의해 생겨난 것이라고 그는 말하고, 그것을 없애는 방법을 제시했다. 즉 그렇게 하기 위해 두 명의 젊은이, 크라티노스와 크테시비오스는 사형에 처해지고, 도시는 그 재앙으로부터 벗어났다는 것이다.

(111) 아테네인은 그에게 1탈란톤의 돈과, 그를 크레타로 돌려보낼 배를 제공하기로 의결했지만, 그는 돈은 받지 않고 크노소스와 아테네의 우호와 동맹조약을 맺게 했다.

그는 귀국한 지 얼마 안 되어 세상을 떠났는데, 프레곤*⁵⁷이 〈장수(長壽)에 대하여〉에서 쓴 바에 따르면 당시의 그는 157살이었다고 한다. 그러나 크레타인의 이야기에 의하면, 그는 299살까지 산 것으로 되어 있다. 또한 콜로폰의 크세노파네스가 들은 이야기라면서 쓴 바에 따르면, 그는 154살까지 산 것으로 되어 있다.

그는 〈쿠레테스와 코리반테스의 기원〉 및 〈신통기〉라는 전체 5000행의 시를 썼다. 이밖에 아르고호의 건조와 이아손의 코르키스 원정에 대해 6500행의 시도 지었다.

(112) 그는 또한 〈제물과 크레타의 국가체제에 관하여〉, 〈미노스와 라다만티스에 대하여〉라는 4000행에 이르는 산문도 썼다. 또 아르고스 사람 로본이 〈시인론〉에서 쓴 바에 따르면, 그는 아테네에 존엄한 여신들(에리니에스=에우메니데스)의 신전을 세웠다는 것이다. 나아가 그는 최초로 집과 밭을 정화시키거나, 신전을 세우거나 한 사람이었다고도 한다. 또한 그는 잠을 잔 것이 아니라 한동안 세상으로부터 몸을 감추고 약초 채집에 전념했었다고 하는 사람들도 있다.

그가 입법자 솔론 앞으로 보낸 편지도 전해지는데, 그 편지에는 미노스가 크레타 사람에게 정한 국가체제가 씌어 있다. 그러나 마그네시아 사람 데메트리오스는 〈같은 이름의 시인과 작가들에 대하여〉(《동명인론》)에서 그 편지는

---

*57 트라레스 출신. 황제 하드리아누스의 해방노예 〈장수에 대하여〉 외에 〈올림픽 대회 우승자의 기록〉과 〈기담집〉 등의 저서가 있다.

후대의 것이고, 크레타의 방언이 아니라 아티카 방언으로, 더구나 후대 아티카 방언으로 씌어 있다는 이유에서 그 편지가 그의 것이 아님을 증명하려 애쓰고 있다. 그러나 나는 다음과 같은 내용의 다른 편지를 발견했다.

솔론에게
에피메니데스

(113) '벗이여, 기운을 내게. 만일 아테네인이 아직 농노의 상태에 있어서 훌륭한 법률을 갖지 않았던 시절에 페이시스트라토스가 그들을 공격했다고 한다면, 그는 시민들을 노예로 삼음으로써 영원히 지배권을 획득했을 것이네. 그러나 사실은 그가 예속시키려 한 것은 겁쟁이 인간들이 아니라네. 그들은 솔론의 경고를 기억하고 있고, 보다 심한 괴로움과 치욕을 느껴 참주에게 지배를 당하는 일을 감수하지도 않았을 것이네. 또 설령 페이시스트라토스가 국가를 점유했다고 해도 그곳에서의 그의 지배권은 아이들의 대에까지 이어지는 일은 없으리라고 나는 믿네. 최상의 법률 속에서 자유인으로 자라난 사람들이 노예 상태에 있다는 것은 생각하기 어려운 일이니까 말일세.

그러나 어쨌든 자네는 이리저리 방랑하지 말고 부디 크레타의 우리에게로 와주게. 여기에는 그대가 두려워할 만한 독재자는 없으니까. 그렇지만 자네의 여행 중에 어딘가에서 페이시스트라토스의 부하들과 마주치는 일이 생긴다면, 혹시라도 자네가 어떤 무서운 일을 당하지나 않을까 나는 걱정이 되는 바이네.'

(114) 위의 것이 그 편지의 내용이다. 한편 데메트리오스는 님프들에게서 어떤 특별한 음식을 받아서 그것을 소의 발굽 속에 보관해 두었다거나, 그 음식을 그는 조금씩 먹었기 때문에 배설할 필요가 조금도 없었다든지, 또 먹는 모습을 남에게 보인 적이 한 번도 없었다든지 그런 식으로 기록되어 있는 사람들의 이야기도 전해지고 있다. 또 티마이오스*58도 제2권에서 그에 관해 말하

---

*58 시칠리아의 타우로메니움을 다스린 참주의 아들로 역사가. BC 356년 무렵~260년 무렵. 이소크라테스파의 수사학을 공부하여 페리파토스파 철학자와도 교류. 38권의 〈시칠리아 역사〉로 유명.

고 있다. 나아가 크레타인들은 그에 대해 마치 신에게 하듯이 제물을 바쳤다고 말하는 사람들도 있다. 왜냐하면 그 사람들에 따르면, 그는 예견 능력이 대단한 사람이기도 했기 때문이다. 실제로 그는 아테네에 머무는 동안에 항구도시 무니키아를 보고 이렇게 말했다. 그 땅이 앞으로 아테네인에게 얼마만한 재앙의 불씨가 될지를 그들은 모른다. 만일 안다면 그들은 이〔齒〕로라도 그 땅을 쳐부수었을 테니까라고.*[59] 게다가 그는 이것을 일이 일어나기 훨씬 전에 말하고 있었던 것이다. 또 그는 스스로를 아이아코스*[60]라고 부른 최초의 인물이었다는 것, 아르카디아인에 의해 정복되리라고 라케다이몬인에게 예언한 것, 또 그의 영혼은 몇 번이고 환생한 것이라는 주장 등이 전해지고 있다.

(115) 테오폼포스는 〈기담집〉에서 에피메니데스가 님프들의 신전을 세우고 있었을 때, "에피메니데스여, 님프들의 신전이 아니라 제우스의 신전을"이라는 목소리가 갑자기 하늘에서 들려왔다는 이야기와, 또 앞에서 말한 것처럼 아르카디아인에 의해 라케다이몬인은 패배하리라고 그는 크레타인에게 예언하고 있는데, 실제로 라케다이몬인은 오르코메노스에서 패배를 당했다는 이야기를 쓰고 있다.

또 그는 잠을 잔 세월만큼의 날수 동안에 늙어 갔던 것이다. 왜냐하면 이것도 테오폼포스가 쓰고 있기 때문이다. 또 밀로니아노스*[61]는 〈유사사례집〉에서 크레타인은 그를 쿠레스*[62]라고 불렀다고 쓰고 있다. 또 라케다이몬인들은 그의 시신을 어떤 신탁에 따라 자기들의 장소에 보존하고 있다고 라코니아 사람 소시비오스*[63]는 전하고 있다.

에피메니데스라는 이름의 사람은 그 밖에도 2명이 더 있었다. 하나는 계보학자이고, 다른 한 사람은 로도스섬에 관해 도리스 방언으로 글을 쓴 사람이다.

---

*59 아테네에 참주제의 부활을 위해 페이시스트라토스의 아들 히피아스가 BC 525년에 그 산을 축성화한 것을 가리키는 듯하다.

*60 제우스와 아이기나의 아들 아이아코스를 가리키는 듯하다. 아이아코스는 신을 공경하는 사람으로 알려져 있었으므로 그렇게 부른 것 같다.

*61 흑해 연안의 아마스토리스 출신의 역사가. 그 이외는 불명.

*62 크로노스의 아내 레아에게서 갓난아기 제우스를 수호하라는 부탁을 받은 크레타섬의 정령.

*63 라코니아(스파르타) 사람으로 문서학자. BC 3세기 중반 무렵에서 BC 2세기 중반에 걸쳐 활동. 스파르타의 역사를 다룬 글이 특히 유명.

11 페레키데스

(116) 페레키데스는 바비스의 아들로 슐로스섬 사람이다. 알렉산드로스[*64]가 〈철학자들의 계보〉에서 쓴 바에 따르면 그는 피타코스의 제자였다. 또 그는 테오폰포스의 말처럼 자연과 신들에 관해 그리스어로 글을 쓴 최초의 인물이었다.

그러나 그에 대해서는 수많은 경탄할 만한 이야기들이 전해지고 있다. 즉 그가 사모스섬의 해안을 걷고 있을 때, 한 척의 배가 순풍을 받아 나아가고 있는 것을 보고, 이 배는 곧 가라앉으리라고 말했는데, 정말로 그의 말대로 그가 보는 앞에서 가라앉았던 것이다. 또 그는 우물에서 퍼올린 물을 마시면서 사흘째 되는 날 지진이 일어나리라고 예언했는데, 실제로 그렇게 되었다. 나아가 올림피아에서 돌아오는 길에 메세네에 이르렀을 때, 그는 여관 주인 페릴라오스에게 가족과 함께 이곳을 떠나라고 충고했다. 그러나 페릴라오스는 그 충고에 따르지 않았는데, 그 뒤 메세네는 적에게 점령을 당하고 말았던 것이다.

(117) 또 테오폰포스가 〈기담집〉에 쓴 바에 따르면 그는 라케다이몬인에게 금과 은을 존중하지 말라고 말했는데, 이것은 헤라클레스가 꿈속에서 그에게 그렇게 하라고 명령한 것이고, 또 같은 날 밤에 헤라클레스는 왕들에게 페레키데스를 따르도록 명령했다는 것이다. 그러나 어떤 사람들은 이 이야기를 피타고라스와 연결짓고 있다.

또한 헤르미포스는 다음과 같은 이야기를 전하고 있다. 에페소스와 마그네시아 사이에 전쟁이 벌어졌을 때, 그는 에페소스 사람이 이기기를 바라고 있었

[*64] 밀레토스 출신으로 BC 1세기에 활동했던 문서학자. '폴리히스토르(박식가)'라는 별명을 얻었을 정도로 다재박학한 사람. 미트리다테스전쟁에서 포로가 되어 로마로 연행되어 코르넬리우스 렌투르스의 집에서 노예살이를 했는데, 술라에 의해 해방되어 시민권을 얻었다. 수많은 저서가 있는데, 〈철학자들의 계보〉는 이 책에서 자주 인용되고 있다.

는데, 지나가던 사람에게 어디서 오느냐고 물었더니 그 사람이 '에페소스에서' 온다고 대답하자, "그렇다면 내 다리를 잡아끌고 가서 나를 마그네시아땅에 내려놓아 주시오. 그리고 당신들의 나라가 승리를 거둔 뒤에 당신의 나라 시민들에게 나를 그 땅에 장사지내 달라고 전해주시오. 이것이 페레키데스의 마지막 당부요"라고 그는 그 사람에게 말했다.

(118) 그래서 그 사람은 그대로 전했다. 하루 뒤에 에페소스인은 마그네시아인을 공격하여 그들을 무찔렀는데, 페레키데스가 죽어 있는 것을 발견하고 그자리에 그를 후하게 장사지내 주었던 것이다. 그러나 어떤 사람들의 전하는 바로는 그는 델포이에 가서 코리코스산에서 몸을 던졌다고 되어 있다. 그러나 아리스토크세누스가 〈피타고라스와 그의 제자들〉에 쓴 바에 따르면 그는 병으로 세상을 떠났으며, 피타고라스에 의해 델로스섬에 매장되었다는 것이다. 또 다른 전하는 바에 따르면 그는 슬증(虱症)에 걸려 죽은 것으로 되어 있다. 그리고 당시에 피타고라스도 그의 병문안을 와서 병세가 어떠냐고 물었을 때, 그는 문틈으로 손가락을 내밀고 "피부를 보면 알 수 있을 걸세"라고 대답했다고 한다. 이런 일화 때문에 이렇게 말하는 방식은 문서학자들 사이에서 '보다 나쁜 상태에 있음'을 의미할 때 쓰는 사람들도 있는데 그것은 잘못이다.

(119) 그는 또한 신들은 탁자를 '티오로스'(봉납품을 위한 받침대)라고 불렀다고 말했다.

한편, 에페소스 사람 안드론은 페레키데스라는 이름의 슐로스 출신 사람은 두 명이 있는데, 하나는 천문학자이고 다른 한 사람은 바비스의 아들로 신들에 관해 논했던 사람인데, 피타고라스도 그 사람에 관해 공부했다고 쓰고 있다. 그러나 에라스토테네스[65]는 슐로스 출신의 페레키데스는 단 한 명뿐이고, 다른 한 사람은 아테네인으로 계보학자였다고 하고 있다.

슐로스의 페레키데스가 쓴 책이 남아 있는데, 그 첫머리에는 "자스(제우스)와 크로노스(시간)와 크토니에(대지)는 항상 있었다. 그러나 크토니에가 '게'라는 이름이 된 것은 자스가 그것을 칭찬하여 대지(게)를 주었기 때문이다"라고

---

*65 키레네 출신. BC 275년 무렵~194년. 당시의 가장 재능 많은 학자의 한 사람으로, 그가 최초로 자신을 가리켜 '필로로고스'라고 불렀다고 한다. 프톨레마이오스 3세의 초청으로 알렉산드리아의 도서관장이 된다. 문예비평·연대고증·수학·지리학·천문학 등 여러 방면의 저서가 있고, 철학사 책도 썼다.

되어 있다. 또한 그가 만든 해시계도 슐로스섬에 보관되어 있다.

두리스는 〈연대기(홀로이)〉 제2권에서 그의 무덤에는 다음과 같은 명문이 새겨져 있었다고 쓰고 있다.

(120) 나에겐 모든 지혜가 갖춰져 있다. 하지만 그 이상의 어떤 지혜가 있다고 한다면, 그것을 나의 벗 피타고라스에게 보여달라. 그 사람이야말로 그리스의 땅에서, 가장 뛰어난 지자(知者)이기 때문이다.

이렇게 공언해도 나는 결코 거짓을 말하는 것이 아니다.

또 키오스 사람 이온*⁶⁶은 그에 관해 다음과 같이 쓰고 있다.

이 사람은 그렇게나 사내답게 용감하고 아주 신중해서,
몸은 사라져도 영혼은 기쁜 삶을 보내고 있다.
현자 피타고라스가 진정으로 모든 사람의 생각을 알고 있어서,
그것을 깊이 간파하고 있다면.

또한 내가 페레클라테스의 운율을 사용하여 지은 다음과 같은 에피그램도 있다.

슐로스가 낳은
영예도 드높은 페레키데스.

(121) 그의 본디 모습은 이(蝨)의 먹이가 되어서
온전한 데가 없다고 이야기는 전한다.
또한 "나를 즉각 마그네시아 사람 안에 두어라.
고귀한 에페소스 시민에게
승리를 가져오기 위하여"라고 명령했다고도 한다.
오직 그만이 아는 신탁이 있어,

---

*66 키오스 출신의 그리스 비극작가. BC 5세기 사람.

그것을 명령하였다.

이리하여 그는 이 사람들의 땅에서 목숨을 다했다.

이것은 진실이다.

만일 누군가 참된 현자가 있다면,

살아 있는 동안에도, 죽은 뒤에도

사람들을 이롭게 하리라.

그가 살았던 것은 제59회 올림픽 대회기간(BC 544~541년) 무렵이었다. 또한 그는 다음과 같은 편지도 썼다.

탈레스에게
페레키데스

(122) '당신에게 정해진 그 날이 찾아왔을 때는 부디 기꺼운 마지막을 다하시기를. 당신에게서 편지를 받고 얼마 안 있어 나는 병에 걸리고 말았습니다. 나는 온몸에 이가 슬어 오한이 따른 극심한 열에 휩싸여 있습니다. 그래서 나는 하인들에게 나를 묻은 다음에 내가 쓴 것을 당신에게 보내라고 명령해 두었습니다. 만일 당신이 다른 현명한 분들과 함께 그것을 인정하신다면 부디 세상에 내놓아 주십시오. 그러나 인정할 수 없겠거든 그러지 마시기 바랍니다. 저도 아직 만족할 만한 것은 못되니까요. 내가 쓰고 있는 것은 증명된 사실은 아니거니와, 또 나는 진실을 알고 있다고 말할 마음도 없습니다. 당신이 신들에 관해 논하실 때 채택해주시는 것이 뭔가 있다 하더라도 아직은 더 깊이 생각해야 할 것이 남아 있으며, 게다가 나는 모든 것이 어렴풋하기만 할 따름이니까요.

나는 병 때문에 차츰 쇠약해지고 있어서 어떤 의사도, 또 벗들마저도 내 방 안에 들이지 않고 있습니다. 하지만 그들은 문 앞에 서서 상태가 어떠냐고 묻습니다. 그러면 나는 문구멍으로 손가락을 내밀어서 내가 얼마나 심각한 상태에 있는지를 그들에게 보여주고 있습니다. 그래서 그들에게는 내일 페레키데스를 묻으러 오라고 당부해 두었습니다.'

위에 든 것이 현자라 불리는 사람들이다. 그 사람들에게 추가로 참주 페이시스트라토스도 현자 안에 넣는 지은이들도 있기는 하다. 그러나 지금은 철학자들에 관해 말하고 있다. 그래서 맨 먼저 이오니아의 철학부터 시작해야 하는 것이다. 그 철학의 창시자는 탈레스이고, 아낙시만도로스는 그에게서 가르침을 받았다.

제 2 권

1 아낙시만드로스

(1) 아낙시만드로스는 프락시아데스의 아들로 밀레토스 사람이다. 이 사람은 무한정한 것(아페이론)을 만물의 근원이자 원소라고 주장하면서 그것을 공기라든가 물 같은 그 밖의 것으로 한정하지는 않았다. 그래서 그 부분 부분은 변화하지만, 전체는 불변한다고 보았다. 또 지구는 구(球)의 모양을 이루고 우주의 중심을 차지하고 있으면서 그 한가운데에 있다고 했다. 또 달은 남의 빛을 빌려서 빛나는 것으로 그것은 태양으로부터 빛을 받은 것이다. 그러나 그 태양은 지구보다 작지는 않고 가장 순수한 빛으로 이루어져 있다고 했다.[*1] 그는 또한 '그노몬'의 최초의 발명자이고, 이것을 태양의 그림자를 측정하기 위한 해시계로 라케다이몬(스파르타)에 설치했는데,[*2] 파보리누스가 〈역사연구잡록집〉에 쓴 바에 따르면, 그것은 태양의 여름·겨울의 '지점(至點)'과 봄·가을의 '분점(分點)'을 나누는 도구였다. 또 그는 시간을 알리는 도구(호로스코페이온)도 만들었다.

(2) 나아가 그는 육지와 바다의 윤곽을 지도 위에 그린 최초의 사람일뿐만 아니라 천구의(天球儀)도 만들었다.

한편 그는, 자신의 학설의 요강을 세상에 발표했는데, 아테네 사람 아폴로도로스도 이것을 입수했던 것 같다. 아폴로도로스는 또한 〈연대기〉에서 아낙시만드로스는 제58회 올림픽 대회기간의 두 번째 해(BC 547년)에 64세였고, 그 뒤 얼마 안 있어 세상을 떠났다고 쓰고 있다.〔이것으로 그는 사모스섬의 참주, 폴리크라테스와 거의 같은 시기에 전성기를 지낸 것이 된다.[*3]〕

[*1] 이런 천문학상의 발견들은 아낙사고라스의 것이라고 보는 편이 보다 적절할 것이다(힉스).
[*2] 헤로도토스 〈역사〉 제2권 109절 참조. 그것에는 바빌로니아인이 그노몬의 발명자로 되어 있다(힉스).
[*3] 이 문장을 롱은 딜스를 좇아 삭제하고 있다. 연대적으로 보아 이 기록은 아낙시만드로스보

그가 노래를 부르고 있으면 아이들이 웃었으므로, 그는 "그러면 이 아이들을 위해 노래를 더 잘 불러야겠군"이라고 말했다는 이야기가 전해진다.

또한 아낙시만드로스라는 이름의 사람은 그 밖에도 한 명이 더 있었다. 밀레토스 출신으로 이오니아 방언으로 저술 활동을 한 역사가가 있었다.

다 피타고라스에게 적합하기 때문이다.

2 아낙시메네스

(3) 아낙시메네스는 에우리스트라토스의 아들로 밀레토스 사람이며, 아낙시만드로스의 제자였다. 어떤 사람들에 따르면 그는 또한 파르메니데스의 제자이기도 했다고 한다. 이 사람은 만물의 근원은 공기(아에르)이며, 그리고 이것은 무한한 것(아페이론)이라고 했다. 또 별들은 지구 둘레를 운동하고 있는 것이지 그 아래를 운동하고 있는 것이 아니라고 했다. 그는 간결하고 꾸밈이 없는 이오니아 방언으로 글을 썼다.

아폴로도로스가 쓴 바에 따르면 그는 사르디스가 키루스의 공략을 받았을 즈음(BC 546년)에는 생존해 있었고, 또 제63회 올림픽 대회기간 동안(BC 528~525년)에 세상을 떠났다고 한다.

또한 아낙시메네스라는 이름의 사람은 이밖에도 두 명이 더 있는데 모두 람프사코스 사람으로 그 중 하나는 변론가이고, 다른 하나는 역사가이다. 변론가 쪽은 알렉산드로스의 업적에 대하여 글을 쓴 사람이고, 역사가는 그 사람의 조카이다.

그런데 이 철학자(아낙시메네스)는 또한 다음과 같은 편지를 썼다.

피타고라스에게
아낙시메네스

(4) '엑사뮈아스의 아들 탈레스는 고령으로 세상을 떠났습니다만, 행복한 분은 아니었습니다. 그분은 평소의 습관대로 하녀를 데리고 밤중에 집을 나와서 별을 관찰하고 계셨습니다. 관찰하는 도중에 자신이 어디에 서 있는가 하는 것이 염두에 없었기 때문에 깎아지른 벼랑에서 발을 헛디뎌 굴러떨어진 것입니다. 이렇게 하여 지금, 밀레토스 사람들은 천공에 관해 이야기를

해 주실 분을 잃고만 것입니다. 그러나 그분의 제자였던 우리는 우리들 스스로가 그분을 잊지 말도록 함과 동시에 우리의 자녀와 제자들에게도 그렇게 하도록 합시다. 그리고 앞으로도 그분이 말씀하신 것에 의해 서로를 위로함과 동시에, 우리의 논의는 모두 탈레스에 관한 말로 시작하기로 합시다.'

또 다음과 같은 편지도 있다.

피타고라스에게
아낙시메네스

(5) '당신은 우리 가운데의 누구보다도 현명했습니다. 사모스에서 크로톤으로 거처를 옮기고, 거기서 평화롭게 지내고 계시다니요. 아이아케스의 아들들은 참지 못할 악행을 제멋대로 저지르고 있고, 밀레토스는 독재자들이 계속 지배하고 있으니까요. 또 메디아 사람들의 왕도 우리에게는 두려움의 대상입니다. 공물을 바치고 신하로 따를 작정이라면 모르지만 말입니다. 그러나 이오니아 사람은 다들 자유를 위해 메디아 사람과 전쟁을 시작하려 하고 있습니다. 그러나 일단 전쟁이 시작되면 우리에게는 이제 살아날 가망은 없습니다. 그렇다면 파멸이냐 예속이냐의 두려움 속에 있으면서 어떻게 아낙시메네스는 천공 이야기를 할 마음이 내키는 것인지요. 이에 반해 당신은 크로톤 사람들의 후원을 받고 계시고, 또 다른 이탈리아인들에게서도 호의를 얻고 계십니다. 그래서 시칠리아에서도 제자들이 당신에게 밀려들고 있는 것입니다.'

3 아낙사고라스

(6) 아낙사고라스는 헤게시불로스 또는 에우불로스의 아들로 클라조메나이 사람이다. 이 사람은 아낙시메네스의 제자이며, 최초로 질료보다 지성(知性, 누스)을 우선한 사람이다. 왜냐하면 그의 저서의 첫머리에는—이 저서는 매력적이고 더구나 위엄 있는 필치로 씌어 있다—"모든 것이 뒤죽박죽이었다". 그래서 누스가 찾아와 그것들에게 질서를 부여했다는 식으로 씌어 있기 때문이다. 그렇기 때문에 또한 그는 '누스'라는 별명을 듣게 되기도 했고, 티몬도 〈실로이〉에서 그에 관해 다음과 같이 쓰고 있는 것이다.

> 아낙사고라스는 힘찬 영웅으로 누스라 불렸다.
> 왜냐하면 그는 지성을 갖추고 있는데, 그 지성은 별안간 눈을 뜨더니,
> 무질서한 상태에 있던 만물에 반듯한 질서를 부여했으므로.

이 사람은 타고난 환경과 재산의 면에서도 뛰어났는데, 게다가 도량의 크기도 걸출했다. 사실 그는 아버지에게서 받은 재산을 친척들에게 양도했기 때문이다.

(7) 즉 그는 친척들에게서 재산을 돌보지 않는다는 비난을 받았을 때, "그렇다면 어째서 당신들이 그것을 돌보지 않는가?"라고 대답했던 것이다. 그래서 결국 그는 세상을 떠나 공적인 일에 번뇌하는 일 없이 자연 사물의 연구에 전념했던 것이다.

어떤 사람이 "당신은 조국이 조금도 걱정되지 않는가?"라고 물었을 때, "말을 삼가 주게나. 나는 조국을 크게 심려하고 있으니"라고 대답했는데, 그 손가락은 하늘을 가리키고 있었다는 것이다.

그는 크세르크세스가 그리스를 침공했을 때 20살이었고, 72년을 살았다고

한다. 아폴로도로스는 〈연대기〉에서, 그는 제70회 올림픽 대회기간(BC 500~497년)에 태어나 제88회 올림픽 기간의 첫해(BC 428년)에 세상을 떠났다고 쓰고 있다. 또 그는 칼리아스[4]가 아르콘이던 당시에 아테네에서 철학을 공부하기 시작했는데, 그것은 그가 20살 되던 해였다. 이것은 팔레론 사람 데메트리오스가 〈아르콘록〉에서 쓰고 있는 내용이다. 그래서 그는 아테네에 30년 동안 머물렀다고 전해지고 있다.

(8) 그는 태양은 타오르는 금속의 덩어리이고, 펠로폰네소스반도보다 크다고 말했다. 다만 이것은 자연학자인 탄탈로스의 설이라고 보는 사람들도 있기는 하다. 또 달에는 집이 있으며, 나아가 산과 골짜기도 있다고 했다. 그는 또 동질소(부분이 전체와 비슷한 것, 호모이오멜레이아)를 만물의 근원으로 보았다. 왜냐하면 황금이 사금이라고 불리는 작은 입자로 구성되어 있는 것처럼, 만유도 동질의 작은 물체가 합성된 것이라고 그는 생각했기 때문이다. 또 누스(知性)가 운동의 근원이라고 했다. 그리고 물체 속에 있는 것, 예를 들면 흙은 무거워서 아래쪽을 차지하고, 어떤 것, 예를 들면 불은 가벼워서 위쪽에 머무는데, 물과 공기는 그 가운데에 있다고 했다. 즉 그런 식으로 수분이 태양에 의해 증발되어 공기가 된 다음에 평평한 대지가 떠받치게 되었고, 그 다음에 바다가 가라앉기 시작했다는 것이다.

(9) 별들은 맨 처음에는 천공 속을 마치 톨로스(반원형의 지붕을 지닌 건물) 속에 있는 것처럼 움직이고 있었기 때문에 눈에 보이는 천정은 항상 머리 위의 수직방향에 있었는데, 나중에 위치가 기울어지게 되었다. 또 은하는 태양에 의해 빛나는 것이 아니라 별들의 빛을 반영한 것으로 보았다. 그래서 혜성은 불꽃을 내뿜은 행성의 결합에 의해 생겨난 것이고, 유성은 공기에 의해 날아 흩어지는 폭죽 같은 것이라고 했다. 또 바람은 공기가 태양열에 의해 희박해졌을 때 생겨나며, 천둥은 구름의 충돌, 번개는 구름의 급격한 마찰, 그리고 지진은 공기가 대지 속으로 가라앉는 것으로 보았다.

나아가 동물은 맨 처음에는 습기와 열과 흙 상태의 물질로부터 생겨난 것으

---

[4] 이것은 칼리아스가 아니라 칼리아데스의 오기인 듯하다. 칼리아스가 아르콘이던 해는 BC 456년이고, 칼리아데스가 아르콘이던 해는 BC 480년인데(제2권 45절 참조), BC 500년 무렵에 태어난 아낙사고라스가 철학을 공부하기 시작한 것이 20살 때였다고 한다면 후자 쪽이 타당하기 때문이다.

로 나중에는 서로에게서 생겨나왔고, 그 경우에 오른쪽에서 태어난 것이 수컷이고, 왼쪽에서 태어난 것이 암컷이라고 했다.

(10) 그는 아이고스포타모스 근처 운석이 떨어질 것이라고 예언했다고 한다. 그는 그것이 태양에서 떨어졌을 것이라고 말했던 것이다. 그래서 에우리피데스도—그는 아낙사고라스의 제자였다—〈파에톤〉에서[*5] 태양을 '황금 덩어리'라고 불렀던 것이다.

또 그는 올림피아에 갔을 때 당장에라도 비가 내릴 것처럼 양가죽 외투를 뒤집어쓰고 앉아 있었는데, 실제로 비가 내리기 시작했다는 이야기도 있다.

또 어떤 사람이 그에게 람프사코스산은 언젠가 바다가 되는 일이 있겠느냐고 물었을 때, "시간만 부족하지 않다면"이라고 대답했다는 것이다.

대체 무엇 때문에 태어났느냐는 질문을 받았을 때 그는 "태양과 달과 하늘을 관찰하기 위해서"라고 대답했다.

"아테네는 당신을 버렸다"고 말한 사람에게는 "아니, 버린 게 아니라 내가 그들을 버렸다"고 되받았다.

그는 마우솔로스의 무덤을 보았을 때, "큰돈을 들인 무덤은 돌로 변한 재산의 그림자이다"라고 말했다.[*6]

(11) 이국땅에서 죽는 것을 슬퍼하는 사람에게 그는 "하데스(저승)로 내려가는 것은 어디서든 마찬가지다"라고 하여 그 사람을 위로했다.

파보리누스가 〈역사연구잡록집〉에 쓴 바에 따르면, 호메로스의 시가 덕과 정의를 주제로 한 것이라는 의견을 최초로 밝힌 것은 아낙사고라스로 추정된다. 그리고 그 설을 더욱 부연한 것은 그의 지인인 람프사코스 사람, 메트로도로스였다. 이 사람은 호메로스의 자연학적인 지식에 관해 열심히 연구한 최초의 사람이었던 것이다.

아낙사고라스는 또한 최초로 도해를 삽입한 책을 펴낸 사람이기도 했다.

또 실레노스[*7]가 〈역사〉 제1권에 쓴 바로는 운석이 하늘에서 떨어진 것은

[*5] 단편 783 (나우크 엮음, 제2판).

[*6] 마우솔로스가 칼리아를 지배한 것은 BC 377년에서 353년 무렵에 걸쳐서였고, 그리고 그의 호화로운 무덤이 부인에 의해 건설된 것은 BC 350년 전후의 일로 추정되므로, 아낙사고라스가 그것을 보았다는 것은 연대적으로 생각할 수 없는 일이다. 따라서 이 기록은 잘못된 것이거나, 아니면 누군가 다른 사람의 말일 것이다.

[*7] 키오스 출신의 신화학자. 연대 미상. 〈신화사〉 2권의 지은이.

데밀로스*8가 아르콘이던 때이다.

(12) 그리고 아낙사고라스는 하늘 전체는 돌로 구성되어 있는데, 다만 급속한 회전운동 때문에 그것은 응집해 있는 것이고, 만일 느슨해지면 허물어져 떨어질 것이라고 말했다고 한다.

그의 재판에 관해서는 가지각색의 설명이 붙어 있다. 즉 소티온이 〈철학자들의 계보〉에 쓴 바에 따르면, 클레온이 불경죄라는 명목으로 그를 고소했는데, 그것은 그가 태양은 타오르는 금속 덩어리라고 말했기 때문이라고 한다. 그러나 그의 제자인 페리클레스가 그를 위해 변호해 주었으므로 그는 5탈란톤의 벌금을 물고 추방되었다는 것이다. 그러나 사티로스가 〈철학자전〉에서 쓰기로는 페리클레스의 정적이었던 투키디데스가 그를 재판에 부쳤고, 더구나 그 죄과는 단순히 불경죄뿐만이 아니라 페르시아와의 내통도 있었다. 또한 궐석재판으로 사형선고를 받은 것으로 되어 있다.

(13) 또한 유죄판결과 자식들의 죽음이라는 두 가지 소식이 동시에 그에게 전해졌을 때, 유죄판결에 대해서는 "나를 재판한 사람들에게도, 또 나에게도 이미 오래 전에 자연이 사형선고를 내렸다"고 그는 말했다. 한편 자식들에게는 "그들이 언젠가는 죽을 운명으로 태어났음을 나는 알고 있었다"고 말했다는 것이다. 그러나 그 뒤의 이야기는, 어떤 사람들은 이것을 솔론에게 돌리고, 또 어떤 사람들은 크세노폰에게로 돌리고 있다. 또 그는 자식들을 자기 손으로 묻었다고 팔레론 사람 데메트리오스는 〈노년에 대하여〉에서 쓰고 있다.

또한 헤르미포스가 〈철학자전〉에 쓴 바에 따르면 그는 사형선고를 받고 감옥에 갇혀 있었는데, 페리클레스는 민중 앞(민회)에 나와서 자기의 지금까지의 정치적 삶 속에 뭔가 오점이 있었는지를 물었다. 그러자 민중은 아무것도 없다고 대답했으므로 페리클레스는 "그런데 나는 그 사람의 제자이다. 그러므로 여러분은 중상에 휘말려서 그 사람을 사형에 처하는 일은 하지 말기 바란다. 아니, 내 말에 따라 그를 사면해 주었으면 한다"고 말했다. 그 결과, 그는 사면을 받게 되는데, 그러나 자기에게 가해진 부당한 처사를 견디지 못하여 자살했다고 한다.

(14) 그러나 히에로니무스가 〈잡록집〉 제2권에 쓴 바에 따르면, 페리클레스

---

*8 데밀로스라는 이름의 아르콘은 없었으므로 데모티온(BC 470년에 아르콘)·리시스트라토스 (BC 467년)·디필로스(BC 442년)의 이름을 대신 들고 있다(힉스).

는 병으로 인해 바짝 야위고 쇠약해진 그를 법정으로 연행했기 때문에, 그는 사실의 심리에 의해서보다 오히려 재판관들의 동정에 의해 사면된 것이라고 한다. 그의 재판에 관해서는 여기서 그치기로 한다.

그는 또한 데모크리토스에게서 회담을 거부당했기 때문에 데모크리토스에게 적의를 품고 있었다는 인상을 주었던 것 같다.

또 그는 마지막에는 람프사코스에서 물러나 그 땅에서 죽었는데, 그때 그 나라의 관리들이 그에게 뭔가 바라는 것이 있느냐고 물었더니, "내가 죽은 달에 자식들이 해마다 휴일을 갖게 되면 좋겠다"고 그는 대답했다고 한다. 그래서 그 습관은 지금도 지켜지고 있다.

(15) 한편 그가 죽었을 때, 람프사코스 사람들은 그를 후하게 장사지내고, 그의 무덤 위에 다음과 같이 썼다.

> 멀리 우주의 끝까지 진리를 추구한 뒤에,
> 아낙사고라스는 여기에 잠들다.

또 내가 그를 위해 지은 에피그램도 있다.

> 태양은 타오르는 금속의 덩어리라고 한 때문에,
> 아낙사고라스는 결국 사형에 처해지고 말았지만,
> 벗 페리클레스가 그를 구하였다. 그러나 그는,
> 자기 손으로 목숨을 끊는다. 마음에 상처를 입은 때문에.

또한 아낙사고라스라는 이름의 사람은 그 밖에도 세 명이 더 있었다. 하나는 이소크라테스의 학원에 속해 있었던 변론가이고, 하나는 조각가로 안티고노스[*9]가 말하는 사람이다. 그리고 다른 한 사람은 제노도토스의 제자로 문서학자이다.

---

*9 에우보이아의 카리스토스 출신. BC 3세기 중반 무렵에 활동한 저술가이자 조각가. 아테네에서 살던 당시에 아카데메이아와 교류가 있었지만, 나중에 페르가몬의 아탈로스 1세 밑에서 활동했다. 〈철학자전〉 외에 〈이상한 이야기 모음집〉 〈어법론〉 등의 저서가 있다.

4 아르켈라오스

(16) 아르켈라오스는 아테네 또는 밀레토스 사람으로서 그의 아버지는 아폴로도로스—일설로는 미돈—이고, 아낙사고라스의 제자에 소크라테스의 스승이었다. 이 사람[*10]이 최초로 자연철학을 이오니아에서 아테네로 도입했던 것이다. 그리하여 그는 자연학자라 불렸는데, 소크라테스가 윤리학을 내놓음으로써 자연철학은 그에게서 끝났다. 그러나 그도 윤리학에 손을 댔던 것 같다. 왜냐하면 법률에 대해서나, 또는 아름다운 것과 올바른 것에 대해서도 이미 논하고 있었기 때문이다. 그리고 소크라테스는 그에게서 그런 주제를 이어받아서 최고도로 완성시켰기 때문에 윤리학의 발견자로 인정을 받았다.

한편 아르켈라오스는 생성 원인은 두 가지, 즉 열과 차가움이라고 했다. 또 생물은 진흙에서 태어난다거나, 나아가 올바른 것과 추한 것은 본디 그런 것이 아니라 법률습관에 의한 것이라고 말했다.

(17) 또 그의 이론은 다음과 같다. 즉 물(가용성물질)이 열 때문에 유동상태가 될 때, 한편으론 그것이 불의 작용에 의해 중앙에 모여서 응집할 때에 한해서 흙(대지)을 만들어내고, 다른 한편으론 그것이 주변으로 흘러나가는 한 공기를 낳게 된다. 이리하여 흙(대지)은 공기에 의해, 또 공기는 이것을 둘러싸는 불에 의해 유지되고 있다고 그는 주장한다.

또한 생물은 흙에서 생겨난다고 했는데 그것은 흙이 따뜻해져서 젖과 비슷한 진흙을, 말하자면 양분 같은 것으로서 방출하기 때문이며, 그리고 이와 같이 하여 인간도 흙으로 만들어낸 것이라고 그는 말한다.

또 그는 최초로 소리는 공기의 진동에 의해 생겨난다고 주장했으며, 나아가 바다가 대지의 움푹 팬 곳에 만들어진 것은 그것이 대지 안으로 스며들었기

[*10] '이 사람'이 아르켈라오스를 가리킨다고 하면 문제가 있다. 자연학을 아테네에 최초로 도입한 것은 아르켈라오스가 아니라 그의 스승인 아낙사고라스였기 때문이다.

때문이라고도 했다. 또 그는 태양은 별들 가운데 가장 큰 것이라든지, 만유는 무한하다는 식으로 말했다.

나아가 아르켈라오스라는 이름의 사람은 그 밖에도 세 명이 더 있었다. 한 사람은 알렉산드로스에 의해 정복된 땅의 지지(地誌)를 쓴 사람. 다른 한 사람은 〈자연의 기이(奇異)〉를 지은 사람. 또 한 사람은 변론술 교본을 쓴 변론가이다.

5 소크라테스

(18) 소크라테스는 석공(조각가) 소프로니스코스와 플라톤이 〈테아이테토스〉(149A)에서 쓰고 있는 것처럼 산모도우미 파이나레테 사이에서 태어난 아들로 아테네인이고, 알로페케구에 속해 있었다. 사람들은 그가 에우리피데스의 극작에 협력한 것으로 짐작했다. 그래서 므네시로코스*[11]는,

> 이것은 에우리피데스의 새로운 극, 〈프리기아인〉(프리게스)인데, ……
> 여기에는 소크라테스도
> 장작(프리가나)을 제공해 주고 있다.

라고 한 것과, 또는 "소크라테스가 계승한 에우리피데스의 여러 작품"이라고 말하고 있기 때문이다. 또 칼리아스*[12]가 〈붙잡힌 사람들〉에서

> 갑 : 대체 너는 뭘 믿고 그렇게 잘난 체를 하느냐?
> 을 : 나에겐 다 그럴 만한 까닭이 있소. 소크라테스가 내 뒤를 받쳐주기 때문이오.

라고 했다든지, 아리스토파네스가 〈구름〉에서,*[13]

---

*11 에우리피데스의 둘째 아들로 배우.
*12 아티카 고전희극작가의 한 사람. BC 446년에 첫 우승. 크라티노스의 라이벌이었다고도 한다.
*13 이것은 개작하기 전의 〈구름〉이거나, 아니면 현존하지 않는 작품 〈테레클레이데스〉의 잘못 인 것 같다(힉스).

또한 에우리피데스를 위해 저 대단한 입심으로,
똑똑한 비극작품을 만들어준 것은 이 사내인 것이다.

라고 한 것도 바로 그 때문이다.

(19) 어떤 사람들에 따르면 그는 아낙사고라스의 제자였다고 하고, 게다가 또 알렉산드로스가 〈철학자들의 계보〉에 쓴 바에 따르면 다몬*14의 제자였다고도 한다. 그리고 아낙사고라스가 유죄판결을 받은 뒤에 그는 자연학자 아르켈라오스의 제자가 되었는데, 그 아르켈라오스에게서 많은 영향을 받았다고 아리스토크세누스는 쓰고 있다.

그러나 두리스는 그가 또한 노예로 일했고, 돌을 깎는 일을 했었다고 쓰고 있다. 나아가 아크로폴리스에 있는 옷을 입은 우아하고 아름다운 여신들의 상(像)도 그의 작품이라고 하는 사람들도 있다. 그래서 티몬 또한 〈실로이〉에서 다음과 같이 말하고 있는 것이다.

그러자 그 사람들로부터 멀어져 갔던 것이다. 석공인 주제에 법률습관에 관해 억지를 부리고,
그리스의 주술사이면서 엄밀한 토론을 한다고 칭하다니,
변론가들을 우습게 알고, 반쯤 아티카 사투리로 헛소리를 해대는 이 사내라니.

즉 그는 이도메네우스*15도 말하다시피 대단한 변론자였고, 나아가서는 크세노폰의 말대로*16 30인 정권은 그가 언론의 기법을 가르치는 것을 금지했던 것이다.

(20) 또 아리스토파네스는 그는 약한 논점을 강변하는 사람이라며 조롱하고 있다.*17 왜냐하면 파보리누스가 〈역사연구 잡록집〉에서 쓴 바에 따르면, 그는 제자 아이스키네스와 함께 변론수칙을 가르친 최초의 인물이기도 했기

---

*14 아테네의 저명한 음악가.
*15 람프사코스 출신의 정치가·역사가. BC 325년~270년 무렵. 에피쿠로스의 벗.
*16 〈소크라테스의 회상〉 제1권 2장 31절 참조.
*17 〈구름〉 112행 이하 참조.

때문이다. 그리고 그것은 또한 이드메네우스가 〈소크라테스의 제자에 관하여〉
에서 쓰고 있는 바이기도 하다.

그는 또 인생에 대해 논한 최초의 인물이고, 나아가 철학자들 중에서 유죄
판결을 받고 사형에 처해진 최초의 인물이기도 했다.

또한 스핀타루스의 아들 아리스토크세누스는 그가 돈벌이를 했다고도 쓰
고 있다. 그는 일정 액수의 돈을 맡기고, 거기에서 생기는 이자를 저축했다가
그것을 다 쓰고 나면 다시 예금을 시작했다고 하기 때문이다.

또 비잔티온 사람 데메트리오스*[18]가 전하는 바에 따르면, 크리톤이 그의
영혼의 아름다움에 매료되어서 그를 일터에서 옮겨 교육을 받게 해 주었다는
것이다.

(21) 그는 또 자연 연구는 우리에게는 아무런 도움도 되지 않는다는 것을 깨
닫고 일터에서도, 광장에서도 윤리적인 사항을 논했다고 한다. 그러나 또한,

　　집 안에서 일어나는 진정으로 선한 일과 악한 일은 무엇이랴!*[19]

그렇게 말한 것도 탐구해야만 한다고 그는 주장했던 것이다. 그러나 그와
같은 탐구를 할 때, 그는 제 고집대로만 논의를 끌고 갔기에 사람들이 그에게
주먹질을 하거나, 머리끄덩이를 잡는 경우도 때때로 있었다. 또 대부분의 경우
는 바보 대접에 조롱을 당했지만, 그래도 그는 이런 모든 것들을 묵묵히 참고
견뎠다. 그가 발길질을 당해도 참는 것을 보고 누군가 질려 하면 그는 이렇게
말했다는 것이다. "만일 당나귀가 나를 발길로 걷어찼다고 한다면 나는 당나
귀를 상대로 소송을 걸어야 하겠는가?"라고. 위는 데메트리오스가 전하는 내
용이다.

(22) 한편, 그는 다른 많은 철학자들과는 달리 외국에 나갈 필요를 느끼지
못했다. 다만 외지로 출정을 해야만 하는 경우는 예외였지만. 그래서 그는 그
이외의 경우에는 고국에 머물면서, 차츰 패배의 기운을 느끼면서도 문답의 상
대를 해 줄 사람들과 함께 탐구를 계속했던 것인데, 그것은 상대의 의견을 박
탈하기 위해서가 아니라 진실을 확인하기 위해서였다.

＊18 비잔티온 출신의 페리파토스파 철학자. BC 1세기 중반 무렵의 사람. 카토와 친분이 있었다.
＊19 호메로스 〈오디세이아〉 제4권 392행의 시.

또 에우리피데스가 그에게 헤라클레이토스의 책을 건네면서 "이것을 어떻게 생각하는가?"라고 물었을 때, 그는 이에 답하기를, "내가 이해할 수 있었던 부분은 훌륭하거니와, 이해하지 못한 부분도 대단하다고 생각하네. 다만 이 책은 델로스섬의 잠수부가 필요한 것 같군"이라고 말했다고 전해진다.

그는 몸의 단련에도 마음을 썼으므로 몸은 좋은 상태였다. 실제로 그는 암피폴리스로 출정을 나갔고, 또 델리온 전투 때는 말에서 떨어진 크세노폰을 구출하여 생명을 구해주었던 것이다.

(23) 그리고 이 전투에서 아테네군 전체가 패주했을 때는, 그는 이따금 천천히 뒤를 돌아보면서 만일 그를 공격하는 자가 있으면 막아 싸우려고 주의를 기울이면서 홀로 태연히 퇴각하는 것이었다. 그는 또 포티다이아에도 출진했는데, 그것은 바닷길을 통해서였다. 왜냐하면 육로로 가는 것은 도중에 벌어져 있는 전투에 방해를 받아서 전진할 수가 없었기 때문이다.*20 또 이 전쟁에서는 그는 밤새도록 똑같은 자세를 유지한 채로 가만히 있었다는 것과, 그곳에서 공을 세웠지만 그 공에 대한 포상은 알키비아데스에게 양보했다는 것 등이 전해지고 있다. 그리고 그가 이 알키비아데스를 사랑했다는 것이 아리스티포스의 〈옛사람의 사치에 관하여〉 제4권에 나와 있다.

그러나 키오스 사람 이온에 따르면 그는 젊었을 때 아르켈라오스와 함께 사모스섬에 갔다는 것이다. 또 그는 퓨트(델포이)에도 갔다고 아리스토텔레스는 전하고 있다. 그는 이스트모스에도 갔다는 것이 파보리누스의 〈각서〉 제1권에 쓰여 있다.

(24) 그는 지조가 굳은 사람으로서 민주파에 호의를 갖고 있었다. 그것은 크리티아스 일파 사람이 살라미스의 부호 레온을 사형에 처하기 위해 그들의 본거지로 연행해 오라고 명령했을 때, 그가 그 명령에 굽히지 않았던 데서도 분명히 알 수 있다. 또 아르기누사이 해전 건으로 고발당한 10명의 군사위원을 위해 그 혼자서만 무죄에 투표한 것, 그리고 그가 감옥에서 탈출할 수 있었는데도 그렇게 하려 하지 않았던 것, 또 그를 위해 슬퍼하는 사람들을 위로하고, 감옥 속에 있으면서도 그와 같은 가장 아름다운 말들을 남긴 것 등에서도 알 수 있다.

---

*20 힉스는 "그것은 바닷길을 통해서였다"부터 여기까지의 문장을 뒤에 나오는 "이스트모스에도 갔다"의 뒤로 옮길 것을 제안하고 있다.

그는 나아가서 자족할 줄 아는 사람이고 위엄을 갖춘 인물이었다. 팜필레가 〈역사연구잡록집(각서)〉 제7권에서 쓰고 있는 바에 따르면 언젠가 알키비아데스가 그에게 집을 지으라며 넓은 땅을 제공해 주었는데, 그는 이렇게 말했다는 것이다. "가령 내가 신발이 필요하다고 해서 자네가 나에게 직접 신발을 지어 신으라면서 무두질한 가죽을 제공해 준다 한들, 내가 그것을 받는다면 얼마나 우스운 일이 되겠는가."

(25) 또 그는 가게에서 팔리는 많은 물건들을 보면서 자주 이렇게 중얼거리곤 했다. "나에겐 얼마나 많은 것들이 필요치 않은 것일까?"라고. 그리고 그 이암보스조의 시를 끊임없이 읊었던 것이다.

> 은 접시도, 자줏빛 옷도,
> 비극작가에게는 도움이 되지만, 살아가는 데는 쓸모없는 것들.*21

그는 또한 마케도니아의 아르켈라오스도, 크라논의 스코파스도, 라리사의 에우리콜로스도 경멸하여 그들에게서 돈을 받는 일도, 그들의 궁정에 가지도 않았다.

또 그는 매우 규칙적인 생활을 했기 때문에 아테네에 이따금 전염병이 유행할 때에도 그만은 홀로 병에 걸리지 않았다.

(26) 한편 아리스토텔레스의 기록에 따르면,*22 그는 두 명의 여자를 아내로 두었다고 한다. 즉, 최초의 아내는 크산티페로 그녀는 람프로클레스를 낳았다. 두 번째 아내는 미르토로서 그녀는 '의인(義人)' 아리스티데스의 딸이다. 그녀를 지참금 없이 얻었는데 이 아내에게서는 소프로니스코스와 메넥세노스가 태어났던 것이다. 그러나 어떤 사람들은 최초로 결혼한 것은 미르토라고 하고, 또 두 사람을 동시에 아내로 두었었다고 하는 사람들도 있다. 이 후자 사람들 중에는 사티로스와 로도스 사람 히에로니무스도 포함되어 있다. 즉 이 사람들의 말에 따르면 아테네 사람은 인구가 부족했기 때문에 그 숫자를 늘리려고 결혼은 한 명의 아테네 시민 여성과 하지만, 자식은 다른 여성에게서

---

*21 스토바이오스의 〈시화집〉 (56, 15)은 이것을 신희극의 시인 필레몬의 것이라고 하는데, 만일 그렇다면 소크라테스가 이 문구를 읊조리지 못했을 것이다(힉스).

*22 단편 93(로제 엮음, 제3판).

낳아도 괜찮다고 의결했으며, 그래서 소크라테스도 그렇게 했다는 것이다.

(27) 그는 또한 자기를 우롱하는 사람들을 경멸할 수 있는 사람이었고, 또 욕심 없음을 긍지로 삼고 있어서 누구에게든 절대로 대가를 요구하는 경우가 없었다. 또 가장 맛있게 먹으려면 맛있는 음식을 거의 욕심내지 말아야 하며, 가장 맛있게 마시려면 나에게 없는 마실 거리를 거의 욕심내지 말아야 한다고 말했다. 나아가 필요로 하는 것이 최소한인 사람이야말로 신에게 가장 가깝다고도 했다.

그리고 지금까지 쓴 것들은 희극작가들에게서도 볼 수 있는 것이다. 그들은 소크라테스를 웃음거리로 만들면서, 사실은 그 덕분에 칭찬을 받고 있음을 그들 자신은 알아채지 못했던 것이다. 예를 들면 아리스토파네스는 이러했다.

> 오, 너는 정당하게도 엄청난 지혜를 바랐던 것이다,
> 아테네인 중에서도, 또 다른 그리스인 중에서도, 행복한 삶을 보내려고.
> 왜냐하면 너는 기억력이 좋고, 사색가이고, 또 지조는 굳은 바가 있고,
> 또 걸을 때나 서 있을 때에도 피로를 모르며,
> 얼어붙는 추위도 크게 개의치 않고, 아침밥도 원치 않으며,
> 술과 포식과 그 밖의 어리석은 일들로부터도 멀리 떨어져 있으므로.*23

(28) 또 아메이푸시아스*24는 닳고 단 윗옷을 입은 소크라테스를 무대에 등장시키면서 다음과 같이 쓰고 있는 것이다.

갑 : 소크라테스여, 몇 안 되는 자들 중에서는 최상의 자로다. 그렇지만 머릿속은 텅텅 빈 자여.
　　너도 우리에게로 왔구나. 매우 건강한 사내로다. 너는 어디서 그 윗옷을 얻었는가?
을 : 이런 초라한 몰골은 신기료들을 모욕하는 거야.
갑 : 하지만 이 자는 배가 고파서 보다시피 지금껏 이토록 입을 잘 놀린 적이 없었다네.

─────────
*23 〈구름〉 412~417행의 인용. 다만 정확한 인용은 아니다.
*24 아리스토파네스와 같은 시대의 희극작가.

또 그의 이와 같이 업신여기는 마음에 대해서는 아리스토파네스도 다음과 같이 말하여 그것을 분명히 하고 있는 것이다.

너는 길을 걸을 때는 고개를 빳빳이 쳐들고, 눈은 좌우를 살피며,
신발도 신지 않고, 많은 가난함을 견디며, 그리고 우리(구름)에게는 위엄 있는 표정을 보이기 때문이다.[25]

그렇지만 때로는 그도 장소에 따라 깨끗한 옷을 입을 때도 있었던 것이다. 플라톤의 〈향연〉(174A)에서 그가 아가톤의 저택에 가려 하는 모습이 그것이다.

(29) 또 그는 남에게 뭔가를 권하여 하게 할 수도, 또 뭔가를 할 마음을 없앨 수도 있는 사람이었다. 예를 들면 플라톤도 쓰고 있는 것처럼 그는 테아이테토스와 지식에 관해 문답을 나누고, 이 사람을 영감으로 충만한 상태가 되게 하여 그곳을 떠나게 하며, 또 에우티프론이 아버지를 외국인 살해죄로 고소했을 때, 이 자와 경건함에 대하여 문답을 나누어 그 생각을 그만두게 했던 것이다. 나아가 리시스에게도 권고함으로써 이 사람을 매우 덕망 있는 성격의 소유자로 만들었던 것이다. 왜냐하면 리시스는 사실의 내부로부터 도리를 발견할 수 있게 되었기 때문이다. 또 크세노폰도 썼다고 여겨지는데,[26] 그의 아들인 람프사코스가 어머니에게 화를 냈을 때, 그는 아들에게 잘못을 뉘우치게 했던 것이다. 나아가 플라톤의 형 글라우콘이 정치활동을 하려 했을 때, 경험이 부족하다는 이유로 그것을 그만두게 했다고 크세노폰은 쓰고 있다.[27] 그러나 카르미데스의 경우에는 반대로 정치에 성향이 맞는다면서 정치를 권했던 것이다.

(30) 또 그는 장군 이피크라테스에게 이발사 메이디아스의 수탉들이 부잣집 칼리아스의 수탉들을 향해 날갯짓을 하는 것을 보여주면서 그의 사기를 고무시켰던 것이다.

또 글라우코니데스는 소크라테스를 마치 꿩이나 공작이기라도 한 것처럼

---

[25] 〈구름〉 362~363행의 인용.
[26] 〈소크라테스의 회상〉 제2권 2장 참조.
[27] 〈소크라테스의 회상〉 제3권 6~7장 참조.

소중하게 다루라고 국가에 요구했던 것이다.

또한 그는, 사람은 누구든지 양*28을 몇 마리 소유하고 있느냐는 질문을 받았을 경우에는 쉽사리 대답할 수 있으면서, 벗에 관해서는 몇 명 있는지를 이름을 들어 대답하지 못하는 것은 얼마나 놀라운 일이냐고 말했다. 그만큼 사람들은 벗에 대해 가볍게 보고 있는 것이라고.

또 에우클레이데스가 서로 묻고 답하기를 겨루는 듯한 토론에 열중하는 것을 보고, "에우클레이데스여, 당신은 소피스트들과는 사귈 수가 있겠지만 일반인들과는 도저히 안 되네"라고 했다. 왜냐하면 그는 플라톤도 〈에우튀데모스〉(303CD)에서 쓰고 있는 것처럼 그런 사소한 일에 이런저런 핑계를 대는 것은 무익한 일이라고 생각했기 때문이다.

(31) 카르미데스가 그에게 하인을 몇 명 제공하여 그들의 노동으로 수입을 얻게 하려 했지만, 그는 이것을 받지 않았다.

또 어떤 사람들에 따르면 그는 알키비아데스의 미모를 경멸했다고 한다.

나아가 크세노폰도 〈향연〉(4장 44절)에서 쓰고 있는 것처럼, 그는 한가함을 인간의 소유물 가운데에서 가장 아름다운 것으로 여겼다.

그는 또 지식만이 단 한 가지 좋은 것이며, 무지만이 오직 한 가지 나쁜 것이라고 말했다. 그리고 부와 가문의 훌륭함은 사람에게 전혀 소중한 것이 아니며, 반대로 재앙을 가져온다고 했다. 실제로 어떤 사람이 그에게 제자 안티스테네스는 트라키아 사람 어머니에게서 태어난 자라고 말했을 때, 그는 그것에 "그러면 너는 아테네인 부모에게서 태어난 것이 그토록 고귀한 것이라고 생각하는가?"라고 답했다.

그는 파이돈이 전쟁에서 포로가 된 때문에 수상한 집(몸을 파는 집)에서 일을 하게 되었을 때, 크리톤에게 부탁하여 몸값을 치르고 풀어주고 그 사람을 철학자로 만들어주었던 것이다.*29

(32) 나아가 그는, 사람은 모르는 것을 배우는 것은 조금도 이상한 일이 아니라고 하면서 이미 고령인데도 리라를 배우기 시작했다. 또한 크세노폰도 〈향연〉(2장 16~20절)에서 쓰고 있는 것처럼 그는 춤을 계속했는데, 그것은 몸을 좋은 상태로 유지하는 데 도움이 된다고 생각했기 때문이다.

---

*28 힉스의 교본에 따름.
*29 이 책 제2권 9장 105절(파이돈 항목)을 참조.

그는 또한 다이몬의 표시는 미래의 일을 미리 보여주는 것이라고 말했다.

또 일이 순조롭게 시작된다는 것은 작은 일이 아니지만, 그러나 조금씩 시작해야 한다고도 했다.

나아가 자기는 아무것도 모른다는 사실만 빼고, 그것만 알고 있다고 말했다.

또한 풋과일을 비싼 값에 산 사람들은 막상 그 철이 오면 실망하기 마련이라고도 했다.

또 언젠가 청년의 덕은 무엇이냐는 물음에 "도를 지나치지 말라'는 것이다"라고 그는 대답했다.

이어 기하학 공부는 사람이 토지의 매수나 양도를 알맞게 행할 수 있는 정도에 머물러야 한다고 그는 주장했다.

(33) 또한 에우리피데스가 그의 극 속에서*30 덕에 관해,

　　　이런 것은 떠나가는 대로 놔두는 것이 제일이다.

라고 한 것을 읽고, 소크라테스는 달아난 노예를 찾지 못할 때는 찾는 것이 당연하다고 생각하면서, 덕은 그런 식으로 잃어버린 채로 놔두는 것은 우스꽝스런 일이라고 하면서 자리에서 일어나 극장에서 나가버렸다.

결혼하는 것이 나은 것일까, 아니면 하지 않는 것이 나은 것일까 그에게 물었을 때, "어떻게 하든 자네는 후회할 것이다"라고 그는 대답했다.

또 그는 대리석상을 제작하는 사람들이, 대리석으로는 그것이 실물인 인간과 될 수 있는 대로 비슷하게 만들려고 애를 쓰면서도, 자기 자신에 대해서는 돌과 똑같은 것으로 보이지 않으려는 노력을 게을리 하는 것은 의아한 일이라고 말했다.

그는 또한 젊은이들에게 끊임없이 자신의 모습을 거울에 비춰보고, 아름답다면 그것에 걸맞은 사람이 되도록, 또 추하다면 교양으로 그 추한 모습을 덮도록 하라고 권했다.

(34) 그가 부자를 식사에 초대했을 때, 크산티페가 대접할 음식이 없음을 부

---

*30 〈엘렉트라〉 379행 참조. 그러나 이 한 행은 그의 잃어버린 극 〈아우게〉에서 인용한 것인지도 모른다. 힉스는 이 부분을 '〈아우게〉 속에서'라고 읽고 있다.

끄러워하고 있자 그는 이렇게 말했다. "걱정할 것 없어. 소양이 있는 사람들이라면 이것으로 봐줄 것이고, 하찮은 사람들이라면 그런 사람들에게 우리가 마음을 쓸 필요는 없으니까"라고.

그는 또한 다른 사람들은 먹기 위해 살아가지만, 자신은 살기 위해 먹고 있다고 말했다.

하잘 것 없는 대중이란, 사람이 마치 4드라크마 주화 1개일 때는 이것을 하찮은 것으로 여겨 거들떠보지도 않지만, 그런 동전푼도 많이 모이면 가치 있는 것으로 대접을 받는 것과 마찬가지라고 그는 주장했다.

아이스키네스가 그에게 "저는 가난해서 달리 아무것도 없습니다만, 이런 저 자신을 당신에게 바치겠습니다"라고 하자, "자네는 가장 소중한 것을 나에게 주려하고 있음을 아는가?"라고 그는 대답했다.

30인 정권의 사람들이 권력의 자리에 앉았을 때, 무시당한 것을 불만으로 여기는 사람들에게 "설마 자네는 그 일을 후회하고 있는 것은 아니겠지?"라고 그는 말했다.

(35) "자네에게 사형 판결을 내린 것은 아테네인일세"라고 말한 사람에게, "그리고 자연은 그들에게도 그리 할 걸세"라고 그는 대답했다. 다만 이것은 아낙사고라스의 말이라고 하는 사람들도 있다.

그의 아내가 "당신은 부당하게 죽임을 당하려 하고 있어요"라고 하자, "그렇다면 당신은 내가 정당하게 죽임을 당하기를 바라고 있었던가 보군"이라고 대답했다.

꿈속에서 누군가가 그에게

　사흘째 되는 날에 그대는 이삭이 풍성한 프티에 땅에 닿으리라.*31

고 말한 것 같아서, 그는 아이스키네스를 향해 "사흘 뒤에는 나는 죽을 것일세"라고 말했다.

또 그가 정말로 독배를 마시려 했을 때, 아폴로도로스가 그에게 이것을 입고 가시라면서 고급 옷을 내밀었다. 그러자 그는 "뭐라고? 왜? 내 옷은 살아가

---

*31 호메로스 〈일리아스〉 제9권 363행의 시구. 플라톤의 〈크리톤〉 (44B)에도 인용되어 있다.

는 데는 적합하지만 죽는 데는 어울리지 않는다는 것인가?"라고 말했다.

"이러이러한 사람이 당신에 대해 나쁘게 말하더군요"라고 알린 사람에게는 "괜찮아. 그는 말을 좋게 하는 법을 배우지 않았으니까"라고 그는 대답했다.

(36) 안티스테네스가 윗옷을 뒤집어서 터진 부분이 남의 눈에 띄게 했을 때, "그 저고리를 통해 자네의 허영심이 내게 훤히 보이는군"이라고 그는 말했다.

"이러이러한 인물이 당신을 중상하지 않던가요?"라고 말한 사람에게, "그렇지 않아, 나에게는 그런 기억이 없으니까"라고 그는 대답했다.

그는 또한 희극작가들에게는 내 쪽에서 자진하여 자기자신을 화제로 삼게 해야 한다고 말했다. 왜냐하면 만일 그들이 우리가 갖고 있는 결점을 화제로 삼는다면 우리를 바로잡아 주게 될 테고, 그게 아니라면 우리와는 아무런 상관도 없는 일이기 때문이라고 했다.

처음엔 잔뜩 잔소리를 퍼붓다가 나중에는 그에게 물을 끼얹기까지 했던 크산티페에게 그는 이렇게 말했다. "그것 봐, 내 그동안 수없이 말하지 않았나. 크산티페가 징징 울기 시작하면 비를 내리게 한다고."

크산티페가 잔소리를 해대기 시작하면 도저히 참을 수가 없다고 알키비아데스가 말한 것에 대해서는, "아니, 나는 이제 완전히 익숙해졌어. 도르래가 삐걱삐걱 계속해서 돌고 있다는 느낌이 들거든."

(37) "그리고 자네도"라고 그는 말을 이었다. "거위가 꽥꽥 우는 것을 참고 있지 않은가." 그러자 알키비아데스가, "하지만 거위는 나에게 알과 병아리를 낳아줍니다"라고 하자, "나에게도 크산티페는 자식을 낳아 주었다네"라고 소크라테스는 되받았다.

언젠가 그녀가 광장에서 그의 윗옷마저 벗기려 했을 때, 곁에 있던 그의 지인들이 손으로 막으면 되지 않느냐고 권했다. 그러자 그는 "그렇군. 우리가 티격태격하는 사이에 자네들이 '한방 갈겨, 소크라테스!' '잘한다, 크산티페!'라고 추임새를 넣기 위해서 말인가?"라고 했다.

그는 자주 기질이 억센 여자와 함께 사는 것은 마치 기수가 야생마와 지내는 것과 마찬가지라고 말했다.[32] "그러나 그 기수들이 이들 말을 길들이고 나면 다른 말도 쉽게 탈 수 있는 것처럼 나도 그와 같아서 크산티페와 사노라면

---

[32] 크세노폰의 〈향연〉 제2장 10절 참조.

다른 사람들과는 원만히 지낼 수 있을 거야"라고 말했던 것이다.

위의 내용 및 이와 비슷한 것이 소크라테스가 말하거나 행한 것들이다. 이는 피티아(무녀)가 (아폴론의 신탁을 묻는) 카이레폰에서

소크라테스야말로 모든 사람들 가운데 가장 현명한 사람

이라는 저 유명한 대답을 했을 때 증명된 사실이다.

(38) 그 일로 말미암아 그는 심하게 시기를 받게 되는데, 게다가 특히 그가 스스로에게 대단한 자부심을 갖고 있는 사람들을 철저하게 반박하고, 그들이 어리석은 인간일 뿐이란 것을 보였다는 점, 예를 들면 플라톤의 〈메논〉(89E~95A)에서도 볼 수 있는 것처럼 아니토스에게 그렇게 했다는 데에도 그 이유가 있는 것이다. 왜냐하면 아니토스는 소크라테스에게서 놀림을 당한 것을 견디지 못하고 맨 먼저 아리스토파네스 일파 사람들을 선동하고, 이어 멜레토스까지 설득해서 불경죄와 젊은이들을 타락시켰다는 죄로 그를 고발하게 만들었기 때문이다.

이리하여 멜레토스가 공소를 제기한 것인데, 파보리누스가 〈역사연구 잡록집〉에 쓴 바에 따르면 법정에서의 고소장의 낭독은 폴리에우크토스가 했다는 것이다. 그러나 헤르미포스에 따르면 고소장의 초안자는 아니토스였다는 것이다. 그러나 이런 일들 전체를 미리 준비한 것은 민중선동가인 리콘이었다.

(39) 그러나 안티스테네스는 〈철학자들의 계보〉에서, 또 플라톤은 〈변론〉(23E 이하)에서 소크라테스를 고소한 사람은 아니토스·리콘·멜레토스 세 명이었다고 쓰고 있다. 그리고 아니토스는 기술자와 정치가들을, 리콘은 변론가들을, 또 멜레토스는 작가들을 대표하여 소크라테스가 이 사람들 모두를 웃음거리로 만들었기 때문에 화가 났다고 쓰고 있다.

그러나 파보리누스는 〈각서〉 제1권에서 폴리크라테스가 소크라테스를 상대로 낸 고소장은 진짜가 아니라고 쓰고 있다. 왜냐하면 그에 따르면 그 고소장에서 폴리크라테스는 코논의 아테네 성벽 재건을 말하고 있는데, 이것은 소크라테스 사후 2년이 흐른 뒤의 일이기 때문이다. 그리고 그것은 실제로 그와 같았다.

(40) 이 공소의 선서구술서는 파보리누스가 쓴 바로는, 지금도 메트론(키벨

레 신전의 공문서 보관소)에 보존되어 있다는 것인데, 이것의 내용은 다음과 같다.

"피토스구에 사는 멜레토스의 아들 멜레토스는 알로페케구 사람 소프로니스코스의 아들 소크라테스를 다음과 같이 공소하고, 선서한 다음 구술하는 바이다. 소크라테스는 국가가 인정하는 신들을 인정하지 않고, 다른 새롭고 기묘한 신령 따위들을 들여오는 죄를 저지르고 있다. 또 청년들을 타락시키는 죄도 저지르고 있다. 이리하여 사형을 구형한다."

한편, 이 철학자는 리시아스가 그를 위해 변론서를 작성해 주었을 때, 그것을 읽어본 다음 "리시아스여, 이 변론은 훌륭한 것이긴 하네만, 적어도 내게는 적합하지 않군"이라고 말했다. 왜냐하면 그것은 어떻게 보든 철학적이라기보다는 다분히 법정용의 것이었기 때문이다.

(41) 그래서 리시아스가 "이 변론이 훌륭한 것이라면 어째서 그것은 당신에게 적합하지 않은 것일까요?"라고 되묻자, "훌륭한 옷이나 신발도 내게는 적합하지 않을 것이기 때문이야"라고 그는 대답했다.

또 티베리아스 사람 이스토스[*33]가 〈화관(花冠)〉에서 쓰고 있는 바에 따르면, 소크라테스의 재판 도중에 플라톤이 연단으로 올라와서 "아테네 주민 여러분, 나는 이 단에 올라왔던 사람들 가운데서 가장 어린 사람이기는 하지만……"라고 말을 시작하자 재판관들이 "내려와, 내려오라니까"라고 소리쳤다고 한다.

어쨌든 소크라테스는 무죄로 방면하는 표보다 많은 281표의 투표수로 유죄판결을 받았던 것이다. 그래서 재판관이 그에게 어떤 형벌을 내려야 할지, 아니면 어떤 과료를 내게 해야 할지 형량을 결정하는 단계에 이르렀을 때, 그는 25드라크마의 과료를 내겠다고 신청했다—내가 이렇게 말하는 것은 에우불리데스[*34]가 '그가 100드라크마를 내는 데 동의했다'고 말하고 있기 때문이다.

(42) 재판관들이 그 문제로 시끄러워지자 그는 "내가 이룩한 공적을 감안하

---

*33 티베리아스 출신의 유대인으로 역사가. 유대의 왕들의 사적을 다룬 책 외에 저서 〈유대 전쟁사〉도 있다.

*34 메가라학파 철학자 에우불리데스(제2권 108절 참조)인 것 같다.

건대, 나는 프리타네이온(영빈관)에서 식사 대접을 받을 것을 형으로 신청하고자 한다"고 말했다.

그래서 재판관들은 앞의 표수에 새로이 80표를 추가하여 그에게 사형 판결을 내렸던 것이다. 그리하여 그는 감옥에 갇히고, 그 뒤로 얼마 지나지 않아 독배를 마신 것이었다. 그것은 플라톤이 〈파이돈〉에서 전하는 것과 같이 아름답고 훌륭한 수많은 말들을 한 뒤의 일이다. 뿐만 아니라 어떤 사람들에 따르면 그는 다음과 같은 파이안(아폴론 찬가)도 지었다고 한다. 그 첫머리는 이러했다.

델로스에 계신 아폴론님, 부디 안녕히 계십시오. 그리고 아르테미스님도. 고귀하신 이름의 님들이여.

그러나 디오니소도로스[35]는 그의 찬가는 없었다고 쓰고 있다. 그는 또 그다지 능숙한 솜씨는 아니었지만 아이소포스(이솝)풍의 이야기도 지었다. 그것은 다음과 같이 시작된다.

코린토스 도시에 사는 사람들에게 언젠가 아이소포스는 말했습니다,
민중이 재단하는 수준의 지혜로 덕을 재단해서는 안 된다고.

(43) 이리하여 그는 인간들 사이에서 자취를 감추었지만, 아테네 사람들은 얼마 안 있어 그 일을 후회하여 씨름장도, 체육관도 폐쇄하고 고소한 사람들 가운데 어떤 사람은 추방처분을 내렸는데, 멜레토스에게는 사형판결을 내렸던 것이다. 한편, 소크라테스를 위해서는 리시포스가 제작한 동상을 폼페이온[36]에 세워 그를 기렸다. 또 아니토스가 헤라클레이아로 도망쳐 들어왔을 때, 그 도시 사람들은 그날로 그에게 퇴거를 통고했던 것이다.

그러나 아테네 사람이 이와 같이 후회한 것은 소크라테스 한 사람의 경우뿐만이 아니라 그 밖에도 수많은 예가 있다. 즉, 헤라클레이데스에 따르면 그들은 호메로스에게도 그가 미쳤다면서 50드라크마의 벌금을 부과하고, 또 티

---

*35 트로이젠 출신으로 알렉산드리아에서 활동했던 문서학자. 연대 미상.
*36 제례 행렬에 쓰이는 성스런 그릇을 보관하는 곳.

르타이오스는 제정신이 아니라고 하고, 나아가 아이스킬로스와 그의 형제들보다도 먼저 아스티다마스*[37]의 동상을 세우고 그를 기리기도 했기 때문이다.

(44) 또 에우리피데스도 〈팔라메데스〉에서,*[38] 다음과 같이 말하여 아테네 사람을 꾸짖고 있는 것이다.

> 오, 다나오이인(그리스인)들이여,
> 여러분이 죽였다, 죽인 것이라고,
> 세상없이 현명하고, 아무런 잘못도 없는, 무사가 쓰시는 이 밤꾀꼬리를.

이것은 맞는 말이다. 그러나 필로코로스*[39]는 소크라테스보다도 에우리피데스가 먼저 죽었다고 쓰고 있는 것이다.

한편 아폴로도로스가 〈연대기〉에서 쓴 바에 따르면, 그가 태어난 것은 압세피온*[40]이 아르콘이었던 제77회 올림픽 대회기 제4년(BC 469년)의 타르겔리온의 달 여섯 번째 날이었다. 그날은 아테네인들이 도시를 깨끗하게 하는 날이고, 그리고 델로스 사람들의 말에 따르면 아르테미스의 탄신일이기도 했다.

또 그가 세상을 떠난 것은 제95회 올림픽 대회기의 첫해(BC 399년)로서 당시에 그는 70세였다. 그리고 이와 똑같은 내용을 팔레론 사람 데메트리오스도 쓰고 있다. 그러나 개중에는 그는 60세로 세상을 떠났다고 말하는 사람들도 있다.

(45) 또 이 두 사람, 즉 소크라테스와 에우리피데스는 아낙사고라스의 제자였는데, 에우리피데스는 제75회 올림픽 대회기의 첫해(BC 480년), 카리아데스가 아르콘일 적에 태어났던 것이다.

또한 소크라테스는 자연에 관한 사항도 논한 듯하다. 크세노폰도 쓰고 있는 것처럼*[41] 그는 섭리 문답을 나누고 있기 때문이다. 다만 동시에 크세노폰은

---

*37 아이스킬로스의 생질. 마찬가지로 비극작가.
*38 단편 588(나우크 엮음, 제2판).
*39 아테네 출신. 아티카의 역사와 전설 등을 모은 '아티카 지지'(아티스)의 지은이들 중에서도 가장 유명한 사람. BC 4세기에서 BC 3세기에 걸쳐 활동.
*40 롱의 교본에는 '아페프시온'으로 되어 있는데, 이것은 '압세피온' 쪽이 맞는다고 생각한다.
*41 〈소크라테스의 회상〉 제1권 4장 참조.

그가 윤리와 관련된 사항만 논의했다고 말하고 있기는 하지만. 뿐만 아니라 플라톤도 〈변론〉(26DE)에서*⁴² 아낙사고라스나 그 밖의 몇몇 자연학자들에게 말한 뒤, 소크라테스가 부인하고 있는 사항을 모두 소크라테스의 입을 통해서 말하게 하고 있기는 하지만, 자기 자신의 생각으로 쓰고 있다는 사실도 있기는 하다.

또 아리스토텔레스가 쓴 바에 따르면 어떤 점술가가 시리아에서 아테네에 와서 소크라테스에 관해 그 밖에도 여러 가지 불길한 말을 했는데, 그 중에서도 특히 그의 최후는 뜻밖의 것이 되리라고 예언했다는 것이다.

(46) 내가 그를 위해 지은 시는 다음과 같다.

　자, 이제 소크라테스여, 제우스의 집에서 신주(神酒)를 마시지 않겠는가.
　신은 지혜로운데 그 신이 당신을 진정 지혜로운 자라고 말씀하셨으니까.
　당신은 아테네인에게서 독을 아무렇지도 않게 받아들었지만,
　그대의 입을 통해서 그것을 마시는 것은 그들 자신인 것이므로.

아리스토텔레스가 〈창작론〉 제3권에 쓴 바에 따르면,*⁴³ 그에게는 렘노스 사람 안틸로코스라든가, 점술가 안티폰 같은 적대자가 있었다는 것이다. 그것은 마치 피타고라스에게는 크로톤 사람 키론이 그러했고, 또 호메로스의 생전에는 시아그로스가, 죽은 뒤에는 콜로폰 사람 크세노파네스가 그러했던 것과 마찬가지이다. 또 헤시오도스의 생전에는 케르콥스가, 죽은 뒤에는 위에서 말한 크세노파네스가 적대자였고, 나아가 핀다로스에게는 코스 사람 안피메네스가, 탈레스에게는 페레키데스가, 비아스에게는 프리에네 사람 살라로스가, 피타코스에게는 안티메니다스와 아르카이오스가, 아낙사고라스에게는 소시비오스가, 그리고 시모니데스에게는 티모클레온이 적대자였던 것이다.

(47) 그의 후계자로 '소크라테스의 제자'라 불린 사람들 가운데서 가장 중요한 것은 플라톤·크세노폰·안티스테네스인데, 이 '10인방'이라 불리는 사람들

＊42 〈변론〉이라고 한다면 26DE의 부분인데, 아페르트의 말처럼 〈파이돈〉 (97B 이하) 쪽이 적절할지도 모른다.

＊43 단편 75(로제 엮음, 제3판).

중에서도 가장 유명한 것은 아이스키네스·파이돈·에우클레이데스·아리스티포스의 4명이다.*44

그래서 우리는 맨 먼저 크세노폰을 논해야 한다. 다음으로 안티스테네스는 키니코스파를 다룬 제6권에서 논하기로 하고, 크세노폰 다음에는 다른 소크라테스의 제자를 논하고 나서 플라톤을 논해야 한다. 왜냐하면 플라톤으로부터 10개 학파가 시작되고, 그리고 그 자신이 최초의 아카데메이아학파의 창립자이기 때문이다. 앞으로 다루게 될 순서는 위와 같이 하기로 한다.

아울러 소크라테스라는 이름의 사람은 이밖에도 있었다. 즉, 한 사람은 역사가로서 아르고스 지지(地誌)의 지은이이다. 다른 한 사람은 페리파토스학파의 철학자로 비티니아 사람이다. 그 밖에 에피그램을 지은 시인과 코스 사람으로 신들의 명칭에 관해 책을 쓴 사람 등이 있다.

---

*44 이 텍스트에는 문제가 있다. 힉스·아페르트는 정정의 시도가 나오고 있지만, 일단은 원본 그대로 두기로 한다.

6 크세노폰

(48) 크세노폰은 그릴로스의 아들로 아테네인이며, 에르키아구에 속해 있었다. 그는 매우 신중하고, 또 매우 잘생긴 사람이었다.

그래서 이런 이야기가 전해지고 있다. 소크라테스가 어떤 좁은 골목에서 그와 마주쳤을 때, 지팡이를 뻗어 그가 지나가는 것을 방해하면서 각 식료품들은 어디에서 파느냐고 그에게 물었다. 그래서 그 대답을 얻고 나자 이번엔 다시 사람들이 어디에 가면 훌륭하고 뛰어난 사람이 될 수 있느냐고 물었다. 크세노폰이 얼른 대답하지 못하자 "그렇다면 나를 따라오게. 공부하게나"라고 소크라테스는 말했다. 그래서 그때부터 그는 소크라테스의 제자가 되었다는 것이다.

그는 소크라테스의 말을 받아 적고, 여기에 '회고(回顧)'라는 표제를 붙여서 세상에 펴낸 최초의 인물이었다. 뿐만 아니라 그는 또한 철학자들 가운데 최초로 역사물을 쓴 사람이기도 하다.

또 아리스티포스는 〈옛 사람의 사치에 관하여〉 제4권에서 그는 클레이니아스[45]에게 생각을 집중하고 있었다고 쓰고 있다.

(49) 그리고 클레이니아스에 관해서 그는 이런 말까지 했던 것이다. "지금의 나에게는 클레이니아스를 바라보는 것이 이 세상의 다른 모든 아름다운 것을 보는 것보다 즐거운 일이기 때문이다. 클레이니아스 단 한 사람만 볼 수 있다면 다른 모든 것이 하나도 보이지 않아도 나는 만족한다. 나는 밤과 잠이 싫다. 그 사람을 볼 수가 없으니까. 그러나 낮과 태양에게는 크게 감사하고 있다. 그것들은 나에게 클레이니아스를 보여주니까"라고.

그가 페르시아의 키루스에게 인정을 받게 된 것은 다음과 같이 해서였다.

---

*45 유명한 알키비아데스 형제.

그에게는 프로크세노스라는 이름의 지인이 있었는데, 그 사람은 보이오티아 출신으로 레온티노이 사람 고르기아스의 제자이고, 키루스의 벗이기도 했다. 이 사람이 사르디스의 킬로스 궁정에서 머무르던 당시에 아테네의 크세노폰에게 편지를 보내 키루스의 인정을 받으라면서 그를 초청했던 것이다. 그래서 크세노폰은 이 편지를 소크라테스에게 보이고 도움말을 청했다.

(50) 그러자 소크라테스는 그를 델포이로 보내 신탁을 묻게 했던 것이다. 크세노폰은 이 도움말에 따라 신 앞으로 나아갔으나, 그가 신에게 물은 것은 키루스에게 가는 여행길에 나서도 되겠는가가 아니라 그곳에 가려면 어떻게 해야 하는가 하는 것이었다. 그 점에 대해서는 소크라테스도 그를 나무랐지만, 그러나 가는 것을 권했다. 그래서 그는 키루스에게 갔는데, 프로크세노스보다 더 키루스의 인정을 받게 되었던 것이다.

한편, 그의 페르시아 내륙 원정과 그 이후의 귀환에 즈음하여 일어난 사건을 두고서 다른 일들은 그 자신이 우리에게 충분히 말해주고 있지만, 그러나 그 원정기간 내내 그는 용병군의 대장이었던 파르사로스 사람 메논[46]과 사이가 나빴다. 그래서 메논은 자기보다 나이가 위인 애인을 가졌다면서 험담을 하기도 했던 것이다. 또 아폴로니데스의 귀는 옹이투성이라고 비난했던 것이다.[47]

(51) 한편, 그 원정과 폰토스에서 마주친 재난, 또 오드리소스 사람의 왕 세우테스의 배신 등이 있은 뒤에, 그는 아시아에 있던 라케다이몬인의 왕 아게실라오스에게 돌아가 키루스의 부하로 있었던 병사들을 용병으로 삼아 그 왕에게 내밀었다. 그래서 그는 아게실라오스와 매우 사이가 좋아졌는데, 그 무렵에 그는 스파르타와 내통한다는 이유로 아테네인에게서는 추방형을 선고받았던 것이다.

한편 그가 에페소스에 머무르던 당시에 어떤 액수의 금화를 갖고 있었는데, 그는 그것의 반을 아르테미스 신전의 신관이었던 메가비조스에게 맡기면서 자기가 돌아올 때까지 보관해 달라고 하였다. 그러나 만일 돌아오지 않을 경우에는 조각상을 만들어서 그 여신에게 바칠 비용으로 쓰라고 했다. 그래서 액수의 반이 델포이로 공양품이 되어 돌아갔던 것이다. 그 뒤에 그는 아게실라

---

*46 플라톤의 대화편 〈메논〉의 주요 등장인물.
*47 〈아나바시스〉 제3권 1장 26~31절 참조.

오스와 함께 에페소스에서 그리스로 돌아왔다. 그런데 아게실라오스는 테베인과 싸우기 위해 돌아오게 되었지만, 라케다이온인은 크세노폰에게는 국빈의 대우를 해주었던 것이다.

(52) 그 뒤로 그는 아게실라오스를 떠나 스키루스로 갔는데, 그곳은 에리스 영토 안이고 그 도시에서 조금 떨어진 곳이었다. 그래서 마그네시아 사람 데메트리오스가 쓴 바에 따르면, 필레시아라는 이름의 그의 아내도 그와 함께 갔다는 것이다. 또 데이나르코스[48]가 의무위반 문제로 해방노예를 고소한 크세노폰[49]을 탄핵하는 변론에서 쓰고 있는 것처럼 그의 두 아들, 즉 '데이오스쿠로이'[50]라고도 불리던 그릴로스와 디오도로스도 그와 함께 갔다.

그리하여 신관 메가비조스가 올림피아의 제례에 참석한다는 명목으로 그곳에 왔을 때, 크세노폰은 그에게 맡겼던 금을 받아서 그것으로 땅을 사서 아르테미스 여신에게 바쳤는데, 그 땅 중에는 에페소스에 있는 강과 똑같은 이름을 지닌 셀리누스강이 흐르고 있었다.

그 뒤로 그는 사냥을 하거나, 벗들을 식사에 초대하거나, 역사책을 쓰면서 보냈다. 그러나 데이나르코스에 따르면 그에게 집과 밭을 제공해 준 것은 테베인이었다는 것이다.

(53) 또 전하는 바에 따르면 스파르타 시민 필로피다스가 다르다노스에서 포로가 된 노예들을 선물로 스키루스에 있는 그에게 보냈을 때, 그는 그 노예들을 자기의 생각대로 처분해 버렸다는 것이다.

또한 엘리스인이 스키루스로 군대를 진격해 와서 테베인의 대응이 둔했기 때문에 그 땅을 점령했을 때, 그의 아들들이 소수의 하인과 함께 레프레온으로 물러났는데, 크세노폰 자신은 처음엔 엘리스로 갔다가 다시 자녀들이 있는 레프레온으로 갔다. 그곳에서 다시 자녀들과 함께 코린토스로 피난을 하여 그곳에 거처를 정했다는 것이다. 그러나 그 뒤로 한동안 아테네인이 테베인을 돕는 의결을 했기 때문에 크세노폰은 그의 아들들을 테베인을 지키기 위한 군복무를 하도록 아테네로 보낸 것이었다.

---

[48] 코린토스 출신의 변론가. 팔레론의 데메트리오스가 지배하는 아테네에서 변론 대리작성인으로 활동.

[49] 이 크세노폰은 이번 장에서 다루고 있는 크세노폰의 손자.

[50] 제우스와 레다 사이에서 태어난 쌍둥이 카스토르와 폴리데우케스.

(54) 왜냐하면 디오클레스*⁵¹가 〈철학자전〉에서 쓰고 있는 바에 따르면 이 아들들은 지금까지 이미 다름 아닌 스파르타에서 훈련을 받고 있었기 때문이다.

한편, 이 두 아들들 가운데 디오도로스는 눈에 띄는 어떤 공을 세운 것도 없이 전투에서 무사히 돌아왔고, 또 그에게는 형제인 그리로스와 같은 이름의 아들이 기병대에 배속되어 있었는데, 만티네이아 부근에서 벌어진 전투에서 용감하게 싸운 뒤 전사했던 것이다. 그것은 에포로스가 〈그리스 역사〉 제25권에서 쓴 바와 같다. 그리고 당시의 기병대장은 케피소도로스였고, 군 전체의 지휘관은 헤게실라오스였다. 또한 이 전투에서 에파메이논다스도 전사했다.

또 전하는 바에 따르면 당시에 마침 크세노폰은 화관을 머리에 쓰고 제물을 바치고 있었는데, 아들의 죽음 소식을 듣자 그는 그 관을 벗었다. 그러나 그 뒤에 아들이 용감하게 싸우다가 죽었음을 알고는 그는 다시 관을 머리에 썼다는 것이다.

(55) 또 어떤 사람들에 따르면 그는 당시에 눈물 한 방울도 보이지 않고 "나는 나의 아들이 죽어야 할 자로서 태어났음을 알고 있기 때문이다"라고 말했다는 것이다. 아리스토텔레스*⁵²는 또한 그리로스를 찬양하는 노래와 묘비명은 셀 수 없을 정도의 사람들이 썼는데, 그 일부는 그의 아버지마저 기쁘게 했다고 쓰고 있다. 나아가 헤르미포스도 〈테오프라스토스전〉에서 이소크라테스도 그리로스를 찬양하는 노래를 썼다고 쓰고 있다. 그러나 티몬은 다음의 시에서 크세노폰을 비웃고 있다.

힘이 약한 책이라면 2권, 3권 또는 그 이상 얼마든지 있다.
예를 들면 크세노폰, 또는 아이스키네스의 설득력이 없지는 않은 필력 같은 것이.

---

*51 마그네시아 출신으로 짐작되는데, 어느 마그네시아인지는 불명확하다. 아마도 BC 1세기 사람. 이 책에만 이름이 나오고, 〈철학자 요강〉 또는 〈철학자전〉의 지은이인 듯하다. 젊은 니체는 이 디오클레스의 책을 이 책의 주요출전이라고 주장했다.
*52 아리스토텔레스는 〈변론술에 대하여, 또는 그리로스〉라는 대화편을 썼는데, 그것은 현존하지 않는다.

그의 삶은 위와 같았다. 또 그의 전성기는 제94회 올림픽 대회기간의 네 번째 해(BC 401년) 무렵이었다. 그리고 그가 키루스의 원정에 참가했던 것은 소크라테스가 죽기 1년 전, 크세나이네토스가 아르콘이던 때이다.

(56) 그가 죽은 것은 아테네 사람 스테시클레이데스[*53]가 〈아르콘 및 올림픽 대회 승자의 명부〉에서 쓴 바에 따르면 제105회 올림픽 대회기간의 첫 해 (BC 360년), 칼리메데스가 아르콘이던 해이다. 그것은 또한 아뮌타스의 아들 필리포스가 마케도니아의 왕위에 오른 해이기도 했다. 그리고 마그네시아 사람 데메트리오스가 쓰고 있는 것처럼 그는 코린토스에서 세상을 떠났으며, 당시에 그는 상당한 고령이었음이 확실하다.

그는 다른 여러 가지 면에서도 유능했는데 특히 말을 좋아하고, 사냥을 즐기며, 전술에 뛰어났다는 것은 그의 책으로 보건대 분명하다. 또 그는 신을 공경하는 사람이고, 기쁘게 제물을 바치며, 제물로 바치는 동물에 의해 조짐을 간파하는 능력도 갖추고 있었다. 또 소크라테스를 동경하여 그를 충실하게 모방하고자 했던 것이다.

그의 책은 사람에 따라 분류 방법이 가지각색이기는 하지만, 전체 40권쯤 된다. 즉,

(57) 아나바시스—여기에는 권마다 서론이 있는데, 전체 서론은 없다.
키루스의 교육
그리스 역사
회고
향연
가정론(家政論)
마술(馬術)에 대하여
사냥론
기병대장론
소크라테스의 변론
세입론

[*53] 아테네 출신의 역사가. 생애와 연대 모두 불명. 이 인물은 크테시클레이데스, 또는 크테시클레스(〈연대기〉의 지은이)와 동일시되고 있다.

히에론 또는 참주에 관하여
아게실라오스
아테네인 및 라케다이몬인의 국가체제

그리고 마지막에 든 책은 크세노폰의 것이 아니라고 마그네시아 사람 데메트리오스는 쓰고 있다. 또한 그는 투키디데스의 책을, 그것은 세상에 알려져 있지 않았고, 이것을 훔쳐낼 수도 있었는데, 그가 몸소 이것을 공간(公刊)하여 명성을 얻게 해 주었다는 것도 전해진다. 또 그의 문체는 감미로워서 '아티카의 무사(muusa)'라고 불리기도 했다. 그래서 그와 플라톤은 서로를 질투하는 사이가 되기도 했지만, 이것은 나중에 플라톤을 다룰 때(제3권 34절) 쓰게 될 것이다.

(58) 그에 대해서도 내가 지은 에피그램이 있는데, 그것은 다음과 같다.

키루스를 위해 크세노폰은 페르시아의 오지로 나아갔던 것은 아니다.
제우스의 궁전으로 이끄는 길을 그는 찾고 있었던 것이다.
그는 그 교양에 의해 그리스인의 사적(事績)을 보임으로써,
소크라테스의 지혜가 얼마나 아름다운 것이었는지를 상기시켰다.

또 그의 마지막 모습에 대해서는 별도로 이런 시를 지었다.

당신을, 크세노폰이여, 크라나오스와 케크롭스의 국민(아테네인)들이
키루스와의 교제 때문에 추방형에 처했다 해도,
다른 나라 사람에게 친절한 코린토스가 그대를 따뜻하게 맞아 주었던 것이다. 그래서 그대는,
그 나라가 매우 마음에 들어서 그 땅에서 마지막까지 머무르기로 결심했던 것이다.

(59) 나는 또한 다른 사람의 책에서 그가 다른 소크라테스의 제자들과 함께 다루면서, 그의 전성기는 제89회 올림픽 대회기간(BC 424~421년) 무렵이라

는 기록을 본 적이 있다. 또 이스트로스*54는 그가 추방된 것은 에우불로스의 제안에 의해서였고, 다시 귀국한 것도 같은 인물의 제안 때문이었다고 쓰고 있다.

또한 크세노폰이라는 이름의 사람은 7명이 있었다. 즉 첫 번째는 우리가 지금까지 들어온 바로 그 인물이다. 두 번째는 아테네인으로 니코스트라토스의 형제로 〈테세우스 이야기〉를 쓴 사람이다. 이 사람은 그 밖에도 많은 책을 썼는데, 특히 에파메이논다스와 펠로피다스 전기의 지은이이다. 세 번째는 코스 섬의 의사. 네 번째는 한니발의 역사를 쓴 사람. 다섯 번째는 신화 속의 괴기담을 연구한 사람. 여섯 번째는 팔로스 사람으로 조각가. 일곱 번째는 희극작가이다.

---

*54 키레네 출신의 역사가. BC 3세기 후반에 활동. 노예 출신이지만 칼리마코스의 제자가 되어 알렉산드리아 도서관을 이용하여 〈아티카지(誌)〉 고고학과 관련된 내용의 저서를 많이 남겼다.

7 아이스키네스

(60) 아이스키네스는 소시지 제조업자 칼리노스의 아들이다. 그러나 리사니아스의 아들이라고 하는 사람들도 있다. 그는 아테네 사람으로 젊을 때부터 힘든 일을 마다하지 않는 사람이었다. 그가 평생을 소크라테스에게서 떠나지 않았던 것도 그 때문이다. 그래서 소크라테스는 "소시지 업자의 아들만이 나를 소중하게 여긴다는 것을 안다"고 말했던 것이다.

이도메네우스가 쓴 바에 따르면, 감옥에서 소크라테스에게 탈옥을 권한 것은 크리톤이 아니라 아이스키네스라고 한다. 그러나 플라톤이 크리톤에게 그와 같은 권고의 말을 하게 하기로 한 것인데, 그것은 아이스키네스가 플라톤보다 아리스티포스 쪽에 더 호의를 갖고 있었기 때문이라는 것이다.

특히 엘레토리아 사람 메네데모스*[55]는 아이스키네스를 이렇게 비방했다. 즉 그가 자기 작품이라고 하는 대화편의 대부분은 사실은 소크라테스의 것이며, 그것들을 크산티페가 주었다는 것이다. 또한 그 대화편 가운데서 이른바 '머리가 없는 것'(도입 장면이 없는 것)은 너무 단단하지 못하여 소크라테스다운 강력함을 보여주고 있지 않다고 했다. 그리고 에페소스 사람 페이시스트라토스도, 그 대화편들은 아이스키네스의 작품이 아니라고 말했던 것이다.

(61) 나아가 페르사이오스*[56]는, 7개의 대화편 가운데 대부분은 엘레토리아 학파의 파시폰의 작품인데, 이 사람이 그것들을 아이스키네스의 작품 속에 넣었다고 하고 있다. 뿐만 아니라 이 사람은 안티스테네스의 작품인 〈작은 키루스〉, 〈약한 헤라클레스〉, 〈알키비아데스〉 및 다른 지은이들의 대화편도 표절한 것이라고 쓰고 있다.

아이스키네스의 작품으로 소크라테스적인 성격을 띠고 있는 것은 7편이 있

---

*[55] 이 사람에 대해서는 이 책 제17장에 쓰여 있다.
*[56] 스토아파 제논의 제자. 제7권 36절에 쓰여 있다.

다. 최초의 작품은 〈밀티아데스〉인데, 이것은 최초의 것인 만큼 아직은 힘이 없어 보인다. 그리고 〈칼리아스〉, 〈악시오코스〉, 〈아스파시아〉, 〈알키비아데스〉, 〈텔라우게스〉, 〈리논〉 같은 여러 작품이다.

전해지는 바로는 그는 가난했기 때문에 시칠리아의 디오니시오스왕에게 갔던 것인데, 플라톤에게는 무시를 당했지만 아리스티포스가 왕에게 소개한다. 또한 몇 편인가의 대화편을 헌정했으므로 후한 대접을 받았다고도 한다.

(62) 그 뒤 아테네로 돌아온 뒤에도 당시의 플라톤과 아리스티포스의 평판이 높았으므로 그는 감히 소피스트(교사)로 활동할 엄두는 내지 못했다. 그러나 청강하는 사람들에게는 대가를 요구했고, 또 나중에는 부정을 저지른 사람들을 위해 법정용 변론을 써주었다고 한다. 때문에 티몬 또한 그에 관해 말하기를,

또한 아이스키네스에게는 설득력 있는 필력이……*57

라고 했던 것이다.

또 전하는 바에 따르면 그가 가난 때문에 궁핍하던 시절에 소크라테스는 자신의 식량을 아껴서 그에게 주었다고 한다.

아리스티포스도 그의 대화편이 그가 쓴 것이라는데 의심을 품었던 한 사람이다. 사실 그가 시칠리아의 메가라에서 대화편 가운데 하나를 읽었을 때, 아리스티포스는 "자네, 대체 어디서 그것을 손에 넣었지? 이 도둑놈!"이라고 하여 그를 하찮게 여겼다고 하기 때문이다.

(63) 멘데 사람 폴리크리토스*58가 〈디오니시오스론〉 제1권에서 쓰고 있는 바에 따르면 그는 디오니시오스가 시라쿠사에서 쫓겨나기까지, 그리고 디온이 시라쿠사로 귀국할 때까지는 참주와 함께 있었으며, 또한 비극시인인 카르키노스도 그와 함께 있었다는 것이다. 아울러 아이스키네스가 디오니시오스 앞으로 보낸 편지도 남아 있다.

그가 변론술에 관한 충분한 훈련을 받은 사람이라는 것은 장군 파이아쿠

---

*57 이 책 55절 참조.
*58 멘데 출신으로 이상한 일에 흥미를 가졌던 역사가. 〈시칠리아 역사〉의 지은이.

스*59의 아버지와 디온을 위해서 했던 그의 변호연설로도 분명히 알 수 있다. 그리고 그는 특히 레온티노이 사람, 고르기아스를 본받았던 것이다. 또한 리시아스는 〈밀고에 관하여〉라는 제목을 붙인 연설을 써서 그를 공격했는데, 이 사실로도 그가 변론에 능력이 있는 사람이었음은 확실하다.

그의 제자가 한 사람 전해오고 있는데, 그 이름은 '뮈토스'(이야기)라는 별명이 붙은 아리스토텔레스이다.

(64) 한편 파나이티오스*60는 모든 소크라테스 대화법 가운데서 플라톤·크세노폰·안티스테네스 및 아이스키네스가 쓴 것은 위작이 아니라고 보고 있다. 하지만 파이돈과 에우클레이데스가 썼다고 짐작되는 것은 의심하고, 또 그것 이외의 다른 작품은 모두 부정하고 있다.

아이스키네스라는 이름의 사람은 8명이 있었다. 첫 번째는 우리가 다루어 온 바로 그 사람. 두 번째는 변론술의 교본을 쓴 사람. 세 번째는 데모스테네스를 공격한 변론가. 네 번째는 아르카디아 사람으로 이소크라테스의 제자. 다섯 번째는 미틸레네 사람으로 '변론가들의 채찍'이라는 소리를 들었던 사람. 여섯 번째는 네아폴리스 출신의 아카데메이아파 철학자로 로도스 사람 멜란티오스의 제자이자 과거 그의 애인이었던 사람. 일곱 번째는 밀레토스 사람으로 정치와 관련된 문서를 쓴 사람. 여덟 번째는 조각가이다.

---

*59 파이아쿠스 장군의 이름은 투키디데스의 〈역사〉 제5권 4~5장에 나오는데, 그 사람이라고 하기에는 연대적으로 무리일 것 같다.
*60 로도스섬 출신의 스토아파 철학자. BC 185년 무렵~109년. BC 129년 안티파트로스의 뒤를 이어 스토아파의 우두머리가 된다. 플라톤과 아리스토텔레스의 숭배자로 스토아파의 윤리학을 로마의 상류계급의 생활요구에 어울리게 만들었다.

8 아리스티포스

(65) 아리스티포스는 키레네 출신이었지만, 아이스키네스가 전하는 바에 따르면 소크라테스의 명성에 매료되어서 아테네로 나왔다고 한다. 이 사람은 페리파토스학파로 에레소스 사람 파이니아스*61가 쓴 바에 따르면 소피스트로 활동하고 있었는데, 소크라테스의 제자 중에서는 최초로 사례를 받아서 돈을 스승에게 보낸 사람이라는 것이다. 그리고 언젠가 그는 20무나의 돈을 소크라테스에게 보냈는데, 그 돈은 고스란히 다시 그에게로 돌아왔다. 왜냐하면 다이몬이 나에게 그것을 받아들이지 말라고 하는 신호를 보냈다고 소크라테스가 말했기 때문이다. 즉, 그 선물을 소크라테스는 달갑게 여기지 않았던 것이다.

또한 크세노폰은 아리스티포스에게 적의를 품고 있었다. 크세노폰이 소크라테스에게 그를 상대로 쾌락을 비난하는 주장을 하게 한 것*62도 그 때문이다. 다만 그것은 크세노폰만이 아니라 테오도로스*63도 〈철학의 여러 학파에 관하여〉에서 그를 비난하고 있고, 또 다른 곳에서 이미 말한 것처럼 플라톤도 〈영혼에 대하여〉(〈파이돈〉)에서 그렇게 하고 있기는 하지만.*64

(66) 그는 또한 장소에도, 시간에도, 또 사람에게도 자신을 적응시키는 방법을 알고 있어서 어떤 환경에 처해도 그것에 맞추어서 자신의 역할을 행할 수 있었다. 그래서 그는 디오니시오스에게 가서도 다른 사람들보다 훨씬 평판이 좋았던 것인데, 그것은 그가 어떤 사태에 맞닥뜨려도 항상 능숙하게 대처했기

---

*61 레스보스섬 에레소스 출신의 역사가. 아리스토텔레스의 제자로 페리파토스파 학자. BC 375년~300년.
*62 〈소크라테스의 회상〉 제2권 1장 참조.
*63 '무신론자' 테오도로스를 가리키는 것일까? 이 사람이라면 제2권 86절, 97~103절 참조.
*64 〈파이돈〉 59C의 기록을 가리키는 것 같다.

때문이다. 즉 그는 현재 지니고 있는 것으로 쾌락을 만끽하고, 현재 지니지 않은 것의 기쁨을 힘들여 찾지 않았던 것이다. 디오게네스가 그를 '왕의 개'라고 부른 것도 그 때문이다. 그러나 티몬은 그가 쾌락 때문에 나약해졌다면서 이런 식으로 말하여 비웃었던 것이다.

만져보고 허위를 분간해 내던 아리스티포스의 화사한 몸짓 같은……

그는 언젠가 한 마리의 메추라기를 50드라크마에 사라고 명령했다. 그래서 어떤 사람이 그것을 나무라자 그는 "하지만 너는 1오보로스라면 그것을 사지 않았겠는가?"라고 되묻고, 상대가 그것에 수긍하자 "나에게 50드라크마는 그만한 가치밖에 없어"라고 그는 말했다는 것이다.

(67) 또 언젠가 디오니시오스가 세 명의 첩 가운데 한 명을 선택하라고 명령하자 그는 "파리스도 세 명 가운데서 한 명을 선택한 것은 도움이 되지 않았습니다"라고 말하여 세 명을 다 데리고 가버렸다. 그러나 그녀들을 문 앞에까지 데리고 나간 뒤에는 자유롭게 해주었다고 한다.

그런 식으로 그는 선택하는 일에서나, 쳐다보지도 않는다는 점에서나 대범했던 것이다. 그래서 언젠가 스트라톤*65은─달리 전하는 바로는 플라톤은─그에게 이렇게 말했다. "그대만이 할 수 있는 일이야. 훌륭한 옷이든 남루한 옷이든 어떤 것을 입어도 아무렇지도 않을 수 있는 것은."

또 디오니시오스가 그에게 침을 뱉었을 때, 그는 가만히 참고 있었다. 그래서 어떤 사람이 이것을 나무라자 그는 말했다. "그럼 어부들은 코비오스(잉어과의 작은 물고기)를 잡기 위해 물보라를 견디는데, 나는 브렌노스(청베도라치과 물고기)를 얻기 위해 칵테일(술)을 끼얹음을 당하는 것을 참으면 안 된다는 것인가?"

(68) 언젠가 디오게네스가 채소를 씻고 있는데 아리스티포스가 그 곁을 지나갔다. 디오게네스는 그를 비웃으며 이렇게 말했다. "자네가 이런 것으로 식사하는 법을 알았더라면 독재자들의 궁정에서 배를 쫄쫄 굶는 일은 없었을 텐데." 그러자 아리스티포스는 "자네도 사람들과 교제하는 방법을 알고 있었더

---

*65 람프사코스 출신의 페리파토스파 철학자. 리케이온의 제3대 학두(學頭). 제5권 58~64절 참조.

라면 채소 따위 씻지 않아도 되었을 것을" 하며 되받았다.*66

철학에서 무엇을 얻었느냐는 질문을 받았을 때, "어떤 사람과도 겁내지 않고 교제할 수가 있다는 것이다"라고 그는 대답했다.

언젠가 사치스럽게 생활한다는 비난을 듣게 되자, "만일 그것이 좋지 않은 일이라면 신들의 축제도 그렇게 사치스럽지는 않을 텐데"라고 그는 응수했다.

철학자에게는 어떤 특기가 있느냐고 그에게 물었을 때, "모든 법률이 폐지되는 일이 있어도 우리는 지금과 똑같은 생활방식을 따르리라는 것이다"라고 그는 대답했다.

(69) 디오니시오스가, 철학자들은 부잣집 문을 두드리는데 부자들은 이제 철학자들의 집을 찾아가려 하지 않는 까닭을 물었을 때, "철학자는 자기에게 필요한 것을 알고 있지만, 부자는 그것을 알지 못하기 때문입니다"라고 그는 대답했다.

언젠가 플라톤이 그에게 사치스럽게 사는 것을 나무라자, 그는 "그대는 디오니시오스를 훌륭한 사람이라고 생각하는가?"라고 물었다. 그래서 플라톤이 그 말에 동의하자, "그런데 그는 나보다 훨씬 사치스럽게 살아가고 있다네. 그러므로 사치스럽게 산다고 바람직한 생활방식에 방해가 되는 것은 하나도 없는 것일세"라고 그는 대답했다.*67

교육을 받은 사람과 받지 못한 사람은 어떤 점에서 다른지를 물었을 때, "그것은 훈련을 받은 말이 훈련을 받지 않은 말과 다른 것과 똑같다"라고 그는 대답했다.

언젠가 매춘집에 들어갔을 때 동행한 젊은이 하나가 얼굴을 붉히자, "위험한 것은 들어가는 것이 아니라, 빠져나올 수 없다는 것이야"라고 그는 말했다.

(70) 어떤 사람이 그에게 복잡한 문제를 내고 "이 복잡한 것을 풀어주게"라고 말하자, "바보로군, 자네는. 복잡하기는 해도 우리에게 골치 아픈 것을 풀려고 애쓰는 까닭이 뭔가?"라고 그는 대답했다.

교양이 없는 사람이기보다는 구걸을 하는 편이 낫다고 그는 말했다. 왜냐하면 구걸에 빠져 있는 것은 돈뿐이지만, 교양이 없는 사람에게는 인간성이 빠져 있기 때문이라고.

---

*66 이 책 102절에도 테오도로스에 관해 같은 이야기가 전해지고 있다.
*67 롱은 이 〔〕 안의 문장을 이 부분에서 삭제하여서 뒤의 76절로 옮기고 있다.

언젠가 그는 험담을 듣게 되자 그 자리를 떠나려 했다. 그러자 상대가 따라와서 "어째서 도망을 치는가!"라고 하자, "당신에게는 험담을 할 자유가 있지만, 내게는 그것을 듣지 않을 자유가 있기 때문이오"라고 그는 대답했다.

어떤 사람이 자기는 항상 부잣집 문 앞에서 철학자들을 본다고 말했다. 그러자 그는 "그렇소. 의사도 환자의 집을 드나들지요. 그러나 의사이기보다 환자이기를 바라는 사람은 아무도 없을 겁니다"라고 응수했다.

(71) 그는 언젠가 코린토스를 향해 배를 타고 여행을 하고 있었는데, 풍랑을 만나 매우 낭패해 있었다. 그러자 승객 하나가 "우리 같은 평범한 사람도 태연한데 당신 같은 철학자가 겁을 내다니요"라고 말하자, 그는 이에 "당신과 나는 살아나기를 바라는 목숨이 똑같지 않기 때문이오"라고 대답했다.

어떤 사람이 박식함을 자랑하여 잘난 체를 하고 있을 때 그는 말했다. "음식을 많이 먹거나, 운동을 많이 하는 사람들이 그것을 필요한 정도에 그치는 사람들보다 더 건강한 경우가 없는 것과 마찬가지로 책을 많이 읽는 사람들이 아니라 유익한 책을 읽는 사람들이 훌륭한 것이지."

그를 위해 법정변론을 써주고, 또 소송에 이기게 해 준 사람이 훗날 그에게 "소크라테스는 당신에게 어떤 이익을 가져다 주었는지요?"라고 물었다. 그 사람에게 그는 "그것은 이런 것이오. 당신이 나를 위해 써준 말이 진실이게 해 준 것이라오"라고 대답했다.

(72) 그는 딸 아레테에게 지나침을 경멸하도록 가르치기 위해 가장 위대한 충고를 해주었던 것이다.

어떤 사람이 자신의 아들이 교육을 받으면 어떤 점에서 개선이 되겠느냐고 물었을 때 그는 대답했다. "비록 달리 아무것도 없다 해도 어쨌든 극장에서 돌좌석 위에 돌처럼 앉아 있는 일만큼은 없어질 것이오."

어떤 사람이 자기 아들을 제자로 들여보내기 위해 그에게 데려왔을 때, 그는 500드라크마를 청구했다. 그러자 그 사람이 "그 정도를 내면 노예를 한 사람 살 수 있습니다"라고 하자, "그럼 그렇게 하시오. 그렇게 하면 당신은 노예를 두 명 가질 수 있을 것이오"라고 그는 응답했다.

그는 자신이 제자들에게서 돈을 받는 것은 그 돈을 쓰기 위해서가 아니라 돈을 무엇을 위해 써야 하는지를 그들에게 알려주기 위해서라고 말했다.

언젠가 소송을 위해 변론가를 고용한 것을 두고 비난을 받자, "향응을 할 때에도 요리사를 고용하지 않소?"라고 그는 말했다.

(73) 언젠가 디오니시오스에게서 철학상의 어떤 문제에 관해 말하라는 강요를 받았을 때, "무슨 말을 할 것인지는 나에게서 들으려 하면서, 언제 말할 것인지는 당신이 내게 가르치려 하는 것은 우습지 않소?"라고 그는 말했다. 그 말에 화가 난 디오니시오스가 그를 맨 끝자리에 앉혔다. 그러자 그는 "당신은 이 자리를 보다 영예로운 것으로 만들고 싶으셨군요"라고 응수했다.

어떤 사람이 바다에 잠수하는 것을 자랑하자, "부끄럽지도 않은가? 돌고래가 하는 일을 가지고 대단한 체를 하다니"라고 그는 말했다.

현자와 현자가 아닌 사람의 차이점을 묻자, "두 사람의 옷을 벗기고 낯선 사람들에게로 데려가 보시오. 그렇게 하면 알 것이오"라고 그는 대답했다.

어떤 사람이 술을 잔뜩 마셔도 취하지 않는 것을 자랑하자, "그런 것은 당나귀도 할 수 있지"라고 그는 응수했다.

(74) 창녀와 동거하는 것을 비난한 사람에게 그는 이렇게 말했다. "지금까지 많은 사람들이 살았던 집에 사는 것과, 아직 아무도 산 적이 없는 집에 사는 것에 무슨 차이가 있는 것은 아닐 텐데" 그래서 '없다'고 대답하자, 그는 이렇게 덧붙였다. "그럼 지금까지 1만 명의 사람이 탔던 배로 항해하는 것과, 아직 한 사람도 탄 적이 없는 배로 항해하는 것은 어떨까?" "전혀 차이가 없소." "그렇다면 여자도 마찬가지 아니오?"라고 그는 말했다. "많은 사람들과 익숙해져 온 여자와 함께 사는 것과, 아직 아무하고도 익숙해진 적이 없는 여자와 함께 사는 것에도 아무런 차이는 없소."

소크라테스의 제자이면서 사례금을 받는다고 비난하는 사람에게, "그럼 더 많이 받아야겠군"이라고 그는 말했다. "소크라테스도 누군가가 그에게 식료품과 술을 보내면 조금은 받았거든. 나머지는 돌려보내긴 했지만. 왜냐하면 그 사람은 아테네 제일가는 인물들을 집사로 두고 있었으니까. 그에 반해 나에겐 돈으로 산 노예 에우티키데스가 있을 정도니까 말야."

그는 또한 소티온이 〈철학자들의 계보〉 제2권에서 쓴 바에 따르면, 예기(藝妓) 라이스와 정을 통하고 있었다.

(75) 그래서 이 문제를 두고 트집을 잡아 따지는 사람들에게 그는 이렇게 대답했다. "내가 (그녀를) 붙잡고 있는 것이지, (그녀에게) 붙들려 있는 것은 아니오. 가장 좋은 것은 쾌락을 극복하고 이것에 지지 않는 것이지, 쾌락을 삼가는

것은 아니거든."

식료품 구입에 돈을 너무 많이 쓴다면서 그를 나무라는 사람에게는, "하지만 당신은 3오보로스로 이것들을 살 수 있었다면 샀을 텐데"라고 그는 대답했다. 그래서 상대가 수긍하자, "그렇다면 내가 쾌락 애호가가 아니라 당신이 금전 애호가인 것이오"라고 그는 말했다.

어느 날, 디오니시오스의 집사 시모스가—이 사람은 프리기아 출신으로 악당이었다—대리석이 깔린 호화로운 저택을 안내해 보였을 때, 그는 기침을 하여 가래를 그의 얼굴에 뱉었다. 그가 화를 내자 "달리 마땅한 곳이 없어서 말이오"라고 그는 말했다.

(76) 카론다스—또는 다른 사람들에 따르면 파이돈—가 향유를 바르는 것이 대체 누구냐고 말했을 때, 그는 이렇게 응답했다. "나요. 이 끔찍하게 생긴 사내요. 게다가 나보다 더 끔찍한 몰골의 페르시아왕도 있지. 하지만 어떤가. 다른 어떤 동물도 그렇게 했다는 이유로 뭔가에 뒤떨어지는 경우는 없는 것처럼 사람도 마찬가지가 아닐까? 아니, 정말로 음탕한 것들은 꺼져 버리면 좋을 텐데. 고급 향유를 쓴다고 해서 나에게 불평을 늘어놓는 자들 따위는."[*68]

소크라테스는 죽을 때 어떤 모습이었는지 묻자, "나도 그런 모습이기를 바라는 그런 모습이었소"라고 그는 대답했다.

소피스트인 폴리크세노스가 언젠가 그를 찾아와서, 여자들과 사치스런 진수성찬을 보고 나서 그를 나무라자 잠깐 사이를 두었다가 그는, "오늘은 자네도 나와 함께 즐길 수 있겠는가?"라고 물었다.

(77) 폴리크세노스가 승낙하자, "그럼 어째서 자네는 나를 비난한 것이지? 자네가 나무라는 것은 어쩌면 진수성찬이 아니라 그 비용 때문인 것 같군"이라고 그는 말했다.

또 그의 하인이 은화를 나르다가 도중에 무거워서 힘들어 하자—이것은 비온[*69]이 〈강의집〉에서 쓰고 있는 것인데—"너무 많으면 버리고 나를 수 있는 만큼만 가져가라"고 말했다는 것이다.

또 언젠가 배를 타고 여행하다가 그 배가 해적선임을 알게 되자 그는 주머니의 돈을 꺼내 세기 시작했다. 그러다가 마치 부주의로 그렇게 된 것처럼 그

---

*68 롱은 앞에서 삭제했던 문장(69절)을 이것의 뒤에 잇고 있다.
*69 이 사람에 대해서는 제4권 7장에 쓰여 있다.

돈을 바다에 던져 버리고는 실제로 대성통곡을 하는 것이었다. 그러나 다른 사람들이 전하는 바로는, 그는 훗날 그 돈 때문에 아리스티포스가 목숨을 잃는 것보다 아리스티포스를 위해 그 돈을 잃는 편이 낫다고 말했다는 것이다.

또 언젠가 디오니시오스가 그에게 자신을 찾아온 까닭을 묻자, 그는 자기가 갖고 있는 것은 바치고 갖지 않은 것은 나눠 갖기 위해서라고 대답했다.

(78) 그러나 어떤 사람들에 따르면 그는 "지혜가 필요할 때는 언제든지 소크라테스에게 갔습니다. 그러나 지금은 돈이 필요하기 때문에 당신에게 왔습니다"라고 대답했다고 한다.

그는 사람들이 도자기를 살 때는 이리저리 두드려보고 살펴보면서 생활 속에서는 되는 대로 아무렇게나 반성한다고 비난했다. 그러나 이것은 디오게네스가 한 말이라고 하는 사람들도 있다.[*70]

또 어느 날, 디오니시오스가 술자리에서 모두에게 비단 옷을 입고 춤을 추라고 명령했을 때, 플라톤은,

　　여자의 옷을 걸칠 수는 없으리라.

고 (에우리피데스의) 시구[*71]를 인용하여 명령을 거부했는데, 아리스티포스는 비단 옷을 입고 당장에라도 춤을 추려 하면서,

　　바쿠스의 잔치라 해도,
　　사려 있는 여자라면 몸을 더럽히는 일은 없으리라.

고 재치 있게 (같은 에우리피데스의 시구[*72]로) 응수했다는 것이다.

(79) 언젠가 그는 벗을 위해 디오니시오스에게 부탁을 한 일이 있었는데 잘되지 않았으므로 왕의 발아래에 엎드려서 간절히 빌었다. 그러자 이것을 비웃는 사람이 있었으므로 그는 그 사람에게 "비난을 받아야 할 것은 내가 아니라 발에 귀를 갖고 있는 왕이야"라고 말했다.

[*70] 제6권 30절 참조.
[*71] 〈바쿠스의 신녀(信女)〉 836행.
[*72] 〈바쿠스의 신녀〉 317~318행.

언젠가 아시아에 머무르고 있을 때, 그는 페르시아의 알타펠네스에게 붙잡혔는데, "이런 상황에서도 기분이 쾌활할 수 있습니까?"라고 묻는 사람에게 "바보 같은 말 하지 마. 알타펠네스와 이야기를 나누려 하는 지금 이 순간, 더 쾌활한 기분일 수 있는 때가 언제 있을 법이나 한가?"라고 그는 대답했다.

일반교양은 익혔지만, 철학에는 부족한 사람들은 페넬로페의 구혼자들과 같다고 그는 말했다. 왜냐하면 그 구혼자들도 멜란토나 폴리드라, 그 밖의 시녀들은 손에 넣었지만, 그것은 안주인과 결혼하는 것과는 전혀 다르기 때문이라고.

(80) 그러나 이와 비슷한 이야기를 아리스톤*73도 말하고 있다. 왜냐하면 그에 따르면 오디세우스는 저승으로 내려가서 거의 모든 죽은 사람들을 만나보았지만, 정작 저승의 여왕은 보지 못했다고 하므로.

한편, 아리스티포스는 뛰어난 어린이들이 배워야 할 것은 무엇인지 질문을 받았을 때, "그들이 어른이 된 뒤에 사용할 것들"이라고 대답했다.

그가 소크라테스의 곁을 떠나 디오니시오스에게로 간 것을 비난한 사람이 있었는데, 그 사람에게 그는 "하지만 내가 소크라테스에게 간 것은 교양(파이데이아) 때문이었지만, 디오니시오스에게는 휴양(파이디아)을 위해서 간 것"이라고 답했다.

가르치는 일로 돈을 번 그에게 소크라테스가 "너는 대체 어디서 그렇게 많은 돈을 손에 넣었는가?"라고 묻자, "당신이 조금밖에 손에 넣을 수 없었기 때문입니다"라고 그는 대답했다.

(81) 어떤 창녀가 그에게 "당신의 아이를 뱄습니다"라고 하자, "내가 알 바아냐. 네가 골풀 덤불을 지나와서는 그 줄기에 찔렸다고 말하는 것과 똑같으니까"라고 그는 대답했다.

아들을 마치 자기가 낳지 않은 것처럼 팽개쳐 놓은 것을 두고 어떤 사람이 그를 나무랐다. 그러자 그는 "가래나 이(蝨)도 우리 몸에서 생겨난 것임은 알지만, 쓸모없는 것인 이상 될 수 있는 대로 멀리 내다버려야 하거든"이라고 대답했다.

그는 디오니시오스에게서 돈을 받고, 플라톤은 책을 받았을 때, 그것을 두

---

*73 키오스 출신의 스토아파 철학자. 제7권 2장 참조.

고 그를 비난한 사람들에게 그는 말했다. "나에겐 돈이 부족하지만, 플라톤에게는 책이 부족하기 때문이다."

어째서 디오니시오스한테 꼼짝을 못하느냐고 말한 사람에게는 "다른 사람들이 왕을 꼼짝 못하게 하기 때문"이라고 그는 대답했다.

(82) 그가 디오니시오스에게 염치없이 돈을 요구하자 왕은 "그래도 너는 현자들은 궁한 것이 없다고 말한 것 같은데"라고 했다. 그러자 이 말을 받아서 그는 "먼저 주십시오. 그 다음에 이 문제에 관해서 토의하기로 하지요"라고 대답했다. 그래서 디오니시오스가 돈을 주자, "에이, 아시면서. 저는 궁하지는 않다고 했는데요"라고 그는 말했다.

디오니시오스가 그에게,

　　왕의 궁전을 찾아오는 자는 그가 누구든,
　　왕의 노예가 되는 것이다. 설령 자유인으로 왔다 하더라도.

라고 소포클레스의 시구[74]를 인용하여 말하자 그 또한 소포클레스의 시구[75]를 들어서

　　자유인으로 간 것이라면 노예일 리는 없다.

라고 응수했다. 이것은 디오클레스가 〈철학자전〉에서 쓰고 있는 것이다. 왜냐하면 이것을 달리 플라톤에게 돌리는 사람들이 있기 때문이다.

그는 아이스키네스에게 화를 낸 적이 있는데, 얼마 안 있어 "서먹한 채로 있는 것은 그만두세. 하찮은 일로 말다툼하는 것을 그만두지 않겠나. 아니면 자네는 누가 우리 사이에 끼어들어서 술잔으로 우리를 화해시켜줄 때까지 기다릴 참인가"라고 했다. 그래서 아이스키네스가 "그렇다면 기꺼이"라고 대답하자,

(83) "그럼 기억해 주기 바라네"라고 아리스티포스는 덧붙였다. "내가 손위인데 내 쪽에서 먼저 자네에게 다가간 것이라는 사실을 말이네." 그러자 아이스

---

*74 단편 789(나우크 엮음, 제2판).

*75 잃어버린 작품에서 인용한 것 같은데 밝혀지지 않음.

키네스는 말했다. "말씀 한번 잘 하셨소. 헤라 여신을 걸고 당신이 한 말은 다 맞는 말이오. 당신은 나보다 뛰어난 분이오. 왜냐하면 다툼의 불씨를 지핀 것은 나인데, 엉킨 우정의 실타래를 끊어준 것은 당신이니까요."

위의 일들이 아리스티포스에 관해 전해진다.

한편, 아리스티포스라는 이름의 인물은 4명이 있었다. 한 사람은 지금까지 우리가 써 온 사람이고, 두 번째는 아르카디아에 관한 책의 지은이. 세 번째는 아리스티포스의 첫째 딸(아레테)의 아들로서, '어머니에게서 가르침을 받은 사람'이라 불렸던 인물이다. 네 번째는 새 아카데메이아파의 철학자이다.

키레네파인 이 철학자의 책으로서 세상에 전해지고 있는 것은 다음의 것이다. 우선 〈리비아 역사〉 3권이 있다. 이것은 디오니시오스에게 헌정한 것이다. 그리고 25개의 대화를 포함한 1권의 책이 있는데, 이 대화들은 어떤 것은 아티카 방언으로, 또 어떤 것은 도리스 방언으로 쓰여 있는데 그 내용은 다음과 같다.

(84) 아르타바조스
난파한 사람들에게
망명자들에게
거지들에게
라이스에게
포로스에게
라이스에게, 거울에 관하여
헤르메이아스
꿈
술잔치의 접대자에게
필로멜로스
친척들에게
오래된 술과 여자를 가진 것을 두고 비난하는 사람들에게
사치스런 식사를 한다고 비난하는 사람들에게
딸 아레테에게 보내는 편지
올림픽 경기에 대비하여 자기단련을 하는 사람에게

질문

또한 질문

디오니시오스에게 보내는 쓴 소리

디오니시오스에게, 조각상에 관하여

디오니시오스에게, 디오니시오스의 딸에 관하여

경멸을 당했다고 생각하는 사람에게

충고를 하려는 사람에게*[76]

또 어떤 사람들은 그가 또한 6편의 소논문도 썼다고 주장한다. 그러나 그런 것은 전혀 쓰지 않았다고 주장하는 사람들도 있다. 로도스 사람 소시크라테스도 그 중의 한 사람이다.

(85) 그러나 소티온의 《철학자들의 계보》 제2권 및 파나이티오스에 따르면 다음의 논문이 그의 것으로 되어 있다.

교육에 관하여

덕에 관하여

철학을 권함

아르타바조스

난파자들

망명자들

소논문 6편

금언집 3편

라이스에게

포로스에게

소크라테스에게

운에 대하여

그는 감각에 초래되는 원활한 운동이 삶의 '목적'(테로스)이라고 했다.

---

*76 여기에 나와 있는 대화의 수는 23개로서, '25개 대화를 포함하는 한 권의 책'이라는 앞의
기록과는 맞지 않는 데가 있다.

우리는 그의 생애에 대해서는 기록을 끝마쳤으므로 이제는 그에게서 유래하는 키레네파 사람들―어떤 사람들은 스스로를 헤게시아스의 제자, 어떤 사람들은 안니케리스의 제자, 또 어떤 사람들은 테오도로스의 제자라고 불렀지만―그 사람들에 관해 이야기하기로 하자. 다만 그 사람들뿐만 아니라 파이돈의 제자들―그 중에서 가장 주된 사람들은 에레트리아학파라고 불리고 있지만―이 사람들에 대해서도 쓰기로 하자.[77]

(86) 그것은 다음과 같다.

아리스티포스의 제자는 그의 딸 아레테, 프톨레마이오스 사람 아이티오푸스,[78] 그리고 키레네 사람 안티파트로스였다. 그리고 아레테의 제자가 '어머니에게서 가르침을 받은 사람'이라는 별명으로 불렸던 아리스티포스이고, 다시 그의 제자가 처음엔 '무신론자'(아테오스)라고 불렸는데, 나중에는 '신(神)'(테오스)이라 불린 테오도로스이다. 한편, 안티파트로스의 제자가 키레네 사람 에피티미데스이고 그의 제자가 파라이바테스, 그리고 다시 그의 제자가 '죽음을 권하는 사람' 헤게시아스와, 몸값을 지불하고 플라톤을 해방해 주었던 안니케리스이다.

먼저 아리스티포스의 가르침을 충실히 지키고 '키레네학파'라는 칭호를 들었던 사람들은 다음과 같은 학설을 채용하고 있었다. 즉 그들은 괴로움과 쾌락이라는 (마음의) 두 가지 상태(파토스)를 상정하고, 쾌락은 (마음의) 원활한 움직임이지만, 괴로움은 껄끄러운(거친) 움직임이라고 했다.

(87) 그리고 쾌락과 쾌락 사이에는 (질적인) 차이는 없으며, 또 어떤 쾌락이 다른 쾌락보다 나은 쾌락이지도 않다고 했다. 또한 쾌락은 모든 살아 있는 생물체에게 바람직한 것이지만, 괴로움은 반발을 일으킨다고 했다.

그러면서 그들이 말하는 몸의 쾌락은―파나이티오스도 〈철학의 여러 학파에 관하여〉에서 쓰고 있는 것처럼 이것이 곧 '목적'이기도 하지만―괴로움이 제거되면서 생겨나는 상태로서의 쾌락을 말하는 것은 아니고, 또 에피쿠로스

---

*77 여기에서 파이돈의 제자들까지 말하는 것은 부자연스러울 것 같다.

*78 프톨레마이오스라는 이 도시가 프톨레마이오스왕에게서 이름을 딴 것이라고 한다면, 그의 시민의 한 사람이 소크라테스의 동료인 아리스티포스와 같은 시대인이기는 불가능할 것이다(힉스). 아이티오푸스라는 사람에 대해서는 불명.

도 그것을 인정하여 '목적'이라고 주장하는 바, '(마음이) 어지럽지 않은 상태' 같은 것도 아니다.

그러나 그들은 또한 '목적'과 '행복'은 다르다고 생각한다. 왜냐하면 '목적'은 개개의 쾌락이지만, '행복'은 부분적인 (개개의) 쾌락을 집합시킨 총계이고, 그 안에는 지나간 쾌락도, 앞으로 일어날 쾌락도 포함되어 있기 때문이다.

(88) 또한 개개의 쾌락은 그것 자체로 인해 탐탁스런 것이지만, 이에 반해 행복은 그것 자체 때문이 아니라 개개의 쾌락 때문에 바람직한 것이라고 했다.

그리고 쾌락이 목적인 증거로는, 우리가 어린 시절부터 본능적으로 그것에 익숙해져 왔고, 그리고 일단 이것을 손에 넣으면 더는 아무것도 추구하지는 않으며, 또한 그것과 반대되는 괴로움일수록 피할 것이 달리 아무것도 없다는 사실을 들었다.

또 쾌락은 히포보토스가 〈철학의 여러 학파에 관하여〉에서 쓰고 있는 바에 따르면, 비록 그것이 가장 괴로운 행위에서 생겨난 것이라 해도 선한 것이라고 했다. 왜냐하면 설령 그 행위가 미심쩍은 것이라 해도, 그러나 어쨌든 거기에서 생겨나는 쾌락은 그것 자체로 인해 바람직한 것이고, 선한 것이기 때문이라고 했다.

(89) 한편, 에피쿠로스에서 말하는 '괴로움의 제거'가 그들에게 곧 쾌락은 아닌 것이며, 또한 '쾌락이 없는 상태'를 괴로움으로 여기는 것도 아니다. 왜냐하면 (그들의 생각에는) 쾌락도 괴로움도 모두 운동 속에 있는 것인데, 괴로움이 없는 상태나 쾌락이 없다는 것은 운동이 아니기 때문이다. 즉 괴로움이 없는 상태는 말하자면, 잠들어 있는 사람의 상태이기 때문이다.

또한 그들은 정신줄을 놓았기 때문에 쾌락마저 선택할 수 없는 사람들이 있다고 주장한다. 그렇지만 정신적인 쾌락이나 괴로움 전체가 육체적인 쾌락이나 괴로움에 근거하여 생겨나는 것은 아니라고 한다. 왜냐하면 인간은 자기 개인의 번영에서 기쁨을 느끼는 것과 마찬가지로 조국의 번영 그 자체에서도 기쁨을 느끼기 때문이라는 것이다. 그러나 그들은 선한 일의 기억이나 기대에 근거하여 쾌락이 충분히 성취될 수 있다는 식으로는—이것은 에피쿠로스의 주장이 된 것인데—그들은 주장하지 않는다. 왜냐하면 시간이 흐름에 따라서 정신의 운동은 약해진다고 그들은 믿었기 때문이다.

(90) 또 그들은, 쾌락은 단순히 보거나 들은 것에서만 생겨나지 않는다는 말

도 한다. 실제로 우리는 배우가 무대에서 슬피 한탄하는 것은 기꺼이 듣지만, 사람들이 정말로 슬픔에 빠져 있는 것을 보거나 듣는 것은 기쁘지 않기 때문이다.

또한 쾌락이 없는 상태나 괴로움이 없는 것을 그들은 중간상태라고 불렀다. 그러나 그들은 정신적인 쾌락보다 육체적인 쾌락이 훨씬 뛰어난 것이라고 했다. 또한 괴로움에 대해서는 육체적인 괴로움이 정신적인 괴로움보다 더 나쁘다고 했다. 그리고 이것이 또한 죄를 저지른 사람에게 오히려 육체적인 괴로움에 의해 벌을 주는 이유이기도 하다고 했던 것이다. 왜냐하면 (육체적인) 괴로움을 겪는 쪽이 더욱 참기 어려우며, 또한 (육체적인) 쾌락을 느끼는 것이 우리의 본성에 더 적합하다고 그들은 생각했기 때문이다. 그래서 그들은 (정신보다) 다른 한쪽의 것(몸)에 더욱더 주의를 기울였다. 또 그런 이유에서 쾌락 그 자체는 바람직한 것이라 해도 어떤 종류의 쾌락을 만들어내는 것은 때때로 쾌락과는 정반대인 괴로움의 성질을 지닌 것이기 때문이며, 따라서 그들은 행복을 만들어내는 그런 쾌락을 모으는 따위의 일을 매우 성가신 일로 여겼던 것이다.

(91) 또 모든 현자가 쾌적하게 살아가는 것은 아니며, 어리석은 자들 모두가 괴롭게 사는 것도 아니다. 그러나 대개의 경우는 그러하다고 그들은 주장한다.

그들은 인간이 마침 얻은 단 하나의 쾌락에 의해 즐겁게 살고 있어도 그것이면 충분하다고 했다.

사려는 좋은 것이지만, 그러나 그것은 그것 자체로 인해 바람직한 것이 아니라 그로 인한 결과 때문에 바람직한 것이라고 그들은 말한다.

또한 벗은 효용 때문에 있는 것이라고도 했다. 왜냐하면 몸의 부분만 가지고 보더라도, 그것이 우리에게 갖춰져 있어서 쓸모가 있는 한에서만 그것을 소중히 여기기 때문이라고 했다.

나아가 덕 가운데 몇 가지는 어리석은 자들에게도 생겨난다든지, 몸의 단련은 덕의 획득에 도움이 된다든지, 또 현자는 질투하는 일도, 사랑에 빠지는 일도, 미신에 빠지는 일도 없다고 했다. 왜냐하면 이런 것들은 헛된 사념에서 비롯되는 것이므로. 그러나 괴로움을 느끼거나 두려워하는 경우도 있는데 이런 것들은 자연히 생겨나는 것이기 때문이라고도 했다.

(92) 또한 부(富)도 쾌락을 낳는 것인데, 그러나 부는 그 자체로 인해 바람직

한 것은 아니라고 했다.

그들은 또 (마음의) 여러 가지 상태(파토스)는 파악할 수 있는 것이라고 했다. 다만 그들은 상태가 그러하다고 말한 것이지, 상태의 기원이 되는 것을 파악할 수 있다고 한 것은 아니다.

한편 그들은, 자연학에 관한 것은 멀리했는데, 그것은 그 대상을 명확하게 파악할 수 없기 때문이었다. 이에 반해 논리학에 관해서는 그것이 쓸모가 있기 때문에 관여했던 것이다. 그러나 멜레아그로스*79가 〈학설지〉 제2권에서, 또 클레이토마코스*80가 〈철학의 여러 학파에 관하여〉 제1권에서 쓴 바에 따르면 그들은 자연학뿐만 아니라 논리학도 쓸데가 없다고 생각했다는 것이다. 그 까닭은 선과 악의 이론을 충분히 공부한 사람은 훌륭하게 말할 수도, 미신에 빠지지 않을 수도, 또 죽음을 두려워하는 것에서 벗어날 수도 있기 때문이라고 했다.

(93) 또한 그들은 어떤 것도 자연 본디에 있어서 옳거나, 아름답거나 추한 경우는 없으며, 법률과 습관에 의해 그러한 데 불과하다고 했다. 그렇지만 훌륭한 사람은 잘못된 행위는 물론이고, 그에 가해지는 벌이나 그것이 일으키는 평판 때문에 하는 경우는 없으리라고 했다.

또 현자는 실제로 존재한다고 했다.

그들은 다른 사항에서와 마찬가지로 철학에서도 진보향상의 여지를 인정한다.

나아가 그들은 어떤 사람은 다른 사람보다 훨씬 더 많이 괴로움을 느끼는 경우가 있다고 주장한다.

또 감각은 언제나 참일 수는 없다고도 했다.

이어 헤게시아스의 제자로 불리는 사람들에 대해서인데 그들도 똑같은 것, 즉 쾌락과 괴로움을 '목표'(스코포스)로 삼고 있었다. 그리고 감사함이라든지 우정·친절 같은 것이 그것 자체로서 존재한다고는 보지 않았다. 그 까닭은 그것들을 우리가 선택하는 것은 그것 자체 때문이 아니라 그것들이 도움이 되기 때문이며, 또 더 이상 도움이 되지 않게 되면 그것들 또한 존재하지 않게 되기 때문이라고 했다.

---

*79 가다라 출신으로 BC 2~1세기에 활동한 에피그램 시인이자 철학자.
*80 아카데메이아파의 철학자 클레이토마코스(제4권 10장)일까?

(94) 또 행복은 전혀 불가능한 일이라고 했다. 왜냐하면 몸은 많은 번뇌로 가득 차 있으며, 영혼도 몸과 번뇌를 함께하여 어지럽고, 게다가 우리가 바라는 것의 대부분은 운명이 그것을 훼방하기 때문에 그런 이유에서 행복은 실현될 수 없다는 것이다.

또한 삶과 죽음은 둘 다 바람직한 것이라고 했다.

그들은 본디 쾌적하거나 불쾌한 것은 아무것도 없다고 생각했다. 다만 부족하다든지, 진귀하다든지, 풍부하다든지 하는 것에 의해 같은 것을 어떤 사람들은 쾌적하게 느끼고, 어떤 사람들은 불쾌하게 생각할 따름이라고 했다.

또 빈부는 쾌락과는 아무 상관도 없는 것인데, 그 이유는 부자라고 해서 특별히 쾌락을 느낀다거나, 가난한 사람이라서 그렇다거나 하는 경우는 없기 때문이라고 했다. 나아가 예속과 자유는 마찬가지로 쾌락의 기준과는 무관하며, 고귀한 출신도 비천한 태생, 명성과 평판 없음도 마찬가지라고 보았다.

(95) 또한 살아 있는 것은 어리석은 사람에게는 이득이 되는 일이지만, 사려가 있는 사람에게는 아무래도 상관없는 일이라고 했다.

현자는 또한 모든 것을 자기 자신을 위해 행할 것이라고 그들은 말한다. 왜냐하면 현자는 다른 어느 누구도 자신과 똑같은 가치가 있다고는 생각하지 않기 때문이며, 설령 누군가에게서 최대의 이익을 얻어낼 것처럼 보여도 그것은 현자 자신이 스스로에게 가져다주는 것에 필적할 만큼 가치 있는 것은 아니기 때문이라는 것이었다.

또 그들은 감각은 인식을 정확하게 하는 경우는 없다고 하면서 이것을 물리쳤다.

나아가 이치에 닿는 것처럼 보이는 것은 무엇이든 행해야 한다고 했다.

잘못은 너그럽게 봐줘야 한다고 그들은 말한다. 왜냐하면 인간은 자진하여 잘못을 저지르는 것이 아니라 어떤 사정에 의해 어쩔 수 없이 저지르기 때문이라고.

또 인간을 미워해서는 안 되고 뉘우치게 해야 한다고 했다.

또 현자는 선한 일을 선택할 때는 악한 것을 피하는 경우만큼 애를 쓰려 하지는 않을 것이다. 왜냐하면 현자는 힘쓸 것도, 괴로울 것도 없는 삶을 '목적'으로 삼기 때문이라고 했다.

(96) 그래서 그와 같은 삶은 사람들이 쾌락을 낳는 여러 가지 것들에 관심

을 갖지 않게 되었을 때 결과로서 생겨나는 것이라고 그들은 말했던 것이다.

한편, 안니케리스의 제자는 다른 점에선 지금까지 썼던 사람들과 생각이 같았다. 그러나 그들은 우정, 감사, 부모 존경, 조국을 위해 뭔가를 하려는 마음, 그런 것도 인생에는 필요하다고 했다. 그리고 그런 것들을 위해 현자는 괴로움을 겪는다 해도, 행복하리라, 설령 그들이 쾌락을 겨우 느낀다 해도, 라는 식으로 그들은 생각했던 것이다.

또한 벗의 행복은 그것 자체로서는 바람직한 것은 아니라고 보았다. 왜냐하면 그것은 주위 사람이 느낄 수 있는 것이 아니기 때문이라고.

또 우리가 자신감을 갖고, 대중의 우려를 초월하는 자가 되기에는 이론만으로는 충분치 않으며, 우리의 안에는 오랜 세월에 걸쳐 길러진 나쁜 성질이 있기 때문에 반드시 바람직한 습관을 들여야 한다고 했다.

(97) 벗을 받아들이는 것은 그 사람이 도움이 되기 때문에 그렇게 하는 것이 아니라—왜냐하면 도움이 되는 것이 없으면 우리는 이미 그 사람에게 눈길도 주지 않게 될 테니까—그를 위해서는 힘든 고생도 견디고 참아낼 만한, 변치 않는 호의에 기초하여 받아들여야 한다고 했다. 우리는 분명 쾌락을 목적으로 하며, 그것을 잃는 것은 싫지만, 그러나 그럼에도 벗을 사랑하기 때문에 우리는 자발적으로 그 수고를 견뎌야 한다고 그들은 생각했던 것이다.

그리고 테오도로스의 제자라 불린 사람들에 대해서인데, 그들은 그 호칭을 앞에서 말한 테오도로스에게서 얻은 것이고, 또한 그의 학설을 채용했던 것이다.

그런데 이 테오도로스는 신들을 보는 일반 통념을 완전히 부정한 사람이었다. 그래서 나는 〈신들에 관하여〉라는 제목이 붙은 그의 저서를 마침 볼 기회가 있었는데, 이것은 쉽사리 경멸을 당할 만한 그런 책은 아니다. 게다가 에피쿠로스가 신에 대해 말하는 내용의 대부분은 그 책에서 빌려온 것임도 밝히고 있는 것이다.

(98) 또한 안티스테네스가 〈철학자들의 계보〉에서 밝히고 있는 바에 따르면 테오도로스는 안니케리스나 변론가인 디오니시오스의 제자이기도 했다.

그런데 그는 기쁨과 괴로움을 궁극적인 것(최고의 선과 악, 테로스)이라고 생각했는데, 기쁨은 사려에 의해, 괴로움은 사려없이 초래된다고 보았다. 또한 사려와 정의(正義)는 선한 것이고, 그것들과 반대되는 상태는 악한 것이다. 또 쾌락과 (육체적) 괴로움은 그 중간에 해당되는 것이라고 했다.

그는 또한 우정은 어리석은 사람들 사이에도, 현명한 사람들 사이에도 존재하지 않는다는 이유에서 이것을 인정하지 않았다. 왜냐하면 어리석은 사람들에게는 효용가치가 없어지면 우정 또한 사라져 가고, 또 현명한 사람들은 자족하고 있기 때문에 벗이 필요하지 않다는 것이다.

또 그는 뛰어난 사람이 조국을 위해 목숨을 버리지 않는 것은 이치에 합당한 일이라고 말한다. 뛰어난 사람은 어리석은 사람들의 이익을 위해 사려를 팽개칠 필요는 없기 때문이라고.

(99) 또 우주가 우리의 조국이라고도 말한다.

나아가 절도·간음·신전털이는 시기만 적절하다면 해도 괜찮다고 했다. 왜냐하면 어리석은 자들을 단속하기 위해 합의된 것으로, 이런 행위를 보는 세상의 통념이 일단 제거되고 나면 그런 행위들 중에 어느 한 가지도 자연 본래는 추한 것이 아니기 때문이라는 것이다.

그는 또 현자는 전혀 망설임 없이 공공연하게 연인들과 성적으로 결합할 것이라고 말했다. 그리고 그는 곧잘 다음과 같은 토론을 제의했던 것이다.

"무릇 읽고 쓰기를 터득한 여성은 읽고 쓸 수 있다는 점에서 쓸모가 있을 것인가?"

"그렇다."

"또 읽고 쓸 줄을 아는 어린이나 청년도 읽고 쓸 수 있다는 점에서 쓸모가 있을 것인가?"

"그렇다."

"그럼 아름다운 여인도 그녀가 아름답다는 점에서 쓸모가 있는 것이 아닐까? 그리고 미소년이나 미청년도 그들이 아름답다는 점에서 쓸모가 있을 것인가?"

"그렇다."

"그렇다면 또한 미소년이나 미청년이 쓸모가 있는 것은 그들이 아름답다는 바로 그것 때문이겠군."

"그렇지."

"그런데 사랑의 성적 결합이라는 점 때문에 그들은 쓸모가 있는 것이다."

(100) 위의 것이 승인이 되자 그는 논의를 다음과 같은 결론으로 이끌었다.

"따라서 만일 누군가가 사랑의 성적 결합을 한다 해도 상대가 쓸모가 있는 것인 이상, 그 사람은 잘못된 행동을 한 것은 아니다. 그러므로 그 사람이 또한 아름다움을 이용했다 해도 그것이 쓸모가 있는 것인 이상, 잘못된 행동을 하고 있는 것이 되지는 않겠군."

이런 식으로 질문을 거듭해 나가면서 그는 토론에 의해 자기의 관점을 강하게 굳혔다.

한편, 그가 '신'이라고 불리게 된 것은 스틸폰이 그에게 다음과 같은 질문을 한 데서 유래한 것 같다.

"과연 자네는 테오도로스, 자네가 있다고 주장하는 바, 바로 그것이기도 한가?"

이에 그가 고개를 끄덕이자,

"그럼 자네는 신은 있다고 주장하는 것인가?"

그 말에 그가 동의했으므로,

"그럼 자네는 신이로군."

라고 스틸폰은 말했던 것이다. 테오도로스가 이 말을 기쁘게 받아들이자, 이번엔 스틸폰은 웃으면서 이렇게 말했다.

"하지만 안 됐게도 말이네. 그 논법으로 나가면 자네는 또한 새끼까마귀라든가, 그 밖에 무수한 것이라는 말에도 동의하는 것이 될 텐데."

(101) 테오도로스는 언젠가 비밀스러운 종교 의식을 관장하는 신관 에우리클레이데스 곁에 앉으면서,

"부디 가르쳐 주십시오, 에우리클레이데스. 비밀스러운 종교 의식을 모독하는 사람들이란 어떤 사람들을 말하는지요."

라고 물었다. 그러자 에우리클레이데스가 대답하기를,

"비밀스러운 종교 의식에 관여하지 않는 자들에게 그것을 흘리는 자들이다."

"그러면 당신 또한 모독하고 있는 것입니다. 비밀스러운 종교 의식에 관여하지 않는 자에게 그것을 설명하고 있으니까요."

라고 그는 말했던 것이다.

그러나 그는 사소한 일로 아레이오스 파고스(법정)로 끌려 나가는 위기에

처했던 것이다. 그러나 안피크라테스*[81]가 〈유명한 사람들에 관하여〉에서 쓰고 있는 바에 따르면, 그는 유죄 판결을 받고 독배를 마셨다고 한다.

(102) 또한 라고스의 아들 프톨레마이오스*[82]의 궁전에서 머무르던 시절의 일인데, 언젠가 이 사람이 그를 리시마코스*[83]에게 외교사절로 파견했었다. 그때 그는 모든 것을 자유롭고 솔직하게 발언했기 때문에 리시마코스가,

"부디 밝히시오, 테오도로스. 당신은 아테네에서 쫓겨난 사람이 아닌가?"

라고 하자, 이에 그는,

"물으시는 바와 같습니다. 왜냐하면 아테네는 마치 세멜레가 디오니소스에게 그러했던 것처럼 저를 그냥 놔두지 않고 쫓아내 버렸으니까요."

라고 대답했다. 그래서 리시마코스가 다시,

"우리에겐 이제 다시는 오지 말았으면 하오."

라고 하자,

"오지 않을 것입니다. 프톨레마이오스(왕)가 저를 보내지 않는다면."

라고 그는 응답했다.

또 그 자리에 함께 있던 리시마코스의 재무장관 미트라스가,

"아무래도 당신은 신들뿐만 아니라 왕도 인정하지 않는 것 같군요."

라고 하자,

"어찌 인정하지 않겠습니까? 당신은 신들에게도 미움을 받고 있다고 나는 믿거든요."

라고 그는 응수했다.*[84]

또 언젠가 코린토스에서 그가 여러 제자를 이끌고 지나가는 것을 미나리를 씻고 있던 키니코스파의 메트로클레스가 보고,

"자네가 지자(知者, 소피스트)라 해도 만일 채소를 씻고 있었다면, 이렇게나

---

*81 아테네의 변론가. BC 1세기 무렵의 사람.

*82 '구국의 영웅'(소테르)이라는 칭호가 붙어 다닌 프톨레마이오스 1세를 말한다. 알렉산드로스 대왕의 어린 시절의 벗으로 동방원정 뒤에 이집트의 총독이 되었다가 훗날 왕이 된다. 재위 BC 305~282년.

*83 알렉산드로스 대왕의 후계자의 한 사람으로 대왕이 죽은 뒤에 트라키아를 점령하고 왕이 되고(BC 306년), 유력한 경쟁자 안티고노스를 물리쳐 마케도니아도 병합했다. 나중에 셀레우코스 1세와 싸우다 전사(BC 281년)한다.

*84 키니코스파의 디오게네스에게도 비슷한 이야기가 전해진다(제6권 42절 참조).

많은 제자가 필요하지는 않았을 걸세."

라고 했다. 그러자 이에 답하여 그는,

"자네도 사람들과 교제하는 방법을 터득했더라면 그런 채소 따위에 볼일은 없었을 텐데."

라고 되받았다는 이야기가 있다.

(103) 이미 쓴 것처럼(제2권 68절) 이와 비슷한 이야기가 디오게네스와 아리스티포스에게도 전해진다.

테오도로스는 지금까지 쓴 것 같은 그런 사람이었고, 또 그렇게 산 사람이었다. 그리고 마지막엔 키레네로 돌아와서 그곳에서 마가스와 함께 생활하면서 생애의 마지막까지 크나큰 존경을 받았다. 맨 처음 키레네에서 추방되었을 때, 그는 기지로 가득 찬 말을 했다고 전해진다. 즉 그는,

"키레네의 여러분, 여러분이 저를 리비아에서 그리스로 쫓아내 주신 것에 감사드립니다."

라고 했던 것이다.

한편, 테오도로스라는 이름의 인물은 20명이 있었다. 첫 번째는 사모스섬 사람으로 로이코스의 아들이다. 이 사람은 에페소스의 신전 터를 다질 때, 숯을 놓으라고 권한 사람이다. 즉 그는 그곳이 매우 습기가 많았으므로 나무의 성질을 잃은 숯은 수분을 통과시키지 않아 그런 단단함을 지니게 될 것이라고 말했던 것이다. 두 번째는 키레네 사람으로 기하학자인데, 플라톤이 그의 강의를 들었다. 세 번째는 우리가 지금까지 살펴본 철학자이다. 네 번째는 목소리의 훈련에 관해 매우 훌륭한 저서를 남긴 사람.

(104) 다섯 번째는 테르판도로스 이후의 가곡 작자들을 연구한 사람. 여섯 번째는 스토아파 사람. 일곱 번째는 로마인의 사적(事績)을 연구한 사람. 여덟 번째는 시라쿠사 사람으로 전술에 관한 책을 지은 사람. 아홉 번째는 비잔티온 사람으로 정치변론으로 알려진 사람. 열 번째는 또한 비잔티온 사람으로서 아리스토텔레스가 〈변론가 개관〉*85에서 말하고 있는 사람. 열한 번째는 테베 사람으로 조각가. 열두 번째는 화가로서 폴레몬*86이 말하고 있는 사람. 열

---

*85 이 책은 아리스토텔레스의 저서 목록(제5권 22~27절) 가운데 77번째인 〈여러 기술 총람〉과 동일시되고 있다(아페르트).

*86 이리온 출신의 그리스 지지학자. BC 2세기 초의 사람.

세 번째는 화가로서 아테네 사람. 이 사람에 대해서는 메노도토스*87가 쓰고 있다. 열네 번째는 에페소스 사람으로 화가. 이 사람은 테오파네스가 〈회화론〉에서 말하고 있다. 열다섯 번째는 에피그램을 쓴 시인. 열여섯 번째는 시인들에 대해 책을 쓴 사람. 열일곱 번째는 의사로서 아테나이오스의 제자. 열여덟 번째는 키오스 사람으로 스토아파 철학자. 열아홉 번째는 밀레토스 사람으로, 그 또한 스토아파 철학자. 스무 번째는 비극작가이다.

---

*87 사모스섬 출신의 역사가. 생애·연대 모두 불명.

9 파이돈

(105) 파이돈은 엘리스 사람으로 훌륭한 가문에서 났지만, 조국의 함락과 함께 포로 신세가 되어 수상한 집(몸을 파는 집)에 억지로 맡겨졌다. 그러나 그는 방문을 닫아걸고 어떻게든 소크라테스 일파에 들려고 했으므로, 결국 소크라테스가 알키비아데스나 크리톤 중에 한 사람에게 부탁하여 몸값을 치르게 하여 그를 자유인 신분으로 만들어 주었다. 그 뒤, 그는 자유인에 걸맞은 방법으로 철학 공부를 계속했던 것이다. 그러나 히에로니무스는 〈판단 보류에 대하여〉에서 그를 노예라고 불러 조롱하고 있다.

그가 쓴 대화편 중에서 〈조필로스〉와 〈시몬〉은 실제가 그가 쓴 것이지만, 〈니키아스〉는 미심쩍다. 또한 〈메디오스〉는 아이스키네스의 작품이라고 하는 사람들도 있고, 또는 폴리아이노스가 썼다는 사람들도 있다. 또 〈안티마코스, 또는 노인들〉도 의심의 눈길을 받고 있다. 그리고 〈구두장이 이야기〉도 어떤 사람들은 아이스키네스의 저서라고 말한다.

그의 뒤를 이은 것은 엘리스 사람 프레이스타노스이고, 또 세 번째 후계자는 에레트리아 사람 메네데모스와 플레이우스 사람 아스클레피아데스 및 그의 무리들인데, 이 사람들은 스틸폰에게서 떨어져 나온 사람들이다. 그리고 이 사람들에 이를 때까지는 엘리스학파라 불리다가 메네데모스 이후에는 에레트리아학파라 불리게 되었던 것이다. 메네데모스에 대해서는 그 또한 새로운 학파의 창립자이므로 뒤에서 (제17장) 쓰기로 한다.

10 에우클레이데스

(106) 에우클레이데스는 이스트모스(코린토스 지협) 부근의 메가라*88 출신인데, 또는 알렉산드로스가 〈철학자들의 계보〉에서 쓰고 있는 것처럼 게라 출신이라고 하는 사람들도 있다.

이 사람은 파르메니데스의 학설도 연구했는데, 그의 후계자들은 (처음에는) 메가라학파라 불리다가 다시 '에리스티코이'(논쟁가들), 나중에는 '디알렉티코이'(변론가들)라 불리게 되었다. 그들에게 '디알렉티코이'라는 이름을 붙인 최초의 인물은 칼케돈 사람 디오니시오스*89인데, 그것은 그들이 논의를 질문과 대답 형식으로 이어나간 데 따른 것이다.

헤르모도로스가 쓴 바에 따르면 소크라테스가 죽은 뒤, 플라톤과 그 일파의 철학자들은 잔혹한 독재자들을 두려워하여 이 사람에게 피신해 왔다는 것이다.

그는 '선(善)'은 많은 명칭으로 불리는데—즉 때로는 사려가, 때로는 신이, 때로는 지성이나 그 밖의 것이 선이라고 하므로—사실은 선은 하나라는 주장을 폈다. 그리고 선에 대립하는 것은 모두 존재하지 않는다고 주장하여 이것을 멀리했던 것이다.

(107) 그는 또한 논증법에 이의를 제기했는데, 그것은 전제에 관해서가 아니라 결론에 관해서였다. 나아가 비유에 의한 논의도, 그것은 비슷하거나 또는 비슷하지 않거나 하는 어느 한쪽에 바탕하여 구성되어 있는 것이라고 하여 이것을 피했다. 즉 만일 비슷한 것에 바탕하여 구성되어 있는 것이라면 비슷하게 생긴 것보다 비슷한 것 자체 쪽을 오히려 문제 삼아야 하며, 또 비슷하지 않은 것에 바탕하여 구성되어 있는 것이라면 그것들을 늘어놓아봤자 아무 도움도 되지 않는다고 했다.

---

*88 시칠리아의 메가라와 구별하기 위해 그렇게 기록되어 있다.
*89 불명. 메가라파의 디오니시오스(제2권 98절)와 동일시하는 설도 있다.

때문에 티몬은 다른 소크라테스의 제자까지도 빈정대면서 그에 대해서도 다음과 같이 말하고 있다.

그러나 나는 이런 쓸모없는 이야기를 하는 사람들에겐 관심도 없고, 또 다른 어떤 자에게도 관심이 없다. 즉,
파이돈이 어떤 사내였든 그에게도 관심이 없거니와 메가라 사람들을 논쟁의 열기로 몰아넣은,
그 논쟁꾼 에우클레이데스에게도 관심이 없으니까.

(108) 또 그는 〈람프리아스〉, 〈아이스키네스〉, 〈포이닉스〉, 〈크리톤〉, 〈알키비아데스〉, 〈에로스에 대하여〉라는 6편의 대화편을 썼다.

한편, 에우클레이데스학파에는 밀레토스 사람 에우불리데스도 속해 있다. 이 사람은 문답형식에 의한 수많은 궤변을 만들어냈다. 즉, '거짓말', '알아채지 못하는 사람', '엘렉트라', '베일을 쓴 자', '드러쌓인 곡물', '뿔 달린 사람', '대머리' 같은 궤변이 그것이다. 또 이 사람에 대해서 희극작가의 한 사람은 이렇게 말하고 있다.

논쟁꾼 에우불리데스, '뿔 달린 사람'이라는 궤변을 늘어놓고,
변론가들을 거짓말 허풍으로 제대로 갖고 논 이 자는,
데모스테네스의 허풍도 함께 가져가 버렸다.

왜냐하면 데모스테네스도 그의 강의를 듣고 그로 인해 '로'(r) 발음이 제대로 안 되던 것을 고쳤기 때문이다.

(109) 에우불리데스는 아리스토텔레스와도 논쟁을 하여 그를 지독히 비방했다.

에우불리데스 학파에는 이밖에도 많은 사람들이 있는데, 그 중에 엘리스 사람 알렉시노스도 있었다. 이 사람은 유달리 지기 싫어하는 사람이었기 때문에 '엘렌크시노스'(반박가)라는 별명도 붙었다. 그는 특히 (스토아파의) 제논과 논쟁을 한 것이다. 헤르미포스가 그에 관해 쓴 바에 따르면 그는 엘리스를 떠나 올림피아로 가서 그곳에서 철학 공부를 했는데, 그의 제자들이 왜 여기서 살

기로 했는지를 묻자, 그는 올림피아학파라 불리는 학파를 만들고 싶어서라고 대답했다. 그러나 제자들은 생활비를 벌기도 힘들고, 또 그곳은 건강에도 좋지 않다는 것을 알고 그곳을 떠나버렸다. 그래서 알렉시노스는 혼자서 하인과 함께 여생을 고독하게 보냈는데, 훗날 아르페이오스강에서 수영을 하다가 갈대에 찔렸는데, 그 상처가 덧나서 세상을 떠났다고 한다.

(110) 나는 그를 소재로 삼은 시를 지었는데, 그것은 다음과 같다.

그러면 그 이야기는 헛된 것은 아니었다. 한 불행한 사내가 있어,
물에서 헤엄을 칠 때 못에 발을 찔렸다니. 실제로 그 위엄 있는 사람 알렉시노스는,
아르페이오스강을 헤엄쳐 건너기 전에 갈대에 찔려서 죽었으니.

그는 제논을 공격하는 논문뿐만 아니라, 그 밖에도 여러 가지 글을 썼다. 그 중에는 역사가 에포로스를 공격한 것도 있다.

에우불리데스 학파에는 널리 알려진 오린토스 출신의 에우판토스도 속해 있었는데, 그는 자기의 같은 시대 역사를 쓴 사람이다. 그는 또한 수많은 비극도 썼는데, 그로써 경연으로 명성을 날렸다. 또 그는 안티고노스왕*90의 스승이기도 했다. 그리고 그 왕을 위해 '왕제(王制)에 관하여'라는 책을 써서 이것을 바쳤는데, 이것은 매우 평판이 좋았다. 그는 고령으로 생애를 마감했다.

(111) 에우불리데스에게는 그 밖에도 제자들이 여럿 있었는데, '크로노스'(늙다리)라는 별명이 붙은 아폴로니오스도 그 중 한 사람이다. 그리고 이아소스 사람으로 아메이니아스의 아들 디오도로스는 그 사람의 제자인데, 그 또한 '크로노스'라는 별명으로 불렸다. 칼리마코스는 〈에피그램집〉에서 이 사람에 대해 다음과 같이 쓰고 있다.

모모스(비난의 신) 자신이
벽 위에 썼던 것이다, '크로노스는 현자다'라고.

---

*90 '도손'이라는 이름이 덧붙여진 마케도니아 왕 안티고노스 3세를 말한다. 재위 BC 229~221.

이 사람 또한 변론의 달인이었는데, 일부 사람들은 '베일을 쓴 자'라든가 '뿔 달린 사람'이라는 궤변을 최초로 발명한 것은 그였다고 믿고 있다.

그가 프톨레마이오스 소테르(구세주)의 궁정에서 머무르던 시절에 스틸폰에게서 몇몇 변론을 하는 듯한 토론의 도전을 받은 적이 있었다. 그는 그 자리에서 즉각 문답을 하지 못한 탓에 왕에게서 그 밖에도 여러 가지로 타박을 들었지만, 그 중에서도 경멸의 의미를 담은 '크로노스'(늙다리)라는 별명이 붙게 되었던 것이다.

(112) 그래서 그는 잔치 자리에서 물러나온 뒤에 그 문제를 소재로 삼아 논문을 쓰기는 했지만, 실의 속에 일생을 마감했던 것이다.

이 사람에 대해서도 내가 쓴 시가 있다.

　　디오도로스 크로노스여, 어떤 다이몬이 당신을 불행한 실의 속으로 끌고 갔는가?
　　그로 인하여 당신은 스스로를 타르타로스(나락)의 바닥으로 던져 넣게 되었던 것이다. 스틸폰의 수수께끼 같은 말을 풀지 못한 탓에.
　　사실 당신은 크로노스(kronos)에서 카파(k)와 로(r)를 뺀 사람(onos=당나귀 =얼간이) 대접을 받았으니까.

에우클레이데스의 후계자 중에는 메탈로스의 아들 이크티아스도 포함되는데, 이 사람은 훌륭한 사람으로서 키니코스파의 디오게네스도 이 사람을 소재로 삼은 한 편의 대화편을 바치고 있다. 또한 투리오이 사람 클레이노마코스도 후계자의 한 사람인데, 그는 명제와 술어 같은 그런 종류의 것들을 소재로 삼아 책을 쓴 최초의 인물이다. 나아가 매우 유명한 철학자인 메가라 사람 스틸폰도 후계자의 한 사람인데, 우리는 이제 이 사람을 소재로 삼아 이야기해야 한다.

11 스틸폰

(113) 스틸폰은 그리스 지역에 있는 메가라 사람으로 에우클레이데스의 몇몇 후계자들의 제자였다. 다만 그는 에우클레이데스의 제자였다거나, 또는 코린토스 사람 트라시마코스의 제자이기도 했다고 하는 사람들도 있다. 이 트라시마코스는 헤라클레이다이[*91]에 따르면, 익티아스의 지인이었던 사람이다.

그는 논쟁거리를 짜내는 기묘한 재주와 궤변을 가지고 노는 데 뛰어났으므로, 거의 모든 그리스인이 그를 주목하여 메가라파의 철학으로 개종하려 했을 정도였다. 이 점에 대하여 메가라파의 필리포스는—그의 말을 그대로 인용하면—다음과 같이 말한다. "왜냐하면 그(스틸폰)는 테오프라스토스에게서는 이론가 메트로도로스와 게라 사람 티마고라스를, 또 키레네파의 아리스토텔레스에게서는 클레이타르코스와 시미아스를 빼돌렸기 때문이다. 나아가 변론가들 중에서도 아리스티데스에게서는 파이오네이오스를 자기편으로 끌어들였고, 또 보스포로스 사람으로 에우판토스의 아들 디필로스와 엑사이네테스의 아들 미르멕스를—이 두 사람은 모두 그를 반박하려고 찾아왔던 것이지만—그는 자기의 열렬한 신봉자로 만들어 버렸기 때문이다."

(114) 또 위의 사람들 외에 그는 페리파토스파 사람으로 자연학에 통달해 있던 플라시데모스, 모든 그리스의 변론가 중에서 1인자였던 변론가 알키모스마저 자기 진영에 넣었다. 또 크라테스와 그 밖의 많은 사람들도 획득물로 삼았고, 그 사람들에 더하여 페니키아 사람 제논도 끌어갔던 것이다.

[*91] '렘보스(쾌속정)'라는 별명이 붙은 (제5권 94절 참조) 헤라클레이다이를 말한다. 흑해연안의 카라티스 또는 알렉산드리아 출신. BC 2세기(BC 170년 무렵) 프톨레마이오스 6세 아래에서 정치적으로 활동한다. 그는 많은 문헌을 수집하여 그 발췌를 만들었는데, 그 중에서도 사티로스의 〈철학자전〉과 소티온의 〈철학자들의 계보〉를 요약·발췌해 재편집한 그의 책은 디오게네스가 많이 이용한 것 가운데 하나이다.

그는 또한 정치적인 일에도 매우 정통해 있었다.

그는 한 여성과 결혼했는데, 그러나 오네토르*92도 어딘가에서 쓰고 있는 것처럼 니카레테라는 이름의 창녀와도 동거했었다. 또 그에게는 행실이 나쁜 딸이 있었는데, 이 딸은 그의 지인이었던 시라쿠사 사람 시미아스와 결혼하였다. 그런데 그녀의 생활에는 상식을 벗어난 점이 있었기 때문에, 어떤 사람이 스틸폰에게 그녀는 당신의 부끄러움이 되리라고 말하자 "아니, 내가 그녀의 명예가 될 정도는 아니라오"라고 그는 대답했다.

(115) 또한 전하는 바에 따르면 프톨레마이오스 소테르(구세주)도 그를 존중했다. 그리고 이 왕이 메가라를 지배하던 시절에 그에게 은화를 주면서 함께 배를 타고 이집트로 가자고 권유했다. 그러나 그는 은화는 적당한 액수만큼을 받았지만, 여행을 떠나는 것은 거절하고 프톨레마이오스가 배를 타고 떠날 때까지 아이기나섬으로 옮겨가 있었다고 한다.

나아가 안티고노스의 아들 데메트리오스*93가 메가라를 점령했을 때, 스틸폰의 집은 안전하게 보호하고, 빼앗겼던 재산은 모두 그에게 돌려주도록 배려해 주었다. 그러나 데메트리오스에게 잃은 것을 목록을 작성하여 내라고 하자, 그는 자기의 참된 소유물은 하나도 잃어버리지 않았다고 대답했다는 것이다. 왜냐하면 그의 교양을 빼앗아간 사람은 아무도 없었으며, 그는 지금도 여전히 변론과 지식을 지니고 있기 때문이라는 것이 그 이유였다.

(116) 그는 또 사람들에게 친절해야 한다는 문제를 소재로 삼아 데메트리오스와 대화할 때, 그의 이야기는 깊은 감명을 주었으므로 데메트리오스는 차츰 그에게 마음이 기울어졌던 것이다.

그는 또한 페이디아스가 만든 아테나(여신의) 상(像)를 소재로 삼아 다음과 같은 토론을 했다고 한다. 즉 그가 "제우스의 딸인 아테나는 신인가?"라고 묻자, 상대가 "맞다"고 대답하자, 그는 이어서 "하지만 적어도 이 상은 제우스가 아니라 페이디아스가 만든 것인데"라고 물었다. 상대가 동의하자, "따라서 이 것은 신은 아닌 것일세"라고 그는 말했다고 한다.

그 문제로 그는 아레이오스 파고스(의 법정)에 소환되었는데, 그는 자기가

---

*92 부유하고 명망이 있던 아테네 사람. 이소크라테스의 제자였다고도 한다.
*93 마케도니아 왕 안티고노스 1세의 아들. '포위자(폴리오르케테스)'라는 별명이 있다. 재위 BC 294~288년.

그와 같이 말한 것을 부정하지 않고, 그것은 올바른 말이었다고 주장했다. 즉 아테나는 신이 아니라 여신이며, 또한 신들은 남성이기 때문이라는 것이 그의 해명이었다. 그렇지만 아레이오스 파고스의 관리들은 그에게 바로 도시를 떠나라고 명령했다.

또한 이와 관련하여 '신'이라는 별명이 따라다닌 테오도로스는, "하지만 스틸폰은 어디서 그것을 알았을까? 아니면 옷을 걷어 올려서 그것을 감출 곳이라도 찾아낸 것일까?"라고 비웃으면서 말했다는 것이다. 그러나 사실은 테오도로스가 매우 신중하지 못했던 데 반해 스틸폰은 성품이 좋았다고 한다.

(117) 나아가 크라테스가 그에게 신들은 존경과 숭배를 받거나 그들에게 기원하는 것을 기뻐하는가라고 물었을 때, "어리석은 자로군. 그런 것을 사람들이 지나다니는 길거리에서 묻는 놈이 어디 있나? 그런 것은 나 혼자 있을 때 물어야 하는 거야"라고 대답했다는 이야기도 있다. 그러나 비온 또한 과연 신들은 존재하는가라는 질문을 받았을 때,

> 먼저 나에게서 이 사람들을 물리쳐 주지 않겠나? 산전수전을 다 겪었을 노인장이여.

라고 비슷한 대답을 했다고 전해진다.

한편 스틸폰은 소박하고 거드름을 피우지 않는 사람이었고, 또 일반 사람과도 분위기를 맞출 줄 알았다. 실제로 키니코스파의 크라테스가 언젠가 질문받은 것에 대답을 못하고 그저 달아나자, "자네는 해야 할 말 이외의 것이라면 오히려 뭐든지 말하리란 것을 나는 알고 있었어"라고 스틸폰은 말했던 것이다.

(118) 또 언젠가 크라테스가 그에게 질문을 하면서 동시에 (마른)무화과도 함께 내밀자 그는 그 무화과를 받아서 먹어치웠다. 그래서 크라테스가 "아, 헤라클레스! 나는 무화과를 잃어버렸다"라고 하자, "무화과뿐만이 아냐. 질문도 잃어버렸어. 무화과는 질문을 하기 위한 착수금이었던 게야"라고 그는 응수했다.

어느 겨울에 크라테스가 추위에 몸을 잔뜩 움츠리고 있는 것을 보고, "크라테스, 자네에겐 새로운 윗옷*94이 필요한 것 같군"이라고 그는 말했다. 그러자

---

*94 '새로운'이라는 그리스어 형용사를 두 단어로 나누면 '분별력도'라는 뜻이 되므로, 그것을 이용하여 '윗옷뿐만 아니라 분별력도 필요한 것 같군'이라고 익살을 부린 것이다. 제6권 3

이에 화가 난 크라테스는 다음과 같은 조롱의 시를 지어서 그에게 응수했던 것이다.

사실은 스틸폰도 메가라에선 (방 안에서는) 괴로움을 겪고 있는 것을 나는 보았다.
그곳엔 티포에우스(괴물=거칠게 날뛰는 정욕)의 침상이 마련되어 있기 때문이다.
그곳에서 그는 여러 추종자들과 함께 서로 싸우고 있었던 것이다.
글자로는 덕(아레테)과 비슷한 것(情婦, 니카레테)을 좇아서 시간을 보내고 있었다.

(119) 그는 또한 전하는 바에 따르면 아테네에서 머무르던 때에 사람들을 크게 매료시켰기 때문에 사람들은 그를 보기 위해 일터에서 뛰쳐나왔다. 그래서 어떤 사람이 "스틸폰, 사람들은 당신을 마치 (뭔가 희귀한) 동물이라도 보듯이 넋을 잃고 보고 있군"이라고 하자, "아냐, 그게 아니라 진짜 인간이라서 감탄하고 있는 거야"라고 그는 대답했다는 것이다.

또 그는 논박하는 기법에 매우 능했기 때문에 에이도스(이데아)도 부정하고 있었다. 그래서 '인간'이 존재한다고 말하는 사람은 그로서 어떤 특정인을 가리키는 것은 아니라고 말했다. 왜냐하면 그 사람은 이 사람이 존재한다고도, 또 저 사람이 존재한다고도 말하는 것이 아니기 때문이다. 왜냐하면 어째서 그 '인간'이란 자가 저 사람보다 오히려 이 사람이라는 것이 되는가? 따라서 '인간'은 이 사람을 말하는 것도 아니라는 것이다.

나아가 '채소'란 지금 눈앞에 나타나 있는 것은 아니다. 왜냐하면 채소는 1만 년 전에도 존재하고 있었기 때문이다. 따라서 이것은 채소가 아니라는 것이다.

또한 전하는 이야기에 따르면 그는 크라테스와 토론을 하는 도중에 생선을 사러 급히 나가려 했다. 그래서 크라테스가 그를 제지하려 하면서, "당신은 토론을 뒤에 남기려는 것인가?"라고 하자, "아니, 그렇지 않아. 토론은 가져가고

절 참조.

자네를 뒤에 남겨두는 것이야. 토론은 기다려 주겠지만 맛난 음식(생선)은 다 팔려버릴 테니까"라고 그는 대답했다는 것이다.

(120) 빈정대는 문체로 쓰인 그의 9개의 대화편이 현존하고 있다. 즉, 〈모스코스〉, 〈아리스티포스 또는 칼리아스〉, 〈프톨레마이오스〉, 〈카이레크라테스〉, 〈메트로클레스〉, 〈아낙시메네스〉, 〈에피게네스〉, 〈내 딸에게〉, 〈아리스토텔레스〉의 9편이다.

헤라클레이다이의 말에 따르면 스토아학파의 창시자 제논도 그의 제자였다. 또 헤르미포스에 따르면 그는 고령으로 세상을 떠났는데, 그것은 죽음을 재촉하기 위해 포도주를 마신 때문이었다고 한다.

이 사람을 위해서도 내가 쓴 시가 있다.

메가라 사람 스틸폰을 당신은 아마 알리라.
늙음과, 병이라는 극복하기 힘든 한 쌍이 그를 쓰러뜨렸던 것이다.
그러나 그는 포도주라는, 이 못된 한 쌍의 말〔馬〕들보다 나은 존재를 찾아냈던 것이다.
그는 그것을 단숨에 비우고 서둘러 떠나갔으니.

그는 또한 희극작가 소피로스*[95]는 〈결혼〉이라는 극에서 이렇게 조롱했다.

칼리노스의 말〔言〕은 스틸폰이 썼던 마개(상대의 입을 봉하는 주장)이다.

---

*95 시키온 또는 테베 출신의 중기 희극작가의 한 사람.

12 크리톤

(121) 크리톤은 아테네 사람. 이 사람은 소크라테스를 아주 깊이 아꼈다. 그리고 소크라테스를 세심하게 돌보아 주었으므로 소크라테스가 필요로 하는 것은 무엇이든 부족함이 없었을 정도이다. 또한 그의 아들들, 크리토불로스·헤르모게네스·에피게네스·크테시포스는 소크라테스의 제자였다. 크리톤은 17편의 대화편을 썼다.

> 학습에 의해 훌륭한 인간은 태어나지 않는다
> 탐욕에 대하여
> 유익한 것이란 무엇인가, 또는 정치가
> 아름다움에 대하여
> 악행에 대하여
> 정돈에 대하여
> 법률에 대하여
> 신적인 것에 대하여
> 기술에 대하여
> 교제에 대하여
> 지혜에 대하여
> 프로타고라스, 또는 정치가
> 글자에 대하여
> 창작에 대하여
> 학습에 대하여
> 안다는 것에 대하여, 또는 지식론
> 알고 있다는 것은 어떤 것인가

13 시몬

　(122) 시몬은 아테네 사람으로 구두장이다. 이 사람은 소크라테스가 그의 일터를 찾아와서 뭔가 이야기를 시작하면 기억할 수 있는 모든 것을 메모장에 적기로 했다. 그의 대화편을 사람들이 '구두장이풍의'라고 부르는 것은 바로 그 때문이다. 이 대화편들은 33편이 있는데 1권으로 모아져 현존하고 있다. 즉 그것들은,

　　신들에 대하여
　　선에 대하여
　　아름다움에 대하여
　　아름다움이란 무엇인가
　　올바름에 대하여, 제1·제2
　　덕에 관하여, 그것을 가르칠 수는 없다
　　용기에 대하여, 제1·제2·제3
　　법률에 대하여
　　민중의 지도에 대하여
　　명예에 대하여
　　시 짓기에 대하여
　　호식(好食)에 대하여
　　사랑에 대하여
　　철학에 대하여
　　지식에 대하여
　　음악에 대하여
　　(123) 시에 대하여

가르침에 대하여
대화술에 대하여
판정에 대하여
존재에 대하여
수에 대하여
성실에 대하여
능률에 대하여
욕심에 대하여
자만에 대하여
아름다움에 대하여

이고, 그 밖에도

숙고에 관하여
이성에 대하여, 또는 편의성에 대하여
악행에 대하여

라는 것이 있다. 이 사람이 소크라테스의 주장을 대화형식으로 만든 최초의 사람이었다고 한다.

또한 페리클레스가 그에게 지원을 제안하려고 자기를 찾아오라고 촉구했을 때, 그는 뭐든지 말할 수 있는 자유를 팔고 싶지 않다고 대답했다.

(124) 시몬이라는 이름의 인물은 이밖에도 변론술에 관한 책을 쓴 사람이 있었고, 또 셀레우코스 니카노르의 시대에 활약한 의사와 조각가도 있었다.

14 글라우콘

글라우콘은 아테네 사람이다. 이 사람이 지은 9편의 대화편도 한 권의 책으로 정리되어 현존하고 있다. 즉 그것은,

　페이디로스
　에우리피데스
　아민티코스
　에우티아스
　리시테이데스
　아리스토파네스
　케팔로스
　아낙시모페스
　메넥세노스

이다. 이밖에도 (그의 것으로 추정되는 대화편) 32편이 현존하고 있는데, 그것들은 위작으로 여겨지고 있다.

15 시미아스

시미아스는 테베 사람이다. 이 사람이 지은 23편의 대화편도 한 권의 책으로 정리되어 현존하고 있다. 즉 그것은 다음과 같다.

지혜에 대하여
추리에 대하여
음악에 대하여
서사시에 대하여
용기에 대하여
철학에 대하여
진리에 대하여
글자에 대하여
가르침에 대하여
기술에 대하여
공무를 맡는 것에 대하여
적합함에 대하여
바람직한 것과 피해야 할 것에 대하여
벗에 대하여
아는 것에 대하여
영혼에 대하여
잘 사는 것에 대하여
가능한 것에 대하여
금전에 대하여
생명에 대하여

아름다움이란 무엇인가
돌봄에 대하여
사랑에 대하여

16 케베스

(125) 케베스는 테베 사람이다. 이 사람이 지은 3편의 대화편도 현존하고 있다. 즉, 다음과 같다.

서판(書板, 피나쿠스*[96])
제7일
프리니코스

---

*96 사람들의 생애가 기록되어 있는 것이라는 의미인 듯하다.

17 메네데모스

이 사람은 파이돈학파에 속해 있다. 그는 테오프로피다이라고 불린 씨족의 일원인 클레이스테네스의 아들인데, 이 아버지는 훌륭한 가문 출신이었지만 목수 일을 하는 가난한 사람이었다. 그러나 이 아버지는 무대 화가이기도 했고, 또 메네데모스는 그 중 어떤 일을 배웠다고 말하는 사람들도 있다. 그래서 그가 어떤 법안을 기초했을 때 알렉시네이오스라는 사람이 현자(철학자)에게는 무대글씨든 법안이든 이것을 쓰는 데는 걸맞지 않다는 말로써 그를 공격한 것은 그런 사정 때문이었다.

메네데모스는 (조국인) 에레트리아인에 의해 수비대원으로 메가라에 파견되었을 때, 아카데메이아로 플라톤을 찾아왔다. 그때 플라톤에게 마음을 빼앗겨 군대 근무를 내던졌다.

(126) 그러나 플레이우스 출신인 아스클레피아데스가 그의 마음을 바꾸게 했기 때문에, 그는 그 사람과 함께 메가라의 스틸폰에게 간다. 거기서 두 사람 다 스틸폰의 제자가 되었다. 그들은 다시 배를 타고 엘리스를 향해 떠났고, 그 곳에서 파이돈학파인 안키필로스와 모스코스를 만났다. 이 사람들의 시기까지는 파이돈을 다룬 장(105절)에서 이미 쓴 것처럼 이 학파는 엘리스학파라 불렸는데, 그 뒤에는 지금 화제로 삼고 있는 인물의 조국 이름을 따서 에레트리아학파라 불리게 되었던 것이다.

메네데모스는 당당하고 위엄 있는 인물이었던 것 같다. 그래서 크라테스는,

플레이우스 출신 아스클레피오스의 후예(아스클레피아데스)와, 에레트리아의 황소(메네데모스)가……

라고 하여 그를 놀리고 있다. 또 티몬도 그에 대해,

육중하게 건방진 태세를 취하고 있다, 요란한 허풍쟁이가……

라는 식으로 말하고 있다.

(127) 그는 매우 위엄을 존중하는 사람이었기 때문에 카산드리아 출신 에우릴로코스가 시지쿠스 출신의 젊은이 클레이피데스와 함께 안티고노스왕*97의 궁정에 초대되었을 때, 메네데모스에게 발각될까 두려워서 초대를 거절했을 정도였다. 왜냐하면 그는 신랄한 풍자가인 데다가 도저히 대적하지 못할 사람이기도 했기 때문이다. 실제로 어떤 젊은이가 음란한 춤을 추기 시작했을 때, 그는 말은 한마디도 않고 막대를 들어 땅바닥에 내밀한 행동을 하는 젊은이의 모습을 그려 보였다. 모든 사람의 눈길이 그것에 쏠아졌을 때, 그 젊은이는 자신이 모욕을 당했음을 깨닫고 서둘러 그 자리를 떠난 것이었다.

또한 피레우스의 수비대장이었던 히에로클레스가 암피아라오스의 신역(神域) 안을 그와 함께 왔다갔다하면서 에레트리아 공략에 대해 이런저런 대화를 나눌 때, 그는 다른 것은 한마디도 않고, 오직 안티고노스는 자신을 어떤 일에 이용하려 하는 것인지만 물었던 것이다.

(128) 또 의기양양해 하는 간부(姦夫)에게 "양배추에만 훌륭한 액즙이 있는 것이 아니라 무에도 있다는 것을 너는 모르는가"*98라고 그는 말했다.

또 큰소리를 치는 젊은이에게는, "자네의 등 뒤에 뭔가가 있음을 알아채지 못하는 일이 없도록 주의하게"라고 그는 말했다.

안티고노스가 그에게 무료강의에 출석해도 되겠느냐고 물어 왔을 때, 그는 다른 이야기는 한마디도 않고 다만 "당신은 왕의 아들입니다"라고만 전하라고 명했다.

어떤 무분별한 사람이 볼일도 없이 그에게 말을 걸어왔을 때, "그대는 밭을

---

*97 '고나타스'라는 이름이 덧붙여진 마케도니아 왕 안티고노스 2세를 말함. 앞에서 말한 데메트리오스 1세의 아들. 재위 BC 283~239년. 스토아파 철학자 제논의 제자로 그의 궁정에는 시인·철학자·역사가 등이 많이 모여들었다.

*98 이것은 성적인 일들과 관련하여 빈정댄 것이겠지만, 어째서 양배추와 무에 빗댄 것인지 그 의미는 알 수 없다. 아페르트는 무의 효능에 대하여 아리스토텔레스의 〈문제집〉 908b5 이하의 기록을 참고로 들고 있지만 충분한 것 같지는 않다. 다만 아테네에서는 간부(姦夫)에게 무를 20일 동안 항문에 박아 넣는 등의 치욕스러운 형벌이 부과되었으므로(아리스토파네스 〈구름〉 1083행 참조) 어쩌면 그것을 연상시킨 것인지도 모른다.

가지고 있는가?"라고 그는 물었다. 그래서 상대가 갖고 있다고 말하고, 게다가 매우 많은 가축도 소유하고 있다고 대답하자, "그럼 가서 가축을 돌보도록 하라. 그러지 않으면 가축도 못쓰게 되고, 그대도 영리한 농부일 수 없게 될 터이니"라고 그가 말했다.

한 남자가, 뛰어난 사람은 결혼을 해야 하는가라고 그에게 물었을 때, "내가 뛰어난 사람으로 보이는가? 그렇지 않은가?"라고 그는 말했다. 그래서 상대가 뛰어난 사람으로 보인다고 말하자, "그래서 나는 결혼한 것이라네"라고 그는 말했다.

(129) 선한 것은 많이 있다고 말하는 사람에게 그 숫자는 얼마나 되는가? 100보다 많다고 생각하느냐고 그는 물었다.

어떤 사람이 그를 식사에 초대했을 때, 그는 사치를 막을 수가 없었기 때문에 당장은 아무 말도 하지 않았지만, 다만 올리브만 먹음으로써 말없이 그 사람을 깨우치게 하는 것이었다.

이런 식으로 그는 무엇이든 솔직하게 말을 했기 때문에 벗인 아스클레피아데스와 함께 키프로스의 니코클레온의 궁정에 머무르던 때, 그는 자칫하면 위험한 일에 부닥칠 뻔 했다. 왜냐하면 그 왕이 매월 정기 연회를 열고 다른 철학자들도 함께 그들 두 사람을 초대했을 때, 메네데모스는 이런 사람들의 모임이 바람직한 것이라면 연회는 매일이라도 열려야 마땅하겠지만, 그렇지 않다면 이것은 쓸데없는 짓이라고 말했기 때문이다.

(130) 그 독재자는 이에 대해 그날은 철학자들의 이야기를 들을 짬을 낼 수 있었다고 말했지만, 술을 따르라는 지시를 하면서도 목소리를 더욱 높여서 모든 기회를 동원하여 철학자들의 이야기를 들어야 한다고 강조하는 것이었다. 그 결과, 한 피리 부는 사람이 그들을 조용히 데리고 나와 주지 않았더라면 그들은 죽임을 당했을지도 몰랐던 것이다. 그런 일이 있었으므로 그 뒤로 그들이 항해 중에 풍랑을 만났을 때, 아스클레피아데스는 메네데모스의 숨김없는 발언(파르헤지아)은 우리를 파멸시켰지만, 피리 부는 사람의 재치(에우무시아)가 우리를 살려주었다고 말했다고 한다.

한편, 전하는 바에 따르면 그는 게으른 데다가 차림새에도 신경을 쓰지 않았다. 또 그의 교실에는 질서 같은 것이라곤 찾아볼 수 없었고, 좌석도 둥글게 놓여 있지 않았다. 학생은 따로따로 돌아다니면서, 또는 앉은 채로 그의 강의를 들었던 것이다. 그리고 메네데모스 자신도 마찬가지였다.

(131) 그러나 다른 점에선 그는 신경질쟁이어서 자기의 명예에 매우 신경을 쓰는 사람이었다고 한다. 그래서 전에 그와 아스클레피아데스가 목수를 도와서 함께 집을 짓던 때에 아스클레피아데스는 지붕 위에서 모르타르를 건네면서 자기 모습이 노출되어도 아무렇지 않아 했지만, 메네데모스는 누군가 다가오는 것을 보면 황급히 숨으려 했던 것이다.

또한 나랏일에 종사하게 된 뒤에도 그는 지독한 신경질쟁이었기 때문에 유향을 태울 준비를 하면서도, 이것을 향로 속에 넣지 않고 바깥에 떨어뜨렸을 정도였다.

언젠가 크라테스가 그의 곁에 와서 그가 정치에 발을 들여놓는 것을 비난했을 때, 그는 사람들에게 명령하여 크라테스를 감옥에 가두어버렸다. 그러나 그럼에도 크라테스는 (감옥 속에서) 지나가는 그를 뚫어져라 쳐다보고 몸을 돌리면서 "작은 아가멤논이 나라의 지도자인 척하다니"라고 외쳤다고 한다.

(132) 그에게는 어떤 의미에선 얼마간 미신이 깊은 데가 있었다. 실제로 언젠가 그는 아스클레피아데스와 함께 여관에 머무르고 있을 때 버려져 있는 고기를 무심코 먹었는데, 그것을 알고 나자 그는 속이 메스꺼워지고 얼굴은 창백했다. 그래서 아스클레피아데스는 그를 괴롭히고 있는 것은 고기가 아니라 고기를 보는 그의 생각이라고 말하여 그를 일깨웠다고 한다.

그러나 다른 점에선 그는 도량이 크고 너그럽고 덕이 있는 인물이었다. 또 그의 몸 상태는 노년이 된 뒤에도 경기선수 못지않을 정도로 건장하고 얼굴은 볕에 그을려 있었으며, 또 살지고 단련되어 있었다. 등은 곧았으며, 그것은 에레트리아의 옛 경기장에 있는 그의 작은 상으로도 알 수 있는 바이다. 왜냐하면 그 상은 물론 의도된 것이기는 하지만 반나체로서 그의 몸의 대부분을 고스란히 드러내고 있기 때문이다.

(133) 그는 또한 손님을 초대하기를 즐기는 사람으로서 에레트리아의 기후는 건강에 좋지 않기 때문이라고 하면서 지인을 모아 자주 연회를 열었다. 그 중에는 시인들과 음악가들의 모임도 있었다.

그는 또한 아라토스,*99 비극작가 리코프론,*100 그리고 로도스 사람 안타고

---

*99 길리기아의 솔로이 출신의 시인. BC 315~240년. 아테네에서 스토아파 철학을 공부했지만, 마케도니아의 안티고노스 2세의 궁정에서 환영을 받는다. 천문에 관한 시 〈현상〉으로 유

라스*[101]와도 우정을 쌓았다. 그러나 그는 누구보다도 특히 호메로스의 마음을 끌었다. 그래서 서정시인들에게, 이어 소포클레스에게, 나아가 아카이오스*[102]에게 이끌렸다. 그리고 이 사람에게는 사티로스극의 작가로서 두 번째의 지위가 주어져 있었는데, 첫 번째는 아이스킬로스에게 주어져 있었다. 그리고 그는 또 정적에 대해 (아카이오스의) 다음 시구를 들어 자신을 변호했다고한다.

그래서 또한 빠른 자는 약한 자에 의해 쫓겨나고,
매는 거북에 의해 순식간에 추월을 당하는 것이다.

(134) 이것은 아카이오스의 사티로스극 〈옴파레〉에서 인용된 것이다. 따라서 그가 에우리피데스의 〈메데이아〉—이것을 시키온 사람 네오프론의 작품이라고 하는 사람들도 있지만—그 작품 외에는 아무것도 읽지 않았다고 말하는 사람들은 잘못된 것이다.

그는 플라톤이나 크세노크라테스학원의 교사들도, 또 키레네파의 파라이바테스도 경멸했는데, 스틸폰은 존경했다. 그래서 언젠가 스틸폰에 대해 질문을 받자 그 사람은 자유인이라고 말할 뿐, 그 밖에는 아무것도 대답하지 않았다.

메네데모스는 또한 무슨 말을 하려는 것인지 좀처럼 이해하기 어려운 사람이었다. 그래서 그를 상대할 때, 그에게 대항하기는 매우 어려웠다. 그는 어느 쪽으로든 방향을 틀어서 달아날 곳을 찾아냈던 것이다. 또 안티스테네스가 〈철학자들의 계보〉에서 쓰고 있는 바에 따르면, 그는 견줄 사람이 없는 논쟁가였다. 특히 다음과 같은 주장은 그가 상대에게 즐겨 묻던 것이다.

"다른 것(A)은 다른 것(B)과 다른가?"

명하다.
*100 에우보이아의 칼키스 출신 비극작가. BC 320년 무렵 태어남. 젊은 시절에 메네데모스의
  제자였지만, 나중에 알렉산드리아로 가서 프톨레마이오스 2세의 명령으로 희극작품의 정
  리에 종사한다. 알렉산드리아의 7인의 비극작가('플레이아데스')의 한 사람이다.
*101 로도스 출신의 에피그램 작가. 안티고노스 2세의 궁정에 초빙된 문인의 한 사람.
*102 에레트리아 출신의 비극작가. BC 5세기 후반에 아테네에서 활동. 수많은 작품이 있었다고
  전해지지만 제목으로 알려져 있는 것의 반 이상이 사티로스극이다.

"그렇다."

"한편, 이익을 가져오는 것은 선한 것과 다른가?"

"그렇다."

"그럼 이익을 가져오는 것은 선한 것은 아니로군."

(135) 그는 또한 부정명제를 인정하지 않고, 이것을 긍정명제로 바꾸었다고 한다. 그리고 긍정명제 중에서도 단순명제만을 받아들이고, 단순하지 않은 것은—가정명제나 복합명제인데—인정하지 않았다는 것이다.

아울러 헤라클레이데스(렘부스)에 따르면 그는 학설이라는 관점에서는 플라톤주의자였지만, 문답법 같은 것은 비웃었다고 한다. 그래서 알렉시노스가 언젠가, 너는 아버지 때리기를 그만두었느냐고 물었더니, "아니, 나는 때리고 있지도 않거니와 그만둔 것도 아냐"라고 그는 대답했던 것이다. 그래서 알렉시노스가 다시 "예"나 "아니오"라고만 대답해야지 어느 쪽으로든 갈 수 있는 대답은 하지 말라고 요구하자, "입구에서 저항할 수가 있는데, 너희 식에 따르는 것은 이상하지 않나?"라고 그는 대답했다는 것이다.

또 비온이 끈질기게 점술가들을 따라다녔을 때, "비온은 죽은 사람을 한 번 더 죽일 셈이로군"이라고 그는 말했다.

(136) 언젠가 누군가가, 사람은 자기가 바라는 것 모두를 손에 넣는 것이 최대의 선이라고 말하는 것을 듣고, "마땅한 것을 바라는 편이 훨씬 더 선한 일이다"라고 그는 말했다.

카리스토스 사람 안티고노스가 쓴 바에 따르면 그는 글을 쓰거나 책으로는 하나도 정리하지 않았고, 또 어떤 학설을 고집하지도 않았다는 것이다. 그러나 토론을 할 때는 그는 걸핏하면 싸우려 들었기 때문에 잔뜩 부어 있다가 어느새 그 자리를 떠나곤 했다고 안티고노스는 덧붙이고 있다. 그러나 그는 토론을 할 때에는 그렇게나 뜨거운 사람이었지만, 실제 행동을 할 때에는 매우 온화한 사람이었다. 사실 그는 알렉시노스를 심하게 놀리고 통렬하게 조롱했지만, 그럼에도 그 사람에게 친절히 대해 주었던 것이다. 왜냐하면 알렉시노스의 아내가 여행길에서 노상강도를 만나 모두 털리지나 않을까 걱정하고 있을 때, 그는 델포이에서 칼키스까지 그녀에게 호위를 붙여주었기 때문이다.

(137) 그는 또한 매우 우정이 두터운 사람이었다. 그것은 아스클레피아데스

와 호흡이 잘 맞았던 것을 보아도 잘 알 수 있다. 그것은 필라데스의 (오레스테스에 대한) 애정에 조금도 뒤떨어지지 않는 것이었다. 그러나 아스클레피아데스가 나이가 위였기 때문에 이 사람이 작가이고, 메네데모스는 (그 작품을 연기하는)배우라고 사람들은 말했다.

또 언젠가 아르키폴리스가 그들에게 3000드라크마의 금액을 적은 증서를 건네려 했을 때, 누가 두 번째로 받을 사람이 되는지를 놓고 두 사람 다 물러서지 않았기 때문에 둘 다 그 돈을 가질 수가 없었다는 이야기도 있다.

또 그들의 결혼에 대해서는 이렇게 전해지고 있다. 즉 그들은 한 어머니와 그녀의 딸을 아내로 맞았는데, 아스클레피아데스는 딸과 결혼하고, 메네데모스는 어머니인 여자와 결혼했다. 그래서 아스클레피아데스는 자기 아내가 죽은 뒤에 메네데모스의 아내를 맞아들였던 것이다. 한편 메네데모스는 나라를 이끌게 된 뒤에 자산가의 딸을 두 번째 아내로 맞았지만, 첫 번째 아내도 한집에서 살았기 때문에 메네데모스는 그녀에게 집의 관리를 맡겼다는 것이다.

(138) 그러나 아스클레피아데스가 에레트리아 지방에서 고령으로 먼저 세상을 떠났다. 그는 그때까지 막대한 재산을 지녔으면서도 메네데모스와 함께 매우 검소하게 생활했던 것이다. 그 뒤 얼마 지나서 아스클레피아데스가 사랑하던 남자가 연회 때 찾아왔을 때, 젊은 학생들이 이 남자를 쫓아내려 하자 메네데모스는, 아스클레피아데스는 땅속에 있어도 이 사람을 위해 문을 열어줄 것이라고 말하여 그 사람을 안으로 들여보내라고 학생들에게 명령했다고 한다.

그들의 후원자는 마케도니아인인 히포니코스와 라미아 사람 아게토르였다. 후자는 그들 저마다에게 30무나를 주었고, 히포니코스는 메네데모스에게 딸들의 혼수로 2000드라크마를 주었다. 헤라클레이데스에 따르면 메네데모스에게는 아내인 오로피아에게서 태어난 세 명의 딸이 있었다.

(139) 또한 그는 사람들을 다음과 같은 방법으로 대접했다. 즉 그는 2, 3명의 벗과 함께 미리 식사를 한 다음 해가 지기를 기다렸다. 그렇게 이미 식사를 마치고는 사람을 보내서 찾아오는 손님들을 맞아들이게 했던 것이다. 그래서 너무 일찍 오는 사람은 집 앞을 서성이면서 집에서 나오는 사람들에게 식탁에 무슨 음식이 나와 있는지, 또 지금은 몇 시쯤이나 되었는지를 묻게 되었다. 그래서 식탁에 있는 것이 채소라든지 절인 생선이라고 하면 그들은 물러가고,

고기면 집 안으로 들어갔다. 한편 여름철에는 긴 의자 위에 골풀깔개가 있었고, 겨울철에는 양털이 깔려 있었다. 그러나 쿠션은 손님이 자기 것을 가져와야 했다. 또한 참석자에게 돌리는 술잔은 1코틸레 들이의 것보다 크지는 않았다. 후식은 루피나스콩이나 누에콩이었다. 그러나 때로는 제철 과일이 나올 때도 있었는데 그것은 배나 석류 등이었고, 또 실제로 말린 무화과인 경우도 있었다.

(140) 이런 것들은 모두 리코프론이 그를 위해 만든 사티로스극—이것은 〈메네데모스〉라는 제목을 붙여 이 철학자를 가리키기 위해 쓰인 것이지만—에 쓰여 있는 내용이다. 그리고 그 중에는 다음과 같은 시구도 들어 있다.

자, 간소한 식사가 끝나자, 작은 잔이,
그들 사이를 조심스레 도는 것이다. 그리고 디저트는,
사려 깊은 말인데, 그들은 그것에 기꺼이 귀를 기울이고 있다.

한편 그가 첫 무렵에는 에레트리아 사람들에게서 개라든가 허풍쟁이라는 소리를 들으며 경멸을 당했다. 그러나 나중에는 크게 존경을 받았고, 나랏일을 맡길 정도가 되었다. 그리고 그는 외교사절로 프톨레마이오스나 리시마코스에게 파견되었는데, 어디를 가든 존중을 받았다. 뿐만 아니라 그는 데메트리오스에게도 사자로 갔었다. 그리하여 그의 조국이 데메트리오스에게 해마다 200탈란톤을 공납하던 것을 그는 50탈란톤으로 감액시키는 데 성공했다. 또 그런 데메트리오스에 대해서 그는 프톨레마이오스에게서 나라를 팔아넘기려 획책한다는 중상을 받았을 때, 그는 다음과 같은 문구로 시작하는 편지로 해명했던 것이다.

(141) 데메트리오스왕께
메네데모스

'전하께는 저에 관한 보고가 들어와 있다고 들었습니다.'

그런데 그를 중상한 것은 아이스킬로스라는 사람이었다고 한다. 그러나 에우판토스*[103]도 〈역사〉에서 쓰고 있는 것처럼, 그는 오로포스 건에 대해서는 데메트리오스에게 대단한 위엄을 갖고 교섭에 임했던 것 같다. 또한 안티고노스도 그를 존경했으므로 자신은 그의 제자라고 공공연하게 말하곤 했다. 그리고 안티고노스가 리시마키아 주변의 야만족을 정복했을 때, 메네데모스는 왕을 찬양하는 제안을 민회에 제출했는데, 그것은 매우 간결한 것으로서 다음과 같은 말로 시작된다.

(142) '장군직에 있는 여러분과 정무심의회 위원 여러분들이 설명했던 바와 같이 안티고노스왕은 전투로써 야만족들을 무찌른 뒤에 고국으로 귀환하시려 하고 있으며, 다른 일들도 모두 뜻대로 되고 있으므로 평의회와 민회는 다음과 같이 의결하기로 하였다.'

그런 일도 있고 해서, 또 다른 점에서도 그는 안티고노스왕과 친밀한 관계에 있었으므로 아리스토데모스의 중상에 의해 그는 그 왕에게 조국을 팔아넘기려 한다는 혐의를 받고, 에레트리아에서 쫓겨났던 것이다. 그래서 한동안 오로포스의 암피아라오스 신역 내에서 지냈다. 그러나 그 신역에 있던 황금 술잔이 분실되는 바람에 헤르미포스가 쓴 바에 따르면, 보이오티아인들의 공동 결의에 의해 그는 그곳에서 떠나라는 명령을 받았다. 그 뒤, 그는 실의에 빠져 남몰래 조국으로 숨어들어온 적도 있었지만, 아내와 딸들을 데리고 안티고노스왕에게 가서 거기서 상심 속에 생애를 마감했던 것이다.

(143) 그러나 헤라클레이데스는 그것과는 정반대의 내용을 전하고 있다. 즉, 메네데모스는 에레트리아의 정무심의회 위원이 되어 데메트리오스를 돕도록 부름으로써 조국을 독재자들에게서 여러 차례 해방시켰다는 것이다. 그러므로 그가 조국을 안티고노스에게 팔려 했다는 것은 있을 수 없는 일이며, 그는 다만 거짓 중상에 희생되었을 뿐이라는 것이다. 그는 또한 안티고노스에게 자주 가서 조국을 해방시키기를 바랐지만, 안티고노스가 그것에 응하려 하지 않았으므로 그는 실망하여 이레 동안 음식을 전혀 먹지 아니하여 생애를 마감했다는 것이다. 그리고 이와 비슷한 이야기는 칼리스토스 사람 안티고노스도

---

*103 이 사람에 대해서는 제2권 110절에 이미 설명되어 있다.

전하고 있다.

다만 페르사이오스*104에 대해서 만큼은 그는 공공연히 도전하는 것이었다. 왜냐하면 안티고노스가 메네데모스를 위해 에레트리아인에게 민주제를 회복해주려 했을 때, 페르사이오스가 그것을 방해했다고 그는 믿었기 때문이다.

(144) 그것 때문에 메네데모스는 언젠가 술자리에서 페르사이오스를 논쟁으로 무너뜨린 뒤 그 밖에도 여러 가지 말을 했는데, 특히 "그는 철학자로서는 그런 식이었고, 인간으로서는 지금 살아 있는 사람이나 앞으로 태어날 사람 중에서도 가장 밑바닥이다"라고 말한 것이었다.

헤라클레이데스에 따르면 그는 74세로 세상을 떠났다. 또한 내가 그를 위해 지은 시는 다음과 같다.

메네데모스여, 나는 당신의 운명에 대해 들었다.
당신이 이레 동안 아무것도 먹지 않고 스스로 목숨을 끊었다는 것을.
그것은 에레트리아 사람다운 행동이었지만, 그러나 인간으로서는 걸맞지 않았던 것이다.
기력 없음이 원인이 되어 당신을 몰아냈으므로.

지금까지 다루었던 사람들은 소크라테스의 제자이거나 또는 그 후계자들이다. 그러나 이제는 아카데메이아의 창시자인 플라톤과 이름이 나오는 한의 그의 후계자들 이야기로 옮겨가야만 한다.

---

*104 조금 앞에 나오는 데메트리오스의 아들임과 동시에 스토아파 철학자이기도 했다. 제2권 61절 참조.

제3권

1 플라톤

(1) 플라톤은 아테네에서 아리스톤과 페릭티오네—또는 포토네—의 아들로 태어났다. 어머니 쪽 가계는 솔론으로까지 거슬러 올라간다. 즉 솔론에게는 드로피데스라는 형제가 있었는데, 그의 아들이 크리티아스로 칼라이스크로스를 낳았다. 칼라이크로스는 30인 정권의 한 사람인 크리티아스와 글라우콘의 아버지였다. 그리하여 이 글라우콘의 자식으로 카르미데스와 페릭티오네가 있고, 이 페릭티오네와 아리스톤 사이에서 플라톤이 태어났다. 이리하여 플라톤은 솔론의 6대손이 된다.[1] 솔론의 가계는 넬레우스와 포세이돈신으로까지 거슬러 올라간다. 한편 그의 아버지 쪽 가계도 멜란토스의 아들 코드로스까지 거슬러 올라간다고 하며, 트라실로스[2]에 따르면 코드로스나 멜란토스도 포세이돈신에서 유래한다고 한다.

(2) 그런데 스페우시포스는 〈플라톤 장례 만찬〉이라는 제목의 글에서, 또 클레아르코스는 〈플라톤에게 바치는 글〉에서, 나아가 아낙실라이데스는 〈철학자들에 대하여〉 제2권에서 아테네 사람들 사이에 다음과 같은 이야기가 퍼져 있었다고 쓰고 있다. 즉 아리스톤은 그 무렵에 적령기였던 페릭티오네를 억지로 자기 아내로 만들려 했지만 이루지 못했다. 그래서 그 마음을 단념했을 때, 그는 꿈에서 아폴론신의 환영(幻影)을 보았다. 그래서 아이가 태어날 때까지는 그녀를 괴롭히지 않고 내버려두었다는 것이다.

아폴로도로스의 〈연대기〉에 바에 따르면, 플라톤이 태어난 해는 제88회 올

---

*1 이 플라톤의 어머니 쪽 계보에 대해서는 문제가 있고, 정확히는 플라톤은 솔론(또는 솔론의 형제인 드로피데스)부터 세어서 7대손이다. 자세한 것은 버넷 〈그리스 철학〉의 부록을 참조.

*2 알렉산드리아 출신의 천문학자. AD 36년에 사망. 로마황제 티베리우스의 신임이 두터워서 죽음에 이를 때까지 측근으로 그를 섬겼다. 뒤에 나오는 것처럼 플라톤의 저서를 4부작집으로 편집했고, 그것은 중세 사본을 거쳐 오늘날의 〈플라톤 전집〉의 기초가 되었다.

림픽 대회가 열린 해(BC 428~427년)의 타르겔리온달(현재의 5, 6월 즈음)의 7일이었다. 델로스섬 사람들이 아폴론 탄생일이라고 하는 것과 같은 날이다. 그가 세상을 떠난 것은—헤르미포스에 따르면 그 무렵 그는 결혼피로연에 나가 있었다고 하는데—제108회 올림픽 대회기간의 첫해(BC 348~347년)이고, 그때 그의 나이 81세였다.

(3) 다만 네안테스는 플라톤이 84세에 죽었다고 쓰고 있다. 그렇다면 그는 이소크라테스보다 여섯 살 아래였던 것이 된다. 왜냐하면 이소크라테스는 리시마코스가 아르콘(정무장관)이었던 해(BC 436~435년)에 태어났는데, 플라톤은 아메이니아스가 아르콘이던 해(BC 429~428년)에—페리클레스가 죽은 해—태어났기 때문이다.*3

또 안티레온이 〈연대에 관하여〉 제2권에 쓴 바에 따르면 플라톤은 콜리투스구에 속하는 사람이었다. 또 다른 의견에 따르면 그는 아이기나땅에서—파보리누스가 〈역사연구 잡록집〉에 쓰고 있기로는 탈레스의 아들인 페이디아데스의 집에서—태어났다는 것이다. 왜냐하면 그의 아버지가 다른 사람들과 함께 섬에 정착하기 위해 그곳에 보내졌으며 라케다이몬(스파르타)인이 아이기나인에게 협력하고자 들이닥쳐 아테네인들을 쫓아냈을 때, 그의 아버지는 아테네로 돌아왔기 때문이다.

또 플라톤은 디온이 그 비용을 내주었으므로 아테네에서 합창대 공연이라는 공공봉사를 했다는 것을 아테노도로스*4는 〈산책〉 제8권에서 쓰고 있다.

(4) 그에게는 아데이만토스와 글라우콘이라는 두 명의 형이 있고, 또 포토네라는 누나(또는 누이동생)가 있었다. 그리고 그 포토네에게서 스페우시포스가 태어났다.

그는 또한 디오니소스 문하에서 읽고 쓰기를 배웠는데, 그 사람에 대해서는 〈연적(戀敵)〉(132A)에서 그도 말하고 있다. 체육은 아르고스의 레슬링 선수 아리스톤에게서 배웠다. 그리고 훌륭한 체격을 갖추고 있었기 때문에 '플라톤'이

*3 이 부분의 기록에는 여러 가지 문제가 있다. 먼저 플라톤은 84세로 죽었다고 하는 네안테스의 증언인데, 이것에는 82세(야코비) 또는 81세(디루스)로 정정하려는 시도가 있다. 다음으로 플라톤은 아메이니아스가 아르콘이던 해에 태어났다고 하는데, 이것은 에파메이논이 아르콘이던 해일 것이다. 또 이 계산으로는 플라톤은 이소크라테스보다 7세 아래인 것이 된다.

*4 타르수스 출신. BC 1세기의 스토아파 철학자. 페르가몬의 도서관장. 제7권 34절 참조.

라는 별명도 그 사람이 부여해줬는데, 그 전에는 할아버지의 이름을 따서 그는 아리스토클레스라고 불렸다. 이것은 알렉산드로스가 〈철학자들의 계보〉에서 쓰고 있는 내용이다. 그러나 어떤 사람들은 그의 문장표현이 풍부(플라티테스)했으므로 '플라톤'이라는 이름이 붙었다고 보고 있다. 또는 네안테스처럼 그의 이마가 넓었기(플라티우스) 때문이라고 하는 사람도 있다. 그는 또한 이스트미아의 제전에서 레슬링 시합에 나왔다고 하는 사람들도 있다. 이는 디카이아르코스도 〈철학자전〉 제1권에서 쓰고 있는 바이다.

(5) 그는 또한 그림 연습을 하거나 시를 쓰기도 했는데, 그 시는 처음에는 디티람보스(디오니소스 찬가)였지만, 나중에는 서정시(메로스)와 비극도 썼다고 하는 사람들도 있다.

아울러 그의 목소리는 작고 여렸다고 한다. 이것은 아테네 사람 티모테오스*5도 〈철학자전〉에서 쓰고 있는 내용이다.

전하는 바에 따르면 소크라테스는 꿈속에서 새끼백조를 무릎에 안고 있었는데, 그 백조에 순식간에 깃이 생기고, 날카롭고 아름다운 목소리로 지저귀면서 날아가는 것을 보았다. 그런 다음 날 플라톤이 그에게 제자로 들어왔으므로 이 사람이야말로 꿈에서 보았던 그 새가 틀림없다고 말했다는 것이다.

한편 알렉산드로스가 〈철학자들의 계보〉에서 썼듯이 그는 처음엔 아카데메이아에서, 이어 콜로노스산 부근의 정원에서*6 헤라클레이토스의 주장을 받들어 공부하고 있었다. 그러나 그 뒤에 비극을 놓고 상을 다투던 때에 디오니소스의 극장 앞에서 소크라테스에게 매료되어 시 작품을 불속에 던져 넣고 이렇게 말했다.

헤파이스토스여, 이리로 와주십시오.
플라톤은 지금 당신을 필요로 하고 있습니다.

(6) 그 무렵 20세였던 그는 그 뒤로 소크라테스의 제자가 되었다. 그리고 소크라테스가 죽은 뒤에는 헤라클레이토스파의 크라틸로스·파르메니데스의 철

---

*5 아테네의 장군으로 역사가. 이소크라테스의 제자. BC 3세기에 활동. 부유한 귀족주의자.
*6 이곳의 "아카데메이아에서, 이어 콜로노스언덕 부근의 정원에서"라는 구절은 디오게네스가 알렉산드로스의 책과는 별개의 자료에서 삽입한 것으로 여겨지고 있다(힉스).

학을 신봉하던 헤르모게네스에게 다가갔다. 그러다 28세가 되었을 때, 헤르모도로스가 전하는 바에 따르면, 그는 다른 몇몇 소크라테스파 사람들과 함께 메가라의 에우클레이데스에게 몸을 의지했다.*7 그 뒤에 키레네의 수학자 테오도로스에게 갔고, 거기서 다시 이탈리아의 피타고라스파 사람들, 즉 필롤라오스와 에우리토스에게 갔다. 거기서 아이깁투스(이집트)의 예언자들에게 갔다. 그곳에 갈 때는 에우리피데스도 그와 동행했다고 전해지는데, 그 에우리피데스는 그곳에서 병에 걸렸을 때 사제들이 해준 바닷물 치료를 받고서 병이 나았다고 한다. 그런 일이 있었으므로 에우리피데스는 다음과 같이 말한 것이리라.

바다는 인간들의 온갖 재앙을 씻어 거둬가 준다.*8

(7) 뿐만 아니라 그는 호메로스 흉내를 내어*9 이집트인들은 누구나 다 의사라고 말했다는 것이다.

한편, 플라톤은 페르시아의 마고스(주술사)들과도 교류할 생각이었지만 아시아는 전쟁중이었기 때문에 그것은 단념했다. 그래서 아테네로 돌아온 뒤에는 그는 아카데메이아에서 생활했다. 그것은 교외에 있는 숲속의 체육장으로서 헤카데모스라는 한 영웅신의 이름을 따서 지었으며 에우폴리스*10도 〈병역 기피자〉(다른 이름으로는 〈남자여자〉)에서,

신 헤카데모스의 나무그늘 풍성한 유원지에서

라고 말하는 바와 같다.

나아가 티몬도 플라톤에 대해 말하기를,

그들 모두를 이끄는 것은 큰 물고기인 플라티스타코스(플라톤).

---

*7 제2권 106절 참조.
*8 〈타우리케의 이피게네이아〉 1193행.
*9 호메로스 〈오디세이아〉 제4권 231행.
*10 아리스토파네스, 크라티노스와 나란히 아티카 옛 희극의 대표적인 작가.

그는 달콤한 목소리의 웅변가이고, 매미 못지않은 아름다운 목소리의 소
유자이니,

헤카데모스의 나무에 앉아 부드러운 목소리로 노래하는 저 매미들에게
도 지지 않을 정도의.

라고 쓰고 있는 것이다.

(8) 즉, 전에는 그곳은 (영웅신 헤카데모스의) '헤'음을 따서 '헤카데미아'(또는
'헤카데메이아')라고 불렸던 것이다.

이 철학자(플라톤)는 이소크라테스와도 가까웠다. 그래서 시골에 있던 플라
톤의 집에 이소크라테스가 손님으로 초대되었을 때, 두 사람이 시인들에 대해
나눈 대화를 플라크시파네스*[11]는 책으로 정리하고 있다. 또한 아리스토크세
누스는 플라톤이 세 차례 출정하였다고 했다. 즉 첫 번째는 타나그라, 두 번째
는 코린토스, 그리고 세 번째는 데리온에 출정했으며, 특히 데리온에서는 훈장
까지 받았다고 쓰고 있다.

또 그는 헤라클레이토스와 피타고라스, 소크라테스의 생각을 혼합한 것을
만들어냈다. 감각할 수 있는 것에 관해서는 헤라클레이토스로부터 지성의 대
상이 되는 것에 대해서는 피타고라스, 그리고 정치(윤리)에 관한 것은 소크라
테스의 생각을 따라 철학연구를 했기 때문이다.

(9) 또 어떤 사람들에 따르면—사티로스도 그중 한 사람인데—플라톤은
시칠리아의 디온에게 편지를 써서, 필롤라오스에게서 피타고라스파의 책 3권
을 100무나에 사다 달라고 부탁했다고 한다. 왜냐하면 디온은 디오니시오스 1
세로부터 80탈란톤 이상의 돈을 받고 있어서 부유했기 때문이라는 것이다. 이
것은 오네토르도 〈현자는 돈벌이를 할까〉라는 제목의 글에서 쓰고 있는 바
이다.

그러나 플라톤은, 희극작가인 에피카르모스*[12]도 그 사람의 작품에서 매우

---

*11 미틸레네 출신의 페리파토스파 저술가로서 테오프라스토스의 제자. BC 300년 무렵 활동.
〈시인에 대하여〉라는 대화편은 칼리마코스의 비판을 초래했다고 한다.
*12 코스섬 출신의 희극작가. BC 5세기 전반에 시라쿠사를 중심으로 활동했다.

많은 것을 베낌으로써 엄청난 이익을 거두었다고 했다. 이 점은 알키모스[*13]가 아민타스왕에게 바친 4권으로 이루어진 책 속에서 쓰고 있는 바이다. 왜냐하면 그 책의 제1권에서 그는 다음과 같이 쓰고 있기 때문이다.

  '플라톤도 에피카르모스의 말에서 많은 것을 빌려 논하고 있음이 분명하다. 하지만 그 점은 조사해 볼 필요가 있다. 플라톤의 주장은 감각할 수 있는 것은 질에서나 양에서 결코 똑같은 상태에 머무르지 않고 언제나 흘러서 변화한다는 것이다.'

(10) 그것은 만일 사람이 사물에서 수(수적 규정)를 제거하면 그 사물들은 이미 똑같지도 않거니와 어떤 것도 아니고, 또 양이나 질도 지니지 않은 것이 된다고 그는 생각했기 때문이다. 그리고 이 감각할 수 있는 것들에는 본디 언제나 '된다'는 것만 있지 '있다'는 것은 결코 없는데, 이와 달리 사유할 수 있는 것은 어느 것 하나도 이것으로부터 사라지는 일도 없고, 또 어느 하나도 이것에 부가되는 일도 없는 것이다. 그리고 이야말로 영원한 것의 본성이며, 그 본성은 늘 똑같고 동일하다는 것이다.

한편 에피카르모스 또한 감각할 수 있는 것과 사유할 수 있는 것에 대하여 다음과 같이 분명하게 쓰고 있다.

갑 : 아니, 물론 신들은 언제나 그곳에 있었던 것이고, 신들에게는 어떤 때에도 결코 부족함은 없었다. 그리고 이들 신적인 것은 언제나 똑같은 것으로 존재하고, 더욱이 항상 똑같은 것에 의해 존재하는 것이다.

을 : 그렇지만 카오스(혼돈)는 신들 가운데서 맨 먼저 생겨난 것이라고들 하던데.

갑 : 그러나 어떻게 그런 일이 있을 수 있을 것인가? 뭔가에서 태어나는 일도, 또 그것으로 생겨서 가는 것도 최초의 것에는 없다고 한다면.

을 : 뭐라고? 그렇다면 최초에는 아무것도 생겨나지 않았다는 것인가?

갑 : 아니, 제우스를 걸고 말하건대 두 번째에도 생겨나지는 않았던 것이지.

(11) 적어도 지금 우리가 이렇게 말하고 있는 신적인 것들의 어느 하나도 말

[*13] 시칠리아 사람. BC 4세기 중반 무렵에 활동한 변론가이자 역사가. 〈아민타스 왕에게〉 외에 〈시칠리아 역사〉 등의 저서가 있다.

일세. 오히려 이런 것들은 늘 있었던 것이야……

그런데 인간이 홀수 개의, 아니면 짝수 개의 돌멩이들에 하나의 돌멩이를 추가하거나, 또는 현재 있는 것 가운데 하나를 빼거나 할 경우에 그래도 또한 돌멩이 수는 전과 똑같다고 생각하는가?

을: 아니, 나는 그렇게는 생각하지 않아.

갑: 또 길이가 1페키스인 것에 인간이 다른 길이의 것을 붙인다든지, 아니면 그때까지 있었던 것에서 잘라내거나 할 때 본디 길이는 또한 그대로인 것인가?

을: 물론 그렇지 않지.

갑: 그렇다면 인간들에 대해서도 그런 식으로 생각해 보게. 어떤 사람은 성장하고, 어떤 사람은 쇠약하지. 그리고 모든 사람이 어느 순간이든 변화 속에 있어. 그러나 자연을 좇아서 변화하여 결코 똑같은 상태에 머무르지 않는 것, 그 또한 변화해버린 것과는 이미 다른 것이겠지. 이리하여 자네나 나나 어제와 오늘은 다른 사람이고, 또 내일 또한 다른 사람이지 결코 똑같은 사람은 아닐 것일세. 적어도 이 주장에 따르는 한은.

(12) 또한 알키모스는 다음과 같이 쓰고 있기도 하다.

'현자들의 말로는, 영혼은 어떤 것을 몸을 통하여 감각한다. 예를 들면 듣거나 봄으로써. 그러나 어떤 것은, 영혼은 몸을 조금도 사용하지 않고 그것 자체로서 이것을 고찰한다. 때문에 또한 존재하는 것 가운데 어떤 것은 감각할 수 있지만, 어떤 것은 사유할 수 있는 것이라고. 그리고 플라톤 또한 이렇게 말했던 것이다. 우주만유의 여러 원리를 이해하고자 하는 사람들은 가장 먼저 비슷함·단일·많음·큼·조용함·움직임 같은 이데아, 그것들은 그것들 자체로 독립적으로 존재하는 것으로서 구별해야 한다. 두 번째로 아름다움·선·올바름, 그 밖의 그런 것도 저마다 그것 자체로서 독립적으로 존재하는 것이라고 가정해야 한다.'

(13) '세 번째로는 이데아 가운데 어떤 것들이, 예를 들면 지식이라든지 크기, 주인이 그렇듯이 다른 이데아와의 상호관계에 있는지를 이해해야 한다. 그때 우리에게 있는 것은 그것(이데아)을 공유함으로써 그와 똑같은 이름을

갖는 것이 되어 있음을 잊지 말아야 한다. 그 의미는 예를 들면 올바름(의 이데아)을 공유하는 한 올바른 것이고, 아름다움(의 이데아)을 공유하는 한 에서만 아름답다는 것이다. 그런데 에이도스 하나하나는 저마다 영원한 것이고, 사유할 수 있으며, 나아가 아무런 변화도 입지 않는다. 때문에 플라톤은 이런 말도 하는 것이다(〈파르메니데스〉 132D). 즉 이데아는 자연 가운데 말하자면 전형(典型)처럼 서 있는 것이고, 이에 대하여 다른(각각의) 것들은 이들 전형의 비슷한 상으로서 이데아와 비슷하게 되어 있는 것'이라고.

한편 에피카르모스는 선에 대하여, 또한 여러 이데아에 대하여 다음과 같이 쓰고 있다.

(14) '갑 : 피리를 부는 것은 뭔가 어떤 하나의 것인가?
을 : 분명히 그렇다.
갑 : 그러면 인간은 피리를 부는 것(과 같은)인가?
을 : 절대 그렇지 않다.
갑 : 그럼 보라. 피리를 부는 사람은 무엇인가? 당신에게는 무엇으로 생각되는가? 그는 인간이다. 그런데도 그게 아니라는 것인가?
을 : 분명한 인간이다.
갑 : 그러면 선에 대해서도 그와 마찬가지라고 당신은 생각하지 않는가? 즉, 선은 그 자체로서 존재하는 어떤 하나의 것인데, 이것을 배워서 그 지식을 가진 사람이 되면 그 사람은 이제 선한 사람이 된 것이다. 그것은 마치 피리를 부는 방법을 배우면 피리장이가 되고, 춤을 배우면 무용가가 되고, 뜨개질을 배우면 편물사가 되고, 또는 이런 종류의 일로 당신이 바라는 어떤 일이든 모두 이와 마찬가지로 그 사람 자신이 기술은 아니지만, 기술자이기는 한 것과 같다'고.
(15) '또한 플라톤은 이데아에 대한 견해를 이렇게 말했다(〈파이돈〉 96B 참조). 만일 기억이란 것이 있다면 기억은 뭔가 정지(靜止)하여 머물러 있는 것과 관계되므로, 존재하는 것 속에 이데아는 있어야 한다. 그리고 이데아 이외의 것은 어느 하나도 머무르는 일이 없다고. "왜냐하면"이라고 그는 말한다. 만일 동물들이 이데아에 접촉하는 일이 없다고 한다면, 그래서 접촉하려면 누스(지

성)를 날 때부터 지니지 않았다면 동물들은 지금까지 어떻게 살아남을 수 있었다는 것인가? 그것은 불가능했어야 한다. 그러나 실제로는 동물들은 자기들과 비슷(같은 종류)한 것에 대해서도, 또 어떤 것이 자기들의 양분이 되는지에 대해서도 기억한다. 그리고 이 사실은 모든 동물들에게 비슷한 것을 구별하는 능력은 생득적인 것임을 보여준다. 때문에 그들은 또한 같은 종류의 것을 감지하는 것이다'라고.

그러면 에피카르모스는 그 점을 어떻게 쓰고 있을까?

(16) '에우마이오스여, 지(智)는 단 하나의 종족에게만 있는 것은 아닐세.
아니, 모든 것은 살아 있는 한, 분별을 갖추고 있다네.
왜냐하면 암탉류만 해도,
자네가 그것을 진지하게 연구해 보면 알겠지만, 살아 있는 병아리를 낳는 것이 아니라
알을 품고, 그리고 그것을 생명이 있는 존재로 만들지.
그러나 이 암탉의 지혜가 실제로 어떤 것인지를 아는 것은 오직 자연뿐이라네.
암탉은 저절로 그것을 배웠으니까.

또한 에피카르모스는 다음과 같은 말도 하고 있다.

우리가 그것들을 그런 식으로 말하고,
그리고 스스로 자신에게 만족하여 멋지게 태어났다고 믿지만,
조금도 이상할 것이 없다네. 왜냐하면 개에게는 개가,
소에게는 소가, 당나귀에게는 당나귀가,
또한 돼지에게는 돼지가 가장 아름다운 것으로 보이기 때문이라네.'

(17) 위의 내용과 비슷한 것을 알키모스는 4권의 책에 글로 써서 남기고 있고, 플라톤이 에피카르모스에게서 유익한 가르침을 받았음을 지적하고 있는 것이다. 그러나 에피카르모스 자신도 자기의 지혜를 충분히 인식하고 있었다

는 것은 자기를 따르는 사람이 나오리라 예언하는 다음의 시구로도 알 수가 있다.

그래서 내 생각에는—왜냐하면, 생각해 보면 다음 일은 확실히 알기 때문인데—
나의 이런 말들은 언젠가 다시 생각날 때가 있으리라.
그 말들을 집어 들고 이제 그것들이 지니고 있는 음률을 깎아내고,
대신 자줏빛 옷을 입혀서 이것에 갖가지 아름다운 어구로 꾸미고,
자신은 죽지 않는 자가 되어 다른 사람들을 쉽사리 물리치게 되는 사람이 나오리니.

(18) 그러나 플라톤은 또한 미모스(흉내 내는 연극) 작가 소프론*14의, 그때까지는 주목받지 못했던 책을 처음 아테네로 가져와서 이 사람을 따라 인물의 성격묘사를 한 것 같다. 그리고 사실상 이 책들은 그의 머리맡에서 발견된 것이다.

그런데 플라톤은 시칠리아로 세 차례 도항했는데, 처음엔 그 섬과 에트나산의 분화구를 구경하기 위해서였다. 헤르모크라테스의 아들로 그 무렵에 참주 지위에 있었던 디오니시오스 1세가 강요하는 바람에 플라톤은 어쩔 수 없이 그와 교제를 가졌다. 그러나 플라톤은 그와 참주제에 대하여 이야기를 나누면서, 만일 그가 덕에서도 뛰어나지 않다면 그에게 이익이 되는 것만이 좋은 것은 아니라고 주장해 그의 기분을 상하게 했다. 왜냐하면 디오니시오스가 분노가 휩싸여서 "네 말은 늙다리 같다"고 하자, 플라톤은 "당신의 말이야말로 참주답다"고 응수했기 때문이다.

(19) 그리하여 잔뜩 화가 난 참주는 처음엔 플라톤을 죽이고 싶은 마음이었지만 디온과 아리스토메네스가 말렸으므로 사형에 처하지는 않고, 때마침 외교사절로 와 있던 라케다이몬 사람 폴리스에게 노예로 팔아치우라고 지시하고 플라톤을 넘겼다.

---

*14 BC 5세기 후반에 활동한 시라쿠사 출신의 '미모스'(흉내 내는 연극, 몸짓만 있는 무언극) 작가. 그는 미모스를 '남자의 것'과 '여자의 것'으로 나누었지만, 일상생활을 다룬 비속한 미모스를 문학으로 끌어올린 작가로서 플라톤은 그를 크게 칭송했다고 한다.

그래서 이 사람은 플라톤을 아이기나섬으로 데려가 팔기 위해 내놓았다. 또한 그때 카르만도리데스의 아들 카르만도로스도 아이기나인들이 정한 법률에 따라 플라톤을 사형에 처하도록 고발했다. 그 섬에 처음 발을 들여놓은 아테네인은 재판에 회부하는 일 없이 사형에 처한다는 것이 그 법률이었던 것이다. 그리고 이 법률을 정한 것은 파보리누스가 〈역사연구 잡록집〉에 쓴 바에 따르면, 카르만도로스 자신이었다고 한다. 그런데 어떤 사람이, 농담이기는 했지만 상륙한 이가 철학자라고 말했으므로 사람들은 플라톤을 석방했다. 그러나 어떤 사람들의 말에 따르면 플라톤은 민회에 불려 나갔지만, 질문에는 한마디도 대답하지 않고 일이 되어가는 대로 받아들일 각오였다. 그래서 민회는 그를 사형하지 않기로 결정하고 전쟁포로의 형식으로(노예로) 팔자고 의결했다는 것이다.

(20) 그런데 때마침 키레네 사람 안니케리스*[15]가 그곳에 와 있었는데, 그는 20무나—어떤 사람들에 따르면 30무나—의 몸값을 내고 플라톤을 풀어 주어, 아테네의 벗들에게 그를 돌려보내 주었다. 그래서 이 벗들은 곧바로 그 액수의 은화를 돌려주려 했지만, 안니케리스는 그것을 받지 않고, 플라톤을 걱정할 자격이 있는 사람은 꼭 그 벗들만은 아니라고 말했다. 그러나 또 어떤 사람들에 따르면 디온이 은화를 갚으려 했지만 안니케리스는 그것을 받지 않고 플라톤을 위해 아카데메이아에 있는 작은 뜰을 사서 주었다고 한다.

한편 폴리스는 카브리아스에게 패배를 당하고, 그 뒤 헬리케에서 (지진해일로 인해) 바다에 빠져서 죽었는데,*[16] 그것은 철학자에 대한 그의 나쁜 짓 때문에 하늘의 분노가 폭발한 것이라고 전해진다. 이것은 파보리누스가 〈각서〉 제1권에서 쓰고 있는 바이기도 하다.

(21) 그러나 디오니시오스는 평정심을 가질 수가 없었다. 일의 경과를 듣고 플라톤에게 편지를 보내 자기에 대해 나쁘게 말하지 말아달라고 당부했다. 플라톤은 이에 답하기를, 자신은 디오니시오스에게 신경 쓰고 있을 만큼 한가하지 않다고 했다.

두 번째 시칠리아 도항 때, 플라톤은 젊은 디오니시오스 2세에게 가서 토지

---

*15 키레네파의 철학자.
*16 BC 327년의 대지진에 의한 해일 때문으로 추정된다. 그 무렵 10척의 라케다이몬 군함이 침몰했다고 한다(힉스).

와 그가 계획한 국가체제에 따라 살고자 하는 사람들을 달라고 참주에게 요구했다. 디오니시오스는 그러겠다고 약속했지만, 그 약속을 지키지 않았다. 더욱이 그들의 말에 따르면 플라톤은 디온과 테오도타스를 설득해 그 섬을 (참주제로부터) 해방시키려 했다는 혐의를 받아 위험한 상황에 빠졌다는 것이다. 그 무렵 피타고라스파의 아르키타스도 디오니시오스에게 편지를 써서 선처를 구했고 플라톤을 아테네로 무사히 돌려보냈던 것이다. 그 편지는 다음과 같다.

아르키타스가 디오니시오스에게. 건승을 빌면서.

(22) '플라톤의 벗 우리 모두는 전하와 교환한 동의에 따라 그를 데려오도록 라미스코스와 포티다스 일행을 전하에게 보냈습니다. 전하는 그 무렵에 진지한 마음으로 그렇게 하신 줄로 압니다. 그때 전하는 플라톤이 시칠리아로 오게 해달라고 우리 모두에게 간청하셨습니다. 플라톤에게 그렇게 하도록 권하라고 요청함과 동시에 다른 점도 그렇지만 특히 신변 안전에 대해서는 체류 중에나 귀국할 때에도 이것을 보장한다는 취지로 말씀하셨습니다. 또한 이것도 상기하시기 바랍니다. 전하가 그 사람의 입국을 중요하게 여기고, 그때 이후로는 곁에 있는 사람 누구도 따르지 못할 정도로 그 사람에게 호의를 보이셨음을. 그러므로 혹 마음에 거슬리는 어떤 일이 있다 하더라도 전하는 인도적으로 행동하시어 그 사람을 해하는 일 없이 저희에게로 돌려보내셔야만 합니다. 그렇게 하셔야만 전하의 행위는 옳은 것이 되고, 우리에게 은혜를 베푸는 일이 되기도 할 테니까요.'

(23) 세 번째, 플라톤은 디온을 디오니시오스와 화해시키려고 그 섬으로 갔던 것이다. 그러나 이 일은 잘 되지 않아서 아무런 성과도 올리지 못한 채 그는 고국으로 돌아왔다. 게다가 그가 쓴 글로 판단하건대 그는 정치가이기는 했지만, 그곳에선 정치에 전혀 간섭하지 않았다. 왜냐하면 그곳의 민중이 다른 정치체제에 이미 익숙해져 있었기 때문이다. 다만 팜필레가 〈각서〉 제25권에 쓴 바에 따르면, 아르카디아인과 테베인은 메가로폴리스를 건설하기에 즈음하여 플라톤을 입법자로 초빙했으나, 플라톤은 그들이 소유의 평등을 바라지 않는 것을 알고 가지 않았다고 한다.

또한 이런 이야기도 전해진다. 장군 카브리아스가 사형에 해당하는 일로 고발당했을 때, 시민 가운데 어느 한 사람도 이것을 변호하려 하지 않았음에도 플라톤은 그를 위해 변호해 주었다는 것이다.

(24) 그리고 그즈음에 플라톤이 카브리아스와 함께 아크로폴리스를 향하여 올라가고 있을 때, 고발인인 크로빌로스와 정면으로 마주쳤다. 그가 플라톤에게 "당신은 남의 변호를 하기 위해 온 것인가? 소크라테스의 독미나리가 당신을 기다리고 있는 줄도 모르고"라고 하자, 그에 답하여 플라톤은 "조국을 위해 출정했을 때에도 갖가지 위험을 극복해 왔으므로 이번에도 벗을 위해서 마땅히 해야 할 의무를 다하려면 위험을 이겨낼 수 있을 것이오"라고 했다는 것이다.

한편, 파보리누스가 〈역사연구 잡록집〉 제8권에 썼듯이 이 사람이 질문형식에 의한(문답식의) 논의를 최초로 도입했던 것이다. 또한 분석에 의해 문제를 해결하는 방법을 타소스 사람 레오다마스에게 처음으로 권유한 것도 이 사람이다. 나아가 그는 '안티포데스(대척점)', '스토이케이온(요소)', '디알렉티케(문답법)', '포이오테스(성질)', 수 가운데 '프로메케(직사각형 수)', 한계를 지닌 것 가운데의 '에피페도스(평면)', '신의 예지(섭리)' 같은 말을 철학의 논의 속에서 처음으로 사용한 사람이기도 한다.

(25) 또 철학자들 중에서는 그가 최초로 케팔로스의 아들 리시아스의 주장에 대해, 그 주장을 〈파이드로스〉에서 하나하나 들어가며 논박했다. 또한 글자의 기능을 고찰한 것도 그이다. 자신보다 이전의 거의 대부분의 사람들의 견해에 반론한 것도 그가 최초이기 때문에, 그가 왜 데모크리토스에 대해선 말하지 않았는지가 문제되었던 것이다.

시지쿠스 사람 네안테스가 전하는 바로는 이 사람(플라톤)이 올림피아에 갔을 때, 모든 그리스인의 눈이 그에게 쏠렸다고 한다. 그리고 그때 그는 디온과 마주쳤는데, 그 디온은 디오니시오스 정벌군을 일으키려 했던 것이다.

또 파보리누스의 〈각서〉 제1권에는 페르시아 사람 미트리다테스*¹⁷가 아카데미아에 플라톤상을 세우고, 여기에 다음과 같은 명문을 새겼다고 전해진다.

---

*17 힉스의 교본에 따름.

오론토바테스*[18]의 아들로서 페르시아 사람 미트리다테스, 이 플라톤 상을 무사의 여신들에게 바치노라. 이것은 실라니온이 만들다.

(26) 플라톤은 또한 젊은 시절에 매우 신중했으며 절도가 있는 사람이었으므로, 도에 벗어나게 웃는 모습은 단 한 번도 볼 수 없었다고 헤라클레이데스는 쓰고 있다. 하지만 그런 사람이었음에도 그 또한 희극작가들의 웃음거리가 되기도 했다. 실제로 테오폼포스*[19] 〈헤디칼레스〉에서 이렇게 말하고 있기 때문이다.

1조차도 1이 아닌데,
하물며 2가 1일 수는 더더욱 없다고 플라톤이 말했다.

아낙산드리데스*[20]도 〈테세우스〉에서 이렇게 말하고 있다.

마치 플라톤이 그랬던 것처럼 그가 올리브 열매를 먹고 있을 때.

티몬도 그의 이름을 풍자하여 다음과 같이 쓰고 있다.

모조품(페프라스메나)의 이상함을 알았던 플라톤이 만들어낸 (아네프라세) 것처럼.

(27) 알렉시스*[21]는 〈멜로피스〉에서,

당신은 딱 좋은 시기에 와주셨습니다. 저로서는 어찌할 바를 몰라서,
플라톤처럼 이리저리 서성였습니다만,

---

*18 힉스의 교본에 따름.
*19 아테네 출신의 중기 아티카 희극의 대표작가의 한 사람. BC 410년 무렵부터 BC 370년에 걸쳐 활동.
*20 로도스섬의 카밀로스 출신으로 중기 아티카 희극작가의 한 사람. BC 4세기 전반에 활동.
*21 중기 아티카 희극작가의 한 사람. BC 4세기 후반부터 BC 3세기에 걸쳐 활동. 투리오이 출신이지만, 훗날 아테네 시민이 된다.

아무런 지혜도 발견하지 못한 채 다리만 아팠습니다.

이렇게 쓰고 있고, 또 〈안키리온〉에서는,

그대는 자신의 무지함을 말하고 있지만, 플라톤의 벗이 되어,
함께 돌아다녀야 하네. 그리하면 비누와 양파에 대해 이해할 것이네.

이렇게 말하였다. 또 안피스*²²는 〈안피크라테스〉에서,

갑 : 당신이 이 여인으로 하여금 얻고자 하는 선이 대체 어떤 것인지 저로서
　　는 주인님, 플라톤의 '선'과 마찬가지로 이해할 수 없습니다만.
을 : 그러면 깊이 새겨들어야 하느니라.

말하고 있다.
(28) 또 〈덱시데미데스〉에서는,

오, 플라톤이여,
당신은 아무것도 모르는 것 같구려. 잔뜩 얼굴을 찌푸리는 것 말고는.
마치 달팽이처럼 거드름을 피우며 눈썹을 치켜 올리고는.

말하고 있다. 또한 크라티노스*²³는 〈실수로 바뀐 아이〉에서,

갑 : 그대는 물론 사람이고, 영혼을 갖고 (살아)있어.
을 : 플라톤처럼 말한다면 나는 잘 이해하지 못하겠는데, 그렇다고 생각은
　　하네만.

라고 쓰고 있다. 나아가 알렉시스는 〈올림피오도로스〉에서,

---

*22 중기 아티카 희극작가의 한 사람. BC 4세기 후반에 활약.
*23 아티카 고전희극의 대표적 작가 크라티노스의 아들로 중기 아티카 희극작가인 크라티노
　　스 2세를 말한다.

갑 : 나의 죽어 마땅한 몸은 시들어버렸지만,

죽지 않는 부분은 하늘로 올라갔다네.

을 : 그것은 플라톤의 주장이 아니었던가?

라고 하고, 또 〈기식자(寄食者)〉에서는

그렇지만, 플라톤과 함께 은밀히 쓸데없는 이야기를 한 것을……

이렇게 쓰고 있다. 아낙실라스*²⁴도 〈보트릴리온〉과 〈키르케〉, 〈부유한 여인들〉에서 플라톤을 야유하고 있다.

(29) 아리스티포스는 〈옛 사람들의 사치에 대하여〉 제4권에서 플라톤은 천문학을 함께 공부하던 아스테르('별님'이라는 뜻)라는 이름의 젊은이를 사모했을 뿐만 아니라 앞에서 말한 디온에게도—어떤 사람들에 따르면 파이드로스에 대해서도—그러했다고 쓰고 있다. 그리고 그의 연심은 다음에 나오는 에피그램에서도 뚜렷하게 살펴볼 수 있는데, 그런 에피그램들은 플라톤이 그 사람들을 사모하여 지은 것이라고 한다.

너는 별들(아스테라스)을 바라보고 있나니 나의 아스테르여. 나는 하늘이
되고 싶도다.

그리하면 수많은 눈으로 너를 바라볼 수 있을 테니까.

지난날 너는 살아 있는 자들 사이에서 샛별로 빛나고 있었다.

그러나 지금은 죽어 저녁별로서 죽은 자들 사이에서 빛나고 있나니.

(30) 또 디온에 대해서는 다음과 같은 시를 썼다.

헤카베와 일리온(트로이) 여인들에게는 태어나는 그 순간에,

운명(모이라)의 여신들은 눈물을 내렸지만,

너에겐 디온이여, 눈부신 공을 기려 제물을 바친 너에겐,

---

*24 중기 아티카 희극작가의 한 사람. 이름으로 보아 도리스계 사람으로 추정된다. BC 4세기
후반에 활동.

신령(다이몬)들은 드넓은 꿈을 주었나니.

그런데도 지금 너는 넓은 조국 땅에 백성들의 숭배를 받으며 누워 있도다.

오, 내 마음을 연민으로 미치게 만드는 디온이여.

(31) 그리고 이 시구는 사실 시라쿠사에 있는 디온의 묘석에 새겨져 있었다고 아리스티포스는 쓰고 있다.

또한 플라톤은 알렉시스와 앞에서 말했듯이 파이드로스에게도 마음을 써서 다음과 같은 시를 지었다고 한다.

알렉시스는 아름답다고, 내가 한 말은 그저 그것뿐이건만,

이제 그 사람은 어디에도 없어 모두가 그 사람을 그리워하누나.

내 마음이여, 어찌 너는 개들에게 뼈다귀를 보이는가, 그리고 나중에서야 그것을 뉘우치는가.

우리가 파이드로스를 잃은 것도 그렇게 했기 때문이 아니던가.

또 그는 예기(藝妓) 아르케아나사를 거느렸는데, 그녀에 대해서도 다음과 같은 시를 지었다고 한다.

아르케아나사여, 콜로폰 태생의 예기는 나의 것이니.

한창때가 지나버린 그 살결에도 뜨거운 사랑의 마음은 깃들어 있도다.

아, 안타깝게도 사랑의 배를 막 띄워 보낸 그녀를 만난 자들이여,

너희는 그 사랑의 불꽃 속을 얼마만큼 빠져나온 것이냐.

(32) 또 아가톤에게 보낸 것에는 이런 시가 있다.

아가톤에게 입 맞추려고 내 마음(숨결)을 입술 위로 모았건만,

슬프다, 그러려면 그 사람이 있는 곳까지 가야 하거늘.

이 밖에도,

사과를 당신에게 보낸다. 만일 당신이 나를 사랑해 준다면,
이것을 받고서 당신의 그 살결을 만질 수 있게 해다오.
그러나 그것은 안 될 일이라고 한다면 이 사과만은 받아다오,
한창 꽃핀 청춘이 얼마나 짧은 것인지를 부디 생각하기 바라나니.

또 이런 시도 있다.

나는 사과. 나를 내던지는 사람은 당신을 사랑한다오.
자, 크산티페 님, 끄덕여 주시기를. 나나 당신이나 어차피 스러져 갈 몸인
것을.

(33) 또한, (페르시아군에 의해) 붙잡혀버린 에레트리아 사람들에 대한 다음
과 같은 묘비명도 그가 지었다고 한다.

우리는 에우보이아의 에레트리아족, 지금은 수사 근처에 누워 있도다.
아, 나 태어난 땅으로부터 얼마나 멀리 떨어져 있는가.

또, 이런 시도 있다.

여신 비너스가 무사 여신들에게 말했다.
"여인들이여, 아프로디테를 숭배하라.
그러지 않으면 에로스를 무장시켜서 너희에게 보낼 테다."
이에 답하여 무사 여신들은 비너스에게 말했다.
"그런 얼토당토않은 이야기는 아레스에게나 하시지.
그런 애송이(에로스)가 감히 우리에게 올 수나 있을 법한가?"

그리고 그 밖에도,

한 사내가 황금을 발견하고 (가져감), 대신에 밧줄을 남기고 갔다.
그런데 황금을 두고 떠난 사내는 그것을 찾지 못하고 (실망하여), 놓여 있

는 밧줄을 자기 목에 감았다.

위와 같은 것이 있다.

(34) 그런데 물론*25은 플라톤에게 분명 적의를 품고 있었는지 이렇게 말하고 있다. "디오니시오스가 코린토스에 있다한들 이상할 것이 없지만, 플라톤이 시칠리아에 있는 것은 이상하다"고.

또 크세노폰도 플라톤에게 호의적이지 않았던 모양이다. 사실 두 사람은 서로 경쟁상대이기라도 한 것처럼 같은 책, 즉 〈향연〉과 〈소크라테스의 변명〉, 윤리적인 회상록*26을 쓰고 있기 때문이다. 나아가 한쪽(플라톤)은 〈국가〉를 썼는데, 다른 한쪽(크세노폰)은 〈키루스의 교육〉을 썼다. 그리고 플라톤은 〈법률〉(제3권 694C)에서 〈키루스의 교육〉은 지어낸 것이다, 왜냐하면 키루스는 거기에 묘사된 그런 인간이 아니기 때문이라고 쓴 것이다. 또 두 사람 모두 소크라테스를 회상하고 있는데, 서로의 이야기는 어디에도 하고 있지 않다. 다만 크세노폰이 〈소크라테스의 회상〉 제3권(6장1절)에서 플라톤을 말하는 것만은 예외이다.

(35) 또 이런 이야기도 전해진다. 안티스테네스가 그의 작품 가운데 어느 한 가지를 공식석상에서 읽고 싶어서 플라톤을 그 자리에 초대했다. 그래서 플라톤이 무엇을 읽으려는 것이냐고 묻자, 남에게 반론하는 것은 불가능하다는 것에 대해서라고 그는 대답했다. 그래서 플라톤은 "그렇다면 당신은 대체 그것에 대하여 어떻게 쓸 계획인가?"라고 묻고, 그렇게 하면 그는 자기모순에 빠지리라고 가르쳐 주었다. 그런 일이 있었으므로 안티스테네스는 플라톤을 공격하는 〈사톤〉이라는 제목의 대화편을 썼는데, 그 뒤로 두 사람은 서로 멀어졌다는 것이다.

또한 소크라테스는 플라톤이 〈리시스〉를 다 읽었다는 소식을 듣고, "아이쿠, 이 젊은이는 나에 대해 얼마나 많은 거짓말을 하는 것이랴!"고 했다고 한다. 왜냐하면 이 사람(플라톤)은 소크라테스가 실제로는 하지 않은 말을 적잖

---

*25 실제로는 몰론의 아들 아폴로니오스이다. BC 2세기에서 BC 1세기에 걸쳐 활동했던 유명한 변론가. 로도스섬에서 키케로를 가르친 적이 있다.

*26 크세노폰의 〈소크라테스의 회상〉을 플라톤의 〈라케스〉 〈카르미데스〉 〈크리톤〉 등과 비교하는 것이리라.

게 (그 대화편 속에) 쓰고 있었기 때문이다.

(36) 또 플라톤은 아리스티포스와도 사이가 좋지 않았다. 사실 〈영혼에 관하여〉(〈파이돈〉)라는 대화편에서 (59C) 플라톤은 아리스티포스를 비방하고, 아이기나처럼 가까이에 있었으면서 소크라테스가 죽을 때 곁에 있지 않았다고 하고 있기 때문이다.

또한 아이스키네스에게도 플라톤은 일종의 경쟁심 같은 것이 있었다고 한다. 왜냐하면 아이스키네스도 디오니시오스 궁정에서 평판이 좋았기 때문이고, 또 그가 돈이 궁하여 그 궁정에 찾아왔을 때 아리스티포스는 감싸주었지만, 플라톤으로부터는 경멸을 당했기 때문이라고 한다.

또 크리톤이 감옥에서 (소크라테스에게) 탈옥을 권할 때 했다는 말은 사실은 아이스키네스의 것이었는데, 플라톤은 아이스키네스를 탐탁지 않게 여겼으므로 이것을 크리톤의 말로 해놓았다고 이도메네우스는 쓰고 있다.*27

(37) 플라톤은 또한 〈영혼에 관하여〉(59B)와 〈변론〉(34A, 38B)을 제외하면 그의 작품 어디에서도 자기 자신에 대해 말하고 있지 않다.

그런데 아리스토텔레스는 플라톤의 문장 형식은 시와 산문의 중간이라고 말하고 있다.*28 아리스토텔레스만 홀로 플라톤이 〈영혼에 관하여〉를 다 읽었을 때, 마지막까지 플라톤의 곁에 남아 있었는데 다른 사람들은 모두 떠나갔다고 파보리누스는 쓰고 있다.

또 어떤 이들의 말에 따르면 오푸스의 필리포스가 아직 납판 위에 있던 플라톤의 〈법률〉(의 원고)을 베껴 썼다고 한다. 그래서 〈에피노미스〉도 이 사람(필리포스)의 작품으로 되어 있다. 나아가 에우포리온*29과 파나이티오스는 〈국가〉의 첫머리 부분은 여러 차례 고쳐 썼음이 드러났다고 쓰고 있다. 그러나 그 〈국가〉는 거의 대부분 프로타고라스의 〈반대논법〉 속에 씌어 있던 것이라고 아리스토크세누스는 말하고 있다.

(38) 또한 〈파이드로스〉가 플라톤의 첫 작품이라는 설도 있다. 그것의 주제

---

*27 제2권 60절 참조.
*28 단편 73(로제 엮음, 제3판) 참조.
*29 에우보이아 칼키스 출신의 서사시인이자 학자. BC 3세기 사람. 아카데메이아에서 수학했으나 뒷날 안티오코스 3세에 의해 안티오키아의 도서관장에 임명되었다.

에는 일종의 젊음의 약동이 있기 때문이라는 것이다. 그러나 디카이아르코스는 그것의 문체 전체를 통속적이라며 비난하고 있다.

전하는 바에 따르면 플라톤은 어떤 사람이 주사위놀이를 하는 것을 보고 그것을 나무랐다. 그러자 상대가 매우 사소한 것을 내기로 걸었을 뿐이라고 받아치자, "아니, 그 습관은 사소한 것이 아닐세"라고 말했다는 것이다.

선인들의 것과 마찬가지로 당신 자신의 회상록도 쓸 것이냐고 묻자, "이름을 올리는 것이 먼저다. 그리하면 많은 회상록이 탄생할 것이다"라고 그는 대답했다.

어느 날 크세노크라테스가 들어오자 플라톤은 하인을 채찍으로 때려달라고 했다. 화가 치밀어서 자기는 때릴 수가 없다면서.

(39) 뿐만 아니라 하인 가운데 한 명에게 "만일 이렇게 분노에 휩싸여 있지 않았더라면 너는 채찍으로 흠씬 두들겨 맞았을 것"이라고도 했다.

그는 언젠가 말을 탔는데 타자마자 떨어지자, 말 타는 인간의 오만함에 물들지 않도록 조심하라고 말했다.

술에 취한 사람들에게는 거울을 보라고 충고했다. 그러면 그런 추태로부터 벗어날 수 있다면서. 그리고 취하도록 술을 마시는 것은 술을 선물한 신의 제삿날 말고는 어떤 경우에도 바람직하지 않다고 그는 평소 말했다.

또 긴 시간 잠을 자는 것도 그는 좋아하지 않았다. 실제로 그는 〈법률〉(제7권 808B)에서 이렇게 말했다. "잠을 자는 동안은 아무도 어떤 도움도 되지 않는다"고.

또한 진리는 귀로 듣는 것 가운데서 가장 기꺼운 것이라고 그는 말했다. 그러나 어떤 사람들에 따르면 진리가 아니라, 진리를 말하는 것이 그러하다고 한다. 나아가 진리에 대해서 그는 〈법률〉(제2권 663E)에서 다음과 같이 말한다.

(40) "나그네여, 진리는 아름답고 영속적이다. 그러나 이것을 사람들에게 이해시키기란 쉽지 않다"고.

나아가 그는 자기의 기억이 벗들의 마음속이나 책 속에 남기를 바랐다. 그러나 그 자신은 사람들이 말하다시피 거의 언제나 세상을 피하고 있었다.

그리고 그가 세상을 떠난 것은—그것이 어떤 상황에서였는지는 이미 말했다(2절)—(마케도니아의) 필리포스가 왕위에 오른 지 13년째 되는 해였다. 이것은 파보리누스 〈각서〉 제3권에 쓴 바와도 같다. 그 필리포스는 또한 그에게 조의를 표했다고 테오폰포스는 전하고 있다. 그러나 밀로니아노스의 〈유사 사례집〉에는 필론이 플라톤의 슬증(虱症)에 대하여 세간에 퍼져 있던 소문을 이야기하는 취지의 기록이 있다. 즉 그런 병으로 플라톤은 죽었다는 것이다.

(41) 그리고 그는 아카데메이아에 묻혔다. 그곳은 그가 오랜 기간에 걸쳐 마지막까지 철학을 연구하던 곳이었으므로. 이런 까닭으로 그에게서 시작되는 학파가 아카데메이아파라 불리게 되기도 한 것이다. 아울러 그곳에서 수학하던 사람들 모두가 그의 장례에 참가했다. 그는 다음과 같은 유언장을 쓰고 있다.

'다음에 쓰는 것이 플라톤의 유산이며, 이것을 유언으로써 양도하기로 하였다.

이피스티아다이구에 있는 땅, 그것은 북으로는 케피시아 신전에서 나오는 도로와, 남으로는 이피스티아다이구의 헤라클레스 신전과, 동쪽은 프레알로이구의 아르케스트라토스 땅, 그리고 서쪽은 코리다이구의 필리포스 땅과 각각 잇닿아 있는데, 이곳은 어느 누구에게도 양도하거나, 또 어느 누구와도 교환하는 일이 없도록 하라. 가능하다면 소년 아데이만토스의 소유로 하기 바란다.

(42) 에이레시다이구에 있는 땅은 내가 칼리마코스에게서 산 것인데, 그것은 북쪽으로는 밀리누스구의 에우리메돈의 땅과, 남쪽은 크시페테구의 데모스트라투스의 땅과, 동쪽은 밀리누스구의 에우리메돈의 땅과, 그리고 서쪽은 케피소스강과 저마다 접경을 이루고 있다.

은화 3무나. 무게 165드라크마의 은제 큰접시. 무게 45드라크마의 술잔. 금가락지와 금귀고리, 합계 무게 4드라크마 3오보로스.

석공 에우클레이데스에게는 3무나의 대여금이 있다. (하녀인) 아르테미스는 자유로운 신분으로 한다. 노예 티콘·빅터스·아폴로니아데스·디오니시오스는 그냥 남긴다.

(43) 가구류는 목록에 쓴 바와 같다. 그것의 사본은 데메트리오스가 갖고 있다. 어느 누구에게도 빚은 없다. 유언집행인은 레오스테네스·스페우시포스·데메트리오스·헤기아스·에우리메돈·칼리마코스·트라시포스로 한다.'

그가 남긴 유언의 내용은 위와 같다.

또한 그의 무덤에는 다음과 같은 비문이 새겨졌다. 첫 번째의 것에는,

절제와 정의로운 성격의, 죽은 자 가운데서도 뛰어난
신과도 같은 사람 아리스토클레스(플라톤), 여기에 잠들다.
만인 가운데 어느 누가 그 지혜로 말미암아 크나큰 상을 받을 만한 자가
있다고 한다면,
이 사람이야말로 가장 마땅한 자이며, 더욱이 질투가 그에 따르지 않을
지니.

(44) 다른 비문은,

대지는 그의 가슴에 플라톤의 이 몸을 감싸 안고,
그 영혼은 깨끗하고 복된 사람들의 불사의 부분을 차지하고 있도다,
아리스톤의 아들(플라톤)의 영혼은. 비록 멀리 떨어져 살더라도 선한 사람
이라면 누구나,
신적인 삶을 보인 이 사람을 공경할지니.

또 후대에 쓴 다른 비문에는,

독수리여, 무슨 까닭에 너는 이 무덤 위로 날아오느냐. 말해보거라,
네가 올려다보는 것은 신들의 하나가 별을 흩뿌리는 궁궐인가?
올림포스로 날아오른 플라톤이 영혼의 화신 되어,
흙에서 태어난 몸은 아티카 땅이 안아주었구나.

(45) 내가 지은 비문은 다음과 같다.

포이보스(아폴론)가 헬라스 땅에 플라톤을 태어나게 하지 않았더라면,
인간들의 영혼을 글자로서 어찌 치유할 수 있었으랴!
포이보스에 의해 태어난 아스클레피오스가 몸의 의사인 것과 같이,

플라톤, 영원히 죽지 않는 영혼의 의사일지니.

또한 그의 죽음의 모습을 쓴 것으로는,

포이보스는 인간들을 위하여 아스클레피오스와 플라톤을 태어나게 했다.
하나는 영혼을, 다른 한 사람은 몸을 구하기 위하여.
허나 플라톤은 혼인잔치 자리에서 그 도시로 여행을 떠났다,
그가 자신을 위해 지은 제우스의 땅(하늘)에 마련한 도시로.

—그의 묘비명은 위와 같다.

(46) 그의 제자로는 아테네의 스페우시포스·칼케돈의 크세노크라테스·스타게이라의 아리스토텔레스·오푸스의 필리포스·페린토스의 헤스티아이오스·시라쿠사의 디온·헤라클레이아의 아미클로스·스켑시스의 에라스토스와 코리스코스·시지쿠스의 티모라오스·람프사코스의 에우아이온·아이노스의 피톤과 헤라클레이데스·아테네의 히포탈레스와 칼리포스·암피폴리스의 데메트리오스·폰토스의 헤라클레이데스, 그 밖에 많은 사람들이 있었다. 그중에는 두 명의 여성, 만티네아의 라스테네이아와 필리우스의 악시오테아도 포함되어 있다. 이 악시오테아는 디카이아르코스에 따르면 남장을 하고 다녔다고 한다. 또 어떤 사람들에 따르면 테오프라스토스도 그의 강의에 출석했었다고 한다. 또 변론가인 히페리데스와 리크루고스도 그러했다고 카마이레온[*30]은 말하고 있다. 그리고 폴레몬도 같이 쓰고 있다.

(47) 또 사비노스[*31]는 〈연습용 자료집〉 제4권에서 타소스의 므네시스트라토스를 인용하면서, 데모스테네스도 그의 제자였다고 쓰고 있다. 그리고 그것은 있을 수 있는 일이다.

한편 당신(이 책의 헌정자[*32])은 틀림없는 플라톤 애호가였고, 다른 어떤 철

---

*30 폰토스(흑해)의 헤라클레아 출신으로 페리파토스파 저술가. BC 300년 무렵에 활동.

*31 출신지 불명. 소피스트, 변론가로서 2세기 전반에 활동한 사람.

*32 이 책이 헌정된, 또는 헌정받으려 한 사람은 플라톤 철학의 열렬한 애호가였던 여성으로서 갈레노스가 이름을 거론하는 알리아, 또는 황제 셉티미우스 세베루스의 왕비 율리아 돔나가 아니었을까 추정된다. 또한 위의 것으로 플라톤 전기에 관한 것은 마치고, 이제는 부록으로서 첫 번째로 플라톤의 저서에 관한 기록(47~66절)이 이어진다.

학자의 학설보다도 이 철학자의 학설을 뜨겁게 탐구하고 계시므로 나로선 이 사람의 논의의 본질과 대화편의 순서, 또 귀납 추론(에파고게) 방법에 대해서도 되도록 입문 형식으로, 또는 요약된 형태로 개략적 설명을 해둘 필요가 있다는 생각에 이르렀습니다. 그것은 이 사람의 생애를 총괄하면서 그의 학설도 빠짐없이 넣기 위해서입니다. 개략적이라고 말하는 까닭은, 낱낱의 항목에 이르도록 당신께 자세히 말해야만 한다면 그것은 속담에도 있듯이, '아테네로 올빼미를 가져가는'*33 일이 될 테니까요.

(48) 한편, 대화편(문답형식의 논문)을 맨 처음 쓴 사람은 엘레아의 제논이라고 한다. 그러나 아리스토텔레스는 〈시인에 관하여〉 제1권에서(단편 72) 그것은 (에우포이아의) 스틸라 또는 테오스 출신의 알렉사메노스였다고 말한다. 이것은 파보리누스도 〈각서〉에서 쓰고 있다. 그러나 나는 이 저술형식을 정밀하게 완성한 것은 플라톤이므로, 그 훌륭한 마무리 때문만이 아니라 이것을 발견한 것에 대한 1등상도 그가 받는 것이 마땅하다고 생각한다.

그런데 대화(디아로고스)란 뭔가 철학적 문제나 정치(윤리)에 관한 사항에 대한 물음과 답으로 구성되는 언론인데, 그것에는 또한 등장인물들의 적절한 성격묘사와 발언방법의 연구가 따르기 마련이다. 또한 대화기술(문답법, 디알렉티케)이란 대화자끼리의 문답을 통하여 우리가 어떤 명제를 뒤집거나, 또는 확립하게 되는 언론 기법이다.

(49) 플라톤 대화편의 특색은 크게 교도적(教導的)인 것과 탐구적인 것으로 나눌 수 있다. 교도적인 것은 다시 두 가지 성격을 지니는데, 즉 관상(觀想)과 관련된(이론적인) 것, 그리고 행위(실천)에 관련된 것으로 나뉜다. 그 가운데 관상과 관련된 것은 자연의 관상에 관한(자연적인) 것과 논리에 관련된 것으로, 다시 행위와 관련된 것은 개인 품성과 관련된(윤리적인) 것과 국가사회(폴리스)와 관련된(정치적인) 것으로 나뉜다.

한편, 탐구적인 것도 크게 나누어 두 가지 성격을 지닌다. 즉 (정신적 훈련이 되는) 연습적인 것과 (언론의 승부를 다투는) 경기적인 것이다. 연습적인 것에는 (정신의 산물을 돕는) 조산적(助産的)인 것과 시험적(능력을 시험하는 성격)인 것

---

*33 쓸데없는 짓을 한다는 의미의 속담 표현. 아테네에는 올빼미가 많았기 때문이라고도 하고, 올빼미는 아테네의 수호신 아테나의 심부름꾼이었기 때문이라는 등 이 속담의 유래는 여러 가지가 있다.

이 있고, 또 경기적인 것에는 연기를 주로 하는 것과 (상대의 논거를 반박하는) 타도적인 것이 있다.

(50) 그러나 플라톤의 대화편은 이와는 다르게 분류된다고 말하는 사람들이 있음을 나는 알고 있다. 왜냐하면 그 사람들은 대화편에는 연극(드라마)적인 것(직접대화체)과, 이야기식(간접 서술)의 두 가지가 혼합된 것이라고 보기 때문이다. 그러나 그들은 대화편을 분류하는 데, 철학에 의해서라기보다 오히려 비극에 걸맞은 용어를 써서 그렇게 규정한 것이다.

그런데 자연학적인 것에는 예를 들면 〈티마이오스〉가 있고, 논리적인 것에는 〈정치가〉, 〈크라틸로스〉, 〈파르메니데스〉, 〈소피스트〉가 있다. 그리고 윤리적인 것에는 〈변론〉, 〈크리톤〉, 〈파이돈〉, 〈파이드로스〉, 〈향연〉, 나아가 〈메넥세노스〉, 〈클레이토폰〉, 〈편지모음〉, 〈필레보스〉, 〈히파르코스〉, 〈연적(戀敵)〉이 있다. 또 정치적인 것에는 〈국가〉, 〈법률〉, 〈미노스〉, 〈에피노미스〉, 〈아틀란티스 이야기(크리티아스)〉가 있다.

(51) 한편 조산적인 것에는 두 개의 〈알키비아데스〉, 〈테아게스〉, 〈리시스〉, 〈라케스〉가 있고, 시험적인 것으로는 〈에우티프론〉, 〈메논〉, 〈이온〉, 〈카르미데스〉, 〈테아이테토스〉가 있다. 또 연기적인 것에는 〈프로타고라스〉 같은 것이 있고, 타도적인 것으로는 〈에우튀데모스〉, 〈고르기아스〉, 두 개의 〈히피아스〉가 있다.

대화편에 관해서는 그것이 대체 어떤 것이고, 또 어떤 종류가 있는지는 이제까지 서술한 정도로 충분할 것이다.

한편, 플라톤은 자기 주장을 하고 있다(도크마티제인)고 하는 사람들도 있는가 하면 그렇지 않다는 사람들도 있어서, 그들 사이에 커다란 의견 차이가 있으므로 이 점도 들기로 하겠다. 자기 주장을 하고 있다는 것은 마치 입법이란 것이 법률을 정하는 일인 것처럼 자기 주장을 세우는 것이다. 그러나 자기 주장(도그마)이라 불리는 것에는 두 가지 의미가 있다. 곧 단순히 그렇게 생각하기만 하는 것과, 정말로 그 사람이 생각한 의견이다.

(52) 이들 가운데 전자의, 단순히 그렇게 생각되기만 하는 것이란 예컨대 제시된 전제(프로타시스)이고, 후자의 의견이란 그 사람의 사상(히포렙시스)이 된 것을 말한다.

그런데 플라톤은 자신이 제대로 파악한 것에 대해서는 의견을 쓰지만, 잘못된 것은 철저하게 반박하고, 또 불확실한 것에 대해서는 판단을 유보한다. 그리고 그 자신의 생각은 네 명의 인물, 즉 소크라테스·티마이오스·아테네의 손님 및 엘레아의 손님*34의 입으로 그것을 밝히고 있다. 그러나 어떤 사람들이 밝혔듯이 그 손님들이 곧 플라톤이나 파르메니데스인 것은 아니고 무명의 가공인물이다. 왜냐하면 소크라테스나 티마이오스가 발언자로 되어 있을 때조차도 플라톤은 자기 주장을 쓰고 있기 때문이다.

또 잘못된 사고를 반박당하는 사람으로는, 예를 들면 트라시마코스·칼리클레스·폴로스·고르기아스·프로타고라스, 나아가 히피아스·에우튀데모스, 또 그들과 동류인 사람들을 플라톤은 등장시키고 있다.

(53) 또한 논증에 즈음해서는 그는 귀납 추론(에파고게) 방식을 가장 많이 쓰고 있는데, 그러나 그것은 단 한 가지 방식만이 아니라 두 가지 방식이 있다. 왜냐하면 귀납 추론이란 몇몇 진실된 명제를 바탕으로 하여, 그것들과 마찬가지로 진실된 명제를 적절한 방법으로 이끌어내는 것이기 때문이다.

한편 귀납 추론에는 두 가지 방식이 있다. 하나는 (전제와는) 반대의(또는 모순된) 귀결을 초래하는 것이고, 다른 하나는 같은 의미에 바탕하여 진전되는 것이다. 그리고 반대의 귀결을 초래하는 것이란 어떤 답을 해도 질문을 받는 사람에게는 (전제와는) 반대인 것이 귀결로 돌아오게 되는 방식이다. 예를 들면 "나의 아버지는 너의 아버지와는 다른 사람인가, 아니면 같은 사람인가, 그 둘 중 하나이다. 그런데 만일 너의 아버지가 나의 아버지와 다르다고 한다면, 아버지와는 다른 사람인 이상 너의 아버지는 이미 아버지가 아닌 것이 된다. 다른 한편으로 만일 나의 아버지와 같은 사람이라고 한다면 나의 아버지와 같은 사람인 이상, 너의 아버지는 나의 아버지인 것이 된다"는 주장이 그것이다.

(54) 다른 예를 더 든다면, "만일 인간이 동물(살아 있는 것)이 아니라면 돌이나 나무일 것이다. 그런데 인간은 돌도 아니지만 나무도 아니다. 왜냐하면 인간은 영혼(생명)을 지녔고, 자기 자신에 의해 움직이기 때문이다. 따라서 인간은 동물(살아 있는 것)이다. 그러나 만일 인간이 동물이고, 그리고 개나 소도 동물이라고 한다면 인간은 또한 동물이기에 개나 소이기도 한 것이다(그러므

---

*34 아테네의 손님은 〈법률〉의, 엘레아의 손님은 〈소피스트〉 및 〈정치가〉의 주요 등장인물.

로 인간은 동물은 아니다)"는 것이다. 이것들은 (전제와는) 반대인 귀결을 초래하여 논쟁을 걸 목적으로 한 귀납 추론방식이며, 플라톤이 이것을 사용한 것은 자기 주장을 쓰기 위해서가 아니라 논적의 주장을 반박하기 위해서였다.

한편, 같은 뜻에 바탕하여 추진되는 귀납 추론에는 두 가지 방식이 있다. 하나는 탐구 중인 개개의 사항을 개개의 사항에 바탕하여 증명하는 것이고, 다른 하나는 개개의 사항에 바탕하여 일반 사항을 증명하는 방식이다. 즉 전자는 변론술적 방식이고, 후자는 문답법적인 것이다. 예를 들어 전자의 방식에서 "이 사람은 살인을 저질렀는가, 아닌가"라는 것을 탐구하고 있다고 하자. 그런데 그 시각에 그 사람에게는 피가 묻어 있었음이 발견된다면 그것이 증명되는 것이다.

(55) 그리고 이러한 귀납 추론 방식은 변론술적인 것인데, 그것은 변론술도 개개의 사항과 관련하여 일반적인 것을 다루지는 않기 때문이다. 즉 변론술은 올바른 것 그 자체를 탐구하는 것이 아니라 개개의 경우에서의 올바른 것을 문제 삼기 때문이다.

이와 달리 귀납 추론은 문답법적이고, 이 경우에는 개개의 사항에 바탕하여 일반적인 것을 미리 증명한다. 예를 들면 영혼은 불사인가, 또 산 자는 죽은 자에게서 태어나는가 등을 탐구한다 하자. 이것은 〈영혼에 관하여〉(〈파이돈〉70A~72A)에서는 어떤 일반적인 명제, 즉 반대의 것은 반대인 것에서 생겨난다는 명제로써 증명되는데, 그 일반적인 명제 자체는 개별적으로 존재하는 몇 가지 사실에 바탕하여 확립된다. 예를 들면 잠자는 것은 잠에서 깨는 것으로부터 생겨나고, 또 그 반대이기도 하다는 것, 또는 좀 더 큰 것은 좀 더 작은 것에서 생겨나고, 또 그 반대이기도 하다는 것과 같은 개별 사항에 바탕하여 확립되는 것이다. 플라톤이 이 방식을 쓴 것은 자기의 주장을 확립하기 위해서였다.

(56) 한편 비극은, 옛 시대에는 처음엔 코러스(합창무용단)만이 극을 끝까지 연기했지만, 나중에는 코러스에 잠깐의 막간 휴식을 주기 위해 테스피스가 한 명의 배우를, 아울러 아이스키루스가 두 번째 배우를, 또 소포클레스가 세 번째 배우를 구상함으로써 비극은 완성되었다. 철학도 이와 마찬가지로 전에는 그 논의가 자연학적인 것 한 종류뿐이었는데 소크라테스가 두 번째 것으로 윤리적인 논의를 추가하고, 다시 플라톤이 세 번째 것으로 문답법적(논리적)인

논의를 추가함으로써 철학을 완성시켰다.

한편, 트라실로스의 말에 따르면 플라톤은 이 비극작가들이 4개의 극작품으로 경연에 참가했듯이 그 비극 4부작 형식에 따라 그의 대화편을 공간했다는 것이다. 또 비극 경연은 디오니시아 축제, 레나이아 축제, 판아테나이아 대축제, 술통 축제(키트로이)에서 행해졌고, 그 극작품 가운데 네 번째 것은 사티로스극이다. 그러나 이들 네 가지 극작품은 합쳐서 4부작집(테트라로기아)이라 불렸다.

(57) 또한 트라실로스의 말로는 그가 진정한 대화편으로 엮은 것은 모두 56편인데, 이 경우는 〈국가〉는 10편으로, 〈법률〉은 12편으로 나뉜다. 또 〈국가〉에 대해서는 그 내용 거의 전부가 프로타고라스의 〈반대논법〉에서 발견된다고 파보리누스는 〈역사연구 잡록집〉 제2권에서 쓰고 있다.*35 그러나 〈국가〉와 〈법률〉을 저마다 1권의 책으로 본다면, 4부작집으로는 9개(36편)가 있는 것이 된다.

트라실로스는 첫 번째 4부작집은 공통주제를 지닌 것으로 보고 있다. 왜냐하면 그것은 철학자의 삶은 어떤 것인지를 밝히려 하기 때문이라고 한다. 또 각 책에 관하여 트라실로스는 두 가지의 제목을 붙이고 있다. 즉 하나는 등장인물의 이름에 근거하며, 다른 하나는 다루고 있는 사항에 의한 것이다.

(58) 이 4부작집, 즉 첫 번째 4부작집의 앞에 서는 것은 〈에우티프론〉 또는 '경건에 대하여'이다. 그리고 (앞에서 소개했던 분류에 따르면) 이 대화편은 경험적인 것이다. 두 번째는 〈소크라테스의 변명〉으로서 이것은 윤리적인 것. 세 번째는 〈크리톤〉 또는 '행동은 어떠해야 하는가에 관하여'로서 이 또한 윤리적인 것이다. 네 번째는 〈파이돈〉 또는 '영혼에 관하여'로도 윤리적인 것이다.

두 번째 4부작집의 앞에 서는 것은 〈크라틸로스〉 또는 '이름의 올바름에 관하여'이고, 이것은 논리적인 것이다. 이에 이어지는 〈테아이테토스〉 또는 '지식에 관하여'는 시험적인 것이다. 그 다음은 〈소피스트〉 또는 '있음에 관하여'로 논리적인 것. 마지막은 〈정치가〉 또는 '임금의 통치에 관하여'로 논리적인 것이다.

---

*35 이것은 이미 제3권 37절에서 말한 바 있는데, 앞에서는 아리스토크세누스의 증언에, 여기서는 파보리누스의 증언에 따르고 있다. 파보리누스는 아리스토크세누스에 의거한 듯하다.

세 번째의 4부작집은 〈파르메니데스〉 또는 '이데아에 관하여'로 시작되는데 이것은 논리적인 것이다. 다음은 〈필레보스〉 또는 '쾌락에 관하여'로 윤리적인 것. 그 다음은 〈향연〉 또는 '선에 관하여'로서 윤리적인 것이다. 마지막은 〈파이드로스〉 또는 '에로스에 관하여'로 또한 윤리적이다.

(59) 네 번째 4부작집의 시작은 〈알키비아데스〉 또는 '인간의 본성에 관하여'로 이것은 조산적인 것. 다음은 〈알키비아데스 그 두 번째〉 또는 '기원(祈願)에 관하여'로 조산적인 것이다. 그 다음은 〈히파르코스〉 또는 '이득을 사랑하고 바라는 자'로 윤리적인 것. 마지막은 〈연적〉 또는 '철학에 관하여'로서 윤리적인 것이다.

다섯 번째 4부작집은 〈테아게스〉 또는 '철학에 관하여'부터 시작되는데 이는 조산적인 것이다. 다음은 〈카르미데스〉 또는 '극기(절제)에 관하여'로 시험적인 것. 다음은 〈라케스〉 또는 '용기에 관하여'로 조산적인 것. 마지막은 〈리시스〉 또는 '우애에 관하여'로서 조산적인 것이다.

여섯 번째의 4부작집은 〈에우튀데모스〉 또는 '변론가'로 시작되는데 이는 타도적인 것이다. 다음은 〈프로타고라스〉 또는 '소피스트들'로 연기적인 것. 다음은 〈고르기아스〉 또는 '변론술에 관하여'로 타도적이며, 마지막은 〈메논〉 또는 '덕에 관하여'로서 시험적이다.

(60) 일곱 번째의 4부작집의 앞에 오는 것은 두 개의 〈히피아스〉—〈히피아스(I)〉 또는 '아름다움에 관하여'와 〈히피아스(II)〉 또는 '거짓에 관하여'로 둘 다 타도적이다. 다음은 〈이온〉 또는 〈일리아스〉에 관하여'로서 시험적인 것. 그 다음은 〈메넥세노스〉 또는 '장송연설'로 윤리적인 것이다.

여덟 번째의 4부작집은 〈클레이토폰〉 또는 '덕의 권장'으로 시작하는데 이것은 윤리적인 것. 다음은 〈국가〉 또는 '정의에 관하여'로서 정치적이다. 그 다음은 〈티마이오스〉 또는 '자연에 관하여'로 자연학적인 것. 마지막은 〈크리티아스〉 또는 '아틀란티스 이야기'로 윤리적인*36 것이다.

아홉 번째의 4부작집은 〈미노스〉 또는 '법에 관하여'로 시작되고, 이것은 정치적이다. 다음은 〈법률〉 또는 '입법에 관하여'로 정치적인 것. 그 다음은 〈에피노미스〉 또는 '여명 전의 회의' 또는 '철학자'로서 정치적인 것. 그리고 마지

---

*36 앞의 50절에서는 〈크리티아스〉는 '정치적인 것'의 부류에 들어 있었다.

막은 〈편지모음〉 13통으로 윤리적인 것이다.

(61) 또한 이들 편지 가운데 플라톤은 (최초의 인사말을) "복을 빌며"(에우 프라테인)라고 썼는데, 에피쿠로스는 "건승을 빌며"(에우 디아게인)라고 쓰고, 또 클레온은 "편안하시온지"(카일레인)라고 쓰고 있다. 그리고 이 〈편지모음〉에 들어 있는 것은 아리스토도로스 앞으로 1통, 아르키타스 앞으로 2통, 디오니시오스(2세) 앞으로 4통, 헤르미아스 및 에라스토스와 코리스코스 앞으로 1통, 레오다마스*37 앞으로 1통, 디온 앞으로 1통, 페르디카스 앞 1통, 디온의 친척 앞으로 2통이다.

트라실로스는 플라톤의 저서를 위와 같이 분류했는데, 이렇게 분류하는 사람들은 그 밖에도 더 있다. 그러나 어떤 이들은—그중에는 문헌학자 아리스토파네스*38도 포함되어 있는데—플라톤의 대화편 각 3부작을 한 묶음으로 나누고 있다. 그들이 맨 앞에 놓고 있는 것은 〈국가〉로 시작되는 〈티마이오스〉, 〈크리티아스〉 묶음이다.

(62) 두 번째로는 〈소피스트〉, 〈정치가〉, 〈크라틸로스〉, 세 번째로는 〈법률〉, 〈미노스〉, 〈에피노미스〉, 네 번째로는 〈테아이테토스〉, 〈에우티프론〉, 〈변론〉, 다섯 번째는 〈크리톤〉, 〈파이돈〉, 〈편지모음〉이 온다. 그러나 그 밖의 것은 하나씩 순서를 정하지 않고 나열되어 있다.

또 어떤 이들은 앞에서 말했듯이 〈국가〉로 시작하고 있는데, 〈알키비아데스 (大)〉로 시작하는 사람들도 있고, 〈테아게스〉로 시작하는 사람들도 있다. 나아가 몇몇 사람들은 〈에우티프론〉부터 시작하고, 다른 사람들은 〈클레이토폰〉부터 시작한다. 또 어떤 사람들은 〈티마이오스〉부터, 어떤 사람들은 〈파이드로스〉, 또 다른 사람들은 〈테아이테토스〉부터 시작하는데, 그러나 많은 사람들은 〈변론〉을 맨 앞에 둔다.

또 대화편 가운데 모두가 위작으로 보는 것은 〈미돈〉 또는 〈히포트로포스 (마구간지기)〉, 〈에릭시아스〉, 또는 〈에라시스트라토스〉, 〈알키온(물총새)〉, 〈아

---

*37 오늘날의 〈플라톤 전집〉에는 일반적으로 '라오다마스'라는 이름으로 되어 있는데, 이 사람의 이름은 24절에 나와 있다.

*38 비잔틴 출신의 유명한 문헌학자. BC 257년 무렵~BC 180년. 에라토스테네스의 뒤를 이어 알렉산드리아의 도서관장이 된다. 호메로스 이하 그리스 시인들의 교정본을 만든 사람으로 알려진다.

케팔로이〉, 〈시시포스〉, 〈악시오코스〉, 〈파이아쿠스 사람〉, 〈데모도코스〉, 〈켈리돈(제비)〉, 〈제7일(헤브도메)〉, 〈에피메니데스〉이다. 이들 가운데 〈알키온〉은 파보리누스가 〈각서〉 제5권에 쓴 바에 따르면 레온이라는 사람의 작품인 듯하다.

(63) 한편 플라톤은 자기가 하는 작업을 배움이 없는 사람들이 쉽게 이해하지 못하게 하기 위해 다양한 의미를 내포한 말을 사용했다. 즉 '지혜'(소피아)라는 말은 그것의 가장 고유한 의미로는 지성의 대상인 바, 진실로 존재하는 것에 관한 지식이라고 그는 생각하며, 이 지식은 신이나 몸으로부터 동떨어진 영혼과 관계가 있다고 주장한다. 또 그는 철학을 특별한 의미에서 '지혜'라 부르는데, 그것은 철학이 신적인 지혜의 욕구이기 때문이다. 그러나 보통의 일반적 의미로는 경험 전체도 그는 '지혜'로 본다. 예를 들면 그가 기술자를 지혜가 있는 사람이라고 말하는 경우가 그것이다.

또 그는 가리키는 바가 다른 경우에도 같은 말을 쓴다. 예를 들면 '파울로스'라는 말[39]을 그는 '하플루스(단순, 솔직)'한 사람에 대해서도 쓰고 있고, 그것은 마침 에우리피데스의 〈리크므니오스〉에서도[40] 그 말이 헤라클레스에 대해, 다음과 같이 쓰이는 경우와 같다.

> 잰 체하지 않는(파울로스), 꾸밈없는, 대업을 이룩할 역량을 지니고,
> 모든 지혜는 행동 속에 담겨 있고,
> 변설에는 능하지 않은……

(64) 그러나 플라톤은 때로는 이 '파울로스'라는 말을 나쁜 사람에 대해서도 쓰고 있으며, 때로는 작은 것에도 쓰고 있다.

다른 한편으로 지시하는 바가 같은데도 다른 말을 쓰는 경우도 자주 있다. 예를 들면 이데아를 에이도스(形相)로도, 게노스(類)로도, 파라데이그마(範型)로도, 아르케(始原), 나아가 아이티온(원인)이라고 부르기도 한다. 또한 같은 것에 대하여 반대의 표현을 쓰기도 한다. 예를 들면 감각할 수 있는 것을 '있는

---

[39] 이 말에는 ① 하찮은, 하릴없는, 비천한 등의 나쁜 의미와, ② 단순한, 거드름 피우지 않는 처럼 좋은 의미가 있다.
[40] 단편 473(나우크 엮음, 제2판).

것'(온)이라고도, 또는 '없는 것'(메 온)이라고 하기도 한다. '있는 것'이라고 하는 까닭은 그것의 생성이 있기 때문이며, '없는 것'이라 부르는 이유는 그것이 연속적으로 끊임없이 변화하기 때문이다. 또 이데아는 운동·변화하는 것도 아니고, 정지(靜止)해 있는 것도 아니라고 한다. 즉 이데아는 같은 것이면서 하나이기도 하고, 많기도 하다고 그는 말하기 때문이다. 그리고 지금까지 쓴 것을 다른 더 많은 것에 관해서도 그는 늘 그렇게 하고 있었다.

(65) 또 그의 주장을 (올바르게) 해석하려면 다음 세 가지가 필요하다. 즉 첫째, 논의되는 것의 저마다의 의미가 무엇인지를 명확히 해야 한다. 다음으로 그것들은 제각기 무엇 때문에 거론되는가, 즉 그것은 본디 의도에 따라 논의되는가, 아니면 단순한 예시로 나와 있는가, 또는 그 자신의 주장을 확립하기 위해 말한 것인가, 그도 아니면 대화 상대에게 반박하려고 말한 것인지를 명확히 할 것. 세 번째로는 거론된 것이 옳은지 아닌지를 뚜렷이 할 것이다.

한편, 그의 책에는 또 몇 가지 기호가 붙어 있으므로 그 기호들에 대해서도 한마디 해두기로 하겠다. 즉,

× (키, 기울어진 십자모양)는 특이한 돌려 말하기나 어구 형태, 그리고 일반적으로는 플라톤의 상용구에 대하여,

〉(디플레, 두 개의 꺾인 선)은 플라톤에게 고유한 사상이나 학설에 대하여,

(66) ※ (점이 찍힌 키)는 미사여구로 선별된 것에 대하여,

✸ (점이 세 개 찍힌 두 개의 꺾은 선)은 어떤 사람들에 의한 (텍스트의) 정정에 대하여,

÷ (점이 찍힌 가로줄)은 근거 없는 삭제에 대하여,

ꓶ·(점이 찍힌 안티시그마)는 어구의 중복사용과 이동(의 제안)에 대하여,

ϟ 또는 ⊤ (케라우니온, 번개모양)은 철학 학파에 대하여,

✻ (별 모양)은 사상 일치에 대하여,

―(가로줄)은 미심쩍은 곳에 대하여,

붙였다고 해설되어 있다.

기호는 위와 같고 그만한 수의 기호가 있는데, 칼리스토스의 안티고노스가

그의 저서 〈제논론〉에 쓴 바에 따르면 이러한 기호가 달린 책이 새로이 공간 되었을 때, 이를 자세히 알고 싶은 사람은 그 책의 소유자에게 사례금을 냈다 고 한다.

(67) 한편, 그의 학설은 다음과 같다.[*41] 즉 영혼은 죽지 않으며, 많은 몸을 (옷처럼) 차례로 바꿔 입는 것이라고 그는 말했다. 또 영혼의 시초는 수적인 것 이지만, 몸의 시초는 기하학적이라고. 그는 또 영혼을 규정하기를 모든 방향으 로 확산한 숨결(프네우마)의 형상(形相)이라고 했다. 나아가 영혼은 스스로 움 직이며, 세 부분을 지닌다고 했다. 곧 영혼의 이성적 부분은 머리 근처에 위치 하고, 기개적(氣槪的) 부분은 심장 근처에, 그리고 욕망적 부분은 배꼽과 간 어 귀에 위치한다고 했다.

(68) 또 (우주의) 영혼은 (우주의 몸의) 중심으로부터 그 전체를 관통하여 (우 주의) 몸을 빙 두르고 있으며, 더구나 그것은 몇 가지 요소로 구성된다고 했다. 또 그것은 조화를 지니는 간격(音程)에 따라 분할되면서 (2개의 점으로) 서로 접합한 2개의 원을 이룬다고 했다. 그중 안쪽의 원은 6군데로 분할되어 있어서 전체 7개의 원을 만들고 있다고. 또 이 안쪽 원은 대각선(황도대)을 따라 왼쪽 으로 움직이는데, 다른 한쪽인 (바깥쪽) 원은 변(邊, 하늘의 赤道)을 따라 오른 쪽으로 움직인다고 했다. 따라서 또한 이 (바깥쪽) 원은 하나이므로 지배권을 지니는데, 그 까닭은 다른 한쪽의 안쪽 원은 분할되어 있기 때문이라는 것이 다. 또 전자를 '같음(同)'의 원, 후자를 '다름(異)'의 원으로 보았는데, 이로써 그 가 말하려 한 것은 우주만유(恒星天)의 운동과 방황하는 것들(여러 행성)의 운 행이란 영혼의 운동이라는 것이다.

(69) 한편 위와 같이 우주의 중심으로부터 그 가장자리에 이르기까지 영혼 에 완벽하게 조화되는 방식으로 분할이 이루어져 있으므로 영혼은 존재하는 것들을 인식하며, 동시에 또한 영혼은 자기 안에 조화(음정의 비례)에 의해 정 돈된 여러 요소를 지니기에 존재하는 것들을 조화롭게 하는 것이다. 그리고 '다름'의 원이 올바르게 회전하는 경우에는 '생각'이 생겨나고, '같음'의 원이

[*41] 여기서부터 80절까지는 플라톤의 학설에 대하여 쓴 제2의 부록으로 보면 된다. 다만, 이 학설의 소개는 주로 〈티마이오스〉에서의 발췌이고, 단편적이기 때문에 이것만 읽고 이해 가 어려운 부분이 있어도 어쩔 수 없다. 또 참조한 곳을 일일이 들기는 번거로우므로 생략 했다.

올바르게 회전할 때는 '지식'이 생겨나는 것이다.

그는 또한 만물에는 두 가지 원리, 즉 신과 질료가 있음을 밝혔고, 그리고 신을 누스(지성)라고도 부르고 있다. 한편 질료는 형태가 없고, 무한정의 것인데 여기서 합성물이 생겨난다고 보고 있다. 또 질료가 전에는 무질서하게 움직였지만, 신은 무질서보다 질서가 훨씬 낫다고 여겼으므로 신에 의해 하나의 장소로 모아진 것이라고 그는 말한다.

(70) 이런 실재(질료)가 네 가지 원소, 즉 불·물·공기·흙으로 바뀌고, 이들 네 원소에서 우주 자체와 우주 안에 있는 것이 생겨나는데, 그러나 그것들 가운데서 흙만은 변하지 않는다고 그는 말한다. 그 까닭은 흙을 구성하는 형태(삼각형)가 다른 원소의 그것과는 다르기 때문이라고 생각했기 때문이다. 왜냐하면 다른 원소를 구성하는 형태는 같은 종류의 것인데—왜냐하면 이들 원소는 모두 하나의 부등변(직각)삼각형으로 이루어지기 때문이다—이에 반해 흙을 구성하는 형태는 독자적인 것(이등변직각삼각형)이기 때문이라고 그는 말한다. 즉 불의 구성요소는 각뿔(정사면체)이고, 공기의 그것은 정팔면체이며, 물의 그것은 정십이면체인데, 흙의 그것은 입방체(정육면체)이기 때문이다. 그러므로 흙은 다른 세 가지 원소로 변화하는 일은 없으며, 다른 원소 또한 흙으로 바뀌는 일은 없다.

(71) 그러나 이 원소들은 제각기 (우주 안에) 고유한 곳으로 분리되어 있지는 않다. (우주의) 회전운동이 그것의 작은 것을 결합시켜 중심을 향하여 모으면서 응축시키는 한편, 큰 것은 분해하기 때문이다. 때문에 이 원소들은 형태를 바꾸면서 그 곳도 바꾸게 된다.

또 단 하나의 태어난 우주가 있을 따름이라고 한다. 왜냐하면 그것은 신이 만든 것으로서 감각되는 것이기도 하기 때문이다.

또한 영혼을 지닌 쪽이 영혼이 없는 것보다 훌륭하기 때문에 우주는 영혼을 지닌 것(살아 있는 것)이다.

이 우주는 또한 최선의 원인(신)에 의해 만들어진 것으로 보고 있다. 그리고 우주는 무한히 있는 것이 아니라 단 하나의 것으로 만들어졌는데, 그 까닭은 신이 이 우주를 그것을 바탕으로 만든 원형(原型, 히포데이그마) 또한 단 하나의 것이었기 때문이다.

(72) 또 우주는 구(球) 모양을 이루는데, 그것은 이것을 낳은 것도 그와 같은

모양을 띠고 있기 때문이다. 왜냐하면 이 우주를 낳은 것은 다른 모든 살아 있는 것을 (자기 자신 속에) 포함하고 있는데, 이 우주는 그 살아 있는 것들 모두의 모양을 포함하기 때문이다.

또 우주(의 몸)는 매끄러워서 어떤 기관(器官, 四肢)도 그 주위에 지니고 있지 않은데, 그것은 그 기관들이 전혀 필요 없기 때문이다. 뿐만 아니라 우주는 불멸의 것으로서 존속하는데, 그것은 신이 그것의 해체를 허락하지 않기 때문이다.

생성 전체의 원인은 신이지만, 그것은 선한 것은 본디 선한 것을 만들어내기 때문이고, 그리고 그 선한 것인 신이 우주의 생성원인이기 때문이다. 왜냐하면 태어난 것 가운데서 가장 아름다운 것(우주)의 원인은, 지성의 대상이 되는 것 가운데서 가장 선한 것(신)이기 때문이다. 따라서 신은 그와 같은 성질의 것이고, 또 우주는 가장 아름다운 것이기 때문에 가장 선한 것과 닮았으므로 우주는 태어난 것 가운데 다른 어떤 것과도 닮지 않았으며, 오직 신과 닮았을 따름이라는 것이 된다.

(73) 또 우주는 불과 물, 공기와 흙으로 구성된다. 즉 우주는 눈에 보이는 것이고자 불을 성분으로 하고 있거니와, 또한 단단한 것이려고 흙을 성분으로 하며, 나아가 그것들 사이에 비례관계가 성립하기 위해 물과 공기를 성분으로 삼는다. 왜냐하면 입방체적인 여러 물체가 지니는 능력은 두 개의 (비례)항이 삽입됨으로써 전체가 하나가 되는 듯한 비례관계를 이루게 되기 때문이다. 그러나 우주는 그 원소들 모두로 구성되며 그럼으로써 완전한 것, 불멸의 것이 된다.

시간은 또한 영원을 본뜬 모양으로 태어난 것이다. 그리고 영원은 언제나 머물러 있지만, 우주의 움직임이 시간인 것이다. 왜냐하면 밤이나 낮, 달, 그 밖에 이런 모든 종류들도 시간의 부분이기 때문이다. 그러므로 우주라는 것이 없으면 시간은 존재하지 않는다. 우주가 존재하게 된 것과 동시에 시간도 생겨났기 때문이다.

(74) 또한 시간이 생겨났으므로 태양과 달, 여러 행성이 만들어진 것이다. 또 계절의 수가 누가 보아도 분명하고, 동물이 수에 관여하도록 만들기 위해 신은 태양빛을 점화했던 것이다. 또 지구의 바로 위의 궤도에는 달이 있고, 그에 이어지는 궤도에는 태양이 있으며, 그것들보다 더 위쪽의 여러 궤도에는 여러

행성이 있다. 그리고 이들 천체는 영혼을 지닌 운동과 연결되어 있으므로 모든 점에서 살아 있는(영혼을 지닌) 것이다. 한편 지성의 대상인 살아 있는 것(모델)과 비슷한 것으로서 생겨난 이 우주가 완전한 것이 되기 위하여 (천체 이외의) 그 밖의 생물도 만들어졌다. 즉 이런 것(모델로서의 지성 대상인 생물)은 다른 생물도 지니고 있었기에 이 우주도 그 생물들을 지닐 수밖에 없었던 것이다. 그런 까닭에 우주는 대부분 불로 이루어진 신들(별들)을 지니고 있는데, 생물에는 달리 3개의 종족, 즉 날개를 지닌 것과 물속에 사는 것, 땅 위를 걷는 것이 있는 것이다.

(75) 그런데 대지(지구)는 우주(하늘)에 존재하는 신들(여러 천체) 가운데 가장 연장자이고, 그것은 밤과 낮을 만들기 위한 것으로서 생겨났다. 그리고 그 것은 (우주의) 중심에서 그 중심을 돌며 운동하는 것이다.

또한 원인은 두 가지가 있으므로 어떤 것은 누스(지성)에 의해 존재하고, 어떤 것은 필연적인 원인에 의해 존재한다고 말해야 한다고 플라톤은 주장한다. 그리고 공기·불·흙·물은 후자인 필연적 원인에 의해 존재하는 것이라고. 다만 이것들은 엄밀한 의미에선 원소(스토이케이온)가 아니라 사물을 받아들일 수 있는 것(수용자, 데크티콘)이다. 즉 이것들은 삼각형이 합성됨으로써 생겨났으며, 거기서 다시 본디의 삼각형으로 분해된다. 그리고 그것들의 구성요소가 되는 삼각형이란 부등변(직각)삼각형과 이등변(직각)삼각형인 것이다.

(76) 한편, 원리나 원인은 위에서 말한 두 가지(누스와 필연)인데 신과 질료(質料, 場)가 그것의 전형(典型)이다. 이 질료는 다른 수용자들의 경우도 그렇듯이 모양이 없는 것이어야 한다. 그리고 이 수용자들의 원인은 필연적인 것이다. 왜냐하면 질료는 어떤 방식으로 이데아를 받아들여서 실체(개개의 존재)를 낳는데, 그것의 힘은 (전체에 걸쳐서) 일정하지 않기 때문에 변동하고, 그리고 일단 변동하고 나면 그것에서 생겨난 것들을 거꾸로 움직이게 하기 때문이다. 그런데 이렇게 생겨난 것들은 처음엔 이성이 없는 무질서한 방법으로 움직였지만, 그러나 그것들이 우주질서(코스모스)를 이루기 시작한 뒤로는 사정이 허락하는 한, 신에 의해 균형을 이룬 정연한 것이 되었다.

(77) 왜냐하면 우주형성 이전에도 두 가지 원인(누스=모델과 질료=장)과 세 번째의 것으로 생성물(불·공기·물·흙)이 있었는데, 이 생성물들은 희미하게 그 흔적이 있을 뿐, 질서가 없었기 때문이다. 그러나 (질서체로서의) 우주가 생겨

나자 이것들도 질서를 지니게 되었다. 그리고 현존하는 모든 물체로부터 우주(만유)가 생겨난 것이다.

한편, 플라톤은 신은 영혼도 그렇듯이 비물체적인 것이라고 생각한다. 왜냐하면 신이 소멸이나 정태(情態) 변화를 가장 받아들이지 않는 것은 신이 그런 성격을 지녔기 때문이다.

또한 앞에서도 말한 것처럼 (12절 이하) 이데아는 자연에 의해 존재하는 것들이 현재 있는 것과 같은 그런 것의 어떤 원인이나 원리라고 그는 상정(想定)하는 것이다.

(78) 그는 선과 악을 다음과 같이 말한다.—(인생의) 궁극 목적은 신을 온전히 닮는 것이다. 또 덕은 그 자체만으로도 행복해지기에 충분한 것인데, 그럼에도 신체적인 이점, 즉 강장·건강·감각의 예민성, 그 밖에 이와 비슷한 것을 도구(수단)로 하여 더 필요로 하며, 나아가 부와 출신의 우수성, 명성 같은 외적인 선도 아울러서 필요하다고 보았다. 다만 현자는 비록 그런 것들이 없다해도 행복해질 것이다. 또 현자는 정치에 참여할 테고, 결혼도 할 것이며, 정해진 법률에 어긋나는 일도 없을 것이다. 또 사정이 허락하는 한 자기 나라를 위해 입법을 하겠지만, 그럴 때 민중이 극도의 타락상태에 있어서 입법의 전망이 전혀 없음을 보았을 경우에는 별개라고 생각했다.

(79) 그는 또한 신들은 인간의 일을 감시하며, 다이몬이 존재한다고 생각했다. 또 아름다움(뛰어남)이란 상과 칭찬을 받는 것, 이성적인 것, 유익한 것, 어울리는 것, 조화로운 것과 연결된 관념임을 최초로 명확히 한 것도 플라톤이다. 즉 이런 것들은 모두 자연을 좇으며, 자연과 일치하는 것과 연결되어 있다고 본 것이다. 그는 또한 이름의 올바름도 거론했는데, 이로써 그는 문답을 뜻대로 이용해 올바르게 문답하는 지식(기술)을 처음으로 확립했다. 나아가 그는 여러 대화편을 통하여 정의는 신의 법이라고 해석했는데, 그것은 사람들에게 올바른 일을 하도록 권장하는 데 좀 더 유효하다고 믿었기 때문이다. 그로써 사람들이 사후에도 악인으로서 벌 받는 일이 없게 하기 위해서였다.

(80) 그러므로 그는 저서에 신화적인 설명을 넣었던 것인데, 때문에 어떤 사람들은 그가 조금 신화에 기울어졌다고 받아들이기도 했다. 그러나 신화의 삽입은 사후의 일은 이러하다는 것이 분명치 않음을 이용해 사람들을 부정(不正)으로부터 멀리 떼어놓을 의도에서였다.

—그의 학설은 지금까지 쓴 바와 같다.

　한편 아리스토텔레스의 말에 따르면,[42] 플라톤은 또한 다음과 같은 방법으로 온갖 사물을 나누었다. 즉 선한 것에는 영혼 속에 있는 것과, 몸 안에 있는 것, 외적인 선함이 있다. 예를 들면 정의·사려·용기·절제, 그 밖에 이런 종류의 것은 영혼 안에 있는 선한 것이며, 아름다움·좋은 기분·건강·강함은 몸 안에 있는 선이다. 그리고 벗·조국의 번영·부는 외적인 것 안에 있는 선함이다.

　(81) 따라서 선한 것에는 세 종류가 있게 된다. 즉 영혼 속에 있는 것과, 몸 안에 있는 것, 그리고 외적인 것이다.

　또한 사랑에도 세 가지가 있다. 즉 하나는 자연본성적인 것이고, 다음은 무리나 또래끼리의 그것이며, 다른 하나는 낯선 사람에 대한 것이다. 자연본성적인 것이라고 우리가 말하는 것은 부모가 자식에게, 또 피붙이가 서로에게 갖는 애정을 말한다. 그리고 이런 종류의 애정은 인간 이외에 동물들도 지닌다. 한편 무리나 또래끼리라고 칭한 것은 교제에서 생겨나며, 태생과는 아무런 관계가 없다. 예를 들면 필라데스가 오레스테스에게 품었던 그런 우애를 말한다. 또한 낯선 사람에 대한 사랑이란 소개를 받거나 편지를 주고받음으로써 모르는 사람과의 사이에 생겨난 친애를 말한다. 따라서 사랑은 자연본성적인 것과, 무리나 또래끼리의 것, 낯선 사람에 대한 것이 있는데, 어떤 사람들은 여기에 네 번째의 것으로 연정에 따른 것을 추가한다.

　(82) 국가체제에는 다섯 종류가 있다. 하나는 민주제적인 것, 다음은 귀족제적인 것, 세 번째는 과두제적인 것, 네 번째는 왕제적인 것, 다섯 번째는 참주(독재)제 성격의 것이다. 민주제적이란 그 국가에선 대중이 권력을 쥐고 있어서 공직자나 법률을 자기들 손으로 직접 뽑는 국가체제를 말한다. 또한 귀족제(최우수자 지배제)란 부자나 가난한 사람, 평판이 높은 사람들이 지배하는 것이 아니라 가장 뛰어난 사람들이 국가의 선두에 서서 이끄는 국가체제이다. 또한 재산의 많고 적음을 바탕으로 관리가 선출되는 경우는 과두제(소수자 지배제)

---

[42] 단편 114(로제 엮음, 제3판) 참조. 이하의 기록은 아리스토텔레스의 〈분류집〉 안에 있었던 것으로 짐작되는데, 아마도 후세의 위서(僞書)로서 학문 초보자의 훈련용으로 편찬된 듯하다. 또 여기부터 마지막 109절까지는 제3의 부록으로 보아도 무방하다.

이다. 왜냐하면 부자는 가난한 사람보다 수가 적기 때문이다. 또한 왕제에는 법(관습)에 따른 것과 출생에 따른(세습적인) 것이 있다. 즉, 칼케돈(카르타고)의 왕제는 법에 따른 것이다. 왜냐하면 그 왕권은 돈으로 살 수 있는 것(그런 의미에서 관습에 의한 것)이기 때문이다.

(83) 이와 달리 라케다이몬과 마케도니아의 왕제는 출신에 따른 것이다. 왜냐하면 그 나라 사람들은 특정 가문의 사람을 왕위에 앉히기 때문이다. 또한 참주(독재)제란 기만과 폭력에 의해 시민들이 한 사람에게 지배당하는 국가체제이다. 따라서 국가체제에는 민주제·귀족제·과두제·왕제·참주(독재)제가 있는 것이다.

정의에는 세 종류가 있다. 곧 하나는 신들에 관한 것, 다음은 인간들에 관한 것, 다른 하나는 죽은 사람들에 관한 것이다. 즉 법(관습)에 따라 제물을 바친다든지 신전을 돌보는 사람들은 확실히 신들에게 공경스런 행위를 하는 것이며, 빌린 것이나 맡아둔 것을 돌려주는 사람들은 인간들에게 올바른 행위를 하는 것이다. 나아가 무덤을 돌보는 사람들은 죽은 사람에게 올바른 행동을 하는 것이다. 따라서 정의에는 신들에 대한 것과, 인간들에 대한 것, 죽은 이들에 대한 것이 있다.

(84) 지식(학문·기술)에는 세 종류가 있다. 하나는 실천적인 것, 제작적인 것, 다른 하나는 이론적인 것이다. 그리고 건축술이나 조선술은 제작적인 것이다. 왜냐하면 그 기술들로 이루어진 것은 눈에 보이지는 않지만,*43 뭔가를 수행하고 있기 때문이다. 즉, 어떤 사람은 피리를 불거나 키타라를 뜯고, 또 어떤 사람은 정치활동을 하기 때문이다. 나아가 기하학이나 음계이론, 천문학은 이론적이다. 왜냐하면 이 학술들은 행위와도, 제작과도 관계는 없지만, 기하학자는 선분이 서로 어떤 관계에 있는지를 고찰하고, 음계 연구자는 각종 음을, 천문학자는 별들과 우주를 연구하기 때문이다. 따라서 지식에는 이론적인 것과, 실천적인 것, 제작적인 것이 있다.

(85) 의술에는 다섯 종류가 있다. 하나는 약물요법적인 것, 두 번째는 외과수술적인 것, 세 번째는 섭생적인 것, 네 번째는 병상진단적인 것, 다섯 번째는 구급적인 것이다. 약물요법적인 것은 약으로 병을 낫게 하고, 외과적인 것은 째

---

*43 이 텍스트에는 문제가 있지만 일단 이렇게 읽어두겠다.

거나 태우거나 하여 건강을 회복시키는 것이다. 또한 섭생적인 것은 섭생을 시킴으로써 병을 몰아내고, 병상진단적인 것은 병(의 원인)을 앎으로써 이를 고치고, 구급적인 것은 응급처치로 괴로움을 없애는 것이다. 따라서 의술에는 약물을 쓰는 것, 외과수술적인 것, 섭생적인 것, 구급적인 것, 병상진단적인 것이 있다.

(86) 법(률)에는 두 가지 구분이 있다. 하나는 글로 쓰인 (성문의) 법이고, 다른 하나는 쓸 수 없는 (불문의) 법이다. 우리가 국가 안에서 그것에 따라서 시민생활을 영위하는 것은 성문법이며, 관습으로 생겨난 것은 불문법이라 불린다. 예컨대 알몸으로 광장으로 뛰쳐나가면 안 된다든지, 남자가 여자 옷을 입으면 안 된다거나 하는 것이 그것이다. 왜냐하면 이런 것들을 금지하는 법률은 없지만, 그럼에도 불문법으로 금지되어 있기에 우리는 그런 행동을 하지 않기 때문이다.

언론(변론·연설)은 다섯 가지로 분류된다. 그 하나는 정치활동을 하는 사람들이 민회에서 하는 것으로서 이것은 정치적 언론이라 불린다.

(87) 언론의 구분 가운데 두 번째의 것은 변론가들이 자기의 기량을 보이려고 쓰거나, 또는*44 칭찬이나 비난, 고발을 위해 제시하는 것으로 이런 종류의 것은 변론가적인 언론이다. 언론의 세 번째 구분은 일반인들이 서로 이야기를 나누는 것이고, 따라서 이런 형태는 개인적 언론이라 불린다. 언론의 네 번째 구분은 짧게 질문하거나, 또는 그 질문자에게 짧게 대답하는 사람들이 서로 문답하는 것으로서 이런 종류의 언론은 문답법적인 언론이라고 한다. 다섯 번째는 기술자가 자기들의 기술에 관하여 서로 이야기를 나누는 것이다. 따라서 이것은 기술자적인 언론이라고 한다. 때문에 언론에는 정치적인 것, 변론가적인 것, 개인적인 것, 문답법적인 것, 기술자적인 것이 있다.

(88) 음악은 셋으로 나뉜다. 즉 하나는 입만 사용하는 것으로서 예컨대 노래가 그것이다. 두 번째는 입과 손을 쓰는 것인데 예를 들면 키타라를 뜯으면서 노래하는 것이 그것이다. 세 번째는 손만 사용하는 것으로서 키타라 연주가 그것이다. 따라서 음악에는 입만 사용하는 것과, 입과 손 양쪽을 다 쓰는 것, 그리고 손만 쓰는 것이 있다.

---

*44 문맥의 추이에 따라 '또한'이라는 말을 보충하여 읽겠다.

출신의 우수성은 네 종류로 나뉜다. 하나는 조상이 훌륭하고 뛰어난 인물로서 올바른 사람이었을 때, 이들 선조에게서 태어난 사람들을 출신이 훌륭한 자라고 한다. 다음은 조상이 권력자이거나 지배자였을 경우에 그들의 자손은 출신이 훌륭한 자라 불린다. 그 다음은 조상이 예컨대 장군직에 있었거나, 경기에서 영예의 관을 획득함으로써 유명인사였던 경우이다. 왜냐하면 이런 사람들의 자손도 훌륭한 출신의 사람이라고 우리는 부르기 때문이다.

(89) 다른 한 종류는 그 사람 자신의 정신이 기품이 있고, 도량이 큰 경우인데 이런 사람도 출신이 좋다고 말한다. 그리고 출신의 우수성 가운데선 이것이 으뜸이다. 따라서 출신의 우수성에는 조상이 훌륭한 사람인 경우, 권력자인 경우, 유명인인 경우, 본인 자신이 뛰어난 사람인 경우가 있다.

아름다움(뛰어남)은 셋으로 나뉜다. 즉 하나는 상찬을 받아 마땅한 것으로서 예를 들면 눈으로 보아 모양이 좋은 것을 말한다. 다른 하나는 도움이 되는 것으로서 가구라든가 집 같은 것을 사용해 보아서 썩 훌륭한 경우이다. 다른 한 가지는 법률습관과 인생의 갖가지 영위, 기타 그런 것들과의 관계에서 아름다운 것으로서 이들은 유익하다는 점에서 아름답다. 따라서 아름다움에는 상찬에 관련된 것, 사용이란 점에서의 것, 유익한 점에서의 것이 있다.

(90) 영혼은 세 부분으로 나뉜다. 그 하나의 부분은 이성적인 것, 또한 욕망적인 것, 그리고 나머지 하나는 기개적인 것이다. 이들 가운데 이성적인 것은 아이디어·계산·사고, 그 밖에 그런 것들 모두의 원인이 된다. 또한 영혼의 욕망적 부분은 식욕이나 섹스, 그 밖에 그런 모든 것의 원인이 된다. 나아가 기개적인 부분은 용기와 쾌락과 괴로움, 분노의 원인이 된다. 따라서 영혼의 부분에는 이성적인 것과 욕망적인 것, 그리고 기개적인 것이 있다.

완전한 덕에는 네 가지의 덕이 포함된다. 사려·정의·용기·절제이다.

(91) 이들 가운데 사려는 일을 올바르게 행하는 원인이고, 정의는 공동생활이나 거래계약에서 성실하게 행하는 원인이다. 또한 용기는 위험이나 두려움 속에 있으면서 거기서 물러서지 않고 극복하게 하는 원인이고, 절제는 욕망을 이겨내고 어떤 쾌락에도 예속되지 않으면서 절제 있는 생활을 하게 하는 원인이다. 따라서 덕에는 첫째는 사려, 다음은 정의, 세 번째로 용기, 네 번째로 절제가 있다.

지배는 다섯 가지로 나뉜다. 하나는 법에 의한 것, 다음은 자연에 의한 것,

그 다음은 관습에 의한 것, 네 번째는 태생에 의한 것, 다섯 번째는 힘에 의한 것이다.

(92) 한편, 국가 안에서 지배하는 사람들(공직자)이 시민들에 의해 선출되는 경우에는 법에 따라서 지배하는 것이다. 또한 자연에 의해 지배하고 있는 것은 남성이다. 그것은 단순히 인간세계에서만이 아니라 다른 동물들 세계에서도 그러하다. 왜냐하면 대개 어느 곳에서건 남성이 여성을 지배하기 때문이다. 또한 관습에 따른 지배란 양육담당이 어린이를 지배한다든지, 교사가 학생을 지배하는 것을 말한다. 또한 태생에 의한 지배라 함은 라케다이몬의 왕들이 했던 것과 같은 그런 지배이다. 왜냐하면 그 나라의 왕의 지위는 특정 가문의 사람으로 한정되기 때문이다. 그리고 마케도니아에서도 이와 똑같은 방식으로 지배가 이루어지고 있다. 왜냐하면 그곳에서도 왕의 지위는 가문으로서 정해지기 때문이다. 이와 달리 폭력이나 기만에 의해 지배하는 사람들은 시민들의 뜻을 거스르고 지배하는 것이며, 이런 지배는 힘에 따른 것이라고 할 수 있다. 따라서 지배에는 법에 의한 것, 자연에 의한 것, 관습에 의한 것, 출신에 의한 것, 힘에 의한 것이 있다.

(93) 변론의 종류는 여섯 가지가 있다. 즉 변론가들이 어떤 나라에 대하여 전쟁을 걸거나 또는 동맹을 맺도록 권고하는 경우에는 이런 종류의 변론은 권고적인 것이라 불린다. 그러나 전쟁을 걸거나, 동맹을 맺는 일도 없이 평화를 유지하도록 주장할 때는, 그런 종류의 변론은 간언적(諫言的)인 것이다. 변론의 세 번째 것은 어떤 사람이 아무개에게서 옳지 못한 일을 당했다고 제기하고, 그 사람이 수많은 악행의 장본인임을 밝히려는 경우의 것으로서 이런 종류의 변론은 고발이라고 한다. 변론의 네 번째 것은 어떤 사람이 자기는 아무런 옳지 못한 일을 저지르지 않았으며, 그 밖에도 아무런 비정상적 행위는 하지 않았음을 밝히려는 경우로서 이런 종류의 변론은 변명이라고 한다.

(94) 변론의 다섯 번째 종류는 어떤 사람에 대해 좋게 이야기하고, 그 사람은 훌륭하고 뛰어난 사람임을 밝히려는 경우로서 이런 종류의 것은 상찬(賞讚)이라고 한다. 여섯 번째는 어떤 사람이 하찮은 자임을 드러내려는 경우로서 이런 종류의 것은 비난이라 한다. 따라서 변론에는 상찬·비난·권고·간언·고발·변명의 여섯 종류가 있다.

바르게 말하는 방법은 네 가지로 나눌 수 있다. 할 말을 하는 것이 그 첫째요, 할 말만 하는 것이 두 번째이다. 세 번째는 말을 듣기에 마땅한 사람에게 이야기하는 것이고, 네 번째는 말해야 할 시기에 이야기하는 것이다. 그런데 할 말을 하는 것은 말을 하는 사람에게나, 듣는 사람에게 모두 이로운 말을 하는 것이고, 또한 할 말만 하는 것은 충분 이상도 아니지만, 충분 이하도 아니게 말하는 것이다.

(95) 또한 말을 듣기에 마땅한 사람에게 이야기하는 것은 연장자를 상대로 말하는 경우에는 그에 걸맞은 말을 해야 한다는 것이고, 또한 연소자를 상대로 할 때는 연소자에게 어울리는 말을 해야 한다는 것이다. 또한 말을 해야 할 시기에 말하는 것은 지나치게 이르지도 않고, 늦지도 않게 말하는 것을 이른다. 그렇지 않으면 과녁을 벗어남으로써 이야기가 제대로 되지 않게 될 것이다.

선행(남에게 잘해주는 것)은 넷으로 나뉜다. 즉 금전에 의하거나, 몸을 쓰거나, 지식에 의하거나, 말로써 하는 것이다. 금전에 의한다는 것은 곤궁에 처한 사람에게 셈을 잘 치르도록 도와주는 경우이다. 또한 몸을 사용하여 상대에게 잘해준다는 것은 맞는 사람의 곁에 가서 도와주는 경우를 이른다.

(96) 또한 교육이나 치료, 뭔가 바람직한 것을 가르치는 사람들, 이런 사람들이 지식으로써 선행을 베푸는 것이다. 이와 달리 남을 위해 변호인으로서 법정에 나가 그 사람을 위해 적절한 변론을 하는 경우는, 그런 사람은 언론으로 선행을 하는 것이다. 따라서 선행에는 금전에 따른 것과 몸을 이용하는 것, 그리고 지식을 이용하는 것, 마지막으로 언론을 이용하는 것이 있다.

일의 결말(마무리, 완성)은 네 가지로 나뉜다. 하나는 법률에 의한 것은 결말을 얻으며, 그것은 민회의 결의가 이루어져 법률이 그것을 확인하는 경우이다. 또한 자연으로써 사물은 결말에 이르는데, 예컨대 하루라든가 1년, 사계 같은 것이 그러하다. 또한 기술로도 일은 완성되는데 그것은 건축술에 의한 경우가 그러하다. 왜냐하면 그 기술로 사람은 집을 완성하기 때문이다. 그리고 조선술의 경우도 그러하다. 그 기술로 배가 완성되기 때문이다.

(97) 또한 우연에 의해서도 일의 결말이 오는데, 그것은 사람이 생각한 대로가 아니라 그와는 다른 결과가 되는 경우이다. 따라서 일의 결말에는 법에 따른 것, 자연에 따른 것, 기술에 따른 것, 우연에 따른 것이 있다.

능력(가능)은 네 종류로 나뉜다. 하나는 우리가 지성으로 할 수 있는 것, 즉 계산하거나 추측하는 것이다. 다른 하나는 몸으로 할 수 있는 것, 즉 걷거나 뭔가를 주고받거나, 그 밖의 것들이다. 세 번째는 많은 병사들이나 많은 액수의 금전으로 우리가 할 수 있는 것인데, 그로써 왕은 막강한 능력(기능)을 지녔다고 말한다. 능력의 네 번째 분류는 좋은 상태나 나쁜 상태에 처하는 것, 또는 그런 상태로 하는 것이다. 예컨대 병에 걸린다든지, 교육을 받거나, 건강해지거나, 그 밖에 그런 것들 모두가 우리에게 가능한 것이다. 따라서 능력에는 지성 속에 있는 것, 몸 안에 있는 것, 군대나 금전 속에 있는 것, 능동작용이나 수동작용 속에 있는 것이 있다.

(98) 인간애에는 세 종류가 있다. 하나는 인사를 통해 생겨나는 것인데, 예를 들면 어떤 사람들이 만나면 누구에게나 말을 걸고, 오른손을 내밀어서 안부를 묻는 경우에 볼 수 있다. 다른 종류는 불운한 상태에 있는 사람이면 어느 누구에게나 도움의 손길을 내미는 사람인 경우에 볼 수 있는 것이다. 인간애의 다른 한 가지는 어떤 사람들이 다른 사람을 식사에 초대하기를 즐기는 사람인 경우에 볼 수 있다. 따라서 인간애에는 인사를 함으로써 나타내지는 것과, 남에게 친절을 베풂으로써, 또 음식을 대접하거나 사교를 즐기는 데 따른 것이 있다.

행복은 다섯 가지 요소로 나뉜다. 하나는 뛰어난 분별력이고, 다음은 건전한 감각과 몸의 건강, 세 번째는 수행하는 일이 순조롭게 이루어질 때, 네 번째는 사람들 사이에서 평판이 좋은 것, 다섯 번째는 돈이나 생활자재에 불편이 없이 부유한 것이다.

(99) 한편, 뛰어난 분별력은 교양과 풍부한 경험에서 생겨난다. 또한 감각의 건전성은 몸의 여러 기관에 의존해 있어서 예를 들어 사람이 마땅히 감각해야 할 것을 눈으로는 보고, 귀로는 들으며, 코와 입으로는 감지한다면 그것이 감각의 건전성이다. 또한 일이 순조롭게 이루어진다 함은 목표를 향하여 뛰어난 사람이면 마땅히 할 일을 올바른 방법으로 하는 경우를 이른다. 또한 좋은 평판이란 사람들에게서 자주 듣는 경우에 생겨난다. 나아가 부유하다는 것은 벗들에게 잘 대해줄 뿐만 아니라 공공봉사도 기껍고 기꺼이 할 수 있을 만큼 생활자재가 풍부한 경우를 말한다. 그리고 이제까지 든 것 모두를 갖춘 사람이라면 그 사람이야말로 완전히 행복한 사람이다. 따라서 행복의 요소는 뛰어난 분별력, 건전한 감각과 몸의 건강, 일이 순조롭게 흘러가는 것, 좋은 평판, 부유함이다.

(100) 기술은 셋으로 분류된다. 1차적인 것과 2차적인 것, 3차적인 것이 있다. 1차적인 것이란 광산채굴이나 목재벌채의 기술이다. 이런 것들은 재료를 제공하는 기술이기 때문이다. 대장장이나 목수의 기술은 2차적인 것으로서 가공적인 기술이다. 왜냐하면 대장장이 기술은 철로 무기를 만들고, 목수의 기술은 목재로 피리나 비파를 만들기 때문이다. 3차적인 기술은 사용하는 기술로서, 예를 들면 마술(馬術)은 마구를, 전쟁기술은 무기를, 음악기술은 피리나 비파를 사용하는 것이다. 따라서 기술에는 세 가지가 있는데 어떤 것은 1차적이고, 어떤 것은 2차적, 또 어떤 것은 3차적이다.

(101) 선한 것은 네 가지로 나뉜다. 하나는 덕을 갖춘 사람으로서, 그 사람을 우리는 개인으로서 선하다고 말한다. 다음은 덕 자체, 또는 정의로서 우리는 이를 선한 것이라고 한다. 세 번째로 선한 것은 음식물이나 적당한 운동, 약물의 종류이다. 마지막으로 우리가 선하다고 하는 것은 예컨대 피리 부는 기술이라든가 연기하는 재주, 창작의 재주를 선하다고 우리는 말한다.

(102) 존재하는 것 가운데 어떤 것은 악하고, 어떤 것은 선하며, 또 어떤 것은 그 어느 쪽도 아니다. 그것들 가운데서 우리가 악하다고 하는 것은 늘 해를 끼칠 수 있는 것인데, 예를 들면 잘못된 판단, 사려 없음, 부정 및 그런 것들이 악한 것이다. 그러나 이런 것들에 반대되는 것은 선한 것이다. 또 때로는 이익을 가져오지만, 때로는 해를 끼칠 수 있는 것—예컨대 산책이나 앉는 것, 먹는 것이 그러하다—또는 이익도, 해도 전혀 끼치지 않는 것, 그런 것은 실제로 선하지도 않지만 악하지도 않다. 따라서 존재하는 것에는 선한 것, 악한 것, 그 어느 쪽도 아닌 것이 있다.

(103) 국가에서 바람직한 질서는 세 가지로 나뉜다. 하나는 법률이 훌륭하다면 바람직한 질서가 있다고 우리는 말한다. 두 번째로 시민들이 정해진 법률을 잘 지킨다면 이 또한 질서가 있다고 말한다. 세 번째로 법률이 존재하지 않더라도 습관이나 제도에 따라 사람들이 시민생활을 훌륭하게 해내고 있다면 이 또한 바람직한 질서라고 우리는 말한다. 따라서 바람직한 질서는 첫째, 훌륭한 법률이 존재해야 하고, 두 번째로 사람들이 현존하는 법률을 잘 지키는 경우이며, 세 번째는 훌륭한 관습과 제도를 따라 사람들이 시민생활을 영위하는 경우이다.

무법상태(무질서)는 셋으로 나뉜다. 하나는 법률이 시민에게나, 다른 나라 사람에게도 나쁜 경우이다.

(104) 다른 하나는 사람들이 현행 법률을 따르지 않는 경우이다. 또는 어떤 법률도 전혀 존재하지 않는 경우이다. 따라서 무법상태(무질서)의 하나는 법률이 나쁘다는 것이고, 다른 하나는 사람들이 현재의 법률을 따르지 않는 것이며, 세 번째는 어떤 법률도 존재하지 않는 경우를 말한다.

반대의 것은 세 가지로 나뉜다. 하나는, 예를 들어 선한 것은 악한 것과 반대라고 우리는 말한다. 정의는 부정의 반대, 사려는 무사려의 반대라고 말하듯이. 그러나 (두 번째로) 나쁜 것은 나쁜 것의 반대이다. 예컨대 방만은 인색과 반대되고, 부당하게 고문당하는 것은 정당하게 고문당하는 것과 반대인 것처럼. 그리고 이런 종류의 나쁜 것은 나쁜 것과 반대된다. 나아가(세 번째) 무거움은 가벼움과, 빠름은 느림과, 검은 것은 흰 것과 반대이지만, 이런 것들은 선악의 어느 쪽도 아닌 것이 또한 어느 쪽도 아닌 것과 반대인 경우의 예이다.

(105) 따라서 반대인 것 가운데는 선한 것이 악한 것과 반대인 경우와, 나쁜 것인 나쁜 것과 반대인 경우, 그리고 선악의 어느 쪽도 아닌 것이 어느 쪽도 아닌 것과 반대인 경우가 있다.

선한 것에는 (선의 분류와는 다른 기준에 따른) 세 가지가 있다. 즉 그중의 어떤 것은 소유될 수 있으며, 어떤 것은 관여(나눠 갖기)할 수 있는 것이고, 또 어떤 것은 다만 스스로 존재하기만 한다. 소유될 수 있는 것이란 그것을 자기 소유로 삼을 수 있는 한의 모든 것을 말하는데, 예를 들면 정의나 건강이 그러하다. 또한 관여할 수 있는 것이란 자기 소유로 삼지는 못하지만 관여할 수는 있는 모든 것을 말한다. 예를 들면 선 자체는 자기 소유로 삼을 수는 없지만 관여할 수는 있다. 이와 달리 스스로 존재할 뿐인 것이란 이에 관여할 수도, 이를 자기 소유로 삼을 수도 없지만 존재하지 않으면 안 되는 것이다. 예를 들면 훌륭함·올바름·선함 같은 경우이다. 그러므로 이런 것들은 자기 것으로 삼을 수도, 관여할 수도 없지만 그러나 존재하기는 해야 한다. 따라서 선한 것 가운데 어떤 것은 소유될 수 있는 것, 어떤 것은 관여할 수 있는 것, 어떤 것은 스스로 존재하기만 하는 것이다.

(106) 충고는 셋으로 나뉜다. 하나는 충고의 이유가 과거로부터 얻어지는 것, 하나는 미래로부터 얻어지는 것, 다른 하나는 현재에서 얻어지는 것이다. 과거로부터 얻어지는 것이란 '사례'로서, 예컨대 라케다이몬 사람들은 남을 믿은

탓에 어떤 일을 겪었는가와 같은 것이다. 또 현재로부터 얻어지는 것이란 예를 들면, 성벽이 약하다든지, 사람들이 겁쟁이라든지, 식량이 부족하다는 등을 밝혀주는 것이다. 또한 미래로부터 얻어지는 것이란 예를 들면, 그리스의 명성을 더럽히지 않도록 시기와 의심에서 외교사절에게 부정을 가해선 안 된다고 충고하는 것이다. 따라서 충고에는 그 이유가 과거로부터 얻어지는 것과, 현재에서 얻어지는 것, 미래로부터 얻을 수 있는 것이 있다.

(107) 소리(목소리)는 둘로 나뉜다. 하나는 영혼(생명)을 지닌 것이고, 다른 하나는 영혼(생명)이 없는 것이다. 즉 동물의 소리는 영혼을 지닌 것이지만, 악기 소리나 울림은 영혼이 없다. 그리고 영혼을 지닌 목소리 가운데 어떤 것은 말이 되지만, 어떤 것은 그렇지 않다. 즉 인간의 목소리는 말이 되는 것이고, 동물의 소리는 말이 되지 않는다. 따라서 음성에는 영혼(생명)을 지닌 것과, 영혼이 없는 것이 있다.

존재하는 모든 것 가운데 어떤 것은 나눌 수 있고, 어떤 것은 불가분의 것이다. 그리고 이들 분할이 가능한 것 가운데 어떤 것은 똑같은 부분을 지니고, 어떤 것은 똑같지 않은 부분을 지닌다. 한편 불가분한 것(부분을 지니지 않는 것)이란 분할되지 않거니와 어떤 요소로 구성되지 않은 것이다. 예를 들면 단위나 점, 악기 소리 같은 것이 그러하다. 또한 나눌 수 있는 것이란 어떤 요소로 구성된 것으로서 예를 들면 철자나 음의 조화·생물·물·황금 등이 그러하다.

(108) 또 똑같은 부분으로 구성되어 있어서 전체와 부분이 양 이외에는 전혀 다른 점이 없는 것은 모두 동질부분적인 것이다. 예컨대 물이나 황금, 모든 가용성 물질, 그 밖에 그런 것들이 그러한 예이다. 한편, 똑같지 않은 부분으로 이루어진 것은 모두 이질부분적인 것이다. 예를 들면 집 같은 것이 그러하다. 따라서 존재하는 것 가운데 어떤 것은 분할 가능하며, 다른 어떤 것은 불가분하다. 또 분할 가능한 것 가운데 어떤 것은 동질부분적이고, 다른 것은 이질부분적이다.

나아가 존재하는 것들 가운데 어떤 것은 그것 자체만으로 독립된 것(절대적인 것)이고, 어떤 것은 뭔가와의 관계로 있는 것(상대적인 것)이다. 한편, 그 자체만으로 독립적으로 있다고 하는 것은 그것 이상으로는 어떤 덧붙임도 필요치 않는 것이다. 예를 들면 인간이나 말, 그 밖의 동물이 그와 같다. 왜냐하면 이런 것들의 어느 것도 덧붙이는 말로써 얻어지는 바가 없기 때문이다.

(109) 한편, 뭔가와 어떤 관계에 있다고 하는 것이란, 어떤 덧붙임 말을 더 필요로 하는 것이다. 예를 들면 좀 더 큰 것이라든가, 좀 더 빠른 것, 좀 더 아름다운 것이라든가 그 밖에 그런 것을 뜻한다. 왜냐하면 보다 큰 것은 보다 작은 것보다 큰 것이고, 보다 빠른 것은 어떤 것보다 빠르기 때문이다. 따라서 존재하는 것들 가운데 어떤 것은 그 자체만으로 독립해 있다고 하지만, 어떤 것은 뭔가와 어떤 관계에 있다고 하는 것이다.

그리고 아리스토텔레스에 따르면 플라톤은 첫 번째의 것도 같은 방식으로 분류했다고 한다.

한편, 플라톤이라는 이름의 사람은 이밖에도 문서학자 셀레우코스[*45]가 그의 저서 〈철학에 관하여〉 제1권에 쓴 바에 따르면, 로도스의 철학자로 파나이티오스의 제자였다고 하는 인물이 있었다. 또 페리파토스파 사람으로 아리스토텔레스의 제자에도, 그리고 프락시파네스의 제자 중에도 있었다. 나아가 고희극 작가에도 같은 이름의 인물이 있었다.

＊45 알렉산드리아 출신의 문서학자. 궁정에서 티베리우스 황제를 섬긴 적이 있지만, 그리스 시인들에 대한 주석서 외에 그리스어의 문체연구·교본비판·철학사·전기 등 여러 방면의 저서가 있다.

제 4 권

1 스페우시포스

(1) 플라톤에 대해서는 이제까지 쓴 정도가 그 사람에 대하여 기록된 것을 샅샅이 조사하여 우리가 할 수 있는 데까지 모은 것이다.

한편 플라톤의 뒤를 이은 사람은 에우리메돈의 아들로서 아테네 사람, 스페우시포스이다. 그는 밀리누스구에 속하고, 플라톤의 누나(또는 누이동생) 포토네의 아들이다. 그는 108회 올림픽 대회기(BC 348, 7~344, 3년) 초부터 8년 동안 (아카데메이아의) 학교장을 지냈다. 그는 또한 플라톤에 의해 아카데메이아에 세워진 무사 전당(무세이온) 안에 칼리스(우아함)의 여신들 조각상을 바쳤다. 또 그는 학설로는 플라톤의 그것을 충실히 따랐지만, 품성 면에선 그렇지 않았다. 왜냐하면 그는 화를 잘 냈고, 쾌락에도 약했기 때문이다. 실제로 그는 격정에 휩싸여 강아지를 우물에 빠뜨리기도 하고, 쾌락에 굴복해 카산드로스의 결혼잔치에 참석하기 위해 마케도니아에 가기도 했다고 한다.

(2) 그의 청강자 중에는 플라톤의 제자였던 두 여성, 즉 만티네이아 출신의 라스테네이아와 필리우스 출신의 악시오테아도 있었다고 한다. 그리고 디오니소스(2세)도 그 무렵에 그에게 보낸 편지에서 비웃는 어조로 이렇게 쓰고 있다. "당신의 지혜에 대해서는 당신의 제자인 아르카디아의 여성을 보아도 미루어 짐작할 수가 있습니다. 게다가 플라톤은 자기에게 공부하러 온 사람들에게 수업료를 받지 않았건만, 당신은 수업료를 부과하여 마음에 드는지의 여부와 상관없이 징수하고 있습니다."

한편, 디오도로스가 〈각서〉 제1권에 쓴 바에 따르면 스페우시포스가 처음으로 온갖 학문의 공통점에 착안하여 여러 학문을 될 수 있는 대로 상호 연관지었다는 것이다. 또 카이네우스에 따르면 이소크라테스의 이른바 깊은 뜻을 세상에 밝힌 최초의 인물도 그였다는 것이다.

(3) 또한 땔감으로 쓸 나뭇가지를 나르기 쉽게 하는 도구를 맨 처음 고안한

것도 그였다고 한다. 한편, 그는 중풍 때문에 몸이 말을 듣지 않게 되었을 때, 크세노크라테스에게 심부름꾼을 보내 자기에게 와서 학원을 인계받아 달라고 부탁했다. 또 어떤 이에 따르면 그가 작은 마차를 타고 (자기 집에서) 아카데메이아로 향할 때, 디오게네스와 마주치자 "안녕하신가?"라고 인사했다. 그러자 디오게네스는 "하지만 그런 상태로 살아가는 걸 견디고 계시니 당신에겐 안녕하신가라고 할 수는 없겠구려" 대답했다고 한다.

그래서 결국 그는 이미 나이가 들었지만, 낙담한 나머지 자기 손으로 삶을 마감했던 것이다. 이에 내가 그를 위해서 지은 에피그램이 있다.

그러나 만일 스페우시포스가 그런 죽음을 택했음을 알지 못했더라면,
어느 누구도 나로 하여금 이렇게 말하게 하지는 않았으리라.
그는 플라톤의 혈통을 이어받은 사람은 아니었다. 만일 그랬더라면,
너무나 사소한 일 때문에 낙담해 목숨을 끊는 일은 없었을 테니까.

(4) 한편 플루타르코스느 리산드로스와 슐라에 관한 전기에서, 그는 슬증(蝨症)에 걸렸다고 쓰고 있다.[1] 그래서 그의 육신 또한 망가졌음은 티모테오스가 그의 〈전기〉에서 밝힌 바와 같다. 또한 티모테오스의 말로는, 그는 못생긴 여인을 사랑하는 부자에게, "그런데 어째서 당신에겐 그런 사람이 필요한가? 10탈란톤만 내어주면 나는 훨씬 예쁜 사람을 당신에게 소개해 줄 텐데"라고 말했다고 한다. 그는 매우 많은 각서와, 그보다 더 많은 대화편을 후세에 남겼다. 그 중에는 다음과 같은 것도 있다.

키레네의 아리스티포스
부(富)에 관하여, 1권
쾌락에 관하여, 1권
정의(正義)에 관하여, 1권
철학에 관하여, 1권

---

[1] 현존하는 〈리산드로스 전기〉 및 〈술라 전기〉에는 스페우시포스에 관한 이와 같은 기록은 없다. 다만 〈술라 전기〉 36절에는 술라가 이 병으로 인해 살이 썩어 이(蝨)가 슬었으며, 그로써 죽었다는 것과, 같은 병으로 말미암아 죽은 몇몇 사람들의 이름이 나와 있다.

우애에 관하여, 1권

신들에 관하여, 1권

철학자, 1권

케팔로스에게 답한다, 1권

케팔로스, 1권

클레이노마코스 또는 리시아스, 1권

시민, 1권

영혼에 대하여, 1권

그릴로스에게 답한다, 1권

(5) 〔아리스티포스, 1권〕*2

여러 기술(技術)의 비판, 1권

회상 형식의 대화

기술(技術)에 관한 것, 1권

학문연구에서의 비슷한 점에 관한 대화, 10권

분할 및 비슷한 것에 관한 가설

여러 사례의 종(種)과 유(類)에 관하여

무명씨의 저작에 답하다

플라톤에게 바치는 글

디온·디오니소스·필리포스에게 쓰는 편지

입법에 대하여

수학자

만드로볼로스

리시아스

정의집(定義集)

각서 목록

위는 모두 합쳐 4만 3475행에 이른다.

---

*2 롱은 이 한 권을 삭제하고 있다.

또한 티모니데스*³도 그에게 디온(과 비온*⁴)의 행동을 자세히 기록한 보고서를 써 보내고 있다. 또한 파보리누스가 〈각서〉 제2권에 쓴 바에 따르면 아리스토텔레스는 스페우시포스의 글을 3탈란톤에 샀다고 한다.

스페우시포스라는 이름의 다른 인물로는, 알렉산드리아 사람으로 헤로필로스학파의 의사가 있었다.

---

*3 플루타르코스 〈디온 전기〉 (22, 31, 35절)에 따르면 이 사람은 디온의 벗으로서 디온의 시라쿠사 공략에 참가했다고 한다.

*4 디온의 시라쿠사 공략에 비온이란 인물이 참가했다는 기록은 없다. 디온을 비온과 이중으로 잘못 표기한 것일까? 밀러는 삭제하고 있다.

2 크세노크라테스

(6) 크세노크라테스는 아가테노르의 아들로서 칼케돈 사람이다. 그는 일찍부터 플라톤의 제자였다. 뿐만 아니라 플라톤과 함께 시칠리아에도 갔다. 그는 타고나기를 느리고 서툴러서 플라톤은 그를 아리스토텔레스와 견주면서 이렇게 말했다. "한쪽엔 박차가 필요한데, 다른 한쪽엔 수갑이 필요하다"고. 또 "한쪽은 말을 달리는 듯한데, 다른 쪽은 당나귀를 모는 것 같다"고도 했다. 그러나 그 밖의 점에선 크세노크라테스는 위엄 있고, 또 언제나 과묵했다. 그래서 플라톤은 그에게 "크세노크라테스여, 칼리스(우아)의 여신들에게 제물을 바치게나"라고 끊임없이 말했다.

그는 거의 대부분의 시간을 아카데메이아에서 보냈는데, 그가 아테네 시내로 나갈 때면 시내의 시끌벅적하던 사람들이나 시장에서 짐을 나르던 사람들도, 모두 그가 지나는 길을 열어주었다고 한다.

(7) 또 이런 이야기도 있다. 언젠가 플리네라는 예기(藝妓)가 그를 유혹할 마음으로 누군가에게 쫓기는 시늉을 하면서 그의 작은 집으로 도망쳐 들어왔다. 그러자 그는 친절을 베푸는 마음으로 그녀를 받아들였는데, 집에는 작은 침대가 하나 밖에 없었으므로 그 침대에 함께 눕기로 했다. 그녀는 끈질기게 졸라 댔지만 끝내 뜻을 이루지 못한 채 물러났다. 어떠했느냐고 묻는 사람들에게는 자기는 남자를 떠난 것이 아니라 조각상을 떠났다고 말했다고 한다. 그러나 어떤 사람들의 전하는 바에 따르면 그의 제자들이 (예기)라이스를 설득해 그의 곁에 눕게 했는데, 그는 꾹 참고 억제하느라 국부 주변을 수도 없이 잘리고 데이는 듯한 괴로움을 참아야만 했다고 한다.

그러나 그는 또한 매우 믿을 만한 인물이어서 선서를 하지 않고 증언하는 것은 허용되지 않는데도, 아테네 사람들은 이 사람만은 그렇게 하도록 용인했던 것이다.

(8) 나아가 그는 매우 독립적이기도 했다. 실제로 알렉산드로스(대왕)가 막대한 액수의 돈을 그에게 보냈을 때, 그는 그 가운데서 아티카 통화로 3000드라크마만 받고, 수많은 백성들을 먹여 살리는 알렉산드로스에게는 자기보다 더 많이 필요할 것이라면서 나머지는 돌려보냈던 것이다. 뿐만 아니라 밀로니아노스가 〈유사 사례집〉에서 밝혔듯이 안티파트로스가 준 돈도 그는 받지 않았다.

또 디오니소스의 궁정에서 '되 축제'*5 때 마시기 대회에서 이겨서 상품으로 황금관을 쓰는 영예를 받았을 때, 그는 밖으로 나가서 그곳에 있던 헤르메스 상(像)에—그는 그 상에 언제나 화관을 씌웠었는데—그 황금관을 씌웠다고 한다.

또 이런 이야기도 있다. 그가 다른 사람들과 함께 외교사절로 필리포스에게 보내졌을 때, 다른 사람들은 뇌물에 넘어가 연회 초대를 받아들이거나, 필리포스와의 담화를 즐겼는데 그는 그 어느 것도 하지 않았다. 실제로 필리포스는 그것 때문에 그에게 알현을 허락하지 않았던 것이다.

(9) 그래서 사절들은 아테네로 돌아온 뒤에 크세노크라테스가 자기들과 동행한 것은 쓸모가 없었다고 말했다. 때문에 아테네 사람들은 그에게 벌금을 부과하려 했다. 그러나 그가 지금이야말로 아테네 사람은 어느 때보다 훨씬 진지하게 국가를 생각해야 한다고 말한 것을 듣고—"왜냐하면 다른 사람들은 뇌물을 받았지만, 나는 어떤 말에도 굽히지 않으리란 것을 필리포스는 알고 있었기 때문이다"라고 그는 말했다—아테네 사람들은 그에게 이중의 영예를 수여했던 것이다. 그리고 뒷날 필리포스도 그에게 온 사람 중에 오직 크세노크라테스만이 매수할 수 없었다고 토로하는 것이었다.

나아가 그는 라미아전쟁에서 포로가 된 아테네 사람의 목숨을 구하려고 안티파트로스에게 사절로 가서 식사에 초대받았을 때, 그는 안티파트로스에게,

키르케여, 정의로운 사내라면,
동료들을 구출하여 이 눈앞에서 보지 못하는 동안은,

---

*5 2월(안테스텔리온)에 거행되는 축제(안테스텔리아)의 하나. 이 축제는 사흘 동안 이루어지는 데 첫날은 '술통을 여는 축제'(피토이기아), 둘째 날은 '되 축제'(손님에게 한 되의 포도주를 대접하는), 셋째 날은 '항아리 축제'(키트로이, 구운 음식을 항아리에 넣어 죽은 이를 애도하는)이다.

그 누가 먹을 것과 마실 것을 입에 대겠는가.

이런 (호메로스의) 시구*⁶를 인용했던 것이다. 그러자 안티파트로스는 그의 기지에 찬 말을 기꺼이 받아들여 곧바로 포로들을 석방해 주었다.

(10) 또 언젠가 참새 한 마리가 매에게 쫓겨 그의 품안으로 날아들었을 때, 보호를 요청하는 것을 그냥 넘겨줄 수는 없다면서 그 참새를 부드럽게 쓰다듬은 뒤 놓아주었다.

또 비온*⁷이 그를 놀렸을 때, 그 사람에게는 대꾸하지 않겠다고 그는 말했다. 왜냐하면 희극이 비극을 비웃을 때는 대답할 가치가 없다고 생각하기 때문이라고 했다.

음악도 기하학도, 천문학도 배운 적이 없는데도 그의 강의에 나오고 싶어 하는 사람에게 그는 이렇게 말했다. "그대의 길을 가시오. 철학에의 단서가 되는 것을 그대는 지니고 있지 않으니까"라고. 그러나 달리 전하는 바에 따르면 "나는 양털을 빗질하는 것은 아니니까"라고 말했다 한다.

(11) 디오니소스가 플라톤에게 "목이 날아가게 될 것이다" 했을 때, 그 자리에 함께 있었던 크세노크라테스는 자기의 목을 가리키면서, "이 목이 먼저겠지요"라고 말했다.

또 안티파트로스가 언젠가 아테네에 와서 그에게 인사 왔을 때, 그는 하던 강의를 마칠 때까지 답례 인사를 하지 않았다고 한다.

그는 잘난 체하지 않는 인물로 하루에도 여러 차례 자기성찰을 했다. 그리고 한 시간 내내 침묵사고에 바쳤다고 한다.

그는 매우 많은 논문과 시, 훈계를 남겼는데 그 목록은 다음과 같다.

자연에 대하여, 6권
지혜에 대하여, 6권
부에 대하여, 1권
아르카디아 사람, 1권
무한정한 것에 관하여, 1권

---

*6 〈오디세이아〉 제10권 383~385행.
*7 제4권 제7장에서 다루고 있는 보리스테네스의 비온을 말함.

(12) 어린이에 대하여, 1권
자제(自制)에 대하여, 1권
유익한 것에 대하여, 1권
자유인에 대하여, 1권
죽음에 대하여, 1권
자발성에 대하여, 1권
우애에 대하여, 2권
형평에 대하여, 1권
반대인 것에 대하여, 2권
행복에 대하여, 2권
글쓰기에 대하여, 1권
기억에 대하여, 1권
거짓에 대하여, 1권
칼리클레스, 1권
사려에 대하여, 2권
가정을 관장하는 사람, 1권
절제에 대하여, 1권
법의 효력에 대하여, 1권
국가체제에 대하여, 1권
경건에 대하여, 1권
덕은 받아들여지기 마련이라는 것, 1권
존재에 대하여, 1권
운명에 대하여, 1권
정념(情念)에 대하여, 1권
다양한 삶에 대하여, 1권
화합에 대하여, 1권
학생에 대하여, 2권
정의에 대하여, 1권
덕에 대하여, 1권
형상(形相, 에이도스)에 대하여, 1권

쾌락에 대하여, 2권

인생에 대하여, 1권

용기에 대하여, 1권

1에 대하여, 1권

이데아에 대하여, 1권

(13) 기술에 대하여, 1권

신들에 대하여, 2권

영혼에 대하여, 2권

지식(학문)에 대하여, 1권

정치가, 1권

기능(技能)에 대하여, 1권

철학에 대하여, 1권

파르메니데스의 학설에 대하여, 1권

아르케데모스, 또는 정의(正義)에 대하여, 1권

선(善)에 대하여, 1권

수학적 사고에 관한 것, 8권

여러 논리적인 문제의 해결, 10권

자연학 강의, 6권

적요, 1권

유(類)와 종(種)에 관하여, 1권

피타고라스(파)의 주장, 1권

문제점의 해명, 2권

분할, 8권

명제집, 20권, 3만 행

문답법에 관한 연구, 14권, 1만 2740행

그 뒤로 어구어법에 관한 학습서 15권과 별도로 16권이 있다.

계산에 관한 책, 9권

수학에 관한 책, 6권

수학적 사고에 관한 다른 책, 2권

기하학자에 관한 책, 5권

각서, 1권

반대인 것, 1권

수에 관하여, 1권

수의 이론, 1권

음정에 대하여, 1권

천문학에 관한 것, 6권

(14) 군주제의 요체—알렉산드로스에게 헌정된 것, 4권

아리바스에게 답함

헤파이스티온에게 답함

기하학에 대하여, 2권

위의 것 모두 합쳐 22만 4239행에 이른다.

한편 그의 성격은 이제까지 설명한 바와 같지만, 주민세를 납부할 수 없던 때에 아테네인은 그를 노예로 팔아버렸다. 그래서 팔레론의 데메트리오스가 그를 사들여 서로의 손실을 회복해 주었던 것이다. 왜냐하면 크세노크라테스에게는 자유를 주고, 아테네인에게는 주민세를 지불했기 때문이다. 이것은 아마스트리스의 밀로니아노스가 〈역사상의 유사사례〉 제1권에 쓴 것이다.

그는 스페우시포스의 뒤를 이어서 아카데메이아학원을 25년 동안 이끌었는데, 그것은 150회 올림픽 대회기의 두 번째 해(BC 339, 8년), 리시마키데스가 아르콘이던 해부터였다. 그리고 그는 한밤중에 냄비에 발이 걸려 넘어진 것이 원인이 되어 세상을 떠났는데, 그때 이미 82세의 고령이었다.

(15) 나는 그에 대해서도 다음과 같은 시를 지었다.

언젠가 청동 냄비에 발이 걸려서 이마를 찧고,
쇳소리를 지르다가 마침내 죽음으로 갔던 것이다,
사나이 중의 사나이였던 크세노크라테스는.

크세노크라테스라는 이름의 인물은 이밖에도 6명*8이 있었다. 한 사람은 오랜 옛날의 전술가. 다음은 앞서 말한 철학자의 친척으로 같은 나라 사람. 이 사람의 책으로 아르시노에의 죽음을 다룬 〈아르시노에 이야기〉가 현존한다. ……(세 번째는 빠짐).*9…… 네 번째는 철학자로 엘레게이아조의 시를 썼지만 그다지 뛰어나지는 않았던 사람. 그러나 이것은 본디 그러했다. 왜냐하면 시인들이 산문을 시도할 때는 잘 되어나가지만, 산문작가들이 시를 지으려 하면 실패하기 때문이다. 이것을 보아도 한쪽은 천부의 재능에 따른 것이고, 다른 쪽은 기술직임을 알 수 있다. 다섯 번째는 조각가이고, 여섯 번째는 아리스토크세누스가 썼듯이 노래의 작자이다.

---

*8 롱의 교본에는 5명으로 되어 있는데, 사본을 따라 6명으로 한다.
*9 제1, 제2, 제3 인물의 누군가가 빠진 것으로 추정되므로, '세 번째는 빠짐'으로 해 둔다.

3 폴레몬

(16) 폴레몬은 필로스트라투스의 아들로서 아테네 사람으로 오이아구에 속해 있었다. 그는 젊은 시절엔 매우 방탕하고 낭비를 일삼았기 때문에 언제든지 욕망을 채울 수 있도록 돈을 지니고 다녔다. 뿐만 아니라 뒷골목에까지 그러기 위한 돈을 감추고 다녔다. 또 아카데메이아 안에서도 어느 기둥 근처에서 3 오보로스의 통화가 발견되었는데, 그것은 지금 말한 것과 똑같은 목적을 위해 그가 그곳에 감춰둔 것이었다.

그리고 언젠가 그는 젊은 사람들과 죽이 맞아서 술에 잔뜩 취한 채 머리에는 화관을 쓰고 크세노크라테스의 학원으로 밀고 들어갔다. 그러나 크세노크라테스는 꿈쩍도 않고 하던 강의를 계속했는데, 그 강의는 절제에 관한 것이었다. 이 젊은이는 그것을 듣는 동안에 차츰 매료되어 갔다. 이리하여 그는 다른 학생들을 능가하는 부지런한 사람이 되었고, 그 자신이 160회 올림픽 대회기(BC 316~313년) 이후, 학원의 후계자가 되기에 이른다.

(17) 한편, 칼리스토스의 안티고노스가 〈철학자전〉에 쓴 바에 따르면 폴레몬의 아버지는 시민 중의 1인자로서 전차경기용 말을 길렀다고 한다. 또 폴레몬에 대해 쓰기를, 그는 젊은 사람들과 함께 살았기 때문에 아내로부터 학대를 이유로 고소당한 적이 있다고 한다. 그러나 철학공부를 시작한 뒤로는 성격이 올곧아서 흐트러짐 없는, 늘 똑같은 생활태도를 유지하게 되었다고 한다. 뿐만 아니라 그는 어떤 경우에도 목소리의 톤을 바꾸는 일이 없었다. 크란토르가 그에게 매료되었던 것도 그 때문이었다. 실제로 미친개가 그의 넓적다리 안쪽을 물었을 때, 그는 얼굴빛조차 바꾸지 않았다. 그리고 그 소식이 도시 전체에 퍼져서 모두가 걱정할 때에도 그는 태연했다. 또한 극장에서도 그는 함께 감동하는 일이 가장 드문 사람이었다.

(18) 실제로 클리템네스트라라는 별명을 지닌 니코스투라토스라는 사람이

언젠가 그와 크라테스에게 시인(호메로스)의 작품의 어떤 부분을 읽어준 적이 있는데, 그때 크라테스는 공감하여 마음이 움직였지만, 그는 듣지 않았던 것과 마찬가지였다. 요컨대 그는 화가 멜란티오스[10]가 〈회화론〉에 쓴 그런 사람이었던 것이다. 왜냐하면 그 화가는 작품(초상)에는 일종의 의지와 고집스러움, 냉엄함 같은 것으로 가득 차 있어야만 하는데, 성격도 마찬가지라고 쓰고 있기 때문이다.

한편 폴레몬은, 우리는 실제생활 속에서 자기 자신을 단련해야지 문답법적인 이론 속에서 할 일이 아니라고 주장했다. 후자의 방식을 쓰는 사람은 마치 조화(음악)에 관한 기술 같은 것을 이해는 하지만, 실제로 연습한 적이 없는 사람이나 마찬가지이며, 그런 사람은 과연 질문을 낸다는 점에선 사람들로부터 감탄을 받지만, 생활태도에선 자신과 불일치한 채로 있게 되기 때문이라고 했다.

그는 이처럼 세련되고 품위 있는 사람이었고, 아리스토파네스가 에우리피데스에 대해 쓴 것처럼 "톡 쏘게 새콤한 것"을 사용하려 하지 않았던 사람이었다.

(19) 그런 것들은 확실히 아리스토파네스가 말했듯이,

　큰 고깃덩이는 매우 맛을 내주는 존재

이기는 하지만.

나아가 전하는 바에 따르면, 그는 제자들이 제출한 문제에 대해서는 앉은 채로 이야기하지 않고 걸어다니면서 말했다고 한다.

그렇게 그는 고귀한 것을 사랑하는 성격의 인물이었기 때문에 국가의 존중을 받게 되었다. 그러나 그럼에도 그는 세상을 멀리하고 아카데메이아의 정원 속에서 살았다. 그리고 그의 곁에는 그의 제자들이 무사 전당과 강의용 자리가 마련된 곳(에크세도라) 가까이에 몇 채의 오두막을 짓고 살았던 것이다.

한편 폴레몬은 모든 점에서 크세노크라테스를 따라 하려 했던 것 같다. 아리스티포스가 〈옛 사람들의 사치에 관하여〉 제4권에 쓴 바에 따르면 그는 크

---

[10] 출신지 불명. BC 4세기 중반 무렵의 사람. 시키온의 그림학파에 속했던 화가.

세노크라테스의 마음에 드는(애인) 사람이었던 것이다. 어쨌거나 그는 언제나 크세노크라테스를 염두고 두고 있었으며, 그 사람이 지녔던 사심 없음과 깔끔함, 무게 있음을—이것들은 도리스조(調) 특유의 것이지만*11—지니고 있었다.

(20) 그는 또한 소포클레스 애호자이기도 했다. 그의 시구 중에서도 특히 희극 어조로,

　　　몰로시안산 개(犬)*12가 도와서 함께 만든 것 같다.

고 한 것이라든지, 프리니코스*13의 말을 빌리면,

　　　김이 빠지지도, 섞이지도 않은, 순수한 프람니아산 포도주이다.

라고 한 곳을 좋아했다. 이렇게 그는, 호메로스는 서사시의 소포클레스이고, 소포클레스는 비극의 호메로스라고 말했다.

한편 그는 나이 들어 쇠약해져 세상을 떠났는데, 상당한 양의 책을 남겼다. 또 내가 그를 위해 지은 에피그램은 다음과 같다.

　　　그대는 들리지 않는가—우리는 폴레몬을 장사지냈다.
　　　인간들에게 두려운 재앙인 병마가 그를 여기에 눕게 했나니.
　　　그러나 그것은 폴레몬 그 사람이 아니라 그의 몸에 지나지 않는다. 그는,
　　　별들에게 올라갈 때, 그 몸을 썩는 것으로서 지상에 두고 갔으므로.

---

*11 힉스의 교본(校本)을 따름.
*12 양떼몰이 개로 유명. 몰로시안은 에페이로스 지방의 산지 이름.
*13 아티마 옛 희극의 작가. BC 430년~400년 무렵에 활동.

4 크라테스(아테네의)

(21) 크라테스는 안티게네스를 아버지로 둔 아테네 사람이고, 투리아구에 속해 있었다. 그는 폴레몬의 제자임과 동시에 그의 애인이기도 했다. 뿐만 아니라 폴레몬의 뒤를 이어 학원의 후계자가 되었다. 이 두 사람은 서로 사랑했으므로 생전에도 같은 일에 종사했을 뿐만 아니라 거의 숨을 거둘 때까지 서로 점점 닮아갔는데, 죽은 뒤에도 무덤을 공유하게 되었다. 그래서 안타고라스는 이 두 사람에 대하여 다음과 같은 시를 지었다.

> 외국사람들이여, 이땅을 지나거든 신을 경외하는 크라테스와 폴레몬은,
> 이 묘지에 묻혀 있더라도 세상 사람들에게 알려주오.
> 그들은 마음이 하나였던 도량 넓은 사람들이었고,
> 영감으로 가득 찬 그 입에선 성스런 말이 흘러나오고,
> 맑고 어진 그 삶은 변함없는 가르침을 따랐으니,
> 영원토록 그들의 영광이 되도다.

(22) 그래서 테오프라스토스에게서 그들에게로 옮겨 온 아르케실라오스도, 그들은 신 같은 사람들이었다고, 또는 황금시대에서 살아남았다고도 말했던 것이다. 왜냐하면 그들은 둘 다 대중의 인기를 좇는 사람이 아니라, 마치 피리 연주자인 디오니소도로스가 자기는 이런 사람이라고 전에 말했다고 전해오는, 그런 이들이었기 때문이다. 즉 디오니소도로스는 자기의 피리소리는 이스메니아스의 경우처럼 군선 위에서도, 샘가에서도 이것을 들은 사람이 아무도 없다는 것을 긍지로 삼았었는데, 마치 그와 같은 사람이었다.

또, 안티고노스의 말에 따르면 그(크라테스)는 크란토르가에서 공동으로 식사하고, 그리고 이 두 사람과 아르케실라오스는 사이좋게 함께 살았다는 것

이다. 아르케실라오스는 또한 크란토르와 같은 집에서 살았고, 한편 폴레몬은 크라테스와 시민의 한 사람인 리시클레스라든가 하는 사람과 함께 살았던 것이다. 또한 크라테스는 앞서 말했듯이 폴레몬의 애인이었는데, 아르케실라오스는 크란토르의 애인이었다고 한다.

(23) 나아가 아폴로도로스가 〈연대기〉 제3권에 쓴 바에 따르면, 크라테스는 128회 올림픽 대회기(BC 268~265년) 동안에 세상을 떠났는데, 그즈음에 그가 남긴 책 가운데 어떤 것은 철학에 관한 것, 어떤 것은 희극에 관한 것, 또 어떤 것은 민회에서의 연설이나 외교사절로 나갔을 때의 연설이었다고 한다. 뿐만 아니라 그는 저명한 제자들도 남겼다. 그 중 한 사람은 아르케실라오스인데, 이 사람은 나중에 (28절 이하) 말하게 될 것이다. 왜냐하면 이 사람도 크라테스의 제자였기 때문이다. 또 다른 한 사람은 보리스테네스의 비온인데, 그는 그곳으로 옮겨간 학파의 이름을 따서 나중에는 테오도로스의 제자라 불렸다. 그에 대해서도 아르케실라오스의 다음에 말하게 될 것이다.

크라테스라는 이름의 인물은 모두 10명이 있었다. 첫 번째는 고희극 작가. 두 번째는 토라레스의 변론가로 이소크라테스의 제자. 세 번째는 알렉산드로스의 원정에 동행하여 보루를 구축했던 사람. 네 번째는 키니코스파 사람으로 이 사람에 대해서는 나중에 (제6권 85절 이하) 다루겠다. 다섯 번째는 페리파토스파의 철학자. 여섯 번째는 위에서 말한 아카데메이아파 철학자. 일곱 번째는 마로스의 문서학자. 여덟 번째는 기하학 책을 쓴 사람. 아홉 번째는 에피그램 작자. 열 번째는 타소스 출신의 아카데메이아파 철학자이다.

5 크란토르

(24) 솔로이의 크란토르는 자기 조국에서 존경을 받았지만, 조국을 떠나 아테네로 가서 폴레몬과 책상을 나란히 하고서 크세노크라테스의 강의를 들었다. 그는 3만 행에 이르는 각서를 남겼는데, 그 중에 몇 가지는 아르케실라오스의 솜씨로 이루어진 것이라는 사람들이 있다. 또 전하는 바에 따르면 그가 폴레몬에게 매료된 것은 무엇 때문인가라는 질문을 받았을 때, 자기는 폴레몬이 말하는 동안에 목소리의 톤을 높이거나 낮추는 것을 들어본 적이 없노라고 말했다고 한다.[14]

그는 병에 걸려서 아스클레피오스의 신역 안에서 지낼 때, 그곳을 걸어 돌아다녔다. 그러자 사람들은 그가 그곳에 틀어박혀 있는 것은 아파서가 아니라 그곳에 학교를 열 마음이 있어서라고 믿고 곳곳에서 그에게로 모여들었다. 그 가운데 한 사람으로 아르케실라오스도 있었는데, 그는 이 사람을 폴레몬에게 소개하려 했다. 다만 그는 아르케실라오스를 사랑하고 있었는데, 그것은 아르케실라오스의 장(29절)에서 이야기하게 될 것이다.

(25) 그러나 그는 건강이 회복되자 폴레몬의 강의에 계속 나갔다. 그리하여 그는 다시 크게 존경을 받았다.

또 그는 12탈란톤에 이르는 액수의 재산을 아르케실라오스에게 유산으로 남겼다고 전해진다. 그래서 아르케실라오스가 어디에 묻히고 싶으냐고 물었을 때, 그는 "사랑하는 (조국의) 땅의 언덕에 묻어주면 좋겠다"고 대답했다고 한다.

또 그는 시를 쓰고, 그것들을 봉인하여 고국의 아테나 신전에 기탁했다고 전해지기도 한다. 그래서 시인 테아이테토스[15]는 그에 대해 다음과 같이 쓰고 있는 것이다.

---

*14 위의 17절 참조.
*15 에피그램 시인. 제8권 48절에도 그의 에피그램이 인용되어 있다.

그는 사람들의 사랑을 받았지만, 무사 여신들의 많은 사랑도 받았다,
크란토르는. 그리고 노년을 멀리까지 나아가지도 않았다.
대지여, 생명을 마치는 이 성스런 사나이를 맞아주시기를.
저세상에서도 이 사람이 행복하게 살 수 있도록.

(26) 한편, 크란토르는 모든 시인들 중에서도 특히 호메로스와 에우리피데스를 상찬했다. 그리고 그는 일상어를 사용하여 비극을 써서 사람들의 공감을 얻기는 어렵다고 말했다. 그는 또 (에우리피데스의) 〈벨레로폰테스〉 중에서 다음 한 줄*[16]을 자주 인용했다.

아! 그런데, 어찌하여 '아!'인가?
우리는 죽어야 한다는 규율을 겪었을 뿐인 것이니.

또 사랑(에로스)에 관해 크란토르가 말했다고 하는, 시인 안타고라스의 다음과 같은 시구도 현존한다고 한다.

내 마음은 갈팡질팡하고 있다. 너의 태어남은 의문이니까.
너를, 에로스여, 불사의 신들 가운데 최초의 자라고 부른 것인지도.
오랜 에레보스(어둠)와 여왕인 닉스(밤)가,
오케아노스(대양)의 바다 속에서 낳은 자들 가운데 최초의 자라고.
(27) 그런데도 너를 똑똑한 키프리스의 딸, 또는 대지의, 또는 바람의 딸이라고 부른 것인지도.
너는 인간들에 대하여 악한 것도 선한 것도 생각하며 다니고 있으니.
때문에 너의 몸 또한 이중으로 되어 있음이다.

그는 또한 조어(造語)에 뛰어난 재주를 지닌 사람이기도 했다. 예를 들면 그는, 한 비극배우의 목소리는 "대패질이 되지 않았다"거나, "나무껍질로 가득 차 있다"는 말을 했고, 또 어떤 시인에 대해서는 그의 시에는 좀스럼이 가득

---

*16 단편 300(나우크 엮음, 제2판).

하다거나, 나아가 테오프라스토스의 명제는 화려한 보랏빛으로 쓰여 있다고 했다.

그의 책에서 가장 상찬을 받은 것은 〈슬픔에 대하여〉라는 것이다. 그는 폴레몬이나 크라테스보다 먼저 세상을 떠났는데, 수종(水腫)에 걸렸기 때문이다. 또한 내가 그를 위해 지은 에피그램은 다음과 같다.

병 가운데서도 가장 지독한 것이, 크란토르여, 그대를 밀어내 버렸다.
이리하여 그대는 (저승의 신) 플루톤의 시커먼 심연을 내려간 것이니.
그대가 그 땅에서 즐겁게 지낸다 하여도,
아카데메이아와 그대의 조국 솔로이는 그대 목소리를 듣지 못해 쓸쓸해 하노라.

6 아르케실라오스

(28) 아르케실라오스는 세우테스의 아들(또는 아폴로도로스의 〈연대기〉 제3권에 따르면 스키테스의 아들)로서 아이올리스의 피타네 사람이다. 이 사람은 중기 아카데메이아파의 창시자이고, 반대의견이 성립한다는 이유로 판단을 보류했던 최초의 인물이다. 또 그는 최초로 (하나의 문제에 관하여) 찬성과 반대 양쪽 편에 서서 주장을 펼쳤고, 나아가 플라톤으로부터 전해져 온 이론에 변경을 가하여 1문1답 방법을 채용하면서 논쟁을 더욱더 즐겼던 최초의 사람이다.

그가 플라톤에게 접근하여 그의 제자가 된 사정은 다음과 같다. 즉, 그는 4형제의 막내였는데, 그 중에 두 사람은 아버지가 같은 형제이고, 둘은 어머니가 같은 형제였다. 그리고 후자 중에는 필라데스가 위이고, 전자 중에선 모이레아스가 형이었다. 이 모이레아스가 그의 후견인이었다.

(29) 한편 그는, 피타네를 떠나 아테네로 가기 전에는 처음엔 그 나라 수학자 아우톨리코스의 제자였다. 그는 그와 함께 사르디스로 여행을 한 적도 있었다. 이어 그는 아테네의 음악가 크산토스의 제자가 되었다. 그 다음은 테오프라스토스의 제자가 되었고, 그러다 마지막으로 아카데메이아로 옮겨갔다. 왜냐하면 앞서 말한 그의 형제 모이레아스가 그를 수사학자로 만들고자 하는 동안 그는 철학을 좋아하게 되었기 때문이다. 또 크란토르는 그에게 애정을 느꼈으므로 에우리피데스의 〈안드로메다〉에서,*17

오오 처녀여, 만일 내가 너를 돕는다면 나를 고마워해 주겠는가.

라는 시구를 인용해 물었다. 그러자 그는 그에 이은 시구인,*18

---

*17 단편 129(나우크 엮음, 제2판).
*18 단편 132(나우크 엮음, 제2판).

나를 데려가 주세요, 낯선 분이여. 심부름꾼으로 쓰시든, 아내로 삼으시든.

이런 말로써 응답했던 것이다.

(30) 그리고 이 일이 원인이 되어 그들은 함께 살게 되었다. 또한 테오프라스토스는 그를 잃은 것이 분해서 "아, 얼마나 재능이 뛰어나고 장래성이 있는 젊은이가 나의 학원을 떠난 것이랴!" 말했다고 전해진다. 그는 이 시기에 이미 논쟁에서는 매우 능력 있는 존재였고, 또 저술을 좋아하고 그의 수련도 충분한 데다가, 시도 짓고 있었기 때문이다. (페르가몬의 지배자)아탈로스에 비유한 그의 에피그램이 현존하는데, 그것은 다음과 같다.

　　페르가모스(페르가몬)는, 오직 무기로써만 이름이 알려진 것이 아니라,
　　성스런 피사의 (샘의) 가장자리(올림피아)에서의 말(마차경기)로도 그 이름은 자주 거론되었다.
　　삶을 마감하는 자에게 제우스의 의도를 말하는 것이 허락된다면,
　　뒷날에도 가인(歌人)들에 의해 더욱 많이 노래되는 일 없으리니.

또 그의 동년배의 한 사람이었던 에우가모스의 애인, 메노도로스에 비유한 그의 에피그램도 현존한다.

　　(31) 프리기아는 멀고, 그대가 태어난 성스런 나라 티아테라도
　　먼 곳이다, 카다노스의 아들 메노도로스여.
　　입 밖에 내는 것도 꺼리는 (명계의)아케론(의 강)으로 가는 길은,
　　사람들이 말하듯이 어디서 재어도 똑같다.
　　그대를 위하여 이 훌륭한 무덤을 세워준 것은 에우가모스이니.
　　그를 섬긴 수많은 사람들 가운데서 그대야말로 그에게서 가장 사랑받았으므로.

한편, 아르케실라오스는 모든 시인 가운데서 누구보다 호메로스를 높이 평가했다. 그래서 잠들기 전에는 늘 호메로스 중에 한 장을 읽기로 했다. 뿐만

아니라 해가 뜬 뒤에도 호메로스를 읽고 싶을 때면 언제든지 연인에게로 갔다고 한다.

또 핀다로스에 대해서는, 그의 시는 낭랑하게 읊을 수 있고 풍부한 어구를 구사한다는 점에서 빼어난 시인이라고 말한다. 나아가 젊을 무렵에는 그는 (시인) 이온도 중요하게 여겼다.

(32) 그는 또한 기하학자 히포니코스의 강의도 들은 적이 있는데, 그 사람에 대해 그는 다른 분야에는 둔하여 하품과 기지개를 켤 때 어쩌다 그 사람의 입으로 들어간 것이라고 비웃었다. 또 이 사람이 한때 정신을 잃었을 때, 아르케실라오스는 그를 그 집까지 데려가서 그가 완전히 회복할 때까지 보살펴주기도 했다.

또한 크라테스가 세상을 떠났을 때 그가 그 학원을 계승했는데, 이것은 소크라티데스라는 사람이 그에게 그 지위를 물려주었기 때문이다.

한편, 어떤 이들에 따르면 그는 여러 일들에 판단을 삼간 때문에 한 권의 책도 쓰지 않았다는 것이다. 그러나 다른 사람들에 따르면 그가 초안을 쓴 것을 고치는 모습을 보았다고 하며, 그리고 그 글들을 그가 세상에 공표했다고 하는 이들이 있는가 하면, 태워버렸다고 하는 사람들도 있다. 그는 또한 플라톤을 칭찬한 것 같으며, 그의 책을 지니고 있기도 했다.

(33) 뿐만 아니라 어떤 사람들에 따르면, 필론도 그를 보고 배우려 했고, 또 문답 경기기술을 익히거나 에레트리아파의 주장에 손을 대기도 했다. 그래서 그는 (스토아파의) 아리스톤으로부터 이런 말도 듣게 되었다.

앞에는 플라톤, 뒤에는 필론, 그리고 한가운데는 디오도로스.[19]

라고. 또한 티몬도 그에 대해 다음과 같이 말하고 있다.

그렇게 그는 가슴 밑에 메네데모스[20]의 부표(浮標)를 달고,
살찐 필론에게, 또는 디오도로스에게 서둘러 갔을 테니까.

---

[19] 호메로스의 〈일리아스〉 제6권 181행 문구의 패러디. 키마이라라는 괴물은 머리는 사자, 몸통은 산양, 꼬리는 뱀이었다.
[20] 에레토리아파의 철학자. 제2권 제17장에서 다루고 있다.

그리고 잠깐 사이를 두고 이번엔 아르케실라오스를 시켜,

나는 필론과 괴팍한 디오도로스에게 헤엄쳐 가리라.

이렇게 말하게 하고 있는 것이다.

한편, 그의 말투는 매우 권위적인 데다 간결하기도 했다. 그래서 주장 속에선 낱말의 의미를 꼼꼼히 구별했고, 또 마음껏 남을 조롱하거나 노골적으로 말하기도 했다.

(34) 때문에 티몬은 또한 그에 대하여,
그리고 뛰어난 이해력을 심술궂은 비난과 뒤섞으면서*21

라고 말한다. 그래서 또 어떤 젊은이가 도를 넘어선 무사려함으로 말을 걸어왔을 때, 그 사람에게 그는 "누구 이 사람을 꼼짝 못하게 해줄 사람 없소?"라고 말했다. 또 어떤 일이 다른 일보다 중대하다고는 생각하지 않는다는 결론에 자신은 이르렀다면서, 사람이 어떤 일을 이룩했다는 평판을 받는 사람에게는, "그럼 10다크틸로스(손가락 너비)도 6다크틸로스와 아무 차이가 없는 것인가?"라고 그는 물었다. 또 키오스 사람으로 헤몬이라고 하는 사람은 못생겼는데도 자신은 잘생겼다고 믿고, 값비싼 양털 웃옷을 입고 돌아다녔는데, 그가 현자는 사랑받는 일은 없으리라 생각한다고 말했을 때, "그대처럼 잘생기고, 또 아름다운 옷을 입고 있어도 그렇지 않을까?"라고 그는 답했다. 또한 그 남자가 음탕한 사람이기도 했겠지만, 아르케실라오스가 신중하게 응대하는 듯이 보였으므로 이렇게 말했다.

(35) 여주인님, 당신께 여쭈어도 되겠습니까, 아니면 침묵을 지킬까요.*22

라고. 그러자 이를 받아서 그는,

---

*21 이 구절에는 텍스트에 파손이 있다.
*22 지은이 불명. 단편 282(나우크 엮음, 제2판).

여인이여, 어찌하여 그대는 평소와 같지 않게 그렇게 까칠한 목소리로 말하는가?[23]

응답했던 것이다. 또 어떤 비천한 태생의 말 많은 사내가 그를 괴롭혔을 때,

야무지지 못한 자와 교제하면 노예의 자식들이 되느니.[24]

라고 그는 말했다. 또 다른 어떤 남자가 구구하게 의미도 없는 말을 늘어놓을 때, 그 사람에게는 성가시게 잔소리를 해대는 유모도 없었던 모양이라고 그는 말했다. 그러나 어떤 사람들에게는 대답조차 하지 않았다. 또 대금업자이면서 토론을 즐기는 남자가 자기로선 이해하지 못하는 것이 있다고 하자,

암탉도 병아리가 태어날 때까지는 바람이 지나는 길도 모르니까.

라고 그는 대답했는데, 이는 소포클레스의 〈오이노마오스〉에서 인용한 것이다.[25]

(36) 알렉시노스[26]의 제자로서 문답경기 기법을 익힌 한 남자가 스승 알렉시노스의 어떤 학설을 적절히 설명하지 못하고 있을 때, 그는 그 사람에게 필로크세노스가 벽돌을 만드는 기술자들에게 했던 이야기를 들려주었다. 왜냐하면 필로크세노스는 그 기술자들이 자기 노래를 서툰 방법으로 노래하는 것을 알고, "너희가 나의 작품을 엉망으로 만들 듯이, 나도 너희가 만든 것을 망가뜨려 주겠다"면서 그들이 만들고 있던 벽돌을 밟아 부쉈기 때문이다. 어쨌든 그는 마땅히 해야 할 시기에 학문을 시작하지 않은 자들에게는 화를 냈던 것이다.

그는 또 말을 하던 도중에 무슨 생각이 떠올랐는지, "나는 긍정한다"거나,

---

*23 마찬가지로 지은이 불명. 단편 283(나우크 엮음, 제2판).
*24 에우리피데스, 단편 976(나우크 엮음, 제2판).
*25 소포클레스, 단편 436(나우크 엮음, 제2판).
*26 알렉시노스는 엘리스 사람. 메가라파 철학자. 스틸폰과 같은 시대의 인물. 제2권 109~110절 참조.

"이러저러한 사람은"—라고 그 이름을 말하면서—"그런 것들에 동의하지 않을 것이다" 등의 말을 했다.*27 그리고 이런 식으로 말하는 것을 그의 제자들 대부분은 그의 강의 방식과 그의 행동 전체와 함께 흉내를 냈다.

(37) 그는 또한 매우 교묘하게 주장을 찾아내고, 반론에는 능숙하게 대응할 줄 아는 인물이었다. 그리고 토론의 진행을 문제가 된 초점으로 되돌리면서 어떤 상황과도 조화시키는 능력이 있었다. 또한 설득력에서는 누구에게도 뒤떨어지지 않았으므로 그의 학원에는 차츰 더 많은 사람들이 모여들었는데, 다만 그 사람들은 그의 신랄한 힐책을 받아야만 했다. 그러나 그들은 그것마저도 기꺼이 견뎠다. 왜냐하면 그는 매우 훌륭한 사람이고, 제자들을 희망으로 가득 차게 했기 때문이다. 또 생활면에서 그는 붙임성이 좋았고, 또 언제나 남에게 친절하려 노력했고, 또 그 친절을 상대가 알아채지 못하게 하는 겸손함마저 갖추고 있었다. 예를 들면 그는 언젠가 병이 난 크테시비우스의 병문안을 갔는데, 그의 궁핍한 처지를 보고 베개 밑에 살며시 지갑을 넣어놓았다. 그 사람은 이것을 발견하고는, "이것은 아르케실라오스의 장난이야"라고 말했다. 그러나 그뿐만 아니라 다른 때에도 그는 그 사람에게 1000드라크마를 보내주었다.

(38) 나아가 아르카디아 사람 아르키아스를 에우메네스*28에게 추천함으로써 그 사람이 높은 지위에 오르게 해주었다.

또 그는 위엄 있고 느긋한 사람으로서 돈에 집착하는 일은 조금도 없었으므로 은화를 지불해야만 하는 흥행에 나간 최초의 인물이었고, 또 아르케크라테스와 칼리크라테스가 상연한 흥행에도—그것은 금화를 지불해야만 했지만—다른 누구보다도 서둘러 참석했던 것이다. 그는 또 많은 사람들에게 구원의 손길을 내밀어 원조금을 모아주었다. 또 어떤 사람이 벗들을 초대하려고 그에게 은접시를 빌려가고는 그것을 돌려주려 하지 않았을 때, 그는 그것을 반환하도록 청구하지 않고 빌려주지 않은 척했다. 그러나 이것은 한 이야기에 따르면 그가 일부러 그 접시를 사용하게 해놓고, 그것이 반환되어 돌아오자 그 사람은 가난했으므로 그것을 그 사람에게 선물했다고 한다.

---

*27 아르케실라오스가 이런 식으로 말했다는 것은 그를 판단유보자라고 했다(28절)는 것과는 일치하지 않는 것 같다.

*28 바로 뒤에 나오는 것처럼 필레타이로스의 아들로 페르가몬의 왕. BC 263년~241년 재위.

한편, 그는 피타네에도 재산이 있었는데 그의 형제인 필라데스가 그것을 그에게 송금하였다. 뿐만 아니라 필레타이로스의 아들 에우메네스가 그에게 거액의 지원을 하였다. 때문에 그는 또한 그 무렵의 왕들 중에서도 특히 그 사람에게만은 자기의 책을 바쳤던 것이다.

(39) 그런데 많은 사람들이 안티고노스*29를 따를 뜻을 보이고, 그 왕이 아테네에 왔을 때는 마중을 나갔는데, 그는 지기(知己)를 얻기를 바라지 않고 집에 조용히 머물렀다. 다만 그는 (아테네의 외항) 무니키아와 피레우스의 수비대 사령관이었던 히에로클레스와는 특히 가깝게 지내서 제례 때마다 도시를 떠나 그에게 갔다. 그래서 그 사람도 안티고노스에게 인사하러 가라고 그를 끈질기게 설득했지만, 그는 그것에 따르지 않고 문 근처까지는 갔지만 거기에서 물러나왔다. 또 안티고노스가 해전에서 승리를 거둔 뒤에 많은 사람들이 안티고노스를 배알하거나 아첨의 편지를 보낼 때에도 그는 침묵을 지켰다. 하지만 그럼에도 그는 조국을 위해 안티고노스에게 사절로서 데메트리아스의 집까지는 갔다. 그러나 성공하지는 못했다. 그래서 그는 정치적인 일은 멀리하고, 아카데메이아 안에서 모든 시간을 보냈던 것이다.

(40) 또한 그는 아테네에 있을 때에도 히에로클레스와 친했으므로 피레우스에 오랫동안 머무르면서 여러 문제를 논의한 적이 있는데, 때문에 어떤 사람들로부터 중상을 받기도 했다.

한편, 그는 낭비가여서 매우 사치를 부렸기 때문에—실제로 제2의 아리스티포스였다—그는 사람들과 자주 식사를 함께 했는데, 그러나 그것은 취미가 같은 사람들하고만 이루어졌다. 또 그는 엘레아 출신의 예기(藝妓) 테오도테•필라와 드러내놓고 동거했다. 그리고 그것을 비난하는 사람들에게는 아리스티포스의 기지에 찬 말*30을 인용해 응수했다. 또 그에게는 소년을 사랑하는 성적 습성도 있고, 호색인 사람이었다. 그래서 키오스의 아리스톤 일가의 스토아파 사람들은 그를 젊은이를 타락시키는 사람, 음란한 말을 거침없이 하는, 낯 두껍고 부끄러움을 모르는 사람이라고 강하게 비난했던 것이다.

(41) 왜냐하면 사실상 키레네로 배를 보낸 데메트리오스나 밀레아의 클레오칼레스에게도 그는 심하게 연정을 쏟았다고 전해지기 때문이다. 이 클레오칼

---

*29 안티고노스 고나타스를 말함. 제2권 127절의 주를 참조.
*30 제2권 74~75절 참조.

레스에 대해서는, 술벗들이 그의 집으로 들이닥칠 때에도 그는 자기로선 문을 열어주고 싶지만, 그 사람(클레오칼레스)이 그것을 허락하지 않는다고 그들에게 말하는 것이었다. 한편, 이 젊은이에게 열정을 바치던 사람들 중에는 라케스의 아들 데모카레스와 부셀로스의 아들 피토클레스도 있었다. 그리고 이 젊은이들과 정면 충돌이 일어났을 때, 그는 꾹 참고 그들에게 떠나라고 명령했다.

그가 그렇게 말한 탓에 그들은 그에게 대들었으며, 그를 대중에게 아첨하고, 평판에 신경을 쓰는 놈이라고 조롱했다. 그러나 그에게 남달리 세찬 비난과 공격을 가한 것은 페리파토스파의 히에로니무스 일족 사람들이었다. 그런 비난 공격은 그가 안티고노스의 아들 할키오네오스의 생일을 축하하고자 벗들을 모았을 때면 언제나 벌어졌다. 왜냐하면 그 생일을 위해 안티고노스는 먹고 마실 것에 쓰라고 늘 충분한 돈을 보냈기 때문이다.

(42) 또한 그럴 때면 그는 언제나 술을 마신 뒤의 토론은 삼갔는데, 아리델로스가 어떤 문제를 들고 나와 그에 대하여 말해달라고 그에게 청했을 때, "각 사항에 대한 시기를 터득하고 있다는 것, 바로 그것이 철학 고유의 것이다"라고 그는 대답했다. 또 그가 대중에 아첨하는 사람이라는 중상에 대해서는 티몬 또한, 그 밖에도 여러 말을 하고 있지만, 특히 다음과 같이 쓰고 있다.

그는 그렇게 말하면서 주위의 군중 사이로 파고들어갔다.
그러나 군중은 마치 올빼미를 에워싼 방울새처럼 놀라서 그를 바라보고 있다.
대중에게 아첨했으므로, 쓸모없는 짓을 하는 자라는 손가락질을 당하며.
애처로운 사람이여, 아무 득될 것도 없건만 어찌하여 그대는 어리석게 자기 말을 퍼뜨리고 다니는가.

이렇게 말하기는 했지만, 그는 자신의 학생들에게 다른 철학자들의 말에도 귀를 기울이라고 권했을 만큼 겸허함을 갖추고 있었다. 그리고 키오스에서 온 어떤 젊은이가 그의 강의에 불만을 품고 히에로니무스의 강의가 훨씬 낫다고 말했을 때는 그는 몸소 젊은이를 데려가 그 철학자에게 소개해 주고, 지시를 잘 따르라고 당부했다.

(43) 다음 또한 그에 대해 전해지는 유쾌한 이야기이다. 즉, 어떤 이가 다른 학파에선 에피쿠로스파로 옮기는 사람이 있는데, 에피쿠로스학파에서 다른 곳으로 옮기는 사람이 없음은 무슨 까닭이냐고 물었을 때, "그것은 남자는 환관이 될 수 있지만, 환관은 남자가 될 수 없기 때문"이라고 그는 말했다고 한다.

마지막으로 그는 죽음이 가까워졌을 때, 자기 재산 모두를 형제인 필라데스에게 남겼다. 그 일로 그는 (후견인인) 모이레아스에게는 알려지지 않게 하고, 자기 형제를 키오스로 데려가 거기서 아테네로 데려왔던 것이다. 그는 평생 아내를 얻지 않았으며, 자녀도 두지 않았다.

그는 유언장을 세 통 남겼는데, 한 통은 에레트리아의 암피클리투스에게, 다른 한 통은 아테네의 벗 중 한 사람에게 두고, 세 번째 것은 친척의 한 사람으로 고국에서 살던 타우마시아스에게 이를 잘 간수해 달라고 부탁하고 보냈다. 그리고 이 사람에게는 다음과 같은 편지도 썼다.

타우마시아스 님
아르케실라오스

'편히 지내시는 줄로 압니다.

(44) 디오게네스에게 부탁하여 저의 유언장을 당신에게 보내기로 했습니다. 저는 자주 병에 걸리고, 몸도 쇠약하므로 유언장을 써두는 것이 좋겠다고 생각하기 때문입니다. 그것은 만일 무슨 변고가 생겼을 때, 저에게 그토록 마음을 써주셨던 당신께 옳지 못한 행동을 한 채로 제가 이승을 떠나는 일이 없게 하기 위해서입니다. 그런데 이 유언장의 규정을 지켜봐주기에 당신은 나이로 보나, 또 저와 가까운 관계로 보아도 이곳 사람들 가운데 가장 믿을 만한 분인 것입니다. 그러므로 나는 당신에게 절대적인 신뢰를 보내고 있음을 잊지 마시고 당신의 힘이 미치는 한, 제가 정한 조항이 일관성있게 실행되도록, 당신은 우리에게 공정하도록 힘써 주십시오.

또, 이 유언장(의 사본)은 아테네에 있는 나의 지인과, 에레트리아에 사는 암피클리투스에게도 맡겨 놓았습니다.'

한편 헤르미포스에 따르면 그는 생포도주를 잔뜩 마시고 정신을 잃은 상태에서 세상을 떠났다고 하는데, 그 무렵 그는 이미 75세였고, 달리 유례가 없을 정도의 존경을 아테네인에게서 받았다는 것이다.

(45) 그를 두고 내가 지은 에피그램은 다음과 같다.

아르케실라오스여, 왜인가? 어찌하여 그대는 그토록 많은 양의 생포도주를
아낌도 없이 마셨는가, 정신을 잃을 만큼.
그대가 죽었다고 해서 나는 그렇게 그대를 안타까워하지는 않는다.
적당량을 넘어설 정도로 많이 마셔서 무사 여신들을 모욕한 것이 안타까
울 뿐이니.

아르케실라오스라는 이름의 인물은 그 밖에도 세 명이 있었다. 하나는 고희극 시인. 다른 한 명은 엘레게이아조의 시를 지었던 사람. 다른 한 사람은 조각가이다. 이 마지막 사람에 대해서는 시모니데스도 다음과 같은 에피그램을 지었다.

이것은 여신 아르테미스의 상(像), 그 대가는,
산양의 도안이 든 팔로스 통화로 200드라크마.
아리스토디코스의 훌륭한 아들,
아르케실라오스가 아테나 여신의 기술로 만든 것이니.

그러나 위에서 말한 철학자들은 아폴로도로스가 〈연대기〉에서 밝힌 바에 따르면 제128회*31 올림픽 대회기(BC 268~265년)가 전성기였다고 한다.

---

*31 딜루스는 제126회로 정정하고 있지만, 롱은 야코비를 따라 128회로 쓰고 있다.

7 비온

(46) 비온은 보리스테네스에서 태어났으며 그의 부모가 어떤 사람이었는지, 또 어떤 사정으로 철학을 하게 되었는지는 그 자신이 안티고노스(왕)에게 밝히고 있다. 즉 안티고노스가 그에게,

그대는 어떤 사람이며, 어디서 왔느뇨? 그대의 나라는 어디이며, 부모는 누구인가?[*32]

물었을 때, 그는 왕이 자신을 중상하고 있음을 알아채고 왕에게 이렇게 대답했다. "저의 아버지는 해방노예로서 소맷부리로 코를 닦던 사람입니다"―그 말로써 그는 아버지가 소금에 절인 생선을 파는 사람임을 나타낸 것인데―"또한 아버지는 보리스테네스 출신으로서 남에게 자랑할 만한 생김새는 지니지 않았지만, 주인이 잔혹했음을 나타내는 글자를 얼굴에 지니고 있었습니다. 또 어머니는 그런 아버지마저도 취할 수 있었던 여자로 창녀촌에 있던 사람입니다. 그 뒤, 아버지가 수입의 일부를 몰래 감추는 바람에 저를 포함한 가족 전체가 팔리게 되었습니다. 그 무렵 저는 아직 어렸고, 매력이 없는 것도 아니었으므로 어떤 변론가가 사주었습니다. 그리고 그 변론가는 죽을 때, 그가 지녔던 것 모두를 저에게 남겨 주었습니다."

(47) "그래서 저는 그의 책은 태워 없애고, 모조리 쓰레기로 내다버린 다음에 아테네로 나와서 철학자가 되었습니다.

나야말로 이런 출신이고, 이런 핏줄의 사람이었다.[*33]

---

*32 호메로스의 〈오디세이아〉 제10권 325행의 인용.
*33 〈일리아스〉 제6권 211행의 인용.

인 것입니다.

저는 이런 사람입니다. 그러므로 페르사이오스나 필로니데스*[34]가 저에 대해 탐색하는 것을 중지시켜 주십시오. 그리고 저에 대해서는 저 자신 만으로 판단해 주십시오"라고.

비온은 다른 여러 점에서는 계책이 풍부하고 방심할 수 없는 소피스트이고, 철학을 헐뜯고 싶어 하는 사람들에게 매우 많은 구실을 준 것은 틀림없지만, 그러나 어떤 면에서 그는 붙임성이 있고, 바보 이야기에도 흥미를 가질 수 있는 인물이었다.

그는 매우 많은 각서를 남겼는데, 실제로 도움이 될 만한 잠언도 남기고 있다. 예컨대 다음과 같은 것이 있다.─그는 젊은이를 좇지 말라는 핀잔을 들었을 때, "부드러운 치즈를 낚싯바늘로 끌어올릴 수는 없지 않은가?"라고 응수했다.

(48) 또 언젠가 누가 가장 괴로워하느냐고 묻자, "그것은 가장 큰 번영을 바라는 사람"이라고 그는 대답했다. 또한 결혼해야 할지 말아야 할지 의논해 왔을 때, 그는 "자네의 결혼상대가 못생긴 여인이라면 자네는 대가를 치르게 될 것이고, 또한 인물이 좋은 여인이면 자네만의 것이 되진 않을 걸세"*[35]라고 했다.

그는 노년은 갖가지 재악(災惡)이 정박하는 항구라고 말했다. 어쨌든 모든 재악이 그곳으로 도망쳐 들어오기 때문이라고. 또 명성은 모든 덕*[36]의 어머니이고, 아름다움은 타인에게 선이라고. 나아가 부(자금)는 사업의 힘줄(원동력)이라고도 했다.

조상 대대로 물려온 땅을 탕진한 사람에게는, "땅이 암피아라오스를 삼켰지만, 너는 땅을 집어삼킨 것이다"라고 말했다. 또한 불행을 참아내지 못하는 것이 커다란 불행이라고도 했다.

사람들을 (산 채로) 완전히 태워 죽일 때는 마치 감각이 없는 물체인 것처럼 다루면서, 수술로 일부를 태울 때는 감각이 있는 듯이 다루는 사람들을 그는

---

*34 두 사람 모두 스토아학파 제논의 제자. 제7권 36절 및 38절 참조. 또한 페르사이오스에 대해서는 제2권 61절, 143절도 참조.

*35 안티스테네스에도 같은 말이 있다. 제6권 3절 참조.

*36 리처즈, 힉스의 정정에 따름.

비난했다.

(49) 청춘의 아름다움은 타인에게 맛보게 하는 편이, 타인의 그것을 빼앗아서 느끼는 것보다 바람직하다고 그는 늘 말했다. 왜냐하면 후자는 몸에도 정신에도 해가 되기 때문이라고.

그는 또 다음과 같이 말하여 소크라테스에게도 불만을 토로했다. 즉, 만일 소크라테스가 알키비아데스에게 욕망을 느끼면서도 억제했던 것이라면 바보 같은 사내였던 것이고, 만일 그렇지 않았다고 한다면 그의 행위에는 아무 이상한 데가 없었던 것이라고.

하데스(저승)로 가는 길은 평탄하다고 그는 주장했다. 그곳에서 사람들은 어쨌든 눈을 감고 갈 테니까, 라고.

또한 그는 알키비아데스를 비난하고, 그는 소년시절에는 여인들에게서 남편을 데려갔고, 청년이 된 뒤에는 남편들에게서 그의 아내를 빼앗아갔다고 말했다.

로도스섬에서 아테네 사람들은 변론술에 심혈을 기울였는데, 그는 철학을 가르쳤다. 그래서 그것을 어떤 사람이 나무라자, "나더러 밀을 운반해 와 놓고, 보리를 팔라는 것인가?"라고 그는 대답했다.

(50) 하데스에 있는 사람들이 만일 구멍이 나지 않은 흠이 없는 그릇으로 물을 나르라고 하면 훨씬 가혹한 벌을 받게 되리라고 그는 말했다.

그에게 도와달라고 끈질기게 요구하는 성가신 남자에게 "자네가 대리인들을 보내고 자네는 오지 않는다면 자네에게 충분한 것을 해줌세"라고 말하기도 했다.

그가 악한들과 함께 항해를 하다가 해적을 만났을 때, 그들이, "눈에 띄면 죽여버리겠다"고 하자, "하지만 나로선 눈에 띄지 않으면 죽임을 당할 텐데"라고 그는 응수했다.

자만은 진보에 방해가 된다고도 말했다.

인색한 부자에게, "이 사람이 재산을 가진 게 아니라, 재산이 이 사람을 갖고 있는 것"이라고 그는 말했다. 또 구두쇠는 일반적으로 재산을 자기 것으로 인식하면서도 그것이 마치 남의 것이기라도 한 것처럼 그것으로부터 조금도 이익을 얻지 못하는 사람이라고도.

젊을 때는 혈기로 내달리지만, 노년이 되면 사려(思慮)가 꽃피게 된다고 그는 말했다.

(51) 또한 시각이 다른 감각보다 뛰어난 것과 마찬가지로 사려는 다른 덕보다 위에 있다고도 했다. 나아가 노년을 비방해서는 안 된다고 말했다. 우리 모두가 노년에 이르기를 바라기 때문이라고.

못마땅한 얼굴로 부러워하는 사람에 대해서는 "자네에게 무슨 나쁜 일이 생겼는지, 아니면 다른 사람에게 좋은 일이 생긴 것인지 어느 쪽인지 알 수 없군"이라고 그는 말했다.

비천한 신분으로 태어나는 것은 언론의 자유라는 점에서 나쁜 동거인이라고 그는 말했다.

> 왜냐하면 그것은 사람을 비굴하게 만들기 때문에 아무리 대담한 심장의
> 소유주라 해도.[37]

또 우리는 벗이 어떤 인물인지를 주의 깊게 지켜봐야 한다. 나쁜 사람들과 사귄다거나, 좋은 사람들을 피하고 있다는 인상을 주지 않으려면이라고도 말했다.

이 사람(비온)은 처음 크라테스의 제자였던 시절에도 아카데메이아파의 학설에 불만을 품었는데, 그 뒤에 그는 누더기 옷과 다 떨어진 자루를 메고 키니코스파의 학설을 받아들였다.

(52) 왜냐하면 그를 마음의 평정부동(아파테이아)설로 향하게 하려면 그것이외에 다른 어떤 것도 필요치 않았기 때문이다. 다음으로 그는 여러 논법을 구사하여 소피스트처럼 주장을 펴던 무신론자 테오도로스의 강의를 들은 뒤에는, 테오도로스의 생각을 받아들이기에 이르렀다. 그리고 테오도로스 이후로는 페리파토스의 강의를 들었다.

그는 또한 연극처럼 꾸며서 행동하는 사람이기도 했고, 또 중대한 일에 대해서도 비속한 표현을 써서 그 일을 웃음 속에서 처리해버리는데 능숙했다.

이렇게 그의 논설에는 여러 종류의 것들이 섞여 있었으므로 에라스토테네스는 그에 대해, 비온은 철학에 가지각색의 옷을 입힌 최초의 인물이라고 말

---

[37] 에우리피데스 〈히폴리토스〉 424행의 인용.

했다고 한다. 왜냐하면 그는 시인의 시구를 비꼬는 데에도 남다른 재주를 지 녔었기 때문이다. 다음에 드는 것도 그의 한 예이다.

　오, 상냥한 아르키타스여, 비파 연주자로 태어난 자기의 재주에 도취된 행 복한 자여.[38]
　낮은 음의 현을 둘러싼 다툼에는 세상 누구보다도 뛰어났으니.

(53) 그는 또한 음악과 기하학까지도 비웃었다. 또 그는 화려한 사람이기도 했다. 때문에 그는 때로는 남의 눈을 끌 만한 행동을 궁리하면서 마을에서 마 을로 돌아다녔다. 실제로 로도스섬에서 그는 선원들을 설득하여 학생복을 입 히고 자기 뒤를 따라오게 했다. 그가 그 선원들과 함께 체육관으로 들어서자 주위 사람들의 눈은 일제히 그에게 쏠렸던 것이다.

그는 또한 몇몇 젊은이를 양자로 삼았는데, 그것은 쾌락을 추구하여 그들을 충분히 이용하기 위해서였음과 동시에 그들의 호의로 자신을 지키기 위해서이 기도 했다. 뿐만 아니라 그는 매우 이기심이 강해서 "벗의 것은 공동소유"라는 격언을 힘주어 강조했다. 때문에 그의 강의를 듣는 사람이 많았음에도, 그의 제자로 이름이 기록된 사람은 한 사람도 없다. 다만 그는 몇몇 젊은이들을 부 끄러움을 모르는 행동으로 이끌기는 했지만.

(54) 예를 들면 그의 가까이에 있던 사람의 하나인 베티온은 전에 메네데모 스에게, "나는 메네데모스여, 비온과 함께 밤을 지내고 이상한 일을 당한 것은 아무것도 없었다고 생각해"라고 말했다고 전해지기 때문이다.

한편 그는 교제하던 사람들에 대해서는 자주 신들을 업신여기는 듯한 말을 했는데, 이것은 테오도로스의 학설을 맛보았기 때문이다. 그래서 그가 뒷날 병 이 났을 때, 칼키스 사람들이 했던 말로는—왜냐하면 그가 죽은 것도 그 땅 에서였기 때문에—그는 부적을 몸에 지니라고, 그리고 신적인 일에 대해 잘못 을 저지른 것을 회개하라는 설득을 받았다고 한다. 그래서 안티고노스왕이 그 에게 하인 두 명을 보내줄 때까지 그는 간병하는 사람들도 없이 열악한 상태

---

[38] 이것의 첫 줄은 호메로스의 〈일리아스〉 제3권 182행을 패러디한 것. 호메로스의 시구는 "오, 행복한 아틀레우스의 아들이여, 모이라(운명)의 축복을 받고 태어나 다이몬의 수호를 받는 복된 자여"의 의미를 지닌 것이다.

에 처해 있었다. 또한 파보리누스가 〈역사연구 잡록집〉에 쓴 바에 따르면, 그 무렵에 왕 자신도 가마를 타고서 왔었다고 한다.

그러나 그런 대접을 받았음에도 그는 죽고 말았다. 내가 그를 비난하여 지은 시는 다음과 같다.

(55) 스키티아의 땅, 보리스테네스가 낳은 비온은,
신들은 실제로 존재하지 않는다고 말했다고 나는 들었다.
만일 그가 그런 생각을 내내 끝까지 가졌었다면, "그는 자기 좋은 대로 생각한 것이다.
그것은 잘못된 것이기는 하지만, 어쨌든 그는 그렇게 생각했었다"라고 바로잡았을 것이다.
그러나 실제로는 그가 오랫동안 병에 걸려 죽지나 않을까 걱정했을 때,
신들은 존재하지 않는다고 주장하고, 신전을 보지도 못하고,
(56) 신들에게 제물을 바치는 사람들을 실컷 비웃던 이 사내는,
다만 화로 위에서가 아니라 제단과 식탁 위에서도
불에 구운 제물 짐승의 냄새와 기름과 연기로써 신들의 콧구멍을 기쁘게 했다.
그래서 "나는 죄를 지었습니다. 과거의 일은 용서해 주십시오"라고 했을 뿐만 아니라, 주술의 증표를 받고자 노파에게 자기 목을 스스로 내놓았고,
또한 완전히 믿고는 팔을 가죽 끈으로 묶기도 했던 것이다.
(57) 대문 위에는 람노스(가시자두)와 올리브가지를 놓았던 것이다.
죽지 않을 수 있다면 무엇이든 도움이 되는 일을 할 각오로.
그러나 어떤 대가를 치르고 신의 가호를 받으려 한 자는 얼마나 어리석은 것이랴!
그것은 마치 비온이 믿는 마음이 생겼을 때, 신들은 존재한다고 생각하는 것 같지 않은가.
때문에 쓸데없는 계산이었다. 헛소리를 하는 자가 재가 되었을 때,
손을 내밀어 "어서 오십시오, 플루톤 님"이란 말을 한 것은.

(58) 비온이라는 이름의 인물은 10명이 있었다. 첫 번째는 시로스 사람 페레

키데스와 동시대 사람으로 이오니아 방언으로 쓰인 그의 책 2권이 현존한다. 그는 프로콘네소스 사람이었다. 두 번째는 시라쿠사 사람으로 변론술 교본을 쓴 사람. 세 번째는 우리가 이제까지 다룬 바로 그 사람. 네 번째는 데모크리토스 문하의 수학자. 그는 아브데라 사람으로 아티카 방언과 이오니아 방언으로 책을 썼다. 이 사람은 밤이 6개월 이어, 낮도 6개월 계속되는 곳이 있다고 처음으로 말한 사람이다. 다섯 번째는 솔로이 사람으로 에티오피아에 관한 저술이 있다. 여섯 번째는 변론가로서 무사라는 이름을 받은 그의 책 9권이 현존한다. 일곱 번째는 서정시인. 여덟 번째는 밀레토스의 조각가로 폴레몬도 그 인물을 말하고 있다. 아홉 번째는 비극작가로 이른바 타르수스 시인 가운데 한 사람. 열 번째는 클라조메네 또는 키오스 출신의 조각가로 히포낙스도 말하고 있다.

8 라키데스

(59) 라키데스는 알렉산드로스의 아들로 키레네 사람이다. 그는 새 아카데 메이아파의 창시자이고, 아르케실라오스의 후계자였다. 그는 매우 위엄 있는 사람으로서 적지 않은 숭배자도 있었다. 또 젊을 때부터 부지런해서 가난하기 는 했지만 붙임성이 있고, 사교적이었다. 가정에 관해서도 이 사람은 매우 다 정다감한 데가 있었다는 이야기가 전해온다. 즉, 그는 저장고에서 뭔가를 꺼낼 때는 언제나 문에 봉인을 다시 한 다음에, 그 봉인한 반지를 구멍을 통해 실내 로 던져 놓는 것이었다. 그것은 그곳에 저장되어 있는 것이 도둑을 맞거나 꺼 내는 일이 없게 하기 위해서였다. 그래서 하인 가운데 못된 하인들은 그것을 알고, 봉인을 망가뜨리고 자기들이 원하는 만큼의 것을 훔쳐낸 다음 반지를 똑같이 구멍을 통해 저장실 안으로 던져 넣었다. 그렇게 했기 때문에 그들은 단 한 번도 들키지 않았다는 것이다.

(60) 라키데스는 아탈로스왕이 정비한 아카데메이아 안의 학원에서 강의했 다. 그래서 그 학원은 그의 이름을 따서 '라키데이온'이라 불렸다. 또 역대 학교 장들 중에선 오직 그만이 생전에 학원을 케레클레스와 에우안드로스에게 양 도했는데, 이 두 사람 모두 포카이아 사람이었다. 그리고 에우안드로스에게서 페르가몬의 헤게시누스가 이를 계승하고, 그는 다시 카르네아데스에게 인계 했다.

한편, 라키데스에게는 하나의 멋진 말이 따라 다닌다. 즉 아탈로스왕이 그 에게 사자를 보내 호출했을 때, 그는 조각상은 멀리서 바라보는 것이라고 말했 다고 한다.

또 그가 늘그막이 되어 기하학 공부를 하고 있을 때, 어떤 사람이 그에게 "그럼 지금이 좋은 시기인 것입니까?"라고 묻자 그는 그 말에 "아니, 지금도 좋 은 시기는 아니야"라고 말했다.

(61) 그는 134회 올림픽 대회기의 제4년(BC 241~240)에 학교장이 되어 26년 동안 학원을 이끌다가 세상을 떠났다. 그의 죽음은 술을 너무 많이 마셔서 오는 중풍에 걸린 때문이었다. 그에 대해서도 내가 조롱해 지은 다음과 같은 시가 있다.

그대에 대해서도, 라키데스여. 나는 이런 소문을 들었다.
주신(酒神) 바쿠스가 그대를 붙들어 발끝으로 서 있는 그대를 하데스로 이끌고 갔다고.*39
아니, 세상이 모두 아는 일이었다. 디오니소스(바쿠스)가 힘차게 몸속으로 들어가자 사지를 풀어놓았다는 것은.
그 신은 '리아이오스'(해방자)라는 호칭을 지녔던 것이 아닌가.

---

*39 힉스의 교본에 따름.

9 카르네아데스

(62) 카르네아데스는 에피코모스의 아들, 또는 알렉산드로스의 〈철학자들의 계보〉에 따르면 필로코모스의 아들로 키레네 사람이다. 그는 스토아 파의 책, 특히 크리시포스의 저서를 열심히 읽고, 이것들을 멋지게 반론했다. 그래서 그는 이름을 매우 드높였으므로,

> 만일 크리시포스가 없었더라면 나는 없었을 것이다.

이런 말까지 했다.

한편, 그는 따를 사람이 없을 정도로 부지런했다. 다만 자연학 쪽으로는 그다지 성과가 오르지 않고, 윤리학 쪽에서 오히려 성과를 올렸다. 때문에 그는 머리칼과 손발톱을 마냥 자라게 놔두었는데, 논의를 파느라 날이 새고 지는 바람에 그것을 다듬을 짬이 없었기 때문이었다. 그리고 그는 변론가들마저도 자기 강의를 그만두고 그에게 강의를 들으러 올 정도로 철학에서 강력한 존재가 되었던 것이다.

(63) 또 그는 목소리가 무척 컸다. 그래서 (강의를 하던) 체육장의 관리인은 그에게 심부름꾼을 보내, 너무 큰소리를 내지 말아달라고 부탁했다. 그러자 그는 답하기를, "그렇다면 나에게 목소리를 재는 도구를 달라"고 했다. 이에 심부름꾼은 이런 대답으로 훌륭하게 급소를 찔렀다. 즉 그는 "재는 도구라면, 당신은 수강자들(의 수)을 갖고 있지 않으신가요?"라고 했기 때문이다.

또 그는 논의의 적수를 혹독하게 비난하고 공격할 줄 알았고, 그래서 토론에서는 여간해선 지는 법이 없었다.

나아가 앞서 말한 이유 때문에 그는 식사에 초대를 받아도 거절했다.

그의 제자로 비티니아 출신의 멘토르라는 사람이―파보리누스가 〈역사연

구 잡록집〉에서 밝히는 바에 따르면, 이 사람은 그의 첩으로 들어가려 했다고 한다—언젠가 그가 강의하는 곳으로 왔다. 그러자 그는 강의 도중에 그를 향하여, (호메로스의 시구를 빌려) 다음과 같이 말하여 비웃었다.

(64) 이곳에 틀림없는 (예언자인) 바다의 노인이 찾아왔다,
모습도 목소리도 멘토르(오디세우스의 벗)와 비슷하면서.*40
그러나 이 멘토르는 이 학원에서 추방이 끝났다고 나는 선언하는 바이다.

그러자 그 남자(멘토르)는 일어나서, (마찬가지로 호메로스의 시구를 빌려) 이렇게 응수했다.

저 자(전령)들이 명령을 전달하자,
이 자들(사람들)은 서둘러 모여든 것이다.*41

한편, 그는 죽음에 대해서는 조금 겁먹은 행동을 했던 것 같다. 왜냐하면 그는 여느 때 "짜맞춰진 자연이 다시 해체될 것이다"라고 했기 때문이다. 또 안티파트로스가 독을 마시고 스스로 목숨을 끊었다는 소식을 들었을 때는, 죽음을 맞아 그 사람의 태연한 태도에 그는 마음이 흔들려서, "그럼 내게도 한 잔 주게나" 말했으므로 곁에 있던 사람들이 "뭘 올릴까요?"라고 묻자, 그는 "꿀이 든 포도주*42라네"라고 대답했기 때문이다.

또한 그가 죽었을 때 월식이 일어났다고 하는데, 그에 대해서는 여러 천체 가운데서도 태양 다음으로 가장 아름다운 것이 그에게 동정을 드러낸 것이라고 말하는 사람도 있었다.

(65) 아폴로도로스의 〈연대기〉에 따르면 그가 세상을 떠난 것은 제162회 올림픽 대회기의 네 번째 해(BC 129/8년)로 당시 그는 85세였다.

---

*40 이 두 행은 호메로스의 〈오디세이아〉 가운데 두 행(제4권 384행, 제2권 268행 또는 401행)을 패러디한 것.
*41 〈일리아스〉 제2권 52행의 인용.
*42 이것은 죽음을 재촉하기보다는 오히려 삶을 촉진시키는 효능을 지닌 것이었다.

그가 카파도키아의 왕 아리아라테스 앞으로 보낸 몇 통의 편지가 현존한다. 그 밖의 것은 그의 제자들이 엮었지 그 자신은 한 권도 책을 남기지 않았다.

내가 그를 기려 로가오이디코스조와 알케블레이오스조의 시형(詩型)[43]으로 쓴 것은 다음과 같다.

무엇을, 대체 무엇을, 무사 여신이여, 나는 카르네아데스에 대해 무엇을 나무라면 좋겠습니까?

그가 얼마나 죽음을 두려워했는지 모르는 사람은 그에 대하여 알지 못하는 사람이니까요.

몸을 망가뜨리는 가장 나쁜 병에 걸렸을 때조차

그는 해방되고 싶다는 생각은 하지 않았다.

아니, 안티파트로스가 어떤 독을 마시고 생명의 불꽃이 스러졌다는 소식을 들었을 때,

(66) "그렇다면 내게도 뭔가 마실 것을 주게나"라고 그는 말했다.

"그럼 무엇을 올릴까요?"라고 묻자,

"꿀이 든 포도주를 주게나"라고 한 것이었다. 또 그가 여느 때 입버릇처럼 말한 것은,

"나를 결합시키고 있는 자연이, 나를 또한 반드시 해체시킬 것이다"라는 말이기도 했다.

그럼에도 그는 지하로 내려갔던 것이다.

더 많은 나쁜 이득을 얻은 채로 하데스땅으로 갔을 터였다.

그는 또한 밤이 되면 눈이 어두워져 잘 보이지 않게 되었는데, 그것을 알아채지 못했다. 그래서 그는 어린 하인에게 등불을 켜라고 명령했다. 그래서 어린 하인이 등불을 가져와서, "갖고왔습니다"라고 하자, "그럼 네가 책을 읽어주렴" 하고 말했던 것이다.

그에겐 이밖에도 많은 제자가 있었는데, 그 가운데 가장 평판이 높았던 사

---

[43] 로가오이디코스조란 산문과 시의 중간형식으로 다크틸로스조와 트로카이오스조를 섞은 것. 알케블레이오스조는 알케블레이오스가 사용한 시형으로 펜타메로스조이다.

람은 클레이토마코스였다. 이 사람에 대해서는 다음에 다루기로 한다.

카르네아데스라는 이름의 사람은 이밖에도 한 명, 엘레게이아조의 시 작가로 차가운 느낌을 주는 사람이 있었다.

10 클레이토마코스

(67) 클레이토마코스는 칼케돈 사람으로 이 사람의 본명은 하스드루발이었다. 그리고 그는 조국(칼케돈)에서 그곳 말로 철학 공부를 했다. 그러나 마흔 살이 넘어서 그는 아테네로 나와 카르네아데스의 문하로 들어갔다. 카르네아데스는 이 사람의 부지런함을 인정하고 그에게 그리스어 공부를 권하고, 그를 충분히 훈련시켰다. 그래서 그는 크게 정진하였으므로 400권이 넘는 책을 쓸 정도가 되었다. 그리고 카르네아데스의 뒤를 이어 학두(學頭)가 되고, 책으로 카르네아데스의 생각을 세상에 널리 나타내었다. 그는 또한 3개 학파, 즉 아카데메이아파와 페리파토스파, 스토아파의 학설에 통달한 사람이기도 했다.

그러나 티몬은 아카데메이아파 사람들 모두를 깎아내려서,

아카데메이아파 사람들의 소금기 없고 쓸데없이 길기만 하네.

이렇게 쓰고 있는 것이다.

한편, 나는 플라톤으로 시작하는 아카데메이아파 사람들에 대해 자세히 써 왔으므로 다음엔 플라톤으로 유래되는 페리파토스파 사람들에게 가보기로 하겠다. 이 파 사람들의 맨 앞에 위치하는 이는 아리스토텔레스이다.

제 5 권

1 아리스토텔레스

(1) 아리스토텔레스는 니코마코스와 파이스테스의 아들이며 그리스 스타게이로스[*1] 출신이다. 그런데 이 니코마코스는 헤르미포스가 〈아리스토텔레스전(傳)〉 가운데서 쓰고 있는 바에 따르면, '의술의 신' 아스클레피오스의 아들 마카온의 아들인 니코마코스의 핏줄을 잇는 자였다고 한다. 또 이 사람은 마케도니아의 왕 아민타스의 촉망으로 시의(侍醫) 및 벗으로서 그 왕과 생활을 함께 하기도 했다.

한편 이 아리스토텔레스는 플라톤의 가장 정통인 제자인데, 아테네 사람인 티모테오스가 〈철학자전〉 가운데서 말하는 바에 따르면 발음할 때에 혀에 경련이 일어날 때가 있었다고 한다. 그뿐만 아니라 전해지는 바에 따르면 그의 다리는 가늘고 눈은 작으며 화려한 옷을 걸치고 반지를 꼈으며, 머리는 짧게 깎았다고 한다. 더욱이 티모테오스가 기록한 바에 따르면 그는 내연의 처였던 헤르필리스에게서 니코마코스란 이름의 아들을 얻었다고 한다.

(2) 그는 플라톤이 아직 살아 있을 때 그의 곁을 떠났다. 거기에서 플라톤은 다음과 같이 말했다는 것이다. '아리스토텔레스는 나를 차버리고 말았다. 마치 망아지가 낳은 어미를 그렇게 하듯이' 그러나 헤르미포스가 〈철학자전〉 가운데서 기록하는 바에 따르면, 아리스토텔레스가 아테네인을 위해 사절로서 (마케도니아 왕) 필립포스에게 가 있는 사이에 크세노크라테스가 아카데메이아에 있는 학원의 원장이 되었다. 그는 귀국해 학원이 타인이 지도하는 것을 목격하자 리케이온(의 체육장)에 있는 (지붕이 딸린 회랑의) 산책길(페리파토스)을 택해 이곳을 오가면서 몸에 기름을 바르는 시간이 올 때까지 제자들과 함께 철학을 논한 것이다. 그리고 그 일로 말미암아 그의 학파에는 '페리파토스파

[*1] 에게해 북안의 칼키디케반도 안의 동부에 있는 도시. 일찍이 스타기로스 또는 스타기라로 불린 것 같은데, 중세 사본에서는 스타게이로스 또는 스타게이라로 되어 있다.

(逍遙學派)'*2란 이름이 붙여지게 되었다는 것이다. 하지만 다른 사람들의 말에 따르면 (그 학파 이름의 유래는) 알렉산드로스(대왕)가 질환에서 회복해 일상처럼 산책하고 있을 때 아리스토텔레스는 그에게 함께해 여러 대화를 한 것에 따른 것이라고 한다.

(3) 그러나 그를 따르는 제자들의 수가 매우 많아진 뒤로는 그는 앉아서도 강의를 했는데 그때 그는

'침묵을 지키고 크세노크라테스에게만 말하게 놔두는 것은 부끄러운 일이다'*3라고 말했던 것이다. 그리고 그는 일정한 명제를 둘러싸고 논의하는 훈련을 제자들에게 시켰는데 동시에 또 변론술 연습도 시켰다. 하지만 그 후 그는 아타르네우스의 참주(僭主)이고 거세된 사내인 헤르미아스에게로 떠났다. 이 인물은 어떤 사람들의 말에 따르면 아리스토텔레스와 애인관계에 있었다 하고, 또 다른 사람들에 따르면 아리스토텔레스에게 자신의 딸(또는 조카)을 주어 그와 계속 인연이 이어지길 바라고 있었다고도 한다. 이것은 마그네시아인 데메트리오스가 〈같은 이름의 시인이나 작가들에 대해서〉 중에서 이야기하고 있다. 또 이 지은이는 헤르미아스가 에우불로스란 사람의 노예였다는 것, 그리고 그는 비티니아 출생이고 자신의 주인을 죽인 자라는 것도 말하고 있다. 또 아리스티포스는 〈옛 사람의 사치에 대해서〉 제1권 가운데에서 아리스토텔레스는 헤르미아스의 소실과 사랑에 빠진 것으로 전한다.

(4) 그리고 헤르미아스가 승인해주었기 때문에 그는 그 여인을 아내로 맞아들이고는 기쁜 나머지 마치 아테네인이 데메테르 여신에게 바치는 것과 같은 희생을 그 사랑하는 여인을 위해 바쳤다. 다른 한편 헤르미아스에 대해서도 나중에 말하는 것과 같은 찬가를 만들었다는 것이다.

그 뒤 그는 마케도니아의 필리포스가 파괴한 자신의 조국을 재건해달라고 알렉산드로스에게 부탁해 성사시켰다. 그리고 조국의 사람들을 위해 법률도 제정해 주었다는 것이다. 뿐만 아니라 크세노크라테스의 방식을 본떠 자신의

---

*2 뒤에 아리스토텔레스학파의 호칭이 된 '페리파토스파'라는 명칭은 아리스토텔레스는 걸어 다니면서 강의를 하는 습관이었다고 하는 그 '걸어 다니는' 것에서 유래하지는 않았고(디오게네스는 그렇게 이해하는 것으로 보이는데, 제1권 17절 참조), 그가 강의를 하던 곳이 리케이온 체육장 건물에 딸려 있었던 '(지붕이 있는) 복도'(페리파토스)였던 것에 따른 것이었으리라. 그리고 그것은 아카데미파나 스토아파 호칭의 경우와 같았던 것으로 생각된다.
*3 에우리피데스, 단편 796.

학원에도 학칙을 정하고, 열흘마다 교체하는 간사(아르콘)*4를 두었다고 한다.

그러나 그는 알렉산드로스와의 생활도 매우 길어졌다고 여겨졌을 무렵 자신의 친척인 오린토스 출신의 칼리스테네스*5를 알렉산드로스에게 추천해두고 자기 자신은 아테네로 떠났다.

(5) 그런데 이 칼리스테네스는 왕에 대해서 지나치게 솔직하게 말하고 아리스토텔레스의 충고에 따르지 않았기 때문에, 아리스토텔레스는 다음과 같이 말하며 그를 꾸짖었다고 한다.

'아, 내 아들아, 너는 곧 목숨을 잃게 될 것이다. 네가 스스로 그렇게 말한 대로.'*6

그리고 실제로 그렇게 된다. 그 말대로 그는 알렉산드로스의 목숨을 노린 헤르모라오스의 음모에 가담한 혐의로 철창 속에 갇히고 끝내 사자의 먹이로 던져져 생애를 마쳤기 때문이다.

아리스토텔레스로 이야기를 되돌려, 그는 아테네로 돌아와 13년 동안 그의 학원을 주재한 뒤, 칼키스에 은퇴하는데, 그것은 제사(祭司) 에우리메돈이—또는 파보리누스가 〈역사연구 잡록집〉에서 전하는 바에 따르면 데모피로스가—아리스토텔레스를 신에 대한 불경죄로 고발했기 때문이다. 고발 이유는 그가 앞서 말한 헤르미아스에 찬가를 만들었기 때문이었다.

(6) 또한 델포이에 바쳐진 그의 조각상에 그가 아래와 같은 명문(銘文)을 새겼다는 것도 그 이유가 된다. 그 명문이란

매우 복되신 신들의 거룩한 규정을 어기고
더없이 불경한 수법으로,
이 사람을 죽인 것은 활을 지닌 페르시아인의 왕이다.

---

*4 이 '아르콘'(간사)의 임무가 어떤 것이었는지는 잘 알 수 없다. 본보기로 삼은 아카데미에서는 학생들의 일종의 자치조직과 같았던 것으로 추정되므로, 리케이온에서도 똑같이 학생들의 공동생활을 돌보는 자로서 열흘마다 교체하면서 무사당(堂)에 봉사하는 역할을 수행하거나, 회식의 책임자가 되거나 한 것이 아닌가 상상이 된다.

*5 아리스토텔레스의 조카. BC 370년 무렵~327년. 알렉산드로스대왕의 동정(東征)에 역사가로서 종군했는데 왕이 부하에게 동양식의 무릎절을 강요하게 된 뒤로 이에 반항하고 음모 혐의로 살해되었다.

*6 호메로스 〈일리아스〉 제18권 95행의 인용.

그러나 싸움터에서 창으로 당당하게 승리하지 않았고,
음모를 꾸미는 사내를 이 사람이 신뢰한 틈을 노려 생긴 일이다.

이와 같다.
그런데 에우메로스가 〈역사〉 제5권 가운데서 말하는 바에 따르면 아리스토
텔레스는 이 칼키스의 땅에서 독약을 마시고 70세에 세상을 떠났다는 것이다.
또 이것의 같은 지은이는 그가 플라톤에게 온 것은 30세 때였다고 말한다. 그
러나 이것들은 모두 틀렸다. 왜냐하면 아리스토텔레스는 60세까지 살았기 때
문이다. 또 플라톤에 입문한 것은 그가 17세 때였다.
다른 한편 (헤르미아스) 찬가란 다음과 같다.

(7) 오, 덕이여, 죽어야 할 족속에게는 크나큰 노고로써 얻게 되는 것.
당신은 이 세상의 삶에서는 더없이 아름다운 사냥감.
당신의 아름다운 모습 때문에, 아, 처녀(덕)여.
죽어가는 것도, 끊임없이 모진 곤궁에 견디는 것도,
헬라스에게는 영예로운 운명이 되는 것이다.
당신은 불사와도 같은 대가를 사람의 마음에 가져다준다.
황금에도 낳아준 부모에게도 보기에도 편안한 잠에도,
훨씬 뛰어난 그와 같이 좋은 것을,
당신을 위해 제우스의 아들 헤라클레스도, 레다의 아이들도,
수많은 시련을 견딘 것이다, 당신의 힘을 얻으려고.
당신을 그리면서 아킬레우스도 아이아스도 하데스 저택으로 향한 것이다.
(8) 그리고 아타르네우스의 사랑하는 아들(헤르미아스)도,
당신의 사랑스런 모습 때문에 햇빛을 빼앗긴 것이다.
그 공으로 말미암아 그 사람은 노래에 실리는 자가 될 것이다.
또 므네모시네(기억의 여신)의 딸인 무사 여신들도,
그 사람을 불사인 자로 높여지게 될 것이다.
나그네의 수호신 제우스의 빛남과,
흔들림 없는 우정의 선물을 더욱더 축하하면서.

우리가 이 사람(아리스토텔레스)을 생각해서 만든 시도 있으므로 그것을 아래에 기록해둔다.

데메테르 밀의(密儀)의 제사(祭司)인 에우리메돈은,
일찍이 아리스토텔레스를 신에 대한 불경죄로 고소하려고 했는데,
이 사람은 독배를 마시고 그 고소를 모면했다.
이것이야말로 부정한 중상에 힘들이지 않고 이길 수 있는 방법이다.

(9) 그런데 파보리누스가 〈역사연구 잡록집〉에서 쓰고 있는 바에 따르면 아리스토텔레스는 바로 이 재판에 대비해 자기 자신을 위한 법정변론을 쓴 최초의 사람이었고, 그리고 그 가운데서 그는 아테네에서는(마치 호메로스가 말하듯이),

배에는 배가, 무화과에는 무화과가 잇달아 끊임없이 익어가고 있다.*7

는 것과 같은 상황이 되었다고 말했다는 것이다.

한편, 아폴로도로스의 〈연대기〉에 따르면 아리스토텔레스는 제99회 올림픽 대회기의 제1년째(BC 384년)에 태어나 17세 때에 플라톤의 문하로 들어가 20년 동안 플라톤 밑에서 지냈다. 그리고 제108회 올림픽 대회기의 제4년째(BC 345년), 에우불로스가 아르콘이었던 해에 미틸레네로 갔다. 단, 그 전에 테오필루스가 아르콘이었던 같은 대회기의 제1년째(BC 348년)에 플라톤이 죽었기 때문에 그는 헤르미아스에게로 떠나 그곳에 3년 동안 머물렀던 것이다.

(10) 그리고 피토도토스가 아르콘이었던 해, 즉 제109회 올림픽 대회기의 제2년째(BC 343년)에 그는 필리포스왕의 궁정으로 갔는데 알렉산드로스는 그때 이미 15세가 되었다. 그리고 제111회 올림픽대회기인 제2년째(BC 335년)에 그는 아테네로 돌아가 리케이온에서 13년 동안 강의했다. 그 뒤, 제114회 올림픽대회기인 제3년째(BC 322년)에 칼키스에 은퇴해 그곳에서 질환 때문에 63세의 나

---

*7 〈오디세이〉 제7권 120~121행의 처음과 끝 시구의 인용. 한편 '무화과'라는 용어는 밀고자를 연상케 하고 아리스토텔레스 및 그의 학원이 밀고자들의 표적이 되고 있었음을 암시하고 있다.

이로 세상을 떠났다. 그것은 필로크레스가 아르콘이었던 해이고, 이해에는 데모스테네스도 칼라우리아에서 그 생애를 마쳤다.

그런데 아리스토텔레스는 (조카인) 칼리스테네스를(자기 대신에) 알렉산드로스(대왕)에게 추천했기 때문에 왕의 노여움을 산 것으로 알려졌고, 또 알렉산드로스 쪽도 그에 대한 불쾌한 뜻을 우회적으로 드러내고자 (람프사코스 출신의) 아낙시메네스*8를 후하게 대우하거나 크세노크라테스에게도 선물을 보낸 것으로 알려져 있다.

(11) 또 암부리온*9이 〈테오크리토스론〉 가운데서 쓰고 있는 바에 따르면 키오스인 테오크리토스*10는 다음과 같은 에피그램(엘레게이아조의 짧은 시)을 만들어 아리스토텔레스를 야유했다고 한다.

거세된 사내로서 에우불로스의 노예인 헤르미아스를 위해,
빈 무덤 만들다니, 빈 마음의 소유자 아리스토텔레스이다.
〈이 자는 목마름을 참지 못해 아카데메이아의 (깨끗한 샘)보다도,
(진흙물이 흐르는) 보르보로스의 하구(아소스)에 살기를 택한 사람이다.〉

뿐만 아니라 티몬도 다음과 같이 말해 아리스토텔레스를 공격했다.

그것은 또 아리스토텔레스의 불쾌한 무사려(無思慮)함 정도도 아니다.

이것이 이 철학자의 생애이다. 한편 우리는 그의 유언장까지도 볼 수 있었는데 거기에는 주로 다음과 같이 쓰여 있다.

---

*8 제2권 3절에도 언급이 되는 역사가 쪽의 아낙시메네스. 현존하는 '아리스토텔레스 저작집'에 포함된 〈알렉산드로스에게 보내는 변론술〉의 지은이로 지목되고 있는 사람.
*9 생애·연대 모두 미상. 단, 이 인명은 의문시되고 있어 시인 테오크리토스에 대한 주석서를 저술하고, 그리고 그 가운데서 다음의 주에서 기술하는 같은 이름 역사가 테오크리토스에 대해서 말한 것으로 생각된다. 알렉산드리아 출신의 문법학자 아마란토스에 대한 것이 아닌가 추측하는 해석도 있다.
*10 BC 4세기에 활약한 소피스트이고 정치가. 이소크라테스파인 메트로도로스의 제자이고 평생 마케도니아의 왕들과 그 부하들에게 독설을 퍼부은 인물. 역사에 관한 저술도 있다.

'모든 일이 순조롭게 진행될 것이다. 하지만 만일의 일이 생겼을 때에 대비해 아리스토텔레스는 아래의 것을 유언으로 남겨두었다.'

(12) '모든 일을 통해서 이 유언의 집행인으로는 안티파트로스*11 공에게 부탁한다.

그리고 니카노르*12가 돌아올 때까지는 아리스토메네스·티마르코스·히파르코스·디오텔레스가, 또 본인이 승낙하고 사정이 허락한다면 테오프라스토스도 (후원자로서) 아이들과 헤르필리스와의 뒤를 보살펴 주고, 유산에 대해서도 배려해 주기 바란다.

딸(피티아스)은 나이가 되면 니카노르와 결혼시킬 것.

하지만 만일의 일이 딸에게 일어났을 경우에는—그와 같은 일은 일어나지 않을 것을 기도하고, 또 발생하는 일도 없겠지만—결혼하기 전이건 결혼한 뒤라도 아직 어린애가 없는 때에는 니카노르가 아들(니코마코스)의 일은 물론 그 밖에 모든 일도 본인들과 우리에게 적절한 방법으로 처리할 권한을 갖는 것으로 한다.

그리고 니카노르는 딸과 아들인 니코마코스를 위해 아버지이자 형제로서 생각하고, 그들에 관한 일이 적절하게 이루어지도록 보살펴주기 바란다.

하지만 니카노르의 신상에 어떤 일이 발생한 경우에는—그와 같은 일은 일어나지 않기를 바라는데—딸을 신부로 맞기 전이라도, 또는 신부로 맞은 뒤라도 아직 아이가 없는 때에는 니카노르가 정한 것이 무엇이건 그대로 효력이 있는 것으로 한다.'

(13) '또 그와 같은 경우에 만일 테오프라스토스가 나의 딸과 결혼하기를 바란다면 니카노르와 같은 권리를 테오프라스토스가 갖는 것으로 한다.

---

*11 마케도니아의 왕 필립 2세 및 그의 아들 알렉산드로스왕에게 봉사한 중신이자 장군. BC 397년~319년. 그는 대왕의 동정 중, 마케도니아의 통치를 맡게 되어 스파르타 왕 아기스의 난을 평정하고 또 왕의 사후에는 아테네를 중심으로 한 반마케도니아투쟁을 진압했다. 아리스토텔레스와는 친근한 관계에 있었던 인물.

*12 아리스토텔레스의 숙부 프로크세노스의 아들. BC 360년 무렵~316년. 알렉산드로스와 함께 아리스토텔레스의 교육을 받은 것으로 보인다. 알렉산드로스의 동정에 지휘관으로서 종군하고 BC 324년에는 알렉산드로스의 훈령을 그리스에 전하는 역할을 수행했다. 대왕의 사후에는 카산드로스의 진영에 속했는데 나중에 그 노여움을 사, 마케도니아군의 모임에서 배신죄로 사형이 선고되었다. 따라서 이 유언장을 쓰고 있었을 때에는 그 말미에도 쓰고 있듯이 그는 군무에 종사하고 있어 그 자리에 없었던 것으로 생각된다.

하지만 그렇게 되지 않을 때 후원자 여러분은 안티파트로스공과도 상의한 다음 딸의 일이건 아들의 일이건 최선으로 여겨지는 방법으로 처리해 주기 바란다.

또 후원자 여러분과 니카노르는 나의 일도, 또 나에 대해서 성심을 다해 준 헤르필리스의 일도 잊지 말고, 그 밖의 사항에 대해서도 물론인데 특히 그녀가 누군가와 재혼하길 바란다면 우리에게 어울리는 인물과 혼인할 수 있도록 배려해 주기 바란다.

그리고 헤르필리스에 대해서는 이제까지 준 것에 더해서 유산 가운데서는 1탈란톤과, 또 바란다면 시녀 세 명을 현재 소유한 몸종과 시동인 피라이오스 외에 주기 바란다.'

(14) '또한 헤르필리스가 칼키스에 머물러 그곳에서 살기를 바란다면 정원 가까이에 있는 내객용의 집을 주고, 스타게이로스에 살기를 희망한다면 선조로부터 물려받은 나의 생가를 주도록. 그리고 그녀가 이 가운데 어느 집을 바라건 후원자 여러분은 자신들이 보기에 적당하다고 여겨지고 헤르필리스에게도 충분하다고 생각되는 가구류로 그 집의 살림을 갖춰주기 바란다.

또한 리카노르는 시동인 미르멕스의 일에도 배려해 우리에게 걸맞은 방법으로 그가 맡겼던 소유물과 함께 그를 가족에게 돌려보내주도록.

또 (하녀인) 암브라키스도 자유롭게 해주고, 그리고 나의 딸이 결혼한 경우에는 그녀에게 500드라크마와 그녀가 현재 소유한 몸종을 줄 것.

그리고 탈레에게도 그녀가 현재 소유하고 있는 곳의 돈으로 산 몸종 말고도 1천 드라크마와 또 한 사람의 몸종을 줄 것.'

(15) '그리고 또 (하인인) 시몬에게는 전에 다른 시동을 구입하기 위해 그에게 준 은화 외에 또 한 사람의 시동을 사주거나 또는 그에 상당한 은화를 줄 것.

그리고 티콘은 딸이 결혼할 때 자유의 몸이 되게 해줄 것.

이 점은 필로의 경우도 또 올림피오스와 그 아들의 경우도 똑같이 할 것.

다른 한편 나를 돌봐주는 시동들은 한 사람도 팔지 말고 계속 이 집에서 고용할 것. 그러나 그들이 나이가 되면 그 능력에 따라서 해방해 자유의 몸이 되게 해줄 것.

그런데 그릴리온에 주문해 둔 조각상이 완성되면 이것들이 세워질 수 있도록 배려하기 바란다. 즉 그것은 니카노르 상과 프로크세노스[13]의 상, ―이것은 내가 전부터 주문하려고 했던 것인데―그리고 니카노르의 어머니 상에 대한 것이다.

또 아림네스토스[14]의 이미 완성되어 있는 상도, 그는 아들이 없이 죽었으므로 그의 기념이 되도록 세워주기 바란다.'

(16) '그리고 우리의 어머니 동상도 데메테르 여신에게 바치고 네메아든, 그 밖에 어디라도 마땅한 곳에 세우도록 하기 바란다.

또한 나를 어디에 묻건 그 무덤에는 (죽은 아내) 피티아스의 유골도 그녀의 뜻대로 옮겨 거둬주기 바란다.

또 니카노르도 무사히 돌아간다면, 내가 그를 위해 기원해둔 대로 높이 4페키스의 석상을 스타게이로스에 있는 구주 제우스와 구원의 여신 아테네에 바치도록.'

아리스토텔레스의 유언장은 위와 같은 내용이었다.

그런데 전해지는 바에 따르면 그가 소유했던 접시가 많이 발견되었다는 것이고, 또 그는 언제나 뜨거운 올리브 욕조 안에서 몸을 씻은 뒤 그 기름을 팔았다고 리콘[15]이 말하고 있다는 것이다. 하지만 또 어떤 사람들의 이야기에 따르면 그는 뜨거운 올리브유가 든 가죽부대를 배 위에 올려놓고 있었다고 한다. 더욱이 그는 잠잘 때 청동 구슬을 손안에 쥐고 밑에 접시를 두고 있었는데, 그것은 구슬이 접시에 떨어지면 그 소리에 잠을 깨도록 하기 위해서였다는 것이다.

(17) 한편 다음에 드는 참으로 훌륭한 말도 그가 한 것이라고 한다. 즉 거짓을 말하는 사람들은 어떤 이득이 있느냐고 물었을 때 그가 대답하기를 '그들이 진실을 이야기하는 경우에도 믿을 수 없다는 것이다'라고 말한 것이다. 또

---

*13 앞의 주 참조. 아리스토텔레스의 아버지는 일찍 사망했기 때문에 이 프로크세노스가 아리스토텔레스의 후원자가 되었다.
*14 아리스토텔레스의 형제.
*15 이 리콘은 제5권 제4장에서 다루어지고 있다. 리케이온 제4대 학교장을 가리키는 것으로 생각된다.

어느 때 그는 악인을 동정한다는 비난을 받자 '내가 동정하는 것은 그 사내의 성격이 아니라 그의 인간성에 대한 것이다'라고 대응했다.*16 또 그는 언제 어디서 강연을 할 경우라도 벗이나 제자들에게 늘 다음 같이 말했다. '시각은 주위의 분위기에서(사물을 보는 데 필요한) 빛을 받는데 혼은 학문에서 (진리를 아는 데 필요한) 빛을 받는다.' 또한 그는 때때로 비난하는 어조를 담아 '아테네인은 밀과 법률을 발견했는데, 밀은 사용하지만 법률은 사용하지 않는다'고 말했다.

(18) 그는 또 '교육의 뿌리는 쓴 데 그 열매는 달다'라고 말했다. 바로 낡아지는 것은 무엇이냐는 물음에 '감사'라고 말했다. 또 희망이란 무엇인가라는 물음에는 '잠을 깬 자가 꾸는 꿈이다'라고 대답했다. 디오게네스가 그에게 말린 무화과를 주려고 했을 때, 만일 받지 않으면 무언가 신랄한 말을 들을 것으로 감지하고 그는 받아든 다음 이렇게 말했다. '디오게네스는 무화과뿐만 아니라 신랄한 말도 잃었군.' 그리고 디오게네스가 다시 무화과를 내밀었을 때 그는 그것을 받아들고 마치 어린애가 그렇게 하듯이 머리 위에 높이 쳐든 다음 '위대한 디오게네스(신이 낳은 자라는 뜻)여'라고 말하고 그것을 그에게 돌려주었다.

그는 교육에는 세 가지, 소질과 학습과 연습이 필요하다고 말하고 있었다. 그는 또 어떤 사람으로부터 비난당하고 있다는 말을 듣고 '내가 그 자리에 없는 것이라면 채찍으로 때려도 좋다'고 말했다. 또 '(용모의) 아름다움은 어느 편지보다도 뛰어난 추천장이다'라고 그는 말했다.

(19) 하지만 어떤 사람들이 말하는 바에 따르면 '아름다움'을 그렇게 정의한 것은 디오게네스이고, 아리스토텔레스는 '용모의 아름다움은 신의 선물이다'라고 말했다는 것이다. 한편 '용모의 아름다움'에 대해서 소크라테스는 이를 '단기간의 독재제', 플라톤은 '천부적인 특권' 테오프라스토스는 '말없는 가운데 사람을 속이는 것' 테오크리토스는 '상아빛의 해로움을 끼치는 것' 카르네아데스는 '호위병 없는 왕제(王制)'라는 식으로 저마다 정의(定義)를 내렸다고 한다.

교육 받은 사람은 그렇지 못한 사람과 어느 점에서 다르냐고 물었을 때 '살

*16 21절 참조.

아 있는 사람이 죽은 사람과 다른 것과 같은 정도이다'라고 그는 대답했다.*17 또 그는 '교양은 순경(順境)에서는 장식이고, 역경에서는 대피소이다'라고 말했다. 또 '아이들을 교육한 부모 쪽이 다만 낳기만 한 부모보다도 더욱더 존경받아야 한다. 왜냐하면 후자는 생명을 가져다준 것뿐인데, 전자는 훌륭한 삶을 가져다 주었기 때문이다'라고 말한 것이다. 더욱이 큰 나라 출신임을 자만하는 사내에 대해서는 '위대한 조국에 걸맞은 것은 어떤 인간이어야 하는지를 생각해 보아야 한다'고 그는 말했다.

(20) 벗이란 무엇인가라는 물음에 '두 몸에 깃드는 하나의 혼이다'라고 그는 대답했다. 또 '사람들 가운데에는 마치 영원히 살 것처럼 인색한 사람이 있는가 하면, 지금 당장이라도 죽어버릴 것처럼 낭비를 하는 사람들도 있다'고 그는 말했다. 또 우리는 왜 아름다운 사람들과는 긴 시간 교제하려고 하느냐고 물은 사내에게 '그것은 눈이 보이지 않는 사람이 하는 질문이다'라고 그는 대답했다. 철학에서 도대체 어떤 이익을 얻었느냐고 물었을 때 '어느 사람들이 법률이 두려워서 행하는 것을,*18 명령받는 일 없이 (자발적으로) 행한다는 것이다'라고 그는 대답했다. 또 어떻게 하면 학생들이 진보하겠느냐는 물음에 '앞에 있는 사람들을 뒤쫓고, 뒤쳐진 사람들을 기다리는 일을 하지 않으면 된다'고 대답했다. 또 수다스러운 사내가 그에게 마구 지껄인 나머지 '수다를 계속 떨어서 당신을 진저리나게 한 일은 없었겠지요'라고 말한 데 대해서, '아니 전혀, 왜냐하면 자네 따위에게 전혀 신경쓰지 않고 있었으니까'라고 그는 대응했다.

(21) 착하지 않은 사내에게 기부를 해주었다고 비난한 사람에 대해서는—(앞의 악인에게 동정을 표시했다는 말은*19) 이렇게도 전해지는데—'내가 베풀어준 것은 그 사람이 아니고 그의 인간성에 대해서이다'라고 그는 대답했다. 또 벗에게는 어떻게 행동하면 좋으냐고 물었을 때 '그들이 우리에게 행동해 주길 바라는 대로'라고 그는 대답했다. 그리고 '정의란 가치에 따라서 사물을 분배할 수 있는 것과 같은 혼의 덕을 말한다'라고 그는 말했다. 또 '교양은 고령자에게 가장 훌륭한 노자(路資)이다'라고 그는 말했다. 또한 파보리누스는 〈각서(覺書)〉 제2권 가운데서, 아리스토텔레스는 평소에 '몇 명이나 벗이 있는 사람

---

*17 제1권 69절 및 제2권 69절에도 같은 물음에 대한 답이 있다.
*18 똑같은 대답을 크세노크라테스도 했다고 키케로는 전하고 있다(〈국가론〉 제1권 3절).
*19 17절 참조.

에게는 한 사람의 벗도 없다'고 말했다고 기록하고 있다. 이 말은 그의 〈윤리학〉 제7권[20] 가운데서도 발견된다. 위에 든 것이 그에게로 돌아가는 말이다.

한편 그는 매우 많은 책을 저술했는데, 이 사람은 모든 학문분야에 관해서 뛰어난 능력의 소유자였으므로 나는 그런 책을 아래에 순서에 따라 기록해 두는 것이 적절하다고 생각한다.

(22) 정의에 대해서, 4권
시인(작가)들에 대해서, 3권
철학에 대해서, 3권
정치가에 대해서, 2권
변론술에 대해서, 또는 그리로스, 1권
네린토스, 1권
소피스트, 1권
메넥세노스, 1권
에로스론, 1권
향연, 1권
부(富)에 대해서, 1권
철학의 권고(프로트랩티코스), 1권
혼에 대해서, 1권
기도에 대해서, 1권
출신성분의 좋고 싫음에 대해서, 1권
쾌락에 대해서, 1권
알렉산드로스, 또는 식민시에 대해서, 1권
왕제(王制)에 대해서, 1권
교육에 대해서, 1권
선(善)에 대해서, 1권
플라톤의 〈법률〉로부터의 발췌, 3권
〈국가〉로부터의 발췌, 2권

---

[20] 〈에우데모스 윤리학〉 제7권 제12장 1245b21(또한 〈니코마코스 윤리학〉 제9권 제10장 1171a15~16 참조).

가정(家政)에 대해서, 1권

우애에 대해서, 1권

수동(受動), 또는 수동 상태에 대해서, 1권

여러 학문에 대해서, 1권

논쟁적인 논의에 대해서, 2권

논쟁적인 논의의 해결, 4권

소피스트적(궤변적)인 논의의 분류, 4권

반대의 사물에 대해서, 1권

종류에 대해서, 1권

특유성에 대해서, 1권

(23) 문답법적인 추론에 관한 각서, 3권

덕에 관한 여러 명제, 2권

(위의)반대명제, 1권

몇 가지 의미로 이야기되는 (철학)용어, 또는 (한정어구를) 덧붙여 이야기되
는 용어에 대해서, 1권

여러 감정에 대해서, 또는 분노에 대해서, 1권

윤리학, 5권

구성요소에 대해서, 3권

학문적 지식에 대해서, 1권

근본원리에 대해서, 1권

분류집, 17권

분류론, 1권

물음과 대답에 대해서, 2권

운동변화에 대해서(의 여러 명제), 1권

명제집, 1권

논쟁적 추론의 여러 명제, 1권

추론(교본), 1권

분석론 전서, 8권

대(大)분석론 후서, 2권

(논리적인) 여러 문제에 대해서, 1권

방법론, 8권

보다 선한 것에 대해서, 1권

이데아에 대해서, 1권

토피카(토포스론) 앞에 놓인 여러 정의, 1권*21

토피카, 7권

추론, 2권

(24) 추론에 관한 것 및 여러 정의, 1권

선택되어야 할 것과 덧붙인 것에 대해서, 1권

여러 가지 토포스로의 서론, 1권

정의(定義)를 위한 토포스론, 2권

여러 가지 감정(의 분류), 1권

분류론, 1권

수학론, 1권

정의집(定義集), 13권

문답법적인 추론, 2권

쾌락에 대해서(의 여러 명제), 1권

명제집, 1권

자발성에 대해서(의 여러 명제), 1권

미(美)에 대해서(의 여러 명제), 1권

문답법적인 음미의 대상이 되는 여러 테제, 25권

에로스에 관한 여러 테제, 4권

우애에 관한 여러 테제, 2권

혼에 대한 여러 테제, 1권

정치학(또는 정치에 관한 여러 테제*22), 2권

테오프라토스의 것과 비슷한 정치학강의, 8권

---

*21 P. 모로의 텍스트(Paul Moraux, Les Listes Anciennes des Ouvrages d'Aristote, 1951, p.24)에 따라서 〈토피카(토포스론) 앞에 놓인 여러 정의(定義), 1권〉과 〈토피카, 7권〉의 2책으로 나눈다(이 2책이 현존하는 〈토피카〉 8권으로 되어 있는 것으로 추정된다).

*22 현존하는 〈정치학〉 8권은 다음에 기록하는 책을 가리키는 것으로 생각되므로 M. 지간테의 최근 이탈리어 역서에서는 로제에 따르고 있다.

정당한 행위(권리)에 대해서, 2권

여러 변론술서로부터의 집록(集錄), 2권

변론의 기술, 2권

변론술 교본, 1권

여러 변론술서로부터의 집록, 별책, 2권

(변론의)방법론, 1권

테오데크테스의 변론술서로부터의 집록, 1권

작시(창작)술 논고(論攷), 2권

변론술적 약식 삼단논법, 1권

크기(정도=대·소의 토포스)에 대해서, 1권

약식 삼단논법(변론술적 추론)의 분류, 1권

어법·조사(措辭)에 대해서, 2권

권고에 대해서, 1권

(25) (변론술서로부터의)집록, 2권

자연에 대해서, 3권

자연론, 1권

아르키타스의 철학에 대해서 3권

스페우시포스와 크세노크라테스의 철학에 대해서 1권

〈티마이오스〉 및 아르키타스의 저작으로부터의 발췌, 1권

멜리소스의 학설에 대한 반론, 1권

알크마이온의 학설에 대한 반론, 1권

피타고라스학파에 대한 반론, 1권

고르기아스의 설에 대한 반론, 1권

제논의 설에 대한 반론, 1권

피타고라스학파에 대해서, 1권

동물에 대해서, 9권

해부도록, 8권

해부도록으로부터의 발췌, 1권

합성적 동물에 대해서, 1권

신화상의 동물에 대해서, 1권

불임에 대해서, 1권

식물에 대해서, 2권

인상학, 1권

의료론, 2권

단위에 대해서, 1권

(26) 폭풍의 전조, 1권

천문학, 1권

광학, 1권

운동에 대해서, 1권

음악에 대해서, 1권

기억론, 1권

호메로스 문제, 6권

시(창작)에 관한 여러 문제, 1권

알파벳순으로 배열된 자연학상의 여러 문제, 38권

(위의 것에)추가된 여러 문제, 2권

일상적인 여러 문제, 2권

기계학, 1권

데모크리토스의 저작으로부터 발췌한 여러 문제, 2권

자석에 대해서, 1권

천체의 합(合), 1권

(여러 문제의) 잡록집, 12권

종류별 문제집, 14권

판례집, 1권

올림피아경기의 승리자,*23 1권

피티아경기의 승리자, 1권

음악에 대해서, 1권

피티아(델포이)에 관해서, 1권

피티아경기의 승리자명부 검토, 1권

---

*23 이 책과 다음의 〈음악에 대해서〉라는 책을 한 권의 책으로 다루고 〈뷰티아제(祭)에서의 음악경기의 승리자, 1권〉으로 하고 있다.

디오니시아제(祭)에서의 연극 승리자, 1권

비극에 대해서, 1권

상연작품목록, 1권

금언집, 1권

공동식사규정, 1권

풍속습관집, 4권

카테고리론, 1권

명제론, 1권

(27) 158개 국가의 국제(國制)—민주제, 과두제, 귀족제, 그리고 독재제의 4종류의 구분에 따라서

셀림브리아인의 일로 필리포스에게 보낸 편지*24

알렉산드로스에게 보낸 편지, 4통

안티파트로스 앞으로 보낸 편지, 9통

멘토르 앞, 1통

아리스톤 앞 1통

올림피아스 앞, 1통

헤파이스티온 앞, 1통

테미스타고라스 앞, 1통

필록세노스 앞, 1통

데모크리토스 앞 1통

'신들 가운데 가장 위엄이 있는 거룩한 신이시여,······'로 시작되는 서사시

'아름다운 아이들이 많은 어머니의 딸이여, ······'로 시작되는 엘레게이아 조의 시

위 그의 저작은 모두를 합계하면 44만 5270행이 된다.

(28) 그가 저술한 책의 수는 그 정도의 양에 이르는데, 그가 이들 책 가운데서 말하려는 견해는 다음과 같다, 즉 철학 영역은 두 부문으로 나뉘는데, 하나는 실천 부문이고 다른 하나는 이론 부문이다. 그리고 실천 부문에는 윤리학

---

*24 힉스나 롱의 교본(校本) 및 모로의 책에서도 〈필리포스 앞 편지〉와 〈셀림브리아인의 편지〉란 식으로 둘로 나뉘어 있는데, 둘을 하나의 것으로 다룬다(지간테의 역서에 따른다).

과 정치학이 포함되는데 후자에서는 국가에 관한 사항뿐만 아니라 집에 관한 사항도 쓰여 있다. 다른 한편 이론 부문에는 자연학과 논리학이 포함되는데, 이 가운데 논리학은 학문 전체의 일부를 이루는 것(독립된 학문)으로서 있지 않고 오히려 (다른 학문을 위한) 도구로서 정밀하게 연구되는 것이다. 그리고 그는 이 학문이 지향하는 목표는 두 개가 있다고 말하고 당연함과 진리가 그 것임을 명확히 했다. 그리고 이들 목표를 위해 그는 두 가지 능력을 사용했다. 즉 당연한 것이 목표가 되고 있는 경우에는 문답법과 변론법의 능력을, 또 진리를 위해서는 분석론과 (좁은 뜻의) 철학의 능력을 사용한 것이다. 그때 그는 발견에 도움이 되는 일도, 판단에 도움이 되는 것도, 또 실제 효용을 가져오는 것도 무엇 하나 간과하지 않았다.

(29) 그는 발견에 도움이 되는 것으로서 〈토피카〉와 〈방법론〉 및 수많은 명제를 남겨주었고, 우리는 그것들로부터 다양한 문제에 대한 설득력 있는 문답법적 추론을 손에 넣을 수 있다. 또 판단에 도움이 되는 것으로서 그는 〈분석론 전서〉와 〈분석론 후서〉를 남겨주었다. 그리고 〈전서〉에 의해서 추론의 여러 전제가 음미되며 또 〈후서〉에 의해서 추론의 결론이 검토된다. 실제적인 효용을 위한 것으로서는 토론용의 책이나 질문(과 응답)에 관한 책이 있고 또 논쟁에 관한 것과 소피스트적 논박, 및 이것들과 비슷한 추론을 다룬 책이 있다. 다른 한편, 진리의 기준으로서 제시한 것은 표상상(表象上)에 실제로 나타난 대상인 경우에는 감각이 그것인데 윤리적인 사항인 경우에는 국가, 집, 또 법률에 관한 것이든, 이성을 진리의 기준으로 한다.

(30) 그는 또 삶의 궁극목적의 하나는 다 마친 생애 가운데 덕(德)을 현실로 활용하는 것이라고 규정했다. 그리고 행복은 세 종류의 선(善)으로 이룩되는 것이라고 말했다. 즉 하나는 혼에 관한 선이고, 그는 이를 가치에서 제일의 것으로 부르고 있다. 제2의 것은 몸에 관한 선이고 건강·체력·미모 및 이에 준하는 것이다. 제3의 것은 외적인 선이고 부·좋은 출신성분·명성 및 그와 비슷한 것이다. 그리고 그에 따르면 덕은 그것만으로는 행복해지는데 충분하지는 않았다. 왜냐하면 현자라도 괴로움이나 가난, 그 밖에 이와 비슷한 상황 속에 있으면 불행한 자가 되듯이 행복해지기 위해서는 몸에 관한 선이나 외적인 선도 아울러 필요로 하기 때문이라는 것이다. 이와 달리 악덕은 외적인 선이나 몸에 관한 선이 아무리 많이 그것에 따라 있다고 해도 그것만으로 불행해지는

데 충분하다고 그는 생각했다.

(31) 또 모든 덕이 서로 어우러져서 생겨나는 것은 아니라고 그는 주장했다. 왜냐하면 사려 깊고 올바른 사람이, 동시에 방종하고 자제력 없는 사람일 수도 있기 때문이다. 게다가 현자는 감정이 없는 사람이 아니라 적절한 감정을 가졌다고 그는 말했다. 또 그는 사랑(정)을 정의해 상호간의 호의가 같은 것이라고 했다. 그리고 그 가운데 하나는 타인 사이의 사랑이라고 했다. 또 연정도 단순히 성의 교접을 위한 것은 아니고 친애를 위한 것이라고 했다. 더욱이 현자도 사랑에 빠지는 일이 있는가 하면 정치에 몸담는 일도 있고, 또 결혼할 때도 있는가 하면 왕과 함께 살 수도 있는 것이라고 그는 말했다. 또 삶에는 관상적(觀想的)인 삶과 실천적인 삶, 쾌락적인 삶의 세 종류가 있는데 그는 관상적인 삶을 다른 삶보다도 앞세웠다. 더욱이 그는 보통 일반의 학문도 덕의 획득에는 도움이 된다고 생각했다.

(32) 한편 자연학 분야에서 그는 다른 어느 누구보다도 뛰어나게 원인 탐구를 했기 때문에, 그 결과 매우 작은 사항에 대해서조차도 그 원인이 명확해졌다. 그렇기 때문에 자연학에 관한 각서를 포함한 적지 않은 수의 책을 저술했다. 그는 또 플라톤과 마찬가지로 신은 비물체적인 것임을 명확히 했다. 그리고 신의 섭리는 하늘에 있는 것에까지 미치는데, 신 자신은 부동이라고 했다. 또 지상의 현상은 천상에 있는 것과 밀접하게 연관함으로써 규제되는 것이라고 했다. 또 네 개의 요소 외에 제5의 원소가 따로 있고 천계(天界)에 있는 것은 이 원소로 구성되는 것이라고 했다. 그리고 이 원소 운동은 원운동이므로 다른 4원소의 운동(상하운동)과는 다르다고 한 것이다. 그리고 혼도 비물체적인 것이고 그는 그것을 '가능적으로 생명을 지니고 있는 곳의, 자연의 유기적인 물체의 최초의 현실태이다'*25라는 식으로 정의했다.

(33) 그가 여기에서 '현실태(現實態)'라고 말하는 것은 그 상태에는 무언가의 비물체적인 형상이 갖추어져 있다는 것이다.*26 그런데 그에 따르면 이 '현

---

*25 〈영혼론〉 제2권 제1장 412a27~28, b5~6 참조. 다음 절의 설명을 고려해 조금 딱딱한 역문이 되었는데 좀더 풀어서 번역을 하면, '생명을 지녔을 가능성을 간직한 자연의 유기적인 물체(물질)가 그 가능성을 현실화하고 있는 최초의 상태(첫 단계)이다'라고 말할 수 있을 것이다.

*26 이 부분은 바이워터의 제안에 따라 글의 순서를 바꾸었다.

실태'라는 것에는 두 개의 의미가 있다. 즉 하나의 의미에서는 가능성과의 관계에서 말하게 되는 것이고, 형(型)을 받아들이기에 알맞은 상태에 있는 밀랍(密蠟) 속에 헤르메스의 상이 현실화된다든지 청동 가운데 (사람의) 상이 현실화된다든지 하는 경우를 말하는 것이다. 그러나 다른 의미에서는 어느 상태와의 관계에서 말해지는 것이고, 완전히 완성해 버리고 있는 헤르메스의 상이라든가 청동의 상이라든가의 경우가 그것이다. 또 그가 '자연의 ……물체'라고 이야기한 것은 물체 가운데에는 직인으로 만들어진 것처럼 인공적인 것과─예를 들면 탑이나 배가 그런데─다른 한편 식물이나 동물의 몸처럼 자연에 의해서 생기는 것이 있기 때문이다. 그리고 '유기적인(물체)'이라고 그가 이야기한 것은 마치 시각은 보는 것에 대해서, 또 청각은 듣는 것에 대해서 잘 되어 있듯이 그 물체는 어느 목적에 적응하는 상태로 되어 있기 때문이다. 한편, '가능적으로 생명을 지니고 있는 곳의'라고 말하는 것은 다름 아닌 그 물체 자체 속에라는 의미이다,

(34) 그런데 '가능적으로'라는 것에도 두 가지 의미가 있다. 즉 그것은 어느 상태(소유)와의 관계로 말하게 되는 것이거나, 또는 (그 상태의) 활동(현실화)과의 관계에서 말하게 되는 것이거나 어느 한 쪽이다. 그리고 후자인 활동(현실화)과의 관계에서라고 말하는 것은 눈을 뜨고 있는 사람이 혼(생명·의식)을 지니고 있다고 이야기하는 것 같은 경우의 일이고, 또 전자의 어느 상태(소유)와의 관계에서,라고 말하는 것은 잠든 사람이 혼을 지니고 있다고 말하는 경우의 일이다. 그래서 이 잠든 사람의 경우도 포함하도록 하기 위해 그는 '가능적으로'라는 말을 (앞의 정의 속에) 덧붙였다. 또한 그는 많은 사항에 대해서 그 밖에도 여러 견해를 밝히고 있는데 그런 것들을 하나하나 헤아리고 있으면 긴 이야기가 될 것이다. 그 이유는 그는 온갖 면에서 뛰어난 노력가였고 또 발견의 능력을 갖춘 사람이었기 때문이다. 그것은 앞서 쓴 저작목록으로도 명확하다. 그런 저작의 수는 거의 400 가까이 되고 더구나 그것들은 모두 진작성(眞作性)이 의심되지 않는 것뿐이다. 그 이유는 그 밖에도 수많은 저작이 그의 것으로 되어 있고, 또 글로 쓰이지 않고 구두로 말한 것으로 핵심을 찌른 발언도 그의 것으로 전해지기 때문이다.

(35) 아리스토텔레스란 이름을 지닌 사람은 8명이 있었다. 첫 번째는 우리가 말해 온 바로 그 사람이다. 두 번째는 아테네에서 정치활동을 한 사

람*[27]이고 그 사람의 훌륭한 법정변론도 전해진다. 세 번째는 〈일리아스〉를 연구한 사람. 네 번째는 시칠리아의 변론가이며 이소크라테스의 〈파네기리코스〉에 반론을 쓴 사람. 다섯 번째는 소크라테스학파인 아이스키네스의 제자이고 '미토스'(신화)로 별명이 붙여진 사람. 여섯 번째는 키레네 사람이고 작시술(창작론)을 쓴 사람. 일곱 번째는 체육교사이고 아리스토크세누스가 〈플라톤전〉 가운데서 말하고 있는 인물. 여덟 번째는 문법가인데 잘 모르는 사람. 그의 〈췌언법(贅言法)에 대해서〉란 교본이 전해지고 있다.

한편 스타게이로스의 아리스토텔레스에게는 수많은 제자가 있었는데, 그 가운데서도 특히 빼어난 이는 테오프라스토스이다. 그래서 우리는 다음에 이 사람에 대해서 이야기하려고 한다.

---

*27 플라톤의 〈파르메니데스〉(127D) 가운데서 이야기되고 있는 30인참주 가운데 한 사람인 아리스토텔레스를 가리키고 있는 것으로 생각된다.

2 테오프라스토스

(36) 테오프라스토스는 (레스보스섬의) 에레소스 출신이고 멜란테스의 아들이다. 이 멜란테스는 아테노도루스가 〈산책〉 제8권 가운데서 쓴 바에 따르면 천을 빨아서 풀을 먹이는 것을 업으로 삼고 있었다. 테오프라스토스는 처음에 자신이 태어난 도시에서 같은 시민인 아르키포스의 가르침을 받았다. 그 뒤 플라톤의 강의를 들은 다음 아리스토텔레스에게로 옮겼다. 그리고 아리스토텔레스가 칼키스에 은퇴하자 그 자신이 학원을 물려받았는데, 그것은 제114회 올림픽대회기(BC 324~321) 동안이었다. 한편 아마스트리스 출신의 미로니아노스가 〈유사사례집〉 제1권 가운데서 쓰고 있는 바에 따르면 그의 노예인 폼피로스라는 자도 철학자였다는 것이다.

테오프라스토스는 매우 총명하고 부지런했다. 그리고 팜필레가 〈각서〉 제32권 가운데서 쓰고 있는 바에 따르면 그는 희극작가인 메난드로스의 스승이기도 했다.

(37) 그리고 또 그는 친절했으며 학문을 좋아하는 사람이기도 했다. 그렇기 때문에 카산드로스(왕)는 그를 따뜻이 맞아들였고 프톨레마이오스(1세)도 그를 초청하고자 사자를 보낸 것이다. 또 그는 아테네인들이 큰 호의를 갖고 맞아들였기 때문에 하그노니데스가 신에 대한 불경죄로 그를 굳이 고발했을 때에도, 이 고발자 자신이 재판에서 패했을 뿐만 아니라 자칫했으면 벌금도 부과될 뻔했던 것이다.

또 그의 강의에는 2000명이 넘는 학생들이 모여들었다. 그래서 그는 페리파토스파인 파니아스*28에게 보낸 편지 가운데서 다른 것에 덧붙여서 이 강의

---

*28 '파이니아스'로도 적는다. 에레소스 사람이고 아리스토텔레스의 제자. 이미 제2권 65절에 그 이름은 나와 있고 테오프라스토스의 저작목록 가운데(50절)에도 이 사람 앞의 편지가 발견된다.

에도 다음과 같이 말하는 것이다. '축제 때처럼 많은 사람이 모이는 경우는 말할 것도 없고, 소수의 청중 모임조차도 사람이 바람직하다고 생각하는 것을 발견하는 것은 쉽지 않다. 그러나 (그와 같은 모임에서) 강의하는 것은 강의용으로 쓴 것을 정정하는 데에도 도움이 된다. 그리고 또 그와 같은 정정을 모두 앞으로 미루고 사람들의 이론(異論)에 신경쓰지 않는 것을 우리 세대의 사람들은 이제 참아주지 않는다.' 또 그는 이 편지 가운데서 자신을 '학문 일변도의 인간'이란 식으로 부르고 있다.

(38) 그는 그와 같은 사람이었음에도 단기간 동안, 그 밖의 학자들도 함께 아테네를 떠나지 않을 수 없게 되었다.[29] 암피클레이데스의 아들 소포클레스가 정무심의회와 민회의 결의가 없으면 어느 철학자도 학원을 주재해서는 안되고, 만일 이를 어기면 사형에 처하는 취지의 법률을 제안했기 때문이다. 그러나 그 이듬해에는 철학자들이 다시 아테네로 돌아왔다. 왜냐하면 피론이란 자가 그 제안을 위법이라고 소포클레스를 고발했기 때문에 아테네인들은 그 법률을 무효로 여기고, 소포클레스에게는 5탈란톤의 벌금을 부과함과 동시에 테오프라스토스도 돌아와 전과 다름없는 상태로 생활할 수 있도록 철학자들이 귀국을 결의했기 때문이다.

그의 본디 이름은 티르타모스였는데 그의 어조에는 신적인 여운이 담겨 있었기 때문에(테스페시오스[30]), 아리스토텔레스가 테오프라스토스로 이름을 바꿔주었다.

(39) 그는 또 아리스토텔레스의 아들인 니코마코스에 대해서, 자신은 그 사람의 스승이었음에도 연심(戀心)을 품고 있었던 것이라고 아리스티포스는 〈옛 사람의 사치에 대해서〉 제4권 가운데서 쓰고 있다.

또 아리스토텔레스는 그와 칼리스테네스에 대해서 마치 플라톤이 크세노크라테스와 아리스토텔레스에게 말한 것과 똑같은 것을—이것은 앞에[31] 이

---

*29 BC 307년, '공성자(攻城者)' 데메트리오스가 아테네를 공략해 팔레론의 데메트리오스의 지배를 전복했기 때문에 아테네에는 민주제가 재건되었다. 그리고 이듬해 306년, 모든 외국인 철학자, 특히 페리파토스파의 철학자를 아테네에서 추방하는 결의가 이루어졌으므로 테오프라스토스는 동료들과 함께 아테네를 떠나게 되어 그의 학원도 한때 폐쇄된 것이다.

*30 이 '테스페시오스'란 형용사는 '신이 말한'(테오스 에스폰)이란 글에서 유래한 말로 추측되고 있다.

*31 제4권 6절 참조.

야기한 것인데—이야기한 것으로 전해진다.

즉 테오프라스토스는 아리스토텔레스가 말하려는 것을 모두 지나치게 예민할 정도로 이해했으며, 다른 한편 칼리스테네스 쪽은 둔한 기질을 타고났으므로 전자에게는 고삐가 필요하고 후자에게는 박차가 필요하다고 말했다.

또 그는 아리스토텔레스의 사후에 그의 제자이기도 했던 팔레론의 데메트리오스의 지원으로 자기 자신의 정원(학원)*32을 소유하게 된 것으로 알려진다.

또한 아래에 이야기하는 것과 같은 유익한 발언도 그가 한 것으로 전해진다. 즉 그는

'난잡한 이야기를 믿을 정도라면 그보다도 먼저 고삐가 없는 말 쪽을 신뢰해야 한다'고 말한 것이다.

(40) 또 연회 중에는 한마디도 하지 않았던 사람에게 '만일 그대가 배움이 없는 사람이라면 그것은 사려 깊은 몸가짐인데, 교육이 있는 자라면 사려가 없는 행동이군' 이렇게 그는 말했다. 또한 그는 늘 시간은 매우 높은 지출이라고 말했다.

한편, 그는 매우 힘이 드는 많은 일을 멈춘 뒤 얼마 안 가서 85세의 많은 나이로 세상을 떠났다. 그래서 나는 그에게 다음과 같은 시를 지어주었다.

이런 말을 인간들 가운데 한 사람에게 한 것이 헛수고는 아니었다.
'지혜의 화살은 강하게 당긴 채로 두면 끊어지고 만다'는 것은.
실제로 테오프라스토스도 열심히 일하던 때는 오체가 건전했는데,
그 뒤 노고에서 해방되자 그의 팔다리는 시들어 죽고 말았기 때문에.

그런데 무언가 남길 말은 없냐고 제자들이 물었을 때 그는 다음과 같이 대답했다. '아무것도 남길 말은 없다. 다만 많은 즐거운 일이 세간에서 소외되는 것은 평판에 신경을 쓰는 탓이라고 해두자.'

---

*32 아리스토텔레스는 아테네에서는 거류하는 외국인이고 토지 소유는 허용되지 않았기 때문에 '리케이온' 체육장의 공공건물에서 강의를 했는데 그 뒤, 각종 연구자료와 도서도 늘어 불편을 느끼게 된 것으로 생각된다. 테오프라스토스도 외국인이었는데 그의 제자이고 아테네를 10년 동안(BC 317년~307년) 통치한 팔레론의 데메트리오스의 지원으로 개인(사유의) 정원을 가질 수 있게 된 것이다. 정원의 소유와 그것이 학원이 된 점은 플라톤이나 에피쿠로스의 경우도 같다.

(41) '왜냐하면 우리는 삶을 시작하자마자 이미 죽어가는 것이기 때문이다. 그러므로 평판에 신경 쓰는 것처럼 무익한 일은 없다. 어쨌든 그대들에게는 행운이 있기를. 그리고 나의 주장을 버려도 좋고—그것은 매우 노고가 따르는 것이기 때문에—또는 나의 주장의 선두에 서서 훌륭하게 분투해주는 것도 좋다. 그것은 커다란 명성을 가져오게 되기 때문에. 삶에는 도움이 되는 일보다도 허무한 일이 많다. 아무튼 나에게는 이제 무엇을 해야 할 것인가를 충고해줄 시간이 없으므로, 그대들이 무엇을 해야 할 것인가를 잘 생각해보기 바란다.' 이렇게 말하고 그는 숨을 거두었다고 한다. 전해지는 바에 따르면 아테네인들은 그를 존경했기 때문에 온 시민이 모두 묘지까지 걸어서 전송했다는 것이다.

또한 파보리누스에 따르면 그는 나이를 많이 먹은 뒤부터는 가마로 다녔다고 한다. 그리고 이것은 헤르미포스가 이야기하는 것인데 헤르미포스는 피타네의 아르케실라오스가 키레네의 라키데스에 대해서 말했던 것 가운데 그것을 조사해내 인용하고 있다는 것이다.

(42) 그 또한 매우 수많은 저작을 남기고 있고 그것들은 뛰어난 내용으로 채워져 있어 그의 저작 그 자체까지도 써두는 것이 적당하다고 나는 생각한다. 그의 저작은 다음과 같다.[33]

분석론 전서, 3권
분석론 후서, 7권
추론의 분석에 대해서, 1권
분석론 요강, 1권

---

[33] 이하, 테오프라스토스의 저작명이 열거되고 있는데 책이름의 표기가 세밀한 점에서도, 또 권수에 대해서도, 여러 종의 교본이나 역서 사이에서 상당한 차이가 있지만 일단 롱의 교본을 바탕으로 해서 그와 다른 이해를 채용한 경우에는 주기(註記)해 두었다. 저작 배열순은 대체로 책이름의 머리글자인 알파벳순으로 되어 있다. 단 A에서 시작해 ψ까지 나아가고 46절의 반쯤에서 또 다시 한번 A에서 시작해, 그 뒤에도 엄밀하지는 않은데 똑같은 반복을 볼 수 있으므로 이 역서에서도 우제너(H. Usener, Analecta Theophrastea, 1858)에 따른 아페르토나 지간테의 역서를 모방하고 후반은 제1, 제2, 제3의 부록으로 해 두었다. 한편 각 저작의 내용을 잘 알 수 없으므로 책이름이 적절하지 않은 것이 있지 않을까 염려하고 있는데, 이 점에 대해서는 레겐보겐(O. Regenbogen)의 상세한 고증(Pauly, Wissowa, RE, supplb. VII, coll, 1363~1546)을 참조할 것.

도출되고 있는 여러 논점(토포스), 2권
승패를 다투는 논의, 또는 논쟁적인 논의의 고찰에 관한 것
감각에 대해서, 1권
아낙사고라스에 대한 반론, 1권
아낙사고라스의 학설에 대해서, 1권
아낙시메네스의 학설에 대해서, 1권
아르켈라오스의 학설에 대해서, 1권
소금·초석(硝石)·명반(明礬)에 대해서, 1권
돌로 되는 것에 대해서, 2권
나눌 수 없는 선(線)에 대해서, 1권
강의록, 2권
바람에 대해서, 1권
여러 덕(德)의 차이, 1권
왕제에 대해서, 1권
왕의 교육에 대해서, 1권
삶의 방식에 대해서, 1권
(43) 노년에 대해서, 1권
데모크리토스의 천문학에 대해서, 1권
기상학, 1권
환영(방사물·에이돌론)에 대해서, 1권
체액·피부 및 살에 대해서, 1권
우주의 질서에 대해서, 1권
인류에 대해서, 1권
디오게네스의 어록집, 1권
정의집(定義集), 3권
에로스론, 1권
에로스에 대해서, 별책, 1권
행복에 대해서, 1권
에이도스(形相, 種)에 대해서, 2권
뇌전증에 대해서, 1권

신들림에 대해서, 1권

엠페도클레스에 대해서, 1권

문답법적인 추론, 18권

반론, 3권

자발성에 대해서, 1권

플라톤의 〈국가〉 발췌, 2권

같은 종(種)에 속하는 동물소리의 차이에 대해서, 1권

밀집해서 나타나는 동물에 대해서, 1권

물어뜯거나 찌르거나 하는 동물에 대해서, 1권

질투하는 것으로 알려진 동물에 대해서, 1권

뭍짐승에 대해서, 1권

(44) 색깔을 바꾸는 동물에 대해서, 1권

구멍에 틀어박혀 사는 동물에 대해서, 1권

동물에 대해서, 7권

쾌락론─아리스토텔레스에 따라서, 1권

쾌락에 대해서, 별책, 1권

테제집, 24권

뜨거운 것과 차가운 것에 대해서, 1권

어지러움 및 눈앞이 어두워지는 것에 대해서, 1권

땀을 흘리는 것에 대해서

긍정과 부정에 대해서, 1권

칼리스테네스 또는 슬픔에 대해서, 1권

피로에 대해서, 1권

운동에 대해서, 1권

돌에 대해서, 1권

역병에 대해서, 1권

기절에 대해서, 1권

메가라지(誌), 1권

멜랑콜리에 대해서, 1권

광산에 대해서, 2권

벌꿀에 대해서, 1권

(키오스의) 메트로드로스의 어록에 대해서, 1권

기상에 관한 고찰, 2권

만취에 대해서, 1권

알파벳순에 의한 법률집, 24권

법률 발췌집, 10권

⑷ 여러 정의(定義)에 대해서, 1권

향기에 대해서, 1권

포도주와 올리브유에 대해서, '1권'*34

여러 근본전제, 18권

입법자, 3권

정치학, 6권

시의적절한 정치론, 4권

정치적 관습, 4권

최선의 국제(國制)에 대해서, 1권

문제집, 5권

격언에 대해서, 1권

응고와 액화에 대해서, 1권

불에 대해서, 2권

날숨〔呼氣〕에 대해서, 1권

마비(중풍)에 대해서, 1권

질식에 대해서, 1권

정신착란에 대해서, 1권

감정(정념)에 대해서, 1권

(비바람의) 조짐에 대해서, 1권

궤변집, 2권

추론의 분석에 대해서, 1권

토피카(논거집), 2권

---

*34 지간테의 역서에 따라서 '1권'이란 말을 넣어둔다.

벌에 대해서, 2권

모발에 대해서, 1권

참주제(僭主制)에 대해서, 1권

물에 대해서, 3권

잠과 꿈에 대해서, 1권

우애에 대해서, 1권

(46) 명예심에 대해서, 2권

자연에 대해서, 3권

자연학에 대해서, 18권

자연학의 개요에 대해서, 2등

자연학, 8권

자연학자에 대한 반론, 1권

식물연구에 대해서(식물지), 10권

식물*35 본원에 대해서, 8권

수액(樹液)에 대해서, 5권

거짓 쾌락에 대해서, 1권

혼에 대해서—하나의 제언

〈제1부록〉*36

기술에 따르지 않은 입증에 대해서, 1권

의문을 제시하기만 하는 논의(문답법적 논의의 일종)에 대해서, 1권

계조이론(階調理論), 1권

덕(德)에 대해서, 1권

반발 또는 반대, 1권

부정에 대해서, 1권

격언에 대해서, 1권

우스꽝스러운 것에 대해서, 1권

오후의 이야기, 1권

＊35 현존하는 테오프라스토스의 식물학 관계의 책과는 권수가 다르기 때문에 문제는 남는다.

＊36 앞서 쓴 바와 같이 이하 저작명의 머리글자가 다시 A에서 시작하는 순서로 열거되어 있다.
그리고 그것이 ψ까지 이어지는데 '제2부록'에서는 알파벳순으로 혼란이 있는 것 같다.

분할, 2권

장소에 따른 차이에 대해서, 1권

부정행위에 대해서, 1권

중상에 대해서, 1권

상찬에 대해서, 1권

경험에 대해서, 1권

편지, 3통

자연발생하는 동물에 대해서, 1권

분비에 대해서, 1권

(47)신들에 대한 찬가, 1권

제례에 대해서, 1권

행운에 대해서, 1권

변론술적 추론에 대해서, 1권

여러 발견에 대해서, 1권

윤리학강의, 1권

윤리적 성격(성격론), 1권

(연회)소동에 대해서, 1권

역사연구에 대해서, 1권

추론(삼단논법)의 평가에 대해서, 1권

추종에 대해서, 1권*37

바다에 대해서, 1권

왕제에 대해서 카산드로스에게 답하다, 1권

희극에 대해서, 1권

〔운율에 대해서, 1권〕

어법·조사(措辭)에 대해서, 1권

명제집, 1권

(여러 문제의) 해결, 1권

음악에 대해서, 3권

---

*37 〈추종에 대해서〉와 〈바다에 대해서〉의 저작순은 롱의 교본에서는 거꾸로 되어 있다.

운율에 대해서,*38 1권

메가클레스, 1권

법률에 대해서, 1권

위법에 대해서, 1권

크세노크라테스의 학설요약, 1권

사교론, 1권

맹세에 대해서, 1권

변론술에 관한 여러 규정, 1권

부(富)에 대해서, 1권

시학(창작론)에 대해서, 1권

정치학·윤리학·자연학 및 에로스론에 관한 여러 문제, 1권

(48) 서론, 1권

문제집, 1권

자연학의 여러 문제에 대해서, 1권

예증에 대해서, 1권

주제의 제시와 서술에 대해서, 1권

시학(창작론)에 대해서, 별책, 1권

현자들에 대해서, 1권

권고에 대해서, 1권

어법위반에 대해서, 1권

변론 기법에 대해서, 1권

변론술교본의 상투구, 17권

연설 방법에 대해서, 1권

아리스토텔레스 또는 테오프라스토스의 강의록, 6권

자연학자들의 학설, 16권

자연학자들의 학설 발췌, 1권

친절에 대해서, 1권

〔윤리적 성격(성격론)〕

---

*38 이 〈운율에 대해서〉란 책은 아페르트의 역서에서는 〈기상에 대해서〉 읽는 방법이 채용되어 있다.

거짓과 진실에 대해서, 1권
〈제2부록〉
신적인 사항에 대한 연구(신학사), 6권
신들에 대해서, 3권
기하학에 관한 역사적 연구(기하학사), 4권
(49) 아리스토텔레스의 〈동물지〉에서 발췌, 6권
문답법적인 추론, 2권
테제집, 별책, 3권
왕제에 대해서, 2권
원인에 대해서, 1권
데모크리토스에 대해서, 1권
〔중상에 대해서, 1권〕
생성에 대해서, 1권
동물의 지능과 성격에 대해서, 1권
운동에 대해서, 2권
시각에 대해서, 4권
여러 정의에 대해서, 2권
주어진 것에 대해서, 1권
보다 크고 보다 작은 것에 대해서, 1권
음악가에 대해서, 1권
신적인 행복에 대해서, 1권
아카데메이아파 사람들에게 답하다, 1권
철학의 권유, 1권
국가는 어떻게 잘 다스릴 수 있을까, 1권
강의록, 1권
시칠리아에서의 분화(噴火)에 대해서, 1권
널리 동의하는 사항에 대해서, 1권
〔자연학의 여러 문제에 대해서, 1권〕
'알기' 위해서는 어떤 방법이 있는가, 1권
'거짓말'이란 궤변에 대해서, 3권

(50) 토포스론에 대한 서론, 1권

〈제3부록〉*39

아이스킬로스에 대해서, 1권

천문학사, 6권

곱셈법(?)에 관한 수론적 연구,*40 1권

아키카로스, 1권

법정변론에 대해서, 1권

〔중상에 대해서, 1권〕

아스티크레온·파니아스·니카노르에게 보낸 편지

경건에 대해서, 1권

바쿠스의 신녀(信女)에 대해서

좋은 기회에 대해서, 2권

적절한 논의에 대해서, 1권

아이들의 지도에 대해서, 1권

(위의 책)다른 논문, 1권

교육에 대해서, 또는 덕에 대해서, 또는 절제에 대해서, 1권

〔철학의 권유, 1권〕

수에 대해서, 1권

추론의 용어에 관한 여러 규정, 1권

천체론, 1권

정치문제, 1권

자연에 대해서

과실(果實)에 대해서

동물에 대해서

위 모두 23만 2808행*41에 이른다. 이 사람에게도 그 정도로 많은 저작이 있

---

*39 이하, 다시 저작의 배열순은 대체로 A로 시작되는 알파벳순으로 되어 있다.

*40 이 책은 아페르트나 지간테의 역서에서는 〈수론(數論)연구〉와 〈곱셈법(?)에 대해서〉의 두 책으로 나뉘어 있다.

*41 이 행수에 대해서도 사본에 따라서 다른데 일단 힉스, 아페르트, 지간테의 역서에 따라서

었던 것이다.

(51) 한편 나는 그의 유언장을 볼 기회가 있었는데, 그 내용은 다음과 같다.

'모든 일이 순조롭게 진행될 것이다. 하지만 만일의 일이 발생했을 경우에 대비해서 나는 아래와 같이 유언을 해둔다.

(고향인 에레소스)집에 있는 나의 재산은 모두 레온*[42]의 아들들인 멜란테스와 판크레온에게 주기로 한다.

또 히파르코스*[43]에게 관리를 맡기고 있는 자금 가운데서 다음의 일을 하기 위한 비용이 지출되기를 바란다. 즉 우선 첫째로 무세이온(무사 여신들 전당)과 여신들 상(像)의 복원을 성취하는 일이고, 또 그 밖에도 여신들의 상을 더욱 아름답게 하기 위해 무언가 할 수 있는 일이 있다면 그들 상에 장식을 덧붙이는 것이다.*[44] 다음으로 아리스토텔레스의 조각상을 전부터 (아폴론 리케이오스의) 신역*[45] 안에 있었던 그 밖의 봉납품과 함께 신역 안의 본디 위치로 되돌릴 것. 그리고 무세이온에 가까이 있는 작은 주랑(柱廊)을 예전 것보다 못하지 않을 정도로 재건할 것. 또 (세계)지도가 기록되어 있는 판은 아래 주랑으로 옮길 것.'

(52) '또 제단도 완전하고 좋은 형태가 되도록 수리할 것. 그리고 니코마코스의 조각상도 몸의 크기와 같은 것이 완성되기를 나는 희망한다. 그 제작비용은 프락시텔레스에게 이미 지불이 되었는데, 그 밖의 비용은 앞서 말한 자금 가운데서 지출하기 바란다. 그리고 그 상은 이 유언장 가운데 쓰여 있는 다른 조항까지도 집행하는 사람들이 적당하다고 생각하는 곳에 세울

BP사본의 읽기를 채용해 둔다(롱의 교본에서는 23만 2850행이 된다).

*42 테오프라스토스의 형제일 것이다. 테오프라스토스는 독신으로 자녀가 없었기 때문에 재산은 조카에게 넘겨지게 된 것이다.

*43 이 인물에 대해서는 아래에 적은 53, 54, 55, 56절에도 이름이 나와 있다. 테오프라스토스의 재산만이 아니고 학원재산 관리인 역할도 했던 것으로 생각된다.

*44 BC 307년에 '성의 공략자' 데메트리오스에 의해서 아테네는 공략되었는데 카산드로스의 사후, BC 294년에도 다시 아테네는 공략되어 리케이온에 있었던 여러 시설은 파괴된 것으로 추정된다. 또한 BC 288/7년에도 반마케도니아폭동이 발생해 이때에도 학원은 파괴된 것 같다.

*45 린치(J.P. Lynch, Aristotle's School, 1972, p.100)에 따라서 '(아폴론 리케이온의)신역'으로 해석해 둔다.

것.—신역과 봉납품에 관한 것에 대해서는 위의 사항대로 해 주길 바란다.

다른 한편, 스타게이로스에 있는 나의 소유지*⁴⁶는 칼리노스에게 주기로 한다. 또 내가 간직한 책*⁴⁷은 모두 넬레우스에게 준다. 그리고 정원과 산책 길(페리파토스*⁴⁸)과 정원 가까이에 있는 모든 건물은 아래에 이름을 적은 벗들 가운데 언제나 그곳에서 함께 연구하고 함께 철학을 배우고 싶다는 생각을 가진 사람들에게 남기기로 한다.'

(53) '그 이유는 모든 사람이 그곳에 언제나 거주할 수는 없기 때문이다. 다만 이들 시설은 타인에게 양도해서는 안 되고 또 누구도 개인용으로만 써서는 안 된다. 그런 시설은 이를테면 거룩한 장소로서 공동으로 소유하고, 그리고 서로 가족이나 벗의 관계를 유지하면서 사용해 주기 바란다. 그것이 알맞고 올바른 일이기 때문이다. 그리고 이 공동의 소유자가 될 수 있는 사람은 히파르코스·넬레우스·스트라톤·칼리노스·데모티모스·데마라토스·칼리스테네스·멜란테스·판크레온 및 니키포스로 해둔다. 그러나 메트로드로스와 피티아스와의 아들인 아리스토텔레스*⁴⁹도 만일 그가 철학을 공부하길 바란다면 그 사람들 중에 드는 것이 허용되는 것으로 해둔다. 또한 연장자들은 이 아이가 철학 영역에서 될 수 있는 대로 진보를 이루도록 모든 면에서의 배려를 잊지 말기 바란다.

또 나의 매장 장소는 정원 안의 가장 적당하다고 여겨지는 곳이면 된다. 그리고 장례는 물론 묘비에 대해서도 불필요한 지출은 전혀 하지 말도록.'

(54) '그러나 나에게 만일의 일이 일어난 뒤에 이 거룩한 지역이나 묘, 정

---

*46 스타게이로스에 있었던 아리스토텔레스의 재산은 실질적으로 테오프라스토스가 상속하고 있었던 것이 아닌가 상상이 된다.

*47 이 가운데에는 아리스토텔레스의 저작과 장서도 포함되었던 것으로 생각된다.

*48 '산책길'로 번역한 '페리파토스'는 줄기둥을 갖춘 복도를 말한다. 아테네의 공공 체육장에는 리케이온만이 아니고 아카데미에도 '페리파토스'로 불리는 건물에 딸린 복도가 있었다. 그러나 여기에서 말하고 있는 것은 아리스토텔레스가 강의를 한 리케이온 체육장을 뜻하는 것이 아니고 테오프라스토스가 데메트리오스의 지원으로 구입할 수 있었던 정원 안에 마련된 개인적인 페리파토스를 두고 한 말일 것이다. 이것이 뒤에 아리스토텔레스학파의 이른바 '교사(校舍)'(학교)가 된 것으로 생각된다.

*49 아리스토텔레스의 딸 피티아스의 아들이므로 아리스토텔레스의 손자가 된다. 단, 피티아스는 아리스토텔레스의 유언장에서는 조카인 니카르노와 결혼하길 희망했는데 실제로 결혼했는지는 불확실하다.

원, 산책길을 돌보는 일이 계속 이루어지기 위해서는 폼피로스*⁵⁰에게도 함께 그런 일을 보도록 해 주기 바란다. 이 사내는 가까이에 살고 있어 이제까지도 똑같이 다른 일도 보살펴 주고 있기 때문이다. 하지만 이 사내의 이익이 되는 일에 대해서는 이들 시설의 소유자 자신이 배려해줘야 한다.

또한 폼피로스와 (아내인) 트레프타는 훨씬 전에 해방되어 자유의 몸이 된 자들이고 또 나에게 여러 가지로 애써준 사람들인데 만일 그들이 전에 나에게서 받은 것이 있다면, 그리고 자신들이 번 것이 있다면 그런 것과 더욱 지금 내가 히파르코스로부터 그들에게 지불해 주도록 지시해둔 2000드라크마의 금액은 아무런 지장도 없이 그들의 손에 건네져야 할 것이다. 그리고 이 일에 대해서는 나 자신도 (상속인인) 멜란테스와 판크레온에게 때때로 이야기해 두었고 그들도 나에게 완전히 동의해주고 있었던 일이다. 또한 폼피로스 등에게는 몸종인 소마타레도 주도록 하기 바란다.'

(55) '또 나의 하인들 가운데 몰론과 티몬과 파르메논은 즉시 해방해 자유의 몸으로 해주길 바란다. 그러나 마네스와 칼리아스는 4년 동안 더 이 정원에 머물게 해 함께 일하고 잘못을 저지르지 않으면 그때에 자유의 몸이 되게 해줄 것. 또한 내 집의 도구류는 이 유언의 집행인들이 적당하다고 생각하는 것만큼의 것을 폼피로스에게 준 다음 나머지는 매각하기 바란다. 또 (하인인) 카리온은 데모티모스에게, 그리고 도나크스는 넬레우스에게 주도록 하라. 그러나 에우보이오스는 매물로 내놓을 것.

또 히파르코스는 칼리노스에게 3000드라크마를 건네줄 것. 또한 히파르코스에 대해서는 그가 전에 나뿐만 아니라 멜란테스나 판크레온에 대해서도 크게 봉사해준 일과 그가 현재 개인적인 일로 매우 어렵다는 것을 만일 내가 몰랐다고 한다면 나는 그에 대해서 이 유언의 조항을 실행하는 데 멜란테스나 판크레온까지도 함께 넣을 것을 지시했을 것이다.'

(56) '하지만 실제로 이 두 사람이 히파르코스와 협동해서 가계를 처리하는 것은 쉽지 않음을 나는 알았고 또 그들에게는 히파르코스로부터 정해진 금액의 돈을 받는 것이 더 이로울 것으로 판단했기 때문에 히파르코스

---

*50 위의 36절에도 언급이 되어 있다. 아울루스 겔리우스(《아티카 야화(夜話)》 제2권 제18장 8절)도, 그는 테오프라스토스의 노예이고 뒤에 해방된 사람인데 리케이온과의 결합으로 철학자로서도 매우 유명한 사람이 되었다고 쓰고 있다.

는 멜란테스와 판크레온 두 사람에게 저마다 1탈란톤씩을 건네주도록 지시해둔다. 그리고 히파르코스는 (이 유언의) 집행인들에게도 돈을 건네주어 이 유언장에 씌어 있는 지급 사항을 각각 그 날짜가 될 때마다 마치도록 해야 한다. 그리고 히파르코스는 위의 일을 실행했으면 그때는 나에 대한 모든 책무에서 해방되는 것으로 하자. 또한 히파르코스가 칼키스에서 나의 명의로 빌린 돈이 있다면 그것은 그의 것으로 해도 좋다.

또한 이 유언장에 씌어 있는 조항을 실행하기 위한 집행인으로서는 히파르코스·넬레우스·스트라톤·칼리노스·데모티모스 및 크테사르코스를 지명해 둔다.'

(57) '한편 이 유언장은 복사가 되고 테오프라스토스의 반지로 봉인이 되고 있는데, 복사한 한 통은 히파르코스의 아들 헤게시아스에게 맡겨두었다. 그리고 그 증인은 파레네구(區)의 칼리포스, 에우오니몬구의 필로메로스, 히바다이구의 리산드로스, 알로페케구의 피론이다. 또 다른 한통은 올림피오드로스가 소유하고 있다. 그리고 그 증인은 위와 같다. 그리고 또 한 통은 아디만토스가 이를 맡아주었는데, 그것을 가지고 돌아간 것은 그의 아들인 안드로스테네스이다. 그리고 그 증인은 클레오불로스의 아들 아림네스토스, 타소스 사람으로 페이돈의 아들인 리시스트라토스, 아르케실라오스의 아들이고 람프사코스 사람 스트라톤, 테시포스의 아들이고 케라메이스구(區)의 테시포스 및 디오니시오스의 아들인 에피켑시아구의 디오스쿠리데스이다.'

—그의 유언장은 이와 같다.
또한 의사인 에라시스트라토스도 그의 제자였다고 말하는 이들이 있는데 그럴 법하다.

3 스트라톤

(58) 테오프라스토스의 학원을 물려받은 사람은 아르케실라오스의 아들이자 람프사코스 출신의 스트라톤이다. 그에 대해서는 테오프라스토스가 자신의 유언장에서도 이름을 거론하고 있다. 그는 평판이 매우 높았고 '자연학자'라는 별명이 붙여져 있었는데, 그가 다른 어느 누구도 미치지 못할 정도의 뛰어난 열의로 이 학문 연구에 몸담고 있었기 때문이다. 뿐만 아니라 그는 프톨레마이오스·필라델포스왕을 가르쳤는데, 어떤 이야기에 따르면 그 왕으로부터 80탈란톤을 받았다고 한다. 또 아폴로도로스의 〈연대기〉에 따르면, 그는 제123회 올림픽대회기(BC 288~285)에 학교장이 되고 18년 동안 학원을 주재했다는 것이다.

(59) 그의 저작으로는 다음과 같은 것이 전해진다.

왕제에 대해서, 3권
정의(正義)에 대해서, 3권
선(善)에 대해서, 3권
신들에 대해서, 3권
원리(시원)에 대해서, 3권 또는 2권
삶의 방식에 대해서
행복에 대해서
철인왕(哲人王)에 대해서
용기에 대해서
공허에 대해서
하늘에 대해서
호흡에 대해서

인간의 본성에 대해서

동물의 탄생에 대해서

혼합에 대해서

잠에 대해서

꿈에 대해서

시각에 대해서

감각에 대해서

쾌락에 대해서

색깔에 대해서

질환에 대해서

용태(容態)의 급변에 대해서

(생리) 기능에 대해서

금속에 대해서*51

기계학

현기증*52과 눈앞이 캄캄해지는 것에 대해서

가벼움과 무거움에 대해서

신들림에 대해서

시간에 대해서

영양과 성장에 대해서

의문시되는 동물에 대해서

이야기 속의 동물에 대해서

원인에 대해서

여러 문제의 해결

토피카 서론

부수적인 사물에 대해서

(60) 정의(定義)에 대해서

---

*51 이 책은 다음의 책과 함께 해 〈광산(광물) 채굴의 기계에 대해서〉로 읽는 해석도 있다(힉
　　스·지간테).

*52 베를리(Fritz Werhli, 《아리스토텔레스학파》, Heft V, s.13)에 따라서 읽는다. 테오프라스토스
　　에게도 같은 이름의 저작이 있다.

보다 큰 것과 보다 작은 것에 대해서

부정(不正)에 대해서

보다 앞과 보다 뒤에 대해서

보다 차원이 높은 종류에 대해서

특유성에 대해서

미래에 대해서

여러 발견에 대한 음미, 2권

강의록―진작성(眞作性)이 의심되는 것

'스트라톤으로부터 아르시노에*53 님에게. 안녕하십니까……'라는 말로 시작되는 편지 몇 통

위 13만 2420행.*54

이 사람은 매우 몸이 마르고 감각이 없는 상태에서 세상을 떠난 것으로 알려진다. 그래서 나는 그에게 다음과 같은 시를 보낸 것이다.

몸이 마른 사내였다. 내가 말하는 것에 귀를 기울여준다면 그것은 연골을 사용한 탓이다.

그 사내란 람프사코스 태생의 스트라톤이라고.

나는 그대에게 말하리라. 그는 언제나 병마와 싸우면서

깨닫지 못하는 사이에 죽었다. 죽음을 느낀 적도 없었던 것이다.

(61) 스트라톤이란 이름을 지닌 사람은 8명이 있었다. 첫 번째는 이소크라테스의 제자, 두 번째는 우리가 이야기해온 바로 그 사람. 세 번째는 의사이고 에라시스트라토스의 제자, 또 일설에는 그의 양자. 네 번째는 역사가이자 필립포스와 페르세우스가 로마인과 싸웠던 사적(事績)을 쓴 사람. ……(빠짐)……여섯

---

*53 이 아르시노에는 알렉산드로스대왕의 후계자 가운데 한 사람인 리시마코스의 딸이고, 최초에는 다른 사람의 아내였는데 나중에 프톨레마이오스 2세의 비가 되고 3세의 어머니가 된 사람.

*54 이 행수에 대해서도 사본문자의 독해에 여러 문제가 있어 정확한 것은 알 수 없지만 일단 웨를리나 롱의 이해에 따른다. 33만 2420행으로 이해하는 사람도 있다.

번째는 에피그램을 쓴 시인. 일곱 번째는 아리스토텔레스가 이야기한 고대 시대의 의사. 여덟 번째는 알렉산드리아에 살았던 페리파토스파의 철학자.

자연학자인 스트라톤의 유언장도 이제까지 남아 있는데, 그 내용은 다음과 같다.

'나에게 만일의 일이 발생할 경우에 대비해 다음과 같이 유언해 둔다.

내 집에 있는 재산은 모두 람피리온과 아르케실라오스에게 유증한다. 그리고 아테네에 있는 나의 재산 가운데서 이 유언의 집행인들은 무엇보다 첫째로 나의 장례와 장례 뒤의 관례로 된 행사를 치르기 위한 비용을 치르기 바란다. 그런 것들은 요란하게 할 필요는 없지만 그렇다고 인색하게 하는 일도 없도록.'

(62) '이 유언장에 적힌 조항의 집행인으로는 다음의 사람들이 맡아주길 바란다. 즉 올림피코스·아리스티데스·무네시게네스·히포크라테스·에피크라테스·고르기로스·디오클레스·리콘, 그리고 아타네스이다.

또, 학원은 리콘에게 양도한다. 다른 사람들은 나이가 너무 많거나 시간 여유가 없기 때문이다. 그러나 나머지 사람들도 그에게 협력해준다면 훌륭한 일이 될 것이다. 또 나의 모든 장서도 그에게 넘겨준다. 단, 나 자신이 쓴 것은 별도이다. 그리고 공동식사용의 생활용품과 쿠션 및 술잔도 그에게 넘겨준다.

또한 집행인들은 에피크라테스에게 500드라크마와 하인들 가운데서 아르케실라오스가 적당하다고 생각하는 자를 한 사람 주기 바란다.'

(63) '또 람피리온과 아르케실라오스는 먼저 첫째로 다이포스가 헤라이오스를 위해 맺은 계약을 자기들 편에서 떠맡을 것. 그리고 그(다이포스)는, 람피리온은 물론 그의 상속인들에게도 더 이상 빚이 없도록 해주고 어떤 계약 의무에서도 완전히 면제되도록 해줄 것.

다른 한편, 집행인들도 그에게 500드라크마의 은화와 하인들 가운데서 아르케실라오스가 승인하는 자를 한 사람 줄 것. 그는 나와 많은 노고를 함께 하고 나에게 잘 대해주었으므로 넉넉한 생활자금을 주어 어렵지 않은 삶을 살게 해주고 싶기 때문이다.

또한 (하인인) 디오판토스와 디오클레스, 아부스는 자유의 몸으로 해줄 것. 그러나 시미아스는 아르케실라오스에게 줄 것. 또 도로몬도 자유의 몸으로 해 줄 것.

그리고 아르케실라오스가 집으로 돌아오면 헤라이오스는 올림피코스와 에피크라테스, 그 밖의 집행인들의 도움을 받아 장례와 그 밖에 관례로 된 행사에 지출한 비용을 정산하도록.'

(64) '그리고 남은 돈이 있으면 아르케실라오스는 이를 올림피코스로부터 받아서 가져가도 좋다. 단, 받는 시기나 기한의 일로 올림피코스를 난처하게 하지 않도록.

아르케실라오스는 또 이 스트라톤이 올림피코스나 아메이니아스와 맺은 계약,—그 서류는 티사메노스의 아들 필로크라테스에게 맡겨져 있는데— 그 계약도 자기 자신이 떠맡도록.

또한 나의 묘비의 일은 아르케실라오스와 올림피코스와 리콘이 적당히 생각해서 하도록.'

이것이 케오스(섬) 사람 아리스톤[55]이 아마 수집된 것으로 생각되는 것을 바탕으로 전해지는 그의 유언장 내용이다.

그런데 스트라톤은 앞서 말한 바와 같이 매우 칭송할 만한 인물[56]이고 학문의 모든 분야에서 뛰어났는데, 그 가운데서도 이른바 '자연학' 영역에서 빼어났다. 이 자연학은 다른 어느 학문보다도 오래되었고 또 좀 더 중요한 철학의 한 부문이다.

---

*55 케오스섬 이우리스 출신인 페리파토스파의 철학자. 제7권 164절에도 이름이 나와 있다. 아리스토텔레스·테오프라스토스·스트라톤 및 리콘의 유언장은 이 사람이 수집하고 있었던 것으로 생각된다.

*56 이 말은 테오프라스토스에 이어서 스트라톤의 전기까지도 이 책 가운데 포함하는 것에 대한 디오게네스의 변명으로 여겨도 좋을 것이다라고 힉스는 쓰고 있다. 그것은 제1권 15절에서는 페리파토스파의 학통(學統)은 테오프라스토스로 끝난 것으로 되어 있기 때문이다.

4 리콘

(65) 스트라톤의 후계자는 트로이지방 출신인 아스티아낙스의 아들 리콘이었다. 그는 언변이 좋았고 또 어린이들의 지도에 대해서도 남다른 계획을 하고 있었다. 왜냐하면 그는 말에는 박차와 고삐가 필요하듯이, 어린이들에게는 신중한 마음과 명예심이 갖추어져 있어야 한다고 말하기 때문이다. 다른 한편 그의 표현의 교묘함과 풍부함은 다음과 같은 예로도 뚜렷하게 드러난다. 그는 가난한 처녀에 대해서 이런 식으로 말한다. '결혼자금이 부족해서 한창 때를 지난 딸은 아버지에게 무거운 짐이다.' 안티고노스는 그에 대해서 다음과 같이 말했다. 즉 그의 말은 향이 좋은 예쁜 사과와 똑같이 다룰 수 없었던 것이다. 사과라면 어디라도 가지고 갈 수 있는데 그가 한 말 하나하나는 이른바 나무 위에 있듯이 그 사람 자체로 이를 바라보아야만 했던 것이다,

(66) 이것은 그의 말이 참으로 감미로운 어조를 지녔기 때문이다. 그것에서 또 그의 이름(Lycon)에 Γ(G자)를 덧붙여 그를 '글리콘 Glycon'으로 부른 사람도 있었다. 그러나 쓰기에서 그는 전혀 다른 사람처럼 보였다. 예컨대 배워야 할 좋은 때 배우지 않아서 후회하면서, 뒤늦게 배우려는 사람들에게 그는 아래와 같이 말을 꾸며댔다. 즉 '그들은 자기 자신들을 고발하는 것이다. 이루지 못할 소망에 의해서 고칠 수 없는 게으름에 대한 후회를 밝히면서'라고.

또, 생각을 잘못하고 있는 사람들은 계산을 실패하는 것이다. 마치 똑바른 것을 재는 데 구부러진 자를 사용하거나, 잔잔하지 않은 물속이나 일그러진 거울 속에 자기 얼굴을 비쳐보는 것과 같은 것이라고 그는 말했다.

그리고 시장 안에 있는 화환을 구하기 위해 가는 사람은 많은데, 올림피아에서의 영광을 좇는 자는 적거나 한 사람도 없다고 말한 것이다,

그는 또 여러 문제에 대해서 아테네인에게 때때로 권고하고 그들에게 매우 많은 이익을 가져다주었다.

(67) 또 복장에 대해서 그는 매우 깔끔한 옷차림이었고 헤르미포스가 말하는 바에 따르면 그가 입었던 윗옷은 부드러운 재질로 만든 것 같다. 뿐만 아니라 카리스토스의 안티고노스가 말하는 바에 따르면 그는 체육에도 열심히 노력을 기울여 몸 상태는 좋고 완전히 운동선수와 같은 몸을 보여주었으나 귀는 (권투로) 짜부라져 있었고, 피부에는 올리브기름이 배어들고 있었다고 한다. 그 때문에 그는 또 조국 일리온(트로이)의 제전경기에서 레슬링 경기에 출전하거나 구기 종목에 참가하기도 한 것으로 전해진다.

그는 또 (페르가몬의 왕)에우메네스나 아탈로스*57의 궁정 사람들로부터 다른 어느 철학자도 미치지 못할 정도로 사랑을 받았다. 그리고 이들 왕은 그에게 많은 지원도 했다. 또 안티오코스왕*58도 그를 곁에 두려고 했는데 그 일은 성공하지 못했다.

(68) 또한 그는 페리파토스파인 히에로니무스*59와 사이가 무척 나빴기 때문에 그만이 혼자(안티고노스왕의 아들의) 해마다 열리는 탄생 축하일에—그날의 일은 '아르케실라오스전'(제4권 제41절) 가운데서 이야기했는데—히에로니무스를 만나려하지 않았던 것이다.

그런데 그는 (스트라톤의 사후) 학원을 40년 동안 주재했는데, 그것은 제127회 올림픽대회기(BC 272~269년) 사이에 스트라톤이 유언장 가운데서 학원을 그에게 양도한다는 뜻을 밝히고 있었기 때문이다. 하지만 그는 문답법가인 판토이데스*60의 강의에 출석한 적도 있었다.

그는 74세에 통풍 질환에 시달린 끝에 세상을 떠났다. 다음에 쓰는 것은 내가 그에게 보낸 시이다.

맹세코 말하는데 나는 리콘도 지나쳐 버리지는 않을 것이다. 그가 통풍으

---

*57 에우메네스(1세)와 아탈로스는 모두 페르가몬의 왕이고, 전자의 재위는 BC 263년~241년, 후자는 전자의 조카이고 그 사람의 뒤를 이어서 BC 241년~197년 왕위에 있었다.

*58 이 안티오코스왕이 1세(재위 BC 281년~261년)를 가리키는지, 2세(재위, BC 261년~246년)를 가리키는 것인지는 잘 알 수 없는데 리콘의 연대(BC 299년~225년)로 보아 후자일 가능성이 강한 것으로 생각된다.

*59 로도스섬 출신. BC 290년 무렵~230년. 아테네에 살고 주로 문학 연구로 알려졌다. 제1권 26절에도 이 사람의 이름은 나와 있으므로 그 부분의 주를 참조. 또한 제4권 41절도 참조.

*60 BC 3세기 전반에 활동한 메가라파인 철학자(문답법가)이고 리콘의 스승.

로 죽었다는 것을

　하지만 나에겐 아무래도 불가사의하다,

　하데스(저세상)로의 그렇게 먼 길을 전에는 남의 다리를 빌려 걷던 사내가,

　단 하룻밤 사이에 앞지르고 말다니.

(69) 리콘이란 이름을 가진 사람은 그 밖에도 있었다. 첫 번째는 피타고라스파의 사람. 두 번째는 이제까지 말해 온 바로 그 사람. 세 번째는 서사시인. 네 번째는 에피그램을 쓴 시인이다.

　그런데 나는 이 철학자의 유언장을 보았고 그 내용은 다음과 같다.

　'나는 지금 이 질환을 더 견딜 수 없는 때에 대비해서 나 자신의 소유에 속하는 것에 대해서 아래와 같이 유언해 둔다.

　(고향의) 집에 있는 재산은 모두 나의 형제인 아스티아낙스와 리콘에게 준다. 단, 그 재산 가운데서 내가 아테네에서 누군가 남에게서 빌리거나, 또 물건을 주문하거나 해서 쓴 금액과 장례식이나 그 밖의 관례로 된 행사를 위한 비용은 지급해야 한다.'

　(70) '다른 한편, (아테네)시와 아이기나에 있는 재산은 (형제인) 리콘에게 준다. 그는 나와 같은 이름을 가졌고 게다가 아들이나 다름없이 다루어온 자*61로서는 마땅한 일인데, 그는 오랜 기간에 걸쳐서 완전히 만족할 수 있는 방법으로 나와 함께 생활해 주었기 때문이다.

　또 학원은 나의 지인들 가운데서 이를 원하는 자들에게, 즉 부론·칼리노스·아리스톤·암피온·리콘·아리스토마코스·헤라클루스·리코메데스 그리고 나의 조카인 리콘에게 남기기로 한다. 단, 이 가운데 누구를 학원의 지도자로 할 것인가는 스스로 선택해 결정하기 바란다.*62 지도자가 된 사람은 학

─────────────

*61 이 리콘은 형제 쪽의 리콘인데 (조카에도 리콘이란 이름의 사람이 있다), 나이에 차이가 있었기 때문에 아들처럼 다루어지고 있었다.

*62 특정인을 후계자로서 지명하지 않고 친한 동료들 전원에게 학원을 넘기고 있는 것이 주목된다. 그리고 디오게네스는 페리파토스파의 학통에 대해서는 이 리콘에서 기록을 마치고 있다. 한편 참고를 위해 여기까지의 페리파토스파 학통의 계보를 학교장 재직기간도 포함해서 아래에 써둔다. 아리스토텔레스(BC 335년~322년)·테오프라스토스(BC 322년~286년)·스트라톤(BC 286년~268년)·리콘(BC 268년~225년).

원 관리운영 일에 끊임없이 힘쓰고 이를 가장 잘 발전시킬 능력이 있는 것으로 여겨지는 사람이어야 하는데 그러나 그 밖의 벗들과 여러분들도 나의 일과 이곳의 일을 생각해 그 사람과 협력해서 학원을 유지해 주길 바란다.

또한 나의 장례와 화장(火葬)에 대해서는 부론과 칼리노스가 동료들과 힘을 모아 수고해 주기 바란다. 그것을 위한 비용의 지출은 아끼려 하거나 과다지출을 하는 일이 없기를 바란다.'

(71) '또 리콘은 나의 죽음 뒤에 아이기나에 있는 나의 올리브 밭에서 수확한 기름을 젊은이들이 자유롭게 쓸 수 있도록 해 주기 바란다. 그런 사용을 통해서 나에 대해서뿐만 아니라 나를 소중하게 여겨준 사람에 대해서도 마땅한 생각을 떠올리게 하기 위해서이다.

그리고 리콘은 나의 상(像)도 세워주기를 바란다. 그리고 그 장소는 어디에 세우는 것이 알맞을지 잘 생각해서 결정할 것. 또 그 일에 대해서는 디오판토스와 데메트리오스의 아들인 헤라클레이데스도 협력해 주기 바란다.

또 리콘은 (아테네)시에 있는 내 재산 가운데서 그가 여행을 떠난 동안에 내가 얼마쯤 당겨 쓰고 있었던 사람들 모두에게 갚도록.

또한 부론과 칼리노스는 장례식과 장례나 그 밖의 관례인 행사를 위해 지출되는 비용을 지급해 주기 바란다. 그러나 그런 금액은 내가 두 형제(리콘과 아스티아낙스)에게 공통으로 남겨둔 나의 집 재산 가운데서 되찾길 바란다.'

(72) '또, 의사인 파시테미스와 메미아스에게도 사례해 주기 바란다. 그들은 나를 보살펴 준데다 그 기술 덕분에 더욱 보답 받을 만하다.

그리고 칼리노스의 아들에게는 테리크레스*63가 만든 한 벌의 술잔을 줄 것. 또 그의 아내에게는 로도스산(産)의 술잔 한 벌, 부드러운 깔개와 거친 깔개, 침대 씌우개, 그리고 남아 있는 것 가운데서 가장 고급스러운 쿠션 2개를 줄 것. 이것은 보답이 허용되는 범위 안에서 내가 그들의 일을 잊지 않고 있음을 보여주기 위함이다.

또한 나에게 봉사해 준 하인들에 대해서는 다음과 같이 지시해 둔다. 즉 데메트리오스는 훨씬 전부터 자유의 몸이 된 자인데 해방을 위한 대금은 면

---

*63 코린토스의 유명한 도공(陶工).

제하고 그에게는 5무나의 돈과 상하 한 벌의 옷을 줄 것. 그는 나와 많은 노고를 함께 해 주었으므로 어렵지 않은 삶을 살게 하고 싶다.

다음은 칼케돈의 크리톤인데 그에게도 해방을 위한 대금은 면제하고 4무나를 줄 것.

또 미크로스도 자유의 몸으로 할 것. 그리고 리콘은 이 사람의 생활을 돌봐주고 앞으로 6년 동안 교육해 주기 바란다.'

(73) '또 카레스도 자유의 몸으로 해줄 것. 리콘은 이 사람도 부양해줄 것. 그리고 이 사람에게는 2무나와 나의 공간(公刊)된 책을 줄 것. 공간이 되지 않은 책은 칼리노스에게 맡기므로 주의 깊게 검토해서 출판해 주기 바란다.

또 시로스는 자유의 몸인데 그에게는 4무나와 (몸종인) 메노드라를 줄 것. 또 그가 나에게 진 빚이 있으면 그것은 면제하기로 한다.

또 힐라라에게는 5무나와 거친 깔개, 침대 씌우개, 쿠션 2개, 그리고 그녀가 원하는 침대를 줄 것.

또 미크로스의 어머니·노에몬·디온·테온·에우프라노, 그리고 헤르미아스도 자유의 몸으로 해줄 것. 아가톤은 2년 동안 일한 뒤에 자유의 몸으로 해줄 것. 또 가마를 메주고 있는 오펠리온과 포세이도니오스는 앞으로 4년 동안 봉사하게 한 뒤 자유의 몸으로 해 주기 바란다.'

(74) '또한 데메트리오스와 크리톤과 시로스에게는 저마다 침대와 나의 유품 가운데서 리콘이 적당하다고 생각하는 침구를 주기 바란다. 단, 이들 물품은 그들이 제각기 지시된 일을 충실하게 수행했을 때 주는 것으로 한다.

매장에 관해서는 리콘이 이 땅(아테네)에 매장하길 바란다면 이곳에, 또 고향(트로이) 쪽이 좋다고 생각한다면 그 땅에 매장하기 바란다. 그는 나에 못지않게 알맞은 방법을 터득하고 있는 것으로 확신하기 때문이다. 그리고 그가 앞서 말한 것을 모두 처리해 준다면, 이 땅에 있는 유산은 그의 권한에 속하는 것으로 한다.

또한 (이 유언장) 증인은 헤르미오네의 칼리노스, 케오스의 아리스톤, 파이아니아구의 에우프로니오스이다.'

이렇게 해서 그는 교육에 관한 일은 물론 온갖 분야의 학문연구에서도 모든 일에 걸쳐서 사려 깊게 행동했음을 알 수 있다. 유언장에서도 어느 의미에서는 그에 못지않게 배려가 고르게 미치고 있어 가정상(家政上)의 처리가 잘 이루어지고 있다. 따라서 이 점에서도 그는 본받을 만하다.

5 데메트리오스

(75) 데메트리오스는 파노스트라스토스의 아들이고 팔레론 사람이다. 그는 테오프라스토스의 제자였는데 아테네 민회에서 유창한 변설로 그 나라를 10년 동안 이끌었다. 그리고 360개의 동상이 세워질 정도로 영예를 얻은 것이다. 그 동상의 대부분은 그가 말을 탄 모습이라든가 전차나 쌍두마차를 몰고 있는 모습이었으며, 더구나 이들 상은 300일도 채 지나지 않는 사이에 완성된 것뿐이었다. 그토록 그는 존중받았다.

그가 정치의 길에 진출한 것은 마그네시아의 데메트리오스가 〈동명인록〉가운데서 쓰고 있는 바에 따르면, 하르팔로스*⁶⁴가 알렉산드로스(대왕) 밑에서 몸을 피해 아테네로 왔을 때(BC 324년)였다고 한다. 그는 정치가로서 조국(아테네)을 위해 여러 가지로 매우 훌륭한 업적을 올렸는데, 그것은 그가 세입을 증가시키거나 건물을 늘리거나 함으로써 국가를 발전시켰기 때문이다. 그러나 그는 명문가 출신은 아니었다.

(76) 즉 그는 파보리누스가 〈각서〉 제1권 가운데서 쓰고 있듯이 코논*⁶⁵가에 고용되던 자 가운데 한 사람이었기 때문이다.—그러나 그가 함께 살던 애인인 라미아는 아테네시의 양가집 출신이었다. 이 또한 파보리누스가 같은 책의 제1권에서 말하고 있다.—뿐만 아니라 제2권 가운데 쓰여 있는 바에 따르

---

*64 BC 355년~323년, 마케도니아의 귀족이고 어릴 적부터 알렉산드로스대왕과 가까운 벗. 알렉산드로스의 동정에 동행하고 한때는 제국의 재정을 도맡았는데 낭비와 부정을 일삼았기 때문에 자금을 횡령해 병력을 이끌고 진영에서 탈출, 아테네로 몸을 피했다. 그리고 데모스테네스를 비롯해 아테네의 정치가들을 매수하려고 했는데 성공하지 못하고 크레타섬으로 몸을 피해 그곳에서 살해되었다.

*65 BC 444년~392년. 아테네의 명문가 출신으로 펠로폰네소스전쟁 말기에 해군 지휘관을 맡았다. 조국의 패전 후에는 페르시아를 도와 스파르타를 격파했다. 장성의 재건과 해군력 증강에 힘쓰고 아테네제국의 부흥을 지향했다.

면 그는 클레온에게 학대받고 있었다는 것이다. 그러나 디디모스*66가 〈식탁이야기〉 가운데서 쓰고 있는 바에 따르면 그는 어느 예기(藝妓)로부터 '카리스(우아)한 여신들과 같은 눈을 지닌 사람'이라든가, '반짝반짝 빛나는 눈의 소유자'로 불렸다고 한다. 하지만 그는 알렉산드리아에 있었을 때 시력을 잃고 사라피스신의 도움으로 다시 시력을 회복한 것으로 알려진다. 그래서 그는 그 신을 위해 찬가를 만들었는데 오늘날까지 노래로 전해지고 있다고 한다.

그는 아테네인 사이에서 매우 빛나는 존재가 되었는데, 그러나 그런 그에게도 온갖 것을 다 해치우는 질투 때문에 어두운 그림자가 드리우게 되었다.

(77) 그 까닭은 그가 어떤 사람들의 음모 때문에 결석재판에서 사형판결을 받았기 때문이다. 그러나 고발한 사람들은 그의 신병을 확보하지 못했기 때문에 그의 동상에 욕설을 퍼붓거나 이들 동상을 끌어내려 그 가운데 어떤 것을 팔아버리거나, 어떤 것은 바다에 처넣거나, 또 어떤 것은 부수어 변기로 사용하거나 했다. 그러나 단 하나의 상만이 아크로폴리스에 지금도 보존되어 있다. 그리고 파보리누스가 〈역사연구 잡록집〉 가운데서 말하는 바에 따르면 아테네인이 이런 짓을 한 것은 데메트리오스(왕)의 명령에 따른 것이었다.*67 그뿐만 아니라 같은 파보리누스에 따르면 그가 아테네를 통치하고 있었던 해를 아테네인은 '무법의 해'로 기록했다는 것이다.

(78) 또 헤르미포스가 쓰고 있는 바에 따르면 그는 카산드로스의 사후, 안티고노스를 두려워해 (이집트의) 프톨레마이오스 1세에게로 갔다. 그리고 그곳에 오래 머물며 프톨레마이오스왕에게 온갖 충고를 했는데 특히 (왕비인) 에우리디케에게서 태어난 아이들에게 왕위를 넘겨주도록 권했다. 그러나 왕은 이 권고에 따르지 않고 (시녀인) 베레키아에게서 태어난 아이에게 왕관을 넘긴 것이다. 그리고 이 아이는 프톨레마이오스왕의 죽음 뒤, 데메트리오스에 대해서 무언가 결정을 내릴 때까지는 그를 국내에 머물게 해 감시 아래 두는 것이 좋

---

*66 BC 1세기 알렉산드리아의 문헌학자. 박식함과 부지런함으로 알려지고 고대 그리스의 시인·역사가·변론가들의 교본, 주석서, 사전, 문법서 등, 3500권 이상의 책을 저술한 것으로 알려져 있다.

*67 '성의 공략자'로 유명한 데메트리오스(BC 336~283년)는 알렉산드로스대왕의 후계자 다툼에 가담했던 한 사람. BC 307년 아테네를 카산드로스의 지배로부터 해방했기 때문에 카산드로스의 명에 의해서 아테네를 10년 동안(BC 317년~307년) 통치하고 있었던 이 장의 데메트리오스는 추방된 것이다.

다고 생각한 것이다. 그 때문에 그는 그 땅에서 실의 속에 지냈는데, 어찌 된 일인지 졸고 있는 사이에 팔을 독사에게 물려 생애를 마쳤다. 그리고 그는 디오스폴리스*[68]에 가까운 부시리스지구에 매장되었다.

(79) 거기에서 나는 그에 대해서 아래와 같은 시를 쓴 것이다.

> 독사가 현자 데메트리오스의 목숨을 앗아가고 말았다.
> 끈끈한 독을 많이 품고,
> 그 눈에서는 빛이 아닌,
> 검은 죽음을 내뿜고 있는 독사가.

그러나 헤라클레이데스가 소티온의 〈철학자들의 계보〉에서 발췌한 것 가운데 쓰여 있는 것에 따르면, 프톨레마이오스왕은 필라델포스(2세)에게 왕위를 넘기려고 했는데 데메트리오스는 '만일(내가 말하는 것과는) 다른 사람에게 넘기시면 왕위를 더는 누릴 수 없게 됩니다'*[69]라고 말해 단념하게 했다는 것이다.

또 그가 아테네에서 밀고자들에 의해 고발되었을 때—이것도 나는 다른 사람에게 들어서 알게 된 일인데—희극작가인 메난드로스는 그의 벗이었다는 이유로 재판에 회부될 뻔했는데 데메트리오스의 사촌형제인 텔레스포로스가 구명을 간청해 목숨을 건지게 되었다는 것이다.

(80) 한편 그는 많은 저작 수에서도, 또 모든 행수(行數)에서도 동시대 페리파토스파 사람들을 거의 능가하고 있었는데, 그것은 그가 다른 어느 누구보다도 교양이 뛰어나고 경험도 풍부했기 때문이다. 이들 저작은 역사에 관한 것과 정치에 관한 것이다. 또 시인을 다룬 것과 변론술에 관한 것도 있다. 그리고 의회연설이나 외교사절로서의 보고, 이솝의 우화를 모은 것과 그 밖에도 많은 것이 있다. 즉 다음과 같다.

> 아테네에서의 입법에 대해서, 5권
> 아테네의 국제(國制)에 대해서, 2권

---

*68 이집트 상부지방의 도시. 테베는 '대(大) 디오스폴리스'로 불리고 있었다.
*69 공동통치를 할 수 없게 된다는 말일 것이다.

민중의 지도(데마고그)에 대해서, 2권

정치술에 대해서, 2권

법률에 대해서, 2권

변론술에 대해서, 2권

군대의 지휘에 대해서, 2권

(81) 일리아스에 대해서, 2권

오디세이아에 대해서, 4권

프톨레마이오스, 1권

에로스론, 1권

파이돈다스, 1권

메돈, 1권

클레온, 1권

소크라테스, 1권

아르타크세르크세스, 1권

호메로스론, 1권

아리스티데스, 1권

아리스토마코스, 1권

철학의 권유, 1권

(올바른) 국제(國制, 폴리티아*70)를 위해서, 1권

10년간(의 통치)에 대해서, 1권

이오니아인에 대해서, 1권

외교사절에 대해서, 1권

입증(피스티스)에 대해서, 1권

감사에 대해서, 1권

운명에 대해서, 1권

도량의 크기에 대해서, 1권

결혼에 대해서, 1권

평판에 대해서, 1권

＊70 아리스토텔레스가 현실의 국제(國制) 가운데서 최선의 것으로 생각하고 있었던 '폴리티아'
(과두제와 민주제와의 혼합정체)를 가리키는 말일 것이다.

평화에 대해서, 1권

법률에 대해서, 1권

사람들의 영위에 대해서, 1권

좋은 기회에 대해서, 1권

디오니시오스, 1권

칼키스에 관한 것, 1권

아테네인에 대한 쓴소리, 1권

안티파네스에 대해서, 1권

역사연구서론, 1권

편지모음, 1권

민회(民會)의 선서, 1권

노년에 대해서, 1권

여러 가지 권리, 1권

이솝이야기, 1권

금언집, 1권

(82) 그의 문체는 변론집이 지닌 활기와 힘참이 뒤섞여 있으며 철학적인 성격을 띤다.

그는 아테네인들이 그의 동상을 쓰러뜨린 것을 듣고 '그렇게 하라. 나의 덕(역량)까지는 쓰러뜨리지 못할 것이다' 말했다고 한다.

또 그는, 눈썹은 (얼굴 가운데) 작은 부분에 지나지 않지만 (그것을 찌푸림으로써) 삶 전체를 어둡게 할 수 있다'라고 말했다.[71]

또, 부(富)의 신(플루토스)이 눈이 멀었을 뿐만 아니라 그것을 이끄는 운명의 여신(티케)도 앞을 보지 못한다고 말했다.

또 쇠가 전쟁에서 수행할 수 있는 것만큼, 변론은 정치에서 힘을 지니고 있다고도 말했다.

또 그는 어느 때 방탕자인 젊은이를 보고는 '자, 보라, 긴 옷을 질질 끌고 배도 드러낸 채 턱수염을 기른 4각의 헤르메스[72]가 왔다'고 말했다.

---

[71] 힉스의 교본에 따른다.

[72] 뚜렷하게 알 수 없는데 헤르메스상이 4각형으로 새겨져 있었기 때문인 것으로 짐작된다.

또 그는 잘난 체 거드름을 피우는 사람들에 대해서 그들의 우쭐한 태도는 걷어치우게 해야 하는데 자랑스런 면은 남겨두어야 한다고 말했다.

또 젊은이들은 집에서는 부모를, 길에서는 만나는 사람들을, 그리고 혼자 있을 때는 자기 자신까지도 외경(畏敬)해야 한다고 말했다.

(83) 그리고 참된 벗은 좋은 일에는 초청 받은 다음에야 떠나는데 불행한 일에는 자진해서 달려간다고도 말했다. 앞에서 든 경구가 또 그를 두고 한 말인 것처럼 생각된다.

그런데, 데메트리오스란 이름을 지닌 이들 가운데 거론할 만한 가치가 있는 사람은 20명이 있다. 첫 번째는 칼케돈의 사람이고 트라시마코스보다 나이가 많은 변론가. 두 번째는 우리가 말해 온 바로 그 사람. 세 번째는 비잔티온 사람이고 페리파토스파의 학자. 네 번째는 이른바 '묘사력이 있는 작가'로 그 서술이 명석한 사람. 그는 또 화가이기도 했다. 다섯 번째는 아스펜도스 출신으로 솔로이의 아폴로니오스의 제자. 여섯 번째는 칼라티스 출신이고 아시아와 유럽의 지지(地誌)에 대해서 20권의 책을 지은 사람. 일곱 번째는 비잔티온 사람이고 유럽에서 아시아로의 켈트인의 이동에 대해서 13권의 책을 지은 사람. 이 사람에게는 그 밖에도 안티오코스왕과 프톨레마이오스왕의 사적(事績) 및 그들의 리비아 통치를 다룬 8권의 책이 있다.

(84) 여덟 번째는 알렉산드리아에 거주한 적이 있는 소피스트로 변론술에 관한 책을 쓴 사람. 아홉 번째는 아드라미티움의 문헌학자이고 헤라 여신에게 무언가 부정을 저지른 것으로 여겨졌기 때문에 '익시온'*73으로 별명이 붙여진 사람. 열 번째는 키레네 출신의 문헌학자이고 '술통'이라 불렸던 사람. 열한 번째는 스켑시스 출신이고 부자이면서 명문출신으로 학문을 매우 좋아했던 사람. 이 사람은 또 메트로드로스를 교육해 향상시킨 인물이기도 하다. 열두 번째는 에리트라이의 문헌학자이고 템노스의 시민권이 주어진 사람. 열세 번째는 비티니아 사람이고 스토아파인 디필로스의 아들이며 로도스섬의 파나이티오스의 제자였던 사람.

(85) 열네 번째는 스미르나의 변론가. 앞서 말한 이들은 산문 작가들인데 이 이름을 가진 시인들 가운데 첫 번째 사람은 고희극의 작가이다. 두 번째는 서

---

*73 제우스에게 죄를 깨끗이 씻기면서 제우스의 비(妃) 헤라를 범하려다 벌을 받은 신화 인물.

사시인으로 이 사람의 작품에서는 질투가 많은 사람에 대해서 쓴 다음과 같은 시구만이 남아 있다.

살아 있는 동안 그를 경멸했는데, 죽어버리자 그리워한다.
그러므로 그 전에 그 사람의 묘와 생명이 없는 상(像)을 둘러싸고.
도시와 도시 사이에 증오가 끼어들어 사람들이 다툼을 일으키는 것이다.

세 번째는 타르수스 출신으로 사티로스극의 작가. 네 번째는 이암보스조
(調)의 시(풍자시)를 썼으며 신랄한 사람이었다. 다섯 번째는 조각가이고 폴레
몬이 이야기한 사람. 여섯 번째는 에리트라이 출신이고 여러 방면의 작품을
쓴 사람. 이 사람은 역사와 변론에 관한 책도 썼다.

6 헤라클레이데스

(86) 에우티프론의 아들 헤라클레이데스는 폰토스(흑해)의 헤라클레아 출신이고 유복한 사람이었다. 아테네에서 그는 먼저 스페우시포스에게 접근했다. 뿐만 아니라 그는 또 피타고라스파 사람들의 강의도 들었고 플라톤의 책도 즐겨 읽었다. 그리고 그 뒤에 소티온이 〈철학자들의 계보〉에서 이야기하고 있는 바에 따르면 아리스토텔레스의 제자가 된 것이다.*74

그는 부드러운 옷을 입었고 또 매우 뚱뚱한 편이었다. 그래서 그는 아티카 사람들로부터 '폰토스의 사람'이 아니고 '폰피코스'(풍채가 좋은 사람)라 불렸다. 또 그의 걸음걸이는 느긋하고 위엄이 있었다. 그가 저술한 매우 훌륭하고 내용이 뛰어난 책이 이제까지 남아 있다. 즉 그것들은 대화편인데 그중 윤리학 관계인 것은*75 —

정의(正義)에 대해서, 3권
절제에 대해서, 1권
경건에 대해서, 1권
용기에 대해서, 1권
덕(德) 전반에 대해서, 1권 및 같은 이름의 다른 책
행복에 대해서 1권

---

*74 그는 최초에 아카데미파의 일원이고 스페우시포스가 죽은 뒤에는 학교장 후보자로 추천되기도 했다. 그가 아리스토텔레스의 제자가 되었다는 증언은 그의 저작내용에서 추측했을 것이다.

*75 이하에 거론되는 저작 모두가 대화편인지 여부에는 문제가 있으므로, 다음의 자연학 관계의 저작 이후는 다른 형식의 것으로 생각해서 번역해 둔다. 또한 주제별 분류로 되어 있는데 예를 들면 자연학 관계 저작 가운데 〈삶의 방식에 대해서〉와 〈선에 대해서〉란 제명의 것이 들어 있는 등, 그 분류에도 혼란이 엿보인다.

(87) 지배에 대해서, 1권
법률, 1권 및 이런 것과 비슷한 주제에 대한 것
이름에 대해서, 1권
계약, 1권
본의 아닌 것, 1권
에로스론, 또는 크레이니아스, 1권

다른 한편, 자연학 관계의 저작으로는 다음의 것이 있다.

지성에 대해서
혼에 대해서 및 혼에 대한 다른 논문
자연에 대해서
영상에 대해서
데모크리토스에 대한 반론
천계(天界)의 사항에 대해서, 1권
지하 세계의 사항에 대해서
삶의 방식에 대해서
질환의 여러 원인, 1권
선(善)에 대해서, 1권
(엘레아의) 여러 논설에 대한 반론, 1권
메트론설에 대한 반론, 1권

또 문헌학 관계인 것은—

호메로스와 헤시오도스의 시대에 대해서, 2권
아르킬로코스와 호메로스에 대해서, 2권

그리고 문예·음악 관계인 것은—

에우리피데스 및 소포클레스 작품에서의 여러 문제에 대해서, 3권

음악에 대해서, 2권
(88) 호메로스 문제의 해결, 2권
구경거리에 대해서, 1권
3인의 비극작가에 대해서, 1권
성격론, 1권
작시술과 시인들에 대해서, 1권
추측에 대해서, 1권
예견에 관한 것, 1권
헤라클레이토스 해설, 4권
데모크리토스에 대한 반론·해설, 1권
논쟁적인 논의의 해결, 2권
공리(公理), 1권
형상(種, 에이도스)에 대해서, 1권
여러 문제의 해결, 1권
훈계집, 1권
디오니소스에 답한다, 1권

변론술 관계의 것은

변론의 교육에 대해서, 또는 프로타고라스

역사 관계인 것은 다음과 같다.

피타고라스파 및 그들의 발견에 대해서*76

그리고 이들 책 가운데 어떤 것은 〈쾌락에 대해서〉나 〈절제에 대해서〉가 그렇듯이 희극 문체로 쓰였는데, 어떤 글은 비극 문체로 쓰였다. 예컨대 〈하데스에 있는 사람들에 대해서〉나 〈경건에 대해서〉 및 〈권력에 대해서〉가 그렇다,

---

*76 웨를리의 해석에 따라서 1권의 책으로 다룬다.

(89) 그는 그런 것의 중간인 듯한 문체, 즉 철학자와 장군과 정치가가 서로 대화하는 경우에 볼 수 있는 것과 같은 대화형식 문체를 쓰고 있다. 더욱이 그에게는 기하학이나 문답법을 다룬 저작도 있다. 무엇보다도 그는 모든 사항에 통달한 재주 많은 사람이고 또 그 표현에는 기품이 있으며, 사람들의 마음을 충분히 사로잡는 힘을 갖추고 있다,

그는 또 마그네시아의 데메트리오스가 〈동명인록〉 가운데서 말하고 있듯이 독재자를 죽이고 조국을 참주제에서 해방한 사람이었던 것으로 생각된다. 그리고 그 데메트리오스는 그에 대해서 아래와 같은 이야기도 전해진다. 즉 그는 어릴 적부터, 그리고 성인이 된 뒤에도 뱀 한 마리를 기르고 있었다. 그리고 죽음이 닥쳤을 때 그는 신뢰하던 하인 한 사람에게 자신의 유해는 은밀하게 매장하고 그 대신에 뱀을 관대(棺臺) 위에 두도록 지시했다. 그것은 신들 곁으로 떠난 것이란 생각을 갖게 하기 위함이었던 것이다,

(90) 무슨 일이나 그가 명한 대로 이루어졌는데, 시민들이 헤라클레이데스를 무덤까지 전송하고 그를 칭송하던 바로 그 사이에 그 뱀은 칭송 소리를 듣고 수의(壽衣)에서 기어 나와 많은 사람들을 낭패하게 만들었다. 나중에는 모든 것이 드러나 헤라클레이데스는 이제까지 생각해 왔던 사람이 아니고 본디 모습을 그대로 보게 되었다는 것이다.

그래서 나는 그에 대해서 다음과 같은 시를 지었다.

헤라클레이데스여, 그대는 세상 사람 모두에게 이런 소문을 남기고 싶었던 것이다.
죽은 뒤, 그대는 뱀이 되어 살아 있다는 소문을.
그대는 모처럼 지혜를 짜냈는데 속은 것이다. 왜냐하면 그 동물은
바로 뱀이었고 그대 또한 지자(知者)이기는커녕 동물임이 밝혀졌기 때문에.

또한 이 이야기는 히포보토스도 전하고 있는 것이다.

(91) 또 헤르미포스는 다음과 같은 이야기를 전하고 있다. 즉 굶주림이 국토를 엄습했을 때 헤라클레아 사람들은 피토(델포이)의 무녀에게 구원을 청했다. 그러나 헤라클레이데스는 파견된 사자들뿐만 아니라 앞서 말한 무녀까지

도 매수하고, 만일 에우티프론의 아들 헤라클레이데스가 살아 있을 때 시의 사람들로부터 황금 관을 받고, 그리고 죽은 뒤에는 영웅으로 떠받들게 된다면 이 재난에서 해방될 것이라는 식으로 신탁을 대담하게 한 것이다. 그래서 실제로 그와 같은 신탁을 가지고 돌아갔다. 그러나 신탁을 날조한 자들은 그로 말미암아 얻은 것이 아무것도 없었다. 왜냐하면 헤라클레이데스는 극장에서 관을 씌워주자 곧바로 뇌졸중으로 쓰러졌고, 또 사자들은 돌로 쳐 죽이는 형에 처해졌기 때문이다. 뿐만 아니라 피토의 무녀도 같은 무렵에 본당으로 돌아가 자리를 잡고 앉았을 때 한 마리의 뱀에 물려 순식간에 숨을 거두고 말았다. 그의 죽음에 대해서 전해지는 것은 앞서 말한 것과 같은 것뿐이다.

(92) 그런데 음악가인 아리스토크세누스가 말하는 바에 따르면 그는 비극 작품을 쓰고 그런 것에 테스피스[77]의 작품으로 서명을 남겼다는 것이다. 또 카마레이온[78]은 〈헤시오도스와 호메로스에 대해서〉란 그의 책은 자신의 책을 표절한 것이라고 이의를 제기하고 있다. 그리고 또 에피쿠로스파인 안티도로스[79]는 그의 정의(正義)에 대해서란 논문에 반론을 제기해 그를 비판했다. 그리고 또 '전향자'로 별명이 붙은 디오니시오스[80]가—또는 어떤 사람들에 따르면 그것은 스핀타로스[81]라고도 하는데—〈파르테노파이오스〉[82]란 작품을 쓰고 여기에 소포클레스 작품으로 서명을 했다. 그런데 헤라클레이데스는 이를 그대로 믿고 자신의 책 가운데 어느 곳에 이 작품을 소포클레스에 의한 것이란 증거로 사용한 것이다.

(93) 디오니시오스는 그것을 깨닫자 사실을 그대로 그에게 털어놓았다. 그러나 헤라클레이데스가 이를 부정해 믿으려 하지 않았으므로 디오니시오스는 '파라스티키스'(시의 각행 첫 글자를 엮어서 되는 말)로 눈을 돌리도록 촉구

---

[77] BC 6세기에 활약한 그리스의 시인. 합창대에서 한 사람의 배우를 독립시켜 비극의 원조가 된 사람.

[78] 헤라클레이데스와 같은 시대를 살았던 젊은 사람.

[79] 제10권 8절·28절에 이름이 나와 있다.

[80] 이 인물에 대해서는 제7권 제4장에서 다루고 있다.

[81] 흑해의 헤라클레아 출신의 비극작가.

[82] 파르테노파이오스는 테베를 공략한 일곱 명의 장수들 가운데 한 사람. 아이스킬로스의 〈테베로 향하는 일곱 명의 장수들〉, 에우리피데스의 〈페니키아의 여인들〉 가운데 그 이름이 나와 있다.

했다. 그것은 '판칼로스'(정말 아름답다는 뜻)란 이름이 되었다. 그러나 그것은 디오니시오스의 애인 이름이었다. 그러나 헤라클레이데스는 여전히 믿지 않고 우연히 그렇게 되는 일도 있을 수 있다고 말했기 때문에 디오니시오스는 다시 한 번 다음과 같이 주의를 시킨 것이다. '이런 말도 그대는 (나의 작품 속에서) 발견하겠군.

갑: 늙은 원숭이는 올가미로 잡지 못해.
을: 아니 반드시 잡히지. 단, 시간은 걸리지만.'

그리고 그 말에 덧붙여서 '헤라클레이데스는 글자를 모르고 또 모르는 것을 부끄럽게 여기지도 않는다'라고 말한 것이다.

헤라클레이데스란 이름을 가진 사람은 14명이 있었다. 첫 번째는 지금 말해 온 바로 그 사람. 두 번째는 그와 같은 나라 사람으로 '무장 춤의 노래'나 익살 이야기를 쓴 작가.

(94) 세 번째는 키메 사람이고 페르시아사 5권의 지은이. 네 번째도 키메 사람이고 변론술 교본을 쓴 변론가. 다섯 번째는 칼라티스 또는 알렉산드리아의 사람이고 〈철학자들의 계보〉 6권의 지은이. 또 〈렘보스식의 논의〉란 책도 썼는데 거기에 따라서 '렘보스'*83란 별명이 붙게 되었다. 여섯 번째는 알렉산드리아 출신으로 페르시아인의 국민성에 대해서 쓴 사람. 일곱 번째는 바르기리스 출신이고 문답법에 정통한 사람. 그는 에피쿠로스를 비판한 책을 썼다. 여덟 번째는 히케시오스학파에 속하는 의사. 아홉 번째도 탈라스 출신의 의사이고 경험을 중요시한 사람. 열 번째는 시인이고 교훈집의 책이 있다. 열한 번째는 포카이아 출신의 조각가. 열두 번째는 신랄한 에피그램 시인. 열세 번째는 마그네시아 출신으로 미트리다테스의 역사를 쓴 사람. 열네 번째는 천문학설의 엮은이.

---

*83 '렘보스'란 목선에 매어놓은 보트를 말하는데 식객·더부살이의 의미로도 사용되었다.

제 6 권

1 안티스테네스

(1) 안티스테네스는 안티스테네스의 아들로 아테네에서 태어났다. 그러나 그는 순수한 아테네인은 아닌 것으로 알려진다. 그래서 그것으로 그를 모멸한 사람에게 '신들의 어머니도 프리기아인이다'라고 그는 응수했다고 한다. 왜냐하면 그의 어머니는 트라키아인으로 생각되고 있었기 때문이다. 그리고 또 그가 타나그라 전투[*1]에서 용맹을 떨쳤을 때 소크라테스가 다음과 같은 말을 했다. 만일 그의 부모 두 사람 모두 아테네인이었다면 그는 이렇게까지 뛰어난 자가 되지는 못했을 것이다.[*2] 그리고 그 자신도 아테네인들이 대지에서 태어난 토착민임을 자랑스럽게 여기는 것을 경멸하면서, 그렇다고 해서 그들이 달팽이나 메뚜기보다 고귀한 태생이 될 수는 없다는 말을 했던 것이다.

그는 처음에 변론가인 고르기아스의 제자였다. 그가 그 대화편 가운데, 특히 〈진리〉와 〈철학의 권유〉 중 변론가 식의 문체를 도입한 것은 그 때문이다.

(2) 헤르미포스가 말하는 바에 따르면 그는 이스트미아대제(大祭) 집회에서 아테네인과 테베인, 라케다이몬(스파르타)인의 장점과 결점에 대해서 연설할 생각이었는데, 이들 나라로부터 많은 사람들이 그곳으로 몰려들고 있는 것을 보았기 때문에 그것을 거부하기로 했다는 것이다.

그러나 그 뒤, 그는 소크라테스에게 가담하고 자신의 제자들에게도 자기와 함께 소크라테스의 제자가 되도록 권했을 만큼 그는 소크라테스로부터 도움을 받았다. 또 그는 피레우스에 살면서 매일 40스타디온(약 7.4킬로미터)의 길을 (아테네까지) 가서 소크라테스에게 이야기를 들은 것이다. 그리고 소크라테스로부터 '가난을 견디는 법'을 배우거나 또 '정념에 흐트러지지 않는 마음'을 보고 배우거나 해서 그는 '키니코스적인 삶의 방식'의 창시자가 되었다.

＊1 BC 26년의 전투일 것이라고 한다.
＊2 제2권 31절 참조.

또 그는 고통은 좋은 것임을 대(大)헤라클레스와 키루스왕을 예로 들고, 즉 전자는 그리스인 가운데서의 예이고, 후자는 그리스인 이외의 사람들로부터 든 예라고 증명했다.

(3) 그는 또 '언론(로고스)이란 사물이 무엇이었는지, 또는 무엇인가를 명확히 하는 것이다'라고 말해 언론의 정의를 내린 최초의 사람이기도 했다.

또 그는 늘 '나는 쾌락에 빠질 정도라면 미쳐버리는 것이 차라리 낫다'고 말했다.

그리고 '사람은 나중에 감사해 줄 여자들과 정답게 지내야한다'고도 말했다.

또 폰토스 출신의 젊은이가 그의 강의를 들으려고 무엇이 자기에게 필요한지 그에게 묻자 그는 그 사내에게 '새로운 교과서와 새로운 붓, 그리고 새로운 쓰기 판이다'라고 대답했는데, '새로운'이란 말을 덧붙임으로써 '지성'의 필요함까지도 은연중 암시했다.[*3]

또 어떤 여자와 결혼하면 좋으냐고 물은 사람에게 '아름다운 여자라면 그대가 독점할 수 없는 것이 될 것이고, 또 추한 여자라면 높은 대가가 붙게 될 것이다'라고 그는 대답했다.[*4]

어느 때 플라톤이 그를 험담한다는 소문을 듣자 '훌륭한 일을 하면서 나쁜 소문이 나도는 것은 왕자(王者)답다는 것이다'라고 그는 말했다.

(4) 또 어떤 때에는 오르페우스교의 비의(祕儀)를 치르는 데 제사장이 이런 말을 했다. 이 의식을 치른 자는 저세상에서 많은 혜택을 얻을 것이라고. 그러자 그는 이렇게 응수했다. '그렇다면 왜 당신은 죽으려 하지 않소?' 또 어느 때 자유인인 부모에게서 태어난 것이 아니라는 비난을 받자, '나는 레슬링을 터득한 부모로부터 태어난 것도 아닌데 그래도 나는 레슬링을 터득하는 자가 되고 있으니까'라고 그는 응수했다.

제자가 조금밖에 없는 이유가 무엇인가라고 묻자 '은 지팡이로 그들을 쫓아내기 때문이다'라고 그는 대답했다.

왜 그처럼 엄격하게 제자들에게 대하느냐고 물었을 때에는 '의사도 환자에게는 그렇게 한다'고 말했다.

---

*3 '새로운'이라는 형용사는 이를 두 마디로 나누면 '지성도'라는 의미가 되므로 그것을 이용한 익살이다. 제2권 118절에도 같은 용법을 볼 수 있다.
*4 비온도 이와 똑같이 대답했다고 한다. 제4권 48절 참조.

어느 때 간통을 저지른 남자가 허둥지둥 달아나는 것을 보고 '가련한 놈이 군, 고작 1오보로스만 내면 아무리 큰 위험도 면할 수 있는데' 이렇게 그는 말했다.

헤카톤*5이 〈잠언집〉 가운데서 쓰고 있는 바에 따르면, 그는 추종자들의 손안에서 놀 정도라면 까마귀 무리 속에 몸을 던지는 편이 낫다고, 늘 말했다는 것이다. 왜냐하면 한쪽은 죽은 자의 유해를 먹이로 삼는데 다른 한 쪽은 살아 있는 사람을 먹이로 삼기 때문이다.

(5) 이 세상에서 최고의 행복이란 무엇이냐고 물었을 때 '그것은 행복한 채로 죽는 것이다'라고 그는 대답했다.

제자 가운데 한 사람이 어느 날 그에게 노트를 잊어버렸다고 울상이 되어서 말하자 '종이 위가 아니라 마음속에 그것을 기록했어야 했다'고 그는 말했다.

쇠는 녹이 슬어 부식되는데, 그와 마찬가지로 질투가 많은 사람은 자기 자신의 성격으로 말미암아 좀먹게 된다고 그는 자주 말했다.

또 불사(不死)이길 바라는 사람은 경건하고 올바른 삶을 살아야 한다고 했다.

또 국가가 멸망하는 것은 뒤떨어지는 사람들을 뛰어난 사람들로부터 분리하지 못할 때라고도 말했다.

또 어느 때 악인들로부터 칭찬을 받자 '나는 무언가 나쁜 짓을 하지 않았나 걱정이다'라고 그는 말했다.

(6) 형제가 마음을 하나로 해 힘을 모아 살면 어떤 성벽보다도 굳건하다고 그는 말했다.

배 여행을 위한 장비는 난파한 경우에도 자신과 함께 바닷속을 헤엄쳐 빠져나올 수 있는 것으로 해야 한다고 그는 말했다.

그는 어느 날 나쁜 자들과 어울려 다닌다고 비난을 받았는데 그때, 그는 이렇게 말했다.

'의사도 환자들과 함께 있는데 그렇다고 해서 내가 열을 내는 것은 아니다.'

---

*5 로도스섬 사람이고 파나이티오스의 제자. BC 160년 무렵~90년 무렵, 중기 스토아파를 대표하는 철학자의 한 사람. 주로 윤리학관계의 저작을 저술하고 디오게네스는 제7권에서 이들 저작을 때때로 전거(典據)로 하고 있다.

밀 가운데서는 독밀(毒麥)을 제거하고 전쟁에서는 도움이 되지 않는 자를 배제하는데, 국가 조직 가운데서 뒤떨어지는 자들을 몰아내지 않는 것은 이상한 일이라고 그는 말했다.

철학에서 무엇을 얻었느냐고 묻자 '자기 자신과 사귀는 능력이다'라고 그는 대답했다.

술자리에서 누군가가 그에게 '한 곡 불러 달라'고 말하자 '그러면 그대는 피리를 불어주게' 하며 그는 응수했다.

디오게네스가 그에게 속옷 한 벌을 달라고 조르자 자신이 입고 있는 윗옷을 접어서 속옷으로 하라고 그는 명했다.[*6]

(7) 여러 배울 것이 있는 가운데 무엇이 가장 필요하느냐고 질문을 받자 '배운 것을 잊지 않도록 하는 것이다'라고 그는 대답했다.

또 그는 험담하는 사람들에 대해서 돌을 맞았을 때보다도 더 참고 견디라고 충고했다.

그는 또 플라톤은 자만하고 있다고 늘 비웃었다. 축제행렬이 이어지고 있었을 때 사나운 말에 시선이 가자 그는 플라톤 쪽을 돌아보며 '나는 벌써부터 자네도 콧대가 높은 사나운 말처럼 보였네'라고 말했기 때문이다. 그러나 이것은 플라톤이 언제나 말을 자랑하고 있었기 때문이기도 했다. 또 어느 때 그는 병을 앓고 있는 플라톤을 찾아가 플라톤이 구토를 해놓은 세숫대야 속을 들여다보면서 이렇게 말했다. '이곳에 담즙은 보이는데 자만은 보이지 않는군'

(8) 그는 아테네인들에게 당나귀는 말이라고[*7] 표결하도록 권고했다. 그리고 그들이 이를 바보스럽게 생각하자 '하지만 실제로 제군들이 있는 곳에는 아무 훈련도 쌓지 않고 있는데, 단순히 거수로 뽑힌 장군들도 있지 않은가' 이렇게 그는 말했다는 것이다.

'많은 사람들이 당신을 칭송한다'고 말한 사내에게 '내가 이제까지 무언가 나쁜 짓을 하고 있었기 때문인가'라고 그는 응수했다.[*8]

그가 낡은 옷을 걸치고 옷이 다 떨어진 것을 사람들 눈에 띄었을 때 이를 본 소크라테스는 '그 윗옷을 통해서 그대의 명성에 대한 욕심이 나에겐 어른

---

*6 아래, 13절 및 22절 참조.
*7 플라톤 〈파이드로스〉 260C 참조.
*8 위, 5절 참조.

거리는군' 말했던 것이다.*9

파이니아스가 〈소크라테스의 장난〉 가운데서 쓰고 있는 바에 따르면 누군가에게 어떻게 하면 훌륭한 인간이 될 수 있느냐고 질문했을 때 '그대가 지니고 있는 여러 결점은 버려야 한다는 것을 알고 있는 사람들로부터 그대가 배운다면', 이렇게 그는 대답했다.

사치를 주장하는 사람에게 그는 이렇게 말했다. '그대 적의 아들들이 부디 사치스런 생활을 해 주기를.'

(9) 조각가 앞에서 물건을 만들고 있는 젊은이에게 '자네, 부디 말해주게. 만일 청동(의 상)이 말을 할 수 있다면 무엇을 자랑할 것으로 생각하나' 이같이 그는 물었다. 그러자 그 젊은이는 '아름다움일 것입니다'라고 대답해 '그러면 자네는 부끄럽다고는 생각하지 않나. 혼이 없는 것(동상)을 기뻐하는 것과 똑같은 것을 기뻐하다니' 이렇게 그는 말했다.

폰토스 출신의 청년이 소금에 절인 생선을 실은 배가 닿으면 충분히 보살펴 드리겠다고 그에게 약속했을 때, 그는 그 청년과 함께 빈 자루를 가지고 밀가루를 팔고 있는 여주인의 점포로 갔다. 그리고 그 자루에 밀가루를 가득 채운 다음 떠나려고 했다. 점포의 여주인이 대금을 청구하자 '이 청년이 지불해 줄 겁니다. 소금에 절인 생선을 실은 배가 도착하면' 이렇게 그는 말했다.

그런데 그는 또 아니토스의 추방과 멜레토스의 사형에도 책임이 있었던 것으로 보인다.

(10) 왜냐하면 소크라테스의 명성을 흠모해 폰토스에서 찾아온 청년들을 만났을 때 그는 소크라테스보다도 이 사람이 현명하다고 반은 농담처럼 말하며, 그 청년들을 아니토스에게로 데리고 간 것이다. 그리고 그 일 때문에 그의 주위 사람들은 매우 격분해 아니토스를 나라 밖으로 추방했기 때문이다.

또 그는 장신구로 몸을 치장하고 있는 여성을 어딘가에서 봤을 때에는 그 여자의 집으로 찾아가 그녀의 남편에게 말과 무구를 가지고 나오도록 명했다. 만일 그 남편이 그런 것들을 소유하고 있으면 여성이 사치하는 것도 용서했는데—그 까닭은 그런 것들로 그들은 몸을 지킬 수 있기 때문이라는 것이었다. 그러나 만일 소유하고 있지 않으면 그 장신구를 떼어내라고 말했다.

---

*9 '명성욕(名聲欲)'이란 말이 '허영심'이란 말로 바뀌었을 뿐이고, 그 이외에는 같은 문장을 제2권 36절에서도 볼 수 있다.

한편, 그의 학설은 다음과 같았다. 그는 덕은 가르칠 수 있다고 생각했으며 덕이 있는 사람이 고귀한 사람임을 증명하려고 했다.

(11) 또 (그에 따르면) 행복해지는 것은 덕만으로 충분하고 소크라테스적인 강함 말고는 그 이상 아무것도 필요치 않았다.

그리고 덕은 실천 가운데 있으며 언어도 학문도 필요하지 않다.

또 현자는 스스로 만족하는 자이다. 왜냐하면 남들이 소유하고 있는 것은 모두 현자의 것이기 때문이다.

또 평판이 나쁜 것은 좋은 것으로 그것은 고통에 견줄 수 있다.

또 현자는 시민생활을 할 때 이미 정해진 법률습관에 따르는 것이 아니고 덕의 법에 따를 것이다.

그리고 현자는 결혼을 하더라도 그것은 아이를 낳기 위해서이고 그 때문에 가정형편이 가장 좋은 여자와 함께 하게 될 것이다.

그리고 또 현자는 사랑도 할 것이다. 왜냐하면 현자만이 어떤 사람을 사랑해야 할지 알고 있기 때문이다.

(12) 디오클레스도 그가 한 말로 다음과 같이 쓰고 있다.

현자에게는 낯설거나 해결하지 못할 일이 아무것도 없다.
선한 사람은 사랑받을 만한 사람이다.
뛰어난(덕이 있는) 사람이야말로 벗이다.
용감하고 올바른 사람을 벗으로 삼을 것.
덕은 빼앗기는 일이 없는 무기이다.
많은 악한 자들을 자기편으로 해서 소수의 선한 사람들을 상대로 싸우기보다는, 많지 않더라도 선한 사람을 내 편으로 삼아 악한 자들 모두를 상대로 싸우는 것이 낫다.
적에 대해서는 주의를 게을리하지 말 것. 왜냐하면 이쪽의 빈틈을 누구보다 먼저 깨닫는 것은 그들이기 때문이다.
가족보다는 오히려 올바른 사람을 중용할 것.
미덕은 남자든 여자든 똑같다.
선한 것은 아름답고 악한 것은 추하다.
사악한 일은 모두 자신에게는 상관이 없는 일로 여긴다.

(13) 지혜는 가장 굳건한 방벽이다. 그것은 무너지는 일도 없으며 배신으로 말미암아 적의 손으로 넘어가는 일도 없기 때문이다.

사람은 자기 자신의 흔들림 없는 이성의 작용 가운데 방벽을 세워야 한다.

그런데 그는 여느 때 (아테네) 성문에서 조금 떨어진 곳에 있는 키노사르게스('흰 개'란 뜻)의 체육장에서 사람들과 즐겨 대화를 나누었다. 키니코스(犬儒)학파라는 명칭도 거기에서 비롯한 것이라고 사람들은 말한다. 또 그는 '하프로키온'*10이라는 별명으로 불렸다.

또 디오클레스가 말하는 바에 따르면 그는 오래 입은 윗옷을 접어서 (속옷용)으로도 사용한 최초의 사람이고,*11 옷은 오직 그 한 벌만 걸치고 그 밖에는 지팡이와 두건을 지녔을 뿐이었다. 네안테스도 그가 윗옷을 겹으로 접어서 사용한 최초의 사람이라고 말하고 있다. 그러나 소크라테스는 〈철학자들의 계보〉 제3권에서 그와 같은 옷차림을 한 최초의 사람은 아스펜도스의 디오도루스*12이고, 게다가 그는 턱수염을 기르고 두건과 지팡이를 지니고 있었다고 말하고 있다.

(14) 테오폼포스는 소크라테스의 모든 문하 가운데서 안티스테네스만을 칭찬하고 그는 놀랄 만한 재능을 지녔으며 풍부한 기지의 대화로 어떤 사람이나 자신의 뜻대로 이끌었다고 말하고 있다. 이러한 사실은 그의 책으로도 또 크세노폰의 〈향연〉으로도 명확히 확인할 수 있다.

또 그는 스토아파 가운데 가장 남성적인(엄격한) 학파를 시작한 사람으로 생각된다. 그 때문에 에피그램 작가인 아테나이오스*13도 이 학파 사람들에 대해서 다음과 같이 쓰고 있는 것이다.

---

*10 '하프로키온'이란 '순수하게 완전한 개'란 의미인데 동시에 또 '순수한 키니코스파의 사람'이란 뜻이기도 하다.

*11 앞의, 6절 참조.

*12 소아시아의 아스펜도스 출신이고 BC 4세기에 활동한 피타고라스파 사람.

*13 생애·연대 모두 알려지지 않음. 인생의 목적에 관한 스토아파의 교설과 에피쿠로스파의 그것에 대한 그의 두 가지 에피그램이 디오게네스에 의해서 인용되어 있는데 스토아파에 관한 이 에피그램은 제7권 30절에서도 다시 인용되고 있다. 한편 에피그램파에 대한 그것은 제10권 제9장에서 언급되고 있다.

오오, 스토아의 가르침에 통달한 자들이여.

미덕만이 영혼의 유일한 선이라고,

비할 데 없이 뛰어난 학설을 거룩한 책 속에 쓴 자들이여.

생각건대 이 덕만이 인간의 삶과 나라를 지켜내기 때문이리라.

하지만 육신의 기쁨이야말로 인간에게는 친숙한 삶의 목표인 것이다.

이를 손에 넣은 것은 므네모시네(기억의 여신)의 딸들 가운데서도 오직 한 사람(에라토, 사랑의 여신)뿐이노라.

(15) 이 사람은 또 디오게네스의 '움직이지 않는 마음'이나, 탈라테스의 '자제심', 그리고 제논의 '불굴의 정신'과 같은 사고방식에 길을 열었고, 그들의 (사상) 나라에 초석을 세우기도 했다.

또 크세노폰은 그에 대해서, 교제하기에는 더 없이 즐거운 사람인데 다른 일에는 자제심이 무척 많은 사람이었다고 말하고 있다.

그의 저작은 열 개의 두루마리로 전해진다. 즉

제1 두루마리에는

어법, 또는 문체에 대해서

아이아스, 아이아스의 연설

오디세우스, 또는 오디세우스에 대해서

오레스테스의 변명, 또는 법정변론 대작인(代作人)에 대해서

이소그라페(비슷한 문장), 또는 리시아스와 이소크라테스

이소크라테스의 〈증언 없이〉라는 연설에 대한 반론

제2 두루마리에는

동물의 본성에 대해서

아이를 갖는 것에 대해서, 또는 결혼에 대해서—에로스에 관한 것

소피스트들에 대해서—인상학에 관한 것

(16) 정의와 용기에 대해서—권고적인 것, 제1, 제2, 제3

테오그니스에 대해서, 제4, 제5

제3 두루마리에는

선(善)에 대해서

용기에 대해서

법에 대해서, 또는 국가에 대해서

법에 대해서, 또는 훌륭한 일과 올바른 일에 대해서

자유와 예속에 대해서

신용(보증)에 대해서

후견인에 대해서, 또는 복종에 대해서

승리에 대해서—재정에 관한 것

제4 두루마리에는

키루스

대(大)헤라클레스, 또는 체력에 대해서

제5 두루마리에는

키루스, 또는 왕제(王制)에 대해서

아스파시아

제6 두루마리에는

진리

문답을 하는 것에 대해서—반대논법에 관한 것

사톤, 또는 반론하는 것에 대해서, 3권

토론에 대해서

(17) 제7 두루마리에는

교육, 또는 이름에 대해서, 5권

이름의 사용에 대해서—논쟁적인 것

물음과 답에 대해서

생각과 지식에 대해서

죽음에 대해서

삶과 죽음에 대해서

하데스(저승)에 있는 사람들에 대해서

자연(본성)에 대해서, 2권

자연에 대한 여러 의문, 2권

생각, 또는 논쟁가

학습에 관한 여러 문제

제8 두루마리에는

음악·문예에 대해서

신탁(神託) 해석자들에 대해서

호메로스에 대해서

부정(不正)과 불경(不敬)에 대해서

칼카스에 대해서

정찰자에 대해서

쾌락에 대해서

제9 두루마리에는

오디세이아에 대해서

(음유시인)의 지팡이에 대해서

여신 아테나, 또는 텔레마코스에 대해서

헬레네와 페넬로페에 대해서

프로테우스에 대해서

키클롭스, 또는 오디세우스에 대해서

(18) 포도주의 사용에 대해서, 또는 만취에 대해서, 키클롭스에 대해서

키르케에 대해서

암피아라오스에 대해서

오디세우스와 페넬로페에 대해서, 또 개에 대해서

제10 두루마리에는

헤라클레스, 또는 미다스

헤라클레스, 또는 지혜나 체력에 대해서

키루스, 또는 사랑받고 있는 자

메넥세노스, 또는 통치에 대해서

알키비아데스

아르켈라오스, 또는 왕제(王制)에 대해서

위와 같은 것이 수록되어 있으며 그것이 그의 저작 내용이다.

그런데 티몬은 그의 책이 지나치게 많은 점에 대해 그를 비난하면서 그를

'온갖 것을 다 끄집어내 지껄이는 사내'라고 말하고 있다.

한편 그는 질환으로 세상을 떠났는데, 디오게네스가 그를 찾아가 '벗은 필요치 않겠군' 하고 물은 것은 마침 그가 병을 앓고 있을 때였다. 또 다른 날 디오게네스는 단검을 지니고 그를 찾아갔는데, 그때 그가 '누가 나를 이 괴로움으로부터 구해줄 수 있을까' 말했기 때문에 디오게네스는 단검을 보여주면서 '이것이다'라고 말했다. 그러자 그는 '나는 괴로움으로부터라고 말했지, 삶에서라고 말하지 않았다'라고 대답한 것이다.

(19) 그에게는 삶에 대한 애착 때문에 질환을 견디는 것이 조금 약한 모습으로 여겨졌기 때문이다.

또한 내가 그를 위해 지은 시는 다음과 같다.

살아 있는 동안은 안티스테네스여, 그대는 바로 개.
입이 아니고 말로 사람들의 가슴을 물어뜯게 태어난 개였다.
그러나 그대는 폐 질환으로 죽었다. 누군가가 틀림없이 이렇게 말해줄 것이다.
'그것이 어쨌다는 건가. 아무튼 하데스(저승)로 이끌어주는 자가 없어서는 안 된다'라고.

안티스테네스란 이름을 가진 사람은 그밖에도 세 사람이 있었다. 한 사람은 헤라클레이토스의 제자이고, 한 사람은 에페소스 사람, 그리고 마지막은 로도스 사람으로 역사가였다.

한편, 우리는 아리스티포스의 제자와 파이돈의 제자에 대해서는 이제까지 이야기해왔으므로[14] 이제는 안티스테네스에서 유래하는 키니코스파와 스토아파 사람들을 살펴보기로 하자. 그것은 다음의 순서로 행하기로 한다.[15]

---

*14 아리스티포스에 대해서는 제2권 제8장에서, 또 파이돈에 대해서는 제2권 제9장에서 언급하고 있다.
*15 디오게네스 이하의 키니코스파 사람들에 대해서는 다음의 제2장 이후에, 또 제논 이하의 스토아파 사람들에 대해서는 제7권 제1장 이후에 언급하게 된다.

2 디오게네스

(20) 디오게네스는 환전상 히케시아스의 아들로 시노페 출신이다. 한편, 디오클레스가 전하는 바에 따르면 그의 아버지는 시의 공금을 다루는 환전업을 운영했는데, 통화를 다시 주조해 이를 조악한 것으로 바꿔버렸기 때문에 추방당하게 된 것이라고 한다. 그러나 에우불리데스는 〈디오게네스론〉에서 그 일을 행한 사람은 디오게네스 자신이고 그는 아버지와 함께 망명하게 된 것이라고 말하고 있다. 뿐만 아니라 그 자신도 〈포르달로스〉란 책[16]에서 자신에 대해서 이야기하면서 자신이 통화를 다시 만들었다는 식으로 말하고 있다. 그러나 또 어떤 사람들에 따르면 그는 직인(職人)들을 감독하는 처지에 있었을 때 그들이 권유해 델포이에—또는 그의 조국인 델리온(아폴론의 신전)에—가서 그들로부터 권고받은 일을 해야 할 것인지의 여부를 아폴론 신에게 신탁을 구했다. 그런데 아폴론은 나라 안에서 널리 적용하고 있는 것(제도습관)을 바꾸는 것을 허용했는데, 그는 그 의미를 이해하지 못하고 통화를 조악한 것으로 바꾼 것이다. 그리고 그 사실이 드러났을 때 그는 쫓겨난 것이고, 또 다른 사람들 말에 따르면 후환을 두려워해 스스로 국외로 몸을 피했다는 것이다.

(21) 그러나 또 다른 사람들에 따르면 그는 아버지로부터 맡아둔 화폐를 개악했으며 그 결과 아버지는 감옥에 들어가 죽은 것이다. 그는 추방되어 델포이로 가서 화폐를 개주하는 것이 아니라 어떻게 하면 가장 높은 명성을 얻을 수 있는지 신에게 신탁을 구했고 마침내 그는 앞서와 같은 신탁을 얻었다는 것이다.

그는 아테네로 오자 안티스테네스에게 몸을 의지했다. 그러나 안티스테네스가 자신은 제자를 한 사람도 받아들인 적이 없다고 말하고 입문을 거절하

---

[16] 아래 80절에 실린 디오게네스의 저작목록 가운데 이 책 이름이 보인다.

자 그 자리에 내내 머물러 끈질기게 매달렸다. 그리고 어느 때 안티스테네스가 그를 향해 지팡이를 내리칠 듯이 들어올리자 그는 자신의 머리를 내밀면서 '부디 쳐주십시오. 당신께서 무언가 확실하게 말해주시기 전까지는 저를 내쫓을 수 있을 만큼 단단한 나무를 발견하지 못하실 것'이라고 말했다. 이윽고 그는 안티스테네스의 제자가 되었고 망명한 신분이었기 때문에 검소한 삶을 시작했다.

(22) 테오프라스토스가 〈메가라지(誌)〉 가운데서 쓰고 있는 바에 따르면 그는 쥐 한 마리가 잘 곳도 찾지 않고, 어둠도 두려워하지 않으며, 또 맛있는 것을 좇지도 않으면서 돌아다니는 것을 보고 자신이 놓인 상황에서 벗어날 방법을 찾아냈다는 것이다. 또 어떤 사람들의 말에 따르면 그는 오래 입어서 낡은 윗옷을 두 겹으로 접어서 입은 최초의 사람이었는데[17] 그것은 그렇게 하지 않을 수 없었기 때문이고, 또 그 안에 몸을 감싸고 잠을 자기 위해서이기도 했다. 또는 자루를 지니고 있었는데 그 안에는 식량이 들어 있었다. 그리고 그는 어느 장소이건 모든 일에, 즉 식사를 할 때도, 잠을 자는 데에도, 대화를 하는 데에도 이용했다는 것이다. 그리고 또 그와 같은 때 제우스신전의 주랑(柱廊)이나 폼페이온(행렬용제기의 보관창고)을 가리키면서 아테네인은 자기를 위해 주거를 만들어주고 있다고 그는 말했던 것이다.

(23) 그가 지팡이에 의지하게 된 것은 몸이 약해진 뒤부터인데 그 이후에도 일상처럼 지팡이를 지니고 있었다. 그러나 시중에서는 그렇지 않고 여행을 떠날 때에 지팡이와 자루를 지녔다. 이런 사실은 아테네를 한 때 지배한 올림피오드로스나 변론가인 폴리에우크토스, 그리고 아이스크리온의 아들 리사니아스가 말하고 있는 것이다.

또 그는 어떤 사람에게 편지를 보내 자기를 위해 오두막을 한 채 준비해달라고 부탁했는데, 그 사람이 시일을 끌자 공문서 보관소에 있었던 큰 술통을 주거지로 썼다. 이는 그 자신도 몇 통의 편지 가운데서 확실하게 말하고 있는 것이다.

또 그는 여름에는 뜨거운 모래 위를 뒹굴거나 겨울에는 눈으로 뒤덮인 조각상을 껴안는 등 온갖 수단을 다해 자신을 단련했다.

---

*17 앞, 13절 참조.

(24) 그는 또 남을 오만하게 내려다보았다는 점에서 매우 만만치 않은 사람이었다. 즉 그는 에우클레이데스의 학원은 쓸개즙이고 플라톤의 수업은 심심풀이라고 말했으며 디오니소스축제 경연은 바보들에 의한 대규모 인형연극이고 민중지도자는 군중들의 하인이라고[18] 말했다.

그는 또 사람들 사이에서 배의 키잡이나 의사, 철학자들을 만났을 때에는 인간이란 동물들 가운데서 가장 총명한 존재라고 생각하는데 이와 달리 해몽가나 점쟁이, 그들에게 빌붙어 다니는 자들, 또는 명성이나 부를 자랑하는 사람들을 보면 인간처럼 어리석은 존재는 없는 것처럼 생각된다고도 말했다.

또 그는 인생을 살기 위해서는 이성을 갖추거나, 그렇지 않으면 (목을 묶기 위한) 밧줄을 준비해 두지 않으면 안 된다고 늘 말했다.

(25) 또 어느 때 플라톤이 성찬 식사자리에서 올리브 열매에만 손이 가는 것을 그는 보고 '현자인 당신이 시칠리아로 건너온 것은 바로 이와 같은 요리가 목적이었는데, 지금 이렇게 성찬이 눈앞에 있는데 당신이 이것을 맛보려 하지 않은 것은 무슨 이유인가'라고 물었다. 그러자 플라톤이 '아니오, 신들에게 맹세코, 디오게네스여, 그곳에서도 나는 대부분의 경우, 올리브 같은 것을 먹으면서 지냈소'라고 대답하자 '그렇다면 왜, 시라쿠사 벽지까지 갈 필요가 있었나요. 그 무렵에 아티카땅에는 올리브가 생산되지 않았나요' 이렇게 대꾸했다. 단, 파보리누스는 〈역사연구 잡록집〉에서 이것은 아리스티포스의 말이라고 쓰고 있다.

또 다른 날, 그가 말린 무화과를 먹고 있을 때 플라톤을 만나자 '당신에게 나누어 주겠다'고 말했다. 플라톤이 그것을 집어서 먹자 '나누어주겠다고는 말했지만 모두 먹어도 좋다고는 하지 않았소'[19]라고 말했다.

(26) 어느 날, 플라톤이 디오니시오스(왕)에게서 온 벗들을 자신의 집에 초대했다. 그때 디오게네스는 깔아놓은 융단을 밟고 돌아다니면서 '플라톤의 허식을 짓밟아주고 있다'라고 말했다. 이에 플라톤은 '디오게네스여, 그대는 허식이 없음을 보여줌으로써 도리어 얼마나 많은 허식을 사람 앞에 드러내 보이고 있는가'라고 응수했다. 어떤 사람들이 전하는 바에 따르면 디오게네스가 말한 것은 '플라톤의 허식을 짓밟아주고 있다'라는 뜻이었는데, 이에 플라톤은 '디

---

[18] 아래, 41절에도 같은 내용이 언급이 되어 있다.
[19] 플라톤의 이데아론 '공유'설에 대한 야유로도 해석된다.

오게네스여, 그대는 다른 허식으로 그렇게 하고 있다'라고 응수했다는 것이다. 그러나 소티온이 (《철학자전》의) 제4권 가운데서 쓰고 있는 바에 따르면 지금의 말은 이 키니코스파 철학자가 (제3자에 대해서가 아니고) 플라톤에게 직접 말한 것으로 되어 있다.

디오게네스가 어느 때 플라톤에게 포도주를 바라고 동시에 또 마른 무화과도 달라고 졸랐다. 그래서 플라톤이 술통을 통째로 보내주자 '그대는 2 더하기 2는 얼마인가라고 물었을 때 20이라고 대답할 것인가. 그와 마찬가지로 그대는 바라는 것에 따라서 주지도 않는가 하면 묻는 것에 제대로 대답도 하지 않는다'고 대답했다. 그래서 플라톤은 그를 거침없이 지껄이는 자라고 비웃었다.

(27) 그리스 어느 곳에서 뛰어난(용기가 있는) 사람을 보았느냐고 물었을 때 '뛰어난 사람은 어디에나 있소. 하지만 뛰어난 아이들이라면 라케다이몬(스파르타)에서 보았지'라고 그는 대답했다.

어느 때 그가 진지한 어조로 이야기를 하는데 누구 한 사람 다가오지 않자 그는 콧노래를 섞어 이야기하기 시작했다. 그러자 사람들이 많이 모여들어, 하찮은 이야기에는 진지하게 들으려고 오면서 진지한 이야기는 경멸하고 어슬렁어슬렁 온다고 말해 그 사람들을 꾸짖었다.

또 경주할 때에는 옆 사람을 팔꿈치로 치거나 발로 차거나 해서 사람들은 서로 겨루는데, 훌륭하고 선한 인간이 되려고 누구 한 사람 서로 겨루려고 하는 자가 없다고 그는 말했다.

또 그는 문헌학자가 오디세우스의 결점은 여러 가지로 찾고 있는데 자기 자신의 그것에는 무지한 채로 있는 것이 이상하다고 말했다.

더욱이 음악가가 리라의 현은 가락을 맞추는데 자신의 영혼 상태는 부조화인 채로 있는 것에도 그는 놀랐다.

(28) 그리고 또 수학자들(천문학자)이 태양이나 달에는 눈을 돌리는데 자신의 발밑에 있는 일은 지나쳐버리거나, 변론가들이 정의를 논하는 데에는 매우 열성인데 이를 조금도 실행하지 않는 것, 그뿐만 아니라 돈을 좋아하는 사람들이 돈을 헐뜯는 주제에 이를 지나치게 선호하는 것에도 그는 놀라움을 감추지 못했다.

또 재산보다도 뛰어나다는 이유로 올바른 사람을 칭찬하면서도, 다른 한편으로는 크게 재산을 쌓은 사람을 부러워하는 자들을 그는 비난했다.

또 건강하기를 바라는 마음에서 신들에게 희생을 바치면서 바로 그 희생식을 하는 중에 건강을 해칠 만큼 성찬을 드는 것도 그를 분노하게 했다.

그러나 다른 한편 주인들이 게걸스럽게 먹는 광경을 보면서도 주인이 먹는 것을 무엇 하나 빼앗으려고 하지 않는 노예들에게 그는 감탄했다.

(29) 그는 결혼할 생각은 있는데 결혼하지 않는 사람, 배 여행을 떠날 생각으로 있는데 떠나지 않는 사람, 정치에 몸담을 생각은 있는데 그렇게 하지 않는 사람, 아이를 기를 생각은 있는데 그렇게 하지 않는 사람, 권력자들과 함께 살 준비는 되었는데 그들에게 접근하지 않는 사람, 이런 이들을 칭찬했다.

그는 또 벗들에게는 손가락을 접지 말고 (벌린 채) 손을 내밀어야 한다고도 말했다.

메니포스[20]가 〈디오게네스의 매각(賣却)〉 가운데서 말하고 있는 바에 따르면 그가 잡혀서 매물로 나오게 되었을 때, 너는 무슨 일을 할 수 있느냐는 질문을 받았다. 그러자 그는 '사람들을 지배하는 일이다'라고 대답했다. 그리고 이를 알리는 자에게는 '누군가 자기를 위해 주인을 사려는 자는 없느냐고 알려 달라'고 말했다는 것이다. 또 그때 앉는 것이 금지되면 '그런 것은 아무래도 상관없다. 물고기도 어떻게 놓여있건 팔려나가니까' 이같이 응수했다고 한다.

(30) 그때 그는 또 우리가 단지나 접시를 살 때는 이를 두들겨보고 그 울림 정도를 확인하는데 인간의 경우, 단 한 번 보는 것만으로 만족하는 것은 이상한 일이라고 말했다.[21]

그리고 그는 자기를 산 주인인 크세니아데스에게 나는 비록 노예이지만 내 말에 따라주지 않으면 안 된다고 이야기했다. 왜냐하면 만일 의사나 키잡이가 노예였다고 해도 그 사람 말에 따를 것이기 때문이라는 것이다. 그런데 에우부로스[22]가 〈디오게네스의 매각〉이란 이름의 책에서 쓰고 있는 바에 따르면 그는 (주인인) 크세니아데스의 아들들을 아래와 같은 방법으로 교육했다는 것이다. 즉 그는 다른 학업을 마치면 승마·활·돌 던지기·창던지기 지도를 했고 또

---

[20] 제6장 제8절(99~101절)에서 다루어지는 키니코스파인 메니포스에 대한 것인지도 모른다. 그러나 101절의 그의 저작목록 가운데에는 여기에 거론되는 책 이름은 없다.

[21] 제2권 78절 참조.

[22] 미상. 제6권 20절에 쓰여 있는 〈디오게네스론〉의 저자 에우브리데스와 동일시하는 해석도 있다.

그 뒤, 아이들이 씨름장에 다니게 된 뒤부터는 체육교사에 대해서 그는 경기 선수를 위한 훈련은 허용하지 않고 단순히 혈색이 좋아지고 좋은 컨디션으로 몸을 유지하는 훈련만 행하게 한 것이다.

(31) 또 그 아이들은 시인이나 산문작가, 그리고 디오게네스 자신의 책 가운데서도 많은 구절을 외우게 했고 배운 것을 기억해 두기 위한 온갖 방법도 연습시켰다. 또 집에서 그들은 자기 신변의 일은 스스로 처리하고 간단한 음식과 물에 만족하도록 가르쳤다. 더욱이 머리는 짧게 깎게 하고 장식은 달지 못하게 했으며 가벼운 옷차림에 맨발, 침묵, 그리고 거리에서 두러빈거리며 다니지 못하도록 했다. 그리고 또 그들을 사냥에도 데리고 다녔다. 아이들은 디오게네스를 매우 좋아했고 그를 위해 부모에게 여러 가지로 부탁을 해주기도 했다.

그런데 똑같은 지은이가 쓰고 있는 바에 따르면 그는 크세니아데스의 집에 늘어서 갔으며 그가 세상을 떠났을 때에는 그 아이들이 장례를 치렀다는 것이다. 또 그때 크세니아데스가 디오게네스는 어떤 식으로 매장되기를 바랐느냐고 묻자 그에 대해서는 '얼굴을 밑으로 해서'라고 대답했다.

(32) 크세니아데스가 '왜 그렇게 했느냐'고 묻자 '이제 곧 밑에 있는 것은 뒤집어지게 될 것이므로'라고 그는 대답했다는 것이다. 그리고 그가 이렇게 대답한 까닭은 그때 이미 마케도니아인들이 패권을 장악하고 있었기 때문인데, 즉 낮은 지위에서 출세해 신분이 높은 자가 되어 있었기 때문이다.

또 어떤 사람이 그를 호화로운 저택으로 안내하고 이곳에서는 침을 뱉지 말도록 주의하자 그는 헛기침을 한 번 한 다음 그 사람 얼굴에 침을 내뱉고, 더 더러운 장소를 찾지 못해서라고 말했다 한다. 단, 이것은 아리스티포스가 행한 일이라고 말하는 사람들도 있다.*23

또 어느 때 그가 '어이, 인간들이여' 외쳤기 때문에, 사람들이 모여들자 그는 지팡이를 휘두르면서 그들에게 다가가 '내가 부른 것은 인간이지 쓰레기 따위가 아니다'라고 말했다. 이는 헤카톤이 〈잠언집〉 제1권에서 말한 것이다.

또 알렉산드로스대왕은 만일 내가 알렉산드로스가 아니었다면 디오게네스이길 바랐을 텐데, 이렇게 말했다고도 전해진다.

---

*23 제2권 75절 참조.

(33) 그는 장애인이란 귀가 들리지 않거나 눈이 보이지 않는 사람을 말하는 것이 아니고 자루를 지니고 있지 않은 사람을 말한다고 이야기했다.

메토로클레스*[24]가 〈잠언집〉에서 말하는 바에 따르면 그가 어느 날 머리를 반쯤 깎은 모습으로 젊은이들의 연회석에 들어가자 그들로부터 몹시 매를 맞았다. 그리고 그 뒤 그는 때린 자들의 이름을 석고를 칠한 판 위에 쓰고 그것을 목에 걸고 거리를 돌아다니면서 그들이 비난받고, 응징당해 심한 처벌을 받기까지 그치지 않았다고 한다.

그는 자신을 누구에게나 칭찬받고 있는 종류의 개라고 말했다. 하지만 그렇게 칭찬하는 사람 가운데 아무도 나를 사냥에 데리고 가려는 자는 없다고도 말했다.*[25]

'피티아 경기대회에서 사람들을 이겼다' 자랑하는 사내에게 '아니다, 사람들을 이긴 것은 나이고 그대는 노예들에게 이긴 것뿐이다'라고 그는 말했다.*[26]

(34) '그대는 이제 늙은이니, 앞으로는 편안하게 지내라'고 말한 이들에게 '무슨 말인가? 만일 내가 장거리코스를 달리고 있다고 치고 골인 지점이 바로 코앞인 때에 더욱 힘을 쓰는 것이 아니고 힘을 빼야만 한다는 것인가'라고 그는 응수했다.

식사 초대를 받았을 때 그는 참석하지 않을 것이라고 대답했다. 지난번 갔을 때에도 자기에게 감사의 뜻을 표현해주지 않았다는 이유로.

그는 맨발로 눈 위를 걷거나 그 밖에도 앞서 말한 일들을 여러 가지로 했다. 게다가 그는 날고기를 먹는 일까지 시도했는데, 이것만은 먹지 못하고 말았다.

어느 때 그는 변론가인 데모스테네스가 선술집에서 점심식사를 하는 것을 보았다. 그리고 이 사람이 (모습을 숨기려고) 안쪽으로 들어가려고 하자 '그대는 그만큼 더욱더 선술집 안으로 숨어들게 된다'고 그는 말했다.

또 어느 때 다른 나라 사람들이 데모스테네스를 만나려고 하자 그는 가운뎃손가락을 내밀며 '자, 이것이 아테네인들을 선동하고 있는 사내다'라고 말했다.

(35) 어떤 사람이 빵을 길에 떨어뜨리고 그것을 줍기를 부끄럽게 생각하고

＊24 제6권 제6장에서 다루어지는 키니코스파 철학자에 대한 것인지도 모른다.
＊25 아래, 55절 참조.
＊26 아래, 43절 참조.

있을 때, 그는 이 사람을 깨우쳐주려는 생각에서 포도주 단지의 목에 끈을 매서 그것을 질질 끌면서 케라메이코스지구 거리 한가운데를 빠져나갔다.*27

그는 합창단을 훈련시키는 사람들을 본받으라고 말했다. 왜냐하면 이 사람들은 다른 단원들이 바른 음정으로 노래하도록 하기 위해 주음(主音)을 (본디의 음정보다도) 조금 높게 해 주고 있기 때문이다.

대부분의 인간은 고작 손가락 한 개 차이로 모든 것을 바꿀 수 있다고 그는 말했다. 어떤 이가 가운뎃손가락을 내밀고 걸어가면 정신이 나간 것으로 생각되겠지만, 집게손가락을 내밀고 갈 때에는 그렇게 여기지 않을 것이기 때문이다.

매우 귀중한 것이 싼 값으로 팔리고 또 그 반대일 때도 있다고 그는 말했다. 조각상은 3000드라크마나 되는데 1코이닉스(1인 1일분)의 보리가루를 동화 한 닢에 손에 넣을 수 있기 때문이다.

(36) 그를 (노예로) 사준 크세니아데스에게 '자아, 명령을 따라주시도록' 이같이 그는 말했다. 그래서 크세니아데스가 (에우리피데스의 시구*28를 인용하면서,)

이제 강의 흐름은 위쪽으로 향한다

이렇게 응수하자 '하지만 만일 당신이 병에 걸렸고 의사를 사들였다고 한다면 그때 당신은 의사 말을 따르지 않고, '이제 강의 흐름은 위쪽으로 향한다'는 말을 할 수 있겠느냐고 그는 되물었다.

어떤 사람이 그에게 철학을 배우고자 했다. 그래서 그는 그 사람에게 농어한 마리를 주고 그것을 가지고 자기 뒤에서 따라오라고 명했다. 그러나 그 사람은 창피한 마음에 물고기를 놔둔 채 떠나고 말았으므로 얼마 지나서 그 사람을 만났을 때 그는 웃으면서 이렇게 말했다. '그대와 나 사이의 우정을 농어가 갈라 놓았군' 그러나 디오클레스가 쓰고 있는 이야기에서는 이렇게 설명한다. 즉 어떤 사람이 그에게 '디오게네스, 부디 나에게 명령을 해 주게'라고 말했기 때문에 그는 그 사내를 끌어내 반 오보로스 값어치의 치즈를 건네주고

---

*27 제7권 3절에 크라테스는 제논에 대해서 똑같은 방법으로 지도했다는 것이 언급되어 있다.
*28 〈메데이아〉 410행.

이를 나르도록 명했다. 그런데 그 사내가 거절하자 '그대와 나 사이의 우정은 단 반 오보로스의 치즈가 갈라 놓았군' 이렇게 그는 말했다는 것이다.

(37) 어느 날 그는 어린아이가 두 손으로 (물을 떠서) 마시는 모습을 보고 '간소한 삶에서는 내가 이 아이에게 졌다' 말하면서 자루 안에서 컵을 꺼내 내던졌다. 또 똑같이 어린아이가 접시를 깨고 만 뒤에 빵의 패인 부분에 수프를 넣는 모습을 보고 그는 밥그릇도 내던졌다.

그는 또 다음과 같은 추론도 했다. 즉 신들은 모든 것을 소유하고 있다. 그런데 현자는 신들과 가까운 자이다. 그런데도 가까운 자의 소유는 모두 공통이다. 그러므로 현자는 모든 것을 소유하고 있다.

어느 때 그는 한 여인이 매우 꼴사납게 신들의 동상 앞에 엎드려 있는 것을 보고, 그녀에게서 미신을 제거해주려는 생각에서 그녀 곁으로 다가가면서 '부인이여, 신이 당신의 배후에 서 계시므로—온갖 것에 신은 깃들어 있기 때문에—모두가 꼴사나운 몸가짐은 하지 않도록 조심해야 한다'고 말했다.

(38) 또 아스클레피오스 신전 앞에 엎드려 있는 자들에게로 달려가, 이 사람들을 마구 때리고 있는 난폭한 자를 그는 그 신에게 공물(供物)로 바쳤다.

그는 또 비극에서 듣게 되는 저주는 자신의 몸에 실제로 일어나고 있는 것이라고 늘 말했다. 어쨌든 자신은

조국을 빼앗겨 나라도 없고 집도 없는 자.
일상의 양식을 동냥하며 떠도는 인간.[29]

이기 때문이라는 것이다. 그러나 그는 운명에는 용기를, 법률습관에는 자연본디의 것을, 정념에는 이성을 대항시키는 것이라고 주장하고 있었다.

그가 크라네이온[30]의 양지에서 햇볕을 쬐고 있을 때 알렉산드로스대왕이 찾아와 그의 앞을 가로막고 서서 '무엇이건 원하는 것을 말해보라' 말했다. 그러자 그는 '부디 햇볕을 가리지 말아주시오'라 대답했다.[31]

---

*29 작자 미상, 단편 284.
*30 코린토스 가까이에 있는 숲으로 체육장도 있으며, 디오게네스가 자주 머문 곳. 다음 77절 참조.
*31 플루타르코스 〈알렉산드로스 전〉 14절 참조.

어떤 사람이 장황하게 책을 읽었는데, 그것이 드디어 마지막까지 와 아무것도 써있지 않은 공백에 이르렀을 때 '여러분, 힘을 내세요. 육지가 보입니다'라고 그는 (청중에게) 말했다.

그에게는 뿔이 있다는 것을 추론으로 증명*32해 보인 사람을 향해서 그는 이마에 손을 대 본 다음 '나에겐 아무것도 보이지 않는데'라고 말했다.

(39) 또 운동은 존재하지 않는다고 말한 사람에게도 똑같이 그는 일어서서 그 언저리를 걸어 다녀보았다.

천체 현상에 대해서 논하고 있는 사람에게는 '하늘에서 여기까지 오는데 그대는 며칠이 걸렸나'라고 그는 물었다.

어느 성질이 나쁜 거세가 된 사내가 자기 집 입구에 '나쁜 자는 들어오지 말 것' 이렇게 써붙였다면 '이 집 주인은 어떻게 들어갈까'라고 그는 말했다.

그는 발에 향유를 바른 다음 향유는 머리에서부터 하늘로 발산하고 마는데 발부터라면 콧구멍으로 들어갈 것이라고 말했다.

아테네인들이 그에게 비법을 가르쳐달라고 조르고 비법을 익힌 자들은 저 세상에서 특권적인 지위를 얻는다고 말했을 때 '아게실라오스*33나 에파메이논다스*34는, 저승에서 진흙 가운데서 지내고 다른 한편 아무런 쓸모도 없는 하찮은 자들이 비법을 배웠기 때문에 행복한 자의 섬에 살게 된다고 한다면 그것은 우스꽝스러운 일일 것이다'라고 그는 응수했다.

(40) 쥐가 식탁 위를 오락가락하는 모습을 보고 그 쥐들에게 그는 말했다. '자, 봐라. 디오게네스도 식객을 기르고 있다'

플라톤이 그를 개라고 말했을 때 '사실이지. 왜냐하면 나는 나를 팔고 다니는 놈에게로 거듭 돌아가니까'라고 응수했다.

그가 공중욕탕에서 나왔을 때 사람이 많았느냐고 묻는 자에게 그는 그렇지 않다고 대답했는데, 복잡하냐고 물은 자에게는 '그렇다' 대답했다.

플라톤이 '인간이란 다리가 둘 달린 동물이다'라고 정의해 호평을 얻었을

---

*32 '뿔이 있는 자'라는 궤변. 제2권 111절, 제7권 44절 및 82절 등을 참조.
*33 스파르타의 왕. BC 444년~360년. 그리스 여러 도시를 페르시아로부터 해방하기 위해 소아시아에 전쟁에 몸소 참가한 무장이기도 하다.
*34 테베의 장군이자 정치가. BC 420년 무렵~362년. 스파르타·아테네와 싸워서 테베의 패권 확립에 공적이 있었다. 전술가로도 유명.

때, 그는 수탉의 털을 쥐어뜯어 그것을 들고 플라톤의 학원으로 들어가 '이것이 플라톤이 말하는 인간이다'라고 말했다. 그런 일이 있었으므로 이 정의에는 '피장파장'이란 어구를 덧붙이게 된 것이다.

식사는 어느 시각에 해야 할 것인가라고 물은 사람에게 '부자라면 먹고 싶을 때, 그러나 가난한 자라면 먹을 수 있을 때'라고 그는 대답했다.

(41) 메가라 땅에서 양은 양피로 보호받는데 아이들 쪽은 발가벗은 알몸 그대로 있는 것을 보고 그는 말했다. '메가라인의 아들이기보다는 수컷 양이 차라리 낫다'

어떤 사람이 (실수로) 그에게 각목을 던지고 나서 도리어 '조심하라'로 소리쳤을 때, 그는 그 사람에게 '다시 한 번 나에게 던질 생각인가'라고 물었다.*35

그는 민중지도자 (데마고그)는 대중의 하인이고 그들에게 주어지는 영예의 관은 명성의 부스럼에 지나지 않는다고 말했다.

그는 한낮에 램프에 불을 켜고 '나는 인간을 찾고 있다'라고 말했다.*36

어느 날 그는 물을 뒤집어쓴 모습 그대로 서 있었다. 그래서 주위 사람들이 이를 안쓰럽게 여기자 그곳에 마침 있었던 플라톤은, '만일 제군이 정말로 그를 안쓰럽게 생각한다면 이곳에서 떠나주기 바란다' 말했는데 그것은 그의 허영심을 모두에게 알리려는 것이었다.

어떤 사람이 그에게 주먹으로 한 방 먹였을 때 '거참, 모자라도 쓰고 산책했어야 했는데'라고 그는 말했다.

(42) 그리고 또 메이디아스가 그를 주먹으로 친 다음 '이로써 그대에게 3000 드라크마 빚이 생겼군' 이같이 말하자, 그 이튿날 그는 권투용 장갑을 끼고 나와 그 사내를 마구 두들겨 팬 다음 '이제 그대에게 3000발의 빚이 생겼군' 이같이 말했다.

약국을 경영하는 리시아스가 그에게 신을 믿느냐고 물었을 때, '어찌 믿지 않을 수 있을까. 신들의 증오를 받고 있는 그대와 같은 사람을 이렇게 보고 있는데' 이같이 그는 응수했다. 그러나 이는 테오드로스가 한 말이라는 사람들

---

*35 66절 참조.

*36 힉스의 교본으로 읽으면 이 글의 후반은 ' '나는 인간을 찾고 있다'라고 말하면서 여기저기 돌아다니고 있었다'로 된다.

도 있다.*37

어떤 사람이 몸을 깨끗이 하는 것을 보고 그는 말했다.

'이 불쌍한 사람아. 그대는 모르고 있나? 그대가 몸을 깨끗이 했다고 해서 문법상의 잘못에서 벗어날 수 없듯이, 그와 똑같이 그런 일을 해도 인생에서의 잘못에서 벗어날 수 없음을.'

사람들이 행하는 기원에 대해서는 그들이 간절히 추구하는 것은 자신들에게 좋게 생각되는 것이고, 진실로 좋은 것은 아니라고 말하면서 그런 사람들을 비난했다.

(43) 그는 또 꿈에서 본 것에 두려워하는 사람들에 대해서 그들은 깨어 있을 때 행동에 대해서는 조금도 주의를 기울이지 않는데 잠들었을 때 보는 환상에 대해서는 크게 떠들어댄다고 말했다.

올림피아에서 소식을 전하는 사람이 '디오크시포스가 사람들에게 승리했다'고 알리자 '그 사내는 노예들에게 승리한 것이고 사람들에게 이긴 것은 내 쪽이다'라고 그는 항의했다.*38

또 스토아파인 디오니시오스가 이야기하는 바에 따르면 그는 카이로네이아 싸움*39 뒤, 붙잡혀서 필리포스왕에게로 연행되었다. 왕이 그대는 누구인가라고 물었을 때 '당신의 끝없는 욕망을 탐지하는 정찰병입니다'라고 대답했다. 그 때문에 그는 기특한 놈이라는 소리를 듣고 풀려났다는 것이다.

(44) 알렉산드로스대왕이 어느 때 아테네에 머물던 안티파트로스*40 앞으로 아트리오스('불쌍한 사람' 또는 '불행을 가져오는 자'라는 뜻을 지닌)란 사람을 통해서 편지를 보냈을 때 마침 그 자리에 있었던 디오게네스는 이렇게 말했다.

아트리오스(필리포스)의 아들인 아트리오스(알렉산드로스)가 아트리오스를 통해서 아트리오스(안티파트로스)앞으로

---

*37 제2권 102절 참조.

*38 33절 참조.

*39 BC 338년, 필리포스와 알렉산드로스가 이끄는 마케도니아군에게 패하고 그 이후 그리스 여러 도시의 자유와 독립을 잃은 싸움.

*40 이 인물은 제5권 12절에 그 이름이 나와 있다. 그 부분의 주를 참조.

페르디카스*41가 자신에게로 오지 않으면 죽인다고 위협했을 때 '그런 것쯤은 아무것도 아니다. 딱정벌레나 독거미도 그 정도 일은 할 것이므로' 그는 이같이 말했다. 그는 오히려 페르디카스가 '비록 그대 없이 산다고 해도 나는 행복하게 사는 모습을 보여 주겠다'는 식으로 협박해오길 그는 기대했던 것이다.

그는 때때로 큰 소리로 인간이 살아가기 위한 양식은 신들로부터 쉽게 주어지고 있는데 그것이 보이지 않게 된 것은 사람들이 벌꿀이 든 과자라든가, 향유라든가, 그 밖에 그와 같은 종류의 것을 바라기 때문이라고 말했다. 그래서 하인이 신발을 신겨주는 자들을 향해 그는 이렇게 말한 것이다. '그대는 코도 풀어달라고 하지 않으면 행복하지 않은 것 같군. 그러나 그것은 그대가 두 손을 쓰지 못하게 될 때의 일이 아닐까'

(45) 어느 날 신전을 관리하는 관리들이 보물 가운데서 잔을 훔친 사내를 연행하는 것을 보고 '큰 도적이 좀도적을 연행하는군' 이렇게 말했다.

또 어느 때 한 젊은이가 십자가에 돌을 던지는 것을 보고 '잘했군' 하고 말했다.

그의 주위에 있었던 소년들이 '물어뜯기지 않게 조심하자'고 말하자 '걱정하지 마라, 애송이들아, 개는 피트(풋내기)를 먹지는 않는다'고 그는 말했다.*42

칼리스테네스*43를 행복한 자라고 하면서 알렉산드로스대왕 밑에서 얼마나 호화롭게 지내는지 모른다고 말한 사람에게 '그는 불행한 사내다. 점심도 저녁도 그는 알렉산드로스가 적당하다고 생각할 때밖에 먹지 못하니까'라고 디오게네스는 말했다.

(46) 그는 돈에 쪼들리자 벗들에게 빌려달라고는 말하지 않고 (돌려줘야 할 것을) 돌려달라고 말했다.

어느 때 그는 광장에서 한참 수음(手淫)에 열중하면서 '아아, 이렇게 비비기만 하면 배고픔이 사라진다면 오죽 좋을까'라고 말했다.*44

한 젊은이가 부자들을 수행해 연회석으로 가는 모습을 보고 그는 이 젊은

---

*41 알렉산드로스대왕의 후계자 가운데 한 사람. BC 321년 사망. 대왕의 동정에 따르고 왕이 죽은 뒤에는 한때 전 제국의 지배권을 장악했는데 다른 장군들과의 패권 다툼으로 이집트에서 부하에게 살해되었다.

*42 61절 참조.

*43 이 인물에 대해서는 제5권 4절의 주를 참조.

*44 69절 참조.

이를 가족에게로 데리고 가 엄중하게 감시하라고 했다.

아름답게 옷치장을 한 젊은이가 그에게 무언가를 질문했을 때 그는 그 젊은이에게 옷을 걷어 올려 사내인지 여자인지 보여주기 전에는 대답해주지 않겠다고 말했다.

욕실에서 코타보스놀이[*45]를 하고 있는 젊은이에게 '잘 되면 잘 될수록 그만큼 더 어려워지게 된다'고 그는 말했다.

어떤 사람들이 연회석에서 마치 개에게라도 하듯이 그에게 뼈를 던져주었다. 그러자 그는 돌아올 때 마치 개가 하듯이 그들에게 오줌을 깔겼다.

(47) 변론가들이나 또 명성을 좇아 이야기하는 사람들을 그는 '3중으로 비참한 자'라고 말하는 대신에 '3중인격자'로 불렀다.

무지한 부자를 그는 황금색 양이라고 불렀다.

방탕자의 집에 '매물'이란 글자가 적혀있는 것을 보고 그 집을 바라보며 그는 이렇게 말했다. '그렇게도 술에 곯아떨어져 그대가 주인을 쉽게 토해낼 것을 나는 진작부터 알았다'

어느 젊은이가 자기를 괴롭히는 사람들이 많아서 힘들다고 말하자 그는 그 젊은이에게 '자네도 사람의 마음을 자극하는 행동을 여기저기서 하는 일은 삼가야 한다' 말했다.

불결한 공중욕탕을 향해 그는 말했다. '여기서 목욕을 하는 자들은 어디서 몸을 씻으면 좋을까'

키타라를 치는 가수로 뚱뚱한 사내가 모두에게 욕을 먹고 있을 때 그만은 홀로 이 사내를 칭찬했다. 왜 칭찬을 하느냐고 묻자 '이만한 체격으로 해적이 되지 않고 키타라에 맞추어 노래를 부르고 있기 때문이다'라고 그는 대답했다.

(48) 청중으로부터 언제나 외면받는 키타라 가수에게 그는 '야, 수탉님'하면서 인사했다. 그래서 그 사내가 '왜 그렇게 부르느냐'고 묻자 '그대가 노래 부르

---

*45 연회석 오락 가운데 하나. 시칠리아에서 시작해 BC 6세기부터 4세기에 걸쳐 전 그리스에서 널리 즐겼다고 한다. 여러 방법이 있었던 것 같은데 그 하나는 물을 가득 채운 대야 안에 떠있는 작은 잔을 향해 마시다 남은 술을 던져, 잔이 얼마큼 가라앉았는지를 겨루는 것이고 그때 사랑하는 사람의 이름을 부르면서 던졌기 때문에 일종의 '사랑점'이 되었다는 것이다.

면 모두가 잠을 깨니까'라고 그는 대답했다.

어느 젊은이가 연설을 하고 있을 때 그는 주머니에 콩을 가득 넣고 그 사내의 정면에서 게걸스럽게 씹기 시작했다. 그러자 그곳에 모인 많은 이들이 그에게로 시선을 돌렸다. 그러자 그는 왜 사람들이 그 사내를 버리고 나를 보는지 이상하다고 말했다.

또 매우 미신이 많은 사내가 그에게 '한방에 당신의 머리를 깨 보이겠다' 말했을 때 '그렇다면 나는 왼쪽으로부터의 재채기*⁴⁶ 한 번으로 그대를 떨게 해 보이겠다'고 그는 응수했다.

헤게시아스가 그에게 그의 글 가운데 하나를 빌려달라고 부탁해왔을 때 '그대도 얼빠진 사람이군, 헤게시아스. 마른 무화과라면 그림에 그린 것이 아니라 진짜를 택하는 주제에 공부에 대해서는 진짜는 거들떠보지도 않고 이미 쓰여 있는 쪽을 고르다니' 이같이 그는 말했다.

(49) 또 어떤 사람이 그가 추방이 된 것에 대해서 그를 비난했을 때 그는 그 사람에게 '하지만 불쌍한 사람이여, 그런 일이 있었기에 나는 철학을 하게 된 것이다'라고 되받았다.

또 어떤 사람이 '시노페인들이 당신에게 추방을 선고한 것이군' 이렇게 말하자 '그러나 나는 그들에게 고국에 머물도록 선고했다'고 그는 대답했다.

어느 때 올림픽 승자가 양을 기르는 것을 보고 그 사람에게 그는 '아아, 그대는 올림피아에서 네메아*⁴⁷로 매우 빠르게 옮겼군' 이렇게 말했다.

운동선수는 왜 그토록 무신경한가라고 물었을 때 '돼지고기와 쇠고기로 몸이 이루어지고 있기 때문이다'라고 그는 대답했다.

또 어느 때 그는 한 조각상을 무심(無心)하게 대했다. 그리고 왜 그런 짓을 하느냐고 묻자 '거부당하는 연습을 하고 있다'라고 그는 대답했다.

그가 사람에게 무심할 경우에는—하지만 처음에는 궁핍했기 때문에 그렇게 했는데—그는 다음과 같이 말했다. '만일 이미 다른 사람에게도 주어진 것이라면 나에게도 달라. 그런데 아직 아무에게도 주지 않았다면 먼저 나부터 시작해 달라'

---

*46 왼쪽으로부터의 재채기는 흉조로 여겨졌다.
*47 네메아는 코린토스와 아르고스와의 중간에 위치하고 양을 기르기에 알맞은 목초지가 있었다. 올림피아와 마찬가지로 전 그리스적인 경기가 열린 곳이기도 하다.

(50) 어느 때 한 독재자가 조각상에는 어느 청동이 더 알맞은지 묻자 '하르모디오스나 아리스토게이톤*48(의 상)이 주조(鑄造)한 것 같은 것'이라고 그는 대답했다.

(독재자인) 디오니시오스는 벗들을 어떻게 다루는지 물었을 때 '돈지갑처럼 속이 가득 찼을 때는 늘어뜨리고 있는데 텅 비면 내던져 버린다'고 그는 대답했다.

신혼인 사내가 집 입구에

제우스의 아드님이시고 승리의 영광에 빛나는 헤라클레스,
이곳에 살다. 화를 가져오는 자는 들어오지 말라.

이렇게 썼기 때문에, 그는 그 뒤에 '싸움은 그치고 동맹상태'라고 덧붙여 썼다.

금전에 대한 사랑은 모든 화의 뿌리라고 그는 말했다.

어느 도락가가 선술집에서 올리브열매를 먹는 것을 보고 '그대가 만일 그런 식으로 검소하게 아침식사를 했다면 저녁식사는 그렇게 검소하게 되지 않았을 텐데'라고 그는 말했다.

(51) 선한 사람들은 신의 모습을 닮는다고 그는 말했다. 또 사랑은 시간이 남아도는 사람들이 할 일이라고도 말했다.

이 세상에서 비참한 것은 무엇인가라고 묻자 '가난한 노인'이라고 그는 대답했다.

동물들 가운데서 무엇에 물리는 것이 가장 위험한가라는 물음에 '포악스런 놈 가운데서는 밀고자, 온화한 놈 가운데서는 추종자'라고 그는 말했다.

어느 날 매우 서투르게 그려진 두 마리의 켄타우로스(반은 사람 반은 말인 괴물)를 보고 '이 가운데 어느 쪽이 케이론*49인가'라고 그는 물었다

---

*48 두 사람 모두 BC 6세기 아테네의 귀족으로 참주 히피아스와 그의 동생 히파르코스 살해를 기도했는데 계획이 새나가 히파르코스 살해에는 성공했을지언정 마침내 두 사람 모두 체포되어 살해되었다. 그러나 참주제 해체 뒤에는 '해방자'로 칭송이 되고 아고라에는 두 사람의 동상이 세워졌다.

*49 켄타우로스족의 일원. 그러나 그 이름은 형용사로서는 '더 못났다'는 의미를 지니고 있고 이를 빗댄 말놀이. 그러나 케이론은 사실은 지혜롭고 의술과 그 밖의 일에 뛰어나 많은 영

또 위(胃)는 생활 양식을 빨아들이는 소용돌이(카리브디스)*50라고 그는 말했다.

어느 때 간부(姦夫)인 디디몬이 잡혔다는 이야기를 듣고*51 '그 이름으로 볼 때 (목을) 매달기에 알맞은 인물이다'라고 그는 말했다.

왜 금은 창백함을 띤 빛인가를 묻자 '그것을 노리는 놈이 많기 때문'이라고 그는 대답했다.

어떤 여인이 가마를 타고 가는 광경을 보고 '우리〔檻〕는 동물에게만 필요한 것이 아니군' 이같이 그는 말했다.

(52) 어느 때 도망을 간 노예가 우물가에 앉아 있는 것을 보고 '어이, 젊은이, 빠지지 않도록 조심해'*52라고 그는 말했다.

공중목욕탕에서 아직 나이어린 옷 도둑을 봤을 때 '조금의 향유 때문인가, 그렇지 않으면 남의 옷이 탐나서인가'*53라고 그는 물었다.

어느 때 몇몇 여인이 올리브나무에 목을 매고 있는 것을 보고 '어느 나무에나 이런 열매가 달려 있으면 좋은데'라고 그는 말했다.

노상강도 악시오피스토스를 보고 그는 (호메로스의 시구*54를 빌려) 이렇게 말했다.

도대체 그대는 왜 이곳에 나왔나. 무용이 비길 데 없는 자여.
숨이 끊어진 시체에서 무언가를 벗겨가려는가.

누군가 신변을 돌봐주는 소녀나 소년이 있느냐고 물었을 때 그는 '없다'고 말했다. 그러자 그 사람이 '그러면 당신이 죽었을 때 누가 당신을 장례 치러주

웅들의 양육자가 된 인물. 아래 59절 참조.

*50 고유명사로서는 괴물 스키라가 사는 바위와 마주한 바위 밑에 있는 큰 소용돌이이고 하루에 세 번 검은 물을 뿜어 올리고, 또 세 번 빨아들였다는 해상의 험난한 곳(《오디세이》 제 12권 104행 이하). 후대에는 이탈리아와 시칠리아와의 사이의 해협에 있다고 했다.

*51 간부(姦夫)인 '디디몬'과 같은 음의 말 '디디몬'(중성단수)은, '두 개의, 마중의' 의미가 있고, 중성복수형의 '디디마'는 '고환'의 의미가 있다.

*52 '우물'로 번역한 '프레아르'란 말에는 '함정'의 의미도 있으므로 그것에 빗댄 것.

*53 '조금의 향유'(아레임마티온)과 '남의 옷'(알 히마티온)과의 빗댐.

*54 이 시구의 2행 째만이 《일리아스》 제10권 343행 및 387행으로부터의 인용.

느냐'고 묻자 '이 집을 원하는 사람이'라고 그는 대답했다.

(53) 아름다운 용모의 젊은이가 편하게 잠든 모습을 보고 그는 툭 치면서 '어이, 잠을 깨라.

　　그대가 잠든 사이에 누군가가 등을 창으로 찌르면 안 되니까'*55

라고 말했다.

또 많은 식료품을 사들이는 사람에게는 '내 아들아, 그대의 목숨은 아마도 짧을 것이다. 그렇게 시장을 다니다니'*56라고 말했다.

플라톤이 이데아에 대해서 말하며 '책상이란 것'이라든가, '술잔이란 것'과 같은 용어를 쓰자 그는 '플라톤이여, 나에겐 책상이나 잔은 보이는데, 책상이란 것이라든가, 술잔이란 것은 아무래도 전혀 보이지 않는다'고 말했다. 그러자 플라톤은 '그것은 마땅하다. 왜냐하면 그대는 책상이나 술잔을 보는 눈은 지녔는데 책상이란 것이나 술잔이란 것을 고찰하는 지성은 없기 때문이다'라고 응수했다.

(54) 〔어느 사람으로부터 '그대는 디오게네스를 어떤 사람으로 생각하느냐'고 물었을 때 그(플라톤)는 '미친 소크라테스다'라고 대답했다.〕

어느 나이쯤에 결혼해야 하느냐고 물었을 때 그는 '청년은 아직 그 나이가 아니고, 노인은 이제 그 나이가 아니다'라고 말했다.

주먹을 얻어맞음으로써 어떤 이득이 있느냐고 묻자 '(머리를 지키기 위한) 가리개를 손에 넣는 것이다'라고 그는 대답했다.

한껏 멋을 낸 젊은이를 보고 그가 말했다. '사내들을 위해 그렇게 하는 것이라면 표적이 빗나갔고, 여자를 위한 것이라면 잘못하고 있다'

어느 때 젊은이가 얼굴이 빨개지는 것을 보고 '기운을 내라, 그와 같은 일쯤은 보통이다'라고 그는 말했다.

어느 날 그는 두 법률가가 논쟁을 벌이는 것을 들은 뒤에 한 쪽은 물건을 훔

---

*55 〈일리아스〉 제8권 95행, 제22권 283행의 인용(단, 어구가 조금 다르다).
*56 〈일리아스〉 제18권 95행 참조. 단, 2행째인 '그렇게 시장을 다닐 바에는'의 부분이 호메로스에서는 '네가 그렇게 말하는 이상'으로 되어 있고, 그것은 벗 파트로크레스의 복수를 맹세하는 아킬레우스에게 어머니 테티스가 대답하는 말인데 이를 빗대서 사용한 것.

친 것이라고 하고 다른 한쪽은 아무것도 잃지 않았다고 말해 그 두 사람을 모두 규탄했다.

어떤 포도주를 마시는 것이 기쁘냐고 묻자 '남에게서 받은 포도주'라고 그는 대답했다.

'많은 이들이 당신을 비웃는다'고 말한 사람에게 '그러나 나는 비웃지 않는다'고 그는 응수했다.

(55) 산다는 것은 재앙이라고 말한 이에게 '사는 것이 재앙이 아니라 나쁘게 사는 것이 재앙이다'라고 그는 말했다.

도망간 노예를 찾도록 충고한 사람에게 이상한 이야기라고 그는 말했다. '만일 (노예인) 마네스는 디오게네스 없이도 살아갈 수 있는데, 디오게네스가 마네스 없이는 살아갈 수 없다고 한다면'

올리브열매가 들어 있는 케이크로 아침식사를 하고 있었을 때 그는 케이크를 밖으로 내던지고 그쪽을 향해 이렇게 말했다.

낯선 분이여, 왕들을 위해 길을 비켜주시죠.*⁵⁷

또 다른 때에는

그리고 그는 채찍을 들고 내몰았다.*⁵⁸

말하고 이번에는 올리브열매 쪽을 보았다.

너는 어떤 종류의 개이냐고 물었을 때 '속이 비었을 때에는 몰타산 개이고 배가 부를 때에는 몰로시아산 개다. 이런 개들은 모두 많은 사람들이 칭찬을 하는데 막상 사냥에 함께 데리고 가려고 하면 그들은 고생하기를 두려워해 굳이 그렇게 하지 않는다. 그와 마찬가지로 그대들도 어려운 일을 당하는 것이 두려워서 나와 생활을 함께 할 수 없다'라고 그는 대답했다.*⁵⁹

(56) 현자도 과자를 먹느냐고 물었을 때 '무엇이든 먹는다. 그것은 다른 사람

＊57 에우리피데스 〈페니키아의 여인들〉 40행의 인용.
＊58 〈일리아스〉 제5권 366행, 제8권 45행 등 참조.
＊59 33절 참조.

들도 같다'고 대답했다.

왜 사람들은 거지에게는 베푸는데 철학자에게는 그렇게 하지 않느냐고 문자 '그 까닭은 그들이 언젠가는 다리가 부자유스럽게 되거나 눈이 보이지 않게 될지도 모른다는 것은 예상해도 철학자가 될 생각은 결코 하지 않기 때문이다'라고 그는 대답했다.

그가 어느 인색한 사람에게 도움을 청하고 있을 때 그 사람이 망설이자 '내가 당신에게 청하는 것은 식비이고 장례비가 아니다'라고 그는 말했다.

어느 때 통화를 위조한 것 때문에 비난을 받자 그는 이렇게 되물었다. '확실히 지난날의 나는 오늘의 당신과 똑같은 인간이었던 시기가 있었지. 하지만 지금의 나와 같은 인간은 장래에 그대는 결코 되지 못할 걸세'

또 같은 그 일로 그를 비난한 다른 사람에게는 '하긴 전에는 당장이라도 오줌을 갈기거나 했는데 지금의 나는 이제 그런 짓은 하지 않으니까'라고 그는 응수했다.

(57) 민도스의 도시로 와서 성문은 큰데 도시 자체는 작은 것을 보고 '민도스의 제군, 성문을 닫기 바란다. 제군의 도시가 달아나지 못하도록' 이같이 말했다.

어느 때 보랏빛 옷을 훔치려다 그 현장에서 잡힌 사내를 보고 그는 이렇게 말했다.

보랏빛 죽음과 항거할 수 없는 운명이 잡힌 것이다[60]

크라테로스[61]가 자신에게로 오도록 요청했을 때 '모처럼인데 크라테로스가 계신 곳에서 성찬 대접을 받기보다는 아테네에서 소금을 빠는 쪽을 나는 소망합니다'라고 그는 대답했다.

뚱뚱한 변론가인 아낙시메네스를 찾아가 그는 이렇게 말했다. '우리들 거지에게도 당신의 배속에 있는 것을 조금 나누어 주실 수 있겠습니까. 그렇게 하면 당신 자신은 몸이 가벼워질 테고 우리에게는 은혜를 베푸는 것이 될 터이므로'

---

*60 〈일리아스〉 제5권 83행의 인용.
*61 알렉산드로스대왕에게 봉사한 장교.

또 어느 때 이 변론가가 이야기를 하고 있을 때 그는 소금에 절인 생선을 앞에 내놓고 청중의 주의를 돌리게 했다. 그래서 그가 화를 내자 '아낙시메네스의 강의를 단 1오보로스의 절인 생선으로 망쳐버리고 말았다'고 그는 말했다.*62

(58) 어느 때 광장에서 무언가를 먹고 있었다는 이유로 비난받자 '속이 빈 것도 광장이었으니까'라고 그는 되받았다.

또 어느 이들은 아래 이야기도 그에 대한 것이라고 말하고 있다.*63 즉 그가 야채를 씻는 것을 플라톤이 보고 그의 곁으로 다가가 온화한 어조로 '만일 그대가 디오니시오스에게 봉사한다면 그대는 지금쯤 야채 따위를 씻는 일은 없었을 텐데'라고 말했다. 그러자 그도 똑같이 온화한 어조로 '그대도 만일 야채를 씻고 있었다면 디오니시오스에게 봉사하지는 않았을 텐데'라고 맞받아쳤다는 것이다.

'많은 사람이 그대를 비웃고 있다'고 누군가가 말했을 때 '그들에 대해서는 당나귀가 그렇게 하고 있네. 하지만 그들도 당나귀가 하는 일 따위에는 신경 쓰지 않듯이 나도 그들이 하는 일 따위에는 조금도 신경을 쓰지 않고 있네' 이렇게 그는 응수했다.

어느 때 한 젊은이가 철학 공부를 하는 모습을 보고 '이는 좋은 일이다. 그대(철학)가 몸을 사랑하는 자들을 혼의 아름다움 쪽으로 전향시키려고 하고 있는 것에는 말일세'라고 그는 말했다.

(59) 어떤 사람이 사모트라케 신전의 봉납물에 경탄하고 있을 때 '구원되지 못한 사람들도 봉납하고 있었다면 훨씬 많은 봉납물이 있었을 텐데'라고 그는 말했다. 그러나 이것은 메로스인 디아고라스의 말이었다고 이야기하는 사람도 있다.

연회에 가려고 하는 용모가 아름다운 젊은이에게 '그대는 더 나쁜 인간이 되어 돌아오겠군' 이렇게 그는 말했다. 한편 그 젊은이가 돌아와 그 이튿날 '저는 돌아왔는데 하지만 조금도 나쁜 인간이 되지는 않았습니다'라고 말하자 그는 '과연, 케이론은 아닌데 좀 칠칠치 못한 인간이 되었군'*64라고 말했다.

---

*62 36절 참조.
*63 제2권 68절 참조.
*64 에우리티온도 케이론과 마찬가지로 켄타우로스족의 일원. 그는 테살리아의 라비다이족의

그가 어느 까다로운 사내에게 베풀어주길 간청하자 그 사내가 '나를 설득할 수만 있다면' 이같이 말하자, '당신을 설득할 수 있다면 목을 매도록 설득했을 것이다'라고 그는 응수했다.

그가 라케다이몬(스파르타)에서 아테네로 돌아가려 할 때 '어느 쪽으로, 또 어디에서?'라고 물은 사람이 있었으므로, 그는 그 사람에게 '사내 방에서 여자 방으로'라고 대답했다.

(60) 그가 올림피아에서 돌아가려고 했을 때 사람들이 많이 모였느냐고 묻자 그는 그 사람에게 '많이 모였지, 하지만 인간은 조금이었네'라고 대답했다.*65

방탕한 자는 벼랑 위에 뻐져나와 자라고 있는 무화과나무와 같은 것이고 그 열매를 맛보는 것은 인간이 아니라 갈가마귀나 독수리가 이를 쪼아 먹는 것이라고 그는 말했다.

프리네*66가 델포이에 황금의 아프로디테 상을 바치자 그는 그 위에 '그리스인 가운데 행실이 나쁜 자로부터'라고 썼다고 한다.

알렉산드로스대왕이 어느 때 그의 앞에 서서 '나는 대왕인 알렉산드로스이다'라고 이름을 밝히자 '나는 개인 디오게네스이다'라고 그는 응수했다.

어떤 행동을 했기에 개로 불리느냐고 묻자 '무언가를 주는 사람들에게는 꼬리를 흔들고, 주지 않는 사람에게는 짖어대고, 나쁜 자들은 물어뜯기 때문이다'라고 그는 대답했다.

(61) 그가 무화과나무에서 열매를 따고 있자 이 나무를 지키는 사람이 '얼마 전 사람이 목을 맸다'고 말했는데 '그러면 내가 이 나무를 깨끗이 해주겠다'고 그는 응수했다.

올림픽대회의 승자가 한 창녀에게 뜨거운 눈길을 보내는 광경을 보고 그가 말했다.

'자, 봐라, 투쟁에 미친 수컷 양이 지나가는 처녀에게 어떻게 목이 비틀리는

왕 페이리토리오스의 결혼축하연에 초대되어 술에 취해서 신부를 빼앗으려고 했기 때문에 켄타우로스족과 라피다이족과의 싸움의 원인이 되었다. 에우리티온의 어원적 의미는 미상.

*65 앞, 33, 43절 등, 참조.
*66 아테네의 유명한 창녀.

지를.'

예쁜 창녀는 목숨을 앗아가는 벌꿀이 든 음료와도 같다고 그는 말했다.

그가 광장에서 아침 식사를 하고 있자 주위에서 이를 지켜보던 사람들은 그를 언제나 '개'로 불렀다. 그러자 그는 '너희들이야말로 개다. 내가 아침식사를 하는 것을 둘러서서 지켜보는 너희들이야말로' 이같이 되받아친 것이다.

나약해 보이는 두 사내가 그를 피하려고 몸을 숨기자 '걱정하지 마라, 개는 풋내기를 먹지는 않는다'*67고 그는 말했다.

매춘을 하던 아이가 어디에서 온 사람이냐고 묻자 '테게아*68 사람이다'라고 그는 대답했다.

(62) 어느 무능한 레슬링 선수가 의료사업에 몸담고 있는 것을 보고 '이게 어찌 된 일인가. 일찍이 자네를 패배시킨 자들을 이번에는 뻗어버리게 할 작정인가'라고 그는 말했다.

어느 창녀의 아이가 많은 사람들에게 돌을 던지는 것을 보고 그는 말했다. '조심해야 해. 네 아버지가 맞지 않도록'

어느 소년이 자신을 사랑해주는 사람에게서 받은 단도를 그에게 보여줬을 때 그는 말했다. '칼날은 좋지만 칼자루*69가 문제군.'

어떤 사람이 그에게 선물한 사람을 칭찬했을 때 '그러나 그것을 받을 만한 값어치가 있는 나는 칭찬하지 않는군' 이렇게 그는 말했다.

어떤 사람이 윗옷을 돌려달라고 요구해 왔을 때 '만일 그대가 그것을 선물로 줬다면 내 소유이고, 빌려준 것이라면 사용 중이다'라고 그는 말했다.

어느 소매치기 아이가 자기는 외투 안에 돈을 가지고 있다고 그에게 알리자 '과연, 그래서 너는*70 그 외투를 베개 대신으로 해서 자는구나'라고 말했다.

(63) 철학에서 무엇을 얻었느냐고 묻자 '달리 아무것도 없다고 해도 적어도 어떤 운명에 대해서나 마음의 준비가 되어 있다는 것이다'라고 그는 대답했다.*71

---

*67 앞, 45절 참조.

*68 테게아는 아르카디아 남동부의 지명인데 '테게아 사람'이란 말에 '매춘굴에서 온 자'란 의미를 포함하고 있다.

*69 여기서는 λαβή를 '칼자루'로 번역했다. 이는 '받아들인다'는 의미를 가진다.

*70 힉스의 교본에 따라 읽는다.

*71 제2권 68절, 제5권 20절, 제6권 86절 등에 쓰인 이 똑같은 물음에 대한 각 철학자의 답을

당신은 어떤 나라 사람이냐고 묻자 '세계시민이다'라고 그는 대답했다.

어느 부모들이 아이를 낳게 해달라고 신들에게 제물을 바치고 있자 '그러나 어떤 기질의 아이가 태어나길 바라는지에 대해서는 왜 제물을 바치지 않느냐'고 그는 물었다.

어느 날 강의 출자금이 청구되자 그 징수자에게 그는 이렇게 말했다.

다른 사람들로부터 거두어들이는 것이 좋다. 하지만 헥토르에게는 손을 내밀지 말라.*72

왕들의 소실은 여왕이라고 그는 말했다. 왜냐하면 그녀들은 무엇이나 자신들이 생각하는 대로 조르기 때문이다.

아테네인들의 투표를 통해 알렉산드로스대왕이 디오니소스 칭호를 부여하자

'나에게도 사라피스*73 칭호를 달라'고 그는 말했다.

더러운 곳에 발을 들여놓았다는 이유로 그를 비난한 사람에 대해서 '태양도 화장실 안에 들어가는데 더럽혀지지는 않으니까'라고 그는 되받아쳤다.

(64) 그가 신전 안에서 식사를 하는데 누군가가 더러운 빵조각을 곁에 두었다. 그러자 그는 그것을 집어들고 부정한 것은 신전에 들어가서는 안 된다고 말하면서 이를 던져버렸다.

'그대는 철학을 하는 주제에 아무것도 모른다'고 말한 사람에게 '만일 내가 지혜가 있는 척하는 것뿐이라고 해도 그것 또한 철학을 하고 있는 것이다'라고 그는 응수했다.

어떤 사람이 아이를 제자로 들여보내려고 데리고 와서 이 아이는 매우 좋은 소질을 지녔고 또 성질도 매우 뛰어나다고 말했을 때, 그 사람에게 그는 '그

비교해보는 것도 흥미로운 일일 것이다.

*72 호메로스의 현존하는 텍스트에는 이 시구가 보이지 않는데(《일리아스》 제16권 82행, 또는 86행, 또는 90행 뒤에 이 한 줄이 있었다고 하는 여러 사람의 의견은 있다). 여기에서는 시체에서 '무기를 탈취한다'는 의미의 '에나리제인'이란 말에 빗대 '출자금을 징수한다'는 용어가 사용되고 있다.

*73 세라피스라고도 한다. 이집트의 프톨레마이오스 왕조시대에 이집트와 그리스 종교의 융합을 도모해 만들어낸 신. 즉 이집트의 오시리스와 그리스의 제우스·하데스·아스클레피우스가 일체화되어 질병의 치료자·기적의 행자·운명에 이기는 자로 되었다. 이시스는 그의 아내

러면 왜 내가 필요한가'라고 말했다.

훌륭한 것을 말로는 하면서 실행하는 일이 없는 사람들을 키타라와 조금도 다른 점이 없다고 그는 말했다. 왜냐하면 키타라도 사람이 말하는 것에 귀를 기울이지도 않는가 하면 또 그것을 이해할 수도 없기 때문이라는 것이다.

그는 극장에 들어갈 때에는 나오는 이들과 맞부딪치듯이 굴었다. 왜 그렇게 하느냐고 묻자 '이것이야말로 내가 나의 전 생애를 통해서 이루려고 힘쓰는 것이다'라고 말했다.

(65) 어느 때 한 젊은이가 여자처럼 행동하는 것을 보고 그가 말했다. '자네는 자기 자신의 일에는 신경 쓰면서 자연본디의 모습보다도 못하게 하려는 것에 대해 부끄럽게 생각하지 않나. 왜냐하면 자연은 자네를 사내로 만들었는데, 자네는 자기 자신을 무리하게 여자로 꾸미려 하기 때문이다.'

어느 어리석은 사내가 현악기를 조율하는 모습을 보고 '그대는 음 쪽은 이 악기에 맞추려고 조율하면서 영혼은 생활과 부조화인 채로 있는데 부끄럽지 않은가'라고 그는 말했다.

'나는 철학에는 알맞지 않다'고 말한 사람에게 '그러면 그대는 왜 살아 있는가. 훌륭하게 살 생각이 그대에게 없다면' 이렇게 그는 말했다.

자신의 아버지를 경멸하는 사람에게 그는 '그대가 자신의 긍지를 가지고 있는 것도 그 사람 때문인데, 그 사람을 경멸하고 부끄럽다고 생각하지 않느냐'고 말했다.

용모가 준수한 젊은이가 꼴사납게 지껄이는 것을 보고 '상아로 만든 칼집에서 납으로 된 단도를 잡아 빼면 부끄럽다고 생각하지 않나'라고 그는 말했다.

(66) 선술집에서 술을 마시고 있다는 이유로 비난받자 '이발도 이발소에서 해주는 것이니까'라고 그는 응수했다.

안티파트로스로부터 윗옷을 받았다고 비난받았을 때

신들로부터 주어지는 영예로운 선물은 결코 거부해서는 안 되는 것[74]

이렇게 그는 되받았다.

---

*74 〈일리아스〉 제3권 65행의 인용.

어떤 사람이 그에게 각목을 휘두르고는 '조심하라!'고 소리쳤을 때 그는 그 사내를 지팡이로 내리친 다음 '조심하라!'고 앙갚음했다.*75

창녀에게 집요하게 다가가고 있는 사내에게 그는 말했다. '한심한 사람이군. 그대는. 손에 넣지 않는 것이 좋은 것을 왜 그대는 손에 넣으려 하는가.'

향유를 바르고 있는 사람에게 '그대 머리의 좋은 향기가 그대의 삶에 나쁜 냄새를 풍기지 않도록 조심해야 해'라고 그는 말했다.

하인은 주인을 섬기는데 열악한 인간은 욕망을 섬기는 것이라고 그는 말했다.

(67) 노예들은 왜 그러한 이름*76으로 불리게 되었는지 물었을 때 '그것은 그들은 인간의 다리를 지니고 있는데 영혼은 그런 것을 탐색하는, 지금 그대의 영혼과 같은 상태이기 때문이다'라고 그는 대답했다.

그가 어느 낭비가에게 1무나의 돈을 달라고 조르고 있었을 때, 그 사내가 다른 사람들에게는 고작 1오보로스를 조르면서 나에게는 1무나를 조르는 까닭이 무엇이냐고 물었다. 그러자 그는 말했다. '다른 사람들로부터는 또 받을 가망이 있는데 당신에게서는 또 받을 수 있을지 모르기 때문에'

플라톤은 남에게 구걸하는 일이 없는데 그는 구걸을 한다는 비난을 받았을 때 '아니 그 사람도 구걸을 하지. 하지만

　다른 사람에게 들리지 않게 머리를 가까이 대고'*77

그는 이같이 응수했다.

서투른 사수(射手)를 보고 '여기라면 맞지 않겠지'라고 말하면서 그는 표적 곁에 앉았다.

사랑을 하는 사람들은 쾌락을 얻는 대신에 불행해진다고 그는 말했다.

(68) 죽음은 나쁜 것인가라고 물었을 때 '어찌 나쁜 것일 수 있을까. 그것이 찾아왔을 때 우리가 지각하지 못하는 것'이라고 그는 대답했다.

알렉산드로스대왕이 그의 앞에 서서 '그대는 짐이 두렵지 않은가'라고 말했

---

*75 앞, 41절 참조.
*76 '노예'(안도라포돈)라는 말은 '인간의 다리'라는 의미이다.
*77 〈오디세이〉 제1권 157행, 제4권 70행의 인용.

을 때 그에 대해서 그는 '도대체 당신은 누구입니까? 선한 자입니까. 그렇지 않으면 악한 자입니까'라고 물었다. 거기에서 대왕이 '물론 선한 자이다'라고 대답하자 '그러면 누가 선한 자를 두려워하겠습니까'라고 그는 말했다.

교양은 젊은이들에게는 절도를 유지하게 하는 것, 노인들에게는 위안, 가난한 사람들에게는 재산, 부자에게는 장식이라고 그는 말했다.

간부(姦夫)인 디디몬이 어느 날 한 소녀의 눈을 치료해주고 있었는데 그는 그 사내에게 '처녀의 눈을 봐주는 동안에 눈동자를 상하게 하는 일이 없도록 조심하라'고 말했다.

벗들이 그를 해칠 음모를 꾸미고 있다고 누군가가 알려왔을 때 그는 '벗들까지도 적과 똑같이 다루어야 한다면 도대체 어찌하란 말인가'라고 말했다.

(69) 세상에서 훌륭한 것은 무엇이냐고 물었을 때 '무엇이든 말할 수 있는 것'(언론의 자유)이라고 그는 말했다.

그가 어느 교실에 들어갔을 때 무사 여신상은 많은데 학생은 조금 밖에 없는 것을 보고 '선생님, 신들의 도움으로 많은 제자를 두셨군요'라고 그는 말했다.

또 그는 데메테르에 대한 것(음식을 말함)도, 아프로디테에 대한 것(성교에 대한 것)도 무엇이든 모두 사람들 앞에서 공공연하게 말하고는 했다. 그리고 그에 대해서는 이런 식으로 이론을 끄집어내고 있었던 것이다.—만일 식사를 하는 것이 아무런 이상한 일이 아니라고 한다면 광장에서 식사해도 이상할 것은 없다. 그런데 식사하는 것은 이상한 일이 아니다. 그러므로 광장에서 식사를 해도 이상할 것은 없다.

또 그는 사람들이 보는 가운데 수음(手淫)에 열중하면서 이렇게 말하기도 했다.

'배도 이런 식으로 비비기만 해도 배고픔이 사라지면 좋은데'[78]

그리고 위에 든 것 말고도 그가 한 말은 많아서 하나하나 늘어놓자면 긴 이야기가 될 것이다.[79]

(70) 그런데 그는 단련에는 영혼(정신)의 단련과 몸의 단련 두 종류가 있다

---

*78 앞, 46절 참조.

*79 이하, 70~73절에서는 틀림없이 다른 자료에 의거해 키니코스파 학설의 대강을 이야기하게 된다. 따라서 69절은 74절로 연결이 된다.

고 말했다. 그리고 후자는 그에 따라서 훈련하는 사이에 덕의 실천으로 향하는 움직임을 쉽게 해주는 표상이 끊임없이 생기게 되는 단련을 말하며, 또 한 쪽의 단련은 신체 단련을 빼면 완전한 것이 되지 못하는 것이다. 왜냐하면 호조(好調)와 강함은 영혼에 연관된 것이든, 몸에 연관된 것이든 똑같이 그런 것에 본디 적합한 것 가운데 생기기 때문이다.

그리고 그는 훈련을 쌓음으로써 사람이 어떻게 쉽게 덕(뛰어난 상태)에 이르는가의 예증이 되는 것을 제시했다. 즉 손재주에서도 그 밖의 기술에서도 직인들은 연습으로 예사롭지 않은 손재주를 몸에 익히고 있는 것을 볼 수 있다. 그리고 피리꾼이나 경기하는 선수만 해도 그들은 저마다 스스로 끊임없는 노고로써 얼마나 남을 능가할 정도가 되는지, 그리고 만일 이 사람들이 그와 같은 단련을 혼으로까지 미치게 한다면 그들의 노력은 무익하지 않았음을 알 수 있는 것이다.

(71) 어쨌든 실제 삶에서는 무엇이건 단련 없이는 결코 잘 되지 않는 것이며 이 단련이야말로 모든 일을 극복해 나가는 힘을 지니는 것이라고 그는 말했다. 그렇기 때문에 사람은 불필요한 노고가 아닌 자연에 적합한 노고를 택해 행복하게 살 수 있도록 해야 하며 불행한 삶을 보내는 것은 어리석은 탓이라는 것이다. 그 이유는 쾌락 그 자체에 관해서도 이를 경멸하는 것을 미리 연습해 두면 그것이 가장 쾌적한 것이 되기 때문이다. 그것은 즉 마치 향락적인 생활을 보내는 데 익숙해진 사람들이 그와 반대의 생활로 향할 때에는 불쾌함을 느끼듯이, 쾌락과 반대의 것으로 단련된 사람들은 쾌락 그 자체를 경멸하는 것에 오히려 더욱더 쾌적함을 느끼기 때문이란 것이다.

위와 같은 것을 그는 이야기했으며 또 그대로 실행했던 것도 명확하다. 즉 그는 틀림없이 통화를 위조했으며 법률습관에 따르는 것에는 자연 본디에 바탕을 둔 것에 부여한 것과 같은 가치를 조금도 부여하려고 하지 않았다. 그리고 이것은 그의 말을 빌리자면 자유보다 뛰어난 것은 아무것도 없다고 해 헤라클레스가 보낸 것과 똑같은 생활로 일관하는 일이었다.

(72) 또 그는 모든 것이 현자의 소유라고 말하면서 우리가 앞서 말한 것과 같은 이론을 끄집어 내고 있었다. 즉 모든 것은 신들의 소유이다. 그런데 신들은 현자와 가까운 것(벗)이다. 그런데 벗은 모두(에게 공통)인 것이다. 그러므로 모든 것이 현자의 소유라는 것이다.

또 법에 관해서는 그것이 없으면 (문명화한) 시민생활을 보내는 것이 불가능하다고 그는 말했다. 왜냐하면 그의 주장에서는 시민국가가 존재하는 것이 아니면 무명화하고 있어도 아무런 이익도 되지 않는다. 그런데 시민국가는 문명화를 가져오는 것이고, 또 시민국가가 존재하는 것이 아니라면 법은 아무런 쓸모도 없다. 따라서 법은 문명화를 가져온다는 것이다.

또 그는 고귀한 출신성분이라든가, 명성이라든가, 그와 같은 모든 것은 악덕을 두드러지게 하는 장식이라고 말해 냉소했다.

또 유일하게 올바른 국가는 세계적인 규모의 것이라고도 말했다.

그리고 또 부인은 공유이어야 한다고 말하고 결혼이란 말도 쓰지 않고 설득한 사내가 설득당한 여자와 하나가 되면 좋다고 말했다. 그리고 그런 이유로 아이 또한 공유이어야 한다고 말한 것이다.

(73) 또 신전에서 무언가를 가져가 버린다거나 또는 일종의 동물 고기를 맛보려고 하는 것은 조금도 이상한 일이 아니고, 더욱이 인육을 먹는 일조차 이국의 풍습에서 명확한 것처럼 불경한 일은 아니라고 했다.

또 올바른 표현을 한다면 온갖 것이 온갖 것 가운데 포함되고 온갖 것을 일관해 고르게 미치는 것이라고 그는 말했다. 즉 (몸의 구성 요소인) 살(의 일부)은 빵 가운데 포함되어 있고, 빵(의 일부)은 또 야채 가운데 포함되어 있는 것이다. 왜냐하면 그 밖의 물질에 대해서도 이르는 곳마다 눈에 보이지 않는 구멍을 통해서 미립자가 안으로 들어가거나 또 증기가 되어 밖으로 배출되거나 하기 때문이다.―이 설은 비극 〈티에스테스〉 가운데서 그가 명확히 밝히고 있는 것이다.

단, 이것은 일련의 비극작품이 진실로 그의 것이고 그의 제자인 아이기나인 필리스코스의 작, 또는 파보리누스가 〈역사연구 잡록집〉에서 그의 죽음 뒤에 이를 쓴 사람으로 되어 있는 루키아노스의 아들 파시폰의 작품은 아니라는 것을 전제로 한 이야기이다.

그는 또 음악이나 기하학, 천문학 및 그러한 종류의 학문은 도움이 되지 않는 것, 필요치 않은 것으로서 무시해도 좋다는 생각을 하고 있었다.

(74) 그런데 그는 앞서 말한 것으로도 명확한 바와 같이 대화 중 문답에서는 매우 교묘하게 핵심을 찌를 수 있는 사람이었다.

또 그는 노예로 팔려나갔을 때에도 참으로 당당한 태도로 그것을 견뎌냈다.

그것은 그가 아이기나섬으로 항해 중에 스키르파로스*80가 이끄는 해적에게 붙잡혀 크레타섬으로 끌려가 매물로 나오게 되었다. 그리고 소식을 알리는 이가 너는 무슨 일을 할 수 있느냐고 물었을 때 '사람들을 지배하는 일이다'라고 그가 대답했기 때문이다. 또 그때 그는 보랏빛 테 장식이 있는 멋진 옷을 몸에 걸친 어느 코린토스인, 즉 앞서 말한 크세니아데스를 말하는데 그를 가리켜 '이 사람을 나에게 팔아주게. 그는 주인을 필요로 하고 있다'고도 말한 것이다. 그러자 크세니아데스는 그를 매수해 코린토스로 데리고 돌아가 자기 아이들의 감독을 맡게 하고 또 집안 일을 모두 그에게 맡겼다. 그리고 그는 가사전반을 매우 잘 챙겼으므로 주인인 크세니아데스는 '좋은 다이몬(복의 신)이 내 집에 굴러들어왔다'고 말하면서 그 일대를 돌아다녔을 정도였다.

(75) 또 (키니코스파인) 클레오메네스가 〈아이의 지도에 대해서〉란 제목의 책에서 쓰고 있는 바에 따르면 그의 지인들이 몸값을 지불하고 그를 자유로운 몸으로 해주려고 하자 그는 그 지인들을 어리석은 자라고 말했다는 것이다. 왜냐하면 사자도 이를 기르고 있는 자들의 노예가 아니고 오히려 기르고 있는 자들 쪽이야말로 사자의 노예이기 때문이라는 것이었다. 즉 두려워한다는 것은 노예가 하는 것인데 이 야수는 사람들에게 두려움을 주기 때문이라는 이야기였다.

또 이 사람이 행하는 설득에는 일종의 놀랄 만한 것이 있고 언론으로 누구든 모든 사람을 쉽게 사로잡을 수가 있었다. 사실 전해지는 바에 따르면 아이기나인으로 오네시크리토스란 사람은 두 아들 가운데 한쪽인 안드로스테네스를 아테네에 유학시켰는데, 이 아들은 디오게네스의 제자가 되어 그 땅에 머물고 말았다. 그래서 아버지는 (상황을 알아보기 위해) 다른 아들까지도—이쪽이 연상이고 앞서 말한 필리스코스인데—그에게로 보낸 결과 이 필리스코스도 또 똑같이 붙잡히고 말았다.

(76) 그래서 세 번째는 아버지 자신이 떠나왔는데, 이 아버지 또한 마찬가지로 아들과 함께 철학에 힘쓰게 되고 말았다는 것이다. 디오게네스의 언론에는 무언가 이와 같은 마력이 있었다.

그의 청강자 가운데에는 또 '성실한 사람'으로 이름이 붙은 포키온과 메가

---

*80 이 인물은 키케로 〈신들의 본성에 대해서〉 제3권 제34장 83절에서는 '하르파로스'란 이름으로 되어 있다.

라 사람 스틸폰, 그리고 그밖에도 많은 정치가들이 있었다.

그는 90세 가까이에 생애를 마친 것으로 알려진다. 그리고 그 죽음에 대해서는 여러 가지로 다른 설이 전해지고 있다. 즉 어떤 사람의 이야기로는 그는 산 갈거미를 먹고 콜레라에 걸려 그로 말미암아 죽었다는 것이고, 또 다른 사람들의 이야기에서는 스스로 숨을 죽이고 죽은 것으로 되어 있다. 메갈로폴리스인 케르기다스*[81]도 이 설을 취하고 있으며, 이 사람은 메리안보스(이암보스조의 서정시) 가운데서 다음과 같이 말하고 있다.

일찍이 시노페 시민이었던 사람,
지팡이를 지니고 윗옷을 겹으로 접고,
안개를 양식으로 삼은 그 사람은 이제 그 모습조차 없다.
(77) 아니, 그 사람은 어느 날,
입술을 꼭 다물고,
숨을 죽인 채 하늘 높이 오르다.
진실로 그대는 (그 이름 그대로)제우스의 아들로서,
하늘의 개이기도 한데.

또한 이 밖에도 그는 개들에게 갈거미를 나누어 주려고 했는데 다리의 힘줄을 물어 뜯겨 그 때문에 목숨을 잃었다고 말하는 사람들도 있다. 그러나 안티스테네스가 〈철학자들의 계보〉 가운데서 쓰고 있는 바에 따르면, 그의 지인들은 숨을 죽인 것이 죽음의 원인일 것으로 추측했다는 것이다. 즉 그는 그 무렵 가끔 코린토스 근교의 체육장인 크라네이온에서 지내고 있었다. 그리고 여느 때의 습관으로 그의 지인들이 그곳에 찾아왔을 때 그가 외투를 두르고 있는 것을 발견했다. 한편 그들에게는 그가 잠들어 있으리라곤 생각되지 않았기 때문에—왜냐하면 그는 선잠을 자거나 졸거나 하는 사람은 아니었으므로— 거기에서 외투를 펼쳐보자 그가 이미 숨을 거두었음을 알 수 있었다. 그리고 이것은 그가 이미 이 세상에서 떠나길 원해서 한 일이라고 그들은 받아들였다

---

*81 BC 3세기에 활동한 정치가이고 조국을 위해 입법을 한 사람. 그러나 동시에 또 키니코스파의 철학자이자 시인이기도 했다. 그의 사고에는 크라테스·디오게네스·비온 등의 영향이 컸던 것으로 알려져 있다.

는 것이다.

(78) 거기에서 또 전해진 바에 따르면 누가 그를 매장할 것인가를 두고 제자들 사이에 다툼이 생겼다. 그러다 멱살잡이를 할 정도에까지 이르게 되었다. 그러나 그곳에 그들의 아버지들과 그 연고자들이 찾아와 이들의 손에 의해서 그는 이스토모스(지협)로 통하는 성문 옆에 매장되었다는 것이다. 또 그 사람들은 그를 위해 원기둥 모양의 묘비를 그곳에 세우고 그 위에 파로스섬에서 산출하는 대리석으로 만든 개를 설치한 것이다. 또 그 뒤, 그의 고국 시민들도 그를 찬양해 청동 상을 세우고 그 위에 아래와 같은 시구를 새겼다.

청동도 세월이 지나면 늙는 것.
하지만 그대의 영예는 디오게네스여, 영원히 썩지 않으리.
그대만이 홀로 죽어야할 자들에게 자족하는 방법과,
가장 쉬운 삶의 길을 가르쳤으므로.

(79) 나에게도 프로켈레우스마티코스조(4단음절)의 시형으로 그를 위해 지은 다음과 같은 시가 있다.

갑 : 디오게네스여, 말해 주게, 하데스로 그대를 낚아챈 운명이 무엇인가를.
디오게네스 : 나를 붙잡은 것은 개가 지닌 흉포한 이빨이다.

그러나 어떤 사람들의 말에 따르면 그는 죽음이 임박했을 때 죽은 뒤에는 매장하지 말고 어느 야수의 먹이가 되도록 내버려 두거나 그렇지 않으면 굴속에 밀어넣고 흙을 조금 그 위에 덮거나 하라고(그런데 다른 사람들에 따르면 이리소스강에 던지도록) 명했다는 것이다. 그리고 이는 동료들에게 폐를 끼치지 않으려는 배려였다고 한다.

데메트리오스는 〈동명인록〉 가운데서 알렉산드로스가 바빌론에서 죽은 것과 디오게네스가 코린토스에서 죽은 것은 같은 날이었다고 이야기하고 있다.

그는 제113회 올림픽대회기(BC 324~321년)무렵에는 노령이었다.

(80) 또 그의 책으로서 전해지는 것은 다음과 같다.

대화편

케팔리온

이크티아스

코로이오스(小鴉)

포르달로스

아테네의 민중

국가

윤리학 편람

부(富)에 대해서

에로스론

테오도로스

히프시아스

아리스타르코스

죽음에 대해서

편지모음

비극 7편

헬레네

티에스테스

헤라클레스

아킬레우스

메데이아

크리시포스

오이디푸스

그러나 소시크라테스는 〈철학자들의 계보〉 제1권에서, 또 사티로스는 〈철학자전〉 제4권에서 디오게네스에게는 저작이 하나도 없었다고 말하고 있다. 또한 사티로스는 디오게네스의 비극작품으로 되어 있는 것은 그의 제자이자 아이기나 사람인 필리스코스*82의 작품이라고 주장하고 있다. 그러나 소티온은

---

*82 이 인물에 대해서는 앞 73절, 75절에 그 이름이 나와 있다.

《철학자들의 계보》 제7권에서 다음에 드는 것만이 디오게네스의 저작이라고 말하고 있다. 즉 덕에 대해서·선에 대해서·에로스론·거지·토르마이오스·포르달로스·카산드로스·케팔리온·필리스코스·아리스타르코스·시시포스·가니메데스·잠언집·편지모음이다.

(81) 디오게네스란 이름을 가진 사람은 5명이 있었다. 첫 번째는 아폴로니아 사람이고 자연철학자. 이 사람이 쓴 책의 첫머리는 다음과 같은 말로 시작된다. '어떤 논의를 시작함에서 필요한 것은 내가 생각건대 이론의 여지가 없는 출발점을 제시하는 것이다.'[83] 두 번째는 시키온 사람이고 〈펠로폰네소스지〉의 지은이. 세 번째는 우리가 다루어온 바로 그 사람. 네 번째는 스토아파 사람이고 셀레우키아 태생인 사람. 이 셀레우키아는 바빌론에 가까워 그는 또 바빌론인으로도 불리고 있다. 다섯 번째는 타르수스 사람이고 시에 관한 문제에 대해서 저술을 하고 그런 문제를 해결하려고 시도한 사람이다.

한편 우리의 이 철학자는 아테노도로스가 〈산책〉 제8권 가운데서 쓰고 있는 바에 따르면 향유를 몸에 바르고 있었기 때문에 언제나 윤기 있게 보였다고 한다.

---

[83] 이 말은 제9권 제9장 57절에서 이 디오게네스에 대해 언급이 되고 있는 부분에서 인용되고 있다.

3 모니모스

(82) 모니모스는 시라쿠사 사람이고 디오게네스의 제자. 소크라테스에 따르면 그는 코린토스의 어느 환전상의 하인이었는데, 그에게 디오게네스를 샀던 크세니아데스가 때때로 찾아와 말과 행동 어느 면에서나 디오게네스가 얼마나 훌륭한 인물인지 들려주었기 때문에, 모니모스는 이 사람에 대해서 완전히 경애하는 마음을 갖게 되기에 이른 것이다. 왜냐하면 그는 그 뒤 얼마 지나지 않아서 미친 것으로 꾸며 동화(銅貨)도, 또 점포 앞의 테이블 위에 있었던 은화도 모두 던져버렸기 때문에 주인은 마침내 그를 쫓아내고 말았는데, 그는 곧바로 디오게네스에게 헌신했다. 그러나 그는 때때로 키니코스파의 크라테스도 추종해 이 사람이 하는 것과 비슷한 일을 했기 때문에, 그 상황을 본 주인은 더욱더 그가 미친 것으로 생각하게 된 것이다.

(83) 그런데 그는 (희극작가인) 메난드로스까지도 그를 거론했을 만큼 유명인이 되었다. 메난드로스는 그 극작품의 하나인 〈마부〉 가운데서 다음과 같이 말했다.

> 모니모스라는 사내가 있었는데 피론이여, 현인이었소.
> 단, 이름은 조금밖에 알려지지 않았는데.
> **을** : 그 자루를 들고 있었던 사내 말인가.
> **갑** : 아아, 확실히 세 개 들고 있었지. 하지만 그 사내는 제우스에게 맹세코 말하는데 한마디도 말하지 않았어.
> '너 자신을 알라'는 것에 호응하는 듯한 말도 또 그와 비슷한 경구도.
> 그러나 이 불결한 거지는 그와 같은 모든 것을 초월하고 있었다.
> 사람들이 생각하는 것 따위는 모두가 시시한 일이라고 말하고 있었기 때문에.

실제로 이 사람은 매우 근엄한 인물이었기 때문에 사람들의 단순한 생각을 경멸하고 한결같이 진실만을 추구했던 것이다.

또 그는 진지함이 은연중 섞인 몇 편의 시 외에 〈충동에 대해서〉와 〈철학의 권유〉란 두 권의 책을 저술했다.

4 오네시크리토스

　(84) 오네시크리토스, 이 사람을 어떤 이들은 아이기나인으로 말하고 있는데, 마그네시아의 데메트리오스는 아스티팔라이아 출신이라고 이야기하고 있다. 이 사람 또한 디오게네스의 제자들 가운데 널리 알려진 한 사람이었다. 그런데 그의 경력에는 크세노폰과 닮은 점이 있었던 것으로 생각된다. 왜냐하면 크세노폰은 키루스 원정에 참가했는데 오네시크리토스는 알렉산드로스 원정에 참가했기 때문이다. 또 전자는 〈키루스의 교육〉이란 책을 썼는데 후자는 알렉산드로스는 어떻게 교육을 받았는지에 대해서 썼다. 더욱이 전자는 키루스를 찬양하는 찬사를 썼는데 후자는 알렉산드로스에 대한 송사(頌辭)를 썼다. 그리고 문체상으로도 두 사람은 거의 비슷했는데 다만 오네시크리토스의 것은 (크세노폰의 것을) 본뜬 것인 만큼 본보기로 한 것과 비교하면 떨어진다.

　또한 메난드로스도 또 디오게네스의 제자였는데 이 사람은 '도리모스'('잡목 숲' 또는 '떡갈나무')로 별명이 붙여진 사람이고 호메로스의 찬미자였다. 그리고 '크로이오스'('목걸이')란 별명이 붙은 시노페인 헤게시아스와 앞서 말한 아이기나인 필리스코스도 디오게네스의 제자였다.

5 크라테스

(85) 크라테스는 아스콘다스의 아들이고 테베 사람. 이 사람도 개의(디오게네스의)쟁쟁한 제자들 가운데 한 사람이다. 그러나 히포보토스는 그는 디오게네스의 제자가 아니고 아카이아 사람 브리손의 제자였다고 말하고 있다. 다음과 같은 시가 그가 지은 것으로 전해진다.

포도주 빛을 띤 허영(바다)의 한가운데 펠레(자루)란 나라가 있다.
그 나라는 훌륭하고 결실이 풍요로운데 모두가 더럽고 아무것도 소유하지 않고 있다.
그 나라로 가면 어리석은 자도 식객도 창녀의 엉덩이에 광란하는 음란한 사내도 배를 저어나가지 않는다.
하지만 그 나라에는 사향초도, 마늘도, 또 무화과도 빵도 있다.
그렇기에 사람들은 그런 것을 둘러싸고 다투지도 않는가 하면,
금전이나 명성 때문에 무기를 준비해두는 일도 없는 것이다.

(86) 또 때로로 화제가 되는 그의 일기장도 있는데, 거기에는 이런 것이 쓰여 있다.

요리인에게는 10무나, 의사에게는 1드라크마,
아첨꾼에게는 5탈란톤, 조언자에게는 담배,
창녀에게는 1탈란톤, 철학자에게는 3오보로스.

그는 또 '문을 여는 사람'으로 불렸는데 그 까닭은 그가 어느 집에나 들어가서 훈계를 하는 사람이었기 때문이다. 다음의 시도 그가 지었다.

내가 배우거나 생각하거나 한 것, 또 무사 여신들의 도움으로 배운 존귀한 것, 그것도 모두가 내가 소유하고 있는 것.
하지만 사람이 사는 세상에서 행복으로 알려진 수많은 좋은 것들은 허영이 손에 넣은 허무한 것.

또 철학에서 그가 얻은 것은,

1코이닉스(약 1.3리터) 양의 콩과 무엇에나 신경을 쓰지 않는 것이다.

이렇게 그는 말했다.
그리고 다음의 것도 그의 시로 전해진다.

애욕의 정(에로스)을 억제하는 것은 굶주림인가, 시간인가.
그러나 만일 이런 것들도 도움이 되지 않는다면 목을 매는 줄.

(87) 그가 한창때는 제113회 올림픽대회기(BC 328~325년)무렵이었다.
안티스테네스가 〈철학자들의 계보〉 가운데서 쓰고 있는 바에 따르면, 그가 키니코스파의 철학으로 방향을 돌리게 된 것은 어느 비극작품 가운데서 텔레포스[84]란 자가 작은 바구니를 들고 있을 뿐이고, 그 밖에는 완전히 비참한 상태에 있는 것을 보았기 때문이었다. 거기에서 그는 자신의 토지재산을 은화로 바꾸고—그것은 그가 명문가 출신이었기 때문인데—이렇게 해서 약 200탈란톤만을 모으자 그것을 시민들에게 나누어 주었다. 그리고 그는 그와 같은 굳센 결의를 가지고 철학에 힘썼기 때문에 희극작가인 필레몬[85]에 의해서도 언급이 된 것이라고 한다. 필레몬은 다음과 같이 말하고 있다.

---

[84] 헤라클레스가 테게아 왕의 딸 아우게를 범해서 낳은 아들. 이 모자는 기구한 생애를 거치는데 텔레포스는 나중에 미시아의 왕이 되고 트로이전쟁 때에는 아킬레우스에게 상처를 입었는데 그 상처는 신탁에 의해 아킬레우스의 창의 녹으로 치유되고, 뒤에 그리스군을 트로이로 유도한 것으로 알려져 있다. 누더기를 몸에 걸쳐 거지꼴로 몸을 변장한 텔레포스는 에우리피데스의 극 〈텔레포스〉에 등장한 것으로 추정되고 있다.

[85] 메난도로스와 경합해 기원전 전반에 활약한 새 희극의 작가. 솔로이 출신인데 나중에 아테네시민이 되었다. 단편 146.

그리고 여름 동안은 (그 이름에 걸맞게) 극기심이 강한 사람(엔크라테스)이 되고자 그는 두터운 외투를 걸치고 있었고,

또 겨울동안은 누더기 옷을 몸에 걸치고 있었던 것이다.

또 디오클레스가 전하는 바에 따르면, 디오게네스가 그를 설득해 그에게 토지를 포기하게 하고 그것을 양이 풀을 뜯는 대로 내버려두는 황무지로 하거나, 또 그가 돈을 조금 가지고 있었다면 그것은 바다에 던지게 했다는 것이다.

(88) 또 크라테스의 집에는 알렉산드로스대왕이 머물렀는데,*86 (그의 아내인)히파르키아의 집에는 필리포스왕이 머물렀던 것으로도 전해진다.

또 그의 인척 가운데 몇 사람이 그에게로 찾아와 그의 결심을 번복시키려고 한 적이 몇 번이나 있었는데, 그는 그때마다 이 사람들을 지팡이로 내쫓고 흔들림 없는 태도를 보였다는 것이다.

그리고 마그네시아의 데메트리오스가 쓰고 있는 바에 따르면 그는 어느 환전상에게 다음과 같은 약속으로 돈을 맡겼다고 한다. 즉 자기 아이들이 자라서 보통 인간이 되었으면 그들에게 그 돈을 돌려주는데 만일 철학자가 되었다면 그 돈은 시민들에게 분배해 주도록 하는 약속이었다. 그것은 아이들이 철학에 힘쓰게 되면 아무것도 필요치 않을 것이란 이유에서였다.

또 에라토스테네스가 쓰고 있는 바에 따르면 그는 히파르키아에게서—이 사람에 대해서는 곧(제7장) 쓰게 되는데—파시클레스란 아이를 두었는데, 그 아이가 병역연령이 지났을 때 그는 그 아이를 창녀들이 있는 곳으로 데리고 가 아버지의 결혼은 이런 식으로 했다고 그 아이에게 말했다는 것이다.

(89) 또 밀고자들의 결혼은 비극적인 과정을 거치게 되고 그것은 추방이나 살해를 그 대가로 받게 되는데, 다른 한편 창녀에게 접근하는 자들의 결혼은 희극의 대상이 될 뿐이라고 그는 말했다는 것이다. 왜냐하면 후자인 경우에는 낭비나 만취로 분별을 잃은 상태에 빠지기 때문이라는 것이다.

이 사람에게는 파시클레스라는 이름의 형제가 있었는데 그는 에우클레이데스의 제자가 된 사람이다.

---

*86 힉스의 교본에, 여기에 말이 빠진 것으로 생각하여 말을 보충하여 읽었다.(아페르트의 번역서 補註 p. 328 참조.)

한편 파보리누스는 〈각서〉 제2권 가운데서 그(크라테스)에 대해서 유쾌한 이야기를 전하고 있다. 즉 그 이야기란 그가 체육장의 관리인이 되길 부탁하고 있었을 때 그 사람의 엉덩이를 손으로 만졌다. 그래서 상대가 말을 하자 '왜 그러냐, 그곳도 무릎과 마찬가지로 그대의 것이 아니었냐'라고 그가 말했다는 것이다.

또 그는 결점이 전혀 없는 사람을 발견하는 것은 불가능하며 그것은 마치 석류 열매 속에 썩은 것도 있는 것과 같은 것이라고 말했다.

키타라의 연주자인 니코도로모스를 화나게 했을 때 그는 눈 아래를 맞아서 멍이 들었다. 그래서 그는 '니코도로모스의 소행이다'라고 쓴 종이쪽지를 자신의 이마에 붙였다.

(90) 그는 창녀들을 일부러 비난했는데, 그것은 그녀들의 욕설에 대항하기 위한 훈련을 하고 있었던 것이다.

팔레론의 데메트리오스가 그에게 빵과 포도주를 보내주었을 때 그는 '샘이 (물만이 아니고) 빵도 가져다주는 것이라면' 이같이 말한 것이다. 이 일로 보아도 그가 늘 물만을 마시고 있었던 것이 확실하다.

아테네시를 경비하는 관리들로부터 그가 리넨으로 지은 고급 옷을 입고 있다고 해서 책망을 들었을 때 '테오프라스토스도 리넨 옷을 걸치고 있는 것을 그대들에게 보여주겠다'고 그는 대답했다. 그러나 관리들은 그것을 믿으려 하지 않았기 때문에 그는 사람들을 이발소로 안내하고 그리고 테오프라스토스가 (리넨의 천으로 몸을 가리고) 머리를 깎고 있는 모습을 보여주었다.

테베시에서 그가 체육장 관리인에게 채찍으로 맞고—그러나 어떤 사람들에 따르면 그것은 코린토스시에서의 일이고 또 에우리크라테스란 사람이 저지른 일이었다고 하는데—발을 잡혀 잡아끌리게 되었을 때 그는 아무렇지도 않은 것처럼 (호메로스의 시구*87를 빌려) 이렇게 말했다.

다리를 잡고 성스러운 하늘의 문지방을 지나 끌어내 주게.

(91) 그러나 디오클레스는 그가 그렇게 잡아끌려 나오게 된 것은 에레트리

---

*87 〈일리아스〉 제1권 591행.

아인 메네데모스에 따른 것이라고 말하고 있다. 왜냐하면 메네데모스는 미남
자였고 플레이우스 출신인 아스클레피아데스와 친밀한 사이로 여겨졌는데*88
크라테스가 아스클레피아데스의 허리를 잡고 '아스클레피아데스여, 안으로 들
어가자'고 말했기 때문에 메네데모스는 그 일에 화를 내고 크라테스를 끌어
낸 것이고 또 크라테스 쪽은 앞서와 같이 말했다는 것이다.

또 키티온의 제논은 〈잠언집〉에서 그는 어느 때 자신의 낡은 옷을 양가죽
으로 기우고도 태연했다고 말하고 있다.

또 그는 용모가 추하고 체육연습을 하고 있으면 사람들로부터 비웃음을 샀
다. 그러나 그는 두 손을 흔들어대면서 언제나 이런 식으로 말했던 것이다. '자,
기운을 내는 거다. 그것은 눈을 위해서도 좋고 몸의 다른 부분을 위해서도 좋
다.'

(92) '이제 곧 틀림없이 너를 비웃던 자들이 그때는 질환 때문에 쪼그라들
대로 쪼그라들어 그대를 행복한 자로 부러워하면서 자신들의 몸의 허약함을
탄식할 날이 올 것이다.'

또, 장군들과는 당나귀를 내몰고 있는 인간으로 생각될 때까지 사람은 철
학에 힘쓰지 않으면 안 된다고 그는 말했다.

그리고 추종자들과 함께 살고 있는 자는 마치 늑대 가운데 놓인 송아지처
럼 고독한 자라고 말했다. 왜냐하면 송아지와 마찬가지로 그 사람들에게도 자
신들을 지켜주는 가족은 없고 음모를 꾸미는 자들만 있기 때문이라고 말한
것이다.

그는 죽음이 다가오고 있음을 깨닫자 자기 자신을 향해 주문을 외우면서
이렇게 말했다.

　　친애하는 새우등의 사내여, 그대는 갈 준비를 하고 있다.
　　하데스의 저택으로.

(93) 알렉산드로스대왕이 그에게 조국을 재건하길 바라느냐고 물었을 때
'왜 또 그럴 필요가 있겠습니까. 틀림없이 다른 알렉산드로스가 그것을 또 파

---

*88 제2권 제17장 '메네데모스전' 참조.

괴할 텐데' 이같이 그는 대답했다. 그러나 그는 운명으로도 공략당하는 일이 없는 평판이 좋지 않은 조국을 가지고 있다고 말했다. 또 자신은 질투의 음모에 끄떡도 하지 않았던 디오게네스의 동포시민이라고도 말했다.

한편 메난드로스도 〈쌍둥이 자매〉에서 그에 대해 이야기하면서 다음과 같이 말했다.

그대는 낡은 의복을 걸치고 나와 함께 걸어 다녀주겠지,
일찍이 키니코스파의 크라테스와 함께 그의 아내가 걸어 다녔던 것처럼.
또 그 사람은 자신의 딸을 그 자신이 선언했던 대로,
30일 동안 구혼자에게 넘겨주고 결혼을 시험하게 했는데.

다음은 그의 제자들에 대한 것이다.

6 메토로클레스

(94) 메토로클레스는 히파르키아의 형으로 그는 전에 페리파토파인 테오프라스토스의 제자였는데 어느 날 변론 연습을 하는 와중에 어찌된 일인지 방귀를 뀌고 말았다. 그 때문에 그는 몹시 낙심해 집에 틀어박혀서 식음을 끊고 죽을 생각으로 있었다. 이를 알게 된 크라테스는 가족의 부탁을 받고 그에게로 찾아와 일부러 콩을 먹은 다음에 먼저 이런 식으로 말해 그가 전혀 바보 같은 짓을 한 것이 아님을 그에게 들려주었다. 즉 (장내에 쌓인) 가스도 만일 자연에 따라서 몸 밖으로 배출되는 것이 아니었다면 이상한 사태가 벌어졌을 것이라고 설명한 것이다. 그리고 끝으로 크라테스는 자신도 방귀를 뀌고 실제로도 그와 똑같은 행위를 하면서 메토로클래스의 마음을 달래 돌리게 했다. 이로써 그는 그때 이후, 크라테스의 제자가 되어 철학에 충분히 익숙해진 사람이 된 것이다.

(95) 또 헤카톤이 〈잠언집〉 제1권에서 쓰고 있는 바에 따르면 이 사람은 자신의 저작을 불 속에 던지면서 이렇게 말했다고 한다.

이런 것들은 지하세계에 사는 사람들이 보는 환상이다.*89

그러나 어떤 사람들에 따르면 그는 테오프라스토스의 강의를 쓴 노트에 불을 붙이면서

헤파이스토스여, 이곳으로 와주시오, 국가는 당신을 필요로 하고 있소*90

---

*89 작자 미상. 단편 285.
*90 〈일리아스〉 제18권 392행의 인용. 단, '국가는'의 부분이 〈일리아스〉에서는 '티티스는'으로 되어 있다.

이렇게 말했다는 것이다.

이 사람은 또, 사물 가운데에는 집처럼 금전으로 살 수 있는 것과 교양처럼 시간과 부지런함으로 익힐 수 있는 것이 있다고 말했다. 그리고 부는 사람이 적합한 방법으로 쓰지 않으면 해가 된다고 말했다.

한편, 그는 늙어서 세상을 떠났는데 스스로 목숨을 끊었다고 한다.

그의 제자로는 테옴브로토스와 클레오메네스가 있고, 그리고 테옴브로토스의 제자로는 알렉산드리아 출신의 데메트리오스가, 또 클레오메네스의 제자로는 알렉산드리아 출신의 티마르코스와 에페소스 출신의 에케클레스가 있었다. 그러나 에케클레스는 또 테옴브로토스의 강의에도 나와 있었고, 그리고 우리가 곧 이야기하게 되는 메네데모스는 그 에케클레스의 강의를 들은 사람이다. 한편 시노페 사람 메니포스도 그의 제자들 가운데서는 널리 알려졌다.

7 히파르키아

(96) 메트로클레스의 여동생인 히파르키아도 이 파 사람들의 학설에 사로잡힌 사람이다. 이 남매는 모두 마로네이아 출신이었다.

그리고 그녀는 크라테스의 이야기와 삶에 완전히 매료되어 다른 구혼자는 거들떠보지도 않았다. 즉 그들의 재산에도, 좋은 가문에도, 또 아름다움에도 마음을 돌리려하지 않고 그녀에게는 오직 크라테스가 전부였다. 게다가 또 만일 크라테스와 결혼시켜주지 않으면 스스로 목숨을 끊겠다고 부모를 위협했다. 그래서 크라테스는 그녀의 부모로부터 딸을 단념하게 해달라는 부탁을 받고 할 수 있는 일은 모두 해보았다. 그러나 끝내 그녀를 설득할 수 없었기 때문에 그는 그녀의 눈앞에서 자신이 입고 있었던 옷을 벗어버리고 '자, 이게 그대의 신랑이다. 재산은 여기에 있는 것뿐이다. 자, 이것을 잘 보고 마음을 정하라. 그리고 그대가 나와 똑같은 일에 몸담지 않는 한 나의 배우자로는 될 수 없다'고 말한 것이다.

(97) 하지만 이 처녀는 그 자리에서 크라테스를 남편으로 택했다. 그리고 그 뒤에는 남편과 같은 옷을 걸치고 두 사람이 함께 공공연히 대중 앞을 돌아다니고 연회석에도 함께 참석했다. 리시마코스가 연 연회에 참석했을 때 그녀는 그 자리에서 무신론자로 별명이 붙여진 테오도로스를 다음과 같은 궤변으로 궁지에 몰아넣기도 했다. 즉 테오도로스가 행하였기 때문에 부정을 하고 있다고 말할 수 없는 것이라면, 히파르키아가 이를 행하여도 부정을 하고 있다고는 말하지 못할 것이다. 그런데 테오도로스가 자기 자신을 때려도 부정을 하고 있는 것은 아니다. 따라서 히파르키아가 테오도로스를 때려도 부정을 하는 것은 아니라고 그녀는 이야기한 것이다. 그러나 테오도로스 쪽은 이 논의에 대해서는 아무런 항변도 하지 않고 갑자기 그녀의 윗옷을 잡아 올렸다. 그러나 히파르키아는 조금도 당황하지 않았고 또 그런 경우에 여자가 곧잘 하는 허둥

대는 기색도 보이지 않았다.

　(98) 그뿐만 아니라 테오도로스는 그녀를 향해서

　　베틀 옆에 (베틀의) 북을 버려두고 있는 여자*91

란 이를 두고 한 말인가,라고 말하자, '그래요, 그게 나에요. 테오도로스 씨. 하지만 만일 내가 이제부터 앞으로 베틀 짜기에 소비해야 할 시간을 교양을 위해 썼다고 해도 나는 스스로 잘못된 생각을 했다는 식으로 당신에게 생각되는 일은 없겠지요' 이같이 그녀는 응수했다. 그리고 이와 같은 이야기와 그 밖에도 헤아릴 수 없을 정도의 많은 이야기가 이 여성 철학자에 대해서 전해지고 있다.

　한편 〈편지모음〉*92으로 된 크라테스의 책이 현존하는데, 그 가운데서 그는 때로는 플라톤과 비슷한 문체를 사용해 완전히 훌륭한 철학서를 쓰고 있다. 또 그는 비극작품도 썼는데 그런 것들 또한 매우 드높은 철학적 성격을 갖춘 것이다. 다음과 같은 시구도 그 한 예이다.

　　나의 조국은 성곽의 한 탑이나 저택의 방 하나에 한정된 것은 아니다.
　　대지 전체의 어느 도시, 어느 집도 그 안에 살 수 있게,
　　우리에게 준비되어 있다.

　크라테스는 나이 들어 세상을 떠나고 보이오티아에 묻혔다.

---

*91 에우리피데스 '박코스의 여신도들' 1236행에 있다. 테베의 건국자 카드모스의 딸 아가우에의 말.
*92 이하의 문장은 본디 '크라테스'를 다룬 제5장에 들어가야 할 것이 아닌가 생각된다.

8 메니포스

(99) 메니포스 또한 키니코스파 사람인데 본디는 페니키아인이고, 아카이코스*[93]가 〈윤리학〉 가운데서 쓰고 있는 바에 따르면 노예였다. 또 디오클레스가 전하는 바에 따르면 그의 주인은 폰토스 사람이고 이름이 파톤이었다고 한다. 그리고 그는 돈 욕심에 비참한 걸인생활을 했는데 마침내 테베 시민이 되는 데 성공했다.

한편 그에게는, 진지한 면이 하나도 없었고 그의 책은 많은 사람을 웃기게 하는 것으로 가득 차있어, 그 점에서는 그와 동시대의 멜레아그로스의 저작과 비슷한 바가 있다.

또 헤르미포스가 이야기하는 바에 따르면 그는 하루마다 이자를 붙여서 돈을 빌려준 사람이었기 때문에, 그런 점에서 '일수놀이'란 별명이 붙게 되었다고 한다. 왜냐하면 그는 배를 담보로 해 돈을 빌려주고 그 담보를 손에 넣는 것을 하고 있었기 때문에 그 결과 막대한 재산을 모을 수 있었다는 것이다.

(100) 그러나 마지막에는, 그는 책략에 넘어가 모든 재산을 빼앗기고 의기소침해진 나머지 목을 매 생애를 마치고 말았다.

내가 그에게 보낸 반은 농담으로 지은 시는 다음과 같다.

> 태생은 페니키아 사람인데 그러나 크레타의 개(犬)인,
> 일수놀이를 한 사내―그는 그렇게 불렸기 때문에―
> 그 메니포스를 그대는 알고 있었겠지.
> 이 사내는 테베에서, 어느 날 집이 파괴되어 살림살이를 잃었기 때문에,
> 개(키니코스파)란 것이 무엇인지도 생각해보지도 않았기 때문에,

---

*93 로마제정기의 페리파토스파 철학자.

스스로 목을 맨 것이다.

그리고 어떤 사람들은 그의 책으로 알려진 것들이 그의 것이 아니고 모두가 콜로폰 사람인 디오니시오스와 조피로스의 것이라고 말하고 있다. 그리고 이 사람들은 장난삼아 그런 책을 쓰고 메니포스에게 건넸는데, 그것은 그가 그런 책을 잘 판별할 수 있으리라 생각했기 때문이라는 것이다.

(101) 메니포스란 이름을 가진 이는 여섯 사람이 있었다. 첫 번째는 리디아인의 역사에 대해서 쓰고 또 크산토스 책의 적요를 만든 사람, 두 번째는 우리가 이야기한 바로 그 사람. 세 번째는 스트라토니케아의 소피스트이고 카리아 출신 사람. 네 번째는 조각가. 제5와 여섯 번째는 화가로 아폴로도로스는 이 두 사람에 대해서 말하고 있다.

아무튼 키니코스파인 메니포스의 책은 13편이 있다. 즉

네키이아
유언장
신들의 손으로 된 듯이 장식된 편지모음
자연학자·수학자 및 문헌학자에 대한 반론
에피쿠로스의 탄생과 그들(에피쿠로스파)에 의해서 숭상되는 달의 제20일에 관해서*94

및 그 밖의 것이 있다.

---

*94 제10권 18절에 이에 대한 기록이 있다.

9 메네데모스

(102) 메네데모스는 (처음에는) 람프사코스 사람 콜로테스*[95]의 제자였다. 이 사람은 히포보토스가 말하는 바에 따르면 자기는 에리니스(복수의 여신)의 모습을 취해 돌아다니고 있는데 범죄의 감시인으로서 하데스(저승)에서 온 것이고, 그것은 다시 한 번 지하 세계로 내려가 그들의 죄를 저승의 신령들에게 보고하기 위한 것이라고 말할 만큼 이상한 행동을 했다는 것이다. 또 그들의 옷차림은 이런 식이었다고 한다. 즉 발까지 닿는 잿빛 가운을 걸치고 그 둘레를 심홍색 띠로 맨 다음, 머리 위에는 황도대(黃道帶)의 12궁이 누벼진 아르카디아풍의 펠트 모자를 쓰고, 비극배우가 사용하는 반장화를 신었으며, 매우 긴 턱수염을 기르고 손에는 토네리코의 지팡이를 들고 있는 그런 모양새를 했던 것이다.

(103) 한편, 앞서 말해온 것은 키니코스파에 속하는 사람들의 각 생애이다. 그러나 그에 덧붙여서 그들에게 공통인 학설도 개략적으로 말해두기로 한다. 이 학파도 또 하나의 철학을 역설했으며 어떤 사람들이 말하고 있는 바와 같이 단순히 삶의 방식을 제시하는 것이 아님을 우리는 인정하기 때문이다.

그런데 그들은 (스토아파의) 키오스의 아리스톤의 경우와 마찬가지로 언론에 관한 배움이나 자연학 영역에 속하는 것은 문제로 삼으려 하지 않고 단순히 윤리학에 관한 것에만 눈을 돌리는 것으로 만족했다. 그리고 어떤 사람들이 소크라테스에 대해서 말하고 있는 것을*[96] 디오클레스는 디오게네스에 대해서 이야기하고 있는 것이다. 즉

---

*95 에피쿠로스의 제자이고 그 열렬한 신봉자. 플라톤을 비판한 저작이 있다.
*96 제2권 21절 참조.

'참으로 저택 안에서 일어나선 안 될 일, 좋은 일이 무엇이건*[97]

탐구하지 않으면 안 된다'고 디오게네스는 밀했다고, 니오클레스는 이야기하고 있기 때문이다. 또 그들은 세상에서 널리 행해지는 학문도 멀리하고 있다. 사실 안티스테네스는 분별을 갖추기에 이른 자는 상관없는 일로 말미암아 옆길로 벗어나게 되는 일이 없도록 하기 위해 문학을 배울 필요는 없다고 주장했기 때문이다.

(104) 그래서 그들은 기하학도 음악도 또 그 종류의 학문은 모두 멀리한 것이다. 실제로 디오게네스는 해시계를 꺼내 보여준 사람에게 '그것은 식사에 늦지 않기 위해서는 편리한 도구이겠네'라고 말한 것이다. 또 그에게 음악연주를 들려준 사람에게는

나라가 잘 다스려지고 집이 편안해지는 것은, 사람들이 지닌 견식에 따른 것이고,
키타라의 울림정도나 피리의 음색에 따른 것은 아니기 때문이다.*[98]

이렇게 말한 것이다.

그런데 그들은 또 안티스테네스가 〈헤라클레스〉에서 말하고 있듯이 덕에 따라서 사는 것이 삶의 궁극적인 목적으로 생각하고 있고 이 점에서는 스토아파와 같다. 실제로 이들 두 학파에는 일종의 밀접한 관계가 있다. 그러므로 키니코스주의는 '덕으로의 지름길'로 이야기된 것이고 키티온의 제논도 그에 따른 생활방식을 취했던 것이다.

(105) 또 그들은 몸을 기르기에 넉넉할 만큼의 음식을 섭취하고 소박한 옷을 입고 검소한 생활을 보내도록 역설했으며, 그리고 부(富)도 명성도 좋은 가문도 경멸한 것이다. 사실 그들 가운데 어떤 자들은 야채만을 먹고, 늘 찬물을 마시며 또 그때그때 발견한 오두막이나 술통을 집으로 삼았다. 디오게네스는 이와 같은 삶을 보냈는데 이 사람은 '무엇 하나 필요로 하지 않는 것'이 신들의 특질이고 또 조금밖에 바라지 않는 것이 신들을 닮은 자들의 특질이라고

*97 〈오디세이〉 제4권 392행. 이 시구도 전기의 제2권 21절 가운데서 인용되어 있다.
*98 에우리피데스의 잃어버린 극 〈안티오페〉 가운데의 말. 단편 200.

말했던 것이다.

또 안티스테네스가 〈헤라클레스〉에서 말하듯이 덕은 가르침을 받을 수 있는 것이며 그것은 한 번 획득하면 잃어버리는 일이 없다. 그리고 그것은 그들의 학설이다. 또 현자는 사랑받을 만한 자, 잘못을 저지르는 일이 없는 자, 자신과 비슷한 자의 벗일 것, 그리고 우리는 무엇이건 운명에 맡겨서는 안 된다는 것 또한 그들의 학설이다. 또 덕과 악덕과의 중간에 있는 것은 키오스의 아리스토텔레스가 말하는 것과 마찬가지로 아무래도 좋은 것(선악에 무관한 것)이라고 그들은 주장한다.

한편, 앞서 말해 온 것은 키니코스파 사람들인데 다음은 스토아파로 옮기도록 하겠다. 그 창시자는 크라테스의 제자였던 제논이다.

제 7 권

1 제논(키티온의)

(1) 제논은 무나세아스 또는 데메아스의 아들이고 키프로스섬의 키티온 사람이다. 이 키티온은 페니키아의 이민들을 받아들이고 있었던 그리스인 도시이다.

그의 목은 한쪽으로 기울어져 있었다고 아테네인 티모테우스는 〈철학자전(다양한 삶에 대해서)〉에서 말하고 있다. 또 틸로스의 아폴로니오스[1]에 따르면 그는 지나치게 몸이 야위고 키는 훌쩍 큰 데다가 얼굴은 거무스름한 편이었다고 한다. 그래서 어떤 사람은 그를 '이집트산 포도넝쿨'로 불렀다고 하는데, 이것은 크리시포스가 〈금언집〉 제1권 가운데서 말하고 있는 것이다. 또 그의 다리는 굵고 살은 느슨해 허약한 체질이었다. 그렇기 때문에 페르사이오스가 〈향연각서〉 가운데서 쓰고 있는 바에 따르면 그는 연회석 초대를 대부분 거절했다는 것이다. 그는 말리지 않은 신선한 무화과를 즐기고 또 일광욕을 하길 좋아했다고 한다.

(2) 그런데 그는 앞서 말한 바와 같이 (제6권의 끝), (키니코스파인) 크라테스의 제자였다. 이어서 그는 (메가라파인) 스틸폰이나 (아카데미아파인)크세노크라테스에게도 (저마다) 10년간 가르침을 받은 것으로 알려져 있다. 이것은 티모크라테스[2]가 〈디온〉 가운데서 말하고 있다. 뿐만 아니라 (아카데미아파인) 폴레몬으로부터도 배운 것으로 알려져 있다. 또 헤커톤이나 틸로스인 아폴로니오스가 〈제논론〉 제1권에서 쓰고 있는 바에 따르면 그는 가장 좋은 삶을 보내

＊1 BC 1세기의 스토아파 철학자. 스트라본(〈그리스 지지(地誌)〉 제16권 757절)에 따르면 이 사람은 〈제논에 유래하는 학파의 철학자들과 그들의 저작 일람〉이란 책을 펴낸 것으로 알려져 있다. 아래의 〈제논론〉이 그 일부였는지는 미상.

＊2 야코비〈그리스 역사가 단편집〉 제3부 B563에 티모크라테스의 것으로서 이 단편 하나만이 수록되어 있는데 그를 에피쿠로스의 충실한 제자였던 메트로드로스의 형이고 최초에는 같은 제자였는데 뒤에 배반한 티모크라테스(제10권 6절 등)와 동일시해도 좋은지는 문제가 되고 있다.

기 위해 무엇을 하면 좋을지 신탁(神託)을 구한 결과 신의 대답은 죽은 자들과 교류하라는 것이었다. 그래서 그는 신탁이 뜻하는 바를 알아차려 고인의 책을 읽기로 했다는 것이다.

한편, 그가 크라테스와 만난 사정은 다음과 같다. 즉 그는 페니키아에서 보라색 염료를 배에 신고 항해하는 도중, 피레우스(항)에서 난파하고 말았다. 그러나 그는 아테네로 가서—그때 이미 그는 30세에 접어들고 있었는데—어느 책방 앞에 자리를 잡고 앉았다. 그리고 크세노폰의 《(소크라테스의) 회고》 제2권을 읽는 동안에 그것이 매우 마음에 들어 이곳에 적혀 있는 사람들은 도대체 어디에 살고 있느냐고 (책방 주인에게) 물었다.

(3) 그런데 그때 마침 크라테스가 그곳을 지나치고 있었기 때문에 책방 주인이 그 사람을 가리켜 '저 사람을 따라가 보라'고 말했다. 그리고 그때부터 그는 크라테스의 제자가 되었는데 다른 면에서는 그 사람의 철학에 강한 관심을 보였고, 신중한 성격의 소유자였던 그는 키니코스파 식의 부끄러움을 모르는 삶의 방식에는 동조할 수 없었다. 그래서 크라테스는 그의 이 결점을 고쳐주려는 생각에서 콩 수프를 넣은 대접을 그에게 건네주고 케라메이코스지구를 빠져나가 이것을 가지고 가도록 명했다.*³ 그런데 그가 그 일을 창피하게 여기고 그것을 감추려는 것을 보았기 때문에 크라테스는 가지고 있었던 지팡이로 그 대접을 쳐서 이를 깨뜨렸다. 그래서 그가 수프를 자신의 두 다리에 흘리면서 도망가기 시작하자 '왜 도망가느냐, 페니키아의 애송이, 무서운 꼴을 당한 것도 아닌데'*⁴라고 크라테스는 말했다.

(4) 이렇게 해서 그는 한동안 크라테스에게 가르침을 받았다. 그리고 그 무렵에 그는 〈국가〉라는 책을 썼는데, 일부에서는 농담조로 그 책을 개(키니코스파)의 꽁무니를 따라가면서 쓴 것이라고 말했다. 그러나 그는 〈국가〉 말고도 다음과 같은 책도 썼다.

자연에 맞는 생활에 대해서
충동에 대해서, 인간의 자연본성에 대해서

---

*3 제6권 35절 참조.
*4 '개 꼬리'(키노스 우라)를 붙여서 발음하면 '키노스우라'가 된다. 따라서 이 말은 아테네 근처의 '키노스우라 반도'를 뜻하기도 한다. 일종의 말놀음이다.

정념에 대해서
상응한 행위(카테콘)에 대해서
법에 대해서
그리스인의 교육에 대해서
시각에 대해서
우주만유에 대해서
다양한 조짐(상황증거)에 대해서
피타고라스 문제
보편적인 것
어법(措辭)에 대해서
호메로스 문제, 5권
시학 강의

그러나 그의 저작으로는 다음의 것도 있다

(변론술 또는 문답법) 교본
(여러 문제의)해결
논박, 2권
크라테스의 회고
윤리학

위의 것이 그의 저작이다. 그러나 마침내 그는 크라테스 곁을 떠나 앞서 쓴
사람들에게 20년 동안 가르침을 받았다. 그리고 또 그 무렵에 '내가 난파한 것
은 지금 돌이켜보니 나에겐 좋은 항해였다'라고 그는 말했다는 것이다. 다만
그가 그렇게 말한 것은 그가 아직 크라테스 밑에 있었던 무렵이었다고 이야기
하는 사람들도 있다.

(5) 그런데 다른 사람들이 전하는 바에 따르면 그는 아테네에 머물고 있을
때에 자신의 배가 난파한 것을 듣고 '나를 철학 쪽으로 내몰아주다니 운명은
참으로 친절하다' 말했다는 것이다. 그러나 또 그는 아테네에서 짐을 처분한
다음 철학연구로 향하게 된 것이라고 이야기하는 사람들도 있다.

한편 그는, '스토아 포이킬레'(채색된 전당)—그것은 또 '페이시아낙스의 스토아'로도 불렸는데 폴리그노토스의 그림이 그곳에 그려져 있었기 때문에 '포이킬레'로 이름을 붙이게 되었는데 — 그 스토아 사이를 오가면서 강의한 것이다. 그가 그곳을 택한 것은 강의 장소를 사람들이 붐비지 않는 곳에 두고 싶었기 때문이다. 그 이유는 그 장소가 30인 정권 시대에 1400명이나 되는 시민이 사형에 처해진 곳이었기 때문이다.[5] 그래서 그 이후에는 그의 강의를 들으려고 사람들이 그곳에 모여들었고, 그 때문에 그 사람들은 '스토아의 도제(徒弟)'로 불리게 된 것이다. 그리고 마찬가지로 그의 후계자들도 그 이름으로 불리게 된 것인데 그러나 처음에는 에피쿠로스도 그의 편지에서 말하고 있는 것처럼,[6] 그 사람들은 '제논의 도제'로 불렸던 것이다. 에라토스테네스가 〈고대희극〉 제8권 가운데서 쓰고 있는 바에 따르면 '스토아의 도제'란 호칭은 전에는 그 장소에 머물렀던 시인들에 대해서 사용되었던 것이고, 그 사람들이 또 이 '스토아의 도제'라는 표현을 세상에 더욱더 알리게 한 것이라고도 한다.

(6) 한편, 아테네 시민은 제논을 매우 존경했기 때문에 그에게 성벽의 열쇠를 맡기거나 또 황금 관을 수여한다거나 청동 상을 세우거나 해서 그를 찬양했다. 다만 이 청동 상 건설은 그의 조국(키티온) 시민들도 행한 일로 그들은 이 사람의 상을 자기들 도시의 인간이 되게 하고 싶었다. 더욱이 (마케도니아의 왕) 안티고노스[7]도 그에게 호의를 보내고 있어 아테네에 갈 일이 있으면 그때마다 그의 강의를 들었고 또 거듭 자신의 궁정에 오도록 그를 초대했다. 그러나 그는 그 초대를 거절하고 제자들 가운데 페르사이오스를 자기 대신에 보냈다. 이 페르사이오스는 데메트리오스의 아들로 키티온 태생이고 제130회 올림픽 대회기(BC 260~257년)에 남자로서는 한창 때였던 사람이다.[8] 그리고 그 시기에 제논은 이미 고령이었다.

---

[5] 30인 정권의 사람들이 이 스토아에 모여서 사형선고를 했다는 의미이고 이곳이 처형장소였다는 것은 아닐 것이다.

[6] 단편 198 참조.

[7] 알렉산드로스대왕의 부장 가운데 한 사람 안티고노스의 손자이고 아버지인 데메트리오스의 사후, 마케도니아의 왕위를 계승한 안티고노스 2세(재위, BC 283년~239년)의 일. '고나타스'는 별명.

[8] 제논의 제자인 이 페르사이오스에 대해서는 제7권 36절에 그 사람 됨됨이와 저작에 대한 것이 좀더 상세하게 쓰여 있다.

한편 이것도 또 틸로스 사람 아폴로니오스가 〈제논론〉 가운데서 쓴 바에 따르면 안티고노스의 (제논에게 보낸)편지는 다음과 같은 내용이었다고 한다.

(7) 철학자 제논께
왕 안티고노스
제논

'안녕하십니까? 저는 행운과 명성의 점에서는 제 쪽이 선생님의 생활보다 낫다고 믿는데 그러나 이성과 교양에서는, 또 선생님이 획득한 완전한 행복이란 점에서도 선생님에게 뒤처지는 것으로 생각하고 있습니다. 그러므로 저에게로 와주시도록 선생님에게 청해 보려고 결심한 것입니다, 선생님은 결코 이 제의를 거절하시는 일은 없을 것으로 확신하기 때문입니다. 그러므로 선생님은 어떻게든 저와 교분을 맺도록 힘써주십시오. 그렇게 해주신다면 선생님은 단순히 저 한 사람의 스승이 될 뿐만 아니라 마케도니아 사람 모두를 통틀어 스승이 될 수 있다는 점을 충분히 헤아리신 다음에. 이렇게 말씀드리는 것도 마케도니아의 지배자를 교육해서 덕으로 이끌어줄 사람은 누구이든 그 신하들까지도 훌륭한 인간으로 키워줄 사람임이 명확하기 때문입니다. 즉 지배자와 똑같은 인간으로 그 신하들도 또 대부분의 경우에는 그렇게 되어가는 것이 마땅한 도리일 것이므로.'

그리고 제논은 이 편지에 다음과 같이 회답했다.

(8) 왕 안티고노스께

'안녕하십니까? 저는 전하의 학문에 대한 열정을 기쁘게 생각하고 있습니다. 전하가 진정으로 도움이 되는 진실한 교양에 전념하고 계시고 품성을 손상하기만 하는 그 통속적인 교양에 열성적이지 않는 한. 그런데 철학을 동경하는 자가 몇몇 젊은이들의 영혼을 유약하게 하는 것을 마구 퍼뜨리고 있는 쾌락에서 몸을 멀리하는 것이라면, 그와 같은 사람은 단순히 타고난 소질에 따른 것만은 아니고 자신의 자유로운 선택에 의해서도 또 고귀한 성격의 소유자로 되어갈 것은 틀림없습니다. 그러나 고귀한 소질이 그 위에 적당한 훈련을 받고 더더욱 아낌없이 가르치려는 사람까지도 손에 넣는다면 덕을 완전히 파악하게 될 것은 쉬운 일일 것입니다.

(9) 한편, 제 쪽의 이야기인데 나이가 많은 탓에 약해진 몸에 시달리고 있습니다. 저는 이미 80세이므로. 그런 이유로 저는 전하에게 갈 수는 없습니다. 그러나 저 자신의 연구하는 동료 가운데서 몇 사람을 전하에게 보내기로 하겠습니다. 그들은 정신에서도 저에게 뒤지지 않은 자들이며 신체에서는 저보다 뛰어난 자들입니다. 그러므로 그들과 교제하신다면 완전한 행복에 이르는 데 필요한 것을 전하는 하나도 부족함이 없게 될 것입니다.'

이렇게 해서 제논은 페르사이오스와 테베 사람인 필로니데스를 왕에게 보냈는데, 이 두 사람에 대해서는 에피쿠로스가 그의 형제인 아리스토불로스에게 보낸 편지에서 이야기하면서 그들이 안티고노스왕과 함께 살고 있었다고 말하는 것이다.

아테네 시민의 그(제논)에 대한 (감사)결의문도 여기에 덧붙여 두는 것이 적당할 것 같아 그것도 써두기로 한다.

(10) 그 결의문은 다음과 같다.

　결의

'아레니데스가 아르콘(정무장관)이었던 해, 그리고 아카만티스 부족이 (그해의) 제5번째의 집행부 역할을 맡고 있었던 사이의 마이크테리온의 달(11월) 21일에, 제23회째인 집행부총회가 열려 의장단의 한 사람, 크라티스텔레스의 아들이고 크시페테구의 히폰과 의장단에 있었던 그의 동료들은 다음의 의안을 투표에 붙였다. 제안자는 트라손의 아들이고, 아나카이아구의 트라손이었다.

무나세아스의 아들이고 키테온 사람인 제논은 이 나라에게 여러 해에 걸쳐 철학연구에 몸담고 다른 모든 점에서도 줄곧 뛰어난 인물로 있었는데 특히 그에게 가르침을 청하고자 찾아온 젊은이들을 덕과 절제로 이끌고 그들을 최선의 것으로 향하도록 촉구했다. 또 그 개인의 생활은 그가 말하던 언

설과 일치하고 모든 사람에게 모범이 되는 것을 제시하고 있었다.'

(11) '그러므로 민회(民會)는 신의 가호를 얻어 다음과 같이 의결한다. 즉 무나세아스의 아들 키테온 사람인 제논에게 찬사를 바칠 것. 그리고 그의 덕과 절제를 이유로 법률이 정하는 바에 따라서 그에게 황금 관을 수여할 것. 또 그를 위해 케라메이코스 땅에 국비로 무덤을 만들 것. 또한 관(冠) 제작과 무덤 건설에 관해서는 이들 일의 감독자로서 민회는 아테네 시민 가운데서 5명의 위원을 곧바로 선출하기로 한다. 또 민회의 서기는 이 결의를 2개의 돌기둥에 새기고 그 하나는 아카데미에 다른 하나는 리케이온에 세우는 것을 허가하기로 한다. 또 이 돌기둥에 드는 비용은 그 일을 관리하는 관리가 국민에게 할당하는데, 이 모두는 뛰어난 사람들을 그가 살아 있을 때나 죽었을 때나 아테네 국민은 존경하고 있다는 것을 모든 사람에게 알리기 위해서이다.'

(12) '한편 관 제작과 무덤 건설에 대해서 선출된 5명의 위원은 아나카이아구의 트라손, 페이라이에우스구의 필로크레스, 아나플리토스구의 파이드로스, 아카르나이구의 메돈 및 슈팔레토스구의 스피키토스이다.'

결의문의 내용은 위와 같다.

한편 카리스토스의 안티고노스가 말하는 바에 따르면 제논은 키테온 시민임을 부정하지 않았다고 한다. 그가 욕탕을 복구하는 데 공헌한 자들 가운데 한 사람으로서 자신의 이름이 돌기둥에 '철학자 제논'으로 기입되었을 때, '키테온의 시민'이란 어구를 덧붙일 것을 요구했기 때문이다.

또 그는 어느 날 기름을 담는 단지에 구멍이 뚫린 뚜껑을 덮고 그 안에 돈을 넣어서 가지고 다녔는데 스승인 크라테스가 필요할 때 바로 쓸 수 있게 하기 위해서였다.

(13) 그는 또 그리스로 왔을 때에는 1000탈란톤이 넘는 돈을 지니고 이 돈을 배(또는 화물)를 담보로 해서 빌려주었던 것으로 알려진다. 그러나 그는 식사할 때 작은 빵과 꿀, 그리고 향이 좋은 적은 양의 포도주만 먹었다고 한다.

그는 또 시동을 두는 일도 드물었는데 여자를 싫어한다는 말을 듣기 싫어 한두 번 젊은 몸종을 고용한 적이 있었다.

그는 또 페르사이오스가 피리 부는 여자를 그에게 데리고 왔을 때 그는 그 여자를 페르사이오스에게로 다시 데리고 갔다.

또 그는 상황에 따라서 처신한 사람으로 알려졌는데 이를테면 이런 식이었다. 즉 안티고노스왕은 술벗들과 함께 때때로 그에게로 몰려오기도 했는데 어느 날 왕은 그도 함께 데리고 축제를 즐기기 위해 키타라 가수인 아리스토클레스에게로 갔다. 그런데 그는 이윽고 말없이 모습을 감추었다는 것이다.

(14) 그는 또 사람이 많이 모인 곳을 싫어했다. 그래서 자리에 앉을 때에는 가장 끝자리에 앉았는데, 그렇게 함으로써 적어도 번잡함의 반은 덜었다는 것이다. 뿐만 아니라 그는 산책할 때에도 두 사람, 또는 세 사람보다도 많은 사람을 데리고 걷는 일은 없었다.

또 그는 자기 주변에 몰려드는 사람들로부터 가끔 동전을 거두었는데 그렇게 하면 사람들은 동전을 빼앗기는 것을 두려워해 자기를 귀찮게 하지는 않을 것이란 이유에서였다. 이에 대해서는 클레안테스가 〈동(銅)에 대해서〉란 책에서 말하고 있다.

또 많은 인간이 그를 둘러싸고 있었을 때 그는 주랑(柱廊) 끝에 놓인 제단의 나무 둘레를 가리켜 이렇게 말했다. '저 울타리는 일찍이 한가운데 있었던 것인데 그러나 방해가 되기 때문에 제거해서 구석에 두었다. 그러므로 제군도 그곳에서 물러가주면 그만큼 우리를 괴롭히는 일은 줄어들 것이다.'

라케스의 아들 데모카레스*⁹가 그에게로 인사를 와 안티고노스왕에게 부탁할 일이 있을 때에는 그것을 직접 말하거나 편지를 쓰거나 하면 그쪽에서는 무엇이건 들어줄 것이라고 이야기하자 그는 그 말을 들은 뒤로 더는 그 사람과 교제하려고 하지 않았다.

(15) 그런데 제논이 세상을 떠난 뒤에 안티고노스왕은 '뛰어난 관객을 나는 잃었구나'라고 탄식했다는 것이다. 왕은 또 트라손을 사자로 아테네인들에게 보내 그를 케라메이코스 묘지에 매장할 것을 요구한 것이다. 그리고 왜 그토록 그 사람을 존경했느냐고 묻자 '그 사람은 나로부터 많은 선물을 받았는데 결코 오만해진 적도 없었고, 또 비굴한 모습을 보이지 않았기 때문이다'라고 왕은 대답했다.

그는 탐구심이 넘치는 사람이었고 또 무슨 일에나 정확을 기하려고 했다.

---

*9 아테네의 변론가이고 민주파의 정치가. BC 360년 무렵~275년. 유명한 데모스테네스의 조카이고 백부와 마찬가지로 반마케도니아의 자세로 일관한 사람.

그래서 티몬도 〈풍자시〉 가운데서 다음과 같이 말하고 있는 것이다.

또 페니키아의 욕심 많은 노파도 나는 보았다. 희미한 안개 속에서,
　어떤 먹잇감이라도 잡으려고 기다리는 여인을. 하지만 그녀의 거미줄을
빠져나갔다,
　작은 것이었기 때문에. 또 그자의 분별도 사현금(四弦琴)보다는 떨어졌다.

(16) 그런데, 그는 문답법(궤변)가인 필론*[10]과 주의 깊게 논의하면서 함께 연구하고 있었다. 필론은 스승인 디오드로스에게도 뒤지지 않고 나이가 어린 제논으로부터도 탄복을 받게 되었다. 그런데 제논 주변에는 몇몇 벌거숭이나 다름없는 지저분한 자들도 모여 있었다. 그것은 티몬도 다음의 시구 가운데서 이야기하고 있다.

그에게는 내내 일용직과 같은 자들 한 떼가 모여 있었다.
　누구보다도 가난한 거지들이고 도시민 가운데서도 가장 밑바닥에 있는
자들이었는데.

하지만, 제논 자신은 불쾌함으로 잔뜩 얼굴을 찌푸리고 있었다.
　그는 또 뛰어난 검약가이고 가계를 생각해야 한다는 구실로 그리스인에게 걸맞지 않게 철저하게 인색했다.
　또 그는 누군가를 꾸짖을 때에는 남모르게 조용히 꾸짖었고 그것도 직설인 방법이 아니라 에둘러 꾸짖은 것이었다. 이런 예가 있다. 즉 마음껏 멋을 부리고 있는 사내에게 그는 어느 날 이렇게 말한 것이다.
　(17) 그 사내가 어느 수로를 조심조심 건너고 있었을 때 '그대가 진흙을 곁눈질하는 것은 마땅해. 진흙 속에 자기 얼굴을 비쳐볼 수는 없으니까'
　또 어느 키니코스파의 사람이 자기의 기름단지에는 올리브기름이 떨어졌다고 말하고 그에게 나누어달라고 부탁하러 왔을 때 그는 주기를 거부했다. 그러나 그 사내가 떠나려고 하자 그는 그 사내에게 우리 둘 가운데 어느 쪽이

---

*10 메가라파인 디오도로스 크로노스의 제자. 이 디오도로스(제2권 111~112절 참조)는 또 제논의 스승이기도 했다(아래 25절 참조).

뻔뻔한 인간인지 잘 생각해보자고 말했다.

그는 크레모니데스란 젊은이에게 사랑하는 마음을 품고 있었는데, 그와 크레아테스가 그 젊은이 옆에 앉아 있었을 때 그는 갑자기 벌떡 일어섰다. 이에 크레안테스가 놀라자 '내가 훌륭한 의사로부터 들은 바에 따르면 염증에 가장 좋은 약은 가만히 놔두는 것이다'라고 그는 말한 것이다.

또 어느 연회석에서 서로 나란히 있었던 두 손님 가운데 제논의 아래 자리에 있었던 사내가 그 사람의 아랫자리에 있었던 다른 한 사람을 발로 찼기 때문에 제논은 그 사내를 무릎으로 쳤다. 이에 그 사내가 뒤돌아보자 '그대의 아랫자리에 있는 자가 그대로부터 그런 일을 당하는 것을 그대는 어떻게 생각하는가'라고 제논은 말했다.

(18) 소년을 좋아하는 한 사내에게 그는 이렇게 말했다. 학교의 선생들도 언제나 소년들 사이에서 지내고 있으면 분별을 잃게 되는데 그것은 그들도 똑같다.

또, 문법적인 오류를 범하지 않는 사람들의 정확한 문장은 알렉산드로스가 주조한 은화와 같은 점이 있다. 그런 문장은 확실히 보기에는 아름답고 그 통화와 마찬가지로 원숙함을 지녔지만 그렇다고 해서 더 뛰어나다는 것은 결코 아니라고 그는 말했다. 다른 한편, 이와는 반대인 문장을 그는 거칠게 주조된 아티카의 4드라크마 화폐에 빗대고 있었다. 그러나 그 쪽이 아름답게 장식된 문장보다도 뛰어난 경우가 때때로 있다고 말했다.

또 그의 제자인 아리스톤이 석연치 않은 어조로 길고 지루하게 이야기하거나 때로는 또 성급하게, 게다가 자신이 있는 듯 논하거나 할 때 '그대의 아버지는 그대를 낳았을 때 술에 취해 있었겠군. 그렇지 않다면 생각해볼 문제이군' 이렇게 그는 말했다. 그런 이유로 그는 아리스톤을 '수다쟁이'로도 불렀는데 그것은 그 자신이 말수가 적었기 때문이다.

(19) 또 함께 생활하는 자들 가운데 성찬을 하나도 남기지 않을 정도의 대식가가 있었는데, 어느 날 큰 생선이 식탁에 오르자 제논은 그것을 들고 모두 먹어버릴 것 같은 시늉을 했다. 이에 그 사내가 그를 뚫어지게 바라보자 '그대가 나의 단 한 번의 대식에도 참을 수 없다면, 그대와 함께 생활하는 사람들은 날마다 어떤 생각을 하고 있다고 그대는 생각하나'라고 그는 말했다.

또 어느 젊은이가 그 나이에는 어울리지 않을 만큼 집요하게 어떤 문제를 따지고 들었을 때, 그는 그 젊은이를 거울 앞으로 데리고 가 안을 들여다보라고 말했다. 그리고 그 뒤에 그런 얼굴에 이런 문제가 어울린다고 생각하느냐고 물었다.

또 안티스테네스의 이야기는 대부분이 자기에게는 이해가 안 된다고 말한 사내에게 제논은 안티스테네스의 소포클레스에 관한 문장을 거론해 이 문장에는 무엇에 훌륭한 점이 있다고 생각하느냐고 물었다. 그러자 자기는 모른다고 대답했기 때문에 제논은 말했다. '그래도 그대는 부끄럽다고 생각하지 않나. 안티스테네스가 말한 것에 무언가 석연치 않은 점이 있는 경우에는 그것을 꼭 집어 마음에 담아두면서 무언가 훌륭한 면이 있어도 그쪽은 확실하게 파악해둘 생각을 하지 않는군'이라고.

(20) 철학자들의 말(금언)은 지나치게 간결하게 생각된다고 누군가가 말했을 때 '그대의 말은 사실이다. 하지만 그런 말의 철자도 가능하면 짧아야한다'라고 그는 말했다.

또 누군가가 폴레몬에 대해서 그 사람은 논제로서 제시하는 것과는 다른 것을 논한다고 평했을 때 그는 눈살을 찌푸리고 이렇게 응수했다. '그것은 그대가 논제로서 제시된 것을 매우 중요시하기 때문인가'

그는 또 다음과 같이 말했다. 진지하게 대화하려고 할 때에는 마치 배우들처럼 큰 소리로 힘을 담아서 이야기해야 하는데 입은 너무 크게 벌려서는 안 된다. 그것은 의미 없는 것을*[11] 길게 말하는 사람들이 하는 짓이기 때문이다.

또 잘하는 이야기는 뛰어난 직인들의 작품이 그렇듯이 차분하게 생각해보기 위한 기회가 뒤에 남겨져야 한다. 오히려 듣고 있는 사람이 그 이야기 속에 몰입해 기록하기 위한 시간조차 없게 해야 한다고 그는 말했다.

(21) 어느 젊은이가 길게 이야기를 계속하자 '그대의 두 귀는 미끄러져 혀와 하나가 되고 말았군' 이같이 그는 말했다.

또 어떤 아름다운 젊은이가 현자는 사랑하는 일은 없을 것으로 생각합니다만, 이 같이 말하자 그는 '그대들처럼 아름다운 젊은이보다도 비참한 자는 없으니까'라고 응수했다.

그는 또 철학자들조차 그 대부분이 많은 사항에 대해서 현명하지 못하고

---

*11 아페르트의 제안을 따랐다.

또 사소한 그때그때의 사건에 무지하다고 늘 말했다.

그는 또 (피리부는 사람) 카피시오스의 말을 자주 인용했다. 즉 이 사람은 한 제자가 피리를 세게 불어 큰 음을 내려고 했을 때 뺨을 때리고 피리를 잘 분다는 것은 큰 소리를 내는 것이 아니다. 잘 불면 큰 소리도 자연스럽게 나오게 되는 것이라고 말했다.

또 어느 젊은이가 조금은 건방진 태도로 말을 걸어왔을 때 '젊은이여, 내 마음에 떠오르는 것을 그대에게는 이야기하지 않겠네'라고 그는 말했다.

(22) 아름답기도 하고 부자이기도 했지만 그 밖에는 장점이라곤 아무것도 없는 로도스 출신의 한 젊은이가 제논의 동아리에 끼려고 했을 때, 그는 그 사내를 맞아들이고 싶지 않아 우선 먼지로 뒤덮인 의자에 앉게 해 양모제의 윗옷이 더럽혀지도록 했다. 이어서 거지들이 있는 곳으로 그 사내를 데리고 가 거지들의 누더기 옷에 그 사내의 윗옷이 스치도록 했다. 그러자 그 젊은이는 마침내 떠나고 말았는데, 제논은 '자만처럼 모양새가 나쁜 것은 없다. 특히 젊은이들의 경우 더욱 그렇다' 말한 것이다.

또 말하는 사람의 어조나 화법을 마음에 담아 두는 것이 아니고 오히려 이야기되는 것을 정말로 도움이 되게 하려면 어떻게 하면 좋은가에 마음을 집중해야 한다. 그것도 단순히 받아들이기만 해서는 안 된다고 그는 말했다.

또 젊은이들은 걸음걸이, 자세, 옷에서 충분한 절도를 유지해야 한다고 그는 늘 말했다.

그는 또 카파네우스에 대한 에우리피데스의 시구[*12]를 줄곧 인용했다. 즉 그 사내는 생활비가 풍부했는데,

　　그러나 행복하다는 것으로 교만해질 일은 조금도 없었고,
　　또 그의 자부심도 가난한 사람의 그것보다 크지는 않았던 것이다.

(23) 그는 또 지식을 얻는 데 단정하는 것처럼 방해되는 일은 없다고 말했다. 또 시간만큼 우리에게 부족한 것은 없다고도 말했다.

벗이란 무엇인가라고 물었을 때 '또 하나의 자아이다'라고 그는 대답했다.

─────────
[*12] 〈구원을 추구하는 여인들〉 861~863행.

그는 어느 날 하인 한 사람을 도둑질한 혐의로 매를 쳤는데, 그 하인이 '나는 도적질을 하도록 운명을 타고 났습니다'라고 변명하자 '그래, 그리고 매를 맞는 것도 타고난 운명이지'라고 그는 응수했다.

아름다움(도덕적인 훌륭함)이란 절제의 (꽃을 피우는) 꽃이라고 그는 말했다. 그런데 다른 사람들에 따르면 절제 쪽이 아름다움의 꽃이라고 그는 말했던 것으로 되어 있다.

그가 잘 아는 하인이 매를 맞은 흔적을 남기고 있는 것을 보았을 때 그는 그 사람에게 '나는 그대가 분노한 흔적을 보았노라'고 말했다.

향유를 바르고 있는 사내에게 '냄새를 풍기고 있는 이 여자와 같은 놈은 도대체 어떤 놈이냐'고 그는 말했다.

'전향자'(로 별명이 붙은) 디오니시오스[13]가 왜 나에게만 잘못을 바로잡아 주지 않느냐고 그에게 말했을 때, '그대를 믿지 않기 때문이다'라고 그는 대답했다.

아무런 의미도 없는 말을 지껄이는 청년에게 '우리가 귀는 두 개를 지니고 있는데 입은 하나 밖에 없는 것은 더 많이 듣고 말은 더 적게 하기 위한 것이다'라고 그는 말했다.

(24) 어느 연회 자리에서 그가 말없이 누워있자 왜 말이 없느냐고 누군가가 물었다. 거기에서 그는 그것을 꾸짖은 자에게 침묵을 지키는 방법을 터득한 자가 한 사람 있다는 것을 왕에게 전해달라고 말했다. 그런데 그에게 그런 것을 물은 자들은 프톨레마이오스왕이 보낸 사자들이고 왕에 대한 그로부터의 전언으로 무엇을 보고해야 할지 알고 싶었던 것이다. 또 그들이 비방과 중상에 대해서는 어떻게 대처하면 좋으냐고 묻자 '그것은 마치 회답을 받지 못한 채 돌려보내진 사자처럼 하는 것이다'라고 그는 대답했다.

그런데 틸로스 사람 아폴로니오스가 전하는 바에 따르면 크라테스가 그의 윗옷을 잡고 (메라가파인) 스틸폰이 있는 곳에서 데려가려고 했을 때 그는 이렇게 말했다는 것이다. '크라테스 씨, 철학자를 붙잡는 지혜로운 방법은 귀를 통해서 잡는 것입니다. 그러므로 나를 설득해 귀를 통하는 방법으로 데려가시오. 그렇지 않고 만일 당신이 나에게 무리를 강요한다면 나의 몸은 당신 밑에

---

[13] 제논의 제자 디오니시오스가 '전향자'(스승의 가르침에 배반해 쾌락주의로 전향한 자)로 불린 이유에 대해서는 다음 37절 및 166절 참조).

있을지언정 마음은 스틸폰에게 있을 것이오'

(25) 한편, 히포보토스에 따르면 제논은 또 (메가라파인) 디오도로스에게도 가르침을 받았다. 그리고 그 사람 밑에서 문답법(궤변론법)에 관한 것도 열심히 배웠다. 그리고 그는 이미 학문적인 진보를 이루었는데, 교만해지는 일이 없었기 때문에 더욱 (아카데미파인) 폴레몬에게로 갔다는 것이다. 거기에서 폴레몬은 그에게 다음과 같이 말한 것으로 전해진다. '나는 깨닫지 못하는 것이 아니다. 제논, 그대가 뒷문으로 잠입해 나의 학설을 훔치고 거기에 페니키아풍의 옷을 입히려는 것을 말이다'

또 '수확을 하는 사람'이란 이름의 논의(궤변)에 포함되는 7개의 문답법적인 논의형을 그에게 가르쳐 준 문답법가에 대해서 얼마나 보수를 요구하느냐고 그가 묻자 100드라크마라는 대답이었기 때문에, 그는 그 사람에게 200드라크마를 지불했다는 것이다. 그토록 그는 향학심에 불탔다.

또 '상응하는 행위'(카테콘)란 용어를 처음으로 철학 속에 도입한 것은 그이고 그에 관한 논문을 쓴 것으로도 전해진다.

더욱이 그는 헤시오도스의 시구를 다음과 같이 고쳐 쓴*14 것으로도 알려진다. 즉,

좋은 충고에 따르는 자야말로 가장 뛰어난 사람.
하지만 또 스스로 무엇이든 생각해 보는 사람도 좋은 사람이다.

(26) 즉 그가 이렇게 고쳐 쓴 이유는 알려져 있는 것에 귀를 잘 기울여 이것을 이용할 수 있는 사람 쪽이 자기 스스로 무엇이건 생각해 보는 사람보다 뛰어나기 때문이란 점에 있다. 왜냐하면 후자에게는 단순히 이해하고 있다는 것뿐인데, 좋은 충고에 따르는 전자에는 실천도 그 위에 덧붙이고 있기 때문이라는 것이다.

또 평소에는 엄격한 사람인데 연회석에서는 풀어진 기분으로 있을 수 있는 이유를 묻자 '콩도 본디 쓴 것인데 물에 담그면 단맛이 난다'고 그는 말했다는

---

*14 헤시오도스의 시구(《일과 일상》 293~295행)에서는 반대로 '만사를 스스로 헤아릴 수 있는 자야말로 비길 데 없이 뛰어난 인간인데, 타인의 선한 말에 따르는 자 또한 좋은 인간이다'로 되어 있다.

것이다. 헤커톤도 〈잠언집〉 제2권 가운데서 그는 그와 같은 모임에서는 마음을 누그러뜨리고 있었다고 말하고 있다.

그는 또 혀로 망하기보다는 다리로 좌절하는 것이 낫다고 말했다. 그리고 좋아지는 것은 조금씩인데 그러나 그 '조금씩'은 결코 작은 것이 아니라고도 말했다. 그러나 나머지 말은 소크라테스가 한 이야기라고 말하는 사람들도 있다.[15]

그는 매우 인내심이 강하고 또 매우 검소했기 때문에 불에 익히지 않은 음식을 섭취하고 엷은 윗옷을 걸치고 있었다.

(27) 그래서 그에 대해서는 다음과 같은 말이 전해온다.

살을 에는 듯한 겨울 추위도, 끝없이 내리 쏟는 큰 비도,
불타는 태양의 빛남도, 무서운 질환도,
이 사람을 무너뜨리지는 못한다.
또 대중의 요란한 축제도 그의 마음을 사로잡지는 못한다.
이 사람은 지치는 일 없이,
밤이나 낮이나 사람들을 가르치는 일에 전념해 온 것이다.

그러나 희극작가들은 그를 비웃음으로써 도리어 그를 칭찬하고 있음을 깨닫지 못했다. 왜냐하면 필레몬도 〈철학자들〉이란 극 가운데서 다음과 같이 말하고 있다.

한 조각의 빵과 말린 무화과, 그리고 물을 마시는 것 뿐.
이 사람은 새로운 철학을 만들어 내고
굶주림에 대해서 가르치고 있는데, 그래도 제자들은 모여들고 있다.

단, 이 시구는 포세이디포스[16]의 것이라는 사람들도 있다.

하지만, 그 무렵에 이미 그는 거의 격언 가운데서 입에 오를 정도의 인물이 되고 있었다. 사실 그에 대해서는

---

[15] 제2권 32절 참조.
[16] BC 3세기 중반에 활동한 마케도니아의 카산드레아 출신의 새 희극 작가. 단편 15.

철학자 제논보다도 더욱 자제심이 있다

이러한 평가가 이루어지고 있었기 때문이다. 뿐만 아니라 포세이디포스도
〈개심한 사람들〉 가운데서

이렇게 해서 그 사내는 10일 동안은,
제논보다는 더욱 자제심이 있는 것처럼 여겨졌다.

이렇게 쓰고 있다.

(28) 사실, 그는 이러한 덕이나 위엄의 점에서, 그리고 또 제우스에 맹세해도
좋은데 행복한 점에서도 모든 사람을 능가했기 때문이다. 왜냐하면 그는 98세
까지 살고 세상을 떠났는데 생애의 마지막까지 어떤 병도 앓지 않고 건강을
유지했기 때문이다. 단, 페르사이오스는 〈윤리학강의〉 가운데서 그는 72세에
죽었으며 아테네로 나온 것은 22세 때였다고 쓰고 있다. 또 아폴로니오스는,
그가 58년 동안 학원을 주관한 것으로 쓰고 있다.

그의 마지막 모습은 다음과 같이 전해진다. 그는 학원에서 나오려고 하다가
넘어져서 발가락을 삐었다. 그러자 그는 대지를 주먹으로 치면서 (티모테오스
의 극) 〈니오베〉 가운데서

지금 가는 중이다. 왜 그토록 나를 소리쳐 부르는가.*17

라는 한 줄을 읊었다. 그리고 그 자리에서 스스로 숨통을 끊어 죽은 것이다.

(29) 아테네인들은 그를 케라메이코스의 묘지에 묻고 또 앞서 말한 (감사)결
의에 따라서 그를 호칭했는데, 그 가운데에는 그의 덕을 증언하는 말도 곁들
여져 있다. 또 시돈의 안티파트로스*18는 그를 위해 다음과 같은 묘비명을 지
은 것이다.

---

*17 단편, 51(나우크 엮음, 제2판).

*18 BC 130년 무렵에 활동한 에피그램 시인. 카투르스 그 밖의 시인들에게도 영향을 준 것으
로 전해지고 있다.

여기에 잠든 사람은 키티온과 친숙했던 제논이다. 이 사람은,
오데사 땅에 펠리온산을 우뚝 치솟게 함이 없이 단숨에 올림포스 의 높은 고개를 향해 나아갔다.
또 헤라클레스의 고된 수행에 도전하지도 않고,
오직 하나인 절제의 덕 속에서만 별들에게로 향하는 길을 발견했다.

(30) 또 그 밖에 디오게네스의 제자이자 스토아파인 제노도토스가 지은 다음과 같은 시도 있다.

당신은 오만한 부를 버리고 자족하는 방법을 가져오게 했다.
흰 눈썹에 위엄이 많은 제논이여.
당신은 사내다운 이론을 발견했기에, 그리고 선견지명으로
하나의 학파를 창설했는데, 그것은 두려움 모르는 자유의 모태인 것이다.
만일 당신의 조국이 페니키아였다고 해도 그것을 나쁘게 말하는 자가 누구일까.
그 카드모스만 해도 그곳 출신이 아니었던가. 이 사람 덕택에 그리스는 문필의 업을 알게 된 것인데.

또, 에피그램(경구) 작가인 아테나이오스는 스토아파 사람들 모두에게도 공통으로 적용되는 것으로서 다음과 같이 말하고 있다.[19]

오오, 스토아의 가르침에 통달한 자들이여,
영혼의 덕만이 유일한 선이라고 말하는,
더 없이 뛰어난 학설을 거룩한 책 속에 쓴 자들이여,
어쩌면 이 덕만이 사람들의 생활과 나라들을 지킨 것이므로.
하지만 육체의 기쁨이야말로 다른 사람들에게는 친숙한 삶의 목표이다.
이것을 손에 넣게 된 것은 므네메(기억의 여신)의 딸들 가운데서도, 오직 한 사람(에라토, 사랑의 여신)뿐이긴 한데.

---

[19] 제6권 14절에도 이 시구는 인용되고 있었다.

(31) 제논이 어떻게 숨을 거두었는지는 나 또한 〈잡시집〉 가운데서 다음과 같이 써두었다.

키티온의 제논은 이렇게 숨을 거두었다는 이야기다.
그는 온갖 고생을 다한 나머지 노령 때문에 식음을 내내 끊고 이 세상에서 해방된 것이라고.
다른 사람들에 따르면 그는 어느 때 넘어지자 대지를 주먹으로 치면서,
'내가 가려고 한다. 왜 그렇게 소리쳐 부르는가'라고 말했다는 것이다.

이것도 이 뒤에 언급된 모습으로 그가 죽은 것으로 인정하는 사람들도 몇 사람 있기 때문이다.—그의 마지막 모습에 대해서는 이것에 그쳐둔다.
한편, 마그네시아의 데메트리오스가 〈동명인록〉 가운데서 쓰고 있는 바에 따르면 그의 아버지 무나세아스는 무역상이었기 때문에 때때로 아테네로 가고, 소년이었던 제논에게 소크라테스에 관한 책을 많이 가져다 주었다. 그렇기 때문에 제논은 고국에 있는 동안에도 이미 적절한 훈련을 쌓고 있었던 것이다.
(32) 그리고 그런 이유로 그는 아테네로 오자 크라테스 밑에 몸을 의지했다는 것이다. 또 삶의 목적에 대해서도 다른 사람들이[20] 자신들의 생각을 어떻게 말해야 좋을지 망설일 때 그는 그 목적을 정의해 준 것으로 생각된다고 데메트리오스는 덧붙이고 있다. 또한 소크라테스가 '개'에 걸고 맹세하고 있었던 것처럼 그는 '카파리스[21]'에 걸고 맹세하는 것이 흔한 일이었다고도 한다.
그런데 어떤 사람들은—그 가운데에는 회의파(懷疑派)인 카시오와 그 제자들도 포함되는데—많은 점에 걸쳐서 제논을 규탄한다. 즉 그들이 비난하는 것은 첫째로 〈국가〉의 첫머리에서 그가 일반교육은 쓸데없다는 생각을 밝히고 있는 점이다. 둘째로는 좋은 (덕이 있는) 사람이 아닌 자는 모두 부모가 자식에 대해서든 형제가 형제에 대해서든, 또 가족이 가족에 대해서든, 서로 원수이고, 노예이며 딴 곳 사람이라고 그가 말하고 있기 때문이다.
(33) 그리고 그것과는 반대로 덕이 있는 사람만이 동포시민이고, 벗이며, 가족이고, 자유인이라고 그는 〈국가〉 가운데서 말하고 있으므로, 따라서 스토아

---

*20 힉스의 교본에 따랐다.
*21 지중해 연안에 자라는 플라타너스과의 하나.

파 사람들에게 부모와 자식은 현자가 아닌 이상 서로 원수인 것이다. 또 〈국가〉 가운데서 그는 (타인들*22과) 마찬가지로 부녀(婦女)는 공유라는 생각을 이야기하고 있는 점, 그리고 200행째에서는*23 도시 안에 신전은 물론, 법정도 체육장도 건설해서는 안 된다고 하는 점이다. 더욱이 화폐에 관해서는 '교환을 위한 것이든, 국외여행을 위한 것이든, 화폐를 만들 필요가 있다고는 생각되지 않는다'는 식으로 그가 쓰고 있는 점이다. 또한 그가 사내건 여자건 똑같은 옷을 입어 몸의 어느 부분이나 완전히 가리지 말도록 명하고 있는 점도 문제가 되고 있다.

(34) 한편 〈국가〉가 제논의 작품이란 것은 크리시포스도 〈국제(國制)에 대해서〉에서 말하고 있다. 또한 제논은 〈사랑의 기술〉이란 제목의 책 첫머리 부분에서 에로스(性愛)에 관한 문제를 논했는데, 그 밖에도 〈한담집〉(윤리학 소론집) 가운데서 똑같은 문제를 다루고 있다.

한편, 카시오스뿐만이 아니고 페르가몬의 변론가 이시드로스 가운데서도 발견할 수 있는 제논에 대한 비판은 주로 앞서 말한 것과 같은 내용에 관한 것이다. 그런데 이 이시드로스는 또 제논이 말했으며 스토아파에게 불리한 곳은 페르가몬 도서관의 사서로 임명되었던 스토아파의 아테노도로스에 의해서 그의 책 가운데서 삭제된 것이라고 이야기하고 있다. 그러나 그 뒤, 아테노도로스의 악행은 발각되어 그가 위험한 처지에 있었기 때문에 그 삭제된 부분은 복원되었다는 것이다. 제논의 저작 가운데서 문제가 되는 것에 대해서는 이로써 그친다.

(35) 한편, 제논이란 이름을 가진 사람은 8명이 있었다. 첫 번째는 엘레아 사람이고, 이 사람에 대해서는 뒤(제9권 제5장)에서 이야기하게 될 것이다. 두 번째는 우리가 이제까지 다루어 온 사람. 세 번째는 로도스 사람이고 지방의 역사를 한 권에 정리해 저술하고 있다. 네 번째는 역사가이고 필로스의 이탈리아와 시칠리아 원정에 관한 책을 쓰고 있는데, 그 밖에도 로마인과 카르타고인의 행동을 간결하게 정리한 책이 있다. 다섯 번째는 크리시포스의 제자이고 저작은 적은데 많은 제자를 남긴 사람. 여섯 번째는 헤로필로스파의 의사로 유능한

---

*22 크리시포스도 〈국제(國制)에 대해서〉 가운데서 '부녀자의 공유'를 주장했던 것으로 되어 있다(아래 131절 참조).
*23 힉스와 롱의 교본에 따랐다.

개업의사였는데 저작가로서는 박력이 부족했던 사람. 일곱 번째는 문헌학자이고, 다른 저작에 더해서 그의 잠언시(에피그램)가 전해지고 있다. 여덟 번째는 태생은 시돈인인데 에피쿠로스파 철학자이고 생각도 문체도 명석했던 사람.

(36) 제논의 제자는 많았는데 그 가운데서 다음에 말하는 사람들이 널리 알려졌다. 첫째로는 데메트리오스의 아들이고 키티온 출신의 페르사이오스. 이 사람을 일부에서는 제논의 지인(제자)이라고 하는데, 다른 사람들은 제논의 하인이고 안티고노스왕으로부터 책 필기를 돕도록 제논에게 보낸 자 가운데 한 사람이라고 한다. 그리고 그때까지 그는 안티고노스왕의 아들 할키오네우스의 양육을 맡았었다고도 한다. 한편 안티고노스는 어느 때 그를 시험해 볼 생각으로 그가 소유한 땅이 적으로 말미암아 황폐해졌다는 것을 꾸며서 그 소식을 그에게 전하게 했다. 그러자 그는 슬픈 표정을 지었기 때문에 '보라, 알 수 있지 않은가. 부(富)는 아무래도 좋은 것(선악에 관계없이)이 아니라는 것을' 이렇게 왕은 말했다.

그의 저작으로서는 다음의 것이 전해진다.

> 왕제(王制)에 대해서
> 라코니아(스파르타)의 국제(國制)
> 결혼에 대해서
> 불경신(不敬神)에 대해서
> 티에스테스
> 에로스론
> 철학의 권유(훈계집)
> 한담집(윤리학소론집)
> 금언집, 4권
> 회상록
> 플라톤의 〈법률〉에 대한 반론, 7권

(37) 다음은 밀티아데스의 아들이자 키오스 출신인 아리스톤.*24 이 사람은

---

*24 제7권 제2장 참조.

'선악에 무관한 것'에 관한 학설을 도입했다.

그 다음은 칼케돈 사람인 헤리로스[25]이고, 지식이 인생의 목적이라고 말했다. 또한 쾌락주의에 전향한 디오니시오스[26]가 있다. 그가 전향한 이유는 그는 심하게 눈병을 앓았기 때문에 괴로움은 선악에 무관한 것이라고 말할 기분이 아니었던 것이다. 그는 헤라클레아 출신이었다.

또 보스포로스 출신인 스파이로스[27]나, 파니아스의 아들이고 아소스 출신인 클레안테스[28]가 있는데 후자는 (스토아파)학원을 물려받았다. 또 이 사람은 제논이 쓰기는 힘들지만 한 번 쓴 글자는 잘 보존하는 고지식한 사람으로 평한 인물이다. 다른 한편 스파이로스 쪽은 제논이 죽은 뒤에 클레안테스의 제자가 된 사람인데, 그에 대해서는 뒤에(제5장) '클레안테스전'에서 말하게 될 것이다.[29]

(38) 히포보토스에 따르면 다음 사람들도 제논의 제자였다고 한다. 즉 테베 사람 필로니데스, 코린토스 사람 칼리포스, 알렉산드리아 사람 포세이도니오스, 소로이 사람 아테노도로스, 그리고 시돈[30] 사람 제논이다.

한편 나는 이 '제논전' 가운데서 스토아파의 학설 전체에 대해 일반적으로 이야기해두는 것이 적절하다고 생각하는데, 그 까닭은 제논이야말로 이 학파의 창시자가 된 사람이기 때문이다. 그런데 그에게는 앞서 쓴 것과 같은 수많은 저작이 있는데 그런 저작 가운데서 그는 스토아파 사람들 어느 누구도 이야기하지 않은 것을 말하고 있다. 그의 학설은 일반적으로 다음과 같은데 다른 학파의 학설에 대해서도 내가 통상 그렇게 하듯이 이 경우에도, 그 주요한 점만을 말하기로 해 둔다.[31]

---

*25 제7권 제3장 참조.
*26 제7권 제4장 참조.
*27 제7권 제6장 참조.
*28 제7권 제5장 참조.
*29 그러나 스파이로스에 대해서는 제7권 제6장에 '스파이로스전'이 있어 독립적으로 다루고 있다. 하지만 이것은 후대에 이루어진 장 나누기이고, 제6장은 처음부터 제5장 안에 포함되어 있었는지도 모른다.
*30 '시돈'은 '타르수스'의 잘못일 것이다.
*31 이하, 제1장의 나머지 전부(160절까지)는 제논의 전기를 벗어나 그의 학설도 포함한 스토아파의 학설 전체의 요약적인 해설로 되어 있다. 즉 먼저 39~41절에서 철학의 3개 주요부문이 구별된 뒤에 42~83절에서는 '언론에 관한 학'의, 84~131절에서는 '윤리학'의, 그리고

(39) 스토아파 사람들은 철학에 관한 논술이 세 부분으로 이루어진다고 주장한다. 즉 그 하나는 자연에 관한 것(피시콘), 하나는 윤리에 관한 것(에티콘), 또 하나는 언론에 관한 것(로기콘*32)이다. 그런데 이와 같은 구분은 키티온의 제논이 〈언론(또는 이성, 로고스)에 대해서〉에서 최초로 행한 것으로 크리시포스도, 또 〈언론(또는 이성)에 대해서〉의 제1권 및 〈자연학〉 제1권 가운데서 행하고 있다. 그리고 아폴로도로스*33도 또 시로스*34는 《(스토아)학설입문》의 첫머리에서, 에우드로모스*35는 〈윤리학의 기본원리〉에서, 또 바빌로니아의 디오게네스*36와 포세이도니오스*37도 그와 같이 구분하고 있다. 그리고 이들 세 부분을 아폴로도로스는 '토포이'(여러 부문, 여러 논제)로 불렀는데 크리시포스와 에우드로모스는 '에이데'(종별의 구분)로 부르고 다른 사람들은 '게네'(유별의 구분)로 부르고 있는 것이다.

(40) 그런데, 그들 스토아파 사람들은 철학을 하나의 생물(동물)로 비유해 언론에 관한 학문을 뼈나 힘줄로, 윤리학을 살이 더 많은 부분으로, 그리고 자

132~160절에서는 '자연학'학설 내용의 주요한 점이 여러 자료에 의거해 소개되어 있다.

*32 이 말(로기콘)은 일반적으로는 '논리학'으로 번역되며 이하의 기록이 명확하다. 이처럼 이 학문은 이른바 논리학까지도 포함한 문답법 외에 변론술, 표상이나 진리의 기준을 다루는 이른바 인식론, 그리고 의미론이나 문법의 이론 등까지도 포괄하는 매우 넓은 범위에 걸치는 학문이므로 '언론에 관한 것(학문)'으로 직역해 두었다.

*33 티그리스 강변의 셀레우키아 출신의 스토아파 철학자. 바빌로니아의 디오게네스의 제자. 〈윤리학〉, 〈자연학〉 등의 저작이 있다.

*34 '시로스'란 인물은 미상. 그러나 이 텍스트에는 문제가 있고 아폴로도로스의 별명으로 이해하는 학자도 많다. 그 경우 '눈알에 흰 점이 있는 사람' 또는 '햇볕에 타서 검버섯이 생긴 사람'이란 의미가 될지도 모른다.

*35 BC 2세기에 활동한 스토아파 철학자.

*36 티그리스 강변의 셀레우키아 출신인데 일반적으로는 '바빌로니아'로 불리고 있다. BC 240년 무렵~152년. 크리시포스의 제자이고 타르수스의 뒤를 이어(BC 180년 무렵), 제5대의 스토아파의 우두머리가 된 사람. BC 156년~155년, 아테네에서 로마로 파견된 '철학자 사절'의 한 사람이고 로마인에게 스토아 철학에 대한 관심을 높였다. 파나이티오스는 그의 가장 널리 알려진 제자. 그는 특히 문법(언어)의 이론에 의해서 스토아파 학설의 발전에 이바지했다. 그의 저작은 이 책 가운데서 때때로 전거가 되고 있다.

*37 시리아의 아파메이아 출신. BC 135년 무렵~50년. 아테네의 파나이티오스 밑에서 배우고 지중해 서안지역과 북아프리카를 몇 년 동안 여행한 뒤, 로도스섬에 학원을 열었다. 키케로와 폼페이우스도 그의 강의를 들은 적이 있다. 그는 철학자일 뿐만 아니라 역사가·지리학자로서도 저명하고, 그 백과전서적인 지식 때문에 아리스토텔레스에 대비되고 있다.

연학을 영혼에 가까운 것으로 하고 있다. 또는 달걀로 비유하는데 이 경우에 언론에 관한 학문은 달걀 바깥쪽 부분(껍질)으로, 윤리학은 그 다음 부분(흰자위)으로, 그리고 자연학은 가장 내부에 있는 것(노른자위)에 가까운 것으로 하고 있다. 더 나아가 기름진 밭에 비유해 언론에 관한 학문은 그 밭을 둘러싼 울타리, 윤리학은 과일, 자연학은 토양 또는 과일나무로 치고 있다. 또 훌륭한 성벽이 구축되고 이성으로 통치되는 도시에 (철학을) 비유하고 있는 경우도 있다.

그리고 그들 스토아파 가운데 일부 사람들의 주장에 따르면 그와 같은 어느 부문도 다른 부문에서 분리되어 있지 않고 서로 뒤섞여 있는 것으로 되어 있다. 그리고 그 사람들은 이것들을 뒤섞인 것으로서 가르쳤다. 그러나 다른 사람들은 (그것들 사이에 순서를 두어서) 언론에 관한 학문을 최초에 두고, 자연학을 두 번째로, 그리고 윤리학을 세 번째로 두고 있다. 〈언론에 대해서〉에서 그처럼 이야기하고 있는 제논도 그 가운데 한 사람인데 크리시포스나 아르케데모스*38 그리고 에우드로모스도 그렇게 하고 있다.

(41) 그 이유는 프톨레마이스 사람 디오게네스*39는 윤리학에서부터 시작하고 있고 아폴로도로스는 윤리학을 두 번째로 두고 있었기 때문이다. 또 파나이티오스와 포세이도니오스는 포세이도니오스의 동생인 파니오스*40가 〈포세이도니오스 강의집〉 제1권 가운데서 쓰고 있는 바에 따르면 자연학에서부터 시작하기 때문이다. 그러나 클레안테스는 철학(에 관한 논술)은 6개 부분으로, 즉 문답법·변론술·정치학·자연학·신학으로 나뉜다고 주장하고 있다. 하지만 다른 사람들은 예컨대 타르수스의 제논*41이 그런 것처럼 이들은 철학에 관한 논술의 구분이 아니고, 철학 그 자체의 구분임을 주장하고 있다.

한편, 어떤 사람들은 언론에 관한 부분은 변론술과 문답법 두 학문으로 구분된다고 주장하는데 다른 한편으로는 또 정의를 다루는 부문이나 (판단의) 규범(카논), 기준(크리테리온)에 연관된 부문을 지금의 두 구분에 추가하는 사

---

*38 타르수스 출신인 스토아파 철학자. 바빌로니아의 디오게네스 제자.

*39 스토아파의 철학자로 생각되는데 연대·생애 모두 미상.

*40 포세이도니오스의 제자라는 것 이외는 미상.

*41 타르수스 출신의 스토아파 철학자. 크리시포스의 제자이고 그의 사후(BC 204년 무렵), 스토아파 제4대 우두머리가 된 사람. 키티온의 제논과 이름이 같은 인물로서 제7권 35절에 다섯 번째로 다루어진다. 저작은 많지 않은데 제자가 많았던 것으로 알려진다.

람들도 있다. 그러나 어떤 이들은 정의(定義)에 관한 부문을 여기에서 제외하고 있다.

(42) 한편 그들은 (판단의)규범이나 기준에 관한 부문을 진리를 찾기 위한 수단으로서 받아들이고 있다. 그 이유는 그 부문에서 다양한 표상 사이의 엇갈림이 바로잡혀지기 때문이다. 또 그들은 정의(定義)를 다루는 부문까지도 똑같이 진리를 인식하기 위한 수단으로서 받아들였다. 사물은 일반적인 개념으로 파악되기 때문이다. 그리고 변론술이란 서술형식으로 이루어지는 논의에서 잘 말할 수 있는 지식을 뜻하고, 이에 대해서 문답법이란 일문일답의 형태로 이루어지는 논의에서 올바르게 대화할 수 있는 지식을 뜻하는 것이라고 한다. 그러므로 또 그들은 문답법을 참과 거짓 및 어느 쪽도 아닌 것에 대한 지식이란 식으로도 정의하고 있다.

그리고 변론법 그 자체는 세 부분으로 나뉘어진다고 그들은 말한다. 즉 그 하나는 정책 심의에 연관된 것(의회용인 것)이고, 하나는 법정용 것이고 또 하나는 칭찬에 관한 것이다.*[42]

(43) 그러나 변론술(이 다루어야 할 사항)은 또 별도로 다음과 같이 구분되기도 한다. 즉 그것은 (주제) 발견, 표현 방법, 전체 구성, 실제 연설이다. 그리고 변론술에 의거한 논의는 서론, 사실 진술, 상대측에 대한 반론 및 결론으로 나뉜다.

다른 한편 문답법은 지시되는 것(의미)을 다루는 분야와 음성(언어)을 다루는 분야로 나뉘어진다(고 그는 주장한다). 그리고 의미를 다루는 분야 쪽은 더욱, 표상을 다루는 분야와 표상에 의거해 성립하는 '이야기 되는 것'을 다루는 분야, 즉 명제, 그 자체로 완결하고 (완전한 문장이 된) 렉턴, (불완전한 렉턴인) 술어(동사), 능동형과 수동형의 비슷한 술어, 유(類)와 종(種), 똑같이 또 추론, 추론의 형(型), 삼단논법, 더 나아가 말이나 사항에 따른 궤변논법을 다루는 분야로 나뉘어져 있는 것이다.*[43]

(44) 그리고 이 궤변논법 가운데에는 '거짓말쟁이'론, '진실을 말하는 자'의 론, '부정(否定)하는 자'의 론, 또 '곡물의 퇴적'론이나 이런 것들과 비슷한 논의―여기에는 결함 있는 것, 결론 나지 않는 것, 결론을 이끌어낼 수 있는 것

*42 변론술을 이 3종류로 구분하는 것은 아리스토텔레스 이래의 전통이다.
*43 다음, 63절 이하를 참조.

이 있다—더 나아가 '가려져 있는 자', '뿔이 있는 자', '아무도(……가) 아니다', '수확하는 사람'과 같은 궤변이 포함되는 것이라고 한다.

그러나 문답법에는 앞서 말한 것과 같은 음성(언어) 그 자체를 다루는 특수한 영역도 있는 것이고, 그곳에서는 글자로 쓰인 음성(말)이나 글 부분은 무엇과 무엇인가라는 것, 또 문법적으로 부정확한 어법이나 낱말 사용의 부정확함, 시의 용어와 애매한 표현, 울림이 좋은 어조나 음악에 관한 것, 그리고 또 어떤 사람에 따르면 정의나 분할, 문체에 관한 것도 명확해진다.

(45) 그런데 삼단논법 연구는 매우 유익하다고 그들은 주장한다. 왜냐하면 그것은 논증할 수 있는 것을 우리에게 명확히 해주고 그리고 그것이 우리의 사고를 올바르게 하는 데 크게 도움이 되기 때문이다. 또 우리의 사고를 질서 있게 기억에 머물게 하는 것은 학문적으로 이해하고 있음을 말해주는 것이라고 한다.

또 논의는 그 자체가 전제와 결론으로 성립하는데, 삼단논법 논의란 이런 전제와 결론으로 이루어지는 추론적인 논의이다(라고 그들은 말한다). 또 논증이란 더욱 뚜렷하게 파악되는 것에 따라서 명료하게 파악되는 것의 더 적은 것을 추론하는 논의로 되고 있다.

또 표상이란, 영혼(마음) 안의 인상(각인부여)을 뜻하며 그 명칭은 도장으로 초 위에 새긴 각인에서 적절하게 전용(轉用)된 것이라고 그들은 말한다.

(46) 그런데 표상에는 (그 대상을) 파악(인식)할 수 있는 것과 그렇지 않은 것이 있다. 파악할 수 있는 것은 그들의 주장에 따르면 사물의 본디 모습의 기준이 되는 표상을 말하며, 그것은 현실로 존재하는 것에서 나온다. 더구나 현실로 존재하는 것 그 자체대로 (마음 안에)날인되고 각인되는 것을 말하는 것이다. 이에 대해서 파악할 수 없는 표상이란 현실로 존재하는 것에서 나오지 않은 것이거나 또는 현실로 존재하는 것에서 나오기는 하지만 현실로 존재하는 것 그 자체대로는 아니며 뚜렷함도 판명도 아닌 표상이다.

한편, 그들에 따르면 (표상을 다룰 때) 문답법 기법(이해)은 사람에게 없어서는 안 되며, 그 자체로 사람의 탁월성(덕)을 보여주는 것으로서 그 덕 가운데에는 다음에 드는 것과 같은 특수한 덕이 포함된다. 즉 그 하나는 경솔하지 않은 것인데 이것은 (표상에 대해서) 사람이 언제 동의할 것인가, 또 동의하지 말 것인가에 대한 지식이다. 또 부주의한 것이 아니란 것도 있는데, 이것은 그럴싸

하게 보이는 것에 대해서 이에 굽히는 일이 없을 만큼 강력한 이성을 말한다.

(47) 또 반박되지 않을 수 없다는 것은 논의에서의 강함이고 논의로써 (자신의 주장과는) 반대의 것으로 끌려가는 일이 없도록 하는 것을 말한다. 또 닥치는 대로 하는 것이 아니란 것은 표상을 올바른 논의로까지 이끌어가는 마음의 상태를 말한다. 그리고 지식 그 자체에 대해서는 그들은 이것을 틀림이 없는 파악, 또는 표상을 받아들일 때 논의로 말미암아 흔들리게 되는 일이 없는 상태라고 말하고 있다. 그리고 문답법을 연구함이 없이는 현자도 논의에서 잘못이 없는 자가 되는 일은 없을 것이라고 그들은 말한다. 그 이유는 문답법으로 참과 거짓이 식별되고 또 그럴듯하게 포장하거나 애매하게 이야기하는 것도 잘 판별되기 때문이다. 더욱이 문답법을 빼고는 방법에 따라서 질문하거나 대답하거나 할 수 없기 때문이다.

(48) 다른 한편, 사물을 경솔하게 단정하는 것은 실제 일의 경과에도 영향을 주며 미숙한 표상을 지닌 사람들은 절도도 없고 생각도 없는 행위로 치닫게 되는 것이라고 말하고 있다. 그리고 이 문답법에 따른 것 이외에는 현자가 자기 자신을 예민하고 기지가 많은 자로서, 또 논의에서는 전반적으로 유능한 자로서 표시할 길이 없을 것이라고 말하는 것이다. 그 이유는 올바르게 대화하는 것과 정확하게 논의를 진행해 나가는 것과는 같은 사람의 능력에 속하기 때문이다. 또 제출되는 문제에 맞도록 대화하는 것과 질문을 받아 대답하는 것도 같은 사람의 능력에 속하는데, 이와 같은 일은 모두 문답법의 경험을 쌓고 있는 자로서 잘 할 수 있는 일이기 때문이란 것이다.

한편, 언론에 관한 사항에서의 그들(스토아파의 사람들)의 사고를 주요한 점에서 요약하면 앞서 말한 바와 같다. 그러나 개개의 특수한 면에 걸쳐서 말한다면 다음과 같은 것도 그들이 기본 마음가짐 범위 안에 들어간다. 그리고 그점에 대해서는 마그네시아의 디오클레스가 〈철학자요람〉 가운데서 이야기하고 있는 것을 그대로 인용하면 다음과 같다.*44

---

*44 디오클레스에 관해서는 이 번역서 제2권 6 크세노폰 역주*51에서 이미 소개한 바 있다. 다만 다음 문장 가운데, 그의 〈철학자 요람〉에서 인용한 부분이 어디까지인지는 불명이다. 일반적으로 그 인용은 다음 49절뿐이라고 알려져 있지만, 여기서는 새로 간행된 A. A. 롱과 D. N. 세들리의 저서 〈헬레니즘시대의 철학자들〉(제2권, 196~197쪽 33A의 주석과 238쪽 39A주)에 따라 51절까지를 인용문으로 여기겠다.

(49) '스토아파 학설에서는 표상과 감각에 대한 이론이 앞에 놓여있다. 사상의 진리가 그에 따라서 인식되는 기준은 일반적으로는 표상이기 때문이고, 그리고 (사람이 표상에 주는) 동의에 대한 이론이나, 파악(인식)과 사유에 대한 이론은—이것들은 그 밖의 이론에 앞서는 것인데—표상을 빼고는 성립하지 않기 때문이다. 그것은 표상이 먼저 생기고 이어서 표현하는 힘을 지니고 있는 사고가 표상에 받는 것을 말에 따라서 밝히는 것이기 때문이다'

(50) '그러나 표상과 상념은 다르게 되어 있다. 그것은 상념은 꿈속에서 생기는 것과 같은 사고 작용에 따른 상인데 표상은 영혼(마음) 가운데의 인상이고, 크리시포스가 〈혼에 대해서〉 제2권에서 말하듯이 그것은 (마음의 상태) 변용이기 때문이다. 그 이유는 그도 이야기하듯 인상을 도장에 의한 각인과 같은 것으로 생각해서는 안 되기 때문이다. 왜냐하면 그와 같은 각인이 수많은 똑같은 것에 대해서 동시에*45 생긴다는 것은 불가능하기 때문이다. 그런데 여기에서 말하는 표상이란 현실로 존재하는 것에서 생기고 더구나 현실로 존재하는 것에 즉응하면서 (우리들 마음에) 날인되고, 각인되는 것을 말하는 것이고 현실로 존재하지 않은 것에서 생기는 것과 같은 표상은 이에 해당하지 않는 것이다.

(51) '그런데 그들의 말에 따르면 표상 가운데 어떤 것은 감각적인데 어떤 것은 그렇지 않다. 그리고 감각적인 표상이란 하나 또는 그 이상의 감각기관을 통해서 파악되는 것으로 감각적이지 않은 표상이란 사고를 통해서 파악되며, 비물체적인 것의 표상이나 그 밖의 이성에 의해서 파악되는 것의 표상이 그것이다. 또 감각적인 표상 가운데 어떤 것은 현실로 존재하는 것에 의거해서 우리의 양보나 동의가 따르면서 생기는데, 그러나 표상 가운데에는 마치 현실로 존재하는 것에 의거해서 낳은 듯이 보이는 것도 있다.

또한 표상 가운데 어떤 것은 이성적인데 어떤 것은 비이성적이다. 이성적인 표상이란 이성적인 동물의 표상을 말하며 비이성적인 표상이란 비이성적인 동물의 그것을 말한다. 또 이성적인 표상은 사고작용(노에시스)인데 비이성적인 표상에는 이름이 붙어 있지 않다. 더욱이 어떤 표상은 기술력을 갖추었는데 어느 표상은 비기술적이다. 아무튼 하나의 조각상을 바라보는 경우에도 기술

---

*45 롱과 세들리(제2권, p. 238, 39A주)에 따랐다.

의 소양이 있는 자와 그렇지 않은 자는 전혀 다르기 때문이다.

(52) 한편 스토아파 사람들에게 '아이스테시스'(감각)로 일컬어지고 있는 것은 (1)혼의 통할적 부분(헤게모니콘)에서 감각기관에까지 이르는 기식(氣息)과, (2)감각기관을 통한 파악, (3)감각기관을 둘러싼 상태―이 점에서 결함이 있는 사람들도 있는데―를 말하는 것이다. 그러나 또 감각기관의 활동 그 자체가 '아이스테시스'로 불릴 때도 있다. 그리고 그들에 따르면 우리가 백이나 흑, 거침이나 매끄러움을 파악하는 것은 감각에 따른 것인데 이에 대해서 논증으로 결론이 지어지는 것을 파악하는 것은 마치 신들의 존재나 그 섭리를 파악하는 경우와 마찬가지로 이성(로고스)에 의해서이다. 그 이유는 사고로써 얻게 되는 관념 가운데 어떤 것은 직접 만남으로써, 어떤 것은 유사성으로, 어떤 것은 비교로, 어떤 것은 치환(置換)으로, 어떤 것은 합성으로, 또 어떤 것은 반대인 것으로써 얻을 수 있기 때문이다.

(53) 이렇게 해서 감각물에 대한 관념을 얻게 되는 것은 (우리가 그 사물에) 직접 마주침에 따른 것이고, 또 무언가 곁에 있는 것에 의거한 관념은 유사성에 따라서 얻게 된다. 이를테면 소크라테스에 대한 관념을 그의 조각상에서 얻게 되듯이. 또 비교로 얻게 되는 관념에는 티티오스*[46]라든가 키클롭스*[47]처럼 (보통인간의 몸을) 크게 함으로써 얻을 수 있는 것과 피그마이오스(피그미)인*[48]처럼 작게 함으로써 얻을 수 있는 것이 있다. 이렇게 해서 또 지구의 중심(이란 관념)은 좀 더 작은 구(球)에서(의 비교에 의해서) 얻게 된 것이다. 또 치환으로 얻게 되는 관념으로서는 흉부에 눈을 지닌 동물이 그 하나의 예가 될 것이다. 그리고 히포켄타우로스*[49]는 합성으로 얻은 관념이다. 또 죽음의 관념은 (삶과) 반대인 것으로 얻게 된 것이다.

그러나 또 (지각할 수 없는 영역에) 어느 의미에서 발을 들여놓음으로써 얻게 되는 관념도 있다. 이를테면 이야기되는 것(렉턴)이나 장소(토포스)에 대한 관념과 같은 것이다. 또한 올바른 것이나 선한 것의 관념은 자연본성적으로 얻

*46 티티오스는 가이아(대지)의 아들(다른 설도 있다). 오디세이가 저승에서 본 그는 플프레트라(9만제곱피트)이나 되는 거대한 몸이고, 레토를 폭행하려고 한 것에 대한 벌로서 두 마리의 독수리에게 간장을 쪼이게 되었다는 것이다.
*47 키클롭스는 〈오디세이〉 제9권 가운데서 이야기되고 있는 외눈의 거인족.
*48 아프리카·인도, 또는 스키타이에 있는 것으로 상상이 되고 있었던 소인족.
*49 신화의 반인반마(半人半馬) 괴물.

게 되는 것이다. 그리고 결여로써도 관념은 얻게 된다. 이를테면 일손이 모자라는 관념과 같은 것이다.—표상·감각, 그리고 사고(관념)에 대한 그들의 학설은 거의 위와 같다.

(54) 그런데 진리의 기준은 (그 대상을) 파악할 수 있는 표상, 즉 현실로 존재하는 것에서 낳는 표상이라고 그들은 주장한다. 그것은 크리시포스가 〈자연학〉 제2권 가운데서 말하는 것이고, 또 안티파트로스*[50]나 아폴로도로스도 말하는 것이다. 그러나 보에토스*[51]는 지성·감각·욕구·지식과 같은 더욱 많은 기준을 인정하고, 또 크리시포스도 〈언론(또는 이성)에 대해서〉 제1권에서 감각과 선취관념이 기준이라고 말하고 있어 일관성이 없는 면이 있다. 그런데 여기에서 말하는 선취관념이란 보편적인 것에 대해 자연스럽게 낳게 되는 관념을 뜻한다. 그러나 보다 초기의 스토아파에 속하는 다른 몇 사람들은 포세이도니오스가 〈기준에 대해서〉에서 이야기하듯 올바른 이성(오르토스 로고스)를 기준으로서 인정하고 있다.

(55) 그런데 문답법 연구자 가운데서는 음성에 관한 논제에서 시작하는 것이 적당하다는 것이 그들 대다수의 일치된 사고이다. 또한 음성이란 바빌로니아의 디오게네스가 〈음성론편람〉 가운데서 말하듯이 타격을 받은 공기(공기의 진동), 또는 청각에 고유한 감각대상을 뜻한다. 동물의 음성(짖는 소리)은 충동에 의해서 가져오게 된 공기의 진동에 지나지 않는데 이와 달리 인간의 음성은 디오게네스가 말하듯이 분절화하고 있으며 사고에 의거해 나오게 되며 그것은 14세가 되어 완전해진다. 또한 스토아파 사람들에 따르면 음성은 물체이기도 하다. 그것은 아르케데모스가 〈음성론〉 가운데서 말하고 있고 또 디오게네스와 안티파트로스도, 더 나아가 크리시포스도 〈자연학〉 제2권 가운데서 이야기하는 것이다.

(56) 왜냐하면 작용을 미치는 것은 모두 물체인데 그런데도 음성은 그것을

---

*50 타르수스 출신이고 BC 2세기의 스토아파 철학자. 바빌로니아의 디오게네스 제자이고 그 사후(BC 152년 무렵), 제6대 우두머리가 된 사람. 파나이티오스의 스승이기도 하다. 아카데미파인 카르네아데스의 비판에 대해서 스토아파의 학설을 변호한 것으로 알려지고 제7권 가운데서도 그의 저작은 때때로 전거로서 이용되고 있다.

*51 레돈 출신이고 BC 2세기의 스토아파 철학자. 이 사람도 바빌로니아의 디오게네스 제자였는데 스토아파의 정통 교의(특히 크리시포스의 설)에서 벗어난 것으로 알려져 있다. 천문학과 기상학이 그의 연구 중심이었던 것 같다.

내는 사람들에게서 나와 듣는 사람에게 이를 때 작용을 미치기 때문이다.

또 음성이 글자로 쓰이면 디오게네스가 말하듯 이를테면 '낮'이란 식으로 말(낱말)이 된다. 그리고 글(진술, 로고스)이란 이를테면 '낮이다'라는 식으로 사고로써 발하게 되고 무언가를 지시(의미)할 수 있는 음성을 말한다. 또 방언이란 어느 민족에게 독자의 말이나 그리스인에게 특유한 말을 뜻한다. 또는 특정지역에 독자의 말, 즉 언어 면에서 어떤 특색을 지니는 말을 의미한다. 예를 들어 아티카지역에서는 '바다'에 해당하는 언어는 ('타라사'가 아니고) '타라타'이며, 또 이오니아지역에서는 '낮'에 해당하는 말이 ('헤메라'가 아니고) '헤메레'이다.

또 말의 요소(자모, 스토이케이온)는 24의 글자이다. 그러나 글자라는 용어에는 세 가지 뜻이 있다. 즉 자모와 자모를 나타내는 기호, 그리고 그 명칭이다.

(57) 그리고 자모 가운데 일곱 개 $α, ε, η, ι, ο, ν, ω$는 모음인데 그 가운데 여섯 개 $β, γ, δ, κ, π, τ$는 자음이다.

한편 음성과 말은 다르다. 단순한 소음도 음성인데 분절화하는 음성만이 말이기 때문이다. 또 말(낱말)은 글과는 다르다. 글은 언제나 무언가를 의미하는데 낱말에는 아무런 의미가 없는 것도 있기 때문이다. 예컨대, $βλίτυρι$ (blituri)[52]라는 말과 같이. 그러나 글은 결코 그렇지 않다. 또 이야기를 한다는 것은 단순히 음성을 내는 것과는 다르다. 음성은 내게 되는 것뿐인데, 사항은 이야기되기 때문이다. 즉 사항은 이야기될 수 있는 것(뜻을 지닌 것)이기도 하다.

글의 부분(품사)은 (바빌로니아의)디오게네스가 〈음성(언어)론〉에서 쓰고 있고, 또 크리시포스도 말하듯이 다섯 개가 있다. 즉 (고유)명사·보통(종속)명사·동사(술어[53])·접속사·관사이다. 그러나 안티파트로스는 〈말과 그 의미에 대해서〉 가운데서 '중간의 것'까지도 추가하고 있다.

(58) 그리고 보통(종속)명사는 디오게네스에 따르면 예를 들어 '인간'이라든가 '말'처럼 공통의 성질을 표시하고 있는 글의 부분이다. 또 고유명사는 예를 들어 '디오게네스'라든가 '소크라테스'처럼 고유성을 명확히 하고 있는 글의

---

[52] 의미가 없는 말의 대표적인 예로서 자주 거론하게 되는 조어(造語). 따라서 사전에는 없는 말이다.

[53] 동사뿐만 아니고 형용사도 드는데 이 책에서 논의되고 있는 것은 주로 동사이다.

부분이다. 또는 어떤 사람들*⁵⁴이 이야기하듯 격변화(格變化)하지 않은 글의 요소이고, 단수 또는 복수의 주어와 짜맞추어져 무언가의 의미를 나타내는 것이다. 이를테면 '(나는) 쓴다'라든가 '(나는) 말한다'는 것이 그러하다. 또 접속사는 격변화하지 않는 글의 요소이고, 명사의 성(性)이나 수(數)를 한정한다.

(59) 문장 또는 이야기를 뛰어나게 하는 것은 다음의 다섯 가지이다. 즉 순수한 그리스어가 사용되는 것, 명석한 것, 간결한 것, 적절한 것 그리고 세련된 것이다. 또한 순수한 그리스어를 사용한다는 것은 기법(문법)적으로 오류가 없고, 또 편의적인 관용(慣用)에 의존하지 않는 화법을 말한다. 또한 명석하다는 것은 사상내용을 잘 이해할 수 있게 표현하는 화법을 말한다. 또 간결하다는 것은 그 사항을 명확히 하는 데 필요한 것만을 포함한 화법을 뜻한다. 또 적절하다는 것은 그 사항에 꼭 들어맞는 화법을 말한다. 그리고 세련된 것은 통속적인 표현을 피한 화법을 말한다. 다른 한편 열악한 것으로 하는 것 가운데 '바르바리스모스'*⁵⁵란 가정환경이 좋은 그리스인의 관용어법에서 벗어난 화법을 말하며, 또 '소로이키스모스'*⁵⁶란 글의 짜맞춤이 문법에서 벗어난 것을 뜻한다.

(60) 또 시적인 어구(포이에마)란 포세이도니오스가 〈문체론입문〉 가운데서 말하듯이 압운(押韻)의 어구 또는 리듬이 있는 어구를 말하며, 문체 연구로 산문의 형(形)을 피하는 것이다. 리듬이 있는 어구란,

참으로 힘찬 대지여, 또 제우스의 하늘이여*⁵⁷

이와 같은 것이 그러하다. 그리고 그와 같은 시적인 어구가 의미 있는 것이고 신들이나 인간에 대한 묘사를 포함하면 그것이 시이다.

또 정의(定義)란 안티파트로스가 〈정의(定義)에 대해서〉 제1권 가운데서 말하듯 (본질적인 성질이) 분석에 의거해 과부족 없이 제출되는 설명을 말한다.

---

*54 아폴로도로스와 그의 일문 사람들을 가리킨다. 아래 64절 참조.
*55 그리스인답지 않은 이국의 인간(바르바로스)과 같은 화법을 말하는데, 특히 단어 사용의 부정확함을 가리키는 말.
*56 '바르바리스모스'에 대해서 문장의 짜임에 오류가 있음을 의미한다. '소로이'라는 지명에 유래하는 이 표현에 대해서는 제1권 51절 참조.
*57 에우리피데스의 잃어버린 작품의 단편 839.

또는 크리시포스가 〈정의에 대해서〉에서 말하듯 (種의) 특질을 뜻한다.

또 약술(개략적 설명)이란 그 사항(의 이해)으로 큰 줄거리에서 이끌어주는 설명을 말한다. 또는 본디의 징의를 보다 간단한 형식으로 쓰고 있는 정의를 말한다.

또 유(類)란 이를테면 동물처럼 사고에서 분리할 수 없는 수많은 개념을 하나로 정리해 파악한 것을 뜻한다.

(61) 또 관념(에노에마)이란 사고가 만들어내는 상념이다. 그것은 (현실로 존재하고 있는) '어떤 것'(실체)도 아닌가 하면, '성질'(포이온)도 아니고 마치 실체인 것과 같은 것(실체와 비슷한 것), 또 성질인 것 같은 것(성질과 비슷한 것)에 지나지 않는다. 이를테면 말이 현실로 존재하지 않아도 말에 대한 마음의 상은 생기는 것이다.

또 종(種, 에이도스)이란 '인간'(이란 種)이 '동물'(이란 類) 밑에 포섭되듯이 유 밑에 포섭되는 것을 뜻한다. 또 최고의 유는 그 자체가 유이면서 그 위에 유를 갖지 않는다. 이를테면 '존재(有)'가 그렇다. 또 최하의 종은 그 자체는 종이면서 그 밑에 종을 갖지 않는 것이다. 예컨대 '소크라테스'[58]가 그렇다.

또 분할이란 유를 그것에 가까운 종으로 나누는 것이다. 이를테면 동물에는 이성적인 것과 비이성적인 것이 있다는 식으로(양분) 하는 것이다.

또 반대분할이란 유를 반대 성질에 따라서 종으로 분할하는 것이다. 예를 들어 존재하는 것에는 선한 것과 선하지 않은 것이 있듯이 한쪽에 부정사를 붙임으로써 분할이 이루어지는 경우이다.

또 하위분할이란 분할에 분할을 거듭하는 것이다. 이를테면 '존재하는 것에는 선(善)한 것과 그렇지 않은 것이 있다'고 한 뒤에, 더욱 '선하지 않은 것 가운데에는 악한 것과 선악과 무관한 것이 있다'는 식으로 나누는 것이다.

(62) 또 (주제의) 구분이란 클리니스[59]에 따르면 하나의 유〔를 이루고 있는 주제〕를 여러 (하위의) 항목으로 분류 정리하는 것이다. 이를테면 혼에 관한 것과 몸에 관한 것처럼 하는 것이다.

---

[58] '소크라테스'가 최하의 종(種)의 예로서 거론하고 있는 의미는 잘 알 수 없다. 그것은 종은 아니고 개(個)이기 때문이다. 어쩌면 '소크라테스'라는 이름을 가진 사람이 그밖에도 있었기 때문에 그런 것을 일괄해서 '종'으로 한 것일지도 모른다.

[59] 타르수스의 아르케데모스의 제자이고 BC 2세기 후반에 활동한 스토아파 철학자.

또 다의성이란 말 자체는 글자 뜻대로 본디 의미로 사용되며 더구나 같은 관용에 따르면서 둘 또는 그 이상의 사항을 지시하는 것과 같은 표현을 뜻한다. 따라서 그와 같은 표현에서 우리는 그것을 동시에 많은 의미로 받아들이게 되는 것이다. 예를 들면 '아우레토리스 페프토케'란 표현이 그렇다. 그 이유는 그 표현에 따라서 한편으로는 '(시골의) 집(아우레)이 세 번(토리스) 쓰러졌다(페프토케)'는 것이 표시되는데 다른 한편으로는 '피리부는 여인(아우레토리아=아우레토리스)이 쓰러졌다'는 것이 표시되기 때문이다.

그런데 문답법이란 포세이도니오스가 말하는 바에 따르면 참과 거짓과 어느 것도 아닌 것을 다루는 학문인데, 다른 한편 크리시포스의 말에 따르면 그것은 가리키는 것(말, 세마이논)으로 지시되는 것(의미)에 관한 학문이다. 한편 (그 가운데의) 음성(말)에 관한 연구 가운데서 스토아파 사람들이 이야기하는 것은 주로 앞서 말한 것과 같다.*[60]

(63) 다른 한편 사항(그 자체)과 지시되는 것(의미)을 다루는 분야 가운데에는 렉턴(이야기되는 것)에 관한 이론, 즉 그 자체로 완한 렉턴이나 명제 및 삼단논법에 관한 이론과 그리고 완결함이 결여된 (불완전한) 렉턴이나 능동형 및 수동형의 술어(동사)에 관한 이론이 포함된다.

한편, 그들이 '렉턴'으로 말하는 것은 이성적인 표상에 의거해 존재하는 것이다. 그리고 렉턴 가운데에는 완전한 것과 불완전한 것이 있다고 스토아파 사람들은 주장한다. 불완전한 렉턴이란 그 표현이 완전하지 않은 것을 뜻한다. 이를테면 '쓴다'는 표현이 그렇다. 왜냐하면 '누가?'라고 우리는 묻기 때문이다. 이에 대해서 완전한 렉턴이란 그 표현이 완전함을 말하며, 이를테면 '소크라테스가 쓴다'는 것과 같은 표현이 그러하다. 이렇게 해서 불완전한 렉턴(항목의) 안에 (모든) 술어는 담겨 있는데 다른 한편 완전한 렉턴(항목의) 가운데에는 명제나 삼단논법, 또 수락여부를 요구하기만 하는 질문이나 사항의 설명을 요구하는 질문이 들어 있는 것이다.

(64) 그런데 술어(카테고레마)란 어떤 것(주어)에 대해서 쓰는 것, 또는 아폴로도로스 일문의 사람들이 말하듯이 단수 또는 복수의 것(주어)에 연결할 수

---

*60 55절에서 59절까지는 문답법의 연구 가운데서 '음성(언어)'에 관한 논제, 즉 오늘날의 '문법'에 해당하는 사항에 대해서 써온 것이라고 해도 좋은데, 그러나 그 이후, 이 절까지 논의되는 것이 모두 같은 논제에 관한 것인지에 대해서는 이론(異論)이 있을 것이다.

있는 것, 또는 명제를 만들기 위해 (명사의) 주격에 연결하는 (그 자체로는) 불완전한 렉턴을 말한다. 그러나 술어(동사) 가운데 어떤 것은 완전술어(완전자동사)이다. 이를테면 '암초 사이를 누비고 (배)는 나아간다'는 식이다……(빠짐)……*[61] 또 술어(동사) 가운데에는 똑바른 것과 역방향인 것, 그리고 그 어느 쪽도 아닌 것이 있다. 똑바른 것(능동형의 동사)이란 술어가 되기 위해 사격형(斜格形)의 하나와 연결된 구문이 되는 것을 말한다. 이를테면 '그는(……를) 듣는다'든지, '(……를) 본다'든지, '그는 (……와) 대화한다'든지와 같은 것이 그러하다. 또 역방향의 것(수동형의 동사)이란 수동태로 구성되는 것을 뜻한다. 예를 들어 '나는 들을 수 있다'든지 '나는 볼 수 있다'든지와 같은 것이 그렇다. 그리고 그런 것의 어느 쪽도 아닌 술어(동사)란 앞서 말한 두 가지의 어느 쪽도 아닌 것을 말한다. 이를테면 '생각하는 것'이라든지 '산책하는 것'이라든지(의 부정법 동사)가 그것이다. 또한 재귀적인 술어(동사)는 역방향 술어 가운데 들어간다. 그것은 형은 역방향(수동형)인데 능동형 작용을 하는 것이기 때문이다. 이를테면 '그들은 자기머리를 깎는다'*[62]는 식이다.

(65) 그 이유는 이 경우 '머리를 깎는 자'는 그 행위 속에 자기 자신을 포함하기 때문이다. 한편 사격(斜格)이란 속격(屬格)과 여격(與格)과 대격(對格)을 말한다.

또 명제란 진위 어느 한 쪽인 것, 또는 크리시포스가 문답법에 따른 정의 가운데서 말하듯이 그것만으로 긍정 또는 부정의 언명이 될 수 있는 자기완결적인 것(완전한 렉턴)을 말한다. 즉 그는 '명제란 이를테면 (낮이다)라든지, (디온은 산책하고 있다)든지처럼 그것만으로 부정 또는 긍정의 말이 될 수 있는 것이다'라고 이야기한다. 그런데 '악시오마'(명제, 판단)란 그 명칭은 그것을 승인─또는 거부하는 것이 타당하다고 생각하는 것에서 붙여진 것이다. 그 이유는 '낮이다'라고 말하는 사람은 낮이라는 것을 승인하는 것이 타당한 것처럼 생각되기 때문이다. 그리고 그 경우 실제로 낮이라면 제시되는 명제는 참이 되는데 그렇지 않은 경우에는 거짓이 된다.

(66) 그런데 명제와 승낙여부를 요구하기만 하는 질문과 사항의 설명을 요

---

*[61] 이곳의 결점은 위의 '완전술어'에 대응해서 '그러나 어떤 것은 불완전술어'[즉 사격형(斜格形)의 주어가 따르는 비인칭의 자동사)이다'와 같은 문장이었을 것으로 추측된다.

*[62] 이른바 중동상(中動相)의 것.

구하는 심문과는 다르다. 또 명령·맹세·탄원·가정·호소 및 그 밖에 명제와 비슷한 것 사이에도 차이는 있다. 즉 명제란 우리가 그것을 말로 할 때 자신의 생각을 밝히는 것이고 그것이 참이거나 거짓이거나 어느 한 쪽이다.

또 질문(에로테마)이란 명제도 그렇듯이 그 자체로 완결하고 있는 것(완전한 글)인데 답을 요구하는 것이다. 예를 들면 '(지금은) 낮인가?'라는 식이다. 그러나 이것은 참도 거짓도 아니다. 따라서 '낮이다'라는 명제인데 '(지금은) 낮인가?'라고 말하는 것은 질문이다.

또 심문이란 물은 것에 대해서 마치 질문의 경우처럼 (이를테면 '응'하면서 고개를 끄덕이는 것과 같은)신호로 대답할 수 없는 것이다. 그에 대해서는 (이를테면) '그는 이 땅에 살고 있다'는 식으로 대답하지 않으면 안 되는 것이다,

(67) 또 명령문은 그것을 말로 할 때 명령을 전하는 것이다. 이를테면

그대는 이나코스강으로 걸어가라.*63

이렇게 말하는 식으로.

또 맹세의 말이란 ……(빠짐) ……이다.*64

또 호소의 말이란 누군가가 입에 올리면 그 사람은 (상대에게) 호소하게 되는 것이다. 이를테면

아트레우스의 매우 영광스러운 아들로서 사람들의 왕이신 아가멤논이여.*65

이런 식이다.

또 명제를 닮은 글이란 명제의 표현형식을 지니고 있는데, 그 글 일부가 군더더기 말이거나 또는 감정이 섞인 말이기 때문에 (본디) 명제 부류에서 벗어난 것이다. 예를 들면

---

*63 작자 미상. 단편 177.
*64 앞 절의 처음에 열거된 것 가운데서는 '탄원'과 '가정'의 글의 설명도 빠져 있다.
*65 〈일리아스〉 제2권 434행, 제9권 96행 등.

참으로 아름답다, 파르테논은

이라든지,

그 소의 사육사는 프리아모스의 아이들과 어쩌면 그렇게 닮았을까!*[66]

이와 같은 것이 그러하다.

(68) 또 (본디) 명제와는 다른데 의심스러움을 밝히는 글(일종의 수사의문문)도 있다. 그것은 누군가가 그것을 입에 올리면 사람을 곤혹스럽게 만드는 것이다. 이를테면

과연 괴로움과 삶이란 가까운 관계에 있는 것인가.*[67]

위와 같은 것이 그렇다.

그런데 명제는 (언제나) 참이거나 거짓이거나 어느 한 쪽인데, 질문이나 심문이나 이런 것과 비슷한 것은 참도 아니고 거짓도 아니다.

그리고 크리시포스·아르케데모스·아테노도로스·안티파트로스·클리니스 및 그들의 문하생들이 주장하듯이 명제에는 단순한 것과 그렇지 않은 것이 있다.

그런데 단순한 명제란 이의가 없는 하나의 명제로 성립해 있는 것으로 '낮이다'라는 것을 예로 들 수 있다. 이에 대해서 단순하지 않은 (복합) 명제란 이의가 있을 수 있는 하나의 명제, 또는 하나 이상의 명제로 성립하는 것을 말한다.

(69) 즉 이의가 있을 수 있는 명제로 성립하고 있는 것이란 '만일 낮이라면 낮이다'라는 것이 그 예이고, 또 하나 이상의 명제로 성립하는 것이란 '만일 낮이라면 빛이 있다'와 같은 것이다.

그리고 단순한 명제 안에는 부정·부정적인 단정·결여·단정(긍정)·한정 및 부정을 나타내는 명제가 포함된다. 다른 한편, 단순하지 않은 (복합) 명제 속에는 (명제 간의 관계가) (가정·결론의)결합, 이유·귀결, 연언(連言), 선언(選言), 원인·결

---

*66 작자 미상. 단편 286.
*67 메난드로스의 극 〈키타라연주자〉 단편 1.

과 및 '더 많게'와 '더 적게'를 명확히 하는 것(비교)으로 된 것이 포함된다.

그런데 단순명제 가운데 부정명제란 부정사와 하나의 명제로 이루어진 것이다. 이를테면 '낮(일 리가 없다)이 아니다'와 같은 것이 그렇다. 또 그 부정명제의 일종은 이중부정 명제이다. 그리고 이중부정이란 부정의 부정을 뜻하는 것으로 '낮이 아닐 리가 없다'는 것이 그 예이다. 그러나 이것은 '낮이다'라고 하는 것이다.

(70) 또 부정적인 단정명제란 부정사를 부분으로서 지닌 말, 부정대명사와 술어로 구성된 것을 말한다. 그 예는 '아무도 산책하지 않고 있다'*68

또 결여명제란 결여를 표시하는 작은 말을 그 부분으로서 지닌 말과 가능적인 명제로 구성된 것을 말한다. 그 예는 '이 사람은 인간애가 결여되어 있다.'*69

또 단정(긍정) 명제(카테고리콘)란 주격형 명사와 술어로 이루어지고 그 예는 '디온은 산책하고 있다.'

또 한정명제란 주격형 지시(대명)사와 술어로 이루어지며 그 예는 '이 사람은 산책하고 있다'

또 부정명제란 단수 또는 복수의 부정(대명)사와 술어로 이루어지며, 그 예는 '누군가가 산책하고 있다'라든가 '그는 움직이고 있다'와 같다.

(71) 다른 한편, 단순하지 않은(복합) 명제 가운데 가정·결론의 결합에 따른 것*70이란 크리시포스가 〈문답법논고〉에서 말하듯이 '만일……라면'이란 결합(가정)을 나타내는 접속사로 두 명제가 연결되어 있는 것을 말한다. 그리고 이 접속사는 제2의 사태가 제1의 사태에 따름을 알리고 있다. 그 예는 '만일 낮이라면 빛이 있다'이다.

또 이유·귀결 관계에 있는 결합명제란 클리니스가 〈문답법교과서〉 가운데서 말하듯이 선행명제와 귀결명제가 '……(이다)이므로,……(이)이므로'라는 이

---

*68 우리말로 옮기면 이렇게 되지만, 원문은 부정사를 포함한 주어(부정대명사)와 술어(동사)로 이루어져 있다.

*69 '이 사람은 인간애가 결여되어 있다'로 번역된 그리스어는 '결여'를 나타내는 접두어와의 합성어이다.

*70 일반적으로는 단순히 '가정적' 복합명제로 번역되는데 시넴메논은 '결합되어 있는 것'이란 의미이므로 그것을 번역한다. 그러나 내용상으로는 의미를 보완한 번역을 붙여둔다. 다음의 '이유·귀결의 관계에 있는 결합복합명제'의 경우도 같다.

유라는 (이유를 표시하는) 접속사로 연결된 것을 말한다. 이를테면 '낮이므로 빛이 있다'는 식이다. 그리고 이 접속사가 말해주는 것은 제2의 사태가 제1의 사태에 따르는 것과 제1의 사태는 실제로 존재한다는 것이다.

(72) 또 연언명제란 몇 개의 연결 접속사('……도……또……도')로 연결되는 것을 말한다.

또 선언(選言, 離接)명제란 '또는'('그렇지 않으면', '……이거나, 또는')이라는 이접 접속사로 (두 명제가) 분리되는 것을 말한다. 예를 들면 '낮이거나, 또는 밤이거나 이다'란 식이다. 그리고 이 접속사는 두 명제 가운데 어느 한쪽은 거짓임을 알려준다.

또 원인·결과 관계에 있는 명제란 '……(이다)이므로'라는 (원인을 말해주는) 접속사로 구성된 것을 말한다. 이를테면 '낮이므로 빛이 있다'는 식이다. 그 이유는 제2의 사태가 제1의 사태에서 비롯되기 때문이다.

또 (비교로써) '더 많이'라는 것을 명확히 해주는 명제란 '더 많이(오히려)'란 것을 표시하는 접속사와 (두 개의) 명제 중간에 놓인 '……보다는 보다도'라는 말로 구성된 것을 말한다. 이를테면 '밤이기보다는 오히려 (더 많이) 낮이다'라는 식이다.

(73) 다른 한편, '보다 작게'라는 것을 명확히 해주는 명제는 (두 명제의 위치가) 앞의 명제와는 반대로 된 것이다. 예를 들어 '낮이라기보다는 좀 더 작게 밤이다(밤이라기보다는 오히려 낮이다)'라는 식이다.

그리고 명제 가운데에는 참과 거짓이라는 점에서 서로 모순대립하는 것이 있다. 그 경우, 한쪽은 다른 쪽의 부정이 된다. 예를 들어 '낮이다'라는 명제와 '낮은 아니다'라는 명제가 그렇다. 거기에서 (가정·결론의) 결합관계에 있는 복합명제이고, 그 명제의 조건에 모순 대립하는 밝힘이 그것의 전건(前件)과 양립하지 않는 것은 참이다.

예컨대 '만일 낮이라면 빛이 있다'는 것이 결합관계에 있는 복합명제라고 한다면 이 명제는 참이 된다. 그 이유는 '빛이 없다'는 밝힘은 지금의 명제의 후건('빛이 있다')과 모순 대립하는 밝힘인데 이것은 '낮이다'라는 그 명제의 전건과 양립하지 않기 때문이다. 다른 한편 결합관계에 있는 복합명제이고 그 명제의 후건(後件)에 모순 대립하는 밝힘이 그것의 전건과 양립하는 것은 거짓이다. 예를 들어 '만일 낮이라면 디온은 산책하고 있다'고 말하는 결합관계에 있는 복합명제가 그렇다. 왜냐하면 '디온은 산책하고 있지 않다'고 말하는 (그 명제의 후건에 모순 대립하는) 밝힘은 '낮이다'라는 그 명제의 전건과 양립하기 때문이다.

(74) 또 이유·귀결의 관계로 결합하는 복합명제는 참인 밝힘(전건)에서 시작해 거기에서 (논리적으로) 귀결하는 밝힘(후건)으로 끝나는 것이라면 참이다. '낮이기 때문에 태양은 지상에 있다'는 것과 같은 것이 그 예이다. 그러나 거짓 밝힘에서 시작되는 것, 또는 (참인 밝힘에서 시작해도) 그 전건에서 (논리적으로) 귀결하는 밝힘으로 끝나는 것이 아니면 거짓이다. 예를 들어 '밤이기 때문에 디온은 산책하고 있다'는 복합명제는 만일 이 명제가 낮일 때 이야기가 된다면 거짓이다.

또 원인·결과 관계에 있는 복합명제는 참인 밝힘에서 시작해 그 뒤 귀결하는 밝힘(후건)으로 끝나는 것이라면 진실이다. 다만 그 명제의 전건은 (반드시) 후건에서 귀결한다고는 할 수 없다. '낮이기 때문에 빛이 있다'는 것과 같은 것이 그 예이다. 그 이유는 (이 명제에서) '빛이 있다'는 밝힘(후건)은 낮이다'라는 밝힘(전건)에서 귀결하는데, '낮이다'라는 밝힘(전건)은 '빛이 있다'는 밝힘(후건)에서 (반드시)귀결하는 것은 아니기 때문이다. 다른 한편 원인·결과 관계에 있는 복합명제에서 다음과 같은 것은 거짓이다. 즉 거짓 밝힘으로 시작되는 것, 또는 (전건에서)귀결하는 밝힘으로 끝나는 것이 아닌 것, 또는 그 명제의 전건이 후건에서 귀결하지 않는 것이 그러하다. 예를 들어 '밤이기 때문에 디온은 산책하고 있다'는 것과 같은 것이 그렇다.

(75) 그럴듯한 명제란, 우리를 동의로 이끄는 것이다. 이를테면 '만일 누군가가 아이를 낳았다면 그녀는 그 아이의 어머니이다'라는 것이 그렇다. 그러나 이 명제는 거짓이다 (반드시 참은 아니다). 왜냐하면 그 암컷 새는 (반드시) 그 알의 어미는 아니기 때문이다.

그리고 어떤 명제는 가능한데 어떤 명제는 불가능하다. 또 어떤 명제는 필연적인데 어떤 명제는 필연적이지는 않다. 한편 가능한 명제란, 참이 허용될 수 있는 것, 그리고 외부에 그것이 참임을 방해하는 사정이 아무것도 없음을 말한다. 예를 들어 '디오클레스는 생존하고 있다'는 명제가 그렇다. 다른 한편 참이 허용되지 않는 것,[71] 예를 들어 '대지가 날고 있다'는 명제는 불가능한 것이다.

또 참이고 디구나 거짓임이 허용되지 않는 것, 또는 거짓임은 허용될 수 있어도 그러나 외부의 사정이 거짓이 되는 것을 방해하는 것, 그와 같은 명제는 필연적인 것이다. 예를 들어 '덕은 유익하다'는 명제가 그렇다. 다른 한편, 참이기도 한데 또 거짓이기도 한 것이 가능한 것, 그리고 외부에 그것이 거짓이 되는 것을 방해하는 사정이 아무것도 없는 것, 그와 같은 명제는 필연적이지는 않은 것이다. 이를테면 '디온은 산책을 하고 있다'는 명제가 그렇다.

(76) 또 이치에 맞는 명제란 그것이 참이기 위한 논거를 하나 이상 지니고 있는 것을 말한다. 이를테면 '나는 내일 살아 있을 것이다'라는 명제가 그러하다.

그런데 위에서 말한 것 말고도 명제의 차이를 보여주는 것은 여러 가지가 있고 또 명제의 참에서 거짓으로의 전환이나 그 반대인 거짓에서 참으로의 전환에도 다양한 것이 있으므로, 그런 점에서 대체적인 것을 말해두기로 한다.[72]

한편, 클리니스와 그 일문 사람들에 따르면 추론(삼단논법, 로고스)은 (대)전제와 부가(소)전제, 결론으로 성립해 있는 것이다. 이를테면 다음과 같은 것이 그렇다. '만일 낮이라면 빛이 있다. 그런데 낮이다. 그러므로 빛이 있다' 즉 이경우 '만일 낮이라면 빛이 있다'가 (대)전제이고, '그런데 낮이다'가 부가(소)전제, 그리고 '그러므로 빛이 있다'가 결론이다.

또 '트로포스'(추론식)란 추론의 이른바 형(型, 형식, 스키마)을 말한다. 이를테면 다음과 같은 것이 그렇다. '만일 제1이라면 제2이다. 그런데 제1이다. 그러므로 제2이다'

(77) 또 '로고트로포스'(간략형추론)란 위의 양자(추론(로고스)와 추론식(트로포스))가 짜 맞추어진 것이다. 예를 들어 '만일 플라톤이 살아 있다면 플라

---

[71] 이 글의 다음에 위에서 말한 또 한 편의 가능적인 명제와 대비해서, '또는 참인 것은 허용이 되지만, 그러나 그것에 있어서 외부의 사정이 그것이 참임을 방해하고 있는 것은' 이 같은 문장을 텍스트에 삽입하는 제안이 일부 사람들에 의해서 이루어지고 있다(롱과 세들리, 앞의 책, 제2권, 234페이지, 38D 참조).

[72] 그러나 이 책 가운데서는 이런 점에 대해서 거의 언급이 되지 않는 것으로 생각된다.

톤은 숨을 쉬고 있다. 그런데도 제1이다. 그러므로 제2이다.' 이 '로고트로포스'
가 도입된 것은 글의 짜맞춤이 조금 길어지는 경우에는, 부가(소) 전제나 결론
이 긴 글을 더 이상 되풀이하지 않고 간결하게 논의를 진행하기 위해서이다.
'그런데도 제1이다. 그러므로 제2이다'의 식으로 한다.

그런데 추론 가운데에는 (참인) 결론에 이르지 않은 것(무효인 것, 아페란토
스)과 이를 수 있는 것(유효한 것, 페란티코스)이 있다. 무효인 추론은 그 결론
에 모순 대립하는 명제가 두 전제를 짜 맞춘 것과 양립하는 것을 말한다. 이를
테면 다음과 같다. '만일 낮이라면 빛이 있다. 그런데 낮이다. 그러므로 디온은
산책을 하고 있다'

(78) 다른 한편, 유효한 추론 가운데 어떤 것은 '삼단논법에 따른 유효한 추
론'으로 일컬어진다. 그런데 이 '삼단논법에 따른 유효한 추론'이란 논증적이
아닌 추론을 말하거나, 또는 그곳에 지시되는 것(전제) 가운데 1 또는 1 이상의
것에 의해서 논증적이 아닌 추론으로 환원되는 것을 말한다. 이를테면 '만일
디온이 산책을 하고 있다면 디온은 움직이고 있다. 그런데 디온은 산책을 하고
있다.'[73] 그러므로 디온은 움직이고 있다' 는 추론처럼[74] 하는 식이다.

또 유효한 추론의 한 종류로서는 삼단논법에 따르지 않고 결론으로 이끄는
것이 있다. 이를테면 '낮이고 또한 밤이라는 것은 거짓이다. 그런데 (지금은) 낮
이다. 그러므로 밤은 아니다' 라는 추론이 그렇다.

그리고 삼단논법으로 되지 않은 추론이란 삼단논법적인 추론과 비슷한 것
처럼 보이지만, 그러나 (올바른) 결론으로 이끌지 않은 것을 말한다. 그 한 예
는 '만일 디온이 말이라면 디온은 동물이다. (그런데 디온은 말이 아니다.) 그러
므로 디온은 동물은 아니다'

(79) 그런데 추론 가운데에는 참인 것과 거짓인 것이 있다. 참인 추론이란
참인 전제에 따라서 결론으로 이끄는 것을 말하는 것이다. 그 한 예는 '만일
덕이 이익을 가져온다면 악덕은 해를 가져온다. (그런데 덕은 이익을 가져온다.
그러므로 악덕은 해를 가져온다).' 또 거짓 추론이란 전제 안에 무언가의 거짓
이 포함되거나 또는 (참인) 결론에 이를 수 없는 것(무효의 추론)을 말한다. 후
자의 예는 '만일 낮이라면 빛이 있다. 그런데 낮이다. 그러므로 디온은 살아 있

---

*73 힉스의 삽입에 따른다.
*74 이 추천은 아래 80절에 쓰는 '논증적이 아닌 추론'의 첫째의 것에 해당한다.

다' 또 추론에는 가능적인 것과 불가능한 것, 필연적인 것과 필연적이지 않은 것이 있다.

또한 논증이 필요 없기 때문에 논증적이 아닌 추론도 몇 가지 있다. 그런 추론은 사람에 따라서 여러 가지를 들 수 있는데 크리시포스는 5종류를 들고 있고, 이 5종류에 따라서 어느 추론도 짜맞출 수 있다고 말한다. 즉 이들 5종류의 추론이 (참인) 결론에 이를 수 있는 (유효한) 추론에도, 또 삼단논법에 따른 (유효한) 추론에도, 더 나아가 몇 개의 추론식*75으로도 사용될 수 있다는 것이다.

(80) 즉 논증적이 아닌 추론의 첫째는 (가정·결론의 관계에 의한) 결합복합명제(대전제)와 그 명제의 전건(소전제)에서 그 명제의 후건이 결론으로 도출되도록 그 추론전체가 구성된 것이다. 그 예는 '만일 제1이라면 제2이다. 그런데 제1이다. 그러므로 제2이다'

논증적이지 않은 추론의 제2의 것은 결합복합명제(대전제)와 그 명제의 후의 건에 모순 대립하는 명제(소전제)에서 그 명제의 전건에 모순 대립하는 명제를 결론으로서 갖게 되는 추론이다. 그 예는 '만일 낮이라면 빛이 있다. 그런데 빛이 없다. 그러므로 낮이 아니다' 즉 이 경우 부가(소)전제는 후건에 모순 대립하는 밝힘으로 성립해 있고 또 결론은 전건에 모순 대립하는 밝힘으로 성립된다.

논증적이 아닌 추론의 제3의 것은 연언복합명제의 부정(대전제)과 그 연언복합명제 가운데 한쪽의 명제(소전제)에 의해서 나머지 다른 한쪽의 명제에 모순 대립하는 밝힘을 결론으로서 갖게 되는 추론이다. 그 예는 '플라톤은 죽었고 또한 플라톤은 살아 있다는 것은 있을 수 없다, 그런데 플라톤은 죽었다. 그러므로 플라톤은 살아 있지 않다'

(81) 논증적이지 않은 추론의 제4의 것은 선언복합명제(대전제)와 그 선언복합명제 가운데 한쪽의 명제(소전제)에 따라서 나머지 다른 한쪽의 명제에 모

---

*75 여기에서 '몇 가지 추론식'으로 번역한 것은 구체적으로는 (가정·결론의 관계에 의한)결합복합명제이거나, 또는 선언 복합명제를 대전제로 갖는 추론을 말한다. 또한 다음절 이하에서 예시되는 5종류의 '논증적이 아닌 추론' 가운데서는 제2, 제4, 제5의 것이 그것에 해당한다. 한편 제1의 것은 위 78절에 예시되는 것과 같은 '삼단논법에 의한 유효한 추론'에 해당하고, 또 제3의 것은 똑같이 78절에 예시되는 것과 같은 '유효한 추론의 하나의 종(種)에 해당한다'

순 대립하는 밝힘을 결론으로서 갖게 되는 추론이다. 그 예는 '제1이거나 또는 제2이거나 어느 한쪽이다. 그런데 제1이다. 그러므로 두 번째는 아니다'

논증적이지 않은 추론의 제5의 것은 선언복합명제(대전제)와 그 선언복합명제 가운데 한쪽의 명제에 모순 대립하는 명제(소전제)에서 나머지 한쪽의 명제가 결론으로서 도출되도록 추론 전체가 구성되는 것을 말한다. 그 예는 '낮이거나, 또는 밤이거나 어느 한쪽이다. 그런데 밤은 아니므로 낮이다'

한편 스토아파 사람들에 따르면 참인 것에서부터는 참인 것이 귀결한다. '낮이다'라는 것에서는 '빛이 있다'는 것으로 귀결하듯이, 또 거짓인 것에서는 거짓으로 귀결한다. '밤이다'라는 것이 거짓이라면 그것에서는 '어둠이 있다'는 (거짓의 것)으로 귀결하는 것이다. 또 거짓인 것에서 참인 것으로 귀결할 때도 있다. '대지가 날고 있다'는 (거짓)에서 '대지는 존재한다'는 (참인) 것으로 귀결하듯이. 그러나 참인 것에서 거짓인 것으로 귀결하는 일은 없다. 왜냐하면 '대지는 존재한다'는 (참인) 것에서 '대지는 날고 있다'는 (거짓인) 것은 귀결하지 않기 때문이다.

(82) 그리고 또 몇 사람을 당혹하게 하는 추론(궤변)이 있다.*76 '가려져 있는 자들', '깨닫지 못하고 있는 자들', '곡물의 퇴적', '뿔이 있는 자들', '누구도(……가) 아니다' 등의 추론이 그것이다.

'가려져 있는 자들'이란 이와 같은 논의이다.*77 ……(빠짐)…… 또, ('곡물의 퇴적론'이란) '두 개(두 알의 곡물이 적지 않다면 세 개도 적지 않다.)' 그리고 두 개나 세 개가 적지 않다면 네 개도 적지 않다. 그리고 그렇게 해서 열에 이르기까지의 수도 적지 않다. 그러나 둘은 적은 것이다. 그러므로 열 또한 적은 것이다. (그렇기 때문에 몇 알이 되어도 퇴적이란 일어날 수 없다)'는 것이다. ……(빠짐)……또 '누구도(……가 아니다'라는 논은 부정적인 명제와 한정적인 명제를 짜맞춘 복합명제(대전제)에 부가(소)전제와 결론을 덧붙여 만들어지게 되는 추론이다. 그 예는 '만일 누군가가 이곳에 있다면 그 사람은 로도스섬에는 없다. 그런데 누군가가 이곳에 있다. 그러므로 누군가 로도스섬에 있다는 것은

---

*76 위, 44절 참조.
*77 이하에는 '곡물의 퇴적'과 '누구도……(는) 아니다'라는 궤변에 대한 설명이 있을 뿐이고 이 '가려져 있는 자들'이나 '깨닫지 못하고 있는 자들', 또 '뿔이 있는 자들'이란 궤변에 관한 설명은 빠져 있다.

아니다(로도스섬에는 아무도 없다).'……(빠짐)……

(83) 한편 스토아파 사람들은 언론에 관한 분야의 학문에서는 앞서 말한 것과 같은 사고의 소유자였는데, 그것은 그들이 현자는 언제나 문답법을 터득한 자라는 점을 특히 강조하기 위함이었다. 그들에 따르면 자연학 분야에 속하는 것도, 또 윤리학 분야에 속하는 것도 모든 사항이 언론(로고스) 가운데서의 고찰로써 통찰되기 때문이다. (언론에 관한 분야의 사항이 그런 것은 말할 나위도 없기 때문에.) 또한 '이름의 정확성'이란 점에 관해서는 관습에 따라서 여러 이름이 사물에 대해서 정해져 온 것은 어떻게 된 것인가 하는 (어원상의) 사항을 현자가 논하는 일은 없을 것이다(라고 그들은 생각한다). 그리고 현자의 탁월성 가운데 담긴 두 가지 연구 활동 가운데 하나는 존재하는 것이 저마다 무엇인가를 고찰하고 있는 것이고, 또 하나는 그것이 무엇으로 불리는지를 살펴보는 것이다.[78]—언론에 관한 사항에 대한 그들의 학설은 위에 말한 것과 같은 것이다.

(84) 다른 한편, 철학 속의 윤리학에 관한 부문에 대해서 그들(스토아파)은 이를 다음과 같은 논제로 구분한다. 즉 (1) 충동에 관한 이론, (2)선과 악에 관한 이론, (3)정념에 관한 이론, (4) 덕에 관한 이론, (5) (삶)의 목적에 관한 이론, (6) 제일(최고)의 가치와 행위에 관한 이론, (7) 상응하는 행위에 관한 이론, (8) 권고와 간지(諫止)에 대한 이론이다. 그러나 이와 같이 세분하는 것은 크리시포스·아르케데모스·타르수스의 제논·아폴로도로스·(바빌로니아의) 디오게네스·안티파트로스·포세이도니오스 및 그들의 문하생들이다. 그것은 키티온의 제논이나 클레안테스가 더욱 오랜 세대 사람답게 이들 문제를 더욱 간결하게 다루었기 때문이다. 그러나 앞서 거론한 사람들은 또 (윤리학 부문뿐만 아니라) 언론 부문이나 자연학 부문도 세분했다.

(85) 한편, 그들의 주장에 따르면 생물은 자기 자신을 보존하려는 근원적인 충동을 지니고 있다. 그것은 크리시포스가 〈목적에 대해서〉 제1권에서 말하듯이 자연은 처음부터 생물이 자기 자신과 친근한 것이 되도록 하기 때문이다. 즉 그는 '모든 생물에게 무엇보다도 가장 친근한 것은 자기 자신의 (몸의) 성립과 그것에 대한 의식이다'라고 말하는 것이다. 그것은 생물이 스스로 자신과

---

[78] 앞 62절의 끝 참조. 즉 문답법의 연구대상인 '지시되고 있는 것'과 '지시하는 것'의 두 가지를 가리킨다.

소원한 것이 되도록 자연이 했다는 것은 있을 수 없는 일이고, 또 자연은 생물을 만들어 두면서 이를 그 자신에 대해서 소원한 것으로도 친근한 것으로도 하지 않았다는 것 또한 있을 수 없는 일이라는 것이다. 그렇기 때문에 남은 것은, 자연은 생물을 만들었을 때 이를 그 자체에 대해서 친근한 것이 되도록 한 것이라고 말할 수밖에 없다. 그렇기 때문에 생물은 자신에게 해를 끼치는 것은 밀어내고 자기에게 친근한 것으로 나아간다.

다른 한편, 생물에게 근원적인 충동은 쾌락으로 향해진 것이라고 하는 일부 사람들(에피쿠로스파)의 설은 오류임을 그들은 명확히 한다.

(86) 그들의 주장에 따르면 쾌락은 만일 그것이 정말로 존재한다고 해도 그에 따라 생긴 것이고, 그것은 자연이 그 자체로 직접 생물의 체질에 적합한 것을 찾아서 발견해 주었을 때 (그 결과로서) 낳게 되는 것이기 때문이다. 동물이 기쁨의 소리를 지르고 식물이 꽃을 피우는 것도 그렇게 해서 낳게 된 것이다.

또 그들의 말에 따르면 자연은 본디 식물의 경우와 동물의 경우에 아무런 차별도 두지는 않았다. 자연은 식물에 대해서도 충동이나 감각이 없는 채로 잘 나가게 하고 있는데 우리들 동물의 경우에도 어느 부분은 식물적인 영위를 하기 때문이다. 그런데 동물의 경우에는 충동이 그 위에 덧붙여 생기고 동물들이 이를 이용해 자기에게 친근한 것(영양물)으로 향해 나아가게 되면 이들 동물들에게는 '자연에 따라서' 산다는 것이 충동에 따라서 이끌린다[79]는 것이다. 그러나 더욱더 완전한 자연의 이끌림에 따라서 이성적인 존재자(인간들)에게 이성(로고스)이 부여되는 단계에 이르면 그들에게 '이성에 따라서 올바르게 사는 것'이 '자연에 따르는' 것으로 되는 것이다. 그 이유는 이 이성은 충동을 다루는 방법을 터득한 기술자로서 뒤에 덧붙여 생기는 것이기 때문이다.

(87) 그러므로 제논이 최초에 〈인간의 자연본성에 대해서〉에서 (삶의) 목적은 '자연과 일치화합해서 사는 것'이라고 말했던 것인데, 그것은 '덕에 따라서 사는 것'과 같았다. 왜냐하면 자연은 우리를 이끌어 덕으로 향하게 하기 때문이다. 그리고 클레안테스도 〈쾌락론〉에서, 또 포세이도니오스와 헤커톤도 그들의 〈목적에 대해서〉란 책에서 이와 똑같은 말을 하고 있는 것이다. 그러나

---

[79] BF사본대로 읽었다.

또 크리시포스가 〈목적에 대해서〉 제1권에서 말하고 있듯이, '덕에 따라서 사는' 것은 '자연에 의해서 생기는 사항의 경험에 즉응해서 사는' 것과 같다. 왜냐하면 우리의 자연(본성)은 우주만유의 자연부분이기 때문이다.

(88) 그러므로 자연에 따라서 사는 것이 (삶의) 목적이 된다. 즉 그것은 저마다가 자기 자신의 자연(본성)에도, 또 우주만유의 자연에도 따르는 것이며, 그 경우에는 공통의 법이―즉 그것은 만물에 보편적인 올바른 이법(理法)이고 그것은 또 존재하는 모든 것에 질서를 부여하는 지도자인, 그 제우스와 똑같은데―통상 금지하는 것은 아무것도 행하지 않는다는 것이다. 그리고 바로 이것이 행복한 사람이 몸에 익힌 덕이고 그의 삶에 막힘이 없는 흐름인 것인데, 그것은 각자의 곁에 바짝 붙어 있는 다이몬(수호령*80)과 만유의 통할자인 의지와의 사이의 일치 협화에 의거해 모든 일이 이루어지는 경우에 생긴다. 그렇기 때문에 (바빌로니아의) 디오게네스는 삶의 목적은 자연에 따라서 존재하는 것을 골라낼 때 잘 추려 깊이 생각하는 것이라고 확실히 말하고 있고, 또 아르케데모스도 이미 상응한 행위를 완전하게 하면서 사는 것이 삶의 목적이라고 이야기하는 것이다.

(89) 그런데 크리시포스는 우리가 그것에 따라서 살아야할 자연은 (우주만유에) 공통인 자연만이 아니고 또 개개인간의 자연이기도 한 것으로 이해한다. 그러나 클레안테스는 공통의 자연만을 우리가 따라야 할 자연으로서 받아들이고 개별적인 자연을 그 밖에 인정하려고 하지 않는다.

또 덕이란 그들에 따르면 (자연 또는 이성과) 일치화합하는 (혼의)상태를 말한다. 그리고 덕은 그 자체로 말미암아 선택되어야 하는 것이고, 무언가의 두려움이라든가 희망에 의해서 또는 외적인 무언가에 의해서 선택되어야 하는 것은 아니다. 또 행복은 덕 가운데 있는데 그것은 생애 전체를 통해서 (이성 또는 자연과) 일치 융합한 상태에 혼이 되는 것이 덕이기 때문이다. 그러나 이성적인 생물(인간)은 때로는 외부의 학설이 그럴듯하게 생각됨으로써, 또 때로는 동료와의 교제로 정도(正道)에서 벗어나게 되는 일이 있어도 자연은 이성적인 생물에 왜곡되지 않은 출발점이 주어지는 것이라고 그들은 생각하는 것이다.

---

*80 이 '다이몬'을 각자의 혼의 '통할적 부분'으로 해석해도 좋은지의 여부에는 논의가 있다(롱과 세들리, 제2권 p. 391, 63C 참조).

(90) 그런데 덕이란 하나로는 어느 것에나 공통하는 사물의 하나의 완성상태를 말하는 것으로 이를테면 조각상의 덕이란 조각상이 완성하고 있는 것이다. 또 덕에는 건강처럼 이성으로 통찰된 것이 아닌 것과 사려처럼 이성의 통찰에 따른 것이 있다. 그것은 헤커톤이 〈덕에 대해서〉 제1권에서 다음과 같이 말하고 있기 때문이다. 즉 이성의 통찰에 의거해 성립하는 덕은 사려나 정의처럼 지식적이며 이성적인 통찰에 따른 것인데, 이에 대해서 그것이 아닌 덕이란 건강이나 체력이 그렇듯이 이성의 통찰에 의거해 성립한 덕과 같은 영역에서 볼 수 있는 것이다. 왜냐하면 건강은 이성으로서 통찰되어 존재하는 절제에 따르면서 이와 똑같은 영역에 생기기 때문이다. 그것은 마치 둥근 천장의 지붕을 세운 결과 (그 지붕의) 힘참이 이에 따라 생기는 것과 같다.

(91) 그런데 이런 덕이 이성에 의해서 통찰된 것이 아니라고 불리는 것은 그런 덕이 혼(정신)의 동의를 얻지 않는 것이기 때문이다. 그리고 그런 덕은 건강이, 사내다움이 그렇듯 열악한 인간에게조차도 따라서 낳기 때문이다.

또 덕이 정말로 존재하는 것인지에 대해서는 소크라테스·디오게네스·안티스테네스 및 그들의 제자들은 도덕적으로 향상한 사람들이란 사실이 그 증거가 된다고 포세이도니오스는 〈윤리학논집〉 제1권 가운데서 말하고 있다. 다른한편, 도덕도 실재하는 것임은 악덕은 덕의 반대라는 점에서 증명된다고 말하고 있다.

또 그것이―그것은 덕을 말하는데―가르칠 수 있는 것이라는 데 대해서는 크리시포스도 〈(궁극)목적에 대해서〉 제1권에서 말하고 있고 또 클레안테스도, 그리고 포세이도니오스는 〈철학의 권유〉에서, 더 나아가 헤커톤도 말하고 있는 것이다. 그리고 덕이 가르칠 수 있다는 것은 열악한 사람들이 선한 인간이 된 사실로도 명확하다.

(92) 한편, 파나이티오스는 덕(탁월성)에는 이론적인 것과 실천적인 것의 두종류가 있다고 주장한다. 그러나 다른 사람들은 덕을 언론에 관한 것과 자연학에 관한 것, 윤리에 관한 것(의 3종류)으로 나누고 있다. 또 포세이도니오스와 그 집안 사람들은 4종류로, 그리고 클레안테스·크리시포스·안티파토스 및 그들의 문하에 있는 사람들은 더 많은 종류로 나누고 있다. 그것은 (같은 옛 스토아파인) 아폴로파네스가 단 하나의 덕, 즉 사려만을 들고 있었기 때문이다.

또 (그들 스토아파에 따르면) 덕에는 기본적인 것과 여기에 종속하는 것이 있다. 기본적인 덕이란 사려·용기·정의·절제이다. 그리고 이것의 특수한 것으로서 고매(도량)·지제(극기)·인내·준민(俊敏)·궁리를 잘하는 것을 들고 있다. 그리고 사려란 악한 것과 선한 것 및 선악 어느 것도 아닌 것에 관한 지식이다(이렇게 그들은 정의한다). 또 용기란 선택해야 할 것과 경계해야 할 것 및 그 어느 쪽도 아닌 것에 관한 지식이고 더욱이 정의란 ……(빠짐)……

(93) 또 고매(도량)란 하찮은 일에나 훌륭한 일에나 어느 쪽에나 초연한 태도를 취하게 하는 지식 또는 마음의 상태를 말한다. 또 자제란 올바른 이치에 맞는 것에서 벗어나지 않는 (마음의) 성정(性情), 또는 쾌락에 빠지지 않는 상태를 말한다. 또 인내란 사람이 견뎌야 할 일이나 견딜 필요가 없는 것, 또 그 어느 쪽에도 해서는 안 될 일에 관한 지식 또는 (마음의) 상태이다. 또 준민이란 사람이 그때그때 하는 일에 상응한 것을 찾아낼 수 있는 (마음의) 상태이다. 또 궁리를 잘 한다는 것은 어떤 일을 어떻게 하면 자신의 이익이 되도록 행동하게 되는가 하는 것을 살펴보는 지식이다.

다른 한편 악덕에도 덕의 경우와 비교적으로, 기본적인 것과 그에 종속하는 것이 있다. 이를테면 무사려·겁·부정·방종은 기본적으로 악덕에 속하고, 자제심 부족·우둔함·궁리의 서투름은 종속적인 악덕에 속한다. 그리고 악덕이란 덕이 그것에 대한 지식이 있는 곳에 그것에 대한 무지를 말한다(이렇게 그들은 생각하고 있다).

(94) 또 선(善)이란 일반적으로 무언가의 이득이 되는 것을 말하는데 좀 더 한정된 의미에서는 유익성과 같거나 또는 그것과는 다른 것이 말하는 것이다. 그러므로 덕 그 자체와 덕을 나누어 갖고 있는 것은 다음의 세 가지 의미에서 선하다고 한다. 즉 (1)이익을 얻는다는 것이 거기에서 낳게 된 것이라는 의미와, (2)덕에 따른 행위처럼 그것에 따름으로써 이익을 얻게 된다는 의미, 더 나아가, (3)덕에 참여하는 선한 사람의 경우처럼 그것(의 작용)으로 말미암아 이익을 얻는 결과를 낳게 된다는 의미에서이다.

그런데 이와는 별도로 그들은 선을 독자의 방법으로 다음과 같이 규정한다. 즉 '이성적인 자가 이성적인 자인 한 자연에 즉응한 완성상태에 있다는 것'이 선이라는 것이다. 그리고 덕은 바로 이와 같은 상태를 말하며 따라서 덕을 나누어 갖고 있는 한 덕에 즉응한 행위나 뛰어난 사람들은 선한 것이고 선한 사람이다. 그러나 기쁨이나 쾌활함이나 그와 같은 것은 덕에 따라서 낳는 것에 지나지 않는다고 그들은 생각한다.

(95) 마찬가지로 또 악 가운데에도 무사려·겁·부정, 그리고 이런 것에 속하는 것과 같은 악덕, 악덕을 나누어 갖는 것으로서 악덕에 즉응한 행위나 악한 사람들이 있는 것이다. 그리고 낙담이나 불쾌함이나 이에 속하는 것은 악덕에 따라붙어서 낳게 되는 것이다.

그리고 선한 것 가운데에는 혼에 관한 것과 외적인 것, 혼에 관한 것도 아니고 외적인 것도 아닌 것이 있다. 혼에 관한 선한 것이란 덕이나 덕에 즉응한 행위를 말하며 외적으로 선한 것이란 훌륭한 조국이나 훌륭한 벗을 가지고 있다거나 조국이나 벗이 번영하는 것이다. 이에 대해서 자기만이 훌륭한 인간이고 행복하다는 것은 외적으로 선한 것도 아니고, 혼에 관해 선한 것도 아니다.

(96) 다른 한편, 이와는 반대로 악한 것 가운데에도 어떤 것은 혼에 관해서 악하며 악덕이나 악덕에 즉응한 행위가 그것이다. 또 어떤 것은 외적으로 악하며 어리석은 조국이나 어리석은 벗을 갖는 것 및 조국이나 벗이 불행한 상태에 있는 것이 그것이다. 또 어떤 것은 외적으로 나쁜 것도 아닌가 하면 혼에 관해 나쁜 것도 아니고 자신만이 악한 인간이고 불행하다는 것이 그것이다.

그리고 선 가운데에는 목적으로서의 선과 이와 같은 목적을 만들어내는 수단이 되는 선과 목적임과 동시에 수단이기도 한 선이 있다. 벗과 벗으로부터 가져오게 되는 이익이란 수단적인 선인데, 대담·자부심·자유·유쾌·쾌활함·괴로움이 없는 것 및 덕에 즉응한 행위의 모든 것은 선이다.

(97) 또 여러 가지 덕은 수단적인 선이기도 하고 목적으로서의 선이기도 하다. 그것은 그것들이 결과적으로 행복을 가져오는 한 수단적인 선인데, 그러나 또 행복의 내용을 충만하게 해 그 부분이 되는 한에서는 목적으로서의 선이기 때문이다.

다른 한편 악에 대해서도 같고 그 가운데에는 종국상태가 악이라는 것과 그와 같은 상태를 만들어내는 수단이 되는 악과 그 양쪽의 성격을 지닌 것이 있다. 적과 적으로부터 가져오게 되는 손해는 수단적인 악인데 낭패·비굴·노예상태·불쾌·낙담·지나친 괴로움, 그리고 악덕에 즉응한 행위의 모든 것은 종국적으로 악이다. 또 여러 악덕은 그 양쪽의 성격을 지닌 것이다. 그것은 그것들이 결국에는 불행을 가져오는 한 수단으로서의 악인데 그러나 또 불행한 내용을 채워서 그 부분이 되는 한에서는 종국적으로 악이기 때문이다.

(98) 그리고 혼에 관한 선 가운데에는 지속(습관)되는 상태로 되어 있는 것과 성질·성격으로 되어 있는 상태의 것, 그 어느 쪽도 아닌 것이 있다.*81 덕은 성질·성격으로 되어 있는 상태를 말하며 일상의 영위는 지속되는 상태로 되어 있는 것인데, 활동(그 자체)은 지속되는 상태도 아닌가 하면 성질·성격으로 되어 있는 상태도 아니다.

또 일반적으로 선 가운데서 자식 복이 많다거나 늙어서 건강하다는 것은 재악(災惡)과 뒤섞인 선인데 지식은 순수한 선이다. 또 덕은 언제나 있는 항구적인 선인데 기쁨이나 산책처럼 언제나 있다고 볼 수 없는 일시적인 선도 있다.

그런데 선한 것은 모두 득이 되는 것, 결합하는 것, 이로운 것, 쓸모있는 것, 도움이 되는 것, 아름다운 것, 유익한 것, 선택되어야 하는 것, 그리고 올바른 것이다.

(99) 선한 것은 득이 되는 것이라고 말하는 것은 그런 것이 생겼을 경우에는 우리가 이익을 얻게 되는 것과 같은 것을 그것이 가져오기 때문이다. 또 결합하는 것이라고 말하는 것은 결합이 필요한 경우에 그것을 결합시키기 때문이다. 이로운 것이라고 말하는 것은 그것을 위해 지급되는 액수를 보상하고 (그 결과) 거래에 의한 계산은 이익이 웃돌도록 하기 때문이다. 쓸모있는 것이라고 하는 것은 이익이 되는 용도를 가져오기 때문이다. 도움이 된다고 하는 것은 상찬할 만한 효용을 만들어내기 때문이다. 아름답다고 하는 것은 선한 것이 이용될 때 알맞은 정도가 유지되기 때문이다. 유익한 것이란 그것이 본디 이익을 이루는 성질의 것이기 때문이다. 선택되어야 한다는 것은 그것을 선택하는 것이 이치에 맞기 때문이다. 그리고 올바르다는 것은 법률습관과 조화해 사람들을 협동하게 할 수 있기 때문이다.

(100) 또 그들은 완전히 선한 것은 아름답다고 말하는데 그것은 완전히 선한 것은 자연이 요구하는 모든 수 (적절함을 정하는 요소), 또는 완전한 균형을

---

*81 스토아파에서는 아리스토텔레스(《카테고리론》 8장)에서 볼 수 있는 것과 같은 '헥시스'를 '지속되는 상태'로 하고 '디아테시스'를 '일반 상태'로 하는 구별은 이루어지지 않고 오히려 '디아테시스'가 아리스토텔레스가 말하는 '헥시스'의 의미로 사용되는 경우가 많다. 도리어 '디아테시스'는 '헥시스'의 일종이고 후자보다도 더 안정된 상태를 나타내는 말로서 사용되는 것 같다.

완전히 갖추고 있는데 따른 것이다.

또 아름다운 것(도덕적인 훌륭함)에는 네 종류가 있다고 그들은 말한다. 즉 올바른 일, 용기가 있는 것, 절도가 있는 것, 지식이 있는 것이다. 왜냐하면 아름다운(훌륭한) 행위는 이들 네 가지로 이룩되기 때문이다. 마찬가지로 또 추한(꼴사나운) 것에도 네 종류가 있다. 부정(不正)한 것, 겁이 많은 것, 절도가 없는 것, 어리석은 것이다.

또 아름다운(훌륭한, 뛰어난) 일이란 것은 그것의 유일(본디)한 의미로는 그 것을 지닌 사람들을 상찬을 받는 자로 하는 것, 또는 상찬할 만한 선한 것을 말하는데, 그러나 그 밖에도 사람이 자기에게 고유한 일에 맞대어 비교되는 것으로서 좋은 소질이 풍부한 것을 아름다운 것으로 말하기도 한다. 더욱이 현자만이 홀로 선하고 아름다운 자라고 우리가 말할 경우에는 그것은 꾸밈을 곁들인 의미로 말하는 것이다.

(101) 또 그들은 아름다운 것(도덕적인 훌륭함)만이 선하다고 말한다. 그것은 헤커톤이 〈선에 대해서〉 제3권 가운데서 이야기하고 있고 또 크리시포스도 〈아름다움(도덕적인 훌륭함)에 대해서〉에서 말하고 있다. 즉 그들에 따르면 덕과 덕을 공유하는 것이 아름다운 것이고, 그리고 선은 모두 아름답다는 것과 동등하고 또 그와 같은 것인데 '선(善)'은 '미(美)'와 같은 값이라는 것이다. 그것은 '어느 것은 선하기 때문에 아름답다. 그런데 그것은 아름답다. 그러므로 그것은 선하다'(는 추론이 성립할 수 있기 때문이다).

그런데 선한 것(덕)은 모두 동등하고 그리고 어느 선도 선택되어야 하는 것으로서 최고도의 상태에 있고, 그것은 느슨해지는 일도 강해지는 일도(즉 정도의 차를) 받아들이지 않는다는 것[82]이 그들의 사고이다.

또 존재하는 것 가운데 어떤 것은 선하며 어떤 것은 악한데 어떤 것은 선악 어디에도 속하지 않는다고 그들은 주장한다.

(102) 또 여러 덕, 즉 사려·정의·용기·절제 및 그 밖에는 선한 것인데 이런 덕과는 반대인 것, 즉 무사려·부정 및 그 밖에 나쁜 것이 있다. 또 이익이 되는 것도 해가 되는 것도 없는 것은 모두 선악 어디에도 속하지 않는다. 이를테면

---

*82 앞의 주 참조. 즉 덕(선)은 도덕적 완성상태에 있는 것으로서 긴장이나 이완을 허용하는 '헥시스'이기보다는 오히려 그와 같은 정도의 차이를 받아들이지 않는 '디아테시스'인 것이다.

삶·건강·쾌락·미모·건강·부·명성·천부적으로 좋은 것이 그것이다. 이런 것과는 반대인 것, 즉 죽음·질환·고통·못생김·병약·가난·천한 태생, ㄱ 밖의 이런 것에 속하는 것이 그것이다. 이는 헤커톤이 《(궁극) 목적에 대해서》 제7권 가운데서 말하고 있고 또 아폴로도로스는 〈윤리학〉에서, 그리고 크리시포스도 말하고 있는 것이다. 그들에 따르면 이런 것(즉 앞에 든 삶·건강·쾌락 등)은 그 자체로서 는 선한 것이 아니고 선악과 무관한 것이기 때문이다. 다만 그 가운데 '바람직한 것'이란 부류에 들기는 한다.

(103) 그것은 뜨거운 것의 특성은 따뜻하게 해주며 식히는 것이 아닌 것처럼, 선한 것의 특성도 이익이 되며 해가 되는 것은 아니다. 그런데 부나 건강은 해보다도 이익이 되는 쪽이 많은 것은 아니므로, 따라서 부도 건강도 선한 것은 아니라는 것이다. 그리고 또 그들의 주장에서는 선하게도 나쁘게도 쓸 수 있는 것은 선한 것은 아닌데 부나 건강은 선하게도 나쁘게도 쓸 수 있으므로 따라서 부나 건강은 선한 것은 아니다. 그러나 포세이도니오스는 그런 것(부나 건강)도 선한 것의 부류에 든다고 주장한다. 그런데 쾌락이 선한 것이라고 하는 것을 헤커톤은 〈선에 대해서〉 제9권 가운데서 이를 부정한다. 쾌락 가운데 에는 추한 것도 있는데, 추한 것은 아무것도 선한 것이 없기 때문이다.

(104) 또한, 이익이 된다는 것은 덕에 따라서 움직이거나 만류하거나 하는 것이고 해롭다는 것은 악덕에 따라서 움직이거나 만류하는 것이다.

또 '선악에 관계가 없는 것'에는 두 가지 의미가 있다고 한다. 즉 첫째로 그것은 행복에도 불행에도 이바지하지 않는 것을 말한다. 이를테면 부·명성·건강·강건, 그 밖에 이런 것에 속하는 것이 그렇다. 그것은 이런 것 없이도 행복해질 수 있기 때문이다. 다만 이런 것도 하기에 따라서는 행복이나 불행을 가져올 수 있는데, 다른 의미에서는 그것으로 향하는 충동도 그것에 대한 반박도 불러일으킬 힘이 없는 자를 선악과 무관한 자(아무래도 좋은 것)라고 한다. 이를테면 머리카락의 수가 홀수인가 짝수인가라거나, 또는 손가락을 구부리고 있거나 펴고 있거나 하는 것이 그 예이다. 그러나 앞서 든 선악에 무관한 것은 결코 이와 같은 의미로 언급이 되는 것은 아니다. 왜냐하면 앞서 든 것은 충동이나 반발을 불러일으킬 힘을 지니고 있기 때문이다.

(105) 그러므로 이런 (최초의 의미에서 선악에 무관한 것) 것 가운데 어느 것은 선택되고, 어느 것은 거부되는데 이에 대해서 또 하나의 의미에서 선악에

무관한 것은 선택과 기피에 대해서 완전히 같은 거리에 있다.

그리고 그들은 (전자의 의미에서의)선악과 무관한 것 가운데 어떤 것은 '바람직한 것'(프로에그메논*[83])인데, 어느 것은 '바람직하지 않은 것(피해야만 할 것)'이라고 말한다. 그리고 '바람직한 것'이란 가치를 지닌 것을 말하며 '바람직하지 않은 것'이란 마이너스의 가치를 지니는 것을 말한다. 그런데 가치란 그들에 따르면 하나는 (자연 또는 이성과) 일치 화합하는 삶에 무언가 이바지하는 것을 뜻하며, 이와 같은 이바지는 모든 선한 곳에서 볼 수 있다. 하지만 다른 의미에서 가치란 자연에 걸맞은 생활에 간접적인 방법으로 이바지하는 어떤 능력 또는 유용성을 말한다. 이를테면 부나 건강이 자연에 걸맞은 생활에 어떤 이바지를 하느냐고 말하는 것과 비슷하다. 그런데 또 하나의 의미에서 가치란 그 사항에 경험이 있는 자가 정하는 것과 같은 평가자가 어림잡는 대가를 말하는 것이며, 이를테면 밀은 1배 반 양의 보리*[84]와 교환할 수 있다고 말할 때와 같다.

(106) 이렇게 해서 '바람직한 것'이란 가치를 지닌 것을 뜻하는데 이를테면 혼에 관한 것에서는 좋은 소질·기능·도덕적 진보 및 이런 것에 속하는 것을 말한다. 또 몸에 관한 것에서는 삶·건강·강한 체력·좋은 상태·오체의 건전·미모·아름다움 및 그런 것에 속하는 것을 뜻한다. 그리고 외적인 것에서는 부·명성·태생 및 이와 비슷한 것을 말한다.

다른 한편 '바람직하지 않은 것'이란 혼에 관한 것에서는 소질이 없고, 기능의 결여 및 그와 비슷한 것이고, 또 몸에 관한 것에서는 죽음·질환·허약·불량 상태·불구·못생김 및 그런 것에 속하는 것이다. 그러나 위의 두 무리 어느 쪽에도 들지 않는 것은 바람직하다고 할 것도 없고 그렇지 않다고 할 것도 없다.

(107) 한편 '바람직한 것' 가운데에는 그 자체 때문에 바람직한 것과 다른 것 때문에 그런 것, 그 자체 때문에도, 다른 것 때문에도 그런 것이 있다. 그 자체 때문에 바람직하게 되는 것은 좋은 소질이나 도덕적 진보 및 그런 것과 비슷

---

*83 '바람직한 것'으로 번역한 프로에그메논은 '끌어올려진 것' '승진시켜진 것'이란 의미인데 본디는 궁정에서 왕위에 가까운 관직에 '승진시켜진 자'에 대해 사용된 말이고, 제논이 이를 윤리학 술어로서 전용한 것이라고 한다(키케로 〈최고의 선과 최고의 악에 대해서〉 제3권 제16장 52절 참조).

*84 아르님(옛스토아파 단편집) 제3권, 126주)의 제안에 따라 읽었다.

한 것, 또 다른 것 때문에 그런 것이란 부나 좋은 가문 및 그에 속하는 것, 그리고 그 자체 때문에도, 다른 것 때문에도 그런 것이란 강건한 체력이나 감각의 예민함 및 오체의 건진함이다.

또 사물이 그 자체 때문에 바람직하게 되는 것은 그것이 자연에 알맞기 때문이고, 다른 것 때문에 바람직하게 되는 것은 그것이 적지 않은 효용을 만들어내기 때문이다. 다른 한편 '바람직하지 않은 것'에 대해서도 지금 말한 것과는 반대의 설명에 따라서 똑같이 말할 수 있다.

더욱이 그들의 주장에 따르면 '상응하는 행위'(카테콘) 란 그 행위가 이루어졌을 때 이치에 맞는 변명을 할 수 있는 것을 뜻하며 그것은 삶을 영위하는 데 자연본능에 따르고 있음을 말한다. 그리고 이것은 또 식물이나 동물에도 널리 고르게 미치고 있는 것이다. 그것은 식물이나 동물에서도 '상응하는 것 (활동이나 행동)'은 인정되기 때문이라는 것이다.

(108) 그런데 '카테콘'이란 용어를 이와 같은 의미로 가장 처음 사용한 사람은 제논이었다. 이 명칭은 어원적으로는 '카타 티나스 헤케인(어떤 사람들이 있는 곳에 와 있다)'[*85] 는 것에서 얻었다. 그리고 그 '카테콘'(상응하는 행위)이란 자연에 적합한 활동을 뜻한다. 그것은 충동에 따라서 이루어지는 활동 가운데에는 상응하는 것도 있는가 하면 상응하는 활동에 어긋나는 것도 있고, 상응하지도 않고 상응한 활동에 어긋나는 것도 아닌 활동이 있기 때문이다.

이렇게 해서 상응하는 행위란 주로 이성이 우리에게 그것을 하도록 명하는 한의 모든 행위이고, 이를테면 부모나 형제나 조국을 경애한다거나 벗들과 사이좋게 지내거나 하는 것이 그에 속한다. 또 상응하는 행위에 어긋나는 것이란 주로 이성이 그렇게 하지 않도록 명하는 모든 행위이고 다음과 같다. 즉 부모를 소홀히 한다거나 형제의 일에 신경쓰지 않는다거나, 벗들과 협조하지 않는다거나, 조국을 가볍게 여긴다거나 그 밖에 그에 속하는 행위이다.

(109) 또 상응하는 행위도 아닌가 하면 상응하는 행위에 어긋나는 것도 아닌 행위란 대부분 이성이 그것을 하도록 명하지도 않고 또 금지도 하지 않는 모든 행위를 말한다. 이를테면 잔 나뭇가지를 그러모은다거나, 뾰족한 연필이

[*85] '어느 사람들에게 찾아 온다'고 번역한 이 어구를 롱과 세들리(제2권 p. 356, 59C주)는 스토아파 윤리학에서 때때로 사용되고 있다는 전치사의 보통 의미에 따라서 '어느 사람들(또는 사람들의 본성)이 있는 곳에 와 있다'고 번역하고 있다.

나 갈퀴를 손에 잡거나, 그 밖에 비슷한 행위를 말한다.

그리고 상응하는 행위 가운데 어느 것은 그 자리의 상황에 따른 것이 아닌 것인데 어떤 것은 그 자리의 상황에 따른 상응하는 행위이다. 다음과 같은 것이 상황에 의존하지 않는 상응하는 행위이다. 즉 건강에 유의한다거나, 감각기관에 신경 쓴다거나, 그 밖에 그런 것과 비슷한 행위이다. 다른 한편, 자신의 손발을 절단한다거나 재산을 버린다거나 하는 것은 그 자리의 상황에 의거한 상응하는 행위이다. 그리고 상응하는 행위에 어긋나는 것에 대해서도 이에 준하는 설명을 할 수 있다.

한편 상응하는 행위 중에는 언제나 상응하는 것과 늘 상응한다고 볼 수 없는 것이 있다. 그리고 덕에 따라서 사는 것은 언제나 상응하는 행위인데 문답한다거나, 산책한다거나 그 밖에 이런 것에 비슷한 것은 늘 상응한다고는 볼 수 없는 행위이다. 상응하는 행위에 어긋나는 것에 대해서도 이와 똑같이 설명할 수 있다.

(110) 또 상응하는 행위와 상응하는 행위에 어긋나는 것과의 중간에 있는 행위 속에도 어떤 의미에서 상응하는 행위(불완전하게 상응하는 행위)가 있다. 아이들이 양육자가 말하는 것에 따르는 것과 같다.

그런데 혼(생명·마음·정신)에는 8개의 부분(기능)이 있다고 그들은 주장한다. 즉 그 부분이란 다섯 개의 감각기능과 음성(언어) 기능과 사고기능—이것은 사고 그 자체를 말하는데—및 생식기능이다.

한편 허위 때문에 사고가 왜곡되고, 그 사고상의 왜곡된 사고 때문에 불안과 동요의 원인인 수많은 정념이 일어난다. 그리고 정념(파토스) 그 자체는 제논에 따르면 혼의 비이성적인 자연에 어긋나는 움직임이고, 또는 도를 넘은 충동이다.

또 여러 정념 가운데 최상위에 있는 것은 헤커톤이 〈정념론〉 제2권 가운데서, 또 제논도 〈정념론〉에서 쓰고 있는 바에 따르면 괴로움·두려움·욕망·쾌락이란 4종류이다.

(111) 그런데 크리시포스가 〈정념론〉에서 말하고 있듯이 그들(스토아파의 사람들)은 정념을 판단이라고 생각한다. 금전욕이란 돈을 대단한 것으로 상정하는 것이고 또 술에 절거나 방종, 그 밖의 경우에 볼 수 있는 정념도 똑같이 이해되기 때문이다.

그리고 괴로움이란 이성을 잃은 (혼의) 위축상태를 말하며, 그와 같은 것에는 연민·질투·선망·오기·번민·곤혹·고뇌·심통·혹란과 같은 정념이 해당하는 것으로 생각된다.

한편 연민이란 부당한 괴로움을 당하는 사람에게 느끼는 괴로움이다. 또 질투란 남이 소유한 좋은 것에 대한 괴로움이다. 선망이란 자신이 바라는 것이 남의 손에 있는 데 대한 괴로움이다. 오기란 자신이 갖고 있는 것을 남도 갖고 있다는 사실에 대한 괴로움이다.

(112) 번민이란 우리를 무겁게 짓누르는 괴로움이다. 곤혹이란 우리를 압박해 벗어날 여지가 없게 만드는 괴로움이다. 고뇌란 이것저것 생각한 끝에 나오는 오래 이어지거나 커지는 괴로움이다. 심통이란 마음을 아프게 하는 괴로움이다. 혹란(惑亂)이란 마음을 지치게 해 현실을 전체적으로 보는 것을 방해하는 것과 같은 이성을 잃은 괴로움이다.

또 두려움란 재앙을 예고하며 그 두려움 가운데에는 다음과 같은 정념도 귀속된다. 즉 경포(驚怖)·준순(逡巡)·창피함·경악·낭패·불안이 그것이다.

경포란 심한 놀라움을 마음속에 만들어 내는 두려움이다. 창피함이란 불명예에 대한 두려움이다. 준순이란 앞으로 취하게 될 행동에 대한 두려움이다. 경악이란 이상한 사태를 표상하는 것에서 생기는 두려움이다.

(113) 낭패란 시끄러운 소리가 따르는 두려움이다. 불안이란 일이 확실하지 않은 경우에 느끼게 되는 두려움이다.

또 욕망이란 이성을 잃은 욕구이고 이 욕망 밑에는 다음과 같은 정념도 짜넣어져 있다. 즉 절망·증오·다툼·분노·연정(성애)·원한·화증(火症)이다.

한편 절망이란 목적을 이루지 못하고 있는 욕망의 하나이고, 대상으로부터는 분리되어 있으면서도 허무하게 그 대상으로 향하고 그것에 끌리고 있는 욕망을 말한다. 증오란 누군가에게 나쁜 일이 생기도록 바라는 마음이 더욱더 강해져 그것이 언제까지나 이어지는 욕망의 하나이다. 다툼은 당파와 연관이 있는 욕망의 일종이다. 분노란 부당한 방법으로 부정을 저질렀다고 여겨지는 사람에게 복수하고 싶다는 욕망이다. 연정(성애)이란 선한 사람들에게는 관계가 없는 욕망이다. 왜냐하면 그것은 눈앞에 나타나는 아름다움 때문에 친해지려고 하는 노력(충동)이기 때문이다.

(114) 원한이란 오랫동안 담아두고 그 기회를 노리고 있는 복수에 불타는 분

노를 말한다. 그것은 바로 다음의 (호메로스) 시구*[86]에 의해서 명확해진다.

　　당장은 노여움을 억누르고 참을 수 있다고 해도 앙갚음을 할 때까지는 끊임없이 원한을 가슴에 품고 있기 마련이오.

또 화증이란 갓 시작한 화를 말한다.

그리고 쾌락이란 선택되어야 할 것으로 생각되는 것에 대한 이성을 잃은 (혼의) 고양상태를 말한다. 그리고 그 쾌락 밑에는 매료된 것, 악의를 품은 기쁨, 들떠 있는 것, 환희의 절정과 같은 정념이 있다.

한편, 매료된다는 것은 귀를 통해서 매료되고 있는 쾌락을 말한다. 악의를 품은 기쁨이란 남의 불행을 기뻐하는 쾌락이다. 들떠 있다는 것은 그 말이 마치 '방향을 바꾸는 것'이란 말과 비슷한 것처럼 혼이 느슨해지는 상태로 향하는 것이다. 또 환희의 절정이란 덕이 해체하는 상태이다.

(115) 한편, 몸에 대해서는 통풍이나 관절염과 같은 몇 가지 질환이 언급되고 있는데 그와 마찬가지로 혼에도 명예욕이라든가, 쾌락을 좋아한다든가, 그 밖에 이와 비슷한 질환이 있다. 즉 여기에서 말하는 (혼의) 질환이란 나약함이 따르는 (혼의) 질병을 말하며, 그 질병이란 선택되어야 할 것으로 여겨지는 것을 단정하는 것을 말한다.

또 몸에는 감기라든가 설사와 같은 사람들이 걸리기 쉬운 증상이 몇 가지 있는 것으로 알려진 것처럼 혼에도 사람들이 빠지기 쉬운 좋지 않은 버릇이 있는데, 질투심이 많다거나, 동정심이 많다거나, 그 밖에 이와 비슷한 것이 그 예이다.

(116) 그러나 그들이 주장하는 바에 따르면 세 가지 '좋은 정념(감정)'도 있으며 기쁨과 조심성과 소망이 그에 속한다. 그리고 기쁨이란 쾌락과는 반대의 것이고 이치에 맞는 혼의 고양을 말한다. 또 조심성이란 두려움과는 반대로 이치에 맞는 거리낌이나 피함을 말한다. 현자는 결코 두려워지는 않는데 그러나 주의 깊게 할 것이기 때문이다. 그리고 소망이란 이치에 맞는 욕구를 말하는 것이므로 욕망과는 반대의 것이라고 그들은 말한다.*[87]

---

*86 〈일리아스〉 제1권, 81~82행.
*87 정념(파토스)의 4가지 가운데 쾌락·두려움 욕망의 3가지에 대해서는 제각기 그 반대인 '좋은 정념'이 거론되고 있는데, 괴로움에 반대인 '좋은 정념'은 거론되지 않고 있다.

한편 기본 정념 밑에는 몇 가지 정념이 귀속하는 것처럼 이런 기본이 되는 좋은 정념 밑에도 똑같이 그런 것에 귀속하는 하위의 좋은 정념이 있다. 즉 소망 밑에는 호의·친절한 마음·온정, 그리고 애정이, 또 조심성 밑에는 신중함과 숭배심이, 그리고 기쁨 밑에는 기쁨*88·쾌활함·명랑함이 저마다 귀속한다.

(117) 그런데 그들이 말하는 바에 따르면 현자는 정념에 빠지는 일이 없기 때문에 움직이는 일이 없는 자이기도 하다. 하지만 열악한 인간도 다른 의미에서는 움직이는 일이 없는 자인데, 그것은 열악한 자가 완고하고 냉혹한 인간과 같은 자로서 이야기되는 경우이다.

더욱이 현자는 교만해지는 일이 없다. 왜냐하면 그는 명성에도 나쁜 평판에도 같은 태도를 유지하기 때문이다. 하지만 교만하지 않은 사람은 그 밖에도 있으며 경솔한 자로 헤아리게 되는 사람은 열악한 인간이다.

또 그들이 말하는 바에 따르면 선한 사람(덕이 있는 사람, 현자)들은 모두 엄격한 사람인데, 그것은 그들 자신이 쾌락에 접근하지 않을 뿐만 아니라 다른 사람들이 쾌락으로 접근하는 것도 용서하지 않는다는 의미에서이다. 하지만 다른 의미에서의 엄격한 사람(융통성이 없는 사람)도 있으며 그것은 마치 약용으로서는 사용할 수 있어도 음용으로서는 결코 쓸 수 없는 독한 술로 알려진 것과 비슷한 의미로 이 말이 사용되는 경우이다.

(118) 그리고 선한 사람들은 정직하며 또 자신을 향상시키는 일에 신경 쓰는 사람이기도 한데, 그 때문에 그들은 자신의 나쁜 면을 멀리함으로써 보이지 않게 하고 자신이 지닌 선한 면이 나타나도록 하는 연구를 하고 있는 것이다. 또 그들은 겉치장을 하지 않는다. 그들은 목소리에서나 모습에서나 스스로 아예 겉치장을 하지 않기 때문이다. 또 그들은 여러 일에 손을 대지도 않는다. 상응하는 행위에 반대되는 일을 행하는 것을 피하고 있기 때문이다. 또 그들은 술은 마시겠지만 술주정을 하지는 않을 것이다. 또 분노를 터뜨리지도 않을 것이다. 그러나 선한 사람도 때로는 우울해지거나 흥분함으로써 이상한 표상(表象)이 마음에 떠오를 수는 있겠지만, 그것은 선택해야 할 일을 추론하는 것은 아니고 자연에 반해서 낳게 된 표상이다. 그리고 또 현자는 괴로움(슬

---

*88 이것은 앞(114절)에서 정념의 하나로 쾌락 속에 포함되어 있었는데(들떠 있는 것), 여기에서는 '좋은 정념' 속에 포함되어 있다. 한편 '기쁨'이나 '쾌활함'은 덕에 따라서 생기는 것으로 알려져 있었다(94절).

품)을 느끼지도 않을 것이다. 아폴로도로스가 〈윤리학〉에서 말하듯 괴로움이란 혼이 이성을 잃고 위축된 것이기 때문이다.

(119) 또 선한 사람들은 거룩한 사람이기도 하다. 그것은 그들이 자기 자신 안에 거룩한 것이 깃들어 있기 때문이다. 이와 달리 열악한 사람은 무신론자이다. 단, 이 '무신론자'라는 말에는 두 가지 의미가 있다. 즉 거룩한 사람과는 반대의 상태에 있는 것으로 알려진 자와 거룩한 사항을 완전히 무시하는 경향이 있는 자이다. 그리고 이 후자의 의미는 열악한 사람 모두에게 해당하는 것은 아니다.

또 선한 사람들은 신을 공경하는 자이기도 하다. 신들에 관한 관습을 그들은 터득하고 있고 그리고 신을 공경하는 것은 신들에게 봉사하는 것을 아는 것이기 때문이다. 뿐만 아니라 그들은 신들에게 희생을 바칠 것이고 또 자기 자신을 청정하게 유지하는 사람들이다. 그것은 신들에게 죄를 짓는 것을 그들은 피하고 있기 때문이다. 그리고 신들도 그들을 가상하게 여긴다. 그것은 그들이 거룩한 사항에 대비되는 존재로서 경건한 인간이고 또 올바른 인간이기 때문이다.

또 현자들만이 신관(神官)이다. 왜냐하면 그들은 공양·신전 건조(建造)·청정, 그리고 그 밖에 신들에게 알맞은 사항을 깊이 연구하고 닦기 때문이다.

(120) 또 신들에 이어서 두 번째로는 부모나 형제를 존중해야 한다는 것이 그들의 사고이다. 다른 한편 아이들에 대한 애정도 선한 사람들에게는 자연스럽고 본디부터 타고난 것인데 열악한 사람들에게는 그렇지 않다고 그는 주장한다.

그런데 크리시포스가 〈윤리학의 여러 문제〉 제4권 가운데서 쓰고 있으며 더욱이 페르사이오스와 제논도 말하듯이 과오(잘못된 행위)는 동등한 것으로 여긴다는 것이 그들(스토아 학파)의 학설이다. 그것은 어떤 참이 다른 참과 비교해서 더욱 참이라는 것이 아니고, 또 어떤 거짓이 다른 거짓과 비교해서 더 거짓이라는 것도 없다면 이와 똑같이 어떤 기만은 다른 기만과 비교해서 더 기만이라는 것도 없고, 또 어떤 과오가 다른 과오에 비해서 더욱 과오가 크다는 것도 없기 때문이다. 즉 카노보스*89에서 100스타디온 멀리 벗어나 있는 사람

---

*89 이집트에 있는 지중해 연안의 도시. '카노포스'로도 불린다.

도, 다만 1스타디온만 벗어나 있는 사람도 카노보스에 없다는 점에서는 같은데 마찬가지로 또 더욱 큰 과오를 저지른 사람도, 더욱 작은 과오를 저지른 사람도 올비른 행위를 하는 것 가운데는 들지 못하는 점에서는 같기 때문이다.

(121) 다만, 타르수스 사람 헤라클레이데스—그는 같은 타르수스 사람인 안티파트로스의 제자인데—그 헤라클레이데스와 아테노도로스는 과오는 같지 않다고 주장한다.

더욱이 현자는 방해하는 자가 없으면 정치에 참여할 것이라고 그들(스토아학파 사람들)은 말한다. 예를 들면 크리시포스는 〈다양한 삶(삶의 방식)에 대해서〉 제1권 가운데서 그와 같이 말하고 있다. 그것은 현자가 그렇게 함으로써 사람들이 악덕을 좇는 것을 막고 덕을 좇을 것을 촉구할 것이기 때문이다. 또 제논이 〈국가〉 가운데서 말하듯이 현자는 결혼도 할 것이고, 아이도 낳게 될 것이다. 더욱이 현자는 헷갈리는 일도 없을 것이다. 즉 어떤 거짓에도 동의하지는 않을 것이다. 그리고 또 현자는 금욕자다운 삶을 살 것이다. 왜냐하면 금욕주의는 아폴로도로스가 〈윤리학〉에서 말하고 있는 것처럼 '덕을 좇는 지름길'이기 때문이다. 또 위기가 닥친 상황에서는 사람의 고기를 먹게 되는 일도 있을 것이다.

또 현자만이 자유인이고 열악한 자들은 노예인 것이다. 왜냐하면 자유란 자주적으로 행동할 수 있는 것이라면 예속이란 자주적인 행동을 빼앗긴 상태이기 때문이다.

(122) 하지만 예속에는 이와는 또 별도로 종속상태(하위)에 있다는 의미도 있고 또 세 번째로는 종속상태에 있는 것과 동시에 (주인에 따라서) 소유되고 있는 상태로 있다는 의미도 있다. 그리고 이 세 번째 의미에서의 예속상태와 대립관계에 있는 것이 주인이라는 것(전제지배)인데 이 또한 나쁜 것이다.

그런데 현자들은 단순히 자유인일 뿐만 아니라 또 왕자(王者)이기도 하다. 그것은 왕제(王制)란 누구에게도 책임을 묻게 되지 않는 (절대) 지배를 말하는 것인데 그와 같은 지배는 크리시포스가 〈제논의 엄밀한 용어법에 대해서〉에서 말하듯이 오직 현자에게만 허용될 수 있는 것이기 때문이다. 그것은 그가 말하는 바에 따르면 지배자가 된 자는 선한 일(이익이 되는 일)과 나쁜 일(해가 되는 일)에 대해서 인식하고 있어야 하는데, 열악한 사람들은 누구 한 사람 그런 것에 대한 지식을 지니고 있지 않기 때문이다. 마찬가지로 또 현자들만이 관리나 재판관, 그리고 변론가가 될 수 있는 능력을 지니고 있는 사람인데 이에 대비되는 존재로서 열악한 사람들 가운데에는 누구 한 사람 그와 같은 자격의 소유자가 없다.

더욱이 현자들은 과오를 저지를 것 같지 않은 사람이기 때문에 과오가 없는 사람이기도 하다.

(123) 또 현자들은 해를 입지도 않는다. 왜냐하면 그들은 남은 물론 자신도 해치지 않기 때문이다. 또 그들은 동정심이 많은 사람도 아니고 누구에게나 너그럽지도 않다. 그들이 법에 따라 주어지는 징벌을 무시하지는 않기 때문이다. 생각건대 양보하거나 동정심을 보여주는 것은, 시의적절한 조치를 취하는 것조차도 응징하지 않고 단순히 친절한 체하는 것은 정신의 무력함을 보여주는 것에 지나지 않기 때문이다. 게다가 그들은 징벌이 지나치게 엄격하다고도 생각하지 않기 때문이다.

또한 현자는 불가사의하다고 여겨지는 사항, 이를테면 역겨운 냄새가 자욱한 카론의 동굴*90이라든가, 간조(干潮)라든가, 열탕을 분출하는 샘이라든가, 분화와 같은 것 어느 하나에도 놀라지 않는다.

그러나 또 선한 사람(현자)은 결코 고독하게 사는 일도 없을 것이라고 그들(스토아 학파 사람들)은 말한다. 현자는 본디 공동체의 일원으로서 존재하고 행동하도록 태어나기 때문이다. 그러나 현자는 몸의 내구력을 기르기 위한 훈련은 받아들일 것이다(라고 말한다).

(124) 그리고 현자는 신들로부터 좋은 것을 받기를 소망하면서 기도를 바칠 것이라고 그들(스토아 학파 사람들)은 말한다. 이것은 포세이도니오스가 〈상응하는 행위에 대해서〉 제1권 가운데서, 또 헤커톤도 〈불가사의한 일에 대해서〉 제3권 가운데서 말하는 것이다.

또 선한 사람들은 서로 닮았기 때문에 우정은 선한 사람들 사이에만 존재한다고 그들은 말한다. 그리고 우정이란 그들의 말에 따르면 생활의 재화를 어느 의미에서 공동으로 하는 것이고, 그때 우리는 벗을 마치 자기 자신인 것처럼 대하는 것이다. 또 그들은 벗을 그 사람 자신을 위해 선택해야 하며 수많은 벗을 두는 것은 좋은 일이라고 생각한다. 또 형편없는 사람들 사이에 우정은

---

*90 저승으로 들어가는 입구로 생각되는 곳.

존재하지 않고, 그들에게는 벗이 없다(라고 주장한다).

또 그들은 어리석은 자들은 모두 미쳐 있다고 주장한다. 그것은 어리석은 자는 사려가 있는 자가 아니고, 사러 있는 광기에 의해서 그들은 온갖 행위를 하기 때문이다.

(125) 더욱이 현자는 무슨 일이건 훌륭하게 행하는데 그것은 마치 이스메니아스는 어떤 피리 곡이라도 훌륭하게 연주한다고 이야기하는 것과 같다.

또 현자들에게는 온갖 것이 귀속한다. 왜냐하면 법은 현자들에게 온갖 것에 대한 절대 권한을 부여하기 때문이다. 다른 한편 형편없는 사람들에게도 얼마간의 것이 귀속한다고 하는데 그것은 부정하게 손에 넣은 것이고 어느 의미에서는 국가에 소속하는데, 다른 의미에서는 그것을 사용하는 자들에게 소속하는 것이라고 우리는 그렇게 보고 있다.

그런데 여러 덕은 상호 수반하는 것이라 하나의 덕을 몸에 익히고 있는 자는 다른 모든 덕까지도 몸에 익힌 것이라고 그들(스토아 학파 사람들)은 주장한다. 그것은 여러 덕에는 이성으로 통찰한 것을 공통으로 갖추고 있기 때문이다. 이것은 크리시포스가 〈덕에 대해서〉 제1권에서, 또 아폴로도로스는 〈초기(스토아 학파) 자연학〉에서, 그리고 헤커톤도 〈덕에 대해서〉 제3권에서 말하고 있다.

(126) 즉 덕이 있는 사람은 해야 할 일을 이성으로 통찰할 수 있을 뿐만 아니라 실행할 수도 있다. 그런데 해야 할 일은 또 선택해야 할 일, 견뎌내야 할 일, 멈추어야 할 일, 배분해야 할 일이기도 하기 때문에, 따라서 만일 사람이 어떤 일은 선택해야 할 방법으로, 어떤 일은 견뎌내야 하는 방법으로, 어떤 일은 배분해야 하는 방법으로, 또 어떤 일은 머물러야 하는 방법으로 하는 것이라면 그 사람은 사려가 있는 사람, 용기 있는 사람, 정의감이 있는 사람, 절제할 줄 아는 사람이 된다.

그러나 덕에는 저마다 그것이 특별히 연관되는 무언가 고유한 대상이 있다는 것이다. 이를테면 용기는 견뎌내야 하는 일과 연관되고, 사려는 해야 할 일, 해서는 안될 일 및 그 어느 쪽도 아닌 일과 연관된다. 마찬가지로 그 밖의 덕도 저마다 고유한 사항을 지향하고 있다. 또한 사려에는 좋은 궁리와 이해력이, 절제에는 올바른 규율과 절도가, 정의에는 공평함과 짐작이, 그리고 용기에는 부동심과 기력이 각각 따르는 것으로 생각되고 있다,

(127) 또 페리파토스파 사람들이 덕과 악덕 사이에는 도덕적인 진보의 단계가 있다고 이야기하는 것에 대비되게 스토아 학파 사람들은 덕과 악덕 사이에는 중간 상태는 없다고 이야기한다. 그것은 지팡이는 똑바르거나 굽었거나 어느 한 쪽이어야만 하는데 그와 마찬가지로 인간도 올바르거나 부정하거나 어느 한 쪽이어야만 하고, 또 더 올바르다거나 더 부정하다는 것도 없으며, 이 점은 다른 덕의 경우에도 같다고 그들은 주장하기 때문이다.

또한 크리시포스가 덕은 잃을 수 있는 것이라고 말하고 있다면, 클레안테스는 잃는 일이 없다고 주장한다. 즉 전자가 만취나 우울상태 때문에 덕은 잃게 되는 일이 있다고 하는데 후자는 덕은 확실하게 파악되기 때문에 잃어버리는 일은 없다고 말하는 것이다.

또 그들은 덕을 그 자체 때문에 선택해야 한다고 주장한다. 사실 우리는 나쁜 행위를 하는 경우에는 도덕적인 훌륭함만이 유일한 선이라는 것을 알고 있듯이 그와 같은 나쁜 행위를 부끄러운 것으로 생각하기 때문이다.

그리고 그들은 행복하기 위해서는 덕만으로 충분하다고 생각한다. 이는 제논이 주장하는 것인데 크리시포스도 〈덕에 대해서〉 제2권에서 말하고 있다.

(128) 즉 헤카톤은 '만일 다른 모든 사람들이 빼어나고 기품 있는 행동을 할 수 있을 만큼 정신이 고매하다면, 그리고 그 고매함이 덕(의 전체)도 행복하기 위해서는 그것만으로 충분하며, 그 밖의 여러 번잡하게 생각되는 사항은 완전히 무시하게 될 것이므로'라고 말하는 것이다. 그러나 파나이티오스와 포세이도니오스는 덕만으로는 행복해지기에 충분한 것은 아니라고 말하고 건강이나 생계비, 체력도 필요하다고 주장한다.

또 클레안테스와 그 일문들이 말하듯이 덕을 끊임없이 활용해야 한다고 그들(스토아 학파)은 주장한다. 왜냐하면 덕은 잃게 되는 것이 아니고 또 선한 사람은 완전한 상태에 있는 자신의 혼이 언제나 작용하도록 하기 때문이라는 것이다.

그리고 그들은 크리시포스가 〈아름다움(도덕적인 훌륭함)에 대해서〉에서 말하듯이 올바름은 법이나 올바른 이법(理法)이 그런 것처럼 자연 본디(피시스)이며, 인위·약속에 따른 것이 아니라고 주장한다.

(129) 또 그들은 철학자들의 의견이 엇갈린다고 해서 철학에서 분리될 이유가 되지는 않는다고 생각한다. 그와 같은 이유로 분리된다면 인생 전체를 포기

하는 것이 될 것이라고 말한다. 이는 포세이도니오스도 〈철학의 권유〉 가운데서 말하는 것이다. 단, 크리시포스는 일반적인 보통 학문도 도움이 된다고 말한다.

더욱이 그들은 우리 인간과 다른 동물과는 닮지 않았기 때문에, 우리와 동물 사이에는 올바름이란 없다고 주장한다. 이것은 크리시포스가 〈정의(正義)에 대해서〉 제1권 가운데서, 또 포세이도니오스도 〈상응하는 행위에 대해서〉 제1권에서 이야기하고 있다.

또 그들은 현자도 덕에 대한 좋은 소질을 그 용모로 보여주는 젊은이들에게 애정을 느낄 것이라고 말한다. 이것은 제논이 〈국가〉에서, 또 크리시포스는 〈다양한 삶(삶의 방식)에 대해서〉 제1권에서, 그리고 아폴로도로스도 〈윤리학〉에서 말하고 있다.

(130) 또 그들에 따르면 에로스란 눈앞에 나타난 아름다움 때문에 친숙해지려는 노력(충동)을 말한다. 즉 그것은 육체관계를 지향하는 것이 아니고 (사실은) 친애를 지향하는 것이다. 사실 트라소니데스*⁹¹는 사랑하는 여인을 자신이 자유롭게 할 수 있는 상태에 있었는데도 그녀가 그를 싫어했기 때문에 그녀와의 육체관계를 피했다. 그렇기 때문에 크리시포스도 〈에로스론〉에서 쓰고 있는 것처럼 에로스가 진정으로 지향하는 것은 친애이다. 또 그들에 따르면 에로스는 신이 보낸 것도 아니다. 한편, 청춘의 아름다움이란 덕의 꽃이라고 그들은 말한다.

또 생활에는 세 종류, 즉 관상(觀想)하는 생활과, 행동하는 생활, 이성에 걸맞은 생활이 있는데 이런 것 가운데서 제3의 것을 택해야 한다고 그들은 주장한다. 그것은 이성적인 동물은 관상하고 행동하도록 자연에 의해서 만들어져 있기 때문이라는 것이다.

또 현자는 이성에 걸맞은 방법에 의해서라면 조국이나 벗들을 위해서 자신의 목숨을 기꺼이 버릴 것이고, 또 심한 괴로움을 당하거나 팔다리가 절단되거나, 불치의 병에 걸리거나 했을 때에도 그렇게 할 것이라고 그들은 말한다.

(131) 또 현자들 사이에서는 여자들이 공유이어야 하므로 누구라도 우연히 만난 남녀가 관계를 맺게 된다는 것이 그들의 주장이다. 이것은 〈국가〉에서,

---

*91 메난드로스의 극 〈경원되고 있는 연인〉의 주인공.

또 크리시포스도 〈국제(國制)에 대해서〉에서 쓰고 있다. 〔그러나 그 밖에도 금욕주의 학파의 디오게네스나 플라톤도 똑같은 주장을 하고 있다.〕*92 그리고 만일 그렇다면 우리는 아버지로서 모든 아이들을 평등하게 사랑하게 될 것이고, 또 간통에 따른 질투도 없어질 것이라는 것이다.

또 가장 좋은 국가 제도는 민주제와 왕제, 귀족제가 뒤섞인 것이라고 그들은 말한다.

한편, 윤리학에 관한 학설 가운데서 그들이 주장하는 것은 위와 같은데 이보다도 더욱 많은 것을 그들에게 고유한 증명과 함께 언급하고 있다. 그러나 그들이 주장하는 대요(大要) 기본에 관해서는 앞의 것으로써 충분히 이야기한 것으로 해두자.

(132) 다른 한편, 그들은 자연학에 관한 이론 쪽을 다음과 같은 논제로 나누고 있다. 즉 그것은 (1)물체, (2)원리, (3)구성요소, (4)신들, (5)한계·장소 및 공허와 같은 여러 논제이다. 그리고 위에 든 것은 종(種)에 따른 분류인데 유(類)에 따른 분류에서는 (1)세계(우주), (2) 구성요소, (3) 여러 원인의 고찰이라는 세 논제로 나뉜다.

한편 그들은 우주(세계)에 관한 논제는 두 부문으로 나뉜다고 주장한다. 그 것은 그 가운데 한 부문의 고찰에는 수학 연구자들도 관여하고 있기 때문이다. 즉 수학자들이 항성이나 행성에 대해서 고찰하는 한, 이를테면 태양은 우리 눈에 보이는 것만의 크기인지, 또 달에 대해서도 똑같은 것을 말할 수 있는지 하는 문제와, 또 태양이나 달의 공전(公轉)이라든가, 그것과 비슷한 여러 문제를 다루는 한 그 고찰은 수학자들의 고찰과도 겹치기 때문이다.

(133) 그러나 우주에 관한 논제의 또 한 부문의 고찰은 자연학자에만 속하며 그 부문의 고찰에서 우주의 실체라는 문제〔태양과 별들은 질료와 형상으로 성립되어 있는지〕, 또 세계는 생성한 것인지, 생성하지 않은 것인지, 혼을 지닌(살아 있는) 것인지, 혼이 없는 것인지, 없어지는 것인지, 없어지지 않는 것인지, 섭리에 따라서 지배되는 것인지 등의 문제 및 그 밖의 여러 문제를 탐구한다.

또 여러 원인의 고찰에 관한 논제는 그 자체가 또 두 부문으로 나뉜다. 그리

*92 힉스는 이 글을 삭제하고 있다. 난외주(欄外註)가 본문 안에 든 것 때문일까.

고 그 가운데 한 부문의 고찰에는 의사들도 탐구한다는 것이다. 즉 의사들이 혼(생명·마음·정신)이 통할하는 부분이나 혼 가운데 생기는 여러 현상, 또 씨앗(精子)이나 그 밖에 이에 비슷한 사항을 탐구하는 한 그런 것이다. 다른 한편, 또 한 부문의 고찰은 수학자들도 이를 자신의 일로 주장한다는 것이다. 예를 들어 우리가 어떻게 해서 사물을 볼 수 있는지, 거울 위에 상은 어떻게 생기는지, 구름·번개·무지개·(태양이나 달의) 무리·혜성, 그 밖에 이와 비슷한 현상은 어떻게 생기는 것인가 하는 문제의 고찰이 그것이다.

(134) 한편, 그들의 사고에서 우주만유의 원리는 두 가지가 있고, 즉 작용하는 것과 작용 받는 것이 있다. 그리고 작용 받는 것이란 질적인 구별이 없는 실체, 즉 질료(質料)이고, 다른 한편 작용하는 것은 그 질료 속에 있는 로고스(이성·형성원리), 즉 신이다. 신은 영원하며 질료 전체에 고르게 미치면서 개개의 사물을 만들어 내기 때문이다. 그리고 이와 같은 사고는 키티온의 제논이 〈존재에 대해서〉에서, 클레안테스는 〈구성요소에 대해서〉에서, 그리고 포세이도니오스는 〈자연학 논집〉 제2권에서 저마다 제시하고 있다.

그러나 그들의 주장에 따르면 원리와 구성요소와는 다르다. 왜냐하면 원리는 생기는 것도 없어지는 것도 없는데, 이에 반해서 구성요소는 (만물이 근원인 불로 전환하는) 세계 연소(燃燒)일 때에는 없어지기 때문이다. 뿐만 아니라 원리는 비물체적이며*93 형체가 없는데 구성요소 쪽은 형체가 주어졌기 때문이다.

(135) 그런데 물체란 아폴로도로스가 〈자연학〉 가운데서 말하듯이 길이와 폭과 깊이의 세 방향으로 퍼져 있는 것을 말한다. 게다가 이것은 또 입체성을 띤 물체로도 불린다. 그러나 면(面)은 우리의 관념 가운데 뿐만 아니라 현실에도 존재하고 있는 것을 포세이도니오스는 〈기상론〉 제5권 가운데서 인정하고 있다. 또 선은 면의 한계, 또는 폭이 없는 길이, 또는 길이만을 지닌 것이다. 또 점은 선의 한계이고 그것은 최소를 표시하는 것이다.

또 그들에 따르면 신은 지성·운명·제우스와 하나이며 그 밖에 많은 이름으로도 불리는 것이다.

(136) 한편, 원초에 신은 오직 혼자서 실체(질료) 전체를 공기를 거쳐 물로 바

---

*93 단, 스토아 학파의 학설에서 비물체적인 것은 장소·공허·시간·렉턴의 4가지뿐이기 때문에 롱과 세들리는 '원리는 물체이고……'라고 읽는 쪽을 채용하고 있다.

꾼 것이다. 그리고 마치 생물의 씨앗이 생식기관(정액) 속으로 빨려 들어가듯이 세계의 종자와 관련된 이성인 신도 그와 같은 씨앗으로서 혼합된 것 가운데 머물면서 그 뒤로 이어지는 것을 낳게 하고자 질료를 자기 자신에게 일을 하기 쉬운 것으로 했다. 그리고 그렇게 한 뒤부터 신은 무엇보다도 먼저 첫째로 네 개의 구성요소, 불과 물과 공기와 흙을 낳게 한 것이다. 그리고 이와 같은 구성요소 건에 관해서 제논은 〈만유(세계)에 대해서〉에서, 크리시포스는 〈자연학〉에서, 또 아르케데모스도 〈구성요소에 대해서〉의 어느 권에서 말하고 있다. 그런데 구성요소란 생성하는 여러 사물이 최초에 그것에서 낳게 되고 또 마지막에는 그로써 분해되는 것을 말한다.

(137) 한편 그 네 가지 구성요소는 (처음에는) 모두가 하나가 되어 질적인 구별이 없는 실체, 즉 질료를 이루는데 불은 뜨거운 것, 물은 축축한 것, 공기는 찬 것, 흙은 마른 것이다. 그러나 공기 가운데에도 흙과 똑같은 마른 요소도 포함되어 있다.

한편 불은 가장 높은 자리를 차지하며 그러한 불은 아이테르로 불리는데, 그 아이테르 가운데서 여러 항성을 최초로 낳고 이어서 여러 행성을 낳게 된 것이다. 그리고 그 뒤에 공기가, 거기에 이어서 물(바다) 이, 그리고 만물의 자리인 흙(대지)을 낳고 이 대지는 모든 것의 중심에 위치하는 것이다.

그런데 '코스모스'라는 말을 그들(스토아 학파)은 다음의 세 가지 뜻으로 사용하고 있다. 즉 하나로는 존재 전체로 성립하는 독자적인 성질의 것[94]으로서 신, 그 자체를 말한다. 따라서 모든 존재를 자기 안에 흡수함과 동시에 또 다시 모든 존재를 자기 안에서 낳는다.

(138) 또 우주의 질서[95] 그 자체가 '코스모스'라고 그들은 말한다. 그리고 셋째로는 위에서 말한 두 가지 의미(신과 우주질서)를 합친 것에도 '코스모스'라는 용어를 쓰고 있다. 또한 (그 밖에도) 만유의 존재가 지닌 독자의 성질도 '코스모스'로 되어 있고, 또는 포세이도니오스가 〈기상학 입문〉에서 쓰고 있듯이 하늘과 땅과 그런 것 가운데 존재하는 것에서 이루어지는 조직, 또 신들과 인간들, 그런 양자를 위해 생기는 것에서 이루어진 조직을 '코스모스'라고도 한다. 그리고 여기에서 말하는 '하늘'이란 신성한 모든 것이 그곳에 자리한 우

---

*94 '독자적인 성질의 것'이란 신이 세계의 형성원리로서의 불(火)이라는 것.

*95 아르님(제2권 526)과 롱과 세들리(제2권, p. 268, 44F)에 따라 삭제했다.

주의 가장 끝 원둘레를 말한다.

한편 그들의 생각에 따르면 우주(세계, 코스모스)란 지성과 섭리에 따라서 다스려지는 것이고, 그것은 크리시포스가 〈섭리에 대해서〉 제5권에서 또 포세이도니오스가 〈신들에 대해서〉 제13권에서 쓰고 있는 그대로이다. 그것은 우주의 어느 부분에도 지성은 고르게 침투하고 있기 때문이고, 그것은 마치 우리의 (몸의) 온갖 부분에 혼(생명)이 스며드는 것과 같다. 다만 어느 부분에는 더 많고 다른 부분에는 더 적다는 식으로 침투 정도는 다르다.

(139) 그것은 지성은 어느 부분에서는 이를테면 뼈나 힘줄의 경우가 그렇듯이 유지하는 힘으로서 고르게 미치는데, 다른 부분에서는 혼이 통할하는 부분이 그렇듯이 (글자 그대로) 지성의 작용으로서 고르게 미치기 때문이다. 그런 이유로 우주 전체는 혼을 지니고 이성을 갖춘 생물이고, 티루스의 안티파트로스가 〈우주에 대해서〉 제8권에서 이야기하는 바에 따르면 아이테르를 통할하는 부분으로서 지니고 있는 것이다. 그러나 크리시포스는 〈섭리에 대해서〉 제1권 가운데서, 또 포세이도니오스도 〈신들에 대해서〉 가운데서 하늘이 우주가 통할하는 부분이라고 말하고 있고, 다른 한편 클레안테스는 태양이 바로 그것이라고 말한다. 다만 크리시포스는 같은 책에서 이번에는 조금 말을 바꾸어 아이테르의 가장 순수한 부분이 우주가 통할하는 부분이라고 이야기한다. 그리고 이 부분은 또 그들이 제1(본디)의 신으로 부르는 것이고 그것은 이른바 감각에 사로잡히게 되는 방법으로 공중에 있는 것에도, 동물이나 식물의 모든 것에도, 또 대지 그 자체에는 유지하는 힘으로서 고르게 미치는 것이라고 말한다.

(140) 또 그들에 따르면 세계는 하나이고 한정된 것이며, 둥근 공처럼 생겼다. 그것은 운동을 하기에는 이러한 형태가 가장 알맞기 때문이다. 이것은 포세이도니오스가 〈자연학 논집〉 제5권에서, 또 안티파트로스와 그의 일문들도 세계에 대해서 논한 저작에서 말하고 있다.

그러나 세계의 바깥 쪽에는 무한한 공허가 세계를 둘러싸고 퍼져 있는데 이 공허[빈 공간]는 비물체적이다. 여기에서 말하는 비물체적이란 물체에 의해서 차지할 수는 있는데 실제로는 차지하지 않은 것을 말한다. 그러나 세계의 내부에 공허는 전혀 존재하지 않으며 세계는 일체화된 것이다. 그것은 하늘에 있는 것과 지상에 있는 것이 공유하는 기운과 긴장력에는 세계의 그와 같은 일체화가 반드시 필요하기 때문이다. 그런데 이 공허에 대해서 크리시포스는 〈공허에 대해서〉 및 〈자연에 관한 여러 학문〉 제1권에서 논하고 있으며, 또 아폴로파네스는 〈자연학〉에서, 그리고 아폴로도로스도, 또 포세이도니오스는 〈자연학 논집〉 제2권에서 논하고 있다. 다만 그들에 따르면 앞서 말한 것(공유하는 기운과 긴장력)도 다른 것과 마찬가지로 물체적인 것[*96]으로 되어 있다.

(141) 그리고 시간도 세계의 확대이므로 비물체적이다. 그 시간 가운데 과거와 미래는 무한한데 현재는 한정된 것이다.

또 그들의 학설에 따르면 세계는 감각으로 알려진 사물과 똑같은 원리에 의거해 생성된 것이므로 없어진다. 또 어떤 것의 부분이 없어지는 것이라면 그것의 전체도 없어지는 것이다. 그런데도 세계의 여러 부분은—서로 다른 것으로 변화하는 것이므로—없어지는 것이다. 따라서 세계는 없어지는 것이다. 그리고 더욱 나쁜 상태로의 변화를 허용하는 것이 무언가 있다면 그것은 없어지는 것이다. 따라서 세계도 없어지는 것이다. 왜냐하면 세계는 〔최초에는 화화(火化)에 의해서〕 완전히 건조한 상태에 있는데 (그 뒤에 다시) 수분이 있는 상태로 되기 때문이다.

(142) 또한 그들은 세계는 다음과 같이 생성된다고 생각한다. 즉 세계의 실체를 이루는 것이 (최초) 불에서 공기를 거쳐 습한 것(물)으로 변화하고, 이어서 그 습한 것 가운데의 (보다) 짙은 부분은 응결해 마지막에는 흙이 되는데, 다른 한편 (보다) 엷은 부분은 더욱더 희박해지고 이 부분이 더욱더 엷어지게 되면 마침내 불을 낳는다. 그리고 그 뒤에 이들 4요소에서 그것들이 뒤섞임으로써 식물과 동물, 또 그 밖의 종족도 생기게 된다. 그런데 이와 같은 세계의 생성과 소멸에 관한 것에 대해서 제논은 〈만유(세계)에 대해서〉에서, 크리시포스는 〈자연학〉 제1권에서, 포세이도니오스는 〈세계에 대해서〉 제1권에서 논하고 있고 또 클레안테스도, 그리고 안티파트로스는 〈세계에 대해서〉 제10권에서 말하고 있다. 단, 파나이티오스는 세계는 없어지지 않는다는 견해를 밝힌 것이다.

또 세계는 살아 있으며 이성을 갖추고, 혼을 지니며, 지적인 작용을 하는 것임을 크리시포스는 〈섭리에 대해서〉 제1권 가운데서, 또 아폴로도로스는 〈자

---

*96 힉스의 교본에 따라 읽었다.

연학〉 가운데서 말하고 있고 포세이도니오스도 똑같이 이야기하고 있다.

(143) 한편, 세계는 혼을 지니고 감각능력을 갖춘 존재라는 의미에서의 생물인데 세계가 살아 있다는 것은 다음과 같은 이유에 따른 것이라고 한다. 즉 생명이 있는 것은 생명이 없는 것보다도 뛰어나다. 그런데 세계보다 뛰어난 것은 아무것도 없다. 그러므로 세계는 생명이 있다는 것이다.

또 세계가 혼을 지닌 것임은 우리의 혼이 세계에서 갈라져 나온 한 조각인 점에서 명백하다고 한다. 그러나 보에토스는 세계가 살아 있는 것임을 부정한다.

또 세계가 하나라는 것은 제논이 〈만유(세계)에 대해서〉에서 말하고 있고 또 크리시포스도, 그리고 아폴로도로스는 〈자연학〉에서, 포세이도니오스는 〈자연학 논집〉 제1권 가운데서 쓰고 있다.

또 '전체'에 대해서 언급되는 것은 아폴로도로스에 따르면 하나로는 세계의 일인데, 다른 의미에서는 세계와 세계 밖에 있는 공허로 성립하는 것이다. 그렇기 때문에 세계는 한정된 것이며 공허는 무한하다.

(144) 별들 가운데 어떤 것은 방황하지 않는 것(항성)이고 하늘 전체와 함께 회전운동을 하며, 어떤 것은 방황하는 것(행성)이고 저마다 고유한 운동을 한다. 또 태양은 황도대(黃道帶)를 지나 비스듬히 궤도를 나아가고, 달도 마찬가지로 소용돌이처럼 생긴 궤도를 나아간다. 그리고 포세이도니오스가 〈기상론〉 제7권 가운데서 쓰고 있는 바에 따르면 태양은 순수한 불이다. 또 그가 〈자연학 논집〉 제6권에서 쓰고 있듯이 태양은 지구보다 크다. 뿐만 아니라 그와 그의 문하생들은 태양은 생김새가 둥글다고 주장하고 있다.

한편, 태양이 불일 수 있는 것은 불의 기능을 태양이 모두 하고 있기 때문이다. 또 지구보다 큰 것은 지구 전체가, 아니 그 뿐만 아니라 하늘까지도 태양이 비춘다는 사실로써 명확하다. 또 지구는 원뿔형 그림자를 드리운다는 사실도 태양이 지구보다도 크다는 것을 말해준다. 더욱이 태양을 지구 어디에서도 바라볼 수 있는 것은 태양의 크기에 따른 것으로 되어 있다.

(145) 그러나 달은 지구에 더 가깝다는 점에서 지구와 성질이 비슷하다.

그런데 이런 불로 이루어지는 천체나 그 밖의 별들은 저마다 다음과 같은 방법으로 양분을 취하는 것이다. 즉 태양은 지적인 것인데 불이 되어 타고 있는 물체이므로 넓고 큰 바다에서 양분을 얻으며 또 달은 지구에 가까워 공기와 뒤섞여 있기 때문에 신선한 물을 양분으로 하는 것이다. 이것은 포세이도니 오스가 〈자연학 논집〉 제6권에서 말하고 있다. 그러나 그 밖의 여러 천체는 대지(지구)로부터 양분을 얻고 있다.

또 그들(스토아 학파)의 사고로는 별들은 생김새가 둥글고 지구도 또 같은 데 그러나 지구는 정지(靜止)하고 있다. 그리고 달은 독자의 빛을 지닌 것이 아니고 태양에서 빛을 받아 빛나는 것이다.

또 태양의 이지러짐은 제논이 〈만유(세계)에 대해서〉에서 쓰고 있듯이 달이 나타나는 방향에 면한 쪽에서 태양의 앞을 지날 때 생기는 것이다.

(146) 그것은 태양과 달이 겹쳐질 때 달이 태양 앞으로 다가가 태양을 가리고 다시 통과하는 것을 볼 수 있기 때문이다. 그리고 이것은 물을 채운 대야로 (태양과 달의 그림자를 비쳐보는 것) 관찰할 수 있다.

또 달은 지구의 그림자로 들어갈 때 가려진다. 그러므로 또 보름달이 있을 때에만 달을 가리는 것이다. 달이 태양과 정반대 위치에 오는 것은 매월 일어나는 현상이지만 달이 비스듬히 궤도를 움직이면서도 태양의 궤도에 비하면 위도에서 보다 북북쪽 또는 남남쪽으로 나아가기 때문에 달이 가려지지 않게 되는 것이다. 그러나 달의 위도가 태양의 위도와 겹쳐져 황도대(黃道帶) 위에 놓이게 되고, 또 그렇게 해서 달이 태양과 정반대 위치에 왔을 때 가려지게 된다. 그런데 달의 위도가 황도대 위에 놓이게 되는 것은 달이 게자리·전갈자리·숫양자리·황소자리 안에 있을 때이다. 그와 같이 포세이도니오스와 그 문하생 은 말하고 있다.

(147) 또 그들의 말에 따르면 신은 살아 있으며 더구나 불사에 이성적 또는 지적이며*97 완전히 행복하며 어떤 악도 받아들이지 않고 세계와 세계 속에 있는 것을 예견해 배려하는 것인데, 그러나 인간의 형태를 하고 있지는 않다.

또 신은 우주 전체를 만든 존재이고 전체적으로나, 또 만물에 보편되게 미치고 있는 그 부분으로서의 면에서도 신은 이른바 만물의 아버지인데 그 부분은 그것이 수행하는 여러 기능에 따라서 수많은 이름으로 불리는 것이다. 즉 그들은 신이 있어서 만물이 존재하기 때문에 제우스*98의 이름을 부여하고 있고 또 신이 생명의 원인인 한, 또는 생명에 보편되게 미치기 때문에 그들은

*97 롱과 세들리(제2권, p. 321, 54A)에 따라 읽었다.
*98 '디아'는 제우스의 대격형(對格形)이다.

신을 '젠'*⁹⁹(제우스)으로 부르는 것이다. 또 '아테네'로 불리는 것은 신이 통할하는 부분이 아이테르에까지 미치고 있는 데 따른 것이고 '헤라'로 불리는 것은 그 부분이 공기에까지 미치고 있기 때문이다. 그리고 '헤파이스토스'란 이름은 통할하는 부분이 만물의 형성원리인 불에까지, '포세이돈'이란 이름은 그 부분이 습한 것(바다)에까지, '데메테르'란 이름은 그것이 땅(대지)에까지, 저마다 미치고 있는 데 따른다. 그러나 그들은 또 똑같은 방법으로 신이 지닌 무언가 고유한 성질에 곧바로 대응하면서 그 밖에 여러 호칭까지도 신에게 부여한 것이다.

(148) 그러나 신의 본질(실체)은 세계 전체와 하늘(세계 끝의 주변)이라고 제논은 말한다. 그리고 크리시포스도 〈신들에 대해서〉 제1권에서, 또 포세이도니오스도 〈신들에 대해서〉 제1권에서 똑같은 주장을 하고 있다. 다른 한편 안티파트로스는 〈세계에 대해서〉 제7권에서 신의 본질은 공기의 형체를 띤 것이라고 말하고 있다. 그러나 보에토스는 〈자연에 대해서〉 가운데서 항성의 천구가 신의 본질이라고 말하고 있다.

또 '자연'이란 그들에게는 세계를 유지하는 경우도 있는가 하면 지상의 사물을 낳는 경우도 있다. 그러나 자연이란 스스로 운동하고 변화하는 성상(性狀)을 말하며, 그것은 생산성이 있는 이성에 따라서 스스로 태어난 것을 일정한 시간 내에 완성해 이를 유지하면서 그것에 태어난 본디의 것과 똑같게 만드는 것이다.

(149) 또 그 자연은 유익(有益)과 쾌(快)*¹⁰⁰ 양쪽을 지향하는 것이고, 그것은 인간이 행하는 제작활동에서 유추해 보면 명확하다고 그들은 주장한다.

또 그들은 모든 일은 운명에 따라서 생긴다고 주장하고 그것을 크리시포스는 〈운명에 대해서〉 가운데서, 또 포세이도니오스도 〈운명에 대해서〉 제2권 가운데서, 그리고 제논도, 보에토스도 〈운명에 대해서〉 제1권에서 말하고 있다. 그런데 운명이란 존재하는 것의 원인이 계열을 이루고 연속하는 것이고, 또

---

*99 '젠'은 제우스의 별칭. 대격형은 '제나'인데 삶(젠)과의 연계를 명확히 하기 위해 주격형(젠)으로 번역해 둔다.
*100 자연이 직접 '쾌(快)'를 지향한다는 것은 에피쿠로스파에 반대하고 있는 스토아 학파의 학설로서는 생각할 수 없는 일이므로 (85절 참조)─스토아 학파에게 쾌는 '따라서 생긴 것'에 지나지 않기 때문에 (86절)─이곳의 '쾌'에 대해서는 문제가 남을 것이다.

는 세계가 그것에 따라서 인도되는 이법(理法, 로고스)을 말한다.

그리고 또 그들은 섭리가 만일 진실로 있다면 점술도 어떤 형태의 것이든 확실한 근거가 있다고 주장한다. 그리고 그들은 몇 가지 성과에 의거해 그 점술이 기술임을 명확히 한다. 이것은 제논도 말하고 있고, 크리시포스는 〈점술에 대해서〉 제2권에서, 또 아테노도로스도, 그리고 포세이도니오스도 〈자연학 논집〉 제12권과 〈점술에 대해서〉 제5권에서 말하고 있다. 다만 파나이티오스는 확실한 근거가 없는 것이라고 주장한다.

(150) 또 제1의 (근원) 질료가 존재하는 것 모두의 실체〔基體〕라고 그들은 말한다. 이것은 크리시포스도 〈자연학〉 제1권 가운데서 말하고 있으며 제논도 말하고 있다. 그런데 질료란 무엇이건 모든 것이 그것에서 낳게 되는 것, 그 자체이다. 그러나 실체도 질료도 두 가지 의미에서 그렇게 말하게 되는 것이다. 즉 우주 만유의 실체와 질료, 개별적인 것이 그러하다. 한편 우주 만유의 실체나 질료는 늘어나지도 줄어들지도 않는데 개별적인 것의 그것은 증대하는가 하면 감소도 한다.

또 그들에 따르면 실체(질료)는 물체이고 더구나 그것은 안티파트로스가 〈실체에 대해서〉 제2권에서, 또 아폴로도로스가 〈자연학〉에서 말하고 있는 바에 따르면 유한하다. 또 같은 지은이(아폴로도로스)가 이야기하듯 실체는 작용을 받을 수 있다. 만일 그것이 변화하지 않은 것이었다면 생성하는 것을 그것에서 낳는다는 것은 없을 터이기 때문이다.

그러므로 그 사람(안티파트로스) 또한*[101] 분할은 무한히 이루어진다고 말하는 것이다. 〔또는 크리시포스가 말하듯이 분할은 무한하다. 왜냐하면 분할이 그것에 이르는 무언가 무한한(히 작은) 것은 없고 분할은 바로 끝나지 않기 때문이다.〕

(151) 또 크리시포스가 〈자연학〉 제3권에서 말하는 바에 따르면 철저하게 뒤섞여서 하나가 되는 것이고 단순히 한쪽이 다른 쪽을 둘러싸거나, 다른 쪽 곁에 놓여 있거나 하는 상태에 머무는 것은 아니다. 바다에 쏟아 부은 적은 양의 포도주도 얼마 지나면 바닷물에 퍼져 마침내 바닷물에 녹아버리고 말 것이기*[102] 때문이다.

---

*101 이 부분의 텍스트 읽기와 해석에 대해서는 롱과 세들리(제2권, p. 296, 50B주)에 따른다.
*102 이 부분의 '용합(溶合)하고 말 것이다'라는 말은 '혼합'이 아니고 혼합의 결과인 '용합' 상태

또 그들은 인간과 공감하고 인간이 하는 일을 지켜보는 다이몬(신령)들도 존재한다고 주장하고 있다.

더욱이 영웅들, 즉 사후에도 존속하는 뛰어난 사람들의 영혼도 존재한다고 그들은 말한다.

또 그들의 설명에 따르면 대기 가운데서 일으키는 현상 가운데 태양이 우리에게서 멀어져감에 따라서 지상의 공기가 식어가는 것이 겨울이고 태양이 우리 쪽으로 다가옴에 따라서 공기가 적당한 온도로 바뀌는 것이 봄이다.

(152) 그리고 태양이 북쪽으로 나아감에 따라서 지상의 공기가 뜨거워지는 것이 여름이고, 태양이 우리에게서 다시 물러가는 것이 가을이다.

또 바람은 공기의 흐름인데 그 명칭은 바람을 일으키는 지역에 따라서 여러 가지로 달라진다. 그리고 바람이 생기는 원인은 구름을 증발시키는 태양이다.

무지개는 태양광선이 습한 구름에서 반사한 것이다. 또는 포세이도니오스가 〈기상론〉에서 말하듯이 태양 또는 달의 단면이 이슬을 띤 구름 속에—그 구름은 보기에 움푹 패였고 끊어진 곳 없이 이어져 있는 것인데—반영해서 마치 거울 속의 상처럼 둥근 모습으로 비쳐지는 현상(외견상의 것)이다.[103]

또 코메테스나 포고니아 등의 혜성은 짙은 공기가 아이테르의 영역으로 올라갔을 때 생기는 불이다.

(153) 또 유성(流星)은 공기 속을 빠르게 움직이는 불덩어리가 내는 빛인데, 그 불덩어리는 빠르게 움직이기 때문에 길이가 있는 것 같은 인상을 준다.

또 비는 구름이 물로 변화한 것이고 태양에 의해서 대지 또는 바다에서 위로 올라간 수증기가 아직 충분히 증발하지 못한 경우에 생긴다. 그리고 이 수증기가 냉각된 것을 이슬이라 부른다.

우박은 바람이 언 구름을 부순 것이다.

눈은 포세이도니오스가 〈자연학 논집〉 제8권에서 말하듯이 언 구름에서 생기는 습한 것이다.

___

를 나타내는 것이다. 즉 스토아 학파의 설에 따르면 '혼합'은 한편에서는 '병치(竝置)'와, 다른 한편에서는 '융합'으로 구별되므로, 이곳의 예도 '포도주'와 '바닷물'은 저마다 본디의 고유성을 유지하는 '혼합'의 경우로 생각해야 한다는 것이다.

*103 이 전후의 기상론 관계의 기록은 아리스토텔레스의 저술로 되어 있는 〈우주론〉이나 〈기상학〉의 기록과 같거나 또는 비슷하거나 한 것이 많은데 이 부분도 〈우주론〉 395a 32~35의 기록과 거의 같다.

번개는 제논이 〈만유(세계)에 대해서〉에서 말하듯이 바람이 스치거나 찢은 구름에 불이 붙는 것이다.

천둥은 그와 같은 상태의 구름이 서로 비비거나 파열했을 때 내는 시끄러운 소리이다.

(154) 벼락은 바람이 구름을 서로 스치거나 찢거나 했을 때에 커다란 힘을 만들어 지상에 떨어뜨리는 격한 발화(섬광)이다. 그러나 그것은 또 강한 힘으로 떨어져 내리는 불 모양으로 공기가 압축된 것이라고 말하는 이들도 있다.

태풍은 많은 양의 격한 바람처럼 생긴 뇌우이다. 또는 찢긴 구름에서 생기는 연기처럼 생긴 (회오리) 바람이다.

화풍(火風)은 바람을 동반한 불에 의해서 둥글게 찢긴 구름이다.

또 지진은 포세이도니오스가 (〈기상론〉)제8권 가운데서 이야기하는 바에 따르면 바람이 대지가 파인 곳에 흘러들 때, 또는 대지 안에 갇힐 때 생긴다. 그리고 지진 가운데 어떤 것은 '진폭동(振幅動)'이고, 어떤 것은 '침하동(沈下動)'이며, 어떤 것은 '수평동(水平動)'이고 '상하동(上下動)'이다.

(155) 또 우주 질서에 대해서도 그들은 다음과 같이 설명한다. 즉 대지는 우주 한가운데에 있어 원의 중심에 해당하는 위치를 차지한다. 그 다음은 둥근 공처럼 생긴 (대지를 둘러싼) 물이 있고 이것은 대지와 똑같은 중심을 지니기 때문에, 따라서 대지는 물속에 있게 된다. 그리고 물 다음으로는 (그것을 또 둘러싸는) 둥근 공처럼 생긴 공기층이 있다.

다른 한편, 하늘에는 다섯 개의 원이 있다. 그 가운데 첫 번째 것은 북극원(北極圓)이고 이것은 (우리의 머리 위에 있어) 언제나 눈에 보인다. 두 번째 것은 하지선(夏至線, 북회귀선), 세 번째 것은 주야 평분선(平分線), 네 번째 것은 동지선(冬至線, 남회귀선), 그리고 다섯 번째 것은 남극원(南極圓)이고 이것은 우리의 눈에 보이지 않는다. 그리고 이들 원은 서로 다른 것에 맞대어 기울어져 있지 않기 때문에 평행하는 것으로 알려진다. 하지만 이들 원은 같은 중심(천구의 지름인 세로축) 둘레에 그려져 있다. 그러나 황도대는 이들 평행하는 원과 서로 엇갈리므로 기울어진 원이다.

(156) 또 지상에도 다섯 개의 지대가 있다. 즉 첫 번째는 북극원을 넘은 곳에 있는 북방지대(한대)로서 그곳은 춥고 싸늘해서 사람이 살 수 없다. 두 번째는 온대. 세 번째는 너무 더워서 사람이 살 수 없고 열대로 불리는 지대. 네

번째는 온대. 다섯 번째는 남방지대이고 이 또한 춥고 싸늘해서 사람이 살 수 없다.

그런데 그들의 생각에 자연이란 순서를 따르면서 (세계의) 생성으로 나아가는 기술에 근거한 형성력을 지닌 불을 말하며, 즉 불의 형상을 한 기술에 근거한 형성력을 지닌 기운을 말하는 것이다.

또 혼은 감각력을 갖춘 것으로 그 혼은 우리가 선천적으로 갖춘 기운으로 그들은 생각한다. 그러므로 혼은 물체이고 또한 사후에도 (한동안은) 존속하는데 그러나 없어지는 것이다. 당연히 우주 만유의 혼은—동물들 가운데에 있는 개개의 혼은 그것의 부분인데—불멸이다.

(157) 또 키티온의 제논과 안티파트로스는 저마다 〈혼에 대해서〉란 책 가운데서, 그리고 포세이도니오스도 혼은 온기를 지닌 기운이라고 말하고 있다. 그것은 이 기운에 따라서 우리는 생명이 있는 것으로 되어 있고 또 이에 따라서 운동을 할 수 있기 때문이라는 것이다. 그런데 클레안테스는 어느 혼이나 모두, 만물이 원초의 불로 돌아갈 때까지 계속 남는다고 했는데, 이와 달리 크리시포스는 현자들의 혼만이 그렇다고 말하고 있다.

또 그들(스토아 학파)은 혼의 부분(기능)으로서 여덟 가지를 들고 있다. 다섯 개의 감각기능과 우리들 안에 있는 종자적 원리(생식기능)과 음성(언어)기능 및 이성과 관계된(통합하는) 부분이다.*104

그런데 크리시포스가 〈자연학〉 제2권에서 말하고 또 아폴로도로스도 이야기하는 바에 따르면, '본다'는 감각은 시각기관(눈)과 그 대상물 사이에 있는 빛이 원뿔 형상으로 퍼지고 있을 때 생기는 것이다. 단, 이 경우에 공기 중에서의 이 (빛의) 원뿔형 정점은 눈이 있는 곳에 있고 그 밑면은 보게 되는 사물에 있다. 이렇게 해서 보게 되는 사물이 무엇인가가 그 사이에 퍼져 있는 공기를 통해서 마치 지팡이가 가리키듯이 우리에게 전해지는 것이다.

(158) 또 듣는다는 감각은 목소리를 내는 사람과 듣는 사람 사이에 있는 공기가 진동해 둥근 공 모양으로 널리 퍼지고 이어서 그 진동이 음파가 되어 귀에 이를 때 생기는 것으로, 마치 물통 속의 물이 그 안에 던진 돌 때문에 둥근 파문을 만드는 것과 비슷하다는 것이다.

---

*104 앞에 기록한 110절 참조.

또 잠은 감각기관의 긴장이 풀어지면 그것이 혼이 통할하는 부분에 영향을 주어 오는 것이라고 한다.

또 기운이 여러 가지로 변질하는 것이 정념의 원인이라고 그들은 단정한다.

또 씨앗이란 그 자체는 물론, 그곳에서 갈라져 나온 본디의 것도 똑같은 것을 낳을 수 있다고 그들은 정의한다. 그리고 인간의 씨앗(정자)—은 인간이 방출하는 것인데—부모들 안에 있었던 것과 같은 비율의 혼합으로 (낳게 되는 것) 혼의 여러 부분과 뒤섞이게 되는 것이라고 그들은 주장한다.

(159) 그리고 이 씨앗은 그 본질에서는 기운과 같은 것이라고 크리시포스는 〈자연학〉 제2권에서 말하고 있다. 그리고 그것은 대지에 뿌려지는 씨앗을 보아도 알 수 있으며, 오래 된 씨앗은 싹을 틔우지 않는데 명확하게 그것은 싹을 틔울 힘이 그런 씨앗에는 없어져 버렸기 때문이라는 것이다. 다른 한편, 스파이로스 일파 사람들은 씨앗은 몸 전체에서 가져오게 되는 것이라고 주장한다. 어쨌든 씨앗은 몸의 모든 부분을 (다시) 낳게 하는 힘을 지니고 있기 때문이라는 것이 그 이유이다. 단, 여성의 씨앗은 낳을 힘이 없다고 그들은 말한다. 왜냐하면 스파이로스가 말하듯이 여성의 씨앗은 긴장이 결여되고 양도 부족하며 수분도 많기 때문이다.

또 혼이 통할하는 부분이란 혼 안의 가장 중요한 부분을 말하며, 그 부분 가운데서 표상이나 충동은 낳고 또 그 부분에서 합리적인 말을 하게 되는 것이다. 그리고 그것은 심장에 자리를 잡고 있다.

(160)—위와 같이 자연학에 관한 것도 충분하다고 생각할 만큼 말했다고 본다. 나의 의도는 이 책의 (전체) 균형이기 때문이다. 그러나 스토아 학파 가운데에는 다른 생각을 하는 사람들이 몇 사람 있으므로 그 점은 다음에 말하기로 한다.

2 아리스톤

(160)(계속) 키오스 사람으로 대머리인 아리스톤은 '세이렌'*105이라는 별명이 있었는데, 덕과 악덕 중간에 있는 것에는 무관심한 태도로 사는 것이 (삶의) 목적이라고 주장했다. 그리고 그 중간 것에는 어떤 차이도 인정하지 않고 그 모든 것에 평등한 태도를 취해야 한다고 말했다. 현자는 뛰어난 배우와 같으며 뛰어난 배우라면 테르시테스*106 역할을 맡겨도, 아가멤논 역할을 맡겨도, 어느 역할이든 그에 걸맞게 연기할 것이라고 말한 것이다.

그는 또 자연학에 관한 논제도, 언론에 관한 논제도 돌아보지 않았는데 전자는 우리의 능력을 초월한 것이고, 후자는 우리와는 전혀 관계가 없는 것이어서 단순히 윤리학에 관한 화제만이 우리가 관심을 두고 있는 것이라고 말했던 것이다.

(161) 또 그는 문답법에 근거한 논의는 일종의 기교를 나타내는 것처럼 보이는데 실제로는 아무런 도움도 되지 않는 거미집 같은 것이라고 말했다. 또 그는 제논이 역설한 것과 같은 수많은 (정해진) 덕이 있다는 설을 인정하려고 하지 않았고, 또 메가라파 사람들이 역설한 것과 같은 하나의 덕이 많은 이름으로 불린다는 설도 허용하지 않고 덕은 저마다 경우에 따른 본연의 모습에 의거해 성립하는 것이라고 했다. 그리고 그와 같은 철학을 가르치면서 또 키노사르게스(의 체육장*107)에서 강의함으로써 그는 한 학파의 창시자로 평가될 만

*105 〈오디세이〉 가운데의 이야기(제12권 39행 이하, 158행 이하)로 잘 알려진 바와 같이 매혹적인 노랫소리로 선원들을 유혹해 파멸시킨 것으로 알려진 마녀. 아리스톤의 설득력 있는 웅변을 세이렌의 노랫소리에 빗댔을 것이다.

*106 〈일리아스〉(제2권 212행 이하)에 등장하는 그리스 병사이고 야비하고 추악한 인간의 전형으로 그려진 인물. 언제나 지휘관들의 험담을 하고 불평을 늘어놓아 전군의 웃음거리가 되어 사람들이 멀리했다.

*107 아카데미와 리케이온과 함께 아테네의 3대 체육장 가운데 하나. 아테네 시의 남동 교외에

큼 영향력을 지니기에 이른다. 사실 밀티아데스나 디필로스는 '아리스톤의 제자'로 불렸기 때문이다. 또 그는 설득력을 갖춘 사람이고 대중에게 영합하려고 했다. 그렇기 때문에 티몬은 그에 대해서 다음과 같이 말했다.

또 아리스톤의 문에서 나온 자가 감언으로 사람들을 매혹하면서······

(162) 그런데 마그네시아의 디오클레스가 전하는 바에 따르면 제논의 병과의 싸움이 길어지는 사이에 그는 (아카데미 학파인) 폴레몬에게서 배웠는데 그 뒤로는 자신의 생각을 바꿨다는 것이다. 하지만 현자는 마음이 헷갈리는 일이 없는 자라는 스토아 학파의 교의에 그는 특별히 집착했다. 거기에서 이 교의에 반대하던 페르사이오스는 쌍둥이 형제 한쪽에 일정 액수의 돈을 아리스톤에게 맡기게 한 다음 다른 한 쪽에게 그 돈을 되찾게 한 것이다. 그리고 그런 식으로 해서 곤혹스러워하는 아리스톤을 반박했다.

그는 또 (아카데미 학파인) 아르케실라오스와는 반목했다. 그리고 그는 어느 때 자궁을 지니고 있는 기형의 황소를 발견하자 '아, 이로써 아르케실라오스는 감각의 명증성(明證性)에 어긋나는 증거를 손에 넣은 것이다'라고 말했다.

(163) 어느 아카데미 학파 사람이 나는 무엇 하나 확실하게 파악하지 못한다고 말한 데 대해서 '그러면 그대 곁에 앉아 있는 사람까지도 보이지 않는가'라고 그는 물었다. 그리고 그 사람이 '보이지 않는다' 대답하자 그는 이렇게 응수했다.

누가 그대를 장님으로 했나, 누가 그대에게서 밝은 시력을 빼앗았나?

그의 저작으로는 다음과 같은 것이 전해진다.

철학의 권유, 2권
제논의 학설에 대해서
대화편

있고 영웅 헤라클레스가 모셔져 있었다. 어머니가 아테네 시민이 아닌 젊은이들이 사용한 곳이고 금욕주의 학파인 안티스테네스도 강의 장소로 삼았다. 제6권 13절 참조.

강의집, 6권
철학론집, 7권
에로스론
허영심에 대한 각서
비망록, 25권
회상록, 3권
금언집, 11권
변론가들에게 반박한다
알렉시노스의 반대진술에 답한다
문답법가들에게 반박한다, 3권
클레안테스에게 답한다
편지, 4통

단, 파나이티오스와 소시크라테스는 편지만이 그의 것이고, 그 밖의 저작은 페리파토스파인 아리스톤의 것이라고 말하고 있다.

(164) 한편, 이 사람은 머리가 벗겨졌기 때문에 햇볕에 타 (일사병에 걸려) 그 때문에 세상을 떠났다고 이야기한다. 그래서 나는 그를 비웃어 파행장단격(跛行長短格)의 이암보스 시형에 따른 다음과 같은 시를 지어보았다.

도대체 왜, 아리스톤이여, 그대는 늙고 머리는 벗겨졌는데,
어쩌자고 이마를 태우는 짓을 했단 말인가.
그렇기 때문에 당신은 필요 이상으로 따뜻한 것을 좇으면서
뜻하지 않게 하데스(저승)의 정말로 차디찬 것을 발견하고 만 것이다.

한편, 아리스톤이란 이름을 지닌 사람은 여러 명 있었는데 한 사람은 (케오스섬)의 이우리스 태생의 페리파토스파 철학자. 다음은 아테네인으로 음악가. (……). 네 번째는 비극시인. 다섯 번째는 하라이 사람이고 변론술 서적을 쓴 사람. 여섯 번째는 알렉산드리아 사람이고 페리파토스파 철학자이다.

3 헤릴루스

(165) 칼케돈(카르타고) 사람 헤릴루스는 지식이야말로 (삶의) 목적이라고 말했는데 그것은 결국 지식이 따르는 생활을 목표로 해서 모든 것을 이에 연관시키고, 그리고 무지로 말미암아 언제나 헷갈리는 일이 없도록 하면서 살아간다는 것이었다. 그런데 그가 말하는 지식이란 표상을 받아들일 때에 논의에 의해서 흔들리지 않는 마음 상태를 말하는 것이었다. 그러나 때로는 절대 목적이 있는 것은 아니고 상황이나 사항에 따라서 목적은 바뀌는 것이라고 말했다. 그것은 마치 같은 청동(靑銅)이 알렉산드로스 상이 되는가하면 소크라테스 상이 될 때도 있는 것과 같은 것이라고 말하면서, 또 그는 본디 목적과 종속 목적은 다르다고 말했다. 그것은 후자는 현명하지 않은 자들도 이를 지향하지만 현자만이 (삶의 참된 목적인) 전자를 지향하기 때문이라는 것이다. 또 그는 덕과 악덕의 중간에 있는 것은 선악과 무관하다고 했다.

그의 저작은 행수는 적을지언정 힘으로 충만해 있고 또 제논에 대한 반론을 포함한다.

(166) 한편, 그가 소년이었을 때 그를 연모(戀慕)하는 자들이 많았기 때문에 제논은 그들을 쫓아버릴 생각으로 헤릴루스에게 무리하게 머리를 깎게 했다. 그러자 그 자들은 모두 떠났다는 이야기가 전해진다.

그의 저작은 다음과 같다.

훈련에 대해서
정념에 대해서
상정(想定)에 대해서
입법가
조산술을 이해하는 자

적대하는 자
교사
교정(校訂)보는 자
감사관
헤르메스
메디아
대화편
윤리학의 여러 명제

4 디오니시우스

(166)(계속) '전향자'*[108] 디오니시우스는 눈병을 앓은 쓰라린 사정이 있었기 때문에 쾌락이야말로 (삶)의 목적이라고 말했다. 그것은 그가 심한 괴로움을 당했기 때문에 괴로움을 선악과 무관한 것으로 부르는 데 망설였기 때문이다.

그는 테오판토스의 아들이고 (흑해 지방) 헤라클레아 시 출신이었다. 디오클레스가 말하는 바에 따르면 그는 최초에 같은 시민인 (아카데미 학파인) 헤라클레이데스*[109]에게 배웠는데, 이어서 (메가라 학파인) 알렉시노스*[110]와 (에레트리아 학파인) 메네데모스*[111]에게 배우고 마지막으로 제논의 제자가 되었다는 것이다.

(167) 그리고 처음에 그는 문학을 선호했으므로 온갖 종류의 시짓기를 시도했는데 나중에는 아라토스*[112]와도 교분을 맺고 그 사람을 모방하려고 힘썼다. 그런데 그는 제논 밑에서 떠난 뒤로는 (쾌락주의자인) 키레네 학파 사람들에게로 옮겨가 매춘가에 다니거나 그 밖의 즐거움도 공공연하게 음미하거나 했다. 그는 80세까지 산 뒤 식음을 끊고 생애를 마쳤다.

그의 저작으로는 다음의 것이 전해진다.

마음의 평정에 대해서, 2권
훈련에 대해서, 2권
쾌락에 대해서, 4권

---

*108 앞에서 기록한 37절 참조.
*109 제5권 제6장에서 거론되는 인물.
*110 알렉시노스에 대해서는 제2권 제10장 109절 참조.
*111 메네데모스에 대해서는 제2권 제17장 참조.
*112 제2권 제17장 133절에 이 사람의 이름이 나와 있다. 그 부분의 주 참조.

부(富)·친절·보복에 대해서
사람들과의 교제에 대해서
행운에 대해서
고대의 왕들에 대해서
상찬받는 사람들에 대해서
이방인들의 습속에 대해서

한편, 위에서 쓴 (세 사람) 사람들은 스토아 학파의 정통 교의에서 벗어난 사람들이다. 그러나 제논의 후계자가 된 사람은 클레안테스이므로 다음은 그에 대해서 말해야만 한다.

5 클레안테스

(168) 클레안테스는 파니아스의 아들로 아소스 사람이다. 안티스테네스가 〈철학자들의 계보〉에서 말하고 있는 바와 같이 그는 처음에 권투선수였다. 그리고 그가 아테네로 왔을 때에는 겨우 4드라크마의 돈을 지니고 있었을 뿐이었다. 그는 제논의 문하로 들어온 뒤로는 참으로 성실하게 철학 공부에 힘쓰고 끝까지 같은 교의를 내내 지켰다. 그는 열심히 일해서 사람들의 평가를 받았는데 그것은 그가 몹시 가난했으므로 생계 자금을 버는 데 열중했기 때문이다. 이렇게 해서 그는 밤에는 정원에서 물을 긷고 낮에는 언론 가운데서 자신을 갈고닦아 나갔다. 그 일로 말미암아 그는 '우물에서 물 긷는 사람'이란 별명이 붙게 되었다. 또 전해지는 바에 따르면 그는 재판소에까지 불려가 그처럼 좋은 몸을 지녔는데 어떻게 생계를 꾸려나가는지 해명해야만 했다. 그래서 그는 자신이 물을 긷던 정원의 관리인과 또 가루를 빻던 제분소의 주인을 증인으로 내세움으로써 방면되었다고 한다.

(169) 아레오파고스(법정)의 관리들은 그의 말을 이해한 다음 그에게 10무나의 포상금을 주기로 표결했는데 제논이 그에게 그것을 받는 것을 금한 것으로 알려진다. 또 안티고노스왕도 그에게 300드라크마를 증여했다는 이야기도 전해진다.

또 그는 어느 날 젊은이들을 흥행장에 데리고 갔는데 바람 때문에 윗옷이 젖혀져 속옷을 입지 않은 그의 맨몸이 모두의 눈에 띄었다. 그리고 그 때문에 그는 아테네인들로부터 박수갈채를 받았다는 것이다.*113 이렇게 해서 그는 그 일로 말미암아 더욱더 감탄을 받게 되었다.

또 이런 이야기도 있다. 안티고노스왕이 그의 강의를 들으러 왔을 때 왜 물

---

*113 그의 경기자(권투선수)다운 늠름한 체격에 사람들이 감탄했기 때문일 것이다(아페르트).

을 긷는 일을 하느냐고 그에게 물었다. 그에 대해서 그는 '단순히 물만 긷고 있었을까요. 어떻습니까? 흙도 파고 있지 않습니까? 어떻습니까? 그리고 마당에 물을 뿌리는 것도, 그 밖의 모든 일도 오로지 철학을 위해서 하는 것이 아닙니까?' 이렇게 대답했다고 한다. 제논이 그와 같은 면에서도 그를 훈련하고 있었으며 더욱이 그가 번 임금 가운데서도 1오보로스를 자기에게 내놓도록 명하고 있었기 때문이다.

(170) 그는 어느 날 긁어모은 잔돈을 동료들 앞에 내놓으며 말했다.

'클레안테스는 만일 바란다면 또 한 사람의 클레안테스를 기를 수도 있을 것이다. 그런데도 자신을 기르기에 넉넉한 자산을 가지고 있는 사람들이 아직도 더욱 남으로부터 생활자금을 손에 넣으려 하고 있다. 철학 공부를 편하게 할 수 있는 신분인데도 말이다.' 그런 이유로 클레안테스는 '제2의 헤라클레스'로도 불리게 되었다. 그는 수고를 아끼지 않은 사람이었는데 학문적인 자질은 모자라고 또 둔한 면이 있었다. 그렇기 때문에 티몬도 그에 대해서 다음과 같이 이야기한 것이다.

사람의 대열을 점검하며 돌아다니는 이 숫양 같은 사내는 누구냐.
아소스 출신의 둔하고 시를 좋아하는 겁 많은 이 뚱뚱한 사내는.

또 그는 동문들로부터 비웃음을 받아도 참고 견디고 '당나귀'로 불려도 감수하면서 자기만이 홀로 제논의 짐을 나를 수 있다고 말했다.

(171) 또 어느 때 겁쟁이라는 비난을 받자 '그렇기 때문에 나는 잘못을 저지르는 일이 적다'고 그는 응수했다.

또 자신의 삶의 방식이 부자들보다도 낫다면서 이렇게 말했다. 부자들이 공놀이를 하는 사이에, 나는 단단하고 불모인 땅을 파면서 일한다고.

또 그는 때때로 자기 자신을 꾸짖었는데 어느 날 그의 그런 말을 아리스톤이 듣고 '누구를 꾸짖고 있습니까?'라고 묻자 그는 웃으면서 '머리는 희어지고 있는데 분별을 모르는 노인이오'라고 대답했다.

어떤 사람이 아르케실라오스는 행해야 할 일을 하지 않고 있다고 말했을 때 '더는 그를 꾸짖지 마시오. 만일 그가 언어(이론)상으로는 어울리는 행위(카테콘)를 부정하고 있다고 해도 아무튼 행위(실천)상으로는 그것을 인정하고 있으니까'라고 클레안테스는 대답했다. 그리고 이를 전해들은 아르케실라오스가 '나는 그대의 겉치렛말에 놀아나지 않는다'고 말하자 그에 대해서 클레안테스는 '하지만 나의 겉치렛말이란 그대가 말하는 것과 행동이 일치하지 않는다고 주장한 점에 있다'라고 응수한 것이다.

(172) 아들에게는 어떤 훈계를 해주면 좋으냐고 누가 물었을 때

조용히, 조용히, 발소리를 내지 말고

이와 같은 엘렉트라의 말*[114]의 말을 들려주면 좋을 것이라고 그는 말했다.

어느 라코니아(스파르타)인이 수고하는 것은 좋은 일이라고 말했을 때 그는 웃으면서

사랑스런 아들아, 너는 과연 고귀한 핏줄이다.*[115]

이렇게 말했다.

또 헤카톤은 〈잠언집〉에서 다음과 같은 이야기를 전하고 있다. 용모가 아름다운 어느 청년이 '배를 쓰다듬고 있는 사람이 배가 부른 것이라면 두 정강이를 쓰다듬는 사람은 정강이 언저리가 근질근질한 것이다'라고 말했을 때 그는 '젊은이여, 그렇다면 그대는 정강이 언저리를 근질근질하게 해두게. 하지만 비슷하게 만든 말이 반드시 비슷한 의미를 지닌다고는 말할 수 없지'라고 응수했다는 것이다.

어느 날 그는 젊은이와 대화를 하면서 그대는 알고 있는가라고 그 젊은이게 물었다. 그러자 그 젊은이는 고개를 끄덕였기 때문에 '그렇다면 왜 나는 그대가 알고 있는 것을 모르는 것일까'라고 그는 말했다.

(173) 시인인 소시테우스가 극장 안에서 클레안테스가 그 자리에 있었는데

클레안테스의 어리석음에 내몰린 자들을

---

*114 에우리피데스 〈오레스테스〉 140행의 인용. 단, 엘렉트라의 이야기가 아니고 코러스(합창대)의 말이다.
*115 〈오디세이〉 제4권 611행.

이처럼 자작시 한 줄을 입에 올렸을 때 클레안테스는 움직이지 않고 같은 자세를 유지한 채로 있었다. 그 모습에서 청중은 감동해 그에게 박수를 보내는 한편 소시테우스를 무대에서 쫓아냈다. 그러나 그 후, 소시테우스기 자신의 폭언을 사과했을 때 클레안테스는 이를 용서하고 디오니소스의 신과 영웅 헤라클레스조차도 시인들로부터 바보 대접을 받아도 화를 내지 않았는데, 내가 가끔 욕을 먹는다고 해서 화를 내는 것은 우습지 않은가라고 말했다 한다.

또 그는 늘 페리파토스 학파의 사람들은 아름다운 음색을 내면서 자신이 내는 소리는 듣지 않고 있는 리라와 무언가 비슷한 상태에 있는 것이라고 말했다.

또 이런 이야기도 전해진다. 그는 제논을 모방해 인간의 성격은 그 용모로 파악할 수 있다고 주장해 잔 재주가 있는 젊은이 몇 사람이 시골에서 튼튼하게 자란 방탕아를 그에게로 데리고 가 이 사람의 성격에 대해서 들려달라고 요구했다. 그러나 그는 대답할 말이 없어 그 사내에게 떠나라고 했다. 그런데 그 사내는 떠날 때 재채기를 했기 때문에 '아, 알겠다. 유약한 놈이구나' 이렇게 그는 말한 것이다.

(174) 또 자기 자신에게 말을 걸고 있는 고독한 사내에게 '그대가 말을 걸고 있는 상대는 결코 하찮은 인간은 아니다'라고 그는 말해주었다.

어떤 사람이 그에게 지나치게 늙었다고 트집을 잡았을 때 '나도 이승을 떠나고 싶네. 그런데 나 자신은 어느 점으로 보나 건강하고 아직 쓰거나 읽거나 할 수 있는 상태에 있음을 생각해보니 나는 기다리기로 했다'라고 대응했다.

이 사람은 제논으로부터 들은 강의내용을 적을 종이를 살 돈이 없었기 때문에 도자기 파편이나 소의 어깨뼈 얇은 조각 위에 썼던 것으로 알려져 있다. 그리고 그는 그와 같은 인간이었기에 제논에게는 그 밖에도 저명한 제자들이 많았는데 그가 그 학파를 계승하게 된 것이다.

그는 매우 훌륭한 저작을 남겼으며 다음과 같다.

시간에 대해서
제논의 자연학설에 대해서, 2권
헤라클레이토스 철학의 해설, 4권
감각에 대해서

기술에 대해서
데모크리토스에 대한 반론
아리스타르코스에 대한 반론
헤릴루스에 대한 반론
충동에 대해서, 2권
(175) 고사론고(故事論攷)
신들에 대해서
거인족에 대해서
축혼가에 대해서
시인(호메로스)에 대해서
상응하는 행위(카테콘)에 대해서, 3권
좋은 생각에 대해서
감사에 대해서
철학의 권유
덕에 대해서
좋은 소질에 대해서
고르기포스에 대해서
질투에 대해서
에로스론
자유에 대해서
사랑의 기술
영예에 대해서
명성에 대해서
정치가
정책의 심의에 대해서
법률에 대해서
소송에 대해서
훈육에 대해서
언론(또는 이성)에 대해서, 3권
궁극 목적에 대해서

아름다운(훌륭한) 것에 대해서

행위에 대해서

지식에 대해서

왕제(王制)에 대해서

우정에 대해서

향연에 대해서

남자의 덕과 여자의 덕은 같다는 것에 대해서

현자가 궤변을 사용하는 것에 대해서

금언에 대해서

강의집, 2권

쾌락에 대해서

특유성에 대해서

해결할 수 없는 여러 문제에 대해서

문답법에 대해서

추론의 식(트로포스)에 대해서

술어에 대해서

(176) 한편, 그의 최후는 다음과 같다. 그의 잇몸은 염증을 일으켜 부었다. 그래서 의사들이 금지해 그는 꼬박 이틀 동안 식사를 끊었다. 그러자 얼마쯤 호전되었기 때문에 의사들은 그에게 평상시 대로의 식사를 허락했다. 그러나 그는 의사의 지시를 따르지 않고 자기는 이미 인생의 길을 너무나도 멀리까지 지나치게 걸었다고 말하고 그 뒤에도 절식(絶食)을 계속해, 어떤 사람들의 말에 따르면 제논과 같은 나이에 세상을 떠난 것이다. 그리고 그동안 그는 19년 간이나 제논의 제자로 지낸 것이다.

그래서, 나 또한 그에게 다음과 같은 시를 지어본 것이다.

나는 클레안테스를 찬양한다. 하지만 하데스(저승의 왕) 쪽을 더 찬양하기로 하자.

왜냐하면 그가 너무나도 늙은 것을 보고 하데스는 참을 수 없었기 때문이다.

살아 있는 동안에는 물을 긷는 일에 그처럼 고생한 그가,
그 뒤에는 죽은 사람들 사이에서 느긋하게 휴식을 취하지 못한다는 것은.

6 스파이로스

(177) 앞에서도 말한 것처럼 (37절) 제논이 세상을 떠난 뒤, 이 사람(클레안테스)의 제자들 가운데에는 보스포루스 출신의 스파이로스도 있었다. 그는 여러 학문분야에서 충분한 진보를 이룬 뒤에 알렉산드리아의 프톨레마이오스의 필로파토르왕(4세)*116의 궁정으로 옮겼다. 그리고 어느 날 현자는 헷갈리는 일이 있을까라는 문제를 둘러싸고 논의가 이루어져 스파이로스가 그런 일은 있을 수 없다고 말했을 때 왕은 그를 반박할 생각으로 초로 만든 석류를 몇 개 그의 앞에 놓도록 했다. 그러자 스파이로스는 (그것을 진짜로 잘못 알고) 속았기 때문에 왕은 그가 거짓 표상에 동의했다고 쾌재를 외쳤다. 그러나 스파이로스는 그것들이 석류 열매인 것에 자기는 동의한 것이 아니며 석류 열매라는 것이 이치에 맞는다는 것에 동의한 것이고 (직접) 파악할 수 있는 표상과 (그렇다고 하는 것이) 이치에 맞는다는 것과는 별개라는 식으로 왕에게 대답해 그 자리를 교묘하게 모면했다.

또 프톨레마이오스가 왕임을 그는 인정하지 않는다고 말해 (신하인) 므네시스토라토스가 그를 힐난했을 때, 그는 그에게 '하지만 프톨레마이오스는 그와 같은 성질의 분이므로 바로 왕인 것이다'라고 응수했다.

(178) 그가 저술한 책은 다음과 같다.

우주에 대해서, 2권
구성요소에 대해서
씨앗에 대해서
우연(운)에 대해서

---

*116 이집트의 프톨레마이오스 왕조 제4대째의 왕. BC 222년~205년 재위.

최소의 물질에 대해서
원자(아톰)와 영상설에 대한 반론
감각기관에 대해서
헤라클레이토스에 관한 5가지 강의
윤리학의 체계에 대해서
상응하는 행위(카테콘)에 대해서
충동에 대해서
정념에 대해서, 2권
왕제(王制)에 대해서
라코니아(스파르타)의 국제(國制)에 대해서
리쿠르고스와 소크라테스에 대해서, 3권
법률에 대해서
점술에 대해서
에로스에 관한 대화
에레트리아 학파 철학자들에 대해서
비슷한 것에 대해서
정의(定義)에 대해서
성질에 대해서
모순에 대해서
언론(또는 이성)에 대해서
부(富)에 대해서
명성에 대해서
죽음에 대해서
문답법 기술, 2권
술어에 대해서
여러 가지 뜻이 있는 말에 대해서
편지모음

7 크리시포스

(179) 크리시포스는 아폴로니오스의 아들이고 솔로이 사람—또는 알렉산드로스가 〈철학자들의 계보〉 가운데서 말하는 바에 따르면 타르수스 사람—이고 클레안테스의 제자였다. 이 사람은 그때까지 장거리 선수로서의 훈련을 쌓고 있었는데, 그 뒤 제논에게 또는 디오클레스나 그 밖에 많은 사람들이 말하듯이 클레안테스에게 가르침을 받았다. 그리고 클레안테스가 아직 살아 있을 때 그는 그 사람 밑에서 떠나 철학 분야에서 예사롭지 않은 존재가 되었다. 그는 좋은 소질이 풍부하게 있었고 어느 분야에 관해서나 매우 날카로웠다. 그 때문에 그는 또 매우 많은 점에서 제논뿐만 아니라 클레안테스와도 의견을 달리한 것이다. 그리고 클레안테스를 향해서는 또 자기가 필요로 하는 것은 학설이 무엇인가를 가르쳐주길 바라는 것뿐이고 그것은 스스로 증명하겠다고 그는 때때로 말했던 것이다. 하지만 클레안테스와 언쟁했을 때에는 그는 나중에 그 일을 후회하고 그때마다 언제나 다음의 시구*117를 입에 올리곤 했다.

　　나는 다른 여러 가지 점에서는 행복하게 태어난 사내인데
　　클레안테스에 대해서만은 그렇지 않다. 이점에서 나는 불행한 인간이다.

(180) 그런데 그는 문답법에 관한 사항에서는 명성을 널리 떨쳤기 때문에 만일 신들이 문답법의 기술을 지니고 있다면, 그것은 크리시포스가 지니고 있는 것과 크게 다르지 않을 것이라고 많은 사람들이 여겼을 정도였다. 그러나 그는 이야깃거리는 남아돌 정도로 있었는데 화법에서는 성공하지 못했다. 또 부지런함에서 그가 다른 누구보다도 뛰어났던 것은 그의 저작의 숫자로도 명확하

---

*117 에우리피데스 〈오레스테스〉 540~541행으로부터의 인용. 단, 그 시구 가운데 '딸들'이란 말이 여기에서는 '클레안테스'란 말로 바뀌고 있다.

다. 그의 저작의 숫자가 705권 이상에 이르고 있기 때문이다. 그러나 그가 저작의 숫자를 늘린 것은 같은 학설 때문에 몇 번이고 증명을 시도하거나 또 생각이 난 것은 모두 기록해두거나, 또 때때로 정정하거나, 자기 주장의 증거가 되는 것을 수없이 인용했기 때문이다. 그런 이유로 그는 어느 경우에는 자신의 저작 가운데 하나로 에우리피데스의 〈메디아〉의 거의 모두를 인용했기 때문에, 그 책을 손에 든 어느 사내는 도대체 무엇을 지니고 있느냐고 물은 자에게 '크리시포스의 메디아'라고 대답한 것이다.

(181) 그리고 또 아테네 사람인 아폴로도로스*118도 〈학설집성〉에서 에피쿠로스가 남의 것을 인용함이 없이 자기의 힘만으로 쓴 것 쪽이 크리시포스의 책보다도 분량에서는 훨씬 많다는 것을 보이려고, 아폴로도로스 자신의 말을 빌리자면, 다음과 같이 이야기한 것이다. '왜냐하면 만일 누군가가 크리시포스의 책 가운데서 남으로부터의 인용을 모두 삭제해 버리면 그의 책의 어느 쪽이건 여백인 채로 남게 될 것이므로' 다른 한편 디오클레스가 말하는 바에 따르면 크리시포스는 날마다 500행을 쓰고 있었다고 그의 곁에서 봉사하던 늙은 시녀가 말했다는 것이다. 한편 헤커톤은 그가 철학의 길로 들어선 것은 그가 아버지로부터 물려받은 재산이 몰수되어 왕의 보물 창고로 들어갔기 때문이라고 말하고 있다.

(182) 그는 또 체격이 보잘것없었다. 그것은 케라메이코스 지구에 있는 그의 조각상을 보면 명확하다. 사실 그의 조각상은 그 곁에 있는 기마상 때문에 거의 가려져 있었다. 그러므로 카르네아데스는 그를 크리시포스가 아닌 '크리프시포스'(말에 가려진 사람)로 불렀던 것이다.

어떤 사람이 그가 많은 사람들과 함께 아리스톤의 강의에 나오지 않은 것을 비난했는데, 거기에 대해서 그는 '만일 내가 많은 사람들의 일에 신경쓰고 있었다면 나는 철학을 배우지 않았을 것이다'라고 응수했다.

또 어느 문답법가가 클레안테스에게 논쟁을 도전해 궤변을 꺼내기 시작했을 때 그는 그 사내에게 '이 늙은이의 마음을 더 중요한 문제로부터 배제하는 것은 그만 하게, 그와 같은 핑계는 우리들 젊은이에게 제출해 주게'라고 말한

---

*118 '정원(에피쿠로스 학원)의 독재자'(제10권 25절)로 별명이 붙은 에피쿠로스 학파의 철학자. 제10권 2절, 10절, 13절에도 그의 책에서 인용되어 있고, 또 제1권 58절, 60절에 이름이 나와 있는 같은 이름의 인물도 이 사람일 것이다.

것이다.

그리고 또 그에게 무언가를 물으려고 한 사내가 곁에 사람이 없을 때에는 차분한 어조로 그에게 말을 걸었는데, 이윽고 많은 사람이 다가오는 것을 보면 갑자기 논쟁적으로 되어가기 시작해 그는 (에우리피데스의 시구*[119]를 빌어) 이렇게 말했다.

> 아, 한심하구나, 너의 눈은 혼란스러워지고 있다.
> 갑자기 전신이 돌고 만 것이다. 조금 전까지는 분별이 있었는데.

(183) 한편 그는 술에 취했을 때도 조용한 태도를 유지했는데 다리는 비틀거렸다. 그래서 하녀는 이렇게 말했다. '크리시포스 님은 다리만 취하셨어요.'

또 그는 매우 자신의 품위를 자랑스럽게 여겼기 때문에 누가 그에게 '내 아들을 누구에게 맡기면 좋겠습니까'라고 묻자, '나에게 맡기시오. 예컨대 나보다 뛰어난 인간이 누군가 있다는 것을 알고 있다고 해도 나 자신이 그 사람 밑에서 철학 공부를 하고 있었을 테니까'라고 그는 대답한 것이다. 그런 이유로 그에 대해서는 (호메로스의 시구*[120]를 빌어)

> 그만이 홀로 제정신을 유지하고 있다. 다른 자들은 단순히 그림자처럼 어지럽게 날고 있을 뿐인데.

또는

> 만일 크리시포스가 없었다면 스토아 학파는 없었을 터이므로.

이렇게 말했다는 것이다.

그러나 소티온이 《철학자전》 제8권 가운데서 이야기하는 바에 따르면 마지막에 그는 아르케실라오스와 라키데스에게로 가 아카데미에서 그들과 함께

---

*119 〈오레스테스〉 253~254행(엘렉트라의 말). 단, 이 시구의 끝은 의미는 같은데 용어는 조금 다르다.

*120 〈오디세이〉 제10권 495행.

철학을 연구했다는 것이다.

(184) 그가 관습을 공격하는 논의를 하거나 이를 옹호하는 논의를 한 것도 또 아카데미 학파 사람들의 작도법을 사용해 양이나 수에 대해서 논한 것도 그것(아카데미에서 공부한 것)이 원인이 되고 있다.

한편 헤르미포스에 따르면 그는 오디온(음악당)에서 강의하고 있었을 때에 제자들로부터 희생제에 초대를 받고, 그때 물을 타지 않은 단 맛의 포도주를 마셨기 때문에 현기증을 일으키고 닷새 뒤에 세상을 떠났다고 한다. 그때 그는 73세이고 아폴로도로스가 〈연대기〉에서 말하고 있는 바에 따르면 그것은 제143회 올림픽대회기(BC 208~205년)사이의 일이었다.

내가 그를 위해 지은 시는 다음과 같다.

바쿠스의 잔을 들이키자,
크리시포스는 현기증을 느꼈다. 그래서 그는,
스토아도, 조국도, 또 자신의 목숨조차도 아낌없이,
하데스의 저택으로 떠난 것이다.

(185) 어떤 사람들에 따르면 그는 지나치게 웃었기 때문에 일어난 발작으로 죽은 것이라고도 한다. 즉 당나귀가 그의 무화과를 먹어버렸기 때문에 그는 (시중을 들어 주고 있는) 노파에게 '그 당나귀에게 무화과를 잘 삼키도록 물을 타지 않은 포도주를 주라'고 말했던 것인데 그때 지나치게 웃었기 때문에 죽었다는 것이다.

그런데 그는 매우 오만한 사람이었던 것으로 여겨진다. 그처럼 많은 책을 썼는데 어느 왕에게도 헌정하지 않았기 때문이다. 그리고 그는 데메트리오스도 〈동명인록〉에서 말하듯 오직 한 사람의 늙은 하녀를 만족시키는 것만으로 충분하다고 생각한 것이다.

또 프톨레마이오스왕이 클레안테스에게 편지를 보내 클레안테스가 궁정으로 와 주든가, 그렇지 않으면 (제자들의) 누군가를 파견해 주도록 청해 왔을 때 스파이로스는 떠났는데 크리시포스는 거절했다. 그리고 다른 한편으로 그는 자기 누이동생의 아들들, 아리스토크레온과 필로크라테스를 불러들여 이 아이들을 교육했다. 또 앞서 말한 데메트리오스도 쓰고 있듯이 리케이온의 옥

외에서 굳이 강의한 최초의 사람은 그였다.

(186) 크리시포스란 이름의 사람은 그 밖에도 크니도스 출신의 의사[*121]가 있었다. 그리고 이 사람으로부터 에리시스트리토스는 큰 은혜를 입었다고 말하고 있다. 또 그 밖에도 그 사람의 아들[*122]이자 프톨레마이오스왕의 시의(侍醫)였던 사람은 거짓 죄로 고발되어 조리돌림을 당하고 매를 맞는 형벌을 받았다. 그리고 같은 이름인 사람에게는 에라시스트라토스의 제자였던 사람과 〈농업론〉이란 책을 쓴 사람이 있다.

한편 철학자인 크리시포스는 또 다음에 드는 것과 같은 몇 가지 (궤변적인) 논의를 때때로 사람들에게 걸었다고 한다. 즉

'입교하지 않은 자들에게 비의(祕儀)를 알려주는 자는 불경(不敬) 죄를 저지르고 있는 것이다'

또 '시중에 없는 것은 집안에도 없다. 그런데 시중에는 우물이 없다. 그러므로 집 안에도 우물은 없다.'

또 '어느 머리가 있고 그 머리를 그대는 가지고 있지 않은 것이다. 그렇다면 그대가 가지고 있지 않은 머리가 있다. 따라서 그대는 머리를 가지고 있지 않은 것이다.'

(187) 또 '만일 어떤 사람이 메가라에 있다면 아테네에는 없다. 그런데 메가라에는 사람이 있다. 그러므로 아테네에 사람은 없다.'

그리고 또 '그대가 무언가를 말한다면 그것은 그대의 입을 통해서 나오는 것이다. 그런데 그대는 수레에 대해서 말한다. 그러므로 수레가 그대의 입을 통해서 나오는 것이다.'

또 '만일 그대가 무언가를 잃어버리지 않았다면 그것을 그대는 가지고 있는 것이다. 그런데 그대는 뿔을 잃지 않았다. 그러므로 그대는 뿔을 가지고 있는 것이다.' 단, 이 '뿔을 가지고 있는 자'란 논의는 (메가라 학파인) 에우불리데스의 것이라고 이야기하는 사람들도 있다.

한편, 크리시포스는 창피해서 입 밖에 내는 것조차 주저하게 되는 것을 많이 썼다고 말해 그를 공격하는 사람들이 있다. 그것은 〈초기 자연학자들에 대해서〉란 책 가운데서 그는 헤라와 제우스에 관한 이야기를 음란한 것으로 다

[*121] 이 인물에 대해서는 제8권 89~90절에서 언급되어 있다.
[*122] 아들이 아니고 손자 또는 조카일 것으로 추정된다.

시 썼는데, 그 600행째쯤에 쓰인 것은 누구도 차마 입에 담기 어려운 내용의 것이었기 때문이다.

(188) 실제로 그가 행한 그 이야기의 개작만큼 음란한 것은 없는 것으로 알려졌기 때문이다. 만일 그가 그와 같은 개작을 자연학적인 해석으로서 추상(推賞)하고 있다고 해도 그것은 신들에게보다도 오히려 매춘부들에게 걸맞은 기록이고, 게다가 또 저작 목록에 관한 책을 저술한 사람들에 의해서도 그와 같은 내용의 것은 기록에 남아 있지 않다는 것이다. 그것은 폴레몬*123 가운데에도, 또 히프시크라테스*124 가운데에도, 안티고노스 가운데조차도 그와 같은 내용은 발견되지 않으며 그것은 크리시포스 자신이 꾸며낸 것에 지나지 않은 것으로 알려졌기 때문이다.

또 그는 〈국제(國制)에 대해서〉에서 어머니와 딸, 아들들과의 성교를 인정하고 있다. 그리고 그와 똑같은 견해를 그는 또 〈그 자체 때문에 선택해서는 안 되는 것에 대해서〉란 책의 첫머리에서도 쓰고 있다. 그리고 〈정의(正義)에 대해서〉 제3권에서는 그 1000행째쯤에서 죽은 자들의 살을 먹는 것까지 권하고 있다. 그러나 〈생활과 생계를 세우는 것에 대해서〉 제2권에서는 현자는 어떻게 생계를 세울 것인가를 미리 생각해야 한다고 다음과 같이 논하고 있다.

(189) '현자는 무엇을 위해 생계를 세워야 할 것인가. 만일 그것이 살기 위해서라면 사는 것은 아무래도 좋다는 것(선악과 무관한 것)'이고 또 쾌락을 위해서라면 쾌락 또한 아무래도 좋은 것이기 때문이다. 하지만 만일 덕을 위해서라면 덕은 그것만으로도 행복해지기에 넉넉하다. 다른 한편 또 생계를 세우기 위한 여러 방법도 비웃을 만한 것이다. 예를 들어 왕에 의해서 생계를 세우는 방법이 있는데 그것은 왕에게 굴종해야만 할 것이기 때문이다. 또 우정에 기대는 방법이 있는데 그런 경우에는 우정을 이득으로 사는 것이 될 것이다. 또 지혜로 얻는 방법이 있는데 그때에는 지혜가 삯일을 하게 될 것이기 때문이다.'—그리고, 위에 든 것과 같은 논의는 그가 사람들로부터 비난받고 있는 것이다.

그런데 그의 저작은 매우 높은 평가를 얻고 있으므로 이들 저작의 종류별로 분류된 일람표도 여기에 써두는 것이 적절하다고 나는 생각한다. 그것은

---

*123 아카데미 제4대 교장인 폴레몬(제4권 제3장)일 것이다.
*124 BC 1세기의 카에사르에게 봉사한 역사가이고 문법학자. 호메로스에 관한 저술도 있다.

아래와 같다.

I. 언론에 관한 부문 (총론)*125

언론에 관한 여러 명제
철학자의 고찰대상
문답법에 의한 정의, 메트로도로스 앞, 6권
문답법에서 사용되는 용어에 대해서, 제논 앞, 1권
(190) 문답법의 기술, 아리스타고라스 앞, 1권
그럴듯한 결합(가정·결론의 복합) 명제, 디오스쿠리데스 앞, 4권

II. 언론에 관한 부문―사상(事象)·사태에 연관된 것

제1집
명제(판단)에 대해서, 1권
단순치 않은 (복합)명제에 대해서, 1권
연언(連言)명제에 대해서, 아테나데스 앞, 2권
부정명제에 대해서, 아리스타고라스 앞, 3권
한정명제*126에 대해서 아테노도로스 앞, 1권
결여태(缺如態)로 언급되는 명제에 대해서, 테아로스 앞, 1권
부정명제에 대해서 디온 앞, 3권
부정명제의 구별에 대해서, 4권
시제가 표시되어 있는 명제에 대해서, 2권
완료시제의 명제에 대해서, 2권
제2집

---

*125 아페르트의 역서와 M. 지간테의 이탈리아어 역서를 모방해 '총론'의 용어를 보완해 보았는데 아르님(제2권, 13)은 여기에 후술하는 윤리학 부문(199절)의 예에 따라서 '언론에 관한 여러 개념을 명석하게 한 것에 관한 것'이란 부제를 덧붙이고 있다. 후자의 경우와 비교해 이 부문에 포함되는 저작의 숫자는 너무나도 적게 보인다.
*126 앞에서 말한 70절에는 한정명제의 예로서 '이 사람은 산책을 하고 있다'는 명제를 다루고 있다.

진정한 선언명제에 대해서, 고르기피데스 앞, 1권

진정한 결합명제에 대해서, 고르기피데스 앞, 4권

(191) (양자간의)선택, 고르기피데스 앞, 1권

귀결(後件)에 관한 논의에 대한 반론, 1권

3개 항에서 표시되는 명제에 대해서, 다시 고르기피데스 앞, 1권

가능명제에 대해서, 크레이토스 앞 4권

필론의 '의미'에 관한 논의에 대한 반론, 1권

어떤 명제가 거짓인가에 대해서, 1권

제3집

명령(문)에 대해서, 2권

질문에 대해서, 2권

심문에 대해서, 4권

질문과 심문 요강, 1권

응답 요강, 1권

탐구에 대해서, 2권

응답에 대해서 4권

제4집

술어(동사)에 대해서, 메트로도로스 앞, 10권

능동형과 수동형의 술어(동사)에 대해서, 필라르코스 앞, 1권

완전술어(자동사)*127에 대해서, 아폴로니데스 앞, 1권

파시로스 앞의 술어에 관한 글, 4권

(192) 제5집

(명사의) 다섯 개 격(格)에 대해서, 1권

주어에 따라서 정해져 있는 표현에 대해서, 1권

말의 파생된 의미에 대해서, 스테사고라스 앞, 2권

보통(종속)명사에 대해서, 2권

---

* 127 아르님(제2권 13, II주)의 제안에 따라서 읽는다. 앞에서 말한 64절 참조.

Ⅲ. 언론에 관한 부문―말 또는 구 및 그런 것에 의거한 글에 관한 것

제1집

단수 및 복수 표현에 대해서, 6권

어법[措辭]에 대해서, 소시게네스 및 알렉산드로스 앞, 5권

변칙 어법에 대해서, 디온 앞, 4권

음성(말)에 적용된 '곡물의 퇴적'론에 대해서, 3권

소로이키스모스(문법적으로 잘못된 어법)에 대해서, 1권

소로이키스모스를 저지르고 있는 글에 대해서, 디오니시우스 앞, 1권

너그러움에 반하는 글, 1권

어법(조사), 디오니시우스 앞, 1권

제2집

글 및 이야기되는 말의 요소에 대해서, 5권

이야기되는 말의 배열(구문론)에 대해서, 4권

(193) 구문론 및 이야기되는 요소에 대해서, 필리포스 앞, 3권

글의 요소에 대해서, 니키아스 앞, 1권

관계사에 대해서, 1권

제3집

분할을 인정하지 않는 사람들에 대한 반론, 2권

다의성(多義性)에 대해서, 아포라스 앞, 4권

몇 가지 추론식(트로피콘)*128에서의 다의성에 대해서, 1권

결합명제를 사용하는 추론식에서의 다의성에 대해서, 2권

판토이데스의 〈다의성에 대해서〉에 대한 반론, 2권

다의성 연구로의 안내, 5권

에피크라테스 앞, 다의성에 관한 책의 개요, 1권

다의성 연구의 안내를 위해 모은 여러 자료, 2권

---

*128 앞에서 말한 79절의 이 말에 붙여진 주를 참조.

Ⅳ. 언론에 관한 부문─추론과 그 형(식)에 관한 것

제1집

추론과 그 식에 대한 교본, 디오스쿠리데스 앞, 5권

(194) 추론에 대해서, 3권

추론식의 구성에 대해서, 스테사고라스 앞, 2권

여러 가지 추론식에서 여러 명제의 비교, 1권

상호 환위(換位)할 수 있는 추론과 결합(가정)적 추론에 대해서, 1권

아가톤 앞으로, 또는 일련의 여러 문제에 대해서, 1권

어떤 명제가 하나 또는 하나 이상의 다른 명제와 연결됨으로써 어느 것을 추론할 수 있는지에 대해서, 1권

(추론의) 결론에 대해서, 아리스타고라스 앞, 1권

같은 추론이 수많은 식에서 도출될 수 있는 것에 대해서, 1권

같은 추론이 삼단논법의 형식에 의해서도 또 삼단논법의 형식에 따르지 않고도 도출될 수 있는 것에 대해 이루어지는 이의에 답한다, 2권

삼단논법의 분석에 대해서 이루어지는 이의에 답한다, 3권

필론의 〈추론식에 대해서〉라는 책에 대한 반론, 티모스토라토스 앞, 1권

티모크라테스 및 필로마테스 앞의 논리학에 관한 논집─〈추론과 그 식에 대해서〉란 그들의 책에 대한 비판, 1권

(195) 제2집

(참된) 결론에 이를 수 있는 (유효한) 추론에 대해서, 제논 앞, 1권

가장 논증적이지 않은 삼단논법에 대해서 제논 앞, 1권

삼단논법의 분석(환원)에 대해서, 1권

(여분의 전제를 지닌) 장황한 추론에 대해서, 파시로스 앞, 2권

삼단논법에 관한 여러 이론에 대해서, 1권

초보 삼단논법에 대해서, 제논 앞, 1권

초보 추론식, 제논 앞, 3권

잘못된 격에 의한 삼단논법에 대해서, 5권

논증적이지 않은 삼단논법 가운데서의 환원에 의한 삼단논법적 논의, 1권

추론식에 관한 고찰, 제논 및 필로마테스 앞, 1권(이것은 위서인 것으로 생

각된다)

제3집

(전제인 하나의 진위가 바뀜으로써 결론도)역전하는 논의(궤변)에 대해서, 아테나데스 앞, 1권(위서)

(196) 중간의 것(부사에 의한 시간적 한정)에 관해서 (전제인 하나의 진위가 바뀌고 결론도) 역전하는 논의(궤변), 3권(위서)

아메이니아스의 〈선언적 삼단논법〉에 대한 반론, 1권

제4집

가정(假定)에 대해서, 멜레아그로스 앞, 3권

법률에 관한 가정적(假定的)인 추론, 다시 멜레아그로스 앞, 1권

안내용의 가정적 추론, 2권

여러 정리(定理)로 이루어지는 가정적인 추론, 2권

헤디로스의 가정적인 추론의 해결, 2권

알렉산드로스의 가정적인 추론의 해결, 3권(위서)

사례의 제시에 대해서, 라오다마스 앞, 1권

제5집

'거짓말쟁이'론(궤변)에 대한 안내에 대해서, 아리스토크레온 앞, 1권

'거짓말쟁이'형의 제논의, 안내용으로, 1권

'거짓말쟁이'론에 대해서, 아리스토크레온 앞, 6권

제6집

(거짓말쟁이가 말하는 것은) 거짓과 동시에 참이기도 하다고 생각하는 사람들에 대한 반론, 1권

'거짓말쟁이'론을 분해함으로써 해결하고 있는 사람들에 대한 반론, 아리스토크레온 앞, 2권

부정명제는 분해해서는 안 된다는 것의 증명, 1권

부정명제를 분해하는 것에 반대하는 논의에 대해서 이루어지는 이론에 답한다, 파시로스 앞, 3권

옛 사람의 방법에 따른 해결, 디오스쿠리데스 앞, 1권

'거짓말쟁이'론의 해결에 대해서, 아리스토크레온 앞, 3권

헤디로스의 가정적인 추론의 해결, 아리스토크레온 및 아포라스 앞, 1권

제7집

'거짓말쟁이'론의 전제는 거짓이라고 주장하는 사람들에게 답한다, 1권

'부정(否定)하는 자'란 논의에 대해서, 아리스토크레온 앞, 2권

'부정하는 자'란 논의, 연습용으로, 1권

'조금씩'이란 논의 ('곡물의 퇴적'론)에 대해서, 스테사고라스 앞, 1권

일반적인 통념으로 향해진 논의 및 사람들을 침묵시키는 논의에 대해서, 오네토르 앞, 2권

(197) '가려져 있는 자'란 논의(궤변)에 대해서, 아리스토불로스 앞, 2권

'깨닫지 못하고 있는 자'란 논의(궤변)에 대해서, 아테나데스 앞, 1권

제8집

'누구도 ……(가) 아니다'라는 논의(궤변)에 대해서, 메네크라테스 앞, 8권

무한정(不定)한 명제와 한정된 명제로 이루어지는 논의(궤변)에 대해서, 파시로스 앞, 2권

'누구도 ……(가) 아니다'라는 논의에 대해서, 에피크라테스 앞, 1권

제9집

궤변에 대해서, 헤라클레이데스 및 포리스 앞, 2권

사람을 곤혹으로 빠뜨리는 문답법가들의 논의에 대해서, 디오스쿠리데스 앞, 5권

아르케실라오스의 '방법'에 대한 반론, 스파이로스 앞, 1권

제10집

관습의 비판, 메트로도로스 앞, 6권

관습의 변호, 고르기피데스 앞, 7권

V. 언론에 관한 부문—앞에서 말한 4가지 주요 구분(I~IV)안에는 들어 있지 않은 것인데 이제까지 열거된 제목에 대한 연구인 39권의 책. 이것들은 개개로 독립한 '언론에 관한 연구'이고 묶음으로 나눌 수 없다. 그리고 이것들을 합치면 언론에 관한 부문의 저작은 모두 311권이 된다.

(198) I. 윤리학 부문— 윤리적인 여러 개념의 분절화(명석화)에 관한 것

제1집

이성의 개략적 설명, 테오포로스 앞, 1권

윤리적인 여러 명제, 1권

윤리적인 교리를 위한 설득력 있는 여러 전제, 필로마테스 앞, 3권

훌륭한 인간에게 소속하는 것(선 또는 덕)의 정의(定義), 메트로도로스 앞, 2권

열악한 인간에게 소속하는 것(악 또는 악덕)의 정의, 메트로도로스 앞, 2권

중간 사람들의 정의, 메트로도로스 앞, 2권

(윤리적인) 일반 개념의 정의, 메트로도로스 앞, 7권

그 밖의 학문기술에 연관된 사항의 정의, 메트로도로스 앞 2권

제2집

비슷한 것에 대해서, 아리스토클레스 앞, 3권

여러 가지 정의에 대해서, 메트로도로스 앞 7권

제3집

여러 가지 정의에 대한 잘못된 반론에 대해서, 라오다마스 앞, 7권

(199) 여러 가지 정의를 위한 그럴듯한 논의, 디오스쿠리데스 앞, 2권

종(種)과 유(類)에 대해서, 고르기피데스 앞, 2권

분할에 대해서, 1권

반대인 것에 대해서, 디오니시우스 앞, 2권

분할·유(類)·종(種) 및 반대인 것에 관한 그럴듯한 논의, 1권

제4집

어원에 관한 사항에 대해서, 디오클레스 앞, 7권

어원에 관한 것, 디오클레스 앞, 4권

제5집

격언에 대해서, 제노도토스 앞, 2권

시에 대해서, 필로마테스 앞, 1권

시(의 낭독)는 어떻게 들어야할 것인가에 대해서, 2권

비평가들에 답한다, 디오도로스 앞, 1권

(200) Ⅱ. 윤리학 부문―보편적으로 고르게 미치고 있는 이성과 그것에 의거해 낳게 되는 학문 기술이나 덕에 관한 것

제1집
그림의 수정에 대한 반론, 티모나크스 앞, 1권
각 사물을 우리는 어떻게 이름을 붙이고 어떻게 생각하고 있는가에 대해서, 1권
관념에 대해서, 라오다마스 앞, 2권
상정(想定)에 대해서, 피토낙스 앞, 3권
현자는 헷갈림이 없을 것이라는 것의 증명, 1권
파악(인식)·지식 및 무지에 대해서, 4권
이성에 대해서, 2권
이성의 사용에 대해서, 레프티네스 앞
제2집
옛 사람은 논증법과 함께 문답법까지도 인정하고 있었다는 것에 대해서, 제논 앞, 2권

(201) 문답법에 대해서, 아리스토크레온 앞, 4권
변론술에 대해서, 디오스쿠리데스 앞, 4권
제3집
성질(헥시스)에 대해서, 클레온 앞, 3권
기술(技術) 및 기술의 터득이 없는 것에 대해서, 아리스토크레온 앞, 4권
여러 가지 덕 사이의 차이에 대해서, 디오도로스 앞, 4권
여러 가지 덕의 특질에 대해서, 1권
덕에 대해서, 폴리스 앞, 2권

Ⅲ. 윤리학 부문―선과 악에 관한 것

제1집
아름다움(도덕적으로 훌륭하다는 것)과 쾌락에 대해서, 아리스토크레온

앞, 10권

　쾌락은 궁극 목적이 아니라는 것의 증명, 4권

　쾌락은 선이 아니라는 것의 증명, 4권

　(쾌락?)을 위해 이루어지는 논의에 대해서

　……(빠짐)……*129

---

*129 이 뒤에 사본은 공백으로 되어 있는데, 윤리학 관계의 저작은 아직 그 밖에도 많이 있었
　을 것으로 생각된다. 그리고 그 후에는 자연학 관계의 저작 목록이 실려 있었던 것이 아
　닌가 추측된다. 한편 제1권 15절에서 스토아 학파의 계보는 일단 크리시포스까지로 끝나
　고 있는데 페리파토스 학파의 계보도 테오프라스토스로 끝나면서 제5권에서는 더욱 스
　트라톤이나 리콘의 전기도 더해지고 있다. 이 권에서도 크리시포스의 뒤를 이은 타르수스
　의 제논이나, 더 나아가 바빌로니아의 디오게네스 등, 아직 수많은 스토아파 철학자들의
　전기도 그 뒤에 덧붙여 있는 것으로 생각된다.

제 8 권

1 피타고라스

(1) 우리는 이제까지 탈레스에서 비롯되는 이오니아파의 철학 및 이 파에 속한 저명한 사람들에 대해서는 상세하게 써왔으므로 이제는 이탈리아파의 철학에 대해서도 개별로 다루기로 한다.*¹ 이 이탈리아파 철학의 창시자는 도장을 새기는 사람인 무네사르코스의 아들 피타고라스인데, 이 사람은 헤르미포스에 의하면 사모스섬 사람이었다. 또 아리스토크세누스에 의하면 아테네인이 그 주민을 몰아내 점유하고 있었던 티레니아제도 가운데 하나의 섬(렘노스) 출신인 티레니아인이었다. 그러나 사람들의 말에 의하면 그는 마르마코스의 아들인데, 이 마르마코스는 히파소스의 아들이고 에우티프론의 손자, 플레이우스로부터의 망명자였던 클레오니모스의 증손자였다고 한다. 그리고 마르마코스는 사모스섬에 살고 있었기 때문에 피타고라스는 사모스인으로 알려져 있었다는 것이다.

(2) 그런데 그는 (사모스섬에서) 레스보스섬으로 옮겨갔는데, 그곳에서 숙부인 조이로스가 그를 페레키데스*²에게 소개했다고 한다. 또 그는 은제 술잔을 세 개 만들게 하고 이집트로 가져가 신관들 개개인에게 선물을 했다는 것이다. 그에게는 두 형제가 있었는데 에우노모스가 맏형이고 티레노스가 둘째 형이었다. 또 그는 잘목시스란 노예를 소유하고 있었는데(그가 피타고라스의 노예가 아니라는 주장도 있다) 헤로도토스가 전하고 있는 바에 따르면*³ (트라키아 지방의 부족민) 게타이인들은 잘목시스를 '크로노스(신)'로서 떠받들어 희생을

---

*1 철학의 학파를 크게 이오니아학파와 이탈리아학파의 둘로 나누는 점에 대해서는 제1권 서장 13절을 참조.
*2 이 인물에 대해서는 제1권 제11장을 참조.
*3 〈역사〉 제4권 95~96절. 단, 헤로도토스에서는 노예인 '잘목시스'는 '사모르크시스'란 이름으로 되어 있고 또 '크로노스(신)'의 이름은 나와 있지 않다.

바치고 있었다는 것이다.

한편 이 사람(피타고라스)은 이미 말한 바와 같이(제1권 제11장) 시로스 사람 페레키데스의 사후, 사모스섬에 돌아가 (시인) 크레오필로스의 자손이며, 당시 이미 고령인 헤르모다마스*4의 제자가 되었다. 그러나 그는 아직 젊고 향학심에 불타고 있었던 무렵에 고국을 뒤로 하고 여행을 떠나 그리스뿐만 아니라 이 국땅의 비의(祕儀)에도 모두 가입한 것이다.

(3) 그런 이유로 그는 이집트에 머물러 있었던 적이 있는데(사모스섬의 참주) 폴리크라테스가 편지로 그를 (이집트 왕) 아마시스에게 소개한 것은 그 시기의 일이다. 또 그는 안티폰*5이 〈덕의 제1인자들에 대해서〉 가운데서 말하고 있는 바에 따르면 이집트인들의 말을 충분히 익혔다는 것이다. 그리고 그는(바빌로니아의) 칼다이오스인(의 신관)들과 (페르시아의) 마고스 사제들이 있는 곳에도 머물렀다. 이어서 그는 크레타에서 에피메니데스*6와 함께 이다의 동굴*7로 내려갔고, 또 이집트에서도 신전 안 깊숙이 파고들어 신들에 관한 비의 가운데서 배운 것이다. 그 뒤, 그는 다시 사모스섬으로 돌아갔는데 조국을 폴리크라테스가 독재적으로 지배하고 있는 것을 보자, 이탈리아의 크로톤으로 떠났다. 그리고 그곳에서 (그리스계) 이탈리아인들을 위해 법률을 제정해 주어 그는 제자들과 함께 크게 명성을 떨쳤다. 그의 제자들의 수는 대체로 300명에 이르고 있었는데 그들은 국사(國事)를 매우 훌륭하게 정비했기 때문에 그 국가제도는 사실상 '아리스토크라티아'(최우수자에 의한 지배)였다.

(4) 한편, 폰토스의 헤라클레이데스가 쓰고 있는 바에 따르면 이 사람(피타고라스)은 자기 자신의 일에 대해서 늘 다음과 같이 말하고 있었다는 것이다. 즉, 그는 일찍이 아이타리데스라는 이름의 인간으로 이 세상에 태어난 것인데 헤르메스(신)의 아들로 믿어지고 있었다. 그리고 헤르메스는 그에게 불사(不死) 이외의 일이라면 무엇이든 소망하는 것을 택해도 좋다고 말했기 때문에 그는 살아 있는 동안이나 죽은 뒤에도 자기의 신상에 일어난 사건의 기억을 유지할 수 있게 해달라고 부탁을 했다. 이렇게 해서 그는 살아 있는 동안은 온

─────────

*4 생애·연대 모두 미상.
*5 여기에 쓰여 있는 책의 지은이라는 것 이외에는 미상.
*6 이 인물도 제1권 제10장에서 다루고 있다.
*7 제우스 탄생의 땅으로 전해지고 있는 곳.

갖 것을 확실하게 기억해둘 수 있었고 또 죽은 뒤에도 같은 기억을 유지할 수 있었던 것이다.

그러나 그 뒤 세월이 지나 그(의 영혼)는 에우포르보스란 사람 속에 들어가 다시 태어났는데, 어느 때 메넬라오스가 상처를 입혔다. 그런데 이 에우포르보스는 자신은 일찍이 아이타리데스란 이름의 인간이었던 것과 헤르메스로부터 어떤 선물을 받았다는 것, 또 자기영혼의 편력(전생)이 어떻게 이루어지고, 얼마나 많은 동물이나 식물로 다시 태어났는지 모른다는 것, 그리고 자신의 영혼은 하데스(저승)에서 얼마나 고난을 겪었는지 모른다는 것, 타인들의 영혼도 얼마나 고난을 견뎌내려고 했는지 모른다는 것을 늘 말하고 있었던 것이다.

(5) 그러나 이 에우포르보스가 죽자 그 사람의 영혼은 헤르모티모스란 사람 속으로 옮겨갔다. 그리고 그 사람 자신도 자신의 기억이 유지되고 있는 증거를 보이려고(아폴론의 신탁소를 관리하는) 프란키다이 일족에게로 떠났다. 그리고 아폴론 신전으로 들어가 메넬라오스가 바치고 있었던 방패를 증거로 보여준 것이다.—왜냐하면 그 방패는 메넬라오스가 트로이로부터 귀환할 때 아폴론에 바친 것이라고 그가 말하고 있었기 때문이다.—단, 그 방패는 완전히 부식이 되어 버렸고 오직 상아로 만든 외장만이 유지되고 있는데 지나지 않았던 것이다.

그런데 이 헤르모티모스가 죽자 그 사람이 이번에는 델로스섬의 어부인 피로스로 다시 태어났다. 그리고 이 사람도 모든 것을 기억하고 있었던 것이다. 즉 자신은 일찍이 아이타리데스였다는 것, 그리고 에우포르보스로, 이어서 헤르모티모스로, 그리고 피로스로 다시 태어난 경과를 기억하고 있었던 것이다.

그리고 피로스가 죽자 그는 피타고라스로 다시 태어난 것이고, 이 피타고라스는 이제까지 써온 것의 모든 것을 기억하고 있었다는 것이다.

(6) 한편, 일부의 사람들은 피타고라스가 책을 하나도 남기지 않았다고 말하고 있는데 이것은 잘못이다. 아무튼 자연학자인 헤라클레이토스는 거의 외치듯이 이렇게 말하고 있는 것이다. '무네사르코스의 아들 피타고라스는 세상의 어느 누구보다도 가장 탐구에 힘썼다. 그리고 이들 책의 발췌를 작성해 자기 자신의 지혜로 삼은 것이다. 그것은 박학을 가장한 것이긴 한데'[8] 그리고

---

[8] 헤라클레이토스, 단편, 129(딜스-크란츠 엮음).

헤라클레이토스가 그렇게 말한 것은 피타고라스가 〈자연론〉 첫머리에서 다음과 같이 말하고 있었기 때문이다. 즉 '내가 숨 쉬는 공기에 걸고, 또 내가 마시는 물에 걸고, 이 이론에 관해서는 나는 단연코 비난을 받을 일은 없을 것이다'라고. 한편, 피타고라스가 쓴 책으로는 〈교육론〉, 〈정치론〉, 〈자연론〉의 3권이 있다.

(7) 그러나 현재 피타고라스의 책으로서 유포되고 있는 것은 탈라스인으로서 피타고라스의 제자인 리시스의 작품이다. 이 사람은 뒤에 테베로 망명하여 에파메이논다스를 가르친 사람인데 세라피온의 아들 헤라클레이데스(렘부스)는 〈소티온의 《철학자들의 계보》 발췌〉 가운데서, 피타고라스는 〈만유(우주)에 대해서〉란 책도 운문의 형태로 쓴 것이라고 말하고 있다. 또 둘째로 그는 〈거룩한 말〉이라는 책도 썼는데 그 첫머리는 '젊은이들이여, 자, 조용히 아래에 말하는 것 모두를 존중해주게'란 말로 시작하고 있었고 세 번째로는 〈혼에 대해서〉, 네 번째로는 〈경건에 대해서〉, 다섯 번째로는 〈코스 사람 에피카르모스의 아버지 헤로타레스〉, 여섯 번째로는 〈크로톤〉, 그리고 그 밖에 다른 책도 썼다고 말하고 있다.

단, 〈비의론(祕儀論)〉이란 책은(피타고라스 학도인) 히파소스의 것이고, 이것은 피타고라스를 중상하기 위해 쓴 것이라고 헤라클레이데스는 말하고 있다. 또한 크로톤 사람 아스톤이 쓴 많은 책도 피타고라스의 작품으로 되어 있다는 것이다.

(8) 그러나 다른 한편, 아리스토크세누스는 피타고라스는 윤리적인 교설의 대부분을 델포이의 여사제 테미스트클레아로부터 손에 넣은 것이라고 말하고 있다. 또 키오스 사람 이온은 〈토리아그모이〉 가운데서 피타고라스는 몇 편의 시를 지어 이를 오르페우스의 작품으로 한 것이라고 말하고 있다. 그리고 〈코피다이〉도 그의 작품으로 알려져 있는데 그 첫머리는

　　'누구에게나 ……염치를 모르는 행동을 하지 말라'

는 말로 시작하고 있는 것이다.

그런데 소크라테스가 《(철학자들의) 계보》 가운데서 쓰고 있는 바에 따르면 피타고라스는 플레이우스의 참주(僣主) 레온으로부터 '그대는 누구인가'라는

물음에 '철학자'라고 대답했다.*9 그리고 그는, 인생을 국민 제전으로 비유한 것이다. 즉 그 제전(의 경기회)에는 어떤 사람들은 경기를 위해 올 것이고, 어떤 사람들은 장사를 위해 오는데, 그러나 가장 뛰어난 사람들은 관객으로서 오는 것이다. 그와 마찬가지로 인생에도 노예근성이 있는 사람은 명예나 이득을 추구하는 자인데, 이에 상대되는 존재로서 지혜를 사랑하는 사람(철학자)들은 진리를 추구하는 자라고 그는 말했다는 것이다.

(9) 그런데 앞서 말한 피타고라스의 3권의 책 가운데에는 대략 다음과 같은 것이 언급되고 있다. 즉 사람이 자기 자신을 위해 기도하는 것을 그는 금하고 있는데 그것은 진정으로 도움이 되는 것을 우리는 모르기 때문이란 이유에 따른 것이었다. 또 만취는 무엇보다도 특히 해로운 것이라고 그는 말하고 있고, 음료나 식료에 대해서도 누구나 정도를 넘어서는 안 된다고 말해 배불리 먹는 것을 그는 모두 반대하고 있는 것이다. 그리고 성(性)에 관한 사항에 대해서도 그는 다음과 같이 말하고 있다.

'성교는 겨울에 행하고 여름에는 삼갈 것. 가을이나 봄이라면 그 해는 비교적 적은데, 그러나 어느 계절에 해도 그것은 해롭고 건강에는 좋지 않은 것이다'라고. 그리고 또 사람은 언제 여자와 성교를 해야 할 것인지 묻자, 그것에 대해서 그는 이렇게 대답한 것이다. '그것은 그대가 자신의 체력을 더욱 약하게 하고 싶을 때이다'라고.

(10) 그는 또, 인간의 생애를 다음 4시기로 구분하고 있다. 즉 '20년간은 소년. 20년간은 청년. 20년간은 장년. 20년간은 노년. 그리고 이런 (네) 연대는 (네) 계절과 다음과 같은 대응관계에 있다. 즉 소년은 봄, 청년은 여름, 장년은 가을, 노년은 겨울이다.' 그리고 이 경우, 그가 말하는 청년이란 아직 성년에 이르지 않고 있는 자를 말하는 것이고 장년이란 성년자를 말하는 것이다.

또 티마이오스가 말하고 있는 바에 따르면 벗의 것은 공통(모두의 것)이고 우정이란 평등하다고 말한 최초의 사람은 그라는 것이다. 그래서 그의 제자들은 자신들의 재산을 하나로 해 공동으로 축적하고 있었던 것이다.

또 제자들은 최초의 5년간은 침묵을 지켜 스승의 강의에 귀를 기울일 뿐이고 심사를 받고 인정되기까지는 결코 피타고라스와 대면하는 일이 없었

---

*9 제1권 12절 참조. 또한 이하의 기록도 포함해서 이 이야기는 키케로의 〈투스쿨룸 대화〉(제5권 3장 8~9절) 가운데서도 폰토스의 헤라클레이토스에 의한 것으로 쓰여 있다.

다.*10 그러나 그 자격을 갖춘 뒤부터는 피타고라스의 집에 들어가 그를 직접 만날 수 있었다. 또 그들 제자들은 측백나무의 관(棺)을 사용하는 것도 피하고 있었는데 그것은 제우스의 왕홀(王笏)을 그 나무로 만들었다는 이유에서였다. 이것은 헤르미포스가 〈피타고라스전〉 제2권 가운데서 말하고 있는 것이다.

(11) 사실 또 그의 풍모는 매우 위엄으로 가득 차 있던 것으로 알려져 있고, 그의 제자들은 그를 북극의 사람(히페르레오이)에게서 온 아폴론이란 식으로 생각하고 있었던 것이다. 또 그가 어느 때 옷을 벗고 알몸이 되었을 때 그의 허벅지는 황금으로 되어 있는 것이 보였다는 이야기도 있다. 더욱이 그가 네소스강*11을 건넜을 때 그 강은 그를 환영해 인사를 했다고 말하는 사람들도 많았던 것이다.

또 티마이오스가 〈역사〉 제10권 가운데서 쓰고 있는 바에 따르면 사내들에게 부부로서 살아가는 여인들은 처음에는 '코레(소녀)', 다음에는 '님페(처녀)', 그리고 마지막에는 '메테르(어머니)'로 불리기 때문에 신들의 이름을 가지고 있는 것이다,*12라고 그는 말하고 있었다는 것이다. 또 안티클레이데스*13가 〈알렉산드로스전〉 제2권 가운데서 쓰고 있는 바에 따르면 기하학의 기초적인 여러 원리를 최초로 발견한 것은 모이리스*14인데, 이를 완성시킨 것은 피타고라스라는 것이다.

(12) 그러나 피타고라스는 기하학의 수론적 측면(수로 표시되는 도형) 연구에 가장 많은 시간을 할애한 것으로 되어 있다. 또 그는 일현금(一絃琴)을 기초로 해서 (음정의) 기준을 발견한 것으로도 알려져 있다. 그러나 그는 또 의술에도 무관심하지 않았다는 것이다. 더욱이 수학자인 아폴로도로스*15에 의하면 그

---

*10 이것은 피타고라스의 강의가 야간에 이루어졌기 때문인 것으로 되어 있다. 아래 15절에도 '밤의 강의'란 말을 볼 수 있다(힉스).

*11 이 강의 본디의 이름은 '에우에노스'였던 것으로 알려져 있다(아페르토).

*12 어머니(메테르)와 딸(코레)는 대지의 모신 데메테르와 그의 딸 페르세포네(코레)를, 또 신부는 산천초목 등의 정(精)으로서 그것이 의인화된 여신인 님프를 제각기 암시하고 있다.

*13 아테네 출신이고 BC 4세기 말 무렵의 사람. 이 사람은 역사가라기보다는 오히려 고사의 연구자, 호고가(好古家)로 여겨지고 있다.

*14 이 사람에 대한 것은 여기에 쓰여 있는 것 이외에는 알려진 것이 없다.

*15 제1권 25절에도 이 사람의 이름이 나와 있는데, 생애·연대 모두 미상.

는 직각삼각형의 사변 위에 선 정방형(의 넓이)은 직각을 낀 다른 두 변 위에 선 정방형(의 넓이의 합)과 같다는 것을 발견했을 때에 황소 백 마리를 희생으로 바쳤다는 것이다. 한편 이 일에 관해서는 다음과 같은 에피그램(短詩)도 남아 있다.

> 피타고라스는 세상에 널리 알려진 도형을 발견했을 때,
> 그 일을 위해 황소의 희생을(신에게) 바쳤도다.*16

그런데 파보리누스가 〈각서〉 제3권 가운데서 쓰고 있는 바에 따르면 피타고라스는 또 경기선수들에게 육식을 하도록 한 최초의 사람이고, 그리고 그것을 우선 에우리메네스*17에게 시도했다는 것이다. 그 이전에 경기선수들은 마른 무화과나 치즈, 그리고 밀가루에 의해서 체력을 기르고 있었고 이것은 같은 파보리누스가 〈역사연구 잡록집〉 제8권 가운데서 쓰고 있는 것이다.

(13) 그러나 일부의 사람들은 그와 같은 식사를 하게 하는 것은 피타고라스란 이름을 지닌 어느 체육교사*18이고, 여기에서 다루는 피타고라스는 아니라고 말하고 있다. 왜냐하면 우리의 피타고라스는 혼에 관해서는 우리와 공통의 권리를 지닌 동물들을 먹는 것은 말할 것도 없고 죽이는 것조차 금하고 있었기 때문이라는 것이다. 이것은 물론 표면상의 이유이고, 그가(혼을 지닌) 산 것을 먹는 것을 금한 참된 이유는 생명을 유지하는 것만으로 만족하도록 사람들을 훈련해 그것에 익숙해지게 하고, 그 결과 사람들은 가장 쉽게 손에 넣는 것을 식량으로 취하고 식탁에는 불을 사용하지 않는 요리를 늘어놓아 순수한 물만을 마시고 끝내도록 하는 데 있었던 것이다. 그 이유는 그렇게 함으로써 몸이 건강해지고 정신도 명민해지기 때문이라는 것이었다. 그렇기 때문에 그가 예배하고 있었던 제단은 생명을 낳은 어버이인 신, 델로스섬의 아폴론 제단뿐이었다.—그 제단은 '뿔의 제단'의 뒤 쪽에 있었던 것인데.—그 이유는 그 제단 위에는 불을 사용하지 않은 밀과 보리, 공물인 과자만이 놓여 있고 희생된 짐승은 하나도 바쳐지지 않았기 때문이다. 이 점은 아리스토텔레스

---

*16 이 시구(詩句)는 힉스의 교본에 따라서 읽어둔다.
*17 사모스섬 출신의 경기선수이고 종목은 불명확한데 올림픽대회에서 우승한 사람.
*18 피타고라스와 동명인 이 체육교사는 아래 46절과 49절에서도 언급되어 있다.

가 〈델로스의 국가제도〉 가운데서＊19 쓰고 있는 그대로이다.

(14) 또 그는 혼은 어느 때에는 그 산 것(의 몸) 안에, 어느 때에는 산 것 안에 연계되어 '필연의 고리'를 거치는 것이라는 사고를 공공연하게 말한 최초의 사람으로 알려져 있다. 또 음악이론가인 아리스토크세누스가 말하는 바에 따르면 그리스인들에게 도량형(度量衡)을 최초로 도입한 것도 그였다고 한다. 그리고 파르메니데스가 말하고 있는 것처럼,＊20 초저녁의 샛별과 새벽의 샛별은 똑같은 것이라고 최초로 말한 것은 그였다. 이렇게 해서 그는 세상 사람들로부터 놀라움의 대상이 되고 있었기 때문에 그의 제자들로부터는 '신의 목소리를 전하는 자'＊21로 불리게 된 것이다. 게다가 또 그 자신도 하나의 책 속에서 자신은 207년간 하데스(저승)에서 산 뒤에 이 세상에 다시 한 번 새로 태어난 것이라고 말하고 있는 것이다. 그렇기 때문에 제자들은 그의 밑에 충실하게 머문 것이고, 또 그의 강의를 들으려고 (이탈리아 남부지역에 사는) 루카니아인도 베우케티아인도, 또 메사비아인이나 로마인도 그에게로 찾아 온 것이다.

(15) 그러나 필롤라오스 무렵에 이르기까지는 피타고라스의 교의를 얼마든지 아는 것은 불가능했다. 그런데 이 필롤라오스만이 오직 세평이 높았던(피타고라스의) 세 권의 책을 세상에 공표한 것이고, 그리고 플라톤은 이들 책을 구입하기 위해 100무나의 돈을 필롤라오스에게 보낸 것이다.＊22 또 피타고라스의 밤의 강의에는 600명 이상의 사람들이 모인 것이다. 그리고 그 가운데 몇 사람들이 그를 직접 만나는 것이 허용되었을 때에는 그들은 무언가 커다란 행운을 만난 것 같은 생각으로 그것을 편지로 가족에게 알린 것이다. 더욱이 (피타고라스가 나중에 이주한) 메타폰티온시(市)의 사람들은 그의 집을 '데메테르의 성당'으로 부르고 있었고, 또 그 집의 현관을 '무세이온'(무사의 전당)으로 부르

＊19 단편, 489(로즈 엮음, 제3판).

＊20 그러나 제9권 23절에서는 초저녁의 샛별과 새벽의 샛별이 똑같은 것이라고 최초로 말한 사람은 파르메니데스인 것으로 되어 있다. 그래서 이 '파르메니데스가 말하고 있는 것처럼' 이란 글을 이 문장 전체의 뒤로 옮겨 '그러나 어떤 사람들은 그것은(그것을 최초로 말한 것은) 파르메니데스라고 말하고 있는데'라는 식으로 본문을 정정하는 시도도 있다. 아페르트의 번역은 이에 따르고 있다.

＊21 의심스러운 대로 남겨져 있는 사본 그대로의 읽기는 힉스의 교본에 따랐다.

＊22 제3권 9절 참조.

고 있었다. 이것은 파보리누스가 〈역사연구 잡록집〉 가운데서 말하고 있는 것이다. 또 아리스토크세누스가 〈교육에 관한 여러 규정〉 제10권 가운데서 말하고 있는 바에 따르면, 피타고라스학파에 속하는 사람들 가운데서도 피타고라스가 이야기하는 말 모두를 누구나 듣는 것이 허용되고 있었던 것은 아니라고 말하는 사람이 있었다는 것이다.

(16) 또한 그 아리스토크세누스의 책 가운데에는 피타고라스학파의 한 사람이었던 크세노피로스가 어떤 사람으로부터 어떻게 하면 자기 아들을 가장 잘 교육할 수 있느냐고 물었을 때에 크세노피로스는 좋은 법률이 시행되고 있는 국가의 일원이 된다면, 하고 대답했다는 이야기도 쓰여 있다.

그(피타고라스)는 또 이탈리아의 땅에서 그 밖에도 많은 사람들을 훌륭한 인간으로 키워냈는데, 그 가운데서도 잘레우쿠스나 카론다스*23와 같은 입법가를 육성한 것이다. 그는 우정을 만들어내는 능력을 충분히 갖춘 사람이었는데, 특히 누군가가 자신이 신조로 삼고 있는 것을 공유하고 있다고 듣자 그는 즉시 그 사람을 맞아들여 자신의 벗으로 삼았기 때문이다.

(17) 그가 신조(계율)로 삼고 있었던 것은 다음과 같은 것이었다. 즉

> 날붙이로 불을 피우지 말 것.
> 저울대를 뛰어넘지 말 것.
> 1코이니크스(의 양의 곡물) 위에 앉아서는 안 된다.
> 심장은 먹어서는 안 된다.
> 짐을 짊어지는 것을 도울 것이 아니고 부리는 것을 도울 것.
> 침구는 언제나 개어서 둘 것.
> 반지에 신의 상을 새겨서는 안 된다.
> 재 속에 냄비 자국을 남기지 말 것.
> 소나무가지로 뒤를 닦으면 안 된다.
> 태양을 향해 오줌을 누지 말 것.
> 큰 거리에서 벗어나 걷지 말 것.
> 가벼운 마음으로 악수하지 말 것.

---

*23 전자는 로크리스의, 후자는 카타나의 유명한 입법가.

추녀 밑에 제비를 오지 못하게 할 것.

갈고리 모양의 발톱을 지닌 새는 기르지 말 것.

자른 발톱이나 자른 머리카락 위에 오줌을 누거나 그 위에 서지 말 것.

예리한 날붙이는 끝의 방향을 바꿀 것.

국외로 떠나려고 할 때에는 국경에서 뒤돌아보지 말 것.

(18) 그런데 이런 계율에 의해서 그가 말하려고 했던 것은 다음과 같은 것이었다. 즉 '날붙이로 불을 피우지 말 것'이라고 한 것은 권력자들의 분노나 부푼 격정을 충동하는 일이 없도록 하라는 의미이다. 또 '저울대를 뛰어넘지 말 것'은 평등이나 정의에서 벗어나지 말라는 것이다. '1코이니크스(의 양의 곡물) 위에 앉아서는 안 된다'는 것은(현재의 일만이 아니고) 장래의 일에도 똑같이 생각을 하라는 의미이다. '1코이니크스의 곡물'이란 사람의 1일분 식량이기 때문이다. '심장은 먹어서는 안 된다'는 말로 그가 나타내려고 한 것은, 슬픔이나 괴로움으로 인해서 마음을 녹여서는 안 된다는 것이다. '국외로 떠나려고 할 때에는 뒤돌아보지 말 것'이란 말로 그가 충고하려고 한 것은 이 세상을 떠나려는 사람들에 대해서 삶에 집착하는 것도, 이 세상의 쾌락에 끌려가는 일도 없도록 하라는 것이다. 그 밖의 말도 위에 말한 것에 따라서 이해할 수 있는데 그런 일로 너무 시간을 빼앗겨서는 안 되기 때문에 그 점은 보류해 두기로 한다.

(19) 그런데 그는 (음식 가운데에서는) 무엇보다도 특히 붉은 숭어와 검은꼬리 물고기를 먹는 것을 금하고 있었고 또 동물의 심장이나 콩도 삼가도록 명하고 있었다. 한편 아리스토텔레스에 의하면[24] 때로는 동물의 자궁이나 (새의) 성대도 삼가도록 명하고 있었다는 것이다. 또 소문에 따르면 그는 벌꿀만으로, 또는 벌집이나 빵만으로 만족하고 낮에는 포도주를 즐기는 일이 없었다고 한다. 또 부식은 대개의 경우 야채조림이나 날 것으로 마치고 바다의 것을 먹는 일은 매우 드물었다. 그리고 그가 몸에 걸치고 있었던 옷은 흰 색의 깨끗한 것이었고 침구는 흰 양모로 된 것이었다. 왜냐하면 직물이 아직 그 지방에는 이르지 않고 있었기 때문이다.

---

*24 단편, 194(로제 엮음, 제3판)(로스 엮음, 〈아리스토텔레스 단편선집〉 p. 134).

(20) 또 그는 볼일을 보고 있는 것을, 성교를 하고 있는 것을, 취한 것을 한 번도 보인 적이 없었다. 더욱이 그는 남을 비웃는 일도 없었고, 농담을 말하거나 야비한 이야기를 하거나 남에게 아첨을 하는 일도 전혀 없었다. 또 하인(노예)이건 자유민이건, 누구 한 사람 분노에 사로잡혀 벌을 주거나 한 적도 없었다. 꾸짖는다는 것은 '고치게 하는' 것이라고 그는 늘 말하고 있었던 것이다. 또 그가 점을 본 것은 조짐이나 새가 나는 것에 따른 것이며, 유향(乳香)을 사용하는 경우 외에는 불로 태우는 것을 사용한 적은 거의 없었다. 또 그가 희생으로 바친 것은 언제나 무생물이었다. 그리고 사람들의 말에 따르면 그는 수탉이나 숫산양, 이른바 새끼돼지만을 희생으로 바쳤으며 새끼양을 사용한 적은 결코 없었다고 한다. 그러나 아리스토텔레스에 의하면 그는 다른 모든 생물을 먹는 것을 허용했는데 단, 경작용의 수소나 숫양만은 삼가게 했다는 것이다.

(21) 한편, 같은 저자인 아리스토크세누스는 앞서 말한 바와 같이 피타고라스는 자신의 교의(敎義)를 델포이의 여사제 테미스트클레아로부터 얻은 것이라고 말하고 있다. 또 히에로니무스는 다음과 같이 전하고 있다. 즉 피타고라스는 하데스(저승)에 내려갔을 때에 헤시오도스의 혼이 청동의 기둥에 묶여져 비명을 지르고 있는 것을 보았고, 다른 한편 호메로스의 혼은 나무에 매달려 뱀들이 그 주위를 둘러싸고 있는 것을 보았는데, 이것은 그들이 신들을(모독하는) 언사를 한 것에 내린 벌이었다는 것이다. 그러나 또 자기 아내들과 함께 살려고 하지 않는 사람들도 벌을 받고 있는 것을 피타고라스는 보았다는 것이다. 그리고 실제로 또 그와 같은 일 때문에 크로톤의 사람들이 그를 존경했다고 히에로니무스는 말하고 있는 것이다. 그리고 키레네 사람 아리스티포스*25가 〈자연학자들에 대해서〉 가운데서 말하고 있는 바에 따르면, 그에게 피타고라스라는 이름이 붙여진 것은 그는 피티오스의 신에 못지않게 진리를 전했기 때문*26이라는 것이다.

---

*25 이 아리스티포스는 라키데스의 제자이고, 신아카데미파의 철학자였던 사람(제2권 83절에 이름이 올라 있는 같은 이름의 4명 가운데 마지막 사람)을 가리키고 있는 것으로 생각된다. 그러나 〈자연학자들에 대해서〉라는 책이 이 사람의 것이었는지에 대해서는 이론이 있다.
*26 '피타고라스'란 이름은 '피티오스'와 '아고레웨인'의 합성어이다. 즉 '피티오스(아폴론)가 말한다'는 의미를 지니고 있다는 것일까(힉스).

(22) 그는 제자들에 대해서 기회 있을 때마다 다음과 같은 것을 충고하고 있었다고 한다. 즉 제자들은 자기 집에 들어갈 때마다

'어디에서 나는 길을 벗어났는가. 나는 무엇을 행한 것일까. 또 해야 할 일의 무엇을 나는 성취하지 못했나'라고 소리내어 말할 것. 또 신들에 대해서는 산 제물을 바치는 것을 그만두고 피가 흐르지 않는 제단에서만 예배를 할 것. 또 신들에게 맹세를 하지 말 것. 왜냐하면 자기 자신을 신뢰할 만한 자로 하는 것이야말로 사람이 힘써야 하는 일이기 때문이라는 것이다. 또 시간상으로 자기보다 먼저 태어난 자를 연장자로 존경할 것. 왜냐하면 우주에서는 일출이 일몰보다 먼저 있는데, 인생에서는 처음이 끝보다 먼저 있고 생명에서는 탄생이 사멸보다 먼저 있기 때문이다, 라고 말하는 것이다.

(23) 또 다이아몬드보다도 신들 쪽을, 인간보다도 영웅 쪽을 존경할 것. 그러나 인간들 가운데서는 우선 첫째로 부모를 존경할 것. 사람들이 서로 교제를 할 경우에는 내 편을 적으로 하는 것이 아니고 적을 내편으로 하도록 행동할 것, 또 무엇 하나 내 것이라고 생각하지 말 것. 법을 지원하고 불법에는 도전할 것. 재배된 식물을 마르게 하거나 상처를 입히거나 하지 말 것. 인간에게 해를 주지 않는 동물에게도 그렇게 하지 말 것. 자지러지게 웃는 것도 아니고 불쾌한 표정도 짓지 않는 것이 신중한 것이고 주의 깊은 것이다. 지나친 비만은 피할 것. 여행 도중에는(번갈아) 기를 빼거나 기분을 긴장시키거나 할 것. 기억력의 훈련을 할 것. 화가 나고 있을 때에는 무언가를 말하거나 행하거나 하지 말 것. 점술은 반드시 그 모든 것을 존중하지는 말 것.*27

(24) 리라에 맞추어 노래하면서 신들과 훌륭한 사람들에게 감사를 표시할 것, 콩은 삼갈 것. 그 이유는 콩은 배를 부르게 하고, 생기를 많은 양으로 포함하고 있기 때문이라는 것이다. 게다가 또 콩은 먹지 않는 것이 위의 상태가 더욱 좋아지고, 그리고 그것으로 인해서 또 수면 중의 잠도 편안하고 흐트러짐이 없게 될 것이라는 것이다.

그런데 알렉산드로스는 〈철학자들의 계보〉 가운데서 피타고라스파에 관한 기록 가운데 아래와 같은 학설도 발견했다고 말하고 있다.

(25) 즉 만물의 시원(始原)은 1(모나드)이다. 그리고 이 1에서 부정(不定)의 2

---

*27 어구를 보완해 읽는다.

가 생기는데, 그 부정의 2는 원인인 1에서는 마치 질료(質料)인 것처럼 그 기체(基體)가 되고 있다. 그리고 1과 부정의 2에서 수가 생기고, 또 수에서는 점이, 점에서는 선이, 선에서는 평면이, 평면에서는 입체가, 입체로부터는 감각이 되는 물체가 생기는 것이다. 그리고 감각물의 구성요소는 불·물·흙·공기의 네 가지이다. 또 이런 구성요소는 상호 전환해 완전히 다른 것으로 바뀌는 것이다. 한편 이들 구성요소로 우주는 만들어지고 있는 것인데 이 우주는 생명(혼)을 지니고, 지적이며 구상(球狀)의 것이고, 지구를 중심으로 해서 그것을 둘러싸고 있는 것이다. 또 지구 자체도 구상이고, 그 이르는 곳마다 사람이 살고 있는 것이다.

(26) 그런데 지구에는 대척지(對蹠地)도 있는데 우리에게 아래는 그 사람들에게는 위이다. 또 우주 가운데 빛과 어둠과는 같은 영역을 차지하고 있으며, 열과 냉, 건(乾)과 습(濕)도 똑같다. 그리고 이런 것 가운데서 열이 우세해지면 여름이 되고, 냉이 우세해지면 겨울이 된다. (또 건이 우세해지면 봄이 되고, 습이 우세해지면 가을이 되는 것이다.)[*28] 그런데 이런 것들이 같은 비율로 있으면 1년 가운데 가장 좋은 시기를 갖게 된다. 그리고 계절 가운데서 만물이 싹을 틔우는 봄은 건강에 좋은 계절인데 이에 반해서 사물을 마르게 하는 가을은 좋지 않은 계절이다. 뿐만 아니라 하루 가운데서도 아침은 활기를 불어넣는데 저녁은 가라앉은 기분이 되게 하는 것이다. 그렇기 때문에 저녁은 (아침에 비해서) 건강에 좋지 않은 것이다. 또 대지(지구)를 둘러싸고 있는 공기는 탁해져서 건강에 좋지 않은 것이며 그와 같은 공기 속에 있는 모든 것은 죽어야만 하는 것이다. 이에 반해서 가장 최상층에 있는 공기는 끊임없이 움직이고 있어 청정해서 건강에 좋은 것이다. 그리고 그와 같은 공기 속에 있는 것은 모두 사라지지 않는 것이며 그러므로 신성한 것이다.

(27) 또 태양이나 달, 그 밖의 별들은 신이다. 왜냐하면 그런 것에서는 열이 지배하고 있고 열이야말로 생명의 원인이기 때문이다. 또 달은 태양에 의해서 빛나고 있는 것이다. 인간은 열을 공유하고 있는 한 신들과 동족이다. 그렇기 때문에 신은 우리(인간)를 배려해 주고 있는 것이다. 또 숙명이란 사물이 그 전체에서나 부분에서나 질서를 갖게 되는 원인을 말하는 것이다. 태양의 광선은

[*28] 원본(롱의 교본)에는 ( )에 넣은 문장은 없는데 힉스의 교본에 따라서 일단 이를 넣어둔다.

차디찬 아이테르(고대 그리스어에서 빛나는 공기의 상층을 나타내는 말) 안도, 짙은 아이테르 안도 빠져나가는데 그들이 찬 아이테르로 부르고 있는 것은 공기를 말하는 것이며, 짙은 아이테르로 부르고 있는 것은 바다나 습한 것을 말하는 것이다. 그 광선은 바다 밑까지 침투하고 그것으로 인해서 만물에 생명을 부여하는 것이다.

(28) 그리고 열을 나누어 갖는 것은 모두 살아 있다. 그러므로 식물도 생물인 것이다. 하지만 모든 것이 혼을 지니고 있는 것은 아니다. 혼은 아이테르의 일부가 분리된 것인데, 아이테르에는 따뜻한 것과 찬 것이 있으며 혼이 생명과 다른 것은 찬 아이테르까지도 함께 나누어갖고 있는 데 따른 것이다. 또 혼이 그곳에서 분리된 본디의 것도 사라지지 않는 것이므로 혼은 사라지지 않는 것이다. 이에 반해서 생물 쪽은 씨앗에 의해 낳게 되는 것이고 대지로부터의 생성이란 있을 수 없는 것이다. 씨앗은 뇌수로부터의 물방울이며 그 물방울은 그 자체 안에 따뜻한 증기를 포함하고 있다. 그리고 이 물방울이 뇌수에서 자궁 안으로 오게 되면 장액이나 수분, 혈액이 방출되고 그런 것에서 살과 힘줄, 뼈와 모발, 그리고 몸 전체가 만들어지는 것이다. 다른 한편, (그 물방울 안의) 증기로부터는 혼과 감각이 생기는 것이다.

(29) 그런데 이 물방울은 우선 최초에 응집해 40일간 정도로 형태를 취하게 된다. 그런 다음(임신기간의) 조화수에 따라서 7개월 또는 9개월, 오래 걸리더라도 10개월에 태아는 이 세상에 태어나는 것이다. 그리고 이 태아는 자기 자신 안에 사는 데 필요한 모든 (조화수의) 비(比)를 지니고 있으며, 이런 비는 제각기 정해진 시기에 잇따라 나타나면서 연속된 계열을 이루어 연결되고 있기 때문에 그 태아는 조화수의 비에 따라서 유지되고 있는 것이다.[*29]

또 감각은 모두 공통으로 그렇지만 그 가운데서 특히 시각은 일종의 특별히 따뜻한 증기이다. 그리고 이 증기 때문에 공기나 물을 통해서 우리는 사물을 보는 것이라고 한다. 그 이유는 따뜻한 것은 찬 것에 의해서 저항을 받기 때문이다. 왜냐하면 만일 눈 안에 있는 증기가 찼다고 하면 그와 비슷한 찬 증기를 만났을 경우에는 흩어지고 말았을 것이기 때문이다. 그러나 실제로는

[*29] 이 부분은 기록이 지나치게 간단해 이해하기 어려운데 플라톤의 〈국가〉 제8권 546B~D에 인간 종족의 출산에 대한 기록이 있다. 인간의 임신기간에 대해서는 피타고라스파가 주장한 조화수의 사고방식이 그 기초가 되고 있는 것으로 생각된다.

눈 안에 있는 증기가 그 반대로 따뜻한 것이고,*30 그(피타고라스)는 어느 부분에서는 눈을 태양의 입구로 부르고 있는 것이다. 그리고 청각이나 그 밖의 감각에 대해서도 그는 이와 똑같이 생각하고 있는 것이다.

(30) 또 인간의 혼은 지능과 이성과 감정의 세 부분으로 나뉜다(고 그는 주장하고 있다). 한편, 지능과 감정은 다른 동물에게도 있는데 이성은 인간에게만 있다. 그리고 혼이(몸 안에서) 차지하는 영역은 심장에서 뇌까지이다. 심장 안에 있는 혼의 부분은 감정인데, 뇌 안에 있는 혼의 부분은 이성과 지능이다. 그리고 여러 감각은 이들 부분에서 떨어지는 물방울이다. 또 혼의 이성적 부분은 죽지 않는 것인데 그 밖의 부분은 죽어야 하는 것이다. 또 혼은 혈액에 의해서 길러지고 있다. 그리고 혼이 발산해 내는 말은 바람(風)이다. 한편 혼도 그 말도 눈에 보이지 않는 것인데, 그것은 혼의 본질인 아이테르도 눈에 보이지 않는 것이기 때문이다.

(31) 혼을 하나로 연결하고 있는 끈은 혈관이나 동맥, 힘줄이다. 그러나 혼의 힘이 강해서 자체만으로 조용히 안정되어 있을 때에는 혼(내부)의 비(균형)와 활동이 이를 하나로 묶고 있는 것이다. 그러나 몸과의 결합이 풀어져 혼이 지상으로 내던져지면 혼은 공중을 몸과 마찬가지로 방황하게 된다. 그리고 그때에는 헤르메스(신)가 혼들의 감시자가 되는 것이다. 그러므로 지하의 세계까지 사자들의 혼에 '따라붙는 헤르메스'라든가, '문 앞에 선 헤르메스'라든가, '지하세계의 헤르메스'와 같은 표현이 이루어지고 있는 것이다. 이 헤르메스가 몸에서 분리한 혼들이 육지에서도 바다에서도 정해진 곳으로 보내지기 때문이다. 그리고 청정한 혼들은 가장 높은 곳으로 인도되는데, 부정(不淨)한 혼들은 청정한 혼들에게도, 또는 서로에게도 접근이 허용되지 않고 에리니에스라는 복수(復讐)의 여신들에 의해 벗어날 수 없는 속박 속으로 이어지게 되는 것이다.

(32) 또 공기 전체는 혼으로 충만해 있고 이런 혼이 다이몬이라든가, 반신(半神, 영령) 등으로 불리고 있는 것이다. 그리고 이런 다이몬이나 반신들이 꿈이나 질환, 건강의 조짐*31을 인간들에게 보내게 되는 것이다. 그것은 인간뿐만 아니라 양이나 그 밖의 가축에게도 보내는 것이다. 또 점술 전체나 예고,

---

*30 이 부분에는 빠진 문장이 있는 것으로 되어 있는 교본도 있는데 일단, 아페르트의 해석에
  따라서 보충하고 전체의 의미를 취해 번역해 두었다.
*31 이 부분은 힉스의 교본에 따라서 읽는다.

그와 비슷한 일들도 이러한 것과 관계가 있는 것이다. 그러나 인간의 생활에서 가장 중요한 것은 혼을 선한 일 쪽으로 설득하느냐, 나쁜 일 쪽으로 설득하느냐, 그 어느 쪽으로 할 것인가라고 그(피타고라스)는 말하고 있다. 그리고 인간이 행복할 수 있는 것은 뛰어난 혼을 지니고 있을 때인데, 혼은 결코 정지(靜止)하지도 않고 똑같은 길을 나아가는 일도 없다고 그는 말하고 있는 것이다.

(33) 또 그의 주장에 따르면 올바른 일은 맹세와 똑같이 지켜져야 하는 것이기에 제우스는 맹세의 신으로 불리고 있는 것이다. 또 덕은 조화이고 건강도 모든 선한 것도, 신 그 자체도 조화이다. 그렇기 때문에 세계는 조화에 의해서 성립하고 있는 것이다. 또 우정이란 조화가 있는 평등을 말하는 것이다. 한편, 신들과 반신들에게 바치는 숭배는 같은 것이어서는 안 된다. 신들에 대해서는 언제나 경건하게 침묵을 지키면서 흰옷을 걸치고 재계(齋戒)한 다음 예배를 해야 하는데, 반신들에 대해서는 정오를 지난 뒤부터 참배를 해야 한다. 그리고 그 재계는 깨끗한 물로 목욕하고 관수(灌水)하는 것으로 이루어지는데, 또 죽은 사람과 접촉한다거나, 여자와 잠자리를 함께 한다거나, 그 밖에 그와 같은 모든 더러움에서 몸을 청정하게 유지함으로써 이루어지는 것이다. 그리고 보통 육류나 죽은 동물의 고기, 생선, 알이나 알을 낳는 동물, 콩, 그 이외에도 신전에서 비의(祕儀)를 행하는 사람들이 금하고 있는 것을 삼감으로써 재계는 이루어지는 것이다.

(34) 한편 아리스토텔레스가 〈피타고라스파에 대해서〉 가운데서 쓰고 있는 바에 따르면,*32 피타고라스는 콩을 삼가도록 경계하고 있었는데 그것은 콩이 사람의 국부와 비슷하기 때문이라든가, 또는 하데스의 문을 닮았다든가, 그와 같은 이유에 따른 것이었다. ……(빠짐)…… 그 이유는 그곳만이 접합이 되어 있지 않은 곳이기 때문이다. 또는 콩이 몸을 망가뜨리는 것이라든가, 우주만유의 형태와 비슷한 것이라든가, 과두제에 관계가 있다든가, 그와 같은 이유 때문이기도 했다. 과두제에 관계가 있다는 것은 과두제에서는 추첨으로 관리를 임명하는데 콩을 사용했기 때문이다.

그는 또(식탁 밑에 떨어진 것을 줍지 말라고 경계했는데 그것은 무엇이건 더럽게 먹지 않는 습관을 익히기 위해서였거나, 또는 그것은 누군가의 죽음으로 이어

---

*32 단편, 195(로제 엮음, 제3판)(로스 엮음, 위의 책, p. 134).

지게 되는 행위이기 때문이라는 이유에 따른 것이었다. 사실, 아리스토파네스도 〈영령들〉 가운데서,

또, 식탁 밑에 떨어진 것은 무엇이건 먹어서는 안 된다*33

고 말하면서 바닥에 떨어진 것은 (죽은) 영령이 된 사람들의 것이라고 말하는 것이다.

또 흰 수탉에 손을 대서는 안 된다고 그는 경계하고 있다. 왜냐하면 수탉은 달의 신에 바쳐진 거룩한 것이고 또 탄원자이기 때문이다. 그리고 탄원자인 것은 좋은 일의 하나였고, 또 달의 신에게 바쳐진 거룩한 것이라고 하는 것은 수탉은 시각을 알리기 때문이다. 그리고 흰 것은 선한 것의 본성을 나타내며 검은 것은 악한 것의 본성을 나타낸다고 한다.*34

또 생선에 대해서도 그것들이 (신들에게 바쳐지는) 신성한 것인 한 손을 대서는 안 된다(고 그는 경계하고 있었다). 그 이유는 신들과 인간에게 똑같은 것이 제공되어서는 안 되기 때문이며, 그것은 자유인과 노예에게 똑같은 것이 (식탁에) 오르는 일이 없는 것과 같은 이유라는 것이다.

(35) 또 빵을 조각을 내서는 안 된다(고 그는 말하고 있었다). 왜냐하면 이민족 사람들이 오늘날에도 그렇게 하고 있는 것처럼 옛날에는 벗들이 하나의 (공유하는) 빵 아래 모여 있었기 때문이다. 그리고 또 벗들을 결집시키고 있는 빵을 갈라 나누어도 안 된다(고 그는 말하고 있었다). 그 이유를 사람들은 하데스에서의 (죽은 사람의) 재판에 연관지워서 설명하고 있는데 다른 사람들은 그것은 전쟁에서 비겁한 행동을 하게 하는 것이 되기 때문이라고 말하고, 또 다른 사람들은 우주만유의 기원은 그것(분리분할?)에서 유래하기 때문이라고 한다.*35

또 형체 가운데서 가장 아름다운 것은 입체 안에서는 구(球)이며 평면 안

---

*33 단편, 305(코크 엮음).
*34 '그리고,……' 이하의 문장도 딜스의 제안을 채용한 힉스의 교본에 따라서 이 위치에 둔다. 원본으로 한 롱의 교본이나 아페르트의 역문에서는 이 문장을 이 절의 끝으로 옮겨 ( ) 안에 넣고 있다.
*35 이 이유의 의미는 잘 모른다.

에서는 원이다(라고 그는 말하고 있었다). 또 노년과 쇠퇴하고 있는 모든 것은
비슷하다고 말하고 성장과 젊음이 같은 것이라고 했다. 그리고 형체가 유지되
고 있는 것이 건강이며 형체가 파괴되는 것이 질환이라고 했다. 또 소금에 대
해서는 그것은 올바른 것을 상기(想起)하기 위해 식탁 위에 늘어놓아야 한다
(고 그는 말하고 있었다). 왜냐하면 소금은 이를 받아들이는 것 모두를 (부패
로부터) 지켜주기 때문이며 더구나 그것은 가장 순수한 것, 즉 태양*³⁶과 바다
(물)로 만들어진 것이기 때문이다.

(36) 위에 쓴 것은*³⁷ 알렉산드로스가 피타고라스파에 관한 기록 가운데 발
견했다고 쓰고 있는 사항이다. 그리고 그것에 이어서 쓰고 있는 사항은 아리
스토텔레스가(《피타고라스파에 대해서》 가운데서) 말하고 있는 것이다.

그런데 피타고라스의 위엄 있는 태도는 티몬도 〈실로이〉 가운데서 그에게
물고 늘어지듯이 하고 있을지언정 이를 지나쳐 버리지 않고 다음과 같이 말하
고 있다.

　　또 피타고라스, 이 사람은 사기꾼들의 사고로 기울면서,
　　사람들을 사냥하기 위해 과장해서 말하길 좋아하는 사내.

또 그가 때때로 다른 자로 다시 태어나 교감하는 점에 대해서는 크세노파
네스가 엘레게이아조의 시 가운데서 증언하고 있는데, 그 첫머리의 말은 다음
과 같은 것이다.

　　이번에는 다른 이야기로 옮겨 나아갈 길을 제시해 보이겠다.

그리고 크세노파네스는 그에 대해서 다음과 같이 말하고 있는 것이다.

　　그리고 어느 때 그는 강아지가 매를 맞고 있는 곁을 지나쳤을 때
　　불쌍한 마음에 사로잡혀 다음과 같이 말했다는 것이다.
　　'그만 하시오. 그것은 바로 내 벗의 영혼이니까.

---

*36 힉스의 교본(이나 아페르트의 역문)에 따라서 읽는다.
*37 위 25절에서 33절까지를 가리킨다.

울음소릴 듣고 그것을 알았소.'*38

(37) 위는 크세노파네스가 말하고 있는 것이다. 그러나 크라티노스*39는 〈피타고라스교의 여신자〉 가운데서 그를 비웃고 있는데 〈탈라스의 사람들〉 가운데서도 다음과 같이 말하고 있다.

이것이 그들의 수법인 것이다. 누군가 외도를 하는 자가,
그들의 교양의 힘을 시험해 보려고,
어디에서 왔는지를 파악하자,
그들은 그 사내를 반대명제나 최종결론,
대구어법이나 궤변, 또 대단한 말을 써서,
교묘하게 곤혹시켜 혼란에 빠뜨리고 있는 것이다.

또 무네시마코스*40는 〈알크마이온〉 가운데서 이렇게 말하고 있다.

피타고라스교도를 따라서 우리는 록시아스(아폴론)님에게 희생을 바치고 있다.
혼을 지닌 것(산 것)은 무엇 하나 입에 넣지 않고.

(38) 그리고 아리스토폰*41은 〈피타고라스교도〉 가운데서 다음과 같이 말하고 있다.

갑 : 어떤 사람은 이렇게 말한 것이다. 지하의 주거로 내려가 그곳에 사는 자들 개개인을 보았는데,
피타고라스교도들은 다른 죽은 사람들보다도 훨씬 좋은 생활을 하고 있었던 것이다.

---

*38 단편, 7(딜스-크란츠 엮음).
*39 아리스토파네스 및 에우폴리스와 나란히 아티카 고희극의 대표적인 작가.
*40 BC 4세기 중반 무렵에 활동한 중기 희극작가의 한 사람.
*41 똑같이 BC 4세기 중반 무렵에 활동한 희극작가.

그것은 그들만이 신심이 깊은 자들이었기 때문에,
　　플루톤(저승의 왕)과 식사를 함께 하고 있었기 내문이다.
을 : 오물을 뒤집어 쓴 자들과 함께 있기를 기뻐한다면 매우 너그러운 신
　　이다.

또 같은 작품 가운데서 아리스토폰은 다음과 같이 말하기도 한다.

　　그들(피타고라스교도)은 채소를 먹고,
　　그 밖에는 물을 마실 뿐이다.
　　그러나 몸도 씻지 않고 이가 들끓어 헤진 속옷을 입고 있는 그들에게,
　　신참자들은 누구라도 참을 수 없을 것이다.

(39) 그런데, 피타고라스의 최후는 다음과 같다. 그가 제자들과 함께 밀론의 집에서 집회를 열고 있었을 때, 입문을 거절당한 자들 가운데 어느 자에 의해서 질투심 때문에 그 집에 불을 지르는 사태가 발생했다.—단, 사람들의 말에 따르면 이것은 크로톤의 주민 자신이 (피타고라스에 의한) 참주제의 수립을 경계해 행한 것으로 되어 있는데—거기에서 피타고라스는 도망가다가 붙잡힌 것이다. 즉 그는 콩이 가득 심어져 있는 어느 곳까지 갔는데 그 콩밭 안을 지나가지 않으려고 그 자리에 멈추어 '콩을 짓밟기보다는 오히려 이곳에서 붙잡히자. 헛되게 대화하기보다는 죽는 것이 낫다'고 말한 것이다. 이렇게 해서 그는 추격자의 손에 목을 찔려 살해된 것이다. 또 그렇게 해서 그의 제자들 대부분도—그 수는 대략 40여명이었는데—살해된 것이다. 그러나 매우 소수는 도망을 갔고, 그 가운데에는 탈라스인 아르키포스와 앞서 말한 리시스도 포함된다.

(40) 그러나 디카이아르코스가 전하고 있는 바에 따르면, 피타고라스는 메타폰티온에 있었던 무사의 여신들 신전으로 숨어들어 40일간 식음을 끊은 뒤에 죽었다는 것이다. 다른 한편, 헤라클레이데스가 〈사티로스의 '철학자전' 적요〉 가운데서 쓰고 있는 바에 따르면, 피타고라스는 델로스섬에서 페레키데스를 매장한 뒤에 이탈리아로 돌아가 그리고 ……(빠짐)…… 크로톤인 키론이 모두에게 성대하게 향응을 베풀고 있는 것을 보자 메타폰티아로 물러가 그곳

에서 더 이상 살기를 바라지 않고 식음을 끊어 생애를 마쳤다는 것이다. 그리고 헤르미포스가 쓰고 있는 바에 따르면, 아크라가스인과 시라쿠사인과의 사이에서 전투가 이루어지고 있었을 때 피타고라스는 제자들과 함께 그 전투에 참가해 아크라가스군의 선두에 서서 싸웠다. 그러나 그 군대는 퇴각했기 때문에 그는 콩밭을 피해 돌아가려다가 시라쿠사군에게 붙잡혀 살해되었다는 것이다. 또 그 밖의 사람들도 약 30명 남짓 있었는데, 정권을 장악하고 있었던 사람들에 반대하는 정치체제를 수립하려고 했기 때문에 탈라스에서 화형에 처해졌다는 것이다.

(41) 한편, 헤르미포스는 피타고라스에 대해서 다음과 같은 다른 이야기를 전하고 있다. 즉 그는 이탈리아로 오자 지하에 작은 주거를 만들어 그곳에 살고, 어머니에게는 지상에서 일어난 일을 판자 위에 기록해 그 판자에는 그 일이 발생한 일시까지도 기입하도록 명했다. 그런 다음 그는 자기가 지상에 올라올 때까지 그 판자를 지하에 있는 자기에게 보내주도록 부탁한 것이다. 그래서 어머니는 부탁한 대로 했다. 한편 피타고라스는 한동안 지난 뒤, 비쩍 마른 해골과 같은 모습으로 지상으로 올라왔다. 그 뒤 그는 민회(民會)로 나아가 자신은 하데스(저승)에서 돌아온 것이라고 알렸다. 그리고 자기 신상에 일어난 일들을 사람들에게 들려준 것이다. 그래서 사람들은 그의 말에 감동해 소리내어 울며 피타고라스를 신과 같은 분으로 믿기에 이르렀다. 사람들은 그의 가르침을 조금이라도 배우려는 생각에 자신의 아내들까지도 그에게 맡긴 것이다. 그런 이유로 이 여인들은 피타고라스교의 여신자로 불리게 된다. 이것은 헤르미포스가 전하는 것이다.

(42) 피타고라스에게는 아내도 있었다. 이 여인의 이름은 테아노인데, 크로톤 시민인 브론티노스의 딸이었다. 그러나 일설에 그 사람은 브론티노스의 아내이고 피타고라스의 제자였다는 것이다. 또 그에게는 다모라고 부르는 딸도 있었는데 이것은 (제자인) 리시스가 (동문인) 히파소스에게 보낸 편지에서 말하고 있는 대로이다. 즉 그 편지 가운데서 리시스는 피타고라스에 대해서 다음과 같이 쓰고 있기 때문이다.

'많은 사람들의 이야기로는 당신께서는 공개석상에서 철학을 강의하고 계신 것 같은데, 이것은 피타고라스가 적당치 않다고 생각하셨던 일입니다. 그 분은 실제로 자신의 딸인 다모에게 각서(覺書)의 관리를 맡겼을 때에 가족 이외에 누구에게도 결코 양도해서는 안 된다고 엄명을 하신 겁니다. 그리고 그녀는 그런 문서를 많은 돈을 받고 팔 수도 있었는데 그렇게는 하지 않고 가난한 삶과 아버지의 명령을 황금보다도 더 귀하게 생각하고 있었던 것입니다. 여인이었음에도.'

(43) 그들(피타고라스와 그의 아내와) 사이에는 텔라우게스라는 이름의 아들도 있었다. 이 아들은 아버지의 뒤를 이었고, 또 사람들의 이야기에 따르면 엠페도클레스를 가르쳤다는 것이다. 히포보토스에 의하면 엠페도클레스는 이렇게 말한다.

텔라우게스여, 테아노와 피타고라스의 평판이 자자한 아들인.*42

텔라우게스의 저작은 하나도 전해지지 않고 있는데 그의 어머니인 테아노는 몇 개의 저작이 있다. 뿐만 아니라 그녀에 대해서는 이런 이야기가 전해지고 있다. 여자는 사내와 잠자리를 함께 한 뒤 얼마나 날짜가 지나면 청정한 몸이 되느냐고 묻자 그녀는 '자기 남편과 한 뒤라면 당장이라도, 그러나 다른 사내라면 언제까지 지나도'라고 대답했다는 것이다. 또 그녀는 자기 남편의 침상으로 가려는 여인에게 옷과 함께 부끄러움까지도 버리도록 충고하고 있었는데 그러나 (침상에서) 일어났을 때에는 다시 한 번 그런 것들을 몸에 걸치라고 말하고 있었다. 그리고 '그런 것은 무엇을 말하는 것인가'라고 묻자, '그런 것에 의해서 내가 여자로 불리고 있는 것'이라고 그녀는 대답한 것이다.

(44) 아무튼 피타고라스는 세라피온의 아들 헤라클레이데스에 의하면 80세에 세상을 떠났다는 것이다. 그리고 이것은 인생의 여러 시기에 대한 그 자신의 기록*43과도 일치하고 있다. 그러나 대부분의 사람들에 의하면 그는 90세까지 산 것으로 되어 있다.

그에게 군말 비슷하게 지은 나의 시도 몇 개 있는데 그 하나는 아래와 같다.

당신만이 홀로 혼을 지닌(산) 것에 손을 대지 않고 있었던 것은 아니다.*44

---

*42 단편, 155(딜스-크란츠 엮음).

*43 위 10절 참조.

*44 힉스의 교본에 따라서 읽는다.

우리도 그렇게 하고 있는 것이다.

혼을 지닌 것에 접한 사람은 도대체 누구였을까, 피타고라스여.

하지만 졸이거나 굽거나 절임이 되고 있다면,

그 때에는 이미 우리는 (기꺼이) 먹는다, 혼을 갖지 않은 것이 되고 있기 때문에.

또 별도로 이런 시도 있다.

그렇기 때문에 피타고라스는 이처럼 현명한 사람이었던 것이다.

자기 자신은 손을 대지 않으면서, 그렇게 하는 것이 올바른 일이 아니라고 말하면서,

다른 사람에게는 먹게 하고 있는 것이다. 우러러 볼 만한 지혜이다.

자기 자신은 잘못된 일을 하지 않는다고 말해두면서 남들에게는 그렇게 하는 것을 허용하고 있으니까.

(45) 또 다른 하나의 시는

만일 그대가 피타고라스의 마음을 알고 싶다면,

에우포르보스*45의 방패 한가운데에 있는 손잡이로 시선을 돌려라.

왜냐하면 '나는 일찍이 살아 있었던 것이다'라고 그것은 말하고 있기 때문이다.

그러나 그는, 존재하고 있지 않았을 때에 무언가였다고 주장하고 있는 것이라면 존재하고 있었을 때에는 아무것도 아닌 자였던 것이다.

그리고 그의 마지막 모습에 대한 것은,

아! 아! 피타고라스는 왜 그토록 콩을 두려워했던 것일까.

그는 자기 제자들 속에 둘러싸여서 죽었는데,

---

*45 에우포르보스란 사람에 대해서는 4절에 쓰여 있다.

그곳에는 콩밭이 있었다. 그는 콩을 짓밟지 않으려고
아크라가스군의 병사들에게 붙잡혀 삼거리에서 살해된 것이다.

그는 제60회 올림픽대회기(BC 540~537년) 무렵이 한창때였다. 그의 교단은
9세대, 또는 10세대 후까지 존속했다.

(46) 그것은 피타고라스파 최후의 사람들과는—아리스토크세누스도 그 사
람들을 직접 알고 있었는데—트라키아의 칼키디케 출신인 크세노피로스, 플
레이우스인 판톤, 그리고 에케크라테스, 디오클레스, 포륨나스토스—이 사람
들도 플레이우스 출신자로서—그와 같은 사람들의 일이기 때문이다. 그리고
이 사람들은 탈라스 출신인 필롤라오스와 에우리토스의 제자였던 것이다.

한편 피타고라스란 이름을 가진 사람은 같은 시기에 연대적으로도 서로 그
다지 떨어져 있지 않은 네 사람이 있었다. 그 한 사람은 크로톤 사람이고 참주
적인 성격의 사내. 다음은 플레이우스 사람으로 체육교사로서 사람들의 말에
따르면 올리브를 칠하는 사람(트레이너)이었다. 세 번째 사람은 자킨토스 사람.
네 번째 사람은 우리가 지금 다루고 있는 바로 그 사람이고, 이 사람은 철학의
같은 뜻을 터득해 이를 사람들에게 가르쳤다고 알려져 있다. 또 '그 사람 자신
이 말한'(아우토스 에파)이라는 어구도 이 사람에 대한 것이고, 이 어구는 일상
생활 가운데서 격언처럼 되기도 한 것이다.

(47) 그러나 어떤 사람들은 위에 열거한 사람들 이외에도 피타고라스란 이름
을 지닌 사람이 있었다고 말하고, 그 가운데 한 사람이 레기온의 조각가로서
리듬과 시메트리(대칭)의 법칙을 최초로 발견한 사람으로 여겨지고 있다. 다른
한 사람은 사모스섬의 조각가. 다른 한 사람은 악덕변론가. 또 한 사람은 의사
로서 해총(海葱 ; 실라)*⁴⁶에 관한 책을 저술, 또 호메로스에 관한 몇 개의 주
석을 쓴 사람이다. 또 한 사람은 디오니소스*⁴⁷가 전하고 있는 것처럼 도리아
인의 사적을 기록한 사람이다. 그러나 에라토스테네스가 말하고 있는 바에 따
르면—그리고 그것에 의거해서 파보리누스도 〈역사연구 잡록집〉 제8권 가운
데서 증거로서 거론하고 있는데—그 마지막에 든 사람은 제48회 올림픽대회

---

*46 '해총'은 그 뿌리를 잘라 말려서 담을 제거하는 데 사용한 약초.
*47 디오니시오스란 사람은 이 책 가운데 전거로서 수많은 같은 이름의 인물을 거론하고 있는
데, 이곳의 디오니시오스가 어떤 사람이었는지는 알려지지 않았다.

(BC 588년)에 기술훈련을 쌓은 최초의 권투선수로서 긴 머리를 늘어뜨린 채 짙은 홍색 망토를 걸치고 등장했다. 그리고 이 사람은 소년조 시합에서 제외되자 곧바로 성인조 시합에 참가해 승리를 거두었다고 한다.

(48) 그리고 테아이테토스*⁴⁸ 작의 다음의 에피그램(短詩)도 그것을 명확히 하고 있다.

> 피타고라스라고 하는 사람, 그 유명한 사모스섬 출신의 권투가로서
> 긴 머리의 피타고라스를, 손님이여, 만일 당신이 기억하고 계시다면,
> 내가 그 피타고라스요. 내 위업이 어떤 것인가를 엘리스 사람 누군가에게 물으신다면,
> 그 사람의 말은 믿을 수 없다고 당신은 감히 말할 수 있을까.

우리가 거론하고 있는 피타고라스는 수학의 대상(對象) 전반에 걸쳐서 정의 (定義)를 사용했다고 파보리누스는 말하고 있다. 그리고 소크라테스와 그 추종자들은 그 방법을 (다른 분야에도) 넓혀 사용했고, 또 그 뒤에는 아리스토텔레스나 스토아파 사람들도 그렇게 했다는 것이다.

그리고 하늘을 '코스모스'(질서)로 이름짓고 둥글다고 말한 최초의 사람은 피타고라스였던 것으로 알려져 있다. 그러나 테오프라스토스에 의하면 그것은 파르메니데스였던 것으로 되어 있고, 제논에 의하면 그것은 헤시오도스였던 것으로 되어 있다.

(49) 또 피타고라스는 키론과 적대하고 있었는데 그것은 소크라테스가 안틸로코스와 적대하고 있었던 것과 비슷한 것으로 알려져 있다.*⁴⁹ 그런데 앞의 경기(권투)선수인 피타고라스에 대해서는 이런 이야기도 전해지고 있는 것이다. 이자는 아직 성년에 이르지 않았을 때에 소년들과 권투경기를 하기 위해 올림피아로 간 것이다. 사모스 사람으로서 크라테오스의 아들인 피타고라스는.

한편, 우리의 철학자는 다음과 같은 편지도 쓰고 있었다.

---

*48 에피그램(풍자시) 시인. 제4권 25절에도 이름이 나와 있다.
*49 제2권 46절 참조.

아낙시메네스에게
피타고라스

'귀하로서도 만일 태생이나 명성에서 이 피타고라스보다 조금도 뛰어나지 않으셨다면 나라를 뒤로 하고 밀레토스에서 떠나셨을 것입니다. 그러나 실제로는 선조로부터 물려받은 훌륭한 명성이 귀하를 만류하고 있는 것입니다. 그리고 만일 제가 아낙시메네스 님과 같은 상황에 있었다면 저도 똑같이 만류되었을 것입니다. 그러나 가장 우수한 귀하와 같은 분들이 국가를 버린다면 국가는 질서를 잃게 되고 메디아인들로부터의 위협은 더욱더 증대할 것입니다.'

(50) '게다가 또, 천공(天空)에 대해서 논하는 것은 언제나 좋은 일일 수는 없습니다. 오히려 조국을 위해 도움이 되는 자 쪽이 더욱 훌륭한 일인 것입니다. 그래서 저 또한 자신의 강의에만 매달려 있지 않고 이탈리아인들이 서로 다투는 전쟁에도 관여하고 있는 것입니다.'

위의 것으로 피타고라스에 대해서는 상세히 써왔으므로 우리는 다음으로 피타고라스파 가운데 이름 있는 사람들에 대해서 이야기하려고 한다. 그리고 그 사람들 뒤에 '스포라덴'(특정 학파에 소속해 있지 않은 개개의)으로 지목되고 있는 몇몇 철학자들[*50]을 다루기로 한다. 그다음으로는 전에도 말한 방법에 따라서[*51] 말할 만한 가치가 있는 철학자들의 계보를 에피쿠로스까지 더듬기로 한다.

한편(피타고라스파인) 테아노와 텔라우게스에 대해서 우리는 충분히 써왔다. 그래서 지금은 피타고라스의 제자였던 엠페도클레스에 대해서 가장 먼저 이야기하려고 한다.

---

*50 제9권 제1장과 제2장에서 다루고 있는 헤라클레이토스를 가리킨다. 이 '스포라덴'이란 말은 제8권의 끝 및 제9권 20절 끝에도 사용되고 있다.
*51 제1권 15절 참조.

2 엠페도클레스

(51) 엠페도클레스는 히포보토스에 의하면 (조부) 엠페도클레스의 아들인 메톤의 아들이고 아크라가스 사람이었다. 그리고 이와 똑같은 것을 티마이오스도 〈역사(시칠리아사)〉 제15권 가운데서 말하고 있고, 그것에 덧붙여서 이 시인의 조부인 엠페도클레스는 저명한 사람이었다고 쓰고 있다. 뿐만 아니라 헤르미포스도 그와 똑같은 말을 하고 있다. 마찬가지로 헤라클레이데스도 〈질환에 대해서〉 가운데서 그(엠페도클레스)는 영예로운 가문 출신이고 그의 조부는(경주용) 말을 기르고 있었다고 쓰고 있다. 그리고 에라토스테네스도 〈올림픽대회 승리자(명부)〉 가운데서 아리스토텔레스를 증인으로 내세우면서*52 메톤의 아버지는 제71회 올림픽대회(BC 496년)에서 (기마경주에서) 우승했다고 기록하고 있다.

(52) 또 문헌학자인 아폴로도로스는 〈연대기〉 가운데서

그는 메톤의 아들이었다. 그리고 글라우코스*53의 말에 따르면,
그는 때마침 그 무렵*54 갓 건설된 투리오이시로 갔었다는 것이다.

라고 쓰고 계속해서

그러나 어떤 사람들은 그가 고국에서 쫓겨난 뒤 시라쿠사로 가 그 군에 투신하고,

*52 단편, 71(로제 엮음, 제3판)(로스 엮음, 위의 책, p. 68).
*53 레기온 출신으로 BC 400년 무렵에 활동한 사람. 고대의 시와 음악에 관한 저작이 있다. 호메로스의 해석자로서도 알려져 있다.
*54 투리오이 도시의 건설은 BC 445/4년의 일.

그들과 함께 아테네군과 싸웠다고 기록하고 있는데,
그 기록은 적어도 나에게는 완전히 잘못된 것으로 생각된다.
왜냐하면 그는 그때 이미 살아 있지 않았거나 또는,
있을 법한 일도 아닌데 이미 고령이었거나 어느 한쪽이기 때문이다.

라고 말하고 있다.—사실 아리스토텔레스도, 그리고 헤라클레이데스도 그는
60세에 사망했다고 말하고 있기 때문이다—한편, 제71회 올림픽대회에서

기마로 우승했고 이 사람과 같은 이름인 그의 조부

라는 것이다. 따라서 아폴로도로스는 (조부의 일만이 아니고) 이 사람의 연대
까지도 함께 표시하고 있는 것이다.

(53) 그러나 다른 한편, 사티로스는 〈철학자전〉 가운데서 엠페도클레스는
엑사이네토스의 아들이며 그 자신도 엑사이네토스란 이름의 아들을 남겼다
고 말하고 있다. 더욱이 앞서 쓴 것과 똑같은 올림픽대회에서 그는 기마경주
에 우승했는데 그의 아들은 레슬링경기에서—또 헤라클레이데스가 〈사티로
스의 '철학자전'적요〉 가운데서 쓰고 있는 바에 따르면 도보경주에서—우승
한 것으로 하고 있다. 그러나 내가 파보리누스의 〈각서〉 가운데서 발견한 것은
다음의 기록이다. 즉 엠페도클레스는 제사(祭使)들에게 벌꿀과 보리가루로 만
들어진 공물(供物)인 수소(雄牛)까지도 내놓았다는 것과 그에게는 칼리크라티
데스라는 이름의 형제가 있었다는 것이다. 그런데 피타고라스의 아들인 텔라
우게스는 필롤라오스에게 보낸 편지 가운데서 엠페도클레스는 알키노모스의
아들이라고 말하고 있다,

(54) 그러나 그가 시칠리아의 아크라가스 출신이었던 것은 그 자신이 〈정화
(淨化)〉의 첫머리에서

친애하는 분들이여, 황금색을 이루는 아크라가스의,
도시 높은 곳에 위치하는 큰 시에 사는 사람들이여*[55]

---

*[55] 단편, 112(딜스-크란츠 엮음).

라고 말하고 있는 것으로도 알 수 있는 것이다.—그의 출신에 대해서는 위의 것으로 그쳐둔다.

한편, 티마이오스는《〈역사〉》제9권 가운데서 그는 피타고라스의 제자였다고 쓰고 있는데, 그는 그 무렵 플라톤도 (뒤에) 그렇게 한 것으로 되어 있는 것처럼, 피타고라스의 교의를 표절한 것으로 선고되어 스승의 강의에 참가하는 것이 금지되었다고 말하고 있다. 또 엠페도클레스 자신도 다음과 같이 피타고라스를 말하고 있는 것이라고 쓰고 있다.

> 그 사람들 가운데에는 남다른 지식을 지닌 한 사내가 있었다.
> 그 사람이야말로 정신적으로 가장 큰 부를 획득하고 있었던 것이다*56

라고. 다만, 이 시구에 말하고 있는 것은 파르메니데스의 일이라고 말하는 사람들도 있다.

(55) 또 네안테스가 쓰고 있는 바에 따르면 필롤라오스나 엠페도클레스 무렵까지는 피타고라스의 사람들이 누구나 스승의 강의에 참가할 수 있었는데, 엠페도클레스가 자작시로 강의내용을 세간에 공표했기 때문에 그 뒤에는 어느 시인도 강의에 참가하는 것을 허용하지 않는다는 규칙을 그들은 정했다는 것이다. 〔그리고 그것과 똑같은 일이 플라톤의 신상에도 생겼다고 네안테스는 말하고 있다. 그것은 플라톤도 그 가르침에 참여하는 것이 금지되었기 때문이라는 것이다.〕*57 그러나 엠페도클레스가 피타고라스파 사람들 가운데 누구의 제자였느냐 하는 점에 대해서는 네안테스는 말하지 않고 있다. 그것은(피타고라스의 아들) 텔라우게스의 것으로서 유포하고 있는 편지 가운데에 언급이 되고 있다는 것, 즉 그가 히파소스와 브론티노스 양쪽에서 가르침을 받았다는 기록을 네안테스는 신뢰할 만한 것으로 생각하고 있었기 때문이다.

다른 한편, 테오프라스토스에 의하면 그는 파르메니데스의 열렬한 신봉자로서 시 가운데서 그 사람을 모방했다고 한다. 왜냐하면 파르메니데스도 〈자연에 대해서〉란 논설을 서사시의 형태로 세상에 공표하고 있었기 때문이라는

---

*56 단편, 129(딜스–크란츠 엮음).
*57 〔 〕안의 문장은 원본이건 힉스의 교본이건 그대로인데, 아페르트의 역문에서는 ( )안에
　　들어 있다.

것이다.

(56) 그러나 헤르미포스에 의하면 그가 신봉하고 있었던 것은 파르메니데스가 아니라 오히려 크세노파네스 쪽이며, 그와 함께 세월을 보내고 있었다. 또 그 사람의 작시법을 모방하고 있었으며, 피타고라스파 사람들을 만난 것은 그 뒤의 일이라고 한다. 하지만 알키다마스*58는 〈자연학〉 가운데서 제논과 엠페도클레스와는 같은 시기에 파르메니데스의 제자였는데, 그 뒤 그들은 파르메니데스의 곁을 떠나고 제논 쪽은 자기 방식대로 철학을 했다. 그런데 엠페도클레스는 아낙사고라스와 피타고라스의 제자로서 머문 것이라고 말하고 있다. 그리고 엠페도클레스는 후자(피타고라스)에 대해서 그 사람의 삶의 방식이나 태도에서 볼 수 있는 위엄을, 또 전자(아낙사고라스)에 대해서는 그 사람의 자연 연구를 열심히 모방하려 했다고 말하고 있다.

(57) 한편 아리스토텔레스는 〈소피스트〉 가운데서*59 엠페도클레스는 변론술의, 그리고 제논은 문답법의 최초 발견자라고 말하고 있다. 또 〈시인(작가)들에 대해서〉 가운데서*60 아리스토텔레스는, 엠페도클레스가 호메로스풍의 시인으로 표현이 교묘하고 비유가 풍부하며 그밖에도 시적인 효과를 올리기 위해 여러 가지 연구를 시도하고 있었다고 말하고 있다. 또한 그는 그 밖에도 여러 가지 시를 썼고 특히 (페르시아 왕) 크세르크세스의 그리스 침공을 소재로 한 시와, 아폴론 찬가도 썼는데 이들 두 작품은 뒤에 그의 자매 한 사람이—또는 히에로니무스에 의하면 그의 딸이—불태워 버리고 만 것으로 되어 있다. 즉 찬가 쪽은 본의 아니게 태운 것인데 페르시아 전쟁에 관한 것은 미완성이었기 때문에 고의로 태운 것이라고 한다.

(58) 그러나 엠페도클레스는 비극의 작품도, 정치논설도 썼다고 아리스토텔레스는 (그 책 가운데서) 총괄적으로 쓰고 있다. 이에 대해서 세라피온의 아들 헤라클레이데스는 비극의 작품은 남의 것이라고 말하고 있다. 그러나 히에로니무스는 그의 43편의 비극작품을 자기는 보았다고 주장하고 있다, 다른 한편, 네안테스는 엠페도클레스가 비극작품을 쓴 것은 젊었을 때이며 그런 작품 가

---

*58 BC 4세기의 변론가이며 소피스트. 고르기아스의 제자. 이소크라테스와 같은 시대의 사람으로서 그 대항자.

*59 단편, 65(로제 엮음, 제3판)(로스 엮음, 위의 책, p. 15).

*60 단편, 70(로제 엮음)(로스 엮음, 위의 책, pp. 67~68).

운데서 자기가 본 것은 7편에 지나지 않는다고 말하고 있다.

그런데 사티로스가 〈철학자전〉 가운데서 말하고 있는 바에 따르면 그는 의사이자 매우 뛰어난 변론가였다. 사실 레온티노이 사람 고르기아스는 그의 제자였는데 이 사람은 변론술에서 뛰어난 사람이었고 〈변론술 교정〉이란 책을 후세에 남긴 사람이다. 또한 이 고르기아스에 대해서 아폴로도로스는 〈연대기〉 가운데서 그가 109세까지 살았다고 말하고 있다.

(59) 고르기아스는 사티로스에 의하면 엠페도클레스가 마술을 행하고 있는 곳에 자기 자신도 함께 있었다고 한다. 그뿐만이 아니라 엠페도클레스 자신이 자작시 가운데서 마술에도, 그 밖에 더 많은 사항에도 자기는 정통하고 있다고 공언했다고 한다. 그는 자기의 시 가운데서 다음과 같이 말하고 있다.

그리고 그대는 여러 가지 재앙(질환)이나 노화를 막아줄 온갖 약을 배울 것이다.
나는 그대에게만 이런 모든 것을 성취해줄 것이므로.
그대는 대지 위에 갑자기 휘몰아쳐서 논밭을 황폐하게 하는,
지칠 줄 모르는 바람의 힘을 진정시킬 것이다.
만일 원한다면 그대는 미풍을 대신 보내줄 것이다.
그대는 또 인간들을 위해 긴 장마를 대신해 시기에 적절한 가뭄을 가져올 것이며,
여름의 가뭄을 대신해 하늘에서 흘러내려 나무를 키우는 물의 흐름을 가져올 것이다.
그대는 하데스(저승)에서 죽은 사람의 힘을 되찾아줄 것이다.[61]

(60) 또 티마이오스도(《역사》) 제18권[62] 가운데서 말하고 있는 것처럼 이 사람(엠페도클레스)은 여러 가지 면에서 놀랄 만했다. 예를 들면 어느 때 계절풍이 심하게 불어 곡물에 피해가 생겼을 때에 그는 당나귀의 가죽을 벗겨서 몇 개의 자루를 만들도록 명했다. 그리고 그 자루가 바람을 잡는다고 하면서 그

---

*61 단편, 111(딜스–크란츠 엮음).
*62 벨로흐에 따르면 이것은 18권이 아니고 제12권이어야만 한다고 힉스는 주기(註記)하고 있다. 아페르트도 같은 의견. 아래 66절 참조.

는 언덕 위나 산의 정상에 이 자루를 둘러친 것이다. 그렇게 하자 바람이 잦아들어 그는 '바람을 막는 사내'로 불리게 되었다는 것이다.

또 헤라클레이데스가 〈질환에 내해서〉 가운데서 쓰고 있는 바에 따르면 그는 기절한 여자에 대한 처치를 (제자인) 파우사니아스에게 가르쳐 주었다는 것이다. 이 파우사니아스는 아리스티포스와 사티로스에 의하면 그의 애인이기도 했던 사람으로서 그의 〈자연에 대해서〉란 시도 바로 그 사람에 대해서 다음과 같이 호소하면서 씌었다는 것이다. 즉

(61) 파우사니아스여, 그대는 들어라, 사려 깊은 안키토스의 아들이여*63

라고. 뿐만 아니라 그는 이 파우사니아스에 대해서는 더욱 다음과 같은 에피그램도 지은 것이다.

의사의 호칭을 지닌 파우사니아스, 안키토스의 아들로서,
(의신) 아스클레피오스의 후예인 이 사람을 키운 것은 조국 게라의 시.
이 사람은 병고 때문에 애처롭게 여위어가는 수많은 자들을,
페르세포네의 깊숙한 거처에서 되돌아가게 한 것이다.*64

그것은 헤라클레이데스가 기절한 여인에 대해서 무언가 일이 발생했다고 보고하고 있는 것이다. 즉 그 여인은 호흡도 하지 않고 맥도 멈추고 있었는데, 그(엠페도클레스)는 그 몸을 30일간 유지해준 것이다. 그렇기 때문에 헤라클레이데스는, 그는 의사일 뿐만 아니라 점쟁이이기도 하다고 말한 것인데, 그때 동시에(엠페도클레스)의 다음의 시구에서도 그 증거를 끌어내고 있는 것이다.

(62) 친애하는 분들이여, 황금빛 아크라가스의,
수도의 높은 곳에 살며 좋은 일에 부지런한 사람들이여,
나는 이제 죽어야할 자로서가 아니라 불사의 신으로서,

---

*63 단편, 1(딜스-크란츠 엮음).
*64 단편, 156(딜스-크란츠 엮음). 단, 딜스는 이 단편을 거짓이라고 말하고 있다.

당신들 사이를 걷고 있소, 나에게 걸맞게 모든 사람들로부터 존경을 받으면서,

머리에는 리본을 감고, 화려한 꽃관을 쓰고,

이들 사내들과 여자들을 이끌고 내가 번영하는 시들에 이를 때,

나는 공경을 받고 있는 것이다. 몇 만인지 헤아릴 수 없는 사람들이,

내 뒤를 따르면서 이득을 얻는 길이 어딘지를 묻고 있고,

또 어떤 자들은 점술을 원하고 있는데 다른 자들은,

병고에 시달리는 탓에 이를 치유해줄 말을 들으려고 하는 것이다.*65

(63) 그런데 티마이오스에 의하면 아크라가스는 80만 명의 인간이 살고 있었기 때문에 대도시라고 엠페도클레스는 말했다. 그러나 대도시임으로 인해서 아크라가스의 주민은 사치스런 생활을 하고 있었기 때문에 엠페도클레스는 계속해서 다음과 같이 말한 것이다. '아크라가스의 사람들은 마치 내일이라도 죽을 것처럼 사치스런 삶을 살고 있는데, 주거 쪽은 영원히 살 것처럼 집을 짓고 있다'라고.

또 음유시인인 클레오메네스는 (엠페도클레스의) 〈정화(淨化)〉라는 시를 올림피아에서 음송(吟誦)했다고 하는데, 이것은 파보리누스도 〈각서〉 가운데서 쓰고 있다. 아리스토텔레스도 다음과 같이 말하고 있다.*66 즉 그는 자유인이고 어떤 권력과도 무관한 사람이었는데 이것은 크산토스가 엠페도클레스에 관한 책 가운데서 말하고 있는 것처럼, 그가 만일 자신에게 제공된 왕의 자리를 거절한 것이 사실이라면 그는 명백히 검소한 생활을 택한 것이다.

(64) 그리고 이와 똑같은 것을 티마이오스도 말하고 있으며 동시에 이 사람(엠페도클레스)이 민주적인 인간이었던 것의 이유도 들고 있다. 즉 티마이오스에 의하면 그는 관리들 가운데 한 사람으로 식사에 초대된 것인데 연회가 진행된 뒤에도 음료(포도주)가 식탁에 나오지 않자 다른 사람들은 말없이 있었는데, 그는 불쾌한 표정으로 술을 내오라고 명했다. 그러나 초대한 사람은 평의회에서 일하는 관리가 오길 기다리고 있는 것이라고 대답했다. 한편, 그 사

---

*65 단편, 112(딜스-크란츠 엮음). 위 54절에도 최초의 1행 반이 이미 인용되고 있었다. 한편 여기에서는 단편의 5행째와 마지막행이 생략되어 있다.

*66 단편, 66(로제 엮음, 제3판) (로스 엮음, 위의 책, p. 15).

내가 오자 그 사내가 향연의 주인공이 된 것인데 이것은 명백히 초대한 사람이 지시한 일이었다. 그러자 그 사내는 순식간에 독재자의 행동을 보이기 시작한 것이다. 그는 자리에 있는 사람들을 향해 술을 마시든가 그렇지 않으면 머리에 술을 붓도록 명령했기 때문이다. 그때 엠페도클레스는 말없이 있었는데, 그 이튿날 그는 초대한 사람과 향연의 주인공을 법정에 고발해 그들 두 사람에게 유죄선고를 내려 사형에 처한 것이다. 이렇게 해서 이것이 그의 정치활동의 출발점이 된 것이다.

(65) 또 다른 때의 일인데 의사인 아크론이 자신이 의사들 가운데서도 최고라는 이유로 가문 대대의 묘비를 세우기 위한 장소를 평의회에 요구했을 때에 엠페도클레스는 앞으로 나아가 그 제의를 물리친 것이다. 그때에 그는 그 밖에도 여러 가지로 공평한 것에 관해서 논했는데 특히 다음과 같이 아크론에게 물은 것이다. '그러나 그 묘비 위에 우리는 도대체 어떤 문구를 새기면 좋을까. 이런 문구는 어떨까.

아크라가스의 최고(아크로스) 의사. 아크로스의 아들인 아크론이 묻힐 곳은,
최고로 영예로운(아크로타테) 조국의 최고로 험한(아크로스) 바위산 밑이다*67

라고나 새길까.' 그러나 사람들은 지금의 시구 제2행째는 다음과 같은 것이었다고 전하고 있다.

가장 높은 산꼭대기의 가장(평판) 높은 묘가 차지하고 있는 곳.

단, 이 시구는 시모니데스의 것이라고 말하는 사람들도 있다.
(66) 그런데 그 뒤, 엠페도클레스는 설립된 지 3년 밖에 지나지 않은 '천인회의'까지도 해산시킨 것이다. 그렇기 때문에 그는 부유계급에 속하는 사람이었을 뿐만 아니라 민중의 일을 배려하는 사람들 가운데 한 사람이었던 것이다.

―――――――――
*67 단편, 157(딜스-크란츠 엮음). 단 이것도 딜스는 거짓이라고 말하고 있다.

사실 티마이오스는 《역사》 제11권과 제12권*68 가운데서―그것은 그가 그 책 가운데서 때때로 엠페도클레스에 말하고 있기 때문인데―엠페도클레스는 정치활동의 장(場)과 시(詩) 가운데 서로 다른 내용이 담겨 있었다고 말하고 있다. 즉 그는 정치활동의 장에서는 적절함을 유지해 공정하다는 평가를 받고 있었는데, 시 가운데에서는 오만하고 자만심이 강한 인간으로 생각되고 있었기 때문이라는 것이다.*69 아무튼(시 가운데에서는) 그는 다음과 같이 말하고 있다.

......나는 이제 죽어야할 자로서가 아니라 죽지 않는 신으로서 당신들 사이를 걷고 있는 것이다*70

또 그는 올림피아에 머물고 있었을 때에 자기에게 많은 관심을 기울이도록 요구했기 때문에, 동료들의 모임 가운데에서는 엠페도클레스만큼 화제에 오른 인간은 달리 없었던 것이다.

(67) 그러나 그 뒤, 아크라가스 시민이 (그를 추방한 것을 후회해) 그에게 동정을 표시했을 때에 그에게 적대했던 사람들의 자손은 그의 귀국에 반대했다. 그렇기 때문에 그는 펠로폰네소스로 물러가 그곳에서 죽었다. 그런데 티몬은 이 사람까지도 결코 지나쳐 버리지 않고 다음과 같이 말해 그에게 독설을 퍼붓고 있다.

또 엠페도클레스도 평범하기 이를 데 없는 시를 큰 소리로 외치던 사내.
그는 (만유의 원리가 되는) 힘이 있는 동안은 그 모든 것을 거론했는데,
그가 정한 원리에는 (그런 것을 뒷받침할) 다른 원리가 필요했던 것이다.

한편, 그의 죽음에 대해서는 여러 가지 설이 있다. 즉 (폰토스의) 헤라클레이데스는 기절한 여인에 관한 이야기 가운데서 엠페도클레스가 죽은 것으로 여

---

*68 단, 원본에서는 사본대로 제1권과 제2권으로 되어 있다. 그러나 벨로호나 딜스는 제11권과 제12권 쪽을 좋게 평가하고 있다.
*69 이 부분의 읽기는 딜스의 제안을 채용한 원본대로 읽어둔다.
*70 단편, 112의 4행째. 위 62절에도 인용되고 있었던 것.

겨지고 있었던 여인을 되살아나게 해 돌려보내주었기 때문에, 어떤 소문이 돌았는지를 상세히 말한 뒤 다음과 같이 쓰고 있기 때문이다. 즉 그는 페이시아낙스 소유의 밭 가까이에서 다른 사람들과 함께 희생식을 행하고 있었다. 그리고 그 희생식에는 그의 벗들 가운데 몇 사람이 초대되었고 그 가운데에는(제자인) 파우사니아스도 있었다.

(68) 그 뒤 축하연이 끝나자 다른 사람들은 뿔뿔이 흩어지고, 어떤 자들은 그 밭 곁에 있었던 나무 밑에서 쉬고 있었으며, 어떤 자들은 제각기 나름대로 장소를 잡아 휴식을 하고 있었는데 엠페도클레스 자신은 그 (연회) 장소에 머물며 그곳에서 누워 있었다. 그러나 날이 밝아 모두가 일어났을 때에는 그의 모습만이 보이지 않았다. 그래서 그를 찾으려고 하인들에게 물어보았는데 아무도 모른다는 대답이었다. 그런 가운데 한 하인이 자기는 한밤중에 이상하게 큰 목소리가 엠페도클레스에게 말을 거는 것을 듣고 일어나보니 하늘에서 빛이 비치고 등불이 빛나고 있는 것이 보였는데, 그 밖에는 아무것도 없었다고 대답했다. 거기에서 그 이야기를 들은 사람들은 그 사건에 어리둥절했는데 파우사니아스는 내려와 그를 찾기 위해 몇 사람을 내보냈다. 그러나 그 뒤에 파우사니아스는 엠페도클레스의 신상에는 그 사람이 소원한 대로의 일이 일어난 것이고 이제 그분은 신이 된 것이라고 여겨, 그 분에게 희생을 바치는 것이 우리가 해야 할 도리라고 말하고 이제 더 이상 불필요한 탐색은 하지 않도록 명했다는 것이다.

(69) 그러나 헤르미포스에 의하면 엠페도클레스는 의사들로부터 버림을 받은 아크라가스의 판티아라는 여인을 치료해주었으며, 그 때문에 그는 희생식을 행한 것인데 그 식에 초대된 사람들의 수는 대략 80명이었다는 것이다.

또 히포보토스에 의하면 엠페도클레스는 일어나서 에트나(화산)를 향해 떠났고 분화구가 있는 곳까지 이르자 그 속에 뛰어들어 모습을 감추었다. 그것은 신이 되었다는 자신에 대한 소문을 확실하게 하기 위한 소망이었다고 말한다. 그러나 나중에 사건의 진실은 알려지게 되었다. 그것은 그가 신고 있었던 신발 한쪽이 불길에 뿜어져 올라왔기 때문인데, 그것은 그가 버릇처럼 청동으로 만든 신을 신고 있었기 때문이라는 것이다.—하지만 이 이야기에 대해서 (헤라클레이데스에 의하면) 파우사니아스는 이의를 제기했다는 것이다.

(70) 그런데 에페소스의 디오도로스는 아낙시만드로스에 관한 저술 가운데

서 엠페도클레스는 비극조의 과장된 언사를 농하거나 위엄에 넘치는 옷을 걸치거나 해 아낙시만드로스와 맞서고 있었다고 말하고 있다. 또 세리노스인들이 근처의 강에서 뿜어내는 악취로 전염병에 걸리고 그 때문에 도시의 주민 자신도 목숨을 잃고 여자들도 난산으로 괴로움을 당하고 있을 때, 엠페도클레스는 사재를 털어 근처의 두 강을 그 강으로 흘러들게 하는 것을 생각해냈다. 그리고 강의 흐름을 합류시킴으로써 그는 물의 흐름으로 악취를 제거한 것이다. 결국 이렇게 해서 전염병은 사라졌기 때문에 어느 때 세리노스 시민들이 그 강가에서 축하연을 벌이고 있자 그곳에 엠페도클레스가 모습을 드러냈다. 거기에서 사람들은 모두 일어나 그의 앞에 무릎을 꿇고 마치 신이라도 대하듯이 그에게 기도를 바쳤다. 그래서 그는 사람들이 그에 대해서 품은 이 사고를 확실하게 하기 위해 분화구 속에 뛰어든 것이다(라고, 디오도로스는 말하는 것이다).

(71) 그러나 티마이오스는 위와 같은 이야기에 반론을 제기하고 엠페도클레스는 (시칠리아를 떠나) 펠로폰네소스의 땅으로 가서 두 번 다시 귀국하지 않았다고 확언하고 있다. 그렇기 때문에 그는 엠페도클레스의 최후의 모습을 확실하게 알 수 없다고 말하는 것이다. 또 헤라클레이데스에 대해서 그는(《역사》 제14권*[71] 가운데서 그 사람의 이름도 거론하면서 이에 반대의견을 말하고 있다. 즉 그의 말에 따르면 페이시아낙스는 시라쿠사 시민이며 아크라가스 영내에 밭을 소유하고 있지 않았다는 것이다. 또 앞서 말한(67~68절) 것과 같은 이야기가 일반적으로 알려져 있었다면 (제자인) 파우사니아스는 이 친한 사람(엠페도클레스)을 위해 무언가 작은 입상이나 또는 사당이라도 그 사람을 기념하기 위한 것으로 건립하고 있었을 것이다, 라고 티마이오스는 말하는 것이다. 아무튼 파우사니아스는 그렇게 하기에 충분할 정도로 유복한 사람이었기 때문이다.

'그렇다면 도대체 왜'—이렇게 티마이오스는 말을 계속하고 있다—'그는 분화구에 몸을 던지는 행동을 서슴지 않았을까. 그 분화구는 가까운 곳에 있었는데 그는 그것에 대해 한 번도 말한 적이 없었다. 그렇기 때문에 그는 펠로폰네소스의 땅에서 죽은 것이 틀림없는 것이다'라고.

---

*[71] 원본에서는 사본대로 제4권으로 되어 있는데 딜스(및 야코비)에 따라서 제14권으로 해둔다.

(72) '또 그의 무덤이 발견되지 않는 것도 조금도 의외의 일은 아니다. 다른 많은 사람들의 무덤도 똑같이 발견되지 않고 있기 때문이다' 티마이오스는 대략 위와 같이 말한 다음에 '그러나 헤라클레이데스란 사람은 어느 경우에도 그와 같은 기상천외한 이야기를 들려주는 사내인 것이다. 이를테면 인간은 달에서(지상에) 떨어진 것이다, 라는 식의 이야기도 하고 있다'라고 덧붙여 썼다.

한편 히포보토스는 얼굴에 가리개를 한 엠페도클레스의 상이 전에는 아크라가스에 놓여져 있었는데, 나중에는 로마의 원로원 앞에 가리개를 없앤 상이 놓여져 있었다—이것은 명백히 로마인이 그곳으로 옮긴 것인데—고 쓰고 있다. 사실, 글자가 새겨진 그의 몇 개의 조각상이 오늘날에도 전해지고 있는 것이다.

또 시지쿠스의 네안테스는—이 사람은 피타고라스파의 사람들에 대해서도 말하고 있는데—다음과 같이 말하고 있다. 즉 메톤의 사후 (아크라가스에는) 참주제의 싹이 트기 시작했으므로 거기에서 엠페도클레스는 아크라가스의 시민들에게 내부항쟁을 중단하고 시민의 정치적 평등을 도모하도록 설득한 것이다.

(73) 또 그에게는 재산이 있었기 때문에 혼인자금이 없는 도시의 많은 처녀에게 결혼자금을 보태주었다고도 네안테스는 말하고 있다. 파보리누스가 〈각서〉 가운데 쓰고 있는 것처럼 그가 짙은 홍색 옷을 걸치고 허리에는 황금벨트를 두르고 있었던 것도 그와 같은 재산이 있었기 때문이라는 것이다. 그는 또 청동으로 만든 신을 신고 델포이식의 (월계수) 관을 쓰고 있었다. 그의 머리는 푸석푸석해 보였고 그의 뒤에는 아이들이 따르고 있었다. 또 그 자신은 언제나 근엄하고 그 표정을 조금이라도 바꾸는 일이 없었다. 이와 같은 모습으로 그는 사람들 앞을 걷고 있었는데 시민들은 그를 만나면 그 모습 속에 이른바 왕과도 같은 위엄을 인정한 것이었다.

그러나 뒤에 그는 어느 제례 모임에 참석하기 위해 마차를 타고 메세네로 가고 있을 때에 수레에서 떨어져 허벅지 뼈가 부러졌다. 그리고 그것이 질환이 되어 77세에 세상을 떠난 것으로 알려져 있다. 그리고 그의 무덤도 (시칠리아의) 메가라에 있다는 것이다.

(74) 그러나 그의 사망 연대에 관해서 아리스토텔레스는 이와 의견을 달리하고 있다. 즉 그는 60세에 죽은 것이라고 아리스토텔레스는 말하고 있기 때문

이다.*72 그러나 그가 109세에 죽었다고 말하는 사람들도 있다. 그는 제84회 올림픽대회기(BC 444~441년)에 성년이었다. 한편 트로이젠의 데메트리오스*73는 〈소피스트들을 반박한다〉라는 책 가운데서 호메로스에 따르면서*74 그에 대해 이렇게 말하고 있다.

그는 높은 층층나무에 밧줄을 묶어,
거기에 목을 맸다. 그렇게 그의 혼은 저승으로 내려간 것이다.

그러나 앞서 말한 (55절) 텔라우게스의 짧은 편지 가운데서는 그가 나이가 많다보니 발을 잘못 헛디뎌서 바다에 빠져죽은 것으로 쓰여 있다. 그의 죽음에 대해서는 위에서 말한 정도로 그쳐둔다.

그런데 나의 〈잡록집〉 가운데에는 그를 위해 만든 시도 있는데, 그것은 조롱삼아 한 것이고 그 내용은 아래와 같다.

(75) 그리고 엠페도클레스여,
어느 날 활활 타오르는 불길에 몸을 정화하고,
죽지 않는 크라테르(혼주기=분화구)에서 불을 다 삼킨 것이다.
하지만 나는 말하지 않겠다. 그대가 스스로 에트나 (불의) 흐름 속에 몸을 던졌다고는.
사람들이 눈치채지 않기를 바라면서 그대는 마지못해 그곳에 떨어진 것이다.

또 다른 하나의 시는,

---

*72 단편, 71(로제 엮음, 제3판) (로스 엮음, 위의 책, p. 68).
*73 문헌학자이었던 것으로 생각되는데 생애·연대 모두 미상. 〈소피스트들을 반박한다〉는 책은 일종의 문학사적인 저작이었던 것으로 되어 있다. 한편, 제5권 83~85절의 동명인 20명 가운데에도 이 사람은 들어 있지 않다.
*74 다음 시구의 1행째는 〈오디세이〉 제11권 278행으로부터의 인용. 하나의 말만 다르게 되어 있다. 한편 여기에서 말하는 '호메로스 작품'은 그리스 신화에 나오는, 이오카스테가 목을 매어 스스로 목숨을 끊은 이야기를 다룬 서사시로서, 여기에서는 분사의 형태가 여성형에서 남성형으로 바뀌어 있다.

확실히 엠페도클레스의 죽음은 어느 때 마차에서 떨어져,
오른쪽 허벅지 뼈가 부러진 데 따른 것이라고 한다.
하지만 만일 그가 불속으로 뛰어들어 생명의 근원을 마신 거라면,
이 사람의 묘를 지금도 메가라에서 볼 수 있다니 어찌된 일인가.

(76) 그런데 그의 학설은 다음과 같은 것이었다. 즉 (만물의) 구성요소는 네 가지, 불과 물과 흙, 그리고 공기이다. 그리고 그 밖에 그런 요소가 그로 말미암아 결합되는 '사랑'과 그로 말미암아 분리되는 '다툼'이 있다. 이에 대해서 그는 다음과 같이 말한다.

영광스러운 제우스와 삶을 가져오는 헤라, 그리고 아이도네우스.
그리고 그 눈물에 의해서 죽어야 하는 삶의 흐름을 윤택하게 해주는 네 스티스.*75

이 시구에서 제우스는 불을 말하는 것이며 헤라는 흙을 말하는 것이다. 또 아이도네우스란 공기, 그리고 네스티스는 물을 말하는 것이다.
'그리고 이것들은 끊임없이 교체됨으로써 결코 멈추는 일이 없다'*76라고 그는 말해 (우주의) 이와 같은 질서가 영원한 것으로 생각하고 있는 것이다. 그는 이 말에 계속해서 이렇게 말하고 있다.

어느 때에는 '사랑'에 의해서 모든 것은 함께 모여 하나가 되고,
어느 때에는 '다툼'이 지닌 증오에 의해서 뿔뿔이 흩어지면서.*77

(77) 또 그는 태양은 불이 거대하게 집적(集積)한 것으로 달보다 크다고 말한다. 그리고 달은 원반 모양이라고 한다. 또 하늘 그 자체는 수정과 같은 것이며, 혼은 동물이나 식물의 온갖 종류 속에 들어간다고 말한다. 그는 다음과 같이 말한다.

*75 단편, 6(딜스-크란츠 엮음).
*76 단편, 17의 6행째(딜스-크란츠 엮음).
*77 단편, 17의 7~8행째(딜스-크란츠 엮음).

왜냐하면 나는 이제까지, 젊은이도 소녀도,
관목에도, 새에도, 파도 속에 춤추는 말없는 물고기도 된 것이다.*78

한편, 그의 〈자연에 대해서〉와 〈정화〉라는 시는 (전체가) 5000행에 이르는 것이며 〈의술론〉은 600행에 이르는 것이다. 또 그의 비극 작품에 대해서는 앞서 (58절) 말한 대로이다.

---

*78 단편, 117(딜스-크란츠 엮음).

3 에피카르모스

(78) 에피카르모스는 헬로탈레스의 아들로서 이 사람도 피타고라스의 제자였다. 그는 태어난 지 3개월 뒤에 시칠리아의 메가라로 끌려갔다가 그곳에서 다시 시라쿠사로 끌려갔다. 이것은 그 자신도 책 가운데서 말하고 있는 것이다. 그리고 그의 조각상에는 다음과 같은 에피그램이 새겨져 있었다.

> 만일 강대한 태양이 다른 별들보다도 훨씬 빛난다면,
> 만일 바다가 다른 강들보다도 힘이 뛰어나다면,
> 그와 같은 정도로 에피카르모스는 지혜에서 다른 사람들보다 뛰어나다고 나는 말한다.

> 사람들의 이 조국이 관을 씌워준 그 사람은.
> 이 사람은 자연학이나 도덕, 의술에 대해서 논한 각서를 남기고 있다.*79

그리고 이런 각서 대부분에서 난외에 기입도 하고 있는데, 그런 기입에 의해서 이들 각서가 그 자신의 것임이 명확해진다. 그는 90세까지 살고 세상을 떠났다.

---

*79 여기에서 그의 희극작가로서의 면모는 무시되어 있다.

4 아르키타스

(79) 아르키타스는 탈라스 사람으로서 무네사고라스의 아들—그러나 아리스토크세누스에 의하면 헤스티아이오스의 아들—인데, 이 사람도 피타고라스파의 일원이었다. 플라톤이 디오니시오스왕(2세)에 의해서 살해될 뻔했을 때 왕에게 편지를 보내 플라톤을 구출한 것이 바로 이 사람이다. 그는 여러 분야에서 매우 뛰어났기 때문에 사람들로부터 경이로움의 대상이 되고 있었다. 그러므로 그는 시민들 가운데서 일곱 번이나 장군으로 선출되었다. 다른 사람들은 법률이 금하고 있었기에 1년 이상 장군직에 머물 수 없었던 것이다. 플라톤도 이 사람에게 두 통의 편지[*80]를 썼는데, 그것은 그가 그 이전에 플라톤 앞으로 다음과 같은 내용의 편지를 보냈기 때문이다.

플라톤 공의 건승을 기원하면서
아르키타스

(80) '귀하의 몸이 회복된 것은 다행한 일입니다. 그것은 귀하가 직접 편지에 쓰셨고 또 라미코스[*81] 가문의 사람들도 알려준 것이므로.

그런데 찾고 계신 각서(책)에 대해서는 유의하고 있었기 때문에 루카니아로 가, 오켈로스[*82]의 자손을 만날 수 있었습니다. 거기에서 〈법률에 대해서〉, 〈왕제(王制)에 대해서〉, 〈놀라운 신에 대해서〉, 〈우주만유의 생성에 대해서〉와 같은 책이 우리 손에 들어왔으므로 이런 것들을 귀하에게 보냈습니다. 그러나 그 이외의 것들은 현재 아직 발견하지 못하고 있습니다. 하지만

---

*80 플라톤의 〈편지들〉 가운데 아홉 번째 편지와 열두 번째 편지를 가리킨다.
*81 플라톤의 일곱 번째 편지(350B)에 언급되어 있는 아르키타스 동지의 한 사람.
*82 초기 피타고라스파의 한 사람으로 생각되는 인물.

발견되면 귀하에게 보내겠습니다.'

아르기다스는 위와 같이 써 보냈다. 이에 대해서 플라톤은 아래와 같이 답장을 보내고 있다.*83

아르키타스 공의 행복을 빌면서
플라톤

(81) '귀하로부터 보내온 책을 우리는 더 없이 기쁘게 받았습니다. 그리고 그 책의 지은이에게는 누구보다도 감복하고 있습니다. 나는 그 사람이야말로 그 옛날의 선조에게 부끄럽지 않은 분이라고 생각했습니다. 실제로 그 선조 분들은 미라*84 출신으로 알려져 있는데 이 사람들은 라오메돈*85의 시대에 트로이에서 이민한 사람들의 일부로서, 참으로 훌륭한 사람들이었던 것은 전승되고 있는 이야기가 명확히 해주고 있는 바입니다.

다른 한편, 내가 쓴 각서 쪽은—그 일로 편지를 받은 것인데—아직 충분하지는 않지만 있는 그대로의 상태로 귀하에게 보냈습니다. 그리고 그것의 보관에 관해서는 우리 두 사람이 동의하고 있는 일이므로, 구태여 충고를 드릴 필요는 없습니다. 부디 건강하시기를.'

그들이 주고받은 편지는 위와 같은 것이다.

(82) 그런데 아르키타스란 이름을 가진 사람은 네 사람이 있었다. 첫 번째는 지금 거론한 바로 그 사람. 두 번째는 미틸레네 사람으로 음악가. 세 번째는 〈농업에 대해서〉란 책의 지은이. 네 번째는 에피그램 시인. 한편, 일부에서는 제5로 건축가를 들고 있는데 〈기계에 대해서〉란 책이 그 사람의 것으로 전해지고 있다. 그리고 그 책은 '이하 말하는 것은 칼케돈 사람 테우크로스에게 들은 것인데'라는 말로 시작되고 있다. 또 음악가(인 아르키타스)에 대해서는 이

---

*83 다음의 편지는 플라톤의 열두 번째 편지를 가리킨다. 단, 이것은 고대에도 이미 위작(僞作)으로 간주되고 있었던 것이다.

*84 소아시아 남안, 리키아 지방의 항구도시.

*85 트로이 전쟁 중의 트로이왕 프리아모스의 부친.

와 같은 이야기도 전해지고 있다. 즉 그의 목소리가 낮고 잘 들리지 않는다고 말했을 때에 '이 악기가 나 대신에 경연에 나가 이야기를 해줄 것이므로'라고 응수했다는 것이다.

그런데 아리스토크세누스에 의하면 여기에서 다루고 있는 피타고라스파의 아르키타스는 장군직에 있는 동안, 한 번도 싸움에 패한 적이 없다고 한다. 다만 사람들의 질투로 그는 꼭 한 번 장군직에서 물러났는데 그때 (탈라스의) 군대가 순식간에 적의 수중에 떨어졌다는 것이다.

(83) 이 사람은 기계학에 수학적 원리를 처음으로 적용한 사람이었고, 기하학의 도형에 작도(作圖)에 도움이 되는 움직임을 처음으로 도입한 사람이기도 했다. 그것은 그가 입방체(의 부피)를 2배로 하기 위해 반원통의 절단면에 따라서 (그 면의 2개의 직선 사이에) 2개의 등비중항(等比重項)(의 선)을 발견하려고 했을 때에 그와 같이 했기 때문이다.*86 또 플라톤이 〈국가〉에 대해서 말한 것처럼*87 그는 기하학 분야 가운데 입체(기하학)를 처음으로 발견한 사람이기도 했다.

---

*86 상세한 내용은 히스의 〈그리스수학사〉 제1권, pp. 246~249에 해설되어 있다.
*87 〈국가〉 제7권 528B가 염두에 있었을 것이다. 그 부분에서는 평면기하학 다음에 입체기하학이 다루어지고 있는데, 플라톤은 아르키타스의 이름을 거론하지 않았고 입체기하학은 아직 완전히 발견되지 않고 있다고 말하고 있다.

5 알크마이온

(83)(계속) 알크마이온은 크로톤 사람으로 피타고라스의 제자였다. 그는 주로 의학을 논했는데 때로는 자연학도 논했다. 이를테면 '인간에게 연관이 있는 사항의 대부분은 쌍을 이루고 있다'[88]고 말하고 있는 경우가 그것이다. 그러나 파보리누스가 〈역사연구 잡록집〉 가운데서 쓰고 있는 바에 따르면, 처음으로 자연학설을 편찬한 사람이었던 것으로 생각하고 있다. 또 달이나 일반적으로 달보다 위쪽에 있는 여러 천체는 영원한 본성의 것이라고 그는 말하고 있었다.

그런데 그가 페이리투스의 아들이었던 것은 그 자신이 자신의 책 첫머리에서 말하고 있는 대로다. 그것은 그 부분에서 '크로톤 사람으로서 페이리투스의 아들 알크마이온은 프로티노스·레온 및 파티로스에 대해서 아래와 같이 말한다. "눈에 보이지 않는 것에 대해서나, 죽어야만 하는 것에 대해서는 신들만이 정확한 지식을 지니고 있으며 우리 인간들은 추측할 수 있을 뿐이다"……'[89]라고 쓰여 있기 때문이다. 그는 또 혼은 없어지지 않는 존재로서, 그것은 태양처럼 끊임없이 운동하고 있다고 말했다.

---

[88] 이 말은 아리스토텔레스 〈형이상학〉 제1권 986a31에도 인용되고 있다.
[89] 단편, 1(딜스-크란츠 엮음).

6 히파수스

(84) 히파수스는 메타폰티온 사람으로서 그도 피타고라스파의 한 사람이었다. 그는 우주의 변화는 일정한 시간에 발생하는 것이며 만유는 한정된 것으로 언제나 운동·변화하고 있다고 말한다.

그런데 데메트리오스가 〈동명인록〉 가운데서 말하고 있는 바에 따르면 이 사람은 아무것도 책을 남기지 않았다. 또 히파수스란 이름을 가진 사람은 두 사람인데 한 사람은 지금 우리가 다루고 있는 사람이며 또 한 사람은 〈라코니아(스파르타)의 국가제도〉 5권의 지은이이다. 그리고 이 사람 자신도 라코니아 사람이었다.

7 필롤라오스

(84)(계속) 필롤라오스는 크로톤 출신이며 피타고라스파 사람. 이 사람에게서 피타고라스파의 책을 구입해주도록 플라톤은 디온에게 편지를 보내고 있다.[*90] 그런데 이 사람은 참주(僭主)의 지위를 노리고 있다고 여겨졌기 때문에 사형에 처해진 것이다. 내가 그를 위해 지은 시는 다음과 같다.

씌워진 혐의는 벗겨주도록 나는 모든 사람에게 말해두자.

왜냐하면 그대가 실제로 하지 않았어도 행하고 있는 것으로 생각되면 그대는 불행한 꼴을 당하니까.

그런 이유로 일찍이 필롤라오스까지도 그의 조국 크로톤은 사형에 처한 것이다.

그는 참주의 저택을 가지려 한다고 조국에서는 생각되었기 때문에.

(85) 만물은 필연과 조화에 의해서 생긴다는 것이 그(필롤라오스)의 학설이다. 또 지구는 (중심 불의 둘레를) 원을 그리며 운동하고 있다고 최초로 말한 것도 그 사람이다. 최초로 그와 같이 주장한 것은 시라쿠사의 히케타스라는 사람들도 있다.

한편, 그는 다만 한 권의 책을 쓴 것뿐인데 헤르미포스에 의하면 철학자인 플라톤은 시칠리아의 디오니시오스(1세?) 궁전에 머물고 있었을 때에 그 책을 필롤라오스의 가족으로부터 알렉산드로스 은화[*91] 40무나로 구입해 그 책에서 베껴 〈티마이오스〉를 저술한 것이라고 어느 저작가는 말하고 있다는 것이

[*90] 제3권 9절 참조.

[*91] 알렉산드로스대왕은 플라톤이 살아 있는 동안에는 아직 어린애였기 때문에 여기에서 '알렉산드로스 은화'라는 말이 사용되는 것은 착각일 것이다.

다. 그러나 다른 사람들에 의하면 플라톤은 디오니시오스에게 간청을 해 필롤라오스의 제자들 가운데 한 젊은이를 감옥에서 구출해 주었기 때문에 (그 답례로) 그 책을 손에 넣은 것으로 되어 있다.

데메트리오스는 〈동명인록〉 가운데서 이 사람(필롤라오스)이 최초로 피타고라스파의 책을 세상에 공개하고 거기에 〈자연에 대해서〉란 표제를 붙였다고 말하고 있는데 그 책은 다음과 같은 말로 시작되고 있다.

'우주의 본성은 무한정인 것과 한정하는 것으로 조합(調合)되어 있으며 우주 전체도, 우주 안에 있는 모든 것도 그러하다.'[*92]

[*92] 단편, 1(딜스-크란츠 엮음).

8 에우독소스

(86) 에우독소스는 아이스키네스의 아들로서 크니도스 사람. 이 사람은 천문학자·기하학자·의사, 그리고 입법가였다. 그는 기하학을 아르키타스로부터, 또 의술을 시칠리아 사람 필리스티온으로부터 배웠다. 이것은 칼리마코스가 〈도서목록〉 가운데서 쓰고 있는 것이다. 또 소티온이 《(철학자들의)계보》 가운데서 쓰고 있는 바에 따르면, 그는 플라톤의 제자이기도 했다는 것이다. 즉 그는 거의 23세가 되었을 무렵 몹시 가난했는데 소크라테스학파의 명성에 끌려 의사인 테오메돈을 따라서—그는 평생 이 사람에게 보살핌을 받고 있었던 것이고, 사람들은 그의 애인이기도 했다고 말하고 있는데—아테네로 떠났다. 그리고 피레우스항에 상륙한 뒤로는 그는 매일 아테네로 가 그곳에서 소피스트들의 강의를 들은 뒤 항구로 되돌아왔다.

(87) 그렇게 그는 2개월간 그곳에서 지낸 뒤 귀국했다. 그리고 이번에는 벗들로부터 자금지원을 받아 의사인 크리시포스와 함께 이집트로 떠났는데, 그때 아게실라오스로부터 넥타나비스 (왕) 앞으로 보낸 소개장을 지니고 있었다. 그리고 이 넥타나비스가 그를 신관들에게 추천해준 것이다. 그는 그 땅에서 눈썹도 수염도 다 밀어버리고 1년 4개월을 지냈는데, 어떤 사람들 말에 따르면 그동안에 〈옥타에테리스(8년주기)〉라는 책*93을 완성했다는 것이다. 또 그는 그곳에서 시지쿠스와 프로폰티스로 가 소피스트로서 활약했다. 뿐만 아니라 마우솔로스*94의 궁정까지도 방문한 것이다. 그는 이렇게 해서 각지를 여행한

---

*93 천문이나 역법에 관한 책일 것으로 전해지고 있다(아페르트).

*94 페르시아의 지배로부터 독립해 동지중해 지방에 크게 세력을 떨친 카리아의 태수(BC 377 ~3353년 무렵). 흰 대리석으로 만든 '마우솔로스의 영묘'는 유명한데, 이것은 그의 아내가 남편 사후에 세운 것으로 알려져 있다. 한편 이 영묘에 대해서는 제2권 10절에도 언급이 되어 있다.

뒤 자기 주변에 실로 많은 제자들을 이끌고 아테네로 돌아온 것인데, 그것을 일부에서는 플라톤을 불쾌하게 하기 위한 것이었다고 말한다. 왜냐하면 플라톤은 (그가 아테네에 머물고 있었던) 최초에는 그를 제자로서 받아들이지 않았기 때문이라는 것이다.

(88) 그러나 일부에서는 (그가 플라톤의 제자로 되어 있는데) 플라톤이 향연을 베풀었을 때 손님이 많았기 때문에, 그는 잠의자(식탁)를 반원형으로 늘어놓는 방법을 도입했다는 것이다. 또 아리스토텔레스의 아들 니코마코스는 그가 쾌락을 선으로 주장하고 있다고 말한다.*95

한편, 조국에서는 그를 커다란 영예로 맞아들였는데 그것은 그에 관해서 이루어진 결의가 명확하게 해주고 있다. 그뿐만이 아니라 그는 그리스인 사이에서도 매우 저명한 인물이 되어 있었다. 그 이유는 헤르미포스가 〈7현인에 대해서〉 제4권 가운데서 쓰고 있는 것처럼 그가 자신의 동포시민을 위해서 법률을 제정해주었기 때문이고, 천문학이나 기하학에 관한 책 및 그 밖에 몇 가지 주목할 만한 책의 저자이기도 했기 때문이다.

또한 그에게는 악티스·델피스, 그리고 피르티스란 세 딸이 있었다.

(89) 그러나, 에라토스테네스가 파톤에게 보낸 편지 가운데서 말하고 있는 바에 따르면 그는 또 개들의 대화를 쓴 책도 지었다고 한다. 그러나 다른 사람들에 의하면 이 책은 이집트인들이 자신들의 말로 쓴 것으로, 그는 이것을 (그리스어로) 번역해 그리스인을 위해 출판했다는 것이다. 또 신학이나 우주론, 기상학에 관해서는 에리네오스의 아들로서 크니도스 출신의 크리시포스*96가 그에게서 배웠는데, 의술에 관해서는 그 자신이 시칠리아 사람인 필리스티온에게서 배운 것이었다.

그는 또 몇 개의 매우 훌륭한 각서를 남겼다. 그에게는 아리스타고라스라는 이름의 아들이 있었는데 그 사람의 제자가 아에토리오스의 아들인 크리시포스이다. 그리고 눈 치료에 관한 책이 이 크리시포스의 것으로 전해지고 있는데 그것은 이 사람이 자연학상 여러 문제의 고찰에 전념하고 있었기 때문이다.

(90) 그런데 에우독소스란 이름을 가진 사람은 세 사람이 있었다. 한 사람은 우리가 지금 다루고 있는 사람. 다음은 로도스 사람으로서, 역사가. 세 번째는

---

*95 〈니코마코스 윤리학〉 제1권 12장 1101b29 및 제10권 제2장 1172b9 이하를 참조.
*96 이 사람에 대해서는 제7권 186절에 그 이름이 나와 있다.

시칠리아 사람으로서 아가토클레스의 아들인 희극작가. 이 사람은 아폴로도로스의 〈연대기〉에 따르면 시(市)의 디오니시아제(祭)에서 세 번 우승하고, 레나이아제에서 다섯 번 우승했다고 한다. 그런데(같은) 크니도스 출신의 의사로서는 에우독소스가 〈세계주유기〉 가운데서 말하고 있는 또 한 사람의 의사가 있는데, 이 사람의 책에 의하면 온갖 종류의 체조를 함으로써 팔과 다리를 끊임없이 움직이는 것처럼 감각기관도 똑같이 움직이도록 사람들에게 권하고 있었다는 것이다.

그런데 (앞서 든) 그 똑같은 지은이(아폴로도로스)는 크니도스의 에우독소스가 성년이었던 것은 제103회 올림픽대회기(BC 368~365) 무렵으로, 그는 곡선의 특질도 발견한 것이라고 말하고 있다. 그는 53년의 생애를 지낸 뒤 세상을 떠났다.

한편, 그가 이집트에서 헬리오폴리스 출신의 코누피스와 함께 있었을 때 (聖牛인) 아피스가 그가 입고 있었던 옷을 핥았다. 그래서 신관들은 그가 저명한 인물이 될 텐데 그러나 오래 살지는 못할 거라고 예언했다고 한다. 이것은 파보리누스가 〈각서〉 가운데서 쓴 것이다.

(91) 내가 그를 위해 지은 시도 있는데 그것은 다음과 같다.

> 멤피스에서 에우독소스는 어느 때 자신의 운명을,
> 아름다운 뿔을 지닌 수소로부터 미리 알게 되었다는 이야기가 있다.
> 물론 수소는 아무 말도 하지 않았다. 왜냐하면 수소는 말을 못하니까.
> 어린 수소인 아피스에게 자연은 말할 입을 주지는 않았던 것이다.
> 하지만 그의 곁에 비스듬히 서서 그의 옷을 핥은 것이다.
> 그리고 그것에 따라서 확실하게 가르친 것이다. '그대는 곧 목숨을 잃을 것이다'라고.
> 그렇기 때문에 (죽음)의 운명이 재빠르게 그를 엄습한 것이다.
> 플레이아데스의 별들이 53회 천공에 오르는 것을 올려다본 뒤에.

또한 이 사람은 그 명성이 빛났기 때문에 에우독소스라고 말하는 대신에 '엔독소스'('평판이 좋은 유명한 사람'이란 뜻)란 별명으로 불리고 있었다.

한편 저명한 피타고라스파 사람들에 대해서 우리는 상세히 써왔으므로, 이제는 이른바 '스포라덴'(특정학파에 소속해 있지 않은 뿔뿔이 흩어진)으로 불리고 있는 철학자들에 대해서 이야기하기로 하겠다. 먼저 첫째로는 헤라클레이토스에 대해서 말하고자 한다.

제 9 권

1 헤라클레이토스

(1) 헤라클레이토스는 블로손의 아들—소문에 따르면 헤라콘의 아들—로서 에페소스 사람. 그는 누구보다도 품위를 자랑하는 오만한 사내였다. 그것은 그의 책으로도 명확한데 그는 자신의 책 가운데서 다음과 같이 말하고 있다. '박학은 견식(見識)을 가르치지는 않는다. 만일 가르쳤다면 그것은 헤시오도스에게도 피타고라스에게도 그리고 크세노파네스나 헤카타이오스에게도 가르쳤을 것이므로.'*1 왜냐하면 '지(智)는 오직 하나.*2 모든 것을 통해서 모든 것을 조종하는 (萬有理法의) 의도를 아는 것이다.' 그는 또 '호메로스는 경기장에서 내쫓겨 매를 맞아야만 할 자이다. 그리고 아르킬로코스도 같다'*3 고 말했다.

(2) 그러나 '불을 끄기보다는 오만한 마음을 진정시키는 것이 더욱 해야 할 일이다'*4라든가, '국민은 마치 성벽을 위해 싸우는 척하면서, 법을 위해 싸워야 한다'*5고 그는 늘 말하고 있었다. 그는 또 자신의 벗인 헤르모도로스를 국외로 추방했다는 이유로 에페소스인을 공격하고 있는데 그 가운데서는 다음과 같이 말하고 있다. '에페소스의 인간 가운데 성년에 이른 자는 모두 목을 매 죽어버리는 것이 낫다. 그리고 국가는 미성년자들의 손에 맡겨야 한다. 그들은 헤르모도로스라는 자신들 가운데서는 가장 쓸모 있는 인물을 "우리들 가운데에 가장 쓸모 있는 인물 따위는 한 사람도 필요치 않다. 누군가 그런 인간이 있다면 어딘가 다른 곳으로 가서 다른 사람들과 살아야 한다"라고

---

*1 단편, 40(딜스-크란츠 엮음).
*2 단편, 41(딜스-크란츠 엮음).
*3 단편, 42(딜스-크란츠 엮음).
*4 단편, 43(딜스-크란츠 엮음).
*5 단편, 44(딜스-크란츠 엮음).

말해 내쫓았으니까'*⁶라고. 그리고 또 에페소스의 사람들로부터 법률을 제정해 달라는 부탁을 받았을 때에도 그 나라는 이미 나쁜 국가제도 아래에 놓이고 말았다는 이유로 그는 그 요청을 거부한 것이다.

(3) 그리고 그는 인간을 혐오하게 되자 세간에서 멀리 벗어난 산속에 틀어박혀 풀이나 잎을 식량으로 삼아 살고 있었다. 또 그 때문에 그는 수종증(水腫症)에 걸려 도시로 돌아왔는데, 의사들에게 홍수를 가뭄으로 바꿀 수 있느냐고 의문을 제기하듯이 물었다. 그러나 의사들은 그 물음의 의미를 이해할 수 없었기 때문에 그는 외양간으로 가서 쇠똥 속에 몸을 묻고 분(糞)이 지닌 온기로 체내의 수분이 증발하길 기대했다. 그러나 그런 식으로 해도 아무런 효과도 보지 못한 채 그는 60세에 세상을 떠났다.

(4) 내가 그에게 보낸 지은 시도 있는데 그것은 다음과 같다.

> 나는 때때로 헤라클레이토스를 이상하게 생각했다. 그는 왜,
> 그처럼 비참한 인생을 끝까지 견뎌내고 죽어간 것일까.
> 불쾌한 병에 그의 몸이 잠겨,
> 눈 속의 빛이 사라지고 어둠을 가져왔기 때문에.

그러나 헤르미포스가 전하고 있는 바에 따르면 그는 의사들에게 누군가 수분을 배출해 내 몸 안을 비우게 할 수 있는 자는 없느냐고 물었다. 그러나 그것은 할 수 없다고 의사들이 대답했기 때문에, 그는 자신을 햇볕 아래 두고 하인의 아이들에게 쇠똥을 몸에 바르게 했다. 그리고 그는 그 자리에 누워 있었는데 그 이튿날 죽어버리고 말아 광장에 매장되었다는 것이다. 그런데 시지쿠스 사람 네안테스가 쓰고 있는 바에 따르면 그는 몸에 바른 쇠똥을 제거할 수가 없었기 때문에 그대로 있었던 것인데, 모습이 바뀌고 있었기 때문에 (인간으로) 보이지 않아 개들에게 물리고 말았다는 것이다.

(5) 한편, 그는 어릴 적부터 불가사의한 인간이었다. 그것은 그가 젊었을 때 자신은 아무것도 모른다고 말했는데 그러나 장성한 뒤에는 온갖 것을 알고 있다고 주장했기 때문이다. 또 그는 누구에게도 사사(師事)하지 않았다. 그는 자

---

*6 단편, 121(딜스-크란츠 엮음).

기 자신을 탐구해*7 모든 것을 자기 자신에게서 배운 것이라고 말하고 있었다. 그러나 소티온에 의하면 그는 크세노파네스의 제자였다고 일부에서는 말하고 있으며, 또 (페리파토스파인) 아리스톤은 〈헤라클레이토스론〉 가운데서 그는 수종증에서는 회복했는데 다른 질환으로 죽은 것이라고 말한다는 것이다. 그리고 이것은 히포보토스도 말하고 있는 것이다.

그의 책으로서 전해지고 있는 것은 〈자연에 대해서〉라는 일련의 논술로 이루어진 것인데 그것은 만유에 대한 논설(우주론)과 정치론, 신학론의 세 논설로 나뉘어져 있다.

(6) 그는 이 책을 아르테미스 신전에 바쳤는데 일부에서 말하는 바에 따르면, 그는 일부러 더 불명료한 서술로 유력자들만이 그 책을 접할 수 있게 하고 대중이 쉽게 경멸하는 일이 없도록 했다는 것이다.

한편 티몬도 다음과 같이 이 사람의 모습을 그리고 있다.

그 사람들 한가운데서 날카로운 소리로 대중을 매도하고 수수께끼처럼 말하는 사람, 헤라클레이토스는 일어선 것이다.

또 테오프라스토스는 그의 책이 어느 부분은 반밖에 완성되어 있지 않았고 어느 부분은 군데군데 다른 내용의 것으로 되어 있는데, 그것은 그의 충동적인 기질 때문이었다고 말하고 있다. 또 안티스테네스는 《(철학자들의) 계보》 가운데서 그가 도량이 넓은 사람이었던 증거로서 '왕'(이라는 가문)의 지위를 동생에게 물려준 사실을 들고 있다. 또 그의 책은 매우 높게 평가받고 있었기 때문에 '헤라클레이토스의 제자'로 불린, 그에게서 유래하는 일파의 사람들도 낳게 된 것이다.

(7) 그런데 그의 학설은 개략하면 다음과 같다. 즉 만물은 불로 구성되어 있으며 불로 다시 분해되는 것이다. 또 모든 것은 숙명에 따라서 생기고, 존재하는 것은 반대의 길을 나아감으로써 화합하는 것이다. 그리고 만물은 혼과 다이몬(귀신)으로 가득 차 있다. 또한 그는 우주 안에서 일어나는 모든 사상(事象)에 대해서도 설명하고 있으며 또 태양의 크기는 눈에 보이는 대로의 것이라

---

*7 단편, 101(딜스-크란츠 엮음) 참조.

고 말하고 있었다. 그러나 '혼의 한계는 어느 길을 더듬어도 그대는 발견할 수 없을 것이다. 그토록 깊은 로고스(理)를 혼은 갖추고 있는 것이다'*8라는 식으로도 말하고 있다. 또 자만은 신성한 병(뇌전승)이며*9 눈에 보이는 것은 거짓이라고 그는 말하고 있었다. 게다가 그는 그 책 가운데서 때로는 명석하고도 분명하게 말하고 있었기 때문에 가장 둔감한 자조차 쉽게 이해할 수 있었고 정신의 고양을 느낄 수도 있었던 것이다. 또 그의 표현의 간결함과 중후함은 달리 비길 데가 없는 것이었다.

(8) 그의 학설의 개개의 점은 다음과 같다. 즉 불이 (만물을) 구성하는 요소이며 만물은 불의 회화(稀化)와 농화(濃化)에 의해서 생기게 되는 불의 교환물이다.*10—단, 이 점에 대해서 그는 조금도 명확한 설명을 하지 않고 있는 것인데 또 만물은 대립에 의해서 생기고 그 전체는 강처럼 흐르고 있다.*11 그리고 만물은 한정되어 있으며 세계는 오직 하나가 있을 뿐이다. 그리고 세계는 전 시간에 걸쳐서 일정한 주기에 따르면서 번갈아 불에서 태어나 또다시 불로 돌아가는 것이다. 그리고 이것은 숙명에 따라서 일어나는 것이다. 또 서로 어긋나는 것 가운데 생성으로 이끄는 것은 싸움이나 다툼으로 불리고 있으며,*12 다른 한편 만물이 불이 되는 상태로 이끄는 것은 화합이나 평화로 불리고 있다. 그리고 이 변화를 그는 '오르막, 내리막으로 가는 길'로 이름 짓고 세계는 이 변화에 따라서 생긴다는 것이다.

(9) 즉 불은 농밀해지면서 습한 것이 되며 이것이 응축되면 물이 된다. 그러나 물은 더욱 응고하면 흙으로 바뀌는 것인데 이 과정이 '내리막으로의 길'이다. 거꾸로 흙이 녹으면 그것에서 물이 생기고 그리고 이 물에서 나머지의 것이 생기는 것인데, 그것은 그가 거의 모든 것을 바다로부터의 증발로 돌리고 있기 때문이다. 그리고 이 과정이 '오르막으로 가는 길'이다. 그런데 증발은 바다만이 아니고 뭍에서도 나타난다. 바다로부터의 증발물은 밝게 빛나고 있는 (불순하지 않은) 순수한 것인데, 뭍으로부터의 증발물은 탁한 것이다. 그리고

---

*8 단편, 45(딜스-크란츠 엮음).

*9 단편, 46(딜스-크란츠 엮음) 참조.

*10 단편, 90(딜스-크란츠 엮음) 참조.

*11 단편, 12, 9(딜스-크란츠 엮음) 참조.

*12 단편, 80(딜스-크란츠 엮음) 참조.

불은 밝게 빛나고 있는 증발물에 의해서 길러지는데 다른 한편, 습한 것은 다른 한쪽의 (어두운) 것에 의해서 길러지는 것이다. 그러나 이런 것들을 둘러싸고 있는 것(하늘)이 어떤 것인지에 대해서 그는 명확하게 말하지 않고 있다. 그러나 하늘 안에는 그 공허한 부분을 우리 쪽으로 돌리고 있는 주발처럼 생긴 것이 있어 그 안에 밝게 반짝이고 있는 증발물이 모아져 불길을 만들고 있으며, 그런 것들이 별들이라고 그는 말하고 있다.

(10) 그런데 태양의 불길이 가장 밝게 빛나고 있으며 가장 뜨거운데 그것은 그 밖의 별들이 지구에서 매우 멀리 떨어져 있어 그 때문에 반짝임도 열도 태양만 못하기 때문이다. 또 달은 지구에 더 가깝게 위치하고 있기 때문에 혼합물이 없는 순수한 장소를 움직이고 있는 것은 아니다. 이에 반해서 태양 쪽은 투명하고 탁하지 않은 것 안에서 움직이고 있으며 더구나 우리로부터 적절한 거리를 유지하고 있다. 그렇기 때문에 태양은 우리에게 더 많은 열과 빛을 주고 있는 것이다. 또 태양과 월식은 그런 주발처럼 생긴 것이 위로 방향을 틀을 때에 나타나는 것이다. 또 달의 1개월마다 차고 기울음은 그 주발처럼 생긴 것이 그 장소에서 조금씩 회전함으로써 나타나는 것이다. 또한 낮과 밤, 역월(曆月), 계절, 해, 비와 바람 및 이와 비슷한 현상은 여러 가지로 다양한 증발물에 의해서 설명이 되고 있다.

(11) 즉 밝은 증발물이 태양의 팬 곳에서 불타올라 불길이 되면 낮을 만들어내고, 반대인 (어두운) 증발물이 그곳을 점령했을 경우에는 밤을 가져오는 것이다. 또 밝은 증발로 인해 열이 증대하면 여름을 가져오고 어두운 증발물로 인해 습기가 과도해지면 겨울을 가져오는 것이다. 그리고 그 밖의 현상에 대해서도 그는 위의 설명에 따라서 그런 것들의 원인을 쓰고 있다. 그러나 지구가 어떤 것인가에 대해서 그는 아무런 의견도 말하지 않고 있다. 그뿐만 아니라 (여러 천체인) 주발처럼 생긴 것(그 자체)에 대해서도 그는 아무것도 명확히 하고 있지 않다.—위의 것이 자연에 대한 그의 학설이었다.

그런데 소크라테스에 연관된 이야기, 즉 에우리피데스가 헤라클레이토스의 책을 지녔을 때에 소크라테스가 그 책을 손에 들고 한 말은—이것은(페리파토스파인) 아리스톤이 전하고 있는 것인데—'소크라테스전'(제2권 22절) 가운데서 우리는 이미 써두었다.

(12) 그러나 문서학자인 셀레우코스에 의하면 어느 크로톤 사람이 〈잠수부〉

란 책 가운데서 이렇게 쓰고 있다는 것이다. 즉 (헤라클레이토스의) 그 책을 최초로 그리스(본토)로 가져온 것은 크라테스란 사람이며, 그 사내는 이 책 가운데 빠지지 않기 위해서는 누군가 넬로스섬의 잠수부가 필요하다고 말했다는 것이다. 그리고 일부의 사람들은 그 책에 〈무사 여신들〉[13]이란 표제를 부여하고 있는데 또 다른 사람들은 〈자연에 대해서〉란 표제를 부여하고 있다. 그러나 디오도토스[14]는 그것을

　"생활의 규범을 위한 정확한 키잡이"[15]

로 부르고 있고 다른 사람들은 "예의범절법의 규정·만인의 행동양식 가운데 하나의 형식"으로 부르고 있는 것이다.

그런데 그(헤라클레이토스)는 왜 말이 없느냐고 묻자 '그것은 그대들에게 말을 하게 하려는 것'이라고 대답했다는 것이다.

또 페르시아왕 다리우스도 그와 좋은 인연을 맺기를 열망하고 있었다. 그래서 왕은 그에게 다음과 같이 써 보낸 것이다.

　(13) 에페소스의 현자 헤라클레이토스께
　히스타스페스의 아들 왕 다리우스

'안녕하십니까? 귀하는 〈자연에 대해서〉란 책을 저술하고 있는데 그것은 이해하기가 어렵고 해석하는 것도 곤란한 책입니다. 확실히 그 가운데 몇 부분은 귀하의 말에 따라서 해석한다면, 우주 전체와 우주 안의 현상에서 가장 신성한 운동에 의존하는 것을 고찰할 수 있는 것이 포함되어 있는 것으로 생각됩니다. 그러나 대부분의 사항에 대해서는 판단이 유보되어 있으므로, 여러 가지 책에 폭넓게 정통하고 있는 사람들조차도 귀하가 올바르다고

---

[13] 플라톤은 〈소피스테스〉(242E) 가운데서 헤라클레이토스에 언급하면서 그를 '이오니아의 무사'로 부르고 있다.
[14] 아래 15절에도 이 사람의 이름이 나와 있는데 문법(문서)학자였을 것이라는 것 외에는 미상.
[15] 작가 미상. 단편, 287(나우크 엮음 〈그리스비극단편집〉, 제2판).

믿기에 서술되어 있는 설명에는 완전히 곤혹스러운 것입니다. 그래서 히스타스페스의 아들인 왕 다리우스는 귀하로부터 직접 강의를 받아 그리스의 교양에 참여함을 소망하고 있는 바입니다. 그러므로 저와 만나기 위해 시급히 왕궁으로 나오시길 바라는 바입니다.

(14) 그것은 그리스인들이 대체로 현자들에게 경의를 표하지 않기에 현자들로부터 열심히 듣거나 배우도록 지시되어 있는 훌륭한 가르침을 지나쳐 버리고 있기 때문입니다. 그러나 저에게서는 귀하에게 온갖 특권이 제공될 것이며 날마다 진지하게 훌륭한 의견을 말해주신다면 귀하의 권고에는 걸맞은 영예로운 생활이 기다리고 있을 것입니다.'

히스타스페스의 아들, 다리우스왕께
에페소스의 헤라클레이토스

'안녕하십니까? 이 지상에 있는 모든 인간은 진리와 공정함으로부터 멀어져 참담한 어리석음 때문에 끊일 줄 모르는 탐욕과 명성의 갈망으로 마음을 돌리고 있습니다. 그러나 나는 그와 같은 어떤 사악함에도 깨달음 없이 질투와 깊게 연결되어 있는 온갖 것으로 가득 찬 상태를 피하고 있으며, 또 화려하게 보이는 것도 피하고 있으므로 페르시아의 땅으로 갈 수는 없을 것입니다. 약간이라도 저의 뜻에 부응하는 것이면 저는 만족하기 때문입니다.'

이 사람은 (페르시아) 왕에 대해서도 그 같은 태도를 취한 사람이었던 것이다.

(15) 그런데 데메트리오스가 〈동명인록〉 가운데서 쓰고 있는 바에 따르면 그는 아테네인으로부터 매우 높은 평판을 얻고 있었음에도 그들을 얕보고 있었고 또 에페소스 사람들로부터는 경멸되고 있었는데, 다른 어느 나라보다도 자신의 고국을 사랑하고 있었다. 또 팔레룸의 데메트리오스도 〈소크라테스의 변명〉 가운데서 그에 대해서 말하고 있는 것이다. 한편, 그의 책 해설자들은 실로 많이 있다. 즉 안티스테네스, 폰토스 사람 헤라클레이데스, 클레안테스, 스토아파인 스파이로스, 그리고 헤라클레이데스의 제자로 알려진 파우사니아스, 니코메데스와 디오니시우스, 그리고 문서학자 가운데에는 디오도토스

와 같은 사람들이 그것이다. 그리고 디오도토스는 그의 책은 자연을 다룬 것이 아니라 국가체제를 문제로 한 것이고, 자연에 관한 부분은 그것을 예증(例證)하는 형식으로 언급되었을 뿐이라고 말하고 있다.

(16) 또 히에로니무스에 의하면 이암보스조의 시(풍자시)의 작가 스키티노스*16는 헤라클레이토스의 문장을 운문으로 바꾸려고 시도했다는 것이다. 한편 헤라클레이토스에게 보낸 수많은 에피그램이 전해지고 있는데 그 가운데에는 다음과 같은 것이 있다.

나는 헤라클레토스이다. 교양이 없는 그대들이 무엇 때문에 나를 우롱하는가.
내가 그동안 애쓴 것은 그대들을 위해서가 아니고 나를 이해하는 사람들을 위해서이다.
나에게는 오직 한 사람의 인간으로서 3만 명에 상당한 자, 헤아릴 수 없는 있으나마나한 자는 없는 거나 다름없다.
이것은 페르세포네의 저택(저승)이나 다름없다고 나는 선언해둔다.

또 따로 이와 같은 것도 있다.

에페소스 사람 헤라클레이토스의 책은 그 두루마리 한가운데까지 서둘러 펼쳐서는 안 된다.
그것은 매우 답파하기 어려운 길.
그곳에는 빛도 통하지 않는 캄캄한 어둠이 감돈다. 하지만 누군가 비밀스러운 의식에 참여한 자,
그대를 이끈다면 그 길은 밝은 태양보다도 빛나는 것이 될 것이다.

(17) 그런데 헤라클레이토스란 이름을 지닌 사람은 다섯 사람이 있었다. 첫 번째는 지금 말해 온 바로 그 사람. 두 번째는 서정시인으로서 이 사람에게는 12명의 신들에게 바친 찬가가 있다. 세 번째는 할리카르나소스 출신으로 엘레

---

*16 테오스 사람. BC 4세기 종반에서 BC 3세기 초 무렵에 활동한 풍자시인이라는 것 외에는 알려진 것이 없다.

게이아조 시의 지은이로서 이 사람에 대해서는 칼리마코스가 다음과 같은 묘비명을 쓰고 있다.

누군가가 알려주었다, 헤라클레이토스, 그대의 죽음을.
그리고 나를 눈물로 지새게 한 것이다. 그러나 나는 떠올렸다. 우리 두 사람이 함께 대화를 하고 있는 사이에,
몇 번의 해가 졌는지를.
하지만 할리카르나소스의 벗이여, 그대는 이미 훨씬 전에 재가 되어 버렸겠지만,
그대의 〈휘파람새〉는 살아 있는 것이다. 그리고 그 책에는,
모든 것을 앗아가는 하데스도 결코 손을 대는 일은 없을 것이다.

네 번째는 레스보스섬 사람으로서 마케도니아의 역사를 쓴 사람. 다섯 번째는 익살꾼이며 키타라를 연주했던 사람이다.

2 크세노파네스

(18) 크세노파네스는 덱시오스의 아들, 또는 아폴로도로스에 의하면 오르토메네스의 아들로 콜로폰 사람이며 티몬이 찬양하고 있다. 아무튼 티몬은 다음과 같이 말하고 있기 때문이다.

또 오만하지 않은 크세노파네스, 호메로스를 곡해해 질책한 사내.

이 사람은 조국에서 추방되어 시칠리아의 잔크레에서 살았다. 그리고 엘레아로의 식민에 참가해 그곳에서 가르쳤다.*17 또 그는 카타네에서도 살았다. 사람들이 전하는 바에 따르면 그는 누구의 제자도 아니었는데, 그러나 다른 사람들에 의하면 아테네 사람인 보톤*18의 제자였다. 또는 아르켈라오스의 제자였다고 말하는 사람들도 있다. 또 소티온이 말하고 있는 것처럼 그는 아낙시만드로스와 같은 시대의 사람이었다. 그는 서정시나 엘레게이아조, 이암보스조의 시를 지었고 헤시오도스나 호메로스를 공격했는데, 이 사람들이 신들에 대해서 말하고 있는 것을 비난했다. 그러나 그것만이 아니고 스스로도 (음유시인으로서) 자작시를 공중 앞에서 낭송하고 있었다. 또 그는 탈레스나 피타고라스의 학설에 반대하고 있었고 에피메니데스까지도 공격한 것으로 알려져 있다. 그는 또한 매우 고령이 될 때까지 살아 있었다.

---

*17 원본에서는 결문으로 되어 있는데 딜스에 따라서 ( ) 안의 글을 보충해 둔다. 힉스도 역문에서는 이에 따르고 있다.
*18 미상. 그러나 이 사람이 만일 테라메네스를 가르친 변론가인 보톤이었다고 한다면 여기에 기술되어 있는 것은 크세노폰에 대한 것이며, 크세노파네스에 대한 것은 아니라는 해석도 있다(힉스).

(19) 어느덧 이제 60하고 7년이 되었다,
나의 생각을 헬라스 땅 여기저기에 전파한 뒤로.
태어날 때부터 헤아리면 그 때까지의 25년이 그것에 덧붙여지는데,
이런 것에 대해서 만일 내가 틀림없이 이야기할 수 있다면.*19

그런데 그는 존재하는 것의 구성요소는 네 가지라고 주장하고 있으며, 또 세계는 수의 관점에서 무한인데 그런 것은 (때의 속에서) 변화하므로 무한이 되는 것은 아니라고 말하고 있다. 또 (그에 의하면) 구름은 태양에 의해서 생기는 수증기가 위로 올라가 주위의 공기 속으로 밀어 올려졌을 때에 형성되는 것이다. 또 신의 본성은 공처럼 둥근 모양이며 인간에게는 조금도 비슷한 것이 없다는 것이다. 그리고 신은 (부분적인 기관에 의해서가 아니라) 전체로 보고, 전체로 듣는 것인데*20 그러나 호흡하는 일은 없다. 또 신은 그 전체가 지성이고 사려이며 그리고 영원한 것이다, 또 살아 있는 모든 것은 멸한다는 것, 또 혼은 기식(氣息 ; 프네우마)이라는 것을 최초로 말한 것도 크세노파네스였다.

(20) 그는 또 많은 것은 지성이 결여되어 있다고 말하고 있었다. 또 참주들을 만나는 것은 될 수 있는 대로 적게 하거나, 그렇지 않으면 될 수 있는 대로 즐겁게 하거나 그 어느 한쪽으로 해야 할 것이라고도 말했다. 엠페도클레스가 그에게 현자를 발견할 수는 없다고 말했을 때 '그것은 당연하다'고 그는 말했다. '현자를 발견하려는 자는 그 사람 자신이 반드시 현자이어야 한다'고 한 것이다. 사물은 모두 파악(인식)이 불가능하다고 최초로 말한 것은 그라고 소티온은 말하고 있는데 이것은 틀린 의견이다. 그는 콜로폰 건설과 이탈리아의 엘레아로의 식민을 주제로 한 시를 썼는데, 그런 것들은 모두 2000행 이상에 이르고 있다. 또한 그는 제60회 올림픽대회기(BC 540~537년) 무렵이 한창때였다. 또 팔레룸의 데메트리오스가 〈노년에 대해서〉 가운데서, 그리고 스토아파인 파나이티오스가 〈쾌활함에 대해서〉 가운데서 말하고 있는 바에 따르면 그는 마치 아낙사고라스도 그랬던 것처럼*21 자기 아들을 자기 손으로 묻었다는 것이다. 그는 또 (……빠짐……)에 의해서 노예로 팔리고 (그리고) 피타고라스파인

*19 단편, 8(딜스-크란츠 엮음).
*20 단편, 24(딜스-크란츠 엮음) 참조.
*21 제2권 13절 참조.

파르메니스코스나 오레스타데스(에 의해서 해방된)인 것처럼 생각되는데, 이것은 파보리누스가 〈각서〉 제1권 가운데서 말하고 있는 것이다.

또한 크세노파네스란 이름을 지닌 사람은 그 밖에도 레스보스섬 사람인 이암보스조 시의 지은이가 있었다.—한편 위에서 거론해온 것은 '스포라덴'*22 적인 (어느 학파에도 소속하지 않은) 철학자들이다.

---

*22 제8권 50절 참조.

3 파르메니데스

　(21) 피레스의 아들 파르메니데스는 엘레아 사람으로서 크세노파네스의 제
자였다.〔이 크세노파네스에 대해서 테오프라스토스는 《(자연학설) 제요》 가운
데서 아낙시만드로스의 제자였다고 말하고 있다.〕*23 그러나 파르메니데스는
확실히 크세노파네스에게도 배웠는데 크세노파네스의 추종자로는 되지 않았
다. 또 그는 소티온이 말하고 있는 것처럼 디오카이타스의 아들이며 피타고라
스파인 아메이니아스도 스승으로 섬겼던 것인데, 이 아메이니아스는 가난했지
만 훌륭한 인물이었다. 그는 이 사람에게 더욱더 따랐던 것이고, 또 그 사람이
죽었을 때에 그 자신은 영예로운 명문가 출신에 부유하기도 했기 때문에 그
사람을 영웅으로 모시기 위한 사당을 세워준 것이다. 또한 그가 조용한 (학구
적) 생활로 전환하게 된 것은 이 아메이니아스에 따른 것이며 크세노파네스에
따른 것은 아니었다.

　그런데 지구는 공처럼 둥글게 생겼으며 우주의 중심에 위치하고 있다는 견
해를 최초로 밝힌 것은 이 사람(파르메니데스)이다. 또 (만물의) 구성요소는 불
과 흙, 두 가지로서 전자는 기술자의 역할을 수행하고, 후자는 재료의 역할을
수행하고 있는 것으로 그는 생각하고 있었다.

　(22) 또 (그의 사고에 따르면) 인간의 탄생은 첫째로는 태양을 원인으로 하는
것인데 그러나 만물을 구성하고 있는 열과 냉(冷) 쪽이 (원인으로서는) 태양보
다도 뛰어나다는 것이다. 또 혼과 지성이란 같은 것이라고 그는 생각하고 있었
는데, 이것은 테오프라스토스도 〈자연학〉 가운데서 거의 모든 철학자들의 학
설을 제시하면서 말하고 있다. 또한 그는 철학은 두 부문으로 나뉘는데 그 하
나는 진리에 따르는 것이며 또 하나는 사혹(思惑)에 따른 것이라고 말했다. 그

---

*23 ( )의 문장은 크세노파네스에 관한 난외의 주가 본문 안에 들어간 것으로 추정된다(딜스).

렇기 때문에 그는 다음과 같이 말한 것이다.

그러니 그대는 모든 것을 듣고 배위야 한다.
'진리'의 흔들림 없는 마음도 또 죽어야만 하는 것의 진실한 확증 없는 '사혹'까지도.*24

이 사람도 헤시오도스나 크세노파네스, 엠페도클레스가 그랬던 것처럼 시의 형식을 빌어 철학을 말하고 있다. 또 그는 이성이 (진리의) 기준이며 감각은 정확한 것이 아니라고 말하고 있었다. 아무튼 그는 다음과 같이 말하고 있다.

또 경험이 풍부한 습관이 그대를 부추겨 그대는 그 길을 따라 나아가면서,
지향점이 없는 눈이나 울리는 귀, 혀를 놀리는 일이 있어서는 안 된다.
그대는 오직 다툼의 여지가 많은 이론을 이성으로 판정하라.*25

(23) 그렇기 때문에 또 티몬은 그에 대해서 다음과 같이 말하고 있는 것이다.

또 마음이 고매한 파르메니데스의 다양한 의견에 기운 적이 없는 힘을 (나는 보았다).
그야말로 사유(思惟)를 표상이라는 속임수에서 높이 끌어올린 사람.

또 플라톤도 이 사람에게 〈파르메니데스, 또는 이데아에 대해서〉란 표제를 지닌 대화편을 쓰고 있다.
그는 제69회 올림픽대회기(BC 504~501년) 무렵에 가장 활발하게 활동했다. 또 그가 최초로 헤스페로스(초저녁의 샛별)와 포스포로스(새벽의 샛별)는 똑같은 것임을 발견한 것으로 생각되고 있는데 이것은 파보리누스가 〈각서〉 제5권 가운데서 말하고 있다. 그러나 일부의 사람들은 그 발견을 피타고라스에 돌리

---

*24 단편, 1, 28~30행(딜스-크란츠 엮음).
*25 단편, 7, 3~5행(딜스-크란츠 엮음).

고 있다.*26 하지만, 칼리마코스는 그것이 쓰인 시는 피타고라스의 것이 아니라고 말하고 있다. 또 스페우시포스가 〈철학자론〉 가운데서 말하고 있는 것처럼 파르메니데스는 (조국의) 시민들을 위해 법률을 제정해 준 것으로 알려져 있다. 그리고 파보리누스가 〈역사연구 잡록집〉 가운데서 말하고 있는 것처럼 '아킬레우스(와 거북)'란 이름으로 알려져 있는 논의를 최초로 문제로서 제기한 것은 그였던 것으로 되어 있다.

한편 파르메니데스란 이름을 가진 사람은 이 사람 외에도 자기의 기술(技術)에 관한 저작(변론술 교과서)을 쓴 변론가가 있었다.

---

*26 제8권 14절 참조.

4 멜리소스

(24) 멜리소스는 이타이게네스의 아들로서 사모스섬 사람. 이 사람은 파르메니데스의 제자였다. 그러나 그는 또 헤라클레이토스의 학설에도 접했다. 그때 그는 헤라클레이토스를 이해하지 못하는 에페소스 사람들에게 이 사람을 추천해 주었다. 그것은 마치 히포크라테스가 데모크리토스를 아브데라의 사람들에게 추천해 준 것과 비슷하다. 그는 또 정치가가 되어 시민들 사이에서 명성을 얻었다. 그 때문에 그는 군선(軍船)의 지휘관으로 뽑히고 자신이 세운 공적에 의해서 더욱더 상찬을 받게 되었다.

그의 생각에 만유(우주)는 무한·불변·부동한 것이며 온갖 곳에서 자신을 닮은 것이고 충실한 것이다. 그리고 운동은 있는 것이 아니고 생각되어지는 것뿐이라는 것이다. 뿐만 아니라 신들에 관해서는 어떤 견해도 밝혀서는 안 된다고 그는 말하고 있었다. 신들을 이해하는 것은 불가능하기 때문이라는 것이다.

한편, 아폴로도로스에 의하면 그의 한창때는 제84회 올림픽대회기(BC 444~441년) 무렵이었다.

5 제논(엘레아의)

(25) 제논은 엘레아 사람. 아폴로도로스는 〈연대기〉 가운데서 이 사람은 텔레우타고라스의 아들로 태어났는데 파르메니데스의 양자가 되었다고 말한다. 그리고 파르메니데스는 퓌레스의 아들이었다고 한다.

이 사람과 멜리소스에 대해서 티몬은 다음과 같이 말하고 있다.

두 치 혀를 사용해 모든 사람을 비난 공격하는 제논의
지칠 줄 모르는 커다란 힘과,
많고 허무한 상념에는 눈길도 주지 않고 오직 그 약간의 것에만 양보하고
있는 멜리소스를 나는 보았다.

한편, 이 제논은 평생 파르메니데스의 제자로 있었고 또 그 애인이 되기도 했다. 그리고 플라톤이 〈파르메니데스〉 가운데서 말하고 있는 것처럼 그는 키가 큰 사람이었다. 플라톤은 〈소피스트〉와 〈파이드로스〉 가운데서도 이 사람에 대해서 말하고 있는데 그를 '엘레아의 팔라메데스'[27]로 부르고 있다. 아리스토텔레스는 마치 엠페도클레스가 변론술을 발견했던 것처럼 이 사람은 문답법을 발견했다고 말하고 있다.[28]

(26) 그는 철학에서나 정치면에서나 매우 고귀한 성격의 소유자였다. 전해지고 있는 그의 책은 통찰로 가득 차 있었다. 또 헤라클레이데스가 〈사티로스의

---

[27] 팔라메데스는 트로이 전쟁에 참가한 그리스 쪽 영웅의 한 사람. 자모(字母)와 체스의 발명 등 재능이 있는 사람이었다. 특히 오디세우스가 광기를 가장해 트로이 출정을 기피하고 있는 것을 확인하고 원정에 참가시킨 것으로 알려져 있다. 그 때문에 나중에 오디세우스의 속임수에 걸려 처형되었다.

[28] 단편, 65(로제 엮음, 제3판)(로스 엮음, 앞의 책, p. 15).

《철학자전》적요〉 가운데서 말하고 있는 바에 따르면 그는 조국을 지배하고 있던 참주 네아르코스를—일설에 의하면 디오메돈을—타도하려고 획책했는데 일이 발각되어 동지들과 힘께 체포되었다. 그때 동지들의 이름이나 그가 리파라로 운반하고 있었던 무기에 대해서 심문을 받았는데, 그는 참주를 누구에게서나 버림받은 자로 하기 위해 참주의 벗 모두의 이름을 털어놓았다. 그리고 2, 3명의 사람들에 대해서는 참주에게 은밀하게 전할 수 있다고 말하고, 참주의 귓가에 입을 가까이 대면서 이로 물어뜯고 참주가 찔려서 죽을 때까지 놓지 않았다. 이렇게 해서 그는 '참주살해'의 아리스토게이톤*[29]과 같은 운명을 걷게 되었다는 것이다.

(27) 그러나, 데메트리오스는 〈동명인록〉 가운데서 그가 물어뜯은 것은 (귀가 아니라) 코였다고 말하고 있다. 또 안티스테네스는 《(철학자들의) 계보》 가운데서 다음과 같이 말하고 있다. 즉 제논은 참주의 벗들 이름을 밝힌 뒤에 그 밖에도 누군가 공범자가 있느냐고 물었다. 거기에서 그는 '네, 있고 말고요. 국가에 반역하는 당신이야말로 그것이다'라고 대답을 했고 또 주위에 서 있었던 자들을 향해서는

'그대들의 비겁함에는 질려버렸다. 만일 그대들이 지금 내가 견뎌내고 있는 것을 두려워하기 때문에 언제까지나 참주의 노예가 되고 있는 것이라면'이라고 말한 것이다. 그리고 마지막으로 그는 자신의 혀를 잘라 참주에게 뱉었다. 거기에서 시민들은 분기해 그 자리에서 즉시 참주에게 돌을 던져 쳐죽인 것이다. 대부분의 저자들은 이것과 거의 같은 내용의 것을 전하고 있는데 그러나 헤르미포스는, 그는 돌절구 속에 던져져 타살된 것이라고 말하고 있다.

(28) 그래서 나는, 이 사람에 대해서도 다음과 같은 시를 지어둔 것이다.

당신은 원했던 것이다. 오 제논이여, 훌륭한 사내답게 소망한 것이다, 참주를 죽여 엘레아를 노예상태로부터 해방하는 것을.
그러나 당신은 패배하고 만 것이다. 실제로 당신을 붙잡아 절구통 안에서

---

*29 벗인 하르모디오스와 함께 페이시스트라토스의 참주제를 계승한 그 두 아들 히피아스와 히파르코스 형제를 살해하려고 했는데 그 계획이 발각되어 죽임을 당했다(BC 514년). 그러나 그 참주제는 얼마 지나지 않아 무너졌기 때문에 그들은 자유(해방)의 전사로서 아고라에 동상이 세워지고 후대에까지 우상시되었다.

쳐죽였으므로.

하지만 그것이 어쨌다는 건가. 참주가 쳐죽인 것은 당신이 아니고 당신의
몸이므로.

그 밖에 점에서도 제논은 용기 있는 사람이었는데, 특히 그는 헤라클레이토
스에 뒤지지 않게 사람들이 중요시하고 있었던 것을 내려다볼 수 있는 사람
이었다. 사실 이 사람은 전에는 히엘레로 불리고 있었는데 나중에는 엘레아로
불리게 되었다. 포카이아인들의 식민 도시인 자신의 조국—보잘것없는 작은
도시였는데, 오직 용기가 있는 인간을 키우는 일만은 알고 있었던 조국을 그
는 아테네인들이 자랑으로 삼고 있었던 나라(아테네)보다도 더욱 사랑하고 있
었기에 아테네에서는 결코 지내지 않고 조국에서 생애를 보냈기 때문이다.

(29) 이 사람은 또 '아킬레우스론'이나—단, 파보리누스는 이 이론을 파르메
니데스에게 돌리고 있는데*30—그 밖에도 수많은 논의를 문제로서 제기한 최
초의 사람이기도 했다.

그런데 그의 학설은 다음과 같다. 즉 그것은 복수의 세계가 존재하고 있으
며 공허(또는 빈 공간)는 존재하지 않는다는 것. 또 만물의 본질은 온·냉·건·
습의 여러 요소로 되어 있고 이들 요소는 상호 변화하는 것이라는 것, 또 인
간은 흙(대지)에서 태어난 것이고, 혼은 위의 여러 요소가 혼합된 것인데 그때
그런 요소의 어느 하나도 우위를 차지하지 않은 상태에 있다는 것, 그와 같은
내용의 것이다.

그는 누가 험담을 할 때에 화를 낸 것으로 전해지고 있는데 누군가가 그것
을 탓하자 '만일 내가 험담을 들으면서 가만히 있으면 칭찬을 받을 때에도 그
것을 깨닫지 못하게 될 것이다'라고 그는 대답했다는 것이다.

한편 제논이란 이름을 가진 사람이 8명이 있었던 것은 '키티온의 제논전'(제
7권 35절)에서 말해 두었다,

또 우리가 여기에서 다루고 있는 제논은 제79회 올림픽대회기(BC 464~461
년) 무렵이 한창때였다.

---

*30 단편, 23절 참조.

6 레우키포스

(30) 레우키포스는 엘레아 사람. 그러나 일부에서는 아브데라 사람으로 말하고 있고 또 다른 사람들에 의하면 밀레토스 사람이라는 것이다. 이 사람은 (엘레아의) 제논의 제자였다.

한편, 그의 철학은 다음과 같다. 즉 사물의 총체는 한이 없는 것이며 서로 다른 것으로 변화하는 것이다. 그리고 만유는 비어 있는 것(허공, 케논)과 충실한 것으로 이루어져 있다. 또 모든 세계는 여러 물체(아톰)가 허공 속으로 빠져들어 서로 뒤얽힘으로써 낳게 되는 것이다. 그리고 여러 물체는 운동을 통해 그 덩치가 커지면서 별들의 본성(本性)을 만드는 것이다. 또 태양은 달의 주위를 더욱 큰 원을 그리면서 회전하고 있으며 지구는(우주의) 중심의 둘레를 빙빙 돌면서 천공(天空)에 떠 있는 것이다. 그리고 그 형태는 드럼 모양이다. 그는 최초로 아톰(원자)을 만물의 시원(始原)이라고 주장했다.—그의 학설은 개략하면 위와 같은데 개개의 점은 아래와 같다.

(31) 앞서 말한 바와 같이 만유는 무한하다고 그는 주장한다. 그리고 만유 가운데 어떤 것은 충실한 것인데, 어떤 것은 비어 있는 것(허공, 케논)이고 이 양자를 그는 (만유의) 구성요소로도 부르고 있다. 그리고 이들 구성요소에서 헤아릴 수 없는 세계가 탄생하는 것이며 또 세계는 그런 구성요소로 분해되는 것이다.

그런데 여러 세계는 다음과 같은 방법으로 생성되는 것으로 되어 있다. 즉 온갖 형태의 수많은 물체가 '무한한 것'에서 분리되어 드넓은 허공(케논)으로 운반되어 간다. 그리고 이들 물체는 한곳에 모이면서 하나의 소용돌이를 만들어내는데, 이 소용돌이에 의해서 그들 물체는 서로 충돌해 온갖 방법으로 선회하고 있는 사이에 비슷한 것은 비슷한 것과 하나가 되고, 별도로 선별이 된다. 즉 그들 물체는 수가 많기 때문에 이제 균형을 유지해(즉 큰 아톰과 작은 아톰이 하나가 되어) 회전운동을 할 수 없게 되면 그 가운데 미세한 것은 마치 체에 걸러지듯이 바깥쪽 허공으로 빠져나간다. 그런데 그 이외의 나머지 물체 (아톰)는 중심에 머물러 서로 뒤엉키면서 함께 빙빙 돈다. 이렇게 해서 둥근 공처럼 생긴 일종의 최초의 집적물이 형성된다.

(32) 그리고 이 집적물에서는 이른바 그것의 피막과 같은 것이 분리되어 나오는데, 이 피막은 그 자체 가운데에 온갖 종류의 물체를 포용하고 있는 것이다. 그리고 이들 물체는 중심부의 밀어내는 힘에 의해서 소용돌이치면서 빙빙 돌고 있어 이것들을 둘러싸고 있는 피막은 그것에 인접해 있는 물체가 소용돌이와 접촉함으로써 끊임없이 흘러가 버리기 때문에 차츰 얇어지게 된다. 이렇게 해서 중심부로 운반된 물체가 그곳에 함께 머물게 됨으로써 대지(지구)가 형성된다.

다른 한편, 둘러싸고 있는 이른바 피막과 같은 것 그 자체는 그것의 바깥쪽에 있는 물체가 유입함으로써 차츰 커지게 된다. 그것은 소용돌이에 의해서 회전하고 있으므로 접촉하는 것은 무엇이건 모두 자체 안에 받아들이게 된다. 이렇게 해서 안으로 받아들인 이들 물체 가운데 어떤 것은 서로 뒤엉켜 하나의 집적물을 만드는데 그것은 처음에는 습기에 차 있어 진흙 덩어리와 같은 모양을 이루고, 그것이 건조해서 전체의 소용돌이와 함께 회전운동을 하면 그 뒤에는 불이 붙어 여러 천체(별들)의 본성을 형성하게 되는 것이다.

(33) 그런데 태양의 궤도는 가장 바깥쪽에 있고*[31] 달의 궤도는 지구에서 가장 가까운 곳에 있다. 그 밖에 여러 천체의 궤도는 이들 양자의 중간에 위치하고 있다. 또 모든 천체(별들)는 그 운동의 속도 때문에 불이 붙고 있는데 태양은 별들에 의해서도 점화에 도움을 받고 있다. 그러나 달은 불을 조금 나누어가지고 있을 뿐이다. 태양과 달의 이지러짐은 (……(빠짐)……일 때에 생긴다. 그러나 황도대의 경사는*[32]) 지구가 남으로 기울어져 있는 데 따른 것이다. 북방지역은 끊임없이 눈으로 뒤덮여 있고 추위가 혹독해 얼어붙어 있다. 또 일식은 드물게 일어나며 월식은 때때로 일어난다. 그 이유는 태양과 달의 궤도가

---

*31 이 기록에 따르면 레우키포스는 대지 → 달 → 별들 → 태양의 순으로 하고 있는데 데모크리토스는 이를 정정해 대지 → 달 → 태양 → 별들의 순으로 하고 있다.

*32 이 부분에는 빠진 문장이 있고 해석에도 이론(異論)이 있는데 일단, 딜스의 제안에 따라서 어구를 보완해 이렇게 번역해 둔다.

같지 않기 때문이다. 또 세계에는 탄생이 있듯이 생장도 쇠퇴도 소멸도 있는 것이며 이런 것들은 어떤 필연에 따른 것인데, 그 필연에 대해서 그(레우키포스)는 명확히 하지 않고 있다.

7 데모크리토스

(34) 데모크리토스는 헤게시스트라토스의 아들로서—단, 아테노크리토스의 아들이란 사람도 있는가 하면 다마시포스의 아들이란 사람도 있는데—아브데라 사람이었다. 또 일부 사람들에 의하면 밀레토스 사람이었다. 이 사람은 (페르시아의) 마고스 수도사들이나 칼다이오스인(의 신관)들로부터 가르침을 받았다. 그것은 헤로도토스도 말하고 있는 것처럼*[33](페르시아)왕 크세르크세스가 그의 아버지에게서 환대를 받았을 때에 왕이 아버지를 위한 지도자 역할로서 그 사람들을 남겨두었기 때문이다. 그리고 이 사람들로부터 그는 아직 소년이었을 적에 신학이나 천문학에 관한 것을 배웠다. 그러나 뒤에 그는 레우키포스의 제자가 되었고 또 사람들 말에 따르면 아낙사고라스의 제자도 되었는데 이 아낙사고라스보다는 40세 아래였다. 그런데 파보리누스가 〈역사연구 잡록집〉 가운데서 쓰고 있는 바에 따르면 데모크리토스는 아낙사고라스에 관해서 다음과 같이 말하고 있었다는 것이다. 즉 아낙사고라스의 태양이나 달에 대한 견해는 아낙사고라스 자신의 것은 아니고 일찍부터 있었던 것이며, 그는 다만 그와 같은 오랜 사고를 표절했을 뿐이라는 것이다.

(35) 그리고 또 데모크리토스는 아낙사고라스가 자신을 제자로서 받아들이지 않았기 때문에 아낙사고라스에게 적의를 품고 우주의 질서와 지성에 관한 아낙사고라스의 학설을 호되게 깎아내렸다는 것이다. 만일 이것이 사실이라면 어떻게 데모크리토스는 일부의 사람들이 말하는 것처럼 아낙사고라스의 제자일 수 있었을까.

그런데 데모트리오스가 〈동명인록〉 가운데서, 또 안티스테네스가 《(철학자들의) 계보〉 가운데서 쓰고 있는 바에 따르면 데모크리토스는 신관들 밑에서

---

*33 〈역사〉 제7권 109절, 제8권 120절 참조. 단, 딜스는 이를 헤로도토스의 자유로운 해석으로 보고 있다(힉스).

기하학을 배우려고 이집트에도 여행을 했고 또 칼다이오스인(의 신관)들을 만나기 위해 페르시아에도, 홍해로도 나갔다는 것이다. 또 일부 사람들의 말에 따르면 그는 인도에서 알몸의 수행자들과도 교류를 했고 에티오피아에도 갔었다는 것이다. 또한 그는 형제 가운데 셋째였으며, 아버지의 재산분배에 참여했는데 많은 사람들이 전하는 바에 따르면 그는 여행에 필요했기 때문에 은화보다 작은 몫을 택하였고 다른 형제들도 그가 그쪽을 택할 것으로 짐작하고 있었다는 것이다.

(36) 그리고 데메트리오스에 의하면 그의 배당은 100탈란톤을 넘었는데 그 모두를 다 써버렸다고 한다. 또한 그는 매우 부지런한 사람이었는데 집 둘레의 정원 일부를 쪼개서 작은 방을 만들고 그곳에 틀어박힌 채로 있었다. 그리고 어느 날 그의 아버지가 희생으로 바치기 위해 수소를 끌고 왔는데 그는 매우 오랫동안 그것을 깨닫지 못하고 있었다. 그래서 결국 아버지는 희생을 바친다고 말하고 그를 일어나게 해 소를 끌고 온 이유를 설명해 주었다는 것이다. 더욱이 데메트리오스는 이렇게도 말하고 있다. '그는 아테네에도 갔는데 명성을 경멸하고 있었기에 사람들로부터 인정을 받기 위해 노력하지 않았다. 그는 소크라테스를 알고 있었는데 소크라테스는 그를 몰랐던 것으로 생각된다. "나는 아테네에 갔는데 누구 한 사람 나를 인정해준 자는 없었으니까"*34 이런 식으로 그 자신이 말하고 있기 때문이다'.

(37) 또 트라실로스는 다음과 같이 말하고 있다. '만일 〈연적(戀敵)〉이 플라톤의 작품이라면 그 작품 속에 등장하고 있는 무명의 인물, 즉 오이노피데스*35나 아낙스고라스의 일을 문제로 삼고 있는 (두 사람의) 젊은이들과는 다른 사람이며 소크라테스를 상대로 한 이야기 가운데서 철학 문답을 나누고 있는 인물, 그리고 소크라테스가 이 사람에게 철학자란 5종경기의 선수를 닮았다고 말하고 있는 인물, 그 인물은 데모크리토스일 것이다. 그리고 데모크리토스는 정말로 철학 영역에서 5종경기의 선수였던 것이다. 그것은 그가 자연학이나 윤리학뿐만 아니라 수학이나 일반교양에 속하는 여러 이론에도 훈련을 쌓고 있었고 여러 가지 기술에 관해서 완전한 경험을 갖추고 있었기 때문'이라는 것이다.

---

*34 단편, 116(딜스-크란츠 엮음).
*35 BC 5세기 후반에 활동한 수학자이고 천문학자.

또한 '말은 행위의 그림자이다'*36란 말도 이 두 사람에게서 나온 말이다.

그러나 팔레룸의 데메트리오스는 〈소크라테스의 변명〉 가운데서 데모크리토스는 아테네를 방문하는 일조차 없었다고 말하고 있다. 그리고 이것은 만일 그가 그 정도의 큰 나라를 무시한 것이라고 한다면 자신은 그 나라보다도 더욱 위대하다는 생각을 한 것이기도 하다. 왜냐하면 그는 어느 장소에서 명성을 얻기를 바라지 않고 오히려 어느 장소에 명성을 부여하는 쪽을 택했기 때문이다.

(38) 그리고 그가 어떤 인간이었는지는 그의 저작으로도 명확하다. 그런데 트라실로스는 다음과 같이 말하고 있다. '그는 피타고라스파 사람들을 열렬히 따랐던 것으로 생각되는데 게다가 그는 〈피타고라스〉란 제목의 책 가운데서 피타고라스를 호칭하면서 피타고라스란 사람에 대해서도 말하고 있다. 그는 자신의 사고의 모든 것을 그 사람에게서 취해온 것으로 보이는데, 만일 연대상의 일이 방해가 되지 않았다면 그는 그 사람의 제자일 수도 있었을 것이다'라고 말한 것이다. 그는 틀림없이 피타고라스파에 속하는 어떤 사람으로부터 가르침을 받은 것이라고 레기온 사람 글라우코스는 말하고 있는데, 이 글라우코스*37는 그와 같은 시대의 사람이었다. 더욱이 시지쿠스 사람 아폴로도로스*38도 그가 (피타고라스파인) 필롤라오스와 함께 지내고 있었다고 말한다.

한편 안티스테네스에 의하면 그는 또 때로 홀로 묘지에서 지내면서 마음에 떠오르는 표상을 여러 가지 방법으로 살피는 연습도 하고 있었다는 것이다.

(39) 또 그것의 같은 지은이(안티스테네스)는 이렇게도 말하고 있다. 즉 그는 여행에서 돌아오자 전 재산을 탕진해 버렸기 때문에 매우 가난한 상태로 살고 있었다. 그리고 곤궁했기 때문에 형인 다마소스가 부양하고 있었다. 그러나 그는 미래의 어떤 사건을 예언했기 때문에 높은 평가를 얻어 그 뒤에는 많은 사람들로부터 신에게 걸맞은 영예를 얻을 만한 자로 여겨졌다. 그러나 선조가 물려준 재산을 탕진한 자는 조국에 매장될 자격이 없다는 법률이 있었기 때문

---

*36 단편, 145(딜스-크란츠 엮음).

*37 이 사람의 이름은 제8권 52절에도 나와 있다.

*38 생애·연대 모두 불확실한데 제1권 25절 및 제8권 12절에 이름이 나와 있는 아폴로도로스와 같은 사람이라는 설도 있다.

에—안티스테네스에 의하면—그는 그것을 깨닫자 누군가 질투심이 많은 자들이나 밀고자들이 고발하지 않을까 두려워해 자신의 모든 저작 가운데서도 가장 길작인 〈대우주 체계〉를 사람들 앞에서 읽고 공개적으로 책을 내었다. 그리고 그 작품에 의해서 그는 500탈란톤의 보수를 받았는데 게다가 동상까지도 세워준 것이다. 그리고 100년 이상이나 산 뒤에 세상을 떠났을 때에는 국비로 매장되었다는 것이다.

(40) 그러나 데메트리오스가 〈대우주 체계〉를 읽고 이를 공간한 것은 그 자신은 아니고 그의 가족들이고, 또 받은 금액은 100탈란톤에 지나지 않았다고 말하고 있다. 그리고 그 점에서 히포보토스가 말하고 있는 것과 같다.

그런데 아리스토크세누스가 〈역사 각서〉 가운데서 쓰고 있는 바에 따르면 플라톤은 모을 수 있는 한 데모크리토스의 책을 모두 불태워 버리려고 했는데, 그런 책은 이미 많은 사람들 사이에 나돌고 있는 것이라고 말해 그것을 만류했다는 것이다. 그러나 플라톤이 그렇게 하려고 한 것은 명확하다. 왜냐하면 플라톤은 옛날 철학자들을 거의 모두 말하고 있는데, 데모크리토스에 대해서는 한 번도 말을 하지 않고 있을 뿐만 아니라 그에 대해서 무언가 반론을 제기할 필요가 있는 경우에도 입을 다물고 있기 때문이다. 그것은 명백히 플라톤이 철학자들 가운데서 가장 뛰어난 자가 되려면 데모크리토스가 자신과 경쟁하게 될 것이라는 것을 잘 알고 있었기 때문인 것이다. 티몬도 이 사람을 상찬해 다음과 같이 말하고 있다.

예를 들면 매우 사려 깊은 데모크리토스, 여러 가지 논의를 지켜보고 있는 목자(牧者)이며,
양쪽에 시선을 보내고 있는 담론가를 나는 제1인자들 사이에서 인정한 것이다.

(41) 그런데 그의 연대에 관해서는 그 자신이 〈소우주 체계〉 가운데서 말하고 있는 것처럼[39] 아낙사고라스가 노년이었을 때에 그는 아직 젊고 아낙사고라스보다는 40세 연하였다.—그리고 이 〈소우주 체계〉라는 책은 트로이 함

---

*39 단편, 5(딜스-크란츠 엮음) 참조.

락 후 730년이 지난 뒤에 저술한 것이라고 그는 말하고 있다.—거기에서 아폴로도로스가 〈연대기〉 가운데서 쓰고 있는 것처럼, 그는 제80회 올림픽대회기(BC 460~457년) 무렵에 태어난 것이 될 것이다. 그러나 트라실로스가 〈데모크리토스를 읽기 위한 안내〉라는 표제의 책 가운데서 쓰고 있는 바에 따르면 그가 태어난 것은 제77회 올림픽대회기의 제3년째(BC 470~469년)로 되어 있는데, 그렇다면 트라실로스의 말대로 그는 소크라테스보다 1년 나이가 많다. 따라서 그는 아낙사고라스의 제자인 아르켈라오스나 오이노피데스 가문의 사람들과 같은 시대의 사람이 될 것이다. 사실 그는 오이노피데스에 관해서도 말하고 있기 때문이다.

(42) 그러나 그는 또 파르메니데스나 제논의 학파에 속하는 사람들이 주장한 '한 자(者)'의 설에도 말하고 있다. 실제로 이 사람들은 그의 시대에 큰 화제가 되고 있었기 때문이다. 또 그는 아브데라의 프로타고라스에 관해서도 말했는데 이 사람이 소크라테스와 같은 시대의 사람이었던 것은 대체로 확실하다.

한편 아테노도로스는 〈산책〉 제8권 가운데서 다음과 같은 이야기를 전하고 있다. 히포크라테스*40가 그에게 찾아왔을 때에 우유를 가져오도록 부탁해 두었다. 그리고 가져온 우유를 바라본 다음 이것은 첫 새끼를 낳은 검은 암산양의 젖일 거라고 말했다. 그래서 그의 정확한 관찰력에 히포크라테스는 놀란 것이다. 그뿐만 아니라 히포크라테스에게는 어린 딸이 함께 있었는데 첫째 날에 그는 딸에게 '안녕, 딸'이라고 인사했는데 다음 날에는 '안녕, 부인'이라고 인사를 한 것이다. 실제로 그 딸은 밤 사이에 처녀성을 잃어버렸던 것이다.

(43) 데모크리토스의 마지막 모습은 다음과 같았다고 헤르미포스는 전한다. 즉 그는 이미 대단한 고령이어서 죽음이 가까운 상태에 있었다. 그래서 그의 여동생은 데스모포리아제(祭)*41 기간에 그가 죽을 것 같은데 그렇게 되면 자기는 여신에 대해서 수행해야 할 임무를 수행할 수 없게 되고 말 것이라고 고민을 하고 있었다. 그래서 그는 걱정을 하지 말라고 누이동생에게 말하고 매일

---

*40 위 24절에 이름이 나와 있는 히포크라테스와 같은 사람으로서 유명한 의사를 말한 것으로 생각된다.

*41 가을에 이루어지는 전 그리스 공통인 여자들만의 축제. 아테네에서는 퓨어노프시온달(10월 후반~11월 전반)의 제11일부터 제13일까지의 사흘 동안 이루어졌다. 아이가 태어나길 바라는 축제로도 해석되는데, 주된 목적은 오히려 가을에 뿌려진 보리의 풍요를 빌었을 것이라고 한다.

(갓 구워낸) 따끈한 빵을 자기에게 가져오도록 했다. 그렇게 해서 그는 이 따끈한 빵을 자기 코 위에 대면서 그 축제기간을 견뎌낸 것이다. 축제기간—그것은 사흘 동안이었는데   이 지니지 그는 편안히 세상을 떠났다. 그때 그는 히파르코스에 의하면 109세였다.

나는 그에게 보내는 다음과 같은 시를 지어두었다.

도대체 누가, 이처럼 현명한 사람이었을까.
전지(全知)의 데모크리토스가 성취했을 정도의 그 정도의 일을 누가 성취했을까.
이 사람은 죽음이 다가오고 있었을 때 사흘 동안 집안에서 견뎌내고,
빵이 뿜어내는 따끈한 온기로 견뎌내고 있었던 것이다.

—이 사람의 생애는 위와 같았다.

(44) 다른 한편, 그의 학설은 아래와 같다. 만유 전체의 시원(始原)은 아톰과 공허(케논)이고 그 이외의 것을 모두 시원으로 믿고 있는데 지나지 않는다. 그리고 세계는 끝없이 생성하고 소멸하는 것이다. 또 아무것도 없는 것에서 비롯되는 것은 없으며 없는 것으로 소멸하는 일도 없다. 더욱이 아톰은 크기와 수에서 끝이 없으며, 그것들은 만유 가운데를 소용돌이치면서 옮겨지고 있는 것이다. 그렇게 해서 모든 합성물을, 즉 불과 물, 공기와 흙을 낳는 것이다. 왜냐하면 이런 것도 일종의 아톰의 집적물이기 때문이다. 또 이런 아톰이 작용을 받지 않는 것, 변화하지 않는 것일 수 있는 것은 그것들의 성질이 굳건하기 때문이다. 또 태양이나 달은 그것들에 걸맞은 매끄럽고 공처럼 둥글게 생긴 덩어리(아톰)로 합성되어 있으며 혼도 마찬가지이다. 그리고 그 혼은 지성과 똑같은 것이다. 우리가 사물을 보는 것은 대상에서 생기는 환영(에이돌론)이 우리의 눈 위로 떨어지는 데 따른 것이다.

(45) 또 만물은 필연에서 비롯되는 것인데 그것은 그가 '필연'으로 부르고 있는 곳의 소용돌이가 만물을 낳기 때문이다. 또 '쾌활함(경쾌한 마음)'이 인생의 최종 목적인데 이것은 일부의 사람들이 잘못 이해한 것과 마찬가지로 쾌락과 똑같은 것은 아니고 어떤 두려움이나 미신, 그 밖에 어떤 정념에 의해서도 흐트러지지 않고 혼(마음)이 그것으로 인해서 안정된 상태로 지낼 수 있게 됨을

말하는 것이다. 그러나 그는 이 상태를 '행복'으로도 그 밖에 많은 이름으로도 부르고 있다. 또 사물의 여러 가지 성질은 법률이나 습관 위에만 있는데 지나지 않고 자연의 본디에서는 아톰과 공허가 있을 뿐이라고 한다.

그의 저작에 관해서는 트라실로스도 플라톤의 저작에 대해서 행한 것과 마찬가지로 이것들을 4부 작업의 형태로 해서 차례로 기록하고 있다.

(46) 윤리학 관계의 저작은 다음과 같다.

I.피타고라스

현자의 모습에 대해서
하데스(저승)에 있는 자들에 대해서
트리토게네이아(아테네 여신)(인간생활에 연관된 것 모두를 유지해 주는 세 개의 것(트리아)은 그 여신에 의해서 탄생(기네타이)하므로 그 이름으로 불리고 있는 것이다)*42

II.사내의 탁월성에 대해서, 또는 덕(용기)에 대해서

(산양신) 아말테이*43의 뿔(풍요의 뿔)
쾌활함에 대해서
윤리학 각서―'행복'이란 저작은 발견되지 않는다.
위는 윤리학 관계의 저작이다.
자연학 관계의 저작은 아래의 것이다.

III.대우주 체계(테오프라스토스 문하의 사람들은 이것을 레우키포스의 작품이라고 말하고 있다)

---

*42 단, 아테네 여신이 '트리토게네이아'란 호칭을 갖게 된 이유에 대해서는 여러 가지 설이 있다.

*43 아말테이란 그리스 신화에 이다산에서 갓난아기 제우스에게 젖을 물려 키운 암 산양을 말한다. 이 산양의 뿔에서는 암브로시아(신들이 먹는 음식)와 넥타르(신들이 마시는 술)가 흘러나오고, 또 한쪽 뿔이 부러지자 과일이 가득 채워져 있어 제우스에게 먹였다고 한다.

소우주 체계

세계형상론

여러 행성에 대해서

IV.자연에 대해서, 제1권

인간의 본성에 대해서(또는 몸에 대해서)―(자연에 대해서), 제2권

지성에 대해서

감각에 대해서

(일부 사람들은 위의 두 책을 하나로 묶어 '혼에 대해서'라는 표제를 붙이고 있다)

V.맛에 대해서

색깔에 대해서

(47) 여러 가지 형태(아톰)에 대해서

형태(아톰)의 변환에 대해서

VI.학설의 보강(이것은 앞에서 말한 저작 내용을 확정하기 위한 것이다)

환영(에이돌론)에 대해서 또는 (미래의) 예지에 대해서

윤리학상의 기준에 대해서, 3권

문제집

위는 자연학 관계의 저작이다.

아래의 것은 (4부 작업으로서는 분류되어 있지 않다)

천체현상의 여러 원인

공중현상의 여러 원인

지상현상의 여러 원인

불 및 불 안에 있는 것에 대한 여러 원인
소리에 관한 여러 원인
씨앗 식물 및 과실에 관한 여러 원인
동물에 관한 여러 원인
원인(原因)에 관한 잡다한 내용
자석에 대해서

위는 (4부 작업으로서) 분류되어 있지 않은 저작이다.
수학 관계의 저작은 다음과 같은 것이다.

Ⅶ.의견의 차이에 따라서 또는 원이나 구와의 접촉에 대해서

기하학에 대해서
기하학의 여러 문제
수

Ⅷ.통약(通約)할 수 없는 유한직선과 입체에 대해서, 2권

혼천의(渾天儀)의 투영도

(48) 대년(大年), 또는 천문학·역(曆)
물시계〈와 천(의 시간)〉 다툼

Ⅸ.천계(天界)의 기술

대지의 기술(지리학)
극지의 기술
광선론

수학 관계의 저작에는 위에 말한 것만의 것이 있다.

문예·음악 관계의 저작은 다음의 것이다.

X. 운율과 조화에 대해서

시(詩) 짓기에 대해서
시구절의 아름다움에 대해서
발음하기 쉬운 글자와 발음하기 어려운 글자에 대해서

XI. 호메로스론, 또는 올바른 조사(措辭)와 희어(稀語)에 대해서

노래에 대해서
어구론
어휘집

문예·음악 관계의 저작에는 위에 든 것만이 있다.
기술 관계의 저작은 다음과 같은 것이다.

XII. 예후(豫後)

양생(養生)에 대해서, 또는 양생론
의료의 마음가짐
시기에 벗어난 것과 계절에 맞는 것에 관한 여러 원인

XIII. 농업에 대해서, 또는 토지 측정론

회화(繪畫)에 대해서
전술론 및
중무장 전투론*44

---

*44 '전술론'과 '중무장 전투론'의 두 책은 다른 데모크리토스(멘데의 데모크리토스)의 책이라
는 해석도 있다(K. Freeman, Ancilla to the Pre-Socratic Philosophers. p. 98, note 1).

기술에 관한 저작에는 위에 든 것만이 있다.

(49) 그러나 일부의 사람들은 그의 〈각서〉 가운데서 다음에 드는 책까지도 개별로 다루어 저작목록 가운데 넣고 있다.

　　바빌론의 신성한 문서에 대해서
　　멜로에의 신성한 문서에 대해서
　　오케아노스(大洋)의 주항(周航)
　　역사연구에 대해서
　　칼데아인의 말
　　프리기아인의 말
　　발열 및 질환 때문에 기침을 하고 있는 사람들에 대해서
　　법률의 원인(기원)
　　손으로 만든 방어용 도구

또한 일부의 사람들이 데모크리토스의 것으로 돌리고 있는 그 밖의 책 가운데 어느 것은 그의 저작 가운데서 발췌해 편집한 것이며, 또 어느 것은 다른 사람의 작품임이 일반적으로 인정되는 것이다.―그의 저작에 관해서는 위에 든 것과 같은 것이 있고 또 그만한 수가 있다.

그런데 데모크리토스란 이름을 가진 사람은 6명이 있었다. 첫 번째는 우리가 다루어온 바로 그 사람. 두 번째는 그 사람과 같은 시대 사람으로서 키오스섬 출신의 음악가. 세 번째는 조각가로서 안티고노스가 말하고 있는 사람. 네 번째는 에페소스의 신전과 사모트라케스의 도시에 대해서 책을 쓴 사람. 다섯 번째는 에피그램의 작자로서 그 문체가 명석하고 화려했던 사람. 여섯 번째는 페르가몬 사람으로서 과장된 변론으로 명성을 떨친 사람.

8 프로타고라스

(50) 프로타고라스는 아르테몬의 아들로서―또는 아폴로도로스와 디논의 〈페르시아사〉 제5권에 따르면 미안도리스의 아들로서―아브데라 사람. 이 아브데라 사람이란 점은 폰토스의 헤라클레이데스도 〈법률론〉 가운데서 쓰고 있는데 프로타고라스가 투리오이시를 위해 법률을 제정했다고 말하고 있다. 그러나 에우폴리스는 〈추종자들〉 가운데서 프로타고라스는 테오스 사람이라고 한다. 그것은 에우폴리스가

　　집 안에는 테오스 사람 프로타고라스가 있다*45

고 말하고 있기 때문이다.

이 사람(프로타고라스)이나 케오스 사람 프로디코스는 사람들에게 강의를 해 보수를 받고 있었다. 그리고 플라톤은 〈프로타고라스〉 가운데서 프로디코스는 목소리가 낮은 사람이라고 말하고 있다. 다른 한편, 프로타고라스는 데모크리토스로부터 가르침을 받았다. 이 데모크리토스는 파보리누스가 〈역사 연구 잡록집〉 가운데서 말하고 있는 것처럼 '지혜'(소피아)란 별명이 붙여져 있었던 사람이다.

(51) 한편 프로타고라스는 어떤 사항에 대해서도 서로 상반하는 두 언론이 성립한다고 주장한 최초의 사람이다.*46 그는 잇달아 질문을 거듭함으로써 논의를 펼치면서 그것을 최초로 실행해 보였다. 뿐만 아니라 그는 어느 책을 다음과 같이 쓰기 시작했다. '만물의 잣대는 인간이다. 있는 것에 대해서는 있다

----

*45 단편, 146a(코크 엮음).
*46 단편, 6a(딜스―크란츠 엮음).

고 말하는 것, 없는 것에 대해서는 없다고 말하는 것'*47이라고. 또 그는 플라톤도 〈테아에테투스〉 가운데서 말하고 있는 것처럼 혼은 감각하는 것 이외에 어떤 것도 아니라든가, 모든 것이 참이라고 말하고 있었다.*48 또 다른 책에서 그는 다음과 같이 쓰기 시작했다.

'신들에 대해서는 그런 것들이 존재한다는 것도 존재하지 않는다는 것도 나는 알 수 없다. 그것을 알려는 것을 방해하는 것이 수없이 많기 때문이다. 사항이 불명확한 것에 더해서 인생은 짧기 때문에'*49라고.

(52) 그런데 그 책의 이 첫머리 말 때문에 그는 아테네에서 추방되었다. 그리고 아테네인들은 포고자에게 명해 그의 책을 소유자 개개인으로부터 압수해 광장에서 태워 버렸다.

이 사람은 강의에 대해서 보수를 청구한 최초의 사람인데, 그 액수는 100무나였다. 또 그는 동사의 시제(時制)를 구별하고 호기(好機) 파악의 중요성을 역설했으며, 언론의 경기를 마련하고, 논쟁을 하고 있는 자들에게 궤변을 전수한 최초의 사람이었다. 그리고 그는 의미 내용은 무시하고 말만을 구사해 문답을 교환했고, 지금도 세간에서 활약하고 있는 소피스트 종족의 모태가 되었다. 그렇기 때문에 티몬도 그에 대해서 이렇게 말한다.

또 교제에 능한 프로타고라스, 궤변으로 말장난하는 것도 잘 터득하고 있었다.

(53) 이 사람은 또 소크라테스답다고 일컫는 논의의 형식을 최초로 도입한 사람이기도 하다. 또 플라톤이 〈에우튀데모스〉 가운데서 말하고 있는 것처럼

---

*47 단편, 1(딜스-크란츠 엮음). 플라톤 〈테아이테토스〉 152A. 이 말은 그의 〈진리론〉(또는 〈타도론(打倒論)〉)의 첫머리에 쓰여 있었던 것이 아닌가 추측되고 있다.

*48 이것은 〈테아이테토스〉 152A 이하인 테아이테토스의 감각=지식설이 프로타고라스설에 연결시켜 논의되고 있는 부분의 간결한 요약일 것이다.

*49 단편, 4(딜스-크란츠 엮음). 한편 딜스는 이 문장 가운데의 '신들에 대해서는……존재하지 않는다는 것도'의 다음에 '또 그 모습이 어떤 것이라는 것도'라는 글을 에우세비오스에 의거해 보충하고 있다.

반론할 수 없다고 증명하려 한 안티스테네스의 이론을 최초로 대화 가운데서 이용한 사람이기도 했다. 더욱이 어떤 제안(테제)에 대해서도 이를 반박할 수 있는 문답법에 근거한 추론을 최초로 제시해 보인 것도 이 사람이다. 이것은 문답법가인 아르테미도로스[*50]가 〈크리시포스를 반박한다〉 가운데서 말하고 있다. 또 사람들이 그 위에 짐을 올려놓고 운반하는 이른바 어깻바대를 발명한 것도 그였고, 이것은 아리스토텔레스가 〈교육에 대해서〉 가운데서 말하고 있는 대로이다.[*51] 그것은 에피쿠로스도 어느 곳에서 쓰고 있는 것처럼[*52] 그는 (장작) 운반인이었기 때문이다. 또 그 일로 인해서 그는 데모크리토스로부터 칭찬을 받았는데 그것은 그가 장작을 능숙하게 묶는 것을 데모크리토스가 보았기 때문이었다.

또한 그는 최초로 글을 기원문·의문문·응답문·명령문의 4가지로 분류한 것이다.

(54)(단, 다른 사람들은 글을 서술·의문·응답·명령·보고·기원·소환의 7종류로 나누고 있다.) 그런데 그는 위의 4가지를 글의 기본형이라고 말하고 있었던 것이다. 알키다마스[*53]는 글은 긍정·부정·의문·호소의 4가지라고 주장하고 있다.

그가 자신의 책 가운데서 최초로 사람들에게 읽어준 것은 〈신들에 대해서〉인데 그 책의 첫머리 말을 위에 인용해 두었다. 그리고 이를 읽은 것은 아테네의 에우리피데스의 집—또는 사람들의 말에 따르면 메가클레이데스의 집—에서였다. 그러나 다른 사람들은 그 장소는 리케이온(의 체육장)이고 그의 제자이며 테오도토스의 아들 아르카고라스가 그를 대신해 읽었다는 것이다. 또 (그 책의 일로) 그를 고발한 것은 폴리젤로스의 아들로서 4백인회의 일원이었던 피토도로스였다고 한다. 그러나 아리스토텔레스[*54]는 고발자는 (제자인) 에우아틀로스였다고 말한다.

(55) 그의 책에 보존되고 있는 것은 다음의 것이다.

---

*50 메가라파의 철학자인지, 연대·생애 모두 미상.
*51 단편, 63(로제 엮음, 제3판)(로스 엮음, 위의 책, p. 61).
*52 단편, 172(우제나 엮음).
*53 이 사람의 이름은 제8권 56절에도 나와 있다.
*54 단편, 67(로제 엮음, 제3판)(로스 엮음, 위의 책, p. 15).

……(빠짐)……
논쟁의 기술
레슬링에 대해서
여러 가지 학문에 대해서
국가제도에 대해서
명예심에 대해서
여러 가지 덕에 대해서
원초의 상태에 대해서
하데스(저승)에 있는 자들에 대해서
사람들에게 부당한 행위를 하는 자들에 대해서
훈계집
보수(報酬) 청구의 소송(변론)
반대론법, 2권

위에 든 것이 그의 책이다.*55 한편, 플라톤도 그에 관한 대화편을 쓰고 있다.

그런데 필로코로스*56가 전하고 있는 바에 따르면 그가 시칠리아로 항해하고 있었을 때 타고 있었던 배가 침몰했다는 것인데, 그것은 에우리피데스도 〈익시온〉*57에서 넌지시 내비치고 있다. 또 일부의 말에 따르면 그는 그 여행 도중에 세상을 떠났으며 그때 그는 90세에 가까웠다고 한다.

(56) 그러나 아폴로도로스는 그가 죽은 것은 70세 때이며 그는 40년간 소피스트로서 활약했고, 그의 전성기는 제84회 올림픽대회기(BC 444~441년) 무렵이었다고 말한다.

그를 소재로 지은 나의 시도 있는데 그것은 다음과 같다.

---

*55 이 목록이 완전하지 않다는 것은 위에서 기술(51절, 54절)한 가장 잘 알려져 있는 책(〈진리론〉과 〈신들에 대해서〉)에서 빠져 있다는 것으로도 명확하다. 다만, 책이름 목록 최초에는 결문(缺文)으로 되어 있기 때문에 그곳에 그런 책이름이 기입되어 있었는지도 모른다.
*56 제2권 44절에 이 사람의 이름이 나와 있다. 그 부분의 주를 참조.
*57 나우크 엮음 〈그리스비극 단편집〉(제2판) p. 490 참조.

프로타고라스여, 나는 그대의 소문도 들었다.
그대는 아테네를 떠나면서 도중에 고령의 몸으로 숨을 거두었다지.
아테네는 그대를 추방하기로 정했나니까. 하지만 그대는,
아테네여신의 아테네를 벗어나기는 했는데 저승은 벗어날 수 없었다.

또 이런 이야기도 전해지고 있다. 어느 때 그가 제자인 에우아틀로스에게 보수를 지급하도록 청구했을 때 그 제자는 '아닙니다, 저는 아직 소송에서 이기지 못했습니다'라고 말했기 때문에 그는 이렇게 말해주었다고 한다. '아니 만일 내가 그대와의 이 다툼에서 이긴다면 그때에는 내가 이겼으므로 나는 보수를 받아야만 하고, 반대로 또 그대가 이긴다면 그때에는 그대가 이긴 것이므로 역시 보수를 받아야만 하는 것이다'라고.

한편 프로타고라스란 이름을 가진 사람은 이 사람과는 별도로 천문학자가 있었고, 에우포리온도 그 사람에게 만가를 지어 보냈다. 그리고 세 번째 사람은 스토아파의 철학자이다.

9 디오게네스(아폴로니아의)

(57) 아폴로테미스의 아들 디오게네스는 아폴로니아 사람으로서 자연학자이며 이름이 널리 알려진 사람이었다. 안티스테네스에 의하면 그는 아낙시메네스의 제자였다고 한다. 그러나 연대적으로 그는 아낙사고라스와 같은 시대의 사람이다. 그리고 이 아낙사고라스는 팔레룸의 데메트리오스가 〈소크라테스의 변명〉 가운데서 쓰고 있는 바에 따르면 아테네에서 사람들로부터 몹시 시샘을 받고 있었기 때문에 자칫했으면 생명을 잃을 위험에 노출되었다는 것이다.

그런데 디오게네스 학설의 줄거리는 다음과 같다. 즉 그것은 공기가 (만물의) 구성요소이며 무수한 세계와 무한한 공허가 있다. 또 공기는 농밀하게 되거나 희박하게 됨으로써 여러 세계를 탄생시킬 수 있는 것이다. 또 아무것도 없는 것에서는 낳지 않으며, 없는 것으로 사라지는 일도 없다. 대지(지구)는 둥근 공처럼 생겼고, (우주의) 중심에 확실하게 고정되어 있는데 그것은 지구의 구조가 열에 의한 회전과 냉에 의한 응고에 알맞기 때문이다. 이와 같은 내용의 것이다.

또 그의 책은 다음의 말로 시작되고 있다. '어떤 논의를 시작할 때 그 출발점으로서는 이론의 여지가 없는 것을 제공해야만 하는데, 그 표현은 단순하고 품위가 있는 것이어야만 한다고 나는 생각한다.'[58]

---

[58] 단편, 1(딜스—크란츠 엮음).

10 아낙사르코스

(58)아낙사르코스는 아브데라 사람으로서 스미르나의 디오게네스*⁵⁹ 제자였다. 그리고 그 디오게네스는 키오스의 메트로드로스 제자였는데 이 사람(디오게네스)은 자신은 아무것도 모른다는 식으로, 그 일조차도 모르고 있다고 말했던 사람이다. 다른 한편 메트로드로스는 키오스의 네사스 제자였다. 단, 그는 데모크리토스의 제자였다고 말하는 사람들도 있다.

아낙사르코스는 알렉산드로스 대왕(의 동정)에도 수행했으며 제140회 올림픽대회기(BC 340~337년) 무렵에 한창때였다. 또 그는 키프로스섬의 참주 니코클레온에게 대적하고 있었다. 그래서 어느 연회석상에서 알렉산드로스가 그에게 이 성찬을 어떻게 생각하느냐고 물었을 때 '대왕님, 모두가 매우 호화판입니다. 다만 어느 지사의 머리가 이 식탁에 올라야만 했습니다'라고 니코클레온을 빗대서 에둘러 그는 대답한 것이다.

(59) 그러나 니코클레온은 이 말을 마음의 응어리로 지니고 있다가 대왕이 죽은 뒤에 아낙사르코스가 항해중에 뜻하지 않게 떠돌아다니다가 키프로스섬에 닿았을 때 니코클레온은 그를 붙잡아 돌절구 속에 처넣고 쇠로 만든 절굿공이로 쳐죽이라고 명했다. 그러나 그는 이 징벌에 조금도 개의치 않고 '아낙사르코스의(몸을 감싸고 있는) 자루를 찧어도 좋다. 하지만 아낙사르코스는 찧어지지는 않는다'는 그 잘 알려진 말을 입에 올린 것이다. 거기에

---

*59 이 스미르나(일설에는 키레네) 출신의 디오게네스는 본문에 있는 것처럼 데모크리토스파인 키오스인 메트로드로스의 제자이고 아낙사르코스의 스승인데, 여기에서 이 사람의 이름이 쓰여 있는 것은 데모크리토스와 아낙사르코스 사이를 연결하는 사람으로 생각하고 있기 때문일 것이다. 그 이후의 사제의 계보는 뒤에 말하게 되듯이 아낙사르코스 → 피론 → 나우시파네스 → 에피쿠로스로 된다. 단, 이 책에서는 메트로드로스나 이 디오게네스 및 나우시파네스의 전기는 생략되어 있다. 한편, 이 계보에서는 앞 장에서 아폴로니아의 디오게네스가 그 사이에 끼워서 다룬 것은 조금 부자연스럽게 생각된다.

서 니코클레온은 그의 혀까지도 자르도록 명했는데 그는 스스로 혀를 잘라 이를 니코클레온에게 내뱉었다는 이야기이다.*60

내가 그에게 보낸 시도 있는데 그것은 다음과 같다.

자! 빨아 죽여라, 좀더, 그것은 나의 자루에 지나지 않는다.
자! 어서 빨아라. 하지만 아낙사르코스 자신은 훨씬 전부터 제우스의 저택에 있는 것이다.
그리고 그대는 (저승의 여신) 페르세포스님이 머지않아 빗으로 갈기갈기 찢고 나서 말할 것이다. '빨리 사라져라! 이 사악한 방앗간놈아'라고.

(60) 이 사람은 흔들림 없는 마음과 인생에 대한 만족감 때문에 '행복한 사람'으로 불리고 있었다. 그리고 아주 쉽게 사람을 분별력이 있는 자로 만들 수 있었다. 그는 자신을 신으로 굳게 믿기 시작한 알렉산드로스(대왕)를 분별력이 있는 자로 바꾸었기 때문이다. 그것은 그가 타박상을 입고 상처에서 피가 흐르고 있는 것을 보았을 때 대왕에게 그것을 가리키면서 이렇게 말했기 때문이다. '보십시오. 이것은 (보통의) 피입니다.

지복의 신들 몸 안에 흐르고 있는 것과 같은 신의 피가 아닙니다.'*61

그러나 플루타르코스는 이 말은 알렉산드로스가 자신의 벗들에게 한 것이라고 말하고 있다.*62 또 다른 때의 일인데 아낙사르코스가 대왕의 건강을 기원해 건배하려고 했을 때 그는 잔을 높이 들고,

신들 가운데에도 죽어야 할 인간들의 손에 의해서 쓰러지고 마는 자가 있을 것이다*63

라고 말했다는 것이다.

---

*60 엘레아의 제논에 대해서도 이와 비슷한 이야기가 전해지고 있다(앞에서 말한 27절 참조).
*61 〈일리아스〉 제5권 340행의 인용.
*62 플루타르코스 〈알렉산드로스전〉 28절 참조.
*63 에우리피데스 〈오레스테스〉 271행의 인용.

11 피론

(61) 피론은 엘리오스 사람으로서 플레이스타르코스의 아들이었다. 디오클레스도 이렇게 쓰고 있다. 그리고 아폴로도로스의 〈연대기〉에 의하면 그는 처음에 화가였는데 그 뒤, 알렉산드로스가 《(철학자들의) 계보》 가운데서 쓰고 있는 바와 같이 스틸폰의 아들 브뤼손의 제자가 되었다. 그 뒤 아낙사르코스의 제자가 되고 그를 따라서 어디든지 갔는데 인도에서는 알몸의 수행자들과도, 또 페르시아의 마고스 수도자들과도 교류를 했다. 그리고 이 경험에서 그는 아브데라의 아스카니우스*64가 쓰고 있는 바와 같이 사물의 진리는 파악할 수 없다는 것과 판단의 유보라는 형식의 논의를 철학 속에 도입해 진실로 기품이 있는 방법으로 철학 활동을 한 것으로 생각된다. 그것은 그가 전혀 아름답지 않은가 하면 추하지도 않고, 또 올바르지도 않은가 하면 부정(不正)하지도 않다고 주장하고 있기 때문이다. 또 마찬가지로 모든 사항에 대해서 진실로 그런 것은 하나도 없으며 사람들은 다만 법과 습관에 따라서 모든 일을 행하고 있는 것일 뿐이라고 그는 주장하고 있었다. 그 이유는 제각기 사항은 그것이기 보다도 오히려 이것이라는 것은 없기 때문이라는 것에 있다.

(62) 그는 실제생활에서도 이 주장에 일치되게 행동하고 있었다. 즉 그는 무엇이든 피하지 않았고 미리 주의하는 일도 없이 모든 사항을 그것이 간혹 마차든, 벼랑이든, 개든, 또 그와 같은 것의 무엇이든 이런 모든 것을 태연하게 받아들임으로써, 그때의 감각(의 판단)에 맡기지는 않았다. 그렇지만 그는 카리스토스의 안티고노스가 쓰고 있는 것처럼 그의 곁을 따르고 있었던 벗들이 그의 몸의 안전을 지키고 있었던 것이다. 그러나 아이네시데모스*65는 그가 판

---

*64 피론(Pyrrhon)의 제자였던 것으로 생각되는데 그 나머지는 미상.

*65 크노소스 사람으로 본디는 아카데미파의 한 사람이었는데 나중에 피론주의자가 되었다. 키케로와 같은 시대의 사람. 그는 아카데미파가 안티오코스에 의해서 다시 교양을 중시하

단유보의 원칙에 따르고 있었던 것은 철학연구를 하고 있는 경우만의 일이며, 일상 속 개개의 행동에서는 결코 분별없이 행동하고 있었던 것은 아니라고 말하고 있다. 또 그는 90세 가까이 살았다.

그런데 카리스토스의 안티고노스는 〈피론전〉 가운데서 다음과 같이 말하고 있다. 즉 그는 세상에 알려지지도 않은 가난한 화가였다. 엘리오스의 체육장에는 지금도 그가 그린 상당한 솜씨의 횃불경주의 그림이 남아 있다.

(63) 또 그는 안티고노스에 의하면 세간에서 은퇴해 고독하게 살고 있었기 때문에 가족도 그의 모습을 보는 것은 드물었다. 그가 그렇게 행동한 것은 어느 인도인이 (스승인) 아낙사르코스를 두고서, 이 사람은 자기 자신이 왕궁에서 봉사하고 있는 이상 누군가 다른 사람에게 훌륭한 인간이 되도록 가르칠 수는 없을 거라고 비난한 것을 그가 들은 뒤부터의 일이었다. 그는 늘 평온한 태도를 유지하고 있었다. 그가 이야기하고 있는 도중에 누군가가 그를 내버려두고 가버리는 일이 있어도 그는 자신을 상대로 끝까지 이야기를 계속했다. 젊어서는 그도 (대중의 갈채에) 마음을 움직였고 (또 명예욕에도 불타고 있었는데*66) 때때로―, 안티고노스는 계속해서 말하고 있는데―누구에게도 미리 알리는 일 없이 집을 비우고 자기 마음에 든 사람들과 함께 돌아다녔다. 그리고 어느 때 그는 (스승인) 아낙사르코스가 늪에 빠졌는데 살리려고 하지 않고 그대로 지나가 버렸기 때문에 그 일을 꾸짖은 사람들도 있었는데, 아낙사르코스 자신은 그의 무관심과 냉담함을 도리어 칭찬했다는 것이다.

(64) 또 어느 때 그는 자기 자신에게 말을 걸고 있는 것이 눈에 띄어 왜 그렇게 하느냐고 묻자 도움이 되는 인간이 되려고 훈련을 하고 있는 것이라고 대답했다고 한다. 그는 또 사물의 탐구에서는 누구도 그를 경멸하지 않았는데 그것은 그가 처음부터 끝까지 자기 혼자서 논하는 것도, 또 질문에 따라서 대답할 수도 있었기 때문이었다. 그렇기 때문에 나우시파네스*67조차도 젊어서

는 경향으로 되돌아간 것에 반대해 회의주의를 추진했다. 아래 78절 이후에 그의 이름은 때때로 나오고 있다. '판단유보의 10개 방식'도 그가 창시한 것으로 여기고 있다(79절).

*66 원본에서는 문장이 빠진 것으로 되어 있는데 딜스에 따라서 ( ) 안의 어구나 글을 보충해 번역해 둔다.

*67 테오스섬 출신의 철학자. BC 360년 무렵에 탄생. 그는 본디 원자론자였는데 피론의 제자가 되고, 또 에피쿠로스의 스승이 된 사람(69절 참조). 데모크리토스의 자연학과 지식론을 에피쿠로스에게 전한 것은 이 사람이라고 한다.

는 그에게 완전히 사로잡혀 있었던 것이다. 사실 나우시파네스는 사람들이 정신자세는 피론의 그것에, 하지만 학설 쪽은 자신의 것에 따라야 한다고 늘 말하고 있었고 또 (자신의 제자인) 에피쿠로스도 피론의 삶의 방식에는 감탄을 하고 있어 피론의 일을 끊임없이 자신이 알려고 한다고 때때로 말하고 있었기 때문이다.

더욱이 피론은 조국으로부터 매우 존경을 받고 있었기 때문에 시민들은 그를 수석(首席) 신관(神官)의 자리에 앉혔고, 그의 덕택에 모든 철학자들에게는 세금을 면제하기로 의결한 것으로 알려져 있다.

또한 불필요한 것에는 손을 대지 않는 그의 태도를 열심히 보고 배우려는 수많은 사람들을 그는 갖게 된 것이다. 그렇기 때문에 티몬도 〈피톤(Python)〉 가운데서, 또 〈실로이〉 가운데서도*68 그에 대해서 다음과 같이 말하고 있다.

(65) 오, 노인이여, 오, 피론이여, 당신은 어떻게, 또 어디에서
학자들의 견해와 허황된 이론으로부터 벗어날 길을 발견했소.
그리고 온갖 기만과 설득의 굴레를 풀 수 있었소.
또 당신에게는 어떤 바람(학설)이 헬라의 땅에 불고 있는지. 그리고 그 바람은 어디에서 불어와,
어디로 향해 불어가는지, 그런 것을 탐색할 마음도 없었던 것이오.

그리고 또 티몬은 〈환영(幻影)〉 가운데서 이렇게 말하고 있다.

오, 피론이여, 내 마음이 듣고 싶은 것은 다음의 것이오.
도대체 당신은 인간이면서 어찌 그렇게도 쉽게 평온한 마음으로 살 수 있단 말이오.
인간들 가운데서 당신만이 오직 홀로 신처럼 사람들을 이끌면서.

한편, 디오클레스에 의하면 그는 트라키아의 코티스를 물리쳤기 때문에 아

---

*68 〈피톤〉 가운데로부터의 인용은 잃어버린 것으로 보고 딜스와 힉스는 '〈피톤〉 가운데서는' 의 뒤를 빠진 문장으로 하고 있다. 그러나 롱의 원본도 아페르트의 번역본도 이대로 읽고 있다.

테네인은 그에게 시민권을 부여하고 찬양했다는 것이다.

(66) 또 에라토스테네스가 〈부와 빈곤에 대해서〉 가운데서 쓰고 있는 바에 따르면 그는 조산사였던 누이동생과 사이좋게 함께 살면서 때로는 병아리건 새끼돼지건 시장에 가져가 팔았고 집안을 깨끗이 정돈하는 일도 그는 조금도 개의치 않고 하고 있었다고 한다. 그는 그처럼 대범했기 때문에 돼지까지도 자기 손으로 씻어주었다는 이야기도 전해지고 있다. 또 그는 어느 때 누이동생을 위해—그 누이동생은 이름이 필리스타였는데—어떤 일로 몹시 화를 냈는데, 그것을 비난한 사람이 여자라면 대범함을 보일 수는 없다고 대답했다는 것이다. 또 어느 때 그는 개가 달려들어 몹시 낭패한 적이 있었는데 그 일을 꾸짖은 자에 대해서는 인간임을 완전히 벗어나는 것은 어렵다, 그러나 행동에 의해서 될 수 있는 대로 그 사태에 맞서야 하며, 만일 그것이 안 된다면 적어도 말로써 그렇게 해야만 한다고 대답했다는 것이다.

(67) 또 그가 어떤 상처를 입고 치료를 위해 소독약을 바르거나 절개를 하거나 상처가 난 곳을 지지는 등 처치를 할 때에도 그는 얼굴을 찡그리는 일조차 없었다고 한다. 티몬도 그의 생활태도가 어떤 것이었는지를 상세히 설명하고 있는 것 가운데서 명확히 하고 있는데, 더욱이 그의 제자가 된 아테네인 피론 *[69]도 늘 다음과 같이 말하고 있었다. 즉 그가 누구보다도 가장 마음을 기울이고 있었던 것은 데모크리토스였고, 그 다음에는 호메로스에게도 마음을 기울이고 있었는데 그에게는 감탄하면서,

> 나무들 잎의 모양이야말로 사람들 세상의 모습이다

라는 호메로스의 시구*[70]를 늘 입에 올리고 있었다고 한다. 호메로스는 인간을 말벌이나 파리, 새들로 비유하고 있었기 때문에 그가 감탄한 것이다. 또 그는 호메로스의 다음의 시구*[71]도 인용하고 있었다고 한다.

---

*69 피론의 제자가 된 이 사람은 스승의 언행을 추억하며 기록한 책을 저술한 것 같다. 아래 69절에는 그의 일화가 있다.

*70 〈일리아스〉 제6권 146행.

*71 〈일리아스〉 제21권 106~107행.

자, 벗이여, 그대도 죽는 것이다. 왜 그토록 슬퍼하는가.

파트로클로스조차 죽은 것이다, 그대보다 훨씬 뛰어난 사내였는데.

그리고 그 밖에도 인간의 의지할 데 없는 처지와 하찮은 것에 열중하는 것, 또 유치한 행동에 연관이 있는 한 호메로스의 모든 시구를 그는 인용하고 있었다는 것이다.

(68) 그리고 포세이도니오스도 그에 대해서는 다음과 같은 이야기를 전하고 있다. 즉 항해 중에 그와 함께 배를 탄 자들이 폭풍 때문에 파랗게 질리고 있었을 때에 그 자신은 평정함을 유지하면서 배 안에 있었던 새끼돼지가 (무심하게) 먹이를 계속 먹고 있는 것을 가리켜, 현자는 이렇게 마음이 흐트러지지 않은 상태로 있어야만 한다고 말해 사람들에게 용기를 주었다는 것이다.

그런데 누메니오스*72만은 홀로 그는 일정한 학설도 말한 것이라고 주장하고 있다. 그리고 이 사람에게는 다음과 같은 약점이 있었던 것으로 전해진다. 그것은 그 사람이 어느 때 몹시 화가 나서 고기구이 꼬챙이를 든 채 요리사를 광장까지 뒤쫓았다는 이야기를 전하고 있기 때문이다.

(69) 또 그(에우릴로코스)는 어느 때 엘리스에서 토론을 하고 있는 동안 연구 동료들의 질문공세에 몹시 시달렸기 때문에 옷을 벗고 알페이오스강을 헤엄쳐 건넌 것이다. 그는 티몬도 말하고 있듯이 소피스트(학자)들에게 적의를 품고 있었던 것이다. 다른 한편 (제자인) 피론은 거의 언제나 자기 자신에게 이야기하고 있었는데, 그 때문에 티몬은 다음과 같이 말하고 있다.

또 사람들로부터 벗어나 자기 자신과 시간을 보내고 자기 자신에게 이야기를 하고 있는 사내,

세상의 평판이나 논쟁에는 돌아보지도 않는 피론을(나는 보았다).

위에 열거한 사람들 외에 피론의 제자로는 아브데라 사람 카타이오스*73와 플레이우스 출신으로서 〈실로이〉의 지은이인 티몬,—이 사람에 대해서는 곧

---

*72 티몬과 같이 배운 피론의 제자. 아래 102절에도 이 사람의 이름이 나와 있다.
*73 〈이집트사〉의 지은이인 헤카타이오스와 같은 사람일지도. 이 사람에 대해서는 제1권 9절의 주를 참조.

(다음 장에서) 쓰게 되는데―그리고 테오스 사람 나우시파네스가 있었다. 이 사람들은 모두 스승의 이름을 따 '피론의 제자'로 불리고 있었는데 그들의 이른바 교의(敎義)와 같은 것에 의거해, '곤혹스럽게 하는 사람들'이라든가 '탐구하는 사람들'이란 식으로도 불리고 있었다.

(70) 한편 그들의 철학이 '탐구하는'으로 불린 것은 그들은 언제 어느 때에도 진리를 탐구하고 있었기 때문이며, 또 '고찰하는(회의하는)'으로 불린 것은 그들은 언제나 진리를 계속 고찰할 뿐이고 결코 진리를 발견하지 못하고 있었기 때문이다. 더욱이 '판단을 유보하는'으로 불린 것은 탐구결과의 상태에 따른 것이며, 즉 판단을 유보한 상태인 것을 나는 말하고 있는 것이다. 또 '곤혹(困惑)스러운'으로 불린 것은 자기들 자신이 곤혹스러운 것만이 아니라 일정한 학설을 주장하고 있는 사람들(교의 철학자들)까지도 곤혹스럽게 만든 것에 따른 것이다. 한편 '피론의 제자'라는 것은 피론의 이름에 의거한 것이다.

그러나 테오도시오스*[74]는 〈회의주의자 개요〉 가운데서 회의주의를 피론주의로 불러서는 안 된다고 주장한다. 왜냐하면 정신은 한쪽을 향해 움직이고 있는 (기울어지고 있는) 것이라는 피론의 생각을 이해해야만 그의 생활태도를 진실로 알 수 있으며, 만일 그것을 모른다면 우리는 피론의 제자로 불릴 수도 없기 때문이다. 그리고 그것에 더해서 피론은 최초로 회의주의를 주장한 것도 아니고 무언가 일정한 학설을 지니고 있었던 것도 아니며, 피론과 똑같은 삶의 방식으로 사는 사람이 피론의 제자라고 말할 수 있을 것이라고 테오도시오스는 말하고 있다.

(71) 그러나 몇몇 사람들은 이 학파(회의주의자)의 창시자는 호메로스라고 주장하고 있다. 그것은 호메로스가 다른 어느 누구보다도 더 같은 사항에 대해서 그때그때 다른 견해를 밝히고 있으며 그 견해만 해도 그는 결코 정의를 내리는 것과 같은 방법으로 일정한 설을 말하고 있는 것이 아니기 때문이라는 것이다.

또 일곱 현인들의 말(격언)도 회의주의에 근거한 것이라고 그들은 말하고 있다. 이를테면 '도를 넘지 말라'라든가, '보증인이 되라, 하지만 파멸이 가깝다'라는 등의 말*[75]이 그것이다. 후자는 굳게 신뢰해 보증을 주는 자에게는 파멸

---

*74 경험주의 의사이고 회의주의의 철학자. 연대·생애 모두 미상.
*75 전자는 키론의 언어(제1권 41절), 후자는 탈레스의 언어로 되어 있다.

이 계속해서 발생한다는 것을 뜻하고 있기 때문이다.

뿐만 아니라 아르킬로코스나 에우리피데스도 회의주의자였던 것으로 알려져 있다. 이를테면 그것은 아르킬로코스의 다음의 말 속에서 엿볼 수 있다는 것이다.

인간의 마음은, 레프티네스의 아들 글라우코스여,
죽어야만 하는 것이라면 제우스가 날마다 이끄는 것과 같은 그와 같은 것이 되는 것이다.[76]

또 에우리피데스는 이렇게 말하고 있다는 것이다.

(오, 제우스여) 도대체 무엇 때문에 비참한 인간들에게,
사려가 있다는 등, 사람들은 말하는 것일까. 우리는 당신의 뜻대로,
당신이 무엇을 바라건 그대로의 일을 행하는 것이므로.[77]

(72) 그러나 또 크세노파스도 엘레아의 제논도, 데모크리토스도, 그들에 의하면 회의론자인 것이다. 크세노파네스가 그렇다는 것은 다음의 그의 말에서 알 수 있기 때문이다.

그리고 정확한 것은 일찍이 아무도 본 자가 없었고, 장래에도 그것을 아는 자는 없을 것이다[78]

또 제논이 그렇다고 하는 것은 이 사람은 운동을 부정해 '움직이고 있는 물체는 그것이 그 안에 있는 장소에서도, 또 그 안에는 없는 장소에서도 움직이지는 않는 것이다'[79]라고 말하고 있기 때문이다.

그리고 데모크리토스가 그렇다는 것은 여러 성질을 배제하고 '찬 것은 관습

---

[76] 단편, 70(베르크 엮음).
[77] 〈구원을 갈구하는 여인들〉 734~736행.
[78] 단편, 34, 1~2행(딜스-크란츠 엮음).
[79] 단편, 4(딜스-크란츠 엮음).

상의 것, 따뜻한 것도 관습상의 것. 그러나 진실로 있는 것은 원자(아톰)와 공허(허공)뿐'이라고 그는 말하고 있기 때문이다. 또 '진실로 우리는 아무것도 모르는 것이다. 그러나 진실로 있는 것은 아톰과 공허뿐'[80]이라고 그는 말하고 있기 때문이고, '그러나 진실은 우리는 아무것도 모르는 것이다. 진리는 심연 속에 있는 것이기 때문에'[81]라고 말하고 있기 때문인 것이다.

그리고 플라톤도 진실은 신들이나 신들의 아이들이 있는 곳으로 물러나게 해 '있을 법한 이야기'[82]를 찾고 있다는 것이다.

또 에우리피데스는 다음과 같이 말하고 있기 때문이라고 한다.

(73) 그 누가 알고 있을까 (이 세상의) 삶은 죽음이고,
죽음이야말로 (도리어) 죽어야만 하는 자들은 삶으로 생각하고 있는 것이 아닌가를.[83]

그러나 또 엠페도클레스도

그런 이유로 이런 것은 인간들에게는 눈으로 볼 수도 없고, 귀로도 들을 수도 없으며,
또 지성에 의해서도 파악되지 않는 것이다.[84]

라고 말하고 그 시구의 바로 앞에서도

사람이 제각기 우연히 만난 것, 다만 그것만을 믿고

라고 말하고 있기 때문이다.

그리고 헤라클레이토스도 '가장 중요한 사항에 대해서는 적당히 결론을 내

---

[80] 단편, 125(딜스-크란츠 엮음).
[81] 단편, 117(딜스-크란츠 엮음).
[82] 이 언어는 〈티마이오스〉 가운데서 (44D, 48D, 53D등) 종종 사용되고 있다.
[83] 단편, 638(나우크 엮음, 제2판) 한편 이 시구는 플라톤의 〈고르기아스〉 492E에도 일부의 언어를 대신해 인용되어 있다.
[84] 단편, 2, 7~8행(딜스-크란츠 엮음). 다음의 시구도 똑같이 단편2, 5행.

리지 않도록 하자'[85]고 말하고 있고, 히포크라테스도 '의문은 남기면서도 인간에게 걸맞은 방법으로 자신의 견해를 밝히고 있는 것이다'라고 그들은 주장히고 있다.

그리고 이들 모든 사람에 앞서 호메로스는

하지만 인간의 혀라는 것은 돌기 쉽고,
많은 말을 안에 담고 있고,

그리고

말을 기르는 목장도 드넓어서 여기저기로 뻗어나가는 것이기

때문에, 어떤 말을 그대가 하건 그것에 대응하는 말이 그대에게 되돌아올 것이다[86]라고 말하고 있는 것인데 이런 시구에 의해서 호메로스는 동등한 힘을 지닌 밝힘이나, 서로 대립하는 밝힘이 있음을 보여주고 있는 것이다, 라고 되어 있다.

(74) 한편 회의주의자들은 여러 학파의 학설 모두를 뒤엎는 일에 끊임없이 힘쓰고 있었는데 자신들은 무엇 하나 학설의 형태로 자기주장을 밝히지는 않았던 것이다. 그들은 다른 사람들의 학설을 끄집어내어 이를 해설하기까지는 했는데 그때 자신들은 무엇 하나 이렇다고 할 만한 규정을 하지는 않았으며 그 '어느 것도 규정하지 않는다'는 것, 그 일조차도 하지 않았던 것이다. 따라서 그들은 이를테면 '우리는 아무것도 규정하지 않는다'라는 식으로 말하면서 그 '규정하지 않는다'는 것 그것조차도 부인하고 있었던 것이다. 그렇지 않으면 그들은 무언가를 규정하게 되었을 것이기 때문이다.[87]

그러나 우리가 (다른 사람들의) 여러 가지 견해를 끄집어내는 것은—이렇게 그들은 주장하고 있는데—우리가 경솔하지 않다는 것을 보여주기 위한 것이며 그것은 우리가 그들의 견해에 실제로 동의하고 있었던 경우에도 경솔하

---

[85] 단편, 47(딜스―크란츠 엮음).
[86] 〈일리아스〉 제20권 248~250행.
[87] 아래, 104절 참조.

지는 않았다는 것을 명확히 할 수 있기 때문이라는 것이다. 이렇게 해서 '우리는 아무것도 규정하지 않는다'는 표현으로 어느 쪽에도 치우치지 않는 그들 마음의 평형상태가 표시되고 있는 것이다. 그리고 이 상태는 '(A는 B보다도) 더 많고……일 리는 없다'거나 '어느 밝힘에도 그것에 대립하는 밝힘이 있다'거나, 그 밖에 이와 비슷한 표현에 의해서도 보이고 있다.

(75) 그러나 '더 많이……라는 것은 없다'('어느 쪽이라고도 말할 수 없다')는 표현은 양쪽 모두가 같다는 것으로서 긍정의 뜻으로도 사용되는 것이다. 이를테면 '해적은 거짓말쟁이와 마찬가지로 나쁜 인간이다'라는 식이다. 그러나 회의주의자들에 따라서는 그 표현이 긍정의 뜻보다는 부정의 뜻으로 사용되고 있다. 이를테면 그것은 상대의 주장을 뒤집으려는 사람이 '(괴물인) 스킬라가 실재하지 않았던 것은 (괴물인) 키메라가 실재하지 않은 것과 같다'고 말하는 경우인 것 같다. 그러나 '더 많이(보다도)……이다'라는 표현만인 경우에 때로는 비교의 의미로 사용될 때가 있다. 이를테면 '벌꿀은 건포도보다 달다'고 우리가 말하는 경우이다. 그러나 때로는 그 '보다도……이다'라는 표현은 긍정과 부정의 양쪽 의미로 사용될 때가 있다. 이를테면 '덕은 해를 미치기 보다는 (오히려) 이익을 가져온다'고 우리가 말하는 것과 같다. 그것은 표현방법에 따라서 덕은 이익을 가져오는 것이고 해를 미치는 것은 아니다, 라는 것을 보여주기 때문이다.

(76) 그러나 회의주의자들은 '더 많이……일 필요는 없다'('어느 쪽이라고도 말할 수 없다')는 표현 그 자체까지도 부인하고 있다. 왜냐하면 섭리는 있다고도 없다고도 말할 수 없는 것과 마찬가지로 '어느 쪽이라고도 말할 수 없다'고 말하는 그 자체이며 그렇다고도, 그렇지 않다고도 말할 수 없기 때문이라는 것이다. 그렇기 때문에 이 표현은 티몬도 〈피론〉 가운데서 쓰고 있는 것처럼, '무엇이건 이렇다고는 규정하지 않고 판단을 유보하는 것'을 뜻하고 있는 것이다.

또 '어느 밝힘에도 그것에 대립하는 밝힘이 있다'는 표현은 그 자체로 또 판단이 유보되는 것이다. 왜냐하면 사실은 서로 어긋나는 상태에 있는데 그런 것에 관한 밝힘이 같은 힘을 지니고 있다면 진리는 파악되지 않는다는 것으로 귀결하기 때문이다. 그러나 또 그 밝힘 그 자체에도 그것에 대립하는 밝힘이 있는 것이며, 그 대립하는 밝힘은 그 자체가 또 다른 밝힘을 부인한 뒤에는 자기 자신이 뒤집어 무효로 만들고 마는 것이다. 그것은 마치 설사제가 해로운 물질을 몸안에서 배설한 뒤에는 이번에는 그것 자체가 깨닫기 전에 제거되어 사라지고 마는 것과 같다.

(77) 하지만 이와 같은 주장에 대해서 교의 철학자들은, 그들 회의주의자들은 밝힘을 부인하고 있는 것은 아니고 오히려 이를 더욱 강화하고 있는 것이라고 반론하고 있다.*[88] 그렇기 때문에 그들 회의주의자들은 여러 가지 말과 이른바 필요에 따라서 사용하는 하인과 같은 것으로서 사용하고 있었을 뿐인 것이다. 왜냐하면 그렇지 않았다면 애당초 어느 밝힘을 다른 밝힘으로써 부인할 수 없었기 때문이다. 즉 그들의 방법은 마치 우리*[89]가 장소는 눈에 보이는 것은 아니므로 존재하지 않는다고 늘 말해오고 있으면서, 아무튼 적극 주장하는 것은 아니라고 해도 논의를 진행할 때에는 장소라는 용어를 어떻게든 사용해야만 하는 것과 마찬가지이다. 또 무엇이건 필연에 의해서 낳게 되는 것은 아니라고 우리는 말하면서도 필연이란 용어를 사용해야만 하는 것과 마찬가지이다. 그들 회의주의자들은 무언가 그와 같은 설명방법을 채용하고 있었던 것이다. 그것은 (그들의 사고로는) 사물은 이러저러한 것으로서 나타나고 있는데 자연 본디에 그와 같은 것으로 있는 것은 아니고 다만 그와 같은 것으로서 나타나 있는 것일 뿐이기 때문이다. 또 그들은 탐구하고 있는 것이라고 말하고 있었던 것인데, 그들이 탐구하고 있는 것은 사유(思惟)의 대상이 아니고—사유의 대상인 것은 명확한 것이므로—감각에 의해서 파악하고 있는 곳의 사물이었던 것이다.

(78) 이렇게 해서 피론주의자의 논의는 아이네시데모스가 〈피론주의 입문요강〉 가운데서 쓰고 있는 것처럼 여러 가지 나타남이나 또는 어떤 방법으로 사유하는 것을 기록한 것인데, 그 기록에 따르면 그런 모든 것을 서로 맞대어 비교할 때 많은 이상한 일이나 혼란을 발견한다는 것이다. 그런데 그들(피론주의자)은 고찰과정 가운데서 상반하는 명제를 끄집어내기 위해 어떤 방식에 따르면 여러 가지 일들이 사람들에게 확신을 주게 될 것인지를 우선 처음에 표시

---

*88 교의철학자들의 이 반론은 아래 102절에서 다시 한 번 다루고 있다.

*89 여기에서 '우리'라는 주어가 사용되고 있는 것을 보면 (아래 104절에서도 그런데), 필자(디오게네스 또는 그가 전거로 하고 있는 지은이)는 자기 자신을 회의주의자의 관점에 두고 있는 것으로 생각된다고 주의 형식으로 기록하고 있다.

해둔 다음, 이번에는 그 똑같은 방식에 따라서 그 사항에 대한 확신을 제거하기로 하고 있었던 것이다. 즉 그들에 의하면 사람들에게 확신을 갖게 하는 것은 감각 상에서 서로 정합(整合)하고 있는 사항이나 전혀 변하지 않거나, 또는 적거나 드물게만 변화하는 사항, 또 습관이 되고 있는 것이나 법률에 의해서 명확하게 정해져 있는 것, 더 나아가 사람들을 기쁘게 하는 일이나 놀라게 하지 않는 것, 그와 같은 사항의 일이기 때문이다.

(79) 그리고 그들은 사람들에게 확신을 갖게 하는 그와 같은 사항과는 반대의 사항에 의거해 이것도 앞의 것과 똑같은 신빙성을 지니고 있음을 표시한 것이다.

그런데 나타나고 있는 것, 또는 사유되는 것 상호간의 불일치에 의거해 그들이 제기한 문제점은 10개의 방정식 하에 정리되어 있고 또 그런 방식 하에서 다루어지고 있는 사항은 서로 다른 것으로 표시되어 있었던 것이다. 그가 제시하고 있는 10개의 방식이란 아래와 같다.*[90]

그런 것 가운데 첫 번째 방식*[91]은 즐거움이나 괴로움, 해로움이나 이로움에 관한 동물 상호간의 차이를 논거로 하는 것이다. 이 방식에 의해서 동물들에게는 같은 사물에서 같은 지각표상(판타지아)이 생기는 것이 아님이 도출되고, 그 때문에 이와 같은 표상의 대립에서 판단을 유보해야 하는 것으로 귀결하는 것이다. 즉 (동물 상호간의 탄생의 차이에 대해서 말한다면) 동물 가운데 어느 것은, 이를테면 불 속에 사는 동물(아궁이 속의 작은 동물)이나 아라비아의 피닉스(聖鳥), 또 (진흙에서 낳게 되는) 구더기가 그런 것처럼 서로 교미함이 없이 태어나는데 다른 것은 인간이라든가 그 밖의 동물들이 그런 것처럼 성교에 의해서 낳기 때문이다.

(80) 또 몸의 성립이 어느 동물들은 이런데 다른 동물들은 이렇다는 차이가 있다. 그러므로 동물들은 감각에 있어서도 서로 다르게 되어 있는 것이다. 이를테면 매는 매우 날카로운 시력을 지니고 있는데, 개는 매우 민감한 후각을

---

*90 이 10개의 방식은 섹스투스 엠피리쿠스 〈피론철학의 개요〉(이하, 〈개요〉로 약기) 제1권 36 ~163절에 상세히 논술되어 있다. 한편 줄리아 아나스, 조나단 번즈 〈회의주의의 방식〉은 섹스투스, 디오게네스, 알렉산드리아의 피론에 대한 번역, 주석, 해설을 포함한 뛰어난 책이므로 참조하기 바란다.
*91 전주(前註)인 〈개요〉 제1권 40~78절 참조.

갖추고 있다. 그렇기 때문에 다른 눈을 지닌 동물들에게는 시각에 나타나는 상도 또 다르게 나타나는 것은 당연한 일이다. 또 (올리브의) 나무의 어린 싹이 산양에게는 식용이 되는데 인간에게는 쓴 것이다. 또 독인삼(毒人蔘)은 메추라기에는 영양이 되는 먹이인데 말에게는 먹을 수 없는 것이다.

두 번째 방식*92은 인간의 태생이나 각자에게 특유한 체질을 논거로 하는 것이다. 아무튼 알렉산드로스(대왕)의 요리장이었던 데모폰은 그늘에서는 따뜻하게 느꼈는데 햇볕 아래에서는 벌벌 떨고 있었기 때문이다.

(81) 또 아리스토텔레스에 의하면*93 아르고스인 안드론은 물이 없는 리비아의 사막을 아무것도 마시지 않고 여행을 했다고 한다. 또 어떤 사람은 의료업을, 어떤 사람은 농업을, 그리고 다른 사람은 무역상을 동경하고 있다. 그리고 같은 사업이 어떤 사람들에게는 해로운데 어떤 사람들에게는 이로운 것이다. 그와 같은 점에서도 사람은 판단을 유보해야 하는 것이다.

세 번째 방식*94은 감각경로의 차이를 논거로 하는 것이다. 이를테면 사과가 시각에는 담황색의 것, 미각에는 단 맛의 것, 후각에는 향이 좋은 것으로 감지되기 때문이다. 또 같은 형이 그것을 비치는 거울의 차이에 따라서 다르게 보이게 되는 것이다. 따라서 감각에 나타나는 것은 이와 같은 것이라고도, 다른 것과 같은 것이라고도, 어느 쪽이라고도 말할 수 없는 것으로 귀결하는 것이다.

(82) 네 번째 방식*95은 사람들의 다양한 상태와 일반적으로는 상태의 변화를 논거로 하는 것이다. 다양한 상태와 그 변화란, 이를테면 건강과 질환, 수면과 각성, 기쁨과 괴로움, 젊음과 노령, 대담과 두려움, 증오와 애정, 따뜻해지는 것과 차가워지는 것과 같은 것이다. 그 밖에도 호흡하고 있는 것과 호흡의 통로가 막혀있는 것에 따른 상태도 있다. 따라서 사람들의 상태 여하에 따라서 사람들에게 감지되는 것은 여러 가지로 다른 것으로서 나타나는 것이다. 그것은 정신 이상자도 자연본성에 반한 상태에 있는 것은 아니기 때문이다. 왜 저 사람들 쪽이 우리들보다 더 자연본성에 반한 상태에 있는 것일까. 우리도 태

---

*92 〈개요〉 제1권 70~90절 참조.
*93 단편, 103(로즈 엮음, 제3판)(로스 엮음, 위의 책, p. 12).
*94 〈개요〉 제1권 91~99절 참조.
*95 〈개요〉 제1권 100~117절 참조.

양을 정지(靜止)한 것으로서 바라보고 있기 때문이다. 또 티토라 사람으로서 스토아파인 테온*96은 수면 중에 꿈속에서 돌아다녔고, 페리클레스의 노예는 지붕 꼭대기를 (밤에) 걷고 있었기 때문이다.

(83) 다섯 번째 방식*97은 다양한 삶의 방식, 법률습관, 신화에 의거한 신앙, 민족 내에서의 약속, 교의(敎義) 상의 견해를 논거로 하는 것이다. 이 방식에는 아름다운 것과 추한 것에 관한 사항, 진실과 허위에 관한 사항, 선한 것과 악한 것에 관한 사항, 신들에 관한 것, 그리고 모든 현상의 생성과 소멸에 관한 사항이 포함되어 있다. 이를테면 같은 사항이 어떤 사람들이 있는 곳에서는 올바른 것인데도 다른 사람들이 있는 곳에서는 부정(不正)한 일이고, 또 어떤 사람들에게는 선한 것인데도 다른 사람들에게는 악한 일이기 때문이다. 즉 페르시아인은 자신의 딸과 성교를 하는 것을 이상한 일로는 생각하지 않고 있는데 그리스인은 그것을 도의에 벗어나는 일로 생각하고 있기 때문이다. 또 크니도스의 에우독소스도 〈세계주유기(地誌)〉 제1권 가운데서 쓰고 있는 바와 같이 마사게타이인은 아내를 공유하고 있는데 그리스인은 그렇지 않다. 또 길리기아인은 기꺼이 해적행위를 했는데 그리스인은 그런 행위를 하지 않는다.

(84) 또 신들에 대해서도 사람마다 신앙하는 신이 다르고 더욱이 신의 섭리를 믿고 있는 사람이 있는가 하면 믿지 않고 있는 사람들도 있다. 또 사자(死者)의 장례를 치를 때에도 이집트인은 이를 미라로 하고 로마인은 화장을 하는데, 파이오니아인은 호수에 던지는 것이다. 그러므로 진실이 무엇인가에 대해서는 판단을 유보하게 되는 것이다.

여섯 번째 방식*98은 혼합이나 공유를 논거로 하는 것이다. 이 방식에 따르면 모두가 그 자체로 순수하게 나타나는 일은 없으며 공기·빛·수분·고체·열·냉(冷)·동(動)·증기, 그 밖의 여러 힘과 하나가 되어 나타나는 것이다.

(85) 또 공기 중에서는 둘이서 가까스로 들어올릴 수 있는 돌도, 수중에서는 쉽게 움직일 수 있다. 그것은 실제로는 무거운 돌이 물로 인해서 가벼워져 있거나, 또는 실제로는 가벼운 돌이 공기에 의해서 무거워져 있거나 어느 한쪽 때문이다. 따라서 우리는 향유(香油) 가운데 올리브유에 대해서는 모르는

---

*96 이 사람에 대해서는 여기에 쓰여 있는 것 외에는 미상.
*97 섹스투스에서는 '열 번째 방식'으로 되어 있다. 〈개요〉 제1권 145~163절 참조.
*98 〈개요〉 제1권 124~128절 참조.

것과 마찬가지로 사물 그 자체의 본디의 특질에 대해서는 무지한 것이다.

일곱 번째 방식[99]은 거리나 놓여 있는 상태, 또 장소나 장소 가운데에 있는 것을 논거로 하는 것이다. 이 방식에 의해서 크다고 생각되는 것은 작게 나타나고 네모진 것은 둥글게, 편평한 것은 불거져 나온 것으로, 곧은 것은 휘어지게, 푸르스름한 것은 다른 색깔로 보이는 것이다. 이를테면 태양은 멀리 떨어져 있음으로써 작게 보이고 산들은 멀리서는 안개가 끼어 있어 매끄러운 것으로 보이는데 가까이에서는 울퉁불퉁한 것으로 보이는 것이다.

(86) 그리고 태양은 떠오르기 시작할 때와 중천에 있을 때에는 다른 형태의 것으로 보이고 또 같은 물체라도 숲에 있을 때와 물이 하나도 없는 토지에 있을 때에는 다른 것으로 보인다. 또 초상화는 어떻게 놓여 있느냐에 따라서, 비둘기의 목은 그 기울이는 모양에 따라서 다른 것으로 보인다. 따라서 이런 것을 놓여있는 장소나 두는 방식에서 벗어나 인식할 수는 없는 것이므로 그것들의 본성은 알 수 없는 것이다.

여덟 번째 방식[100]은 사물의 양이 얼마나 되는지, 또는 그것은 뜨거운 것인지 찬 것인지, 빠른지 느린지, 색깔이 있는지 없는지와 같은 것을 논거로 하는 것이다. 예를 들어 포도주는 적당히 섭취되면 체력을 증강하는데 과음을 하면 체력을 감소시킨다. 식품이나 이에 준하는 것도 같다.

(87) 아홉 번째 방식[101]은 언제나 계속해서 발생하고 있는 (일상적인) 일인지, 또는 신기한 일인지 그렇지 않으면 드물게만 발생하는 일인지를 논거로 하는 것이다. 예를 들어 지진은 그것을 늘 겪는 사람에게는 놀라움의 대상은 아니고 또 태양도 매일 보게 되는 것이기 때문에 놀라움의 대상은 아니다.

그런데 이 아홉 번째 방식을 파보리누스는 여덟 번째 방식으로 하고 있고 섹스투스[102]와 아이네시데모스는 열 번째 방식으로 하고 있다.[103] 뿐만 아니

---

[99] 섹스투스의 〈개요〉에서는 '다섯 번째 방식'에 해당하는 〈개요〉 제1권 18~123절 참조.

[100] 이것도 섹스투스의 〈개요〉에서는 '일곱 번째 방식'에 해당하는 〈개요〉 제1권 129~134절 참조.

[101] 〈개요〉 제1권 141~144절 참조.

[102] 섹스투스의 이름은 이 책에서는 여기에서 처음 나오고 있다. 나중에 116절에 다시 한 번 그의 이름이 나온다. 거기에 쓰여 있는 것처럼 경험주의 의사이고 회의주의 철학자. 2세기 후반에 활동한 사람들로 생각되는데 생애는 미상.

[103] 그러나 섹스투스도 〈개요〉에서는 용어가 조금 다르다고 해도 또한 '아홉 번째 방식'으로

라 (다음에 말하는) 열 번째 방식을 섹스투스는 여덟 번째 방식으로 하고 파보리누스는 아홉 번째 방식으로 하고 있다.

열 번째 방식*104은 다른 것과의 비교에 의거한 것이다. 이를테면 가벼운 것은 무거운 것으로, 강한 것은 약한 것으로, 보다 큰 것은 보다 작은 것으로, 저마다 관계를 지어 비교되는 것과 같은 경우이다. 사실 오른쪽의 것은 본성적으로 오른쪽에 있는 것은 아니고 다른 것에 대해서 어떤 위치에 있느냐 하는 것에 의거해 오른쪽에 있는 것으로 생각되고 있는 것이다. 왜냐하면 다른 것이 위치를 바꾸면 그것은 이미 오른쪽에 있는 것이 아니기 때문이다.

(88) 마찬가지로 아버지나 형제도 어느 것과의 관계에서 아버지나 형제이며 낮은 태양과의 관계에서 낮인 것이다. 그리고 온갖 것이 우리의 사고와의 관계에 있는 것이다. 따라서 무언가의 관계에 놓여 있는 것은 그 자체로서는 알 수 없다.

—위에 든 것이 사람을 판단유보로 이끌기 위한 10개의 방식이다.

그러나 아그리파*105는 위의 방식에 더해서 더욱 다른 5개의 방식을 도입하고 있다. 즉 (1) 의견의 불일치에 의한 방식, (2) 무한배진(無限背進)으로 몰아넣는 방식, (3) 상대성을 논거로 하는 방식, (4) 가정에 의한 방식, (5) 순환론의 방식, 5가지이다.*106

한편, (1) 의견의 불일치에 의한 방식은 무엇이건 탐구의 대상으로서 제시되고 있는 사항이 철학자들 사이에서든, 일상의 교제에서든, 매우 많은 모순과 혼란에 가득 찬 것임을 명확히 하는 것이다. 또, (2) 무한배진으로 몰아넣는 방식은 탐구되고 있는 사항이 확인되는 것을 허용하지 않는 것인데, 그것은 어느 것은 다른 것에서 그 보증을 얻을 수 있게 되지만 후자는 더욱 다른 것에서 그 보증을 얻는다는 식으로, 그 과정은 무한히 이어지게 되기 때문이라는 것

하고 있다.
*104 위와 같이 섹스투스는 이것을 '여덟 번째 방식'으로 하고 있다. 〈개요〉 제1권 135~140절 참조.
*105 아이네시데모스와 섹스투스의 중간에 위치하는 피론주의의 철학자. 그러나 아래 116절의 회의파 계보 가운데에는 이 사람의 이름은 보이지 않는다. 생애·연대 모두 미상.
*106 섹스투스의 〈개요〉 제1권 164~177절 참조. 단, 제3의 '상대성(pros ti)을 논거로 하는 방식' 이 앞서 말한 '열 번째 방식'('다른 것과의 비교에 의거한 방식')과는 '다른 방식'일 수 있는지 조금 의문으로 생각된다.

이다.

(89) (3) 상대성을 논거로 하는 방식은 무엇이건 그 자체로는 파악이 안 되고 언제나 다른 사항과 함께 파악되는 것이라고 주장하는 것이다. 따라서 모든 사항은 (그 자체로는) 인식될 수 없다는 결론에 이르게 되는 것이다. (4) 가정(假定)에 의한 방식은 사물의 근본원리는 신뢰할 수 있는 것으로서 즉석에서 승인해야 하며 더욱 그 이상의 것을 요구해야 할 것은 아니라고 생각하고 있는 사람들이 있는 경우에 성립하는 이론으로서, 이 이론은 헛수고라고 하는 것이다. 왜냐하면 누군가 다른 사람은 그 근본원리에 반대의 것을 가정할 것이기 때문이다. (5) 순환론에 의한 방식은 탐구되고 있는 사항을 확증하지 않으면 안 될 이론이 거꾸로 탐구되고 있는 그 사항에 의해서 확증되는 것을 필요로 하는 경우에 성립하는 것이다. 이를테면 누군가가 유출이 발생하고 있는 것을 이유로 구멍이 있는 것을 확증하려고 하면서, 거꾸로 유출이 발생하고 있는 것을 확증하기 위해 구멍이 있다는 바로 그것을 증거로서 거론하는 것과 같은 경우이다.

(90) 그런데 이 사람들(회의주의자들)은 모든 논증도 (진리의) 기준도 또 조짐·원인·운동·학습·생성, 그리고 본디 자연에서 선한 것과 악한 것이 있다는 것도 부정하고 있었던 것이다. 즉 그들의 주장에 따르면 논증은 모두 이미 논증이 되고 있는 사항이거나, 또는 논증될 수 없는 사항이거나 어느 한쪽에 의거해 성립하고 있다. 그런데 만일 논증이 이미 논증되고 있는 사항에 의거해 성립하고 있는 것이라면 이들 논증되고 있는 사항도 무언가의 논증을 필요로 할 것이며, 그렇게 해서 무한으로 나아가게 될 것이다. 다른 한편, 만일 논증이 논증될 수 없는 사항에 의거해 성립해 있는 것이라면 그 경우도 그런 논증될 수 없는 사항 전부가, 또는 그 일부가, 또는 그 가운데 하나만이라도 의심스러운 것이라면 그 논증의 전체도 마찬가지로 논증되어 있지 않은 것이라고 말하게 될 것이다. 또 만일—이같이 그들은 계속 주장하고 있는 것인데—어떤 논증도 필요로 하지 않는 것이 무언가 있는 것으로 생각되고 있는 경우에 그렇게 생각하고 있는 사람들이, 그것들은 그 자체에 의해서 보증되고 있는 것이라는 바로 그 일에 대해서, 우선 첫째로 논증할 필요가 있다는 것을 이해하고 있지 않은 것이라면 그 사람들의 사고는 참으로 놀랄 만하다는 것이다.

(91) 게다가 또 만물의 구성요소는 4가지라는 점에서 그것이 4가지(뿐)라는

것이 확증되어서도 안 되기 때문이다. 더욱이 개개의 논증이 믿을 수 없는 것이라면 그런 것에 의거한 논증 전체도 믿을 수 없는 것이라는 점도 있다. 또 논증이 성립하고 있는 것을 우리가 알기 위해서는 그것을 판정하기 위한 기준이 필요하며 거꾸로 또 기준이 존재하는 것을 알기 위해서는 그것을 위한 논증이 필요하다. 따라서 논증과 기준의 어느 것도 한쪽은 다른 쪽으로 서로 되돌리게 되는 것이므로 그 자체로서는 파악될 수 없는 것이다. 그리고 그것에 대한 논증이 알려져 있지 않은 것이라면 도대체 어떻게 해서 사람은 감각에 명확하지 않은 사항을 파악할 수 있는 것일까. 더구나 이 경우 탐구되고 있는 것은 사물이 이런저런 것으로서 나타나 있느냐의 여부가 아니라 사물이 그 본질에서 그대로인지의 여부에 있는 것이다.*107

또 그들 회의주의자들은 교의 철학자들이 호인(好人)이라고 공언하고 있었던 것이다. 그것은 가정에 의거해 결론이 내려지는 것은 탐구(고찰)하기 위한 이론은 아니고 일정한 주장을 내세우기 위한 이론이기 때문이며, 그리고 그와 같은 이론에 따라서는 사람은 불가능한 사항에 대해서도 논증을 시도할 수가 있다는 것이다.

(92) 또 주위의 상황에 따라서 있는 것에 의거해 진실을 판단해서는 안 되고 자연 본디의 것에 의거해 입법을 해도 안 된다고 생각하고 있는 사람들에 대해서, 이 사람들은 어느 현상이나 모두 주위상황의 압박이나 그때그때의 상태에 따라서 나타난다는 것을 모르고 있기 때문에, 자기들 자신을 만물의 척도로 정하고 있는 것이라고 그들은 늘 말하고 있었던 것이다. 그렇기 때문에 모든 것이 참이거나 그렇지 않으면 모든 것은 거짓이라고 우리는 말해야만 한다는 것이다. 만일 조금의 것만이 참(이고 그 밖의 것은 거짓)이라고 한다면 무엇에 의해서 그것들은 구별되어야 할 것인가. 감각의 영역에 있는 것이 대상이라고 해도 감각에 의해서 참과 거짓이 구별되어야 하는 것은 아니다. 모든 사물이 감각에는 동등한 것으로서 나타나는 것이기 때문이다. 또 똑같은 이유로 참과 거짓을 결정하기 위한 다른 능력은 보이지 않는 것이다. 그렇기 때문에—라고 그들은 주장하고 있는 것인데—감각되는 것이든, 사유되는 것이든, 무언가에 대해서 확고한 사고를 지니려고 하는 자는 그 전에 우선 그 일에 관해서

---

*107 '논증'의 부정에 대해서는 섹스투스 〈개요〉 제2권 134~192절 및 〈여러 학자들에 대한 반론〉 제8권 제4장(300~315절) 참조.

세간에 널리 유포되고 있는 의견을 확정해 두어야만 한다. 그것은 어떤 사람들은 이것을 부정하고 있고 다른 사람들은 저것을 부정하고 있기 때문이다.

(93) 그런데 사물은 삼삭되는 섯에 따르거나, 사유되는 것에 따르거나 그 어느 한 쪽에 의해서 판정되어야 하지만 그 어느 쪽에도 이론(異論)이 제기되고 있는 것이다. 그렇기 때문에 감각되는 것, 또는 사유되는 것에 대한 의견에 최종적인 판정을 내릴 수는 없는 것이다. 그리고 만일 우리의 사고 사이에 생기는 대립 때문에 아무도 믿을 수 없다면 모든 일이 그것에 의해서 명확해지는 것으로 생각되고 있는 기준은 폐기하게 될 것이다. 그렇게 하면 어느 밝힘도 모두 동등하다고 사람들은 생각하게 될 것이다(라고 그들은 주장한다).

그들의 주장에 따르면 우리와 함께 현상을 탐구하는 자는 신뢰할 수 있는 (성실한) 사람이거나 그렇지 않은 사람이거나 어느 한 쪽이다. 그런데 그 자가 신뢰할 수 있는 사람이라면 그 사람은 사물이 자기에게 나타나(보이고) 있는 것과는 반대의 것으로 보이고 있는*[108] 자에 대해서 아무 말도 할 수 없을 것이다. 왜냐하면 그 사람 자신은 자기에게 보이고 있는 그대로의 것을 말하고 있기 때문에 신뢰할 수 있는 자인데, 그것과 마찬가지로 자기에게 보이고 있는 것과는 반대의 것으로 보이고 있는 사람도 또 신뢰할 수 있는 자이기 때문이다. 다른 한편, 함께 탐구하는 자가 신뢰할 수 없는 사람이라면 그 사람이 자기에게 나타나 (보이고) 있는 것을 말하고 있는 경우에는 (그것만이 아니고) 그 사람 자신도 신뢰가 안 될 것이다.

(94) 또 우리를 설득하는 사항이 진실이라고 생각해서는 안 된다. 왜냐하면 똑같은 사항이 모든 사람을 설득하는 것도 아니면, 같은 사람들을 언제나 설득할 수는 없기 때문이다. 그런데 설득력이 있다는 것은 외부의 상황에서도 생기고 화자(話者)가 유명한 사람이라든가, 사려가 깊은 사람이라든가, 말재주가 있는 사람이라든가, 이야기의 내용이 재미가 있는 것이라든가, 또는 친숙한 것이라든가, 그와 같은 것에서도 낳게 되는 것이다.

더욱이 그들은 또 진리의 기준까지도 다음과 같은 논법으로 부정하고 있었다.*[109] 즉 기준도 다른 기준에 의해서 규정되고 만 것이거나 그렇지 않으면 규정될 수 없는 것이거나 어느 한쪽이다. 그런데도 만일 규정될 수 없는 것이라

---

*108 힉스는 '뱀이 아니고 새끼를 감은 것으로 보이고 있다'는 예를 들고 있다.
*109 '기준'의 부정에 대해서는 〈개요〉 제2권 14~79절 참조.

고 한다면 그것은 신뢰성이 없는 것으로 되어 버리고 따라서 참과 거짓을 판별하는 데 실패하고 있는 것이다. 다른 한편 만일 그것이 다른 기준에 의해서 규정되어 버리고 있는 것이라면 그것은 규정되고 있는 개개의 것 가운데 하나가 될 것이다. 따라서 똑같은 것을 규정하는가 하면 규정되기도 해 규정하고 있는 것으로서의 기준은 다른 것에 의해서 규정되고, 그 밖의 것은 또 다른 것에 의해서 규정되는 식으로 그 과정은 끝없이 진행하게 될 것이다.

(95) 그리고 그것에 더해서 기준(은 무엇인가)에 대해 사람들의 의견이 일치하지 않는다는 점도 있다. 즉 어떤 사람들은 인간이 기준이라고 말하고 있는데 다른 사람들은 감각이 그것이라고 말하고 있고, 또 다른 사람들은 추론(推論, 로고스)을, 그리고 약간의 사람들은 직각적(直覺的) 표상을 기준으로 하고 있기 때문이다.

그런데 인간은 자기 자신과도 의견이 일치하지 않고 다른 사람들과도 의견이 일치하지 않으며 그것은 법률이나 습관에 차이가 있는 것으로도 명확하다. 또 감각은 기만하고 추론은 시종일관하지 않는 것이다. 더욱이 직각적 표상은 지성에 의해서 판별되는데 지성은 다양한 방향으로 향해지는 것이다. 그렇기 때문에 기준은 알 수 없는 것이며 따라서 진리도 알 수 없는 것이다.

(96) 또 조짐과 같은 것은 없다고 그들은 주장하고 있다.*110 즉 그들에 의하면 만일 조짐이 있다고 한다면 그것은 감각되는 것이거나, 사유되는 것이거나 어느 한쪽이다. 그런데 그것은 감각되는 것은 아니다, 감각되는 것은 사람들에게 공통한 것인데 조짐은 (어느 사람에게) 특정한 것이기 때문이다. 또 감각되는 것은 개별의 것으로서 (그 자체로) 존재하는 것에 속하는데 조짐은 어느 것과의 관계에서 존재하는 것에 속하기 때문이다. 다른 한편, 또 조짐은 사유되는 것도 아니다. 왜냐하면 사유되는 것은 나타나고 있는 것의 표출이거나, 나타난 일이 없는 것의 표출이 아닌 것이거나, 나타나고 있는 것의 표출이 아니거나, 나타나는 일이 없는 것의 표출이거나 이 가운데 어느 한쪽인데, 조짐은 그런 것들 가운데 어느 것도 아니기 때문이다. 따라서 조짐은 존재하지 않는 것이다. 사실 확실히 조짐은 '나타나고 있는 것의 표출'은 아니다. 왜냐하면 나타나고 있는 것은 조짐을 필요로 하지 않기 때문이다. 또 조짐은 '나타나는 일

---

*110 '조짐'의 부정에 대해서는 〈개요〉 제2권 97~133절 참조.

이 없는 것의 표출도 아닌 것'도 아니다. 무언가에 의해서 덮개가 제거되는 것은 표출이 되는 것이 아니면 안 되기 때문이다.

(97) 또 소심은 '나타나 있는 것의 표출이 아닌 것'을 의미하는 것도 아니다. 다른 것에 그것을 파악할 계기를 제공하는 것은 그 자체가 나타나 있는 것이 아니면 안 되기 때문이다. 더욱이 조짐은 '나타나는 일이 없는 것의 표출'도 아니다. 왜냐하면 조짐은 어느 것과의 관계로 존재하는 것에 속하는 것이므로 조짐이 그것의 조짐인 당사자와 함께 파악되어야만 하는데, 그 당사자가 이 경우에는 없게 되기 때문이다. 따라서 감각에 명확하지 않은 것은 아무것도 파악되지 않을 것이다. 그 자체는 조짐에 의해서 파악되는 것으로 알려져 있기 때문이다.

또 그들은 원인도 다음과 같은 방법으로 부정하고 있다.[111] 즉 원인은 어느 것과의 관계로 존재하는 것에 속하는 것이며 그것은 결국 결과와의 관계로 존재하는 것인데, 어느 것과의 관계에서 존재하는 것은 단순히 생각할 수 있는 것만의 것이며 실제로는 존재하고 있지 않기 때문이다.

(98) 따라서 원인도 단순히 생각할 수 있는 것만의 일일 것이다. 그것은 적어도 원인인 이상 원인이 그것의 원인이라고 말할 수 있는 것을 원인은 가져야만 하는 것이고, 그렇지 않으면 원인일 수는 없을 것이기 때문이다. 그것은 마치 아버지가 그 사람에게 아버지라고 말할 수 있는 당사자(아들)가 존재하지 않는다면 아버지일 수 없는 것처럼, 원인도 그와 똑같은 사정에 있는 것이다. 그런데도 원인이 그것과의 관계에서 생각할 수 있는 것(결과)은 존재하지 않고 있는 것이다. 왜냐하면 생성도 소멸도 그 밖의 어떤 과정도 없기 때문이다.[112] 따라서 원인이란 것은 존재하지 않는 것이다.

그리고 또 만일 원인이 존재하는 것이라면 물체가 물체의 원인이거나, 비물체적인 것이 비물체적인 것의 원인이거나 어느 한쪽인데, 그러나 그 어느 쪽도 아닌 것이다. 그렇기 때문에 원인이란 것은 존재하지 않는 것이다. 어쨌든 물체는 물체의 원인일 수는 없을 것이다. 적어도 그 양쪽이 모두 같은 본성을 지니고 있는 것이라면. 즉 그 한쪽이 물체라는 점에서 원인이라고 말하는 것이라

---

*111 '원인'의 부정에 대해서는 〈개요〉 제3권 3~29절 및 〈여러 학자에 대한 반론〉 제9권 207~
 217절 참조.
*112 현실로 감각에 나타나 있지 않다는 의미일까.

면 나머지 다른 한쪽도 물체이므로 원인이 될 것이다.

(99) 그런데 만일 양쪽 모두가 공통으로 원인이라고 한다면 작용을 받는 것은 아무것도 없게 될 것이다. 다른 한편, 이와 똑같은 논거에 의해서 비물체적인 것은 비물체적인 것의 원인일 수는 없을 것이다. 또 비물체적인 것이 물체의 원인일 때도 없다. 비물체적인 것은 아무것도 물체를 만들지는 않기 때문이다. 더욱이 물체가 비물체적인 것의 원인일 수도 없을 것이다. 왜냐하면 만들어진 것은 작용을 받는 질료의 성질을 지니고 있어야만 하는데, 그런데도 비물체적인 것이기 때문에 아무 작용을 받지 않는 것이라고 한다면 비물체적인 것은 무언가에 의해서 만들어진다는 것도 없을 것이기 때문이다. 그러므로 원인이란 것은 존재하지 않는 것이다.

또한 이 주장에는 우주만유의 근본원리는 실재하는 것이 아니란 것도 포함되어 있다. 왜냐하면 만일 실재하는 것이라면 우주만유에는 무언가 만드는 것, 이루는 것(원인)이 없으면 안 되기 때문이다.

그리고 또 운동도 존재하지 않는 것이다.[113] 즉 움직이는 것은 그것이 존재하고 있는 곳에서 움직이거나, 존재하지 않는 곳에서 움직이거나 어느 한쪽인데, 그런데도 존재하고 있는 가운데서 움직이는 일은 없으며, 다른 한편 존재하지 않는 곳 가운데서 움직이지도 않기 때문이다.[114] 그렇기 때문에 운동은 존재하지 않는 것이다.

(100) 그들은 또 학습이라는 것도 부정하고 있었다.[115] 즉 그들의 주장에 따르면 만일 무언가를 배우게 된다면 존재하는 것이 있는 것에 의해서 배우게 되거나, 존재하지 않는 것이 없다는 것에 의해서 배우게 되거나 어느 한쪽이다. 그런데 존재하는 것이 있다는 것에 의해서 배우게 되는 일도 없는가 하면—왜냐하면 존재하는 것의 양상은 (그 자체로) 모든 사람에게 명확하게(직접) 알려지는 것이기 때문에—존재하지 않는 것이 없다는 것에 의해서 배우게 되는 일도 없다. 그것은 존재하지 않는 것에는 아무것도 그것에 따라서 생

---

*113 '운동'의 부정에 대해서는 〈개요〉 제3권 63~81절 및 〈여러 학자에 대한 반론〉 제10권 제2장(37~168절) 참조.

*114 여기의 기록만으로는 운동부정의 논증이 충분하지 않은데 제논의 논증(72절 참조)이 그 배경에 있는 것으로 생각된다.

*115 '학습'의 부정에 대해서는 〈개요〉 제3권 253~258절 및 〈여러 학자에 대한 반론〉 제11권 제7장(216~257절) 참조.

기지는 않기 때문이다. 따라서 존재하지 않는 것에서 배우는 일도 없는 것이다.

그리고 생성이란 것도 없다고 그들은 주장하고 있다.[116] 왜냐하면 존재하고 있는 것은 생성하는 일이 없다. 이미 존재하고 있기 때문에. 또 존재하고 있지 않은 것도 생성하는 일은 없다. 그것은 실재하고 있지 않기 때문에. 그리고 실재하지 않았던 것이나 존재하지 않고 있는 것은 생성하는 일에도 관여하지 않았던 것이다.

(101) 자연에는 본디 선한 것과 악한 것이 존재하지 않는다고 그들은 주장하고 있었다.[117] 왜냐하면 만일 무언가 자연에 본디 선한 것과 악한 것이 있다고 한다면 마치 눈이 모든 사람에게 찬 것처럼 그것은 모든 사람에게 선한 것이거나 악한 것이어야만 한다. 그런데 모든 사람에게 공통으로 선한 것이나 악한 것은 아무것도 없다. 따라서 자연에는 본디 선한 것이나 악한 것은 존재하지 않는 것이다. 그것은 누군가가 선한 것으로 생각하고 있는 것은 모두 선한 것으로 말해야 한다거나 그렇지 않으면 그 모든 것이 반드시 선하다고 말할 수 없는 것이거나 어느 한쪽인데, 그 모든 것이 선하다고 말할 수는 없기 때문이다. 왜냐하면 똑같은 것을 어떤 사람은 선한 것으로 생각하고 있는데 다른 사람은 악한 것으로 생각하고 있기 때문이다. 다른 사람은 즉, 안티스테네스는 악한 것으로 생각하고 있기 때문이다. 그러므로 똑같은 것이 선한 것과 함께 악한 것이라고 말하게 될 것이다. 그러나 다른 한편, 우리가 만일 어떤 사람은 선한 것으로 생각하고 있는 것 모두가 반드시 선한 것이 아니라고 말한다면 우리는 사람들의 사고를 판별해야만 할 것이다. 그러나 그것은 사람들의 밝힘이 동등한 힘을 지니고 있기 때문에 할 수 없는 일인 것이다. 그러므로 자연 본디의 선한 것은 알 수 없는 것이다.

(102) 그런데 그들이 결론을 도출하는 방법 전체도 잔존하고 있는 그들의 저작집에서 이해할 수 있는 것이다. 그것은 피론 자신은 저작을 하나도 남기지 않았지만 그의 제자나 동료들, 즉 티몬·아이네시데모스·누메니오스·나우시파

---

[116] '생성(및 소멸)'의 부정에 대해서는 〈개요〉 제3권 109~114절 및 〈여러 학자에 대한 반론〉 제10권 제5장(310~351절) 참조.

[117] '자연 본디의 선한 것과 악한 것'의 부정에 대해서는 〈개요〉 제3권 179~187절 및 〈여러 학자에 대한 반론〉 제11권 제3장(42~109절) 참조.

네스 및 그 밖에 이 파의 사람들은 저작을 남기고 있기 때문이다.

그러나 교의 철학자들은 이들 회의주의자들에게 반론하면서 그들 자신도 사실을 파악해 일정한 설(교의)을 세우고 있는 것이라고 주장하고 있다. 즉 그들은 상대를 논박하고 있는 것으로 생각하고 있는 해당 사항 가운데서 무언가를 파악하고 있는 것으로, 즉 그 똑같은 사항 가운데서 그들은 자신의 사고를 굳히면서 이를 일정한 설(교의)로 삼고 있기 때문이라는 것이다. 그것은 그들이 '아무것도 규정하지 않는다'거나, '어떤 밝힘에도 그것에 대립하는 밝힘이 있다'거나 주장할 때 그들은 바로 그런 것들을 규정하고 있는 것이며, 그것을 일정한 설(교의)로서 확립하고 있기 때문이라는 것이다.*118

(103) 이 반론에 대해서 회의주의자들은 다음과 같이 답하고 있다. '우리가 인간으로서 경험하는 사항에 대해서는 이를 그대로 우리는 인정한다. 그것은 지금은 낮이라든가, 우리는 살아 있는 것이라든가, 그 밖에 삶 가운데서 나타나는 수많은 사건을 우리는 숙지하고 있기 때문이다. 그러나 교의 철학자들이 그것을 확실히 파악하는 것이라고 주장하고 논의에 의해서 적극적으로 단정하고 있는 사항에 대해서 그런 것들은 감각에는 명확하지 않은 사항으로서 우리는 판단을 유보하고 있는 것이며, 우리는 단순히 (감각에 의해서) 받아들이는 것(파토스)만을 안다고 말하고 있는 것이다. 왜냐하면 우리가 사물을 보고 있다는 사실을 우리는 승인할 것이고, 또 우리가 이것이나 저것을 생각하고 있는 것이라는 것도 알고 있는데 어떻게 보고 있는지, 또는 어떻게 생각하고 있는지는 모르기 때문이다. 또 이것은 희게 보인다는 식으로 우리는 일상의 대화 가운데서는 말하지만 그 자체가 사실은 정말로 희다고 적극적으로 단언하지는 않는다는 것이다.

(104) 〈나는 아무것도 규정하지 않는다〉는 표현이나 그와 비슷한 표현에 대해서*119 우리는 이를 일정한 설로서 말하고 있는 것은 아니다. 그것은 그런 표현은 우주는 둥글다고 말하는 경우와는 같지 않기 때문이다. 후자의 표현은 감각에는 명확하지 않은 것을 단정하는 것인데, 전자의 표현은 단순히 용인하는 것에 지나지 않기 때문이다. 그렇기 때문에 우리가 〈아무것도 규정하지 않는다〉고 말하고 있는 경우에는 그 〈아무것도 규정하지 않는다〉고 말하는 것,

---

*118 위 77절 참조.

*119 위 74절 참조.

그것조차도 규정하지 않고 있는 것이다'라고 말하는 것이다.

또 교의 철학자들의 주장에 따르면 회의주의자들은 삶이 그것으로 성립하고 있는 것 모두를 물리침으로써 삶 그 자체까지도 부정하고 있다는 것인데, 이에 대해서 회의주의자들은 교의 철학자가 말하는 것은 잘못되어 있다고 반론을 제기하고 있다. 즉 자신들은 우리가 사물을 보고 있다는 사실을 부정하고 있는 것이 아니라, 어떻게 해서 우리가 사물을 보고 있는지를 모르는 것이라고 주장하고 있는데 지나지 않기 때문이라는 것이다. 실제 '우리는 나타나 있는 것을 그대로 인정하고 있는데 그 자체가 사실 정말로 그와 같은 것인지는 인정하고 있지 않은 것이다'라고 그들은 주장하고 있는 것이다. 예를 들면 불타고 있다는 사실을 우리는 감각하지만 불타오를 수 있는 본성을 지니고 있는지 여부에 대해서 우리는 판단을 유보하고 있다는 것이다.

(105) 또 누군가가 움직이고 있다거나 쇠약해지고 있다는 사실을 우리는 목격하고 있는데 그런 일이 어떻게 발생하는지를 우리는 모르는 것이다. 그렇기 때문에 우리는 단순히 나타나고 있는 것의 배후에 실재하고 있는 (감각에는) 명확하지 않은 것을 인정하는데 반대하고 있을 뿐인 것이다, 라고 회의주의자들은 주장하고 있는 것이다. 이를테면 어느 조각상이 돌출한 부분을 지니고 있다고 이야기할 경우에 우리는 나타나고 있는 것을 명확히 하고 있는 것인데, 그 조각상은 돌출부를 지니고 있지 않다고 말할 경우에 우리는 이미 나타나 있는 것은 아니고 무언가 다른 것을 말하고 있는 것이다. 그렇기 때문에 또 티몬도 〈피론〉 가운데서 자신은 여느 때의 습관이 되고 있는 것에서 벗어나는 일은 하지 않는다고 말하고 있는 것이다. 또 〈환영(幻影)〉 가운데서는,

　　그러나 나타나고 있는 것은 그것이 어디에 생기는 것이건, 강한 힘을 지니고 있는 것이다

라고 말하고 있고 더욱이 〈감각에 대해서〉 가운데서는 '벌꿀이 달다는 것을 나는 인정하지 않는데, 그것이 단 것으로서 나타나 있다는 것에는 동의한다'고 말하고 있는 것이다.

(106) 그리고 아이네시데모스도 〈피론주의자의 논의〉 제1권 가운데서 피론은 반대의 것을 말할 수도 있기 때문에 무엇이건 교의 철학자처럼 규정하는

일은 하지 않고 나타나 있는 사항에 따르기로 하고 있었던 것이다, 라고 말하고 있다. 그리고 그것과 똑같은 것을 아이네시데모스는 〈지혜를 반박한다〉와 〈탐구에 대해서〉 가운데서 말하고 있는데, 또 아이네시데모스의 동료인 제욱시스는 〈양론(兩論)에 대해서〉 가운데서, 또 라오디케아 사람 안티오코스도, 그리고 아펠라스는 〈아그리파〉 가운데서 단순히 나타나 있는 것만을 인정하고 있는 것이다.*120 그러므로 회의주의자들에게는 아이네시데모스도 말하고 있는 것처럼 나타나 있는 것이 (진리의) 기준인 것이다. 그리고 에피쿠로스도 그렇게 주장하고 있다. 그러나 데모크리토스는 나타나 있는 것은 아무것도 기준이 아닐 뿐만 아니라 나타나 있는 것의 존재조차도 부정하고 있는 것이다.

(107) 하지만 나타나 있는 것이 기준이라는 이 사고에 대해서 교의 철학자들은 다음과 같이 반론을 제기하고 있다. 즉 똑같은 대상에서 다른 표상이 우리에게 생기는 경우에는, 예를 들어 같은 탑에서 생기는 표상이라도 그것이 둥글게 보이거나, 또는 네모꼴로 보이거나 하는 경우, 만일 회의주의자가 그 어느 한 쪽의 표상을 다른 쪽 표상보다도 우선해서 선택하는 것이 없다고 한다면 그는 행동할 수 없게 될 것이다. 다른 한편, 또 만일 그가 그 어느 한쪽 표상에 추종하는 것이라면 그런 경우에는 그는 이미 나타나 있는 것에 동등한 힘을 부여하고 있지 않은 것이 될 것이다, 라고 교의 철학자들은 논하고 있는 것이다. 그러나 이에 대해서 회의주의자들은 이렇게 대답하고 있다. 즉 저마다 다른 표상이 나타나는 경우에는 양자 어느 쪽의 표상도 동등한 자격으로 나타나 있는 것이라고 우리는 말할 것이다. 그리고 그 때문에 나타나 있는 것은 그렇게 나타나 있는 것이므로 우리는 그것을 그것으로 인정한다는 것이다.

그런데 회의주의자들은 판단을 유보하는 것이 탐구의 최종 목적이라고 주장하고 있으며 그 판단의 유보에는 평정한 마음이 마치 그림자가 형체에 곁들이듯이 따라서 드러난다는 것인데, 이것은 티몬이나 아이네시데모스가 주장하고 있다.

(108) 그것은 우리의 힘이 미치는 한도 안의 사항에 대해서는 우리가 스스로 이것을 선택한다거나 저것을 기피한다거나 하겠지만 우리의 힘이 미치는 것이 아니라 필연에 의해서 발생하는 사항, 이를테면 굶주림이나 목마름, 괴로

---

*120 제욱시스·안티오코스·아펠라스는 모두 1세기 또는 2세기 회의주의 철학자. 앞의 두 사람은 116절에도 이름이 나온다.

움과 같은 것은 우리가 이런 것으로부터 벗어날 수는 없기 때문이다. 이성(로고스)에 따라서는 그런 것들을 배제할 수는 없기 때문에. 그렇다면 회의주의자는 만일 명령만 받으면 자신의 아버지를 살해하는 것조차 피하지 않고 삶을 보낼 수가 있을 것이라고 교의 철학자들은 반론을 제기한 것인데 이에 대해서 회의주의자들은 이렇게 대답한다. 즉 살아가는 것에 연관된 사항이나 준수해야 할 사항에 대해서가 아니고 교의(학설)에 관한 사항에 대해서라면 탐구(판단)를 유보해도 삶을 보낼 수는 있을 것이라고 말한 것이다. 따라서 우리는 관습에 따라서 어느 것을 선택하거나 또 피하거나 하고 있는 것이며 또 법률과 관습을 지키고 있는 것이라고도 말한 것이다.

그런데 다른 사람들에 의하면 회의주의자들이 정념으로 흐트러지지 않은 상태를, 또 다른 사람들에 의하면 마음의 평온함을 삶의 궁극목적으로 주장하고 있다는 것이다.

12 티몬

(109) 우리 쪽 사람인 니케아의 아폴로니데스*121가 〈'실로이'에 관한 각서〉 제1권 가운데서 쓰고 있는 바에 따르면—이 책은 그가 황제 티베리우스에게 헌정(獻呈)한 것인데—티몬은 티마르코스를 아버지로 플레이우스에서 태어났다. 그는 젊어서 부모를 잃고 합창가무단의 무용수로서 출발했는데 그 뒤 그 일에 싫증이 나 고국을 떠나서 메가라로 가 스틸폰에게 몸을 의지했다. 그리고 한동안 그 사람과 함께 지낸 뒤, 다시 고국으로 돌아가 결혼을 했다. 그 뒤 그는 아내와 함께 엘리스의 피론에게로 가 아이들이 태어날 때까지 그곳에 머물렀다. 그리고 나이가 많은 아이 쪽을 그는 크산토스로 이름을 지어주고 의술을 배우게 한 다음 재산의 상속인으로 했다.

(110) 이 아들은 소티온도 〈철학자들의 계보〉 제11권 가운데서 쓰고 있는 바와 같이 세상에 이름을 떨친 사람이다. 그러나 그 자신은 생활에 어려움이 있었기 때문에 (흑해 입구인) 헬레네폰토스와 프로폰티스를 향해 떠났다. 그리고 칼케돈에서 궤변가로서 활동하고 있는 사이에 세간에서 더욱더 좋은 평을 얻었다. 그리고 재산을 축적한 뒤에 그곳에서 아테네로 건너갔다. 짧은 기간 테베로 떠난 적도 있었는데 죽을 때까지 아테네에서 산 것이다.

그는 (마케도니아의) 안티고노스왕에게도, (이집트의) 프톨레마이오스 필라델포스왕에게도 후한 대우를 받았는데 그것은 그 자신이 이암보스조의 시 가운데서*122 자신에 대해 증언하고 있는 그대로이다.

그런데 (카리스토스의) 안티고노스가 쓰고 있는 바에 따르면 그는 술을 즐기기도 했고 또 철학연구의 여가에는 많은 시작품도 썼다. 즉 서사시·비극·사티로스극—희극조의 것이 30편과 비극조의 것이 60편이 있다—그 밖에도 그

---

*121 로마의 티베리우스 황제 시대의 문법(문서) 학자라는 것 외에는 미상.
*122 〈실로이〉 때일 것으로 추정된다(힉스).

는 실로이(풍자시)와 외설스러운 시를 썼다.

(111) 다른 한편, 그의 2만 단어에 미치는 산문의 책도 전해지고 있다. 카리스토스의 안티고노스도 그런 책에 대해 말하고 있는데 이 안티고노스 자신은 티몬의 전기도 완성했다. 한편 〈실로이〉는 3권의 책인데 그 가운데서 그는 마치 회의주의 철학자인 것처럼 패러디 형식으로 교의 철학자 모두를 매도(罵倒)하고 풍자하고 있다. 그 가운데 제1권은 그 자신이 직접 이야기하는 문체로 되어 있는데 제2권과 제3권은 대화편의 형식으로 되어 있다. 그것은 (후자인 2권에서는) 그가 콜로폰의 크세노파네스에게 묻는 역할로 등장해*123 철학자들 개개인에 대해서 살펴보고 있고, 크세노파네스 쪽은 그것에 대답해 그에게 설명하는 형식으로 되어 있다. 제2권에서는 고대의 철학자들을 다루고 제3권에서는 더 후대의 철학자들을 다루고 있다. 그리고 이 제3권에는 '에필로그'라는 표제를 붙인 사람들도 있었다.

(112) 다른 한편, 제1권은 그 시가 독백 형식의 것이란 점을 제외하면 (제2권이나 제3권과) 똑같은 주제를 다루고 있다. 그리고 이 권은 다음의 말로 시작되고 있다.

자, 여러분, 나를 따라오기 바란다. 여러 가지 연구로 바쁜 학자님들.

그는 90세 가까운 나이로 세상을 떠났는데 이것은 안티고노스가 쓴 것으로, 소티온도 (〈철학자들의 계보〉) 제11권 가운데서 그렇게 말하고 있다. 또 이 사람은 외눈이었던 것으로 나는 들었는데, 사실 그 자신도 자신의 일을 '키클롭스(외눈박이 괴물)'로 부르고 있었다. 한편 티몬이란 이름을 지닌 사람은 그 밖에도 또 한 사람 '인간을 싫어하는 티몬'이란 사내*124가 있었다.

이 철학자는 안티고노스도 말하고 있는 바와 같이 매우 정원을 좋아했고 자기 일에만 전념하는 사람이기도 했다. 사실 페리파토스파인 히에로니무스는

---

*123 〈실로이〉의 제2, 3권에서 크세노파네스가 티몬의 대화 상대로 되어 있는 것은 크세노파네스가 '실로이'(풍자시)라는 시 형식을 창시했고, 티몬은 그것에 따르려 했기 때문일 것이다. 한편 〈실로이〉의 제1권은 '네키아'(철학자들의 망령을 저승에서 만난다는 형식의 것)이었을 것으로 추측되고 있다.

*124 제1권 107절 참조.

그에 대해서 다음과 같이 말한 것으로 전해지고 있다. '스키타이인 사이에서는 달아나는 자들도 추적하는 자들도 화살을 쏘는데, 그와 마찬가지로 철학자들 가운데 어떤 자들은 추적함으로써 제자를 손에 넣고 있는데 다른 자들은 바로 티몬도 그렇게 하고 있듯이 달아남으로써 제자를 손에 넣고 있는 것이다' 라고 말한다.

(113) 그는 사고력이 날카로웠고 사람들을 깔보는 냉소가이기도 했다. 또 무언가에 대해 쓰기를 좋아하는 사람이고, 시인들을 위해 이야기의 줄거리를 써 주거나 함께 극을 짜 주거나 할 수 있었다. 그리고 비극작가인 알렉산드로스와 호메로스*[125]에게는 그들의 작품을 위한 소재를 나누어 주었다. 또 하녀들이나 개들이 시끄러워서 방해가 될 때에 그는 쓰는 것을 완전히 단념했는데, 그것은 시를 쓸 때에는 조용함을 유지할 만큼 진지했기 때문이다. 또 아라토스*[126]가 그에게 호메로스 시의 신뢰할 만한 원문을 어떻게 하면 손에 넣을 수 있느냐고 물었을 때 그는 '그것은 그대가 이미 수정해버린 사본이 아니라 오랜 시대의 사본을 만난다면'이라고 대답했다는 것이다. 또 그의 시를 쓴 종이쪽지는 때로는 반은 벌레 먹은 채로 집안 여기저기에 흩어져 있는 상태였다.

(114) 그런 이유로 그가 어느 때 변론가인 조피로스에게 자신의 시 하나를 읽어주려고 했을 때에 그는 종이쪽지를 이것저것 뒤집고는 눈에 띈 것 순으로 낭독을 했는데, 그렇게 반쯤 읽은 다음 그는 겨우 그때까지 찾지 못했던 종이쪽지를 찾아낸 것이다. 그는 그토록 대범한 사람이었던 것이다. 뿐만 아니라 그는 태평한 기질이었기 때문에 점심식사도 하지 않고 태연하게 시간을 보내고 있었다. 또 어느 때 그는 새 아카데미파인 아르케실라오스가 아테네의 '케르코페스 시장'*[127]을 지나치는 것을 보고 '도대체 무슨 일로 당신이 이곳에 있는 거요. 이곳은 우리 자유인이 있는 곳인데'라고 말했다는 이야기이다. 그는 또 지성이 보증해 주는 것을 기다려 감각이 보여주는 사실을 받아들이려는 사람들에 대해서는,

---

*125 알렉산드로스는 아이토리아 사람. 호메로스는 비잔티온 사람. 그 밖의 것은 미상.

*126 제2권 133절의 이 사람에 관한 주를 참조. 제7권 167절에도 이 사람의 이름은 나와 있다.

*127 '케르코페스'('케르코프스')란 그리스신화에 등장하는 난폭한 도적. 그들은 형제로서 한쪽 은 '시로스', 다른 쪽은 '불량배'로 불렸다고 한다.

아타가스와 누메니오스가 함께 찾아 왔다.*128

는 시구를 인용해 말을 거는 것이 상례였는데, 그와 같은 농담을 그는 늘 하고 있었다. 그렇기 때문에 무엇이건 무턱대고 이상하게 여기고 있는 사내에게 그는 이렇게 말했다. '그런데 왜 그대는 이상하게 생각하지 않나. 우리는 세 사람이 있는데 눈은 4개만 가지고 있다는 것을'. 그것은 그 자신과 그의 제자인 디오스쿠리데스는 외눈이었는데 그가 말을 건 상대인 사내는 두 눈이 온전했기 때문이다.

(115) 어느 때 그는 아르케실라오스가 왜 테베에서 이곳(아테네)으로 왔느냐고 물었을 때 '그대들이 모두 나란히 있는 것을 보고 웃어주기 위해서'라고 대답한 것이다. 그러나 그는 〈실로이〉 안에서는 아르케실라오스를 공격하고 있지만 〈아르케실라오스의 명복을 비는 모임〉이란 표제의 책 가운데서는 이 사람을 칭찬하고 있다.

한편 메노도토스*129에 의하면 이 사람의 후계자는 한 사람도 없고 키레네 사람 프톨레마이오스가 재기할 때까지는 그의 학파는 전통이 끊어지고 있었다는 것이다. 그러나 히포보토스나 소티온이 쓰고 있는 바에 따르면 그의 제자로는 키프로스섬 출신인 디오스쿠리데스, 로도스섬 출신의 니콜로코스, 셀레우케이아인 에우프라노르, 그리고 트로아스 출신의 프라울루스가 있었다고 한다. 그리고 이 프라울루스는 필라르코스*130가 쓰고 있는 바에 따르면 매우 지조가 굳은 사람이었기 때문에 부당하게 기소되어 매국의 죄로 형에 처해졌을 때에도 동포인 시민에게 한마디도 변명함이 없이 그 처벌을 견뎌냈다는 것이다.

(116) 그런데 에우프라노르의 제자가 알렉산드리아의 에우프로스이고, 이 에우프로스의 제자가 프톨레마이오스, 프톨레마이오스의 제자가 사르페돈과

---

*128 아타가스와 누메니오스는 모두 유명한 도적. 이 시구는 이른바 '끼리끼리 논다'란 속담에 해당할 것이다. 드 포겔(C. J. De Vogel, *Philosophy*, III, p. 194)은 이를 스토아파의 '카탈렙시스'(인식)론에 대한 야유로 해석하고 있다.

*129 이 메노도토스는 다음 절에 이름이 올라 있는 경험주의 의사이고 회의주의 철학의 한 사람이기도 한 같은 이름의 인물과는 다른 사람으로서, 제2권 104절에 이름이 나와 있는 사모스섬 출신의 역사가일 것이다.

*130 이 사람은 역사가였다는 것 외에는 미상.

헤라클레이데스, 그리고 헤라클레이데스의 제자가 크노소스 사람인 아이네시데모스이다. 이 아이네시데모스는 또 〈피론주의자의 논의〉 8권의 지은이이기도 했다. 그리고 그 아이네시데모스의 제자가 그와 같은 시민인 제욱시포스, 제욱시포스의 제자가 안짱다리란 별명이 붙은 제욱시스, 제욱시스의 제자가 리코스의 라오디케아 출신의 안티오코스이다. 그리고 이 안티오코스에는 니코메디아 사람으로 경험주의 의사였던 메노도토스와 라오디케아 출신의 티오다스라는 제자가 있었다. 그리고 메노도토스의 제자가 아리에우스의 아들이고 타르수스 출신의 헤로도토스이며, 헤로도토스의 제자가 경험주의 의사 섹스투스이다. 이 섹스투스에게는 회의주의 철학에 관한 10권의 책과 그 밖에도 매우 훌륭한 저작이 있다. 그리고 섹스투스의 제자가 '키티나스'*[131]로 불린 사토르니노스이고 이 사람 자신도 경험주의 의사였다.

---

*131 이것은 아티카의 '키다티나이온구(區)에 속하는 시민'의 의미일 것으로 힉스는 추측하고 있다. 왜냐하면 세베루스 황제(재위 193~211년) 이후 시대의 로마제국에서는 사토르니노스와 같은 이름의 이탈리아인도 그 구로 들어가 시민이 되었을 것이기 때문이다.

제 10 권

1 에피쿠로스

(1) 에피쿠로스는 네오클레스와 카이레스트라테 사이에 태어난 아들로서 가르게토스구에 소속된 아테네 시민이며 메트로도로스[*1]가 〈고귀한 태생에 대해서〉 가운데서 쓰고 있는 바와 같이 (명문인) 필라이다이가 일문의 사람이다. 그리고 다른 사람들도 말하고 있는 것인데, 특히 헤라클레이데스가 〈소티온의('철학자들의 계보') 발췌〉 가운데서 말하고 있는 바에 따르면 에피쿠로스는 사모스섬에 식민자로서 이주한 뒤부터는[*2] 그 땅에서 키워졌다. 그리고 그는 18세 때(BC 323년) 아테네로 왔는데, 그때는 크세노크라테스가 아카데미에서 강의를 하고 있었고 아리스토텔레스는 칼키스에서 살고 있었던 시기였다. 그러나 마케도니아의 알렉산드로스(대왕)의 사후, 아테네인이 페르디카스에 의해서 (사모스섬에서) 추방된 뒤로는(BC 322년), 그는 아테네를 떠나 콜로폰에 있었던 아버지에게로 거처를 옮겼다.

(2) 그는 한동안 그곳에 머물러 제자들을 모으고 있었는데 아낙시크라테스가 아르콘의 직에 있을 때에(BC 307~306년), 다시 아테네로 돌아갔다. 그리고 어느 시기까지는 다른 사람들과 공동으로 철학연구를 하고 있었는데 그 뒤, 그의 이름으로 불리게 된 학파를 창립하고 독자 학설을 주장했다고 한다. 그러나 그 자신은 자기는 14세 때 비로소 철학에 접하게 된 것이라고 말하고 있다. 또 에피쿠로스파인 아폴로도로스[*3]는 〈에피쿠로스의 생애〉 제1권 가운데

---

*1 BC 331/0~278/7년 람프사코스 사람. 에피쿠로스가 그 땅에서 학교를 개설한 이래의 벗이자 첫 번째 제자. 에피쿠로스학파를 창립한 4명 가운데 한 사람인데 스승보다 7년 먼저 세상을 떠났다. 에피쿠로스도 그에게 두 권의 책을 바치고 있다. 아래 22~24절 참조.

*2 아테네인의 사모스섬으로의 식민은 BC 352/1년의 일이다. 에피쿠로스는 BC 341년생이므로 그가 사모스섬에 태어났다면 부친 네오클레스는 그가 태어나기 10년 전쯤에 그 섬에 식민하고 있었던 것이 된다.

*3 BC 2세기 후반의 사람. '정원의 독재자'라는 별명이 붙은 에피쿠로스 학원의 원장. 대단한

서 에피쿠로스가 철학의 길로 접어든 것은 학교 선생들에게 실망했기 때문이고, 그것은 그들이 헤시오도스의 시 가운데 '카오스'(혼돈, 빈틈)에 관한 사항을 그에게 설명할 수 없었기 때문이었다고 말하고 있다.*4 그러니 헤르미포스에 의하면 에피쿠로스는 처음에 학교 선생으로 있었는데, 그러나 뒤에 데모크리토스의 책을 접하게 되어 철학에 몰두하게 되었다는 것이다.

(3) 그렇기 때문에 티몬도 그에 대해서는 다음과 같이 말하고 있다는 것이다.

그리고 또 자연학자들 가운데서는 가장 뒤쳐지고 창피함도 모르는 가장 개 같은 사내,

사모스섬에서 온 학교 선생이고 살아 있는 사람들 가운데서 가정환경이 가장 나쁜 자.

그런데 에피쿠로스파인 필로데모스*5가 〈철학자 총람〉 제10권 가운데서 말하고 있는 바에 따르면 에피쿠로스의 세 형제들, 네오클레스·카레이데모스·아리스토불로스도 그의 권고로 그와 함께 철학을 배웠다고 한다. 그리고 그들뿐만 아니라 미스라는 이름의 그의 하인(노예)도 미로니아노스가 〈역사사례집요강〉 가운데서 말하고 있는 바에 따르면 철학연구의 동료로 가담했다는 것이다.

한편, 스토아파인 디오티모스*6는 에피쿠로스에게 악의를 품고 있었던 사람인데 50통의 외설스런 편지를 에피쿠로스의 것으로서 공표하면서 매우 신랄한 방법으로 그를 비방했던 것이다. 또 일반적으로는 (스토아파인) 크리시포스의 것으로 알려져 있는 편지(연문)를 에피쿠로스의 것으로서 편집한 지은이도 똑같이 그를 비난하고 있다.

(4) 그뿐만 아니라, 스토아파인 포세이도니오스도 니콜라오스도, 그리고 소

다작가였다(25절). 제1권 58절, 60절, 제7권 181절까지도 참조.

*4 이 점에 대해서는 섹스투스 엠피리쿠스 〈여러 학자들에 대한 반론〉 제10권 18~19절에 좀 더 상세하게 언급이 되고 있다.

*5 BC 1세기의 에피쿠로스파 철학자이고 시인. 키케로와 같은 시대의 사람이고, 로마에서 그리스 철학의 보급에 힘쓴 것으로 알려져 있다.

*6 BC 2세기 후반에 활동한 스토아파 철학자.

티온은 〈디오클레스의 논박〉이란 표제의 책—이것은 (에피쿠로스를 기념해서 열린) 매월의 20일제(祭)에 관한 것인데—그 12권 가운데서, 더욱이 할리카르나소스의 디오니시오스도 그와 같은 비난에 동조하고 있다. 즉 그들에 의하면 에피쿠로스는 어머니와 함께 집에서 집으로 돌아다니면서 액막이 주문을 외우고 있었고, 또 아버지와 함께 읽기 쓰기를 가르쳐 비참할 정도의 보수를 받고 있었다. 게다가 그의 형제 한 사람에게 매춘의 뚜쟁이 노릇을 하고 있었다고도 하고 창녀인 레온티온*⁷과 함께 살았던 것으로 알려져 있기 때문이다. 또 원자(아톰)에 대해서는 데모크리토스의 주장을, 쾌락에 관해서는 아리스티포스의 주장을, 에피쿠로스는 마치 자기 자신의 주장인 것처럼 말하고 있었던 것으로 알려져 있다. 더욱이 티모크라테스*⁸도 말하고 있고, 또 헤로도토스*⁹도 〈에피쿠로스의 장년시대에 대해서〉 가운데서 말하고 있는 것처럼 그는 진정한 아테네 시민은 아니었다는 비난도 받고 있다. 또 그는 편지 가운데서 리시마코스*¹⁰의 집사였던 미트라스를 (신 아폴론의 존칭인) '파이안'(구세주)이라든가 '아낙스'(주군)로 불러 그 사람에게 꼴사나울 정도로 아부를 하고 있었던 것으로 알려져 있다.

(5) 그리고 또 에피쿠로스는 이도메네우스*¹¹나 헤로도토스, 티모크라테스처럼 자신의 은밀한 가르침을 외부에 공표한 제자들까지도, 그것에 관계없이 그들에게 겉치렛말을 하고 있었다는 것이다. 또 (창녀인) 레온티온에게 보낸 편지 가운데서는 '나의 구세주이고 또 주인인 분이여. 나의 사랑스런 티온이여, 당신의 편지를 받아 보았을 때 나는 이루 말할 수 없는 찬양의 목소리로 마음이 채워졌습니다'라고 그는 쓴 것이다. 다른 한편, 레온테우스의 아내인 테미스타*¹²에게 보낸 편지 가운데서는 '만일 당신이 나에게 와주시지 않는다

*7 에피쿠로스의 여제자 가운데 한 사람. 그러나 에피쿠로스의 수제자 메트로도로스가 맡아서 자신의 내연의 처로 삼았던 사람이다. 아래 6절, 23절 참조.
*8 앞서 말한 메트로도로스의 형제이고 똑같이 에피쿠로스의 제자였는데 뒤에 스승을 배반했다. 아래 6절, 23절 참조.
*9 에피쿠로스의 수제자 가운데 한 사람. 아래 '헤로도토스 앞' 편지의 수신인.
*10 알렉산드로스대왕의 후계자 가운데 한 사람(BC 360 무렵~281년). 제2권 102절의 주를 참조. 그는 일찍부터 에피쿠로스를 지지해 학원을 지원한 것으로 알려져 있다.
*11 람프사코스 사람이고 에피쿠로스 제자 가운데 한 사람. 아래 22절, 25절 및 제2권 19절의 주를 참조.
*12 레온테우스도 아내인 테미스타도 에피쿠로스의 제자. 아래 25절 참조.

면 나 자신은 가만히 있을 수 없으므로 당신이나 테미스타가 불러주시는 곳이라면 어디든지 달려갈 준비가 되어 있습니다'라고 그는 쓰고 있다. 그리고 젊음이 한창때인 피토클레스*[13]에게는 '나는 앉아서 사랑스럽고 신과도 같은 그대의 방문을 기다리기로 하겠소'라고 쓰고 있다. 또 (스토아파인) 테오도로스*[14]가 〈에피쿠로스를 논박한다〉 제4권 가운데서 쓰고 있는 바에 따르면, 테미스타에게 보낸 다른 편지 가운데서 그는 테미스타에게 (접근하면서도) 충고할 생각으로 있었던 것이라고 한다.*[15]

(6) 그 밖에도 그는 많은 창녀들에게 편지를 썼는데 레온티온에 대해서는 특히 그랬던 것으로 알려져 있다―이 레온티온은 (제자인) 메트로도로스도 사랑하고 있었던 여자였다. 또 그는 《(삶의)목적에 대해서》란 책 가운데 다음과 같이 쓰고 있다고 한다. '만일 내가 (먹거나 마시거나 하는) 미각에 의한 쾌락을 멀리하거나, 또 성애에 의한 쾌락이나 (아름다운) 소리를 듣는 쾌락, 그리고 (아름다운) 모습을 보는 쾌락을 멀리한다면 나는 무엇을 선으로 생각하면 좋을지 모르기 때문이다'. 그리고 피토클레스에게 보낸 편지 가운데서는 '사랑하는 사람이여, 돛을 올리고 모든 교양에서 벗어나 나아가라'고 그는 쓰고 있다는 것이다. 한편 에픽테토스는 그를 외설스런 사내로 불러 그를 매도하고 있다.*[16]

뿐만 아니라 메트로도로스의 형제이고 그(에피쿠로스)의 제자였던 티모크라테스는 그의 학파로부터 떠난 뒤에 〈환락〉이란 제목의 책 가운데서 에피쿠로스는 사치스런 생활을 하기 위해 하루에 두 번 먹은 것을 토해내기도 했다고 말하고 있고 또 야간에 행한 철학연구에서도, 비밀스러운 종교 의식을 하는 그 집회에서도 자신은 가까스로 벗어날 수 있었다고 쓰고 있다.

(7) 그 밖에도 에피쿠로스는 철학의 이론면에서도 많은 것에 무지였는데 생활상으로는 더욱더 무지였다거나, 그의 몸은 오랫동안 가마에서 일어날 수 없

---

*13 아래 '피토클레스 앞의 편지'의 수신자가 된 제자.

*14 스토아파의 철학자이고 '테오도로스'란 인물의 이름은 제2권 104절에 3명이 기록이 되어 있고 원본의 찾아보기에서는 그 가운데 최초의 사람(모두 20명 가운데 여섯 번째 사람)이 이 사람으로 되어 있는데 정확한 것은 알려져 있지 않다.

*15 이 부분은 본문을 수정하는 시도가 여러 가지로 이루어지고 있는데 일단 사본대로 읽어둔다.

*16 에픽테토스의 이 비판의 출처는 특정할 수 없다.

을 정도로 가련한 상태에 있었다거나, 또 그 자신이 레온티온에게 보낸 편지 가운데서나, 미틸레네에 거주하는 철학자들에게 보낸 편지 가운데서 말하고 있는 것처럼 그는 매일의 식사를 위해 1무나나 되는 큰 돈을 낭비하고 있었다고 티모크라테스는 쓰고 있다. 그리고 그와 메트로도로스와 교제를 한 창녀들은 그 밖에도 몇 사람 있었는데 맘마리온·헤데이아·에로티온, 그리고 니키디온도 그랬다고 쓰고 있다. 또 티모크라테스에 의하면 〈자연에 대해서〉라는 37권의 책 가운데서 에피쿠로스는 때때로 같은 일을 되풀이하고 있고 또 그 책 가운데서는 다른 사람들에게도 반론을 하고 있는데, (그의 스승이었던) 나우시파네스*¹⁷에 대해서 가장 많이 반론을 제기하고 있고 그의 말을 그대로 인용하면 다음과 같은 것이라고 한다. '자, 그들을 떠나게 하자. 그 사내(나우시파네스)는 다른 많은 노예 근성을 가진 사람들과 마찬가지로 궤변론자답게 입에서 나오는 대로 허풍을 떨려고 산고의 괴로움에 허덕이고 있었던 것이므로'라고.

(8) 또한 그 밖에도 에피쿠로스 자신은 많은 편지 가운데서 나우시파네스에 대해 이렇게 말하고 있다는 것이다. '그와 같은 일이 그 사내를 이와 같은 정신 이상 상태로 이끈 것이다. 그 때문에 그는 나를 매도하고 나를 〈학교 선생〉으로 비웃고 부르게 된 것이다'라고. 그리고 에피쿠로스는 이 나우시파네스를 '해파리'라든가, '무학자'라든가, '사기꾼'이라든가, '창녀'로 부르고 있었던 것이다. 또한 그는 플라톤 일문의 사람들을 '디오니시오스왕의 추종자', 플라톤을 '황금의 사람'*¹⁸으로 부르고 있었고, 또 아리스토텔레스는 선조가 물려준 재산을 탕진한 뒤에 수상한 것을 이야기해 약을 팔고 있는 것이라고 해서 '낭비가'로 부르고 있었다. 그리고 프로타고라스는 '화물 운반인'이고 '데모크리토스의 서기'이며, 마을에서 읽기·쓰기를 가르치고 있는 선생이라고 했다. 또 헤라클레이토스는 '무엇이건 뒤섞는 사람', 데모크리토스는 '레로크리토스'(허튼소리에 통하고 있는 사람), 안티도로스*¹⁹는 '사니도로스'(선물로 비위를 맞추는

---

*17 데모크리토스파의 철학자로서 피론의 제자이자 에피쿠로스의 스승. 그러나 에피쿠로스는 나중에 이 스승을 매도하고 있다. 제9권 64절의 주도 참조.

*18 이것은 플라톤의 〈국가〉 가운데서 철학자(지배자)는 '돈'의 종족으로 비유되고 있기 때문에 그것과 연관시켜서 한 말이거나, 어쩌면 플라톤의 문체에 대한 일종의 야유일 것이라고 한다.

*19 에피쿠로스파 사람. 제5권 92절에도 이름이 나와 있다.

사람), 키니코스파의 사람들은 '그리스의 적', 문답법가들은 '많은 해로움을 가져오는 자', 그리고 피론은 '무학에 교양이 없는 자'로 부르고 있었던 것이다.

(9) 그러나 위에서 말한(에피쿠로스를 비방하고 있는) 사람들은 상도(常道)를 벗어나고 있었던 것이다. 왜냐하면 이 사람(에피쿠로스)에게는 모든 사람에게 누구도 미치지 못할 정도의 친절한 마음이 있었던 것을 보여주는 충분한 증거가 있기 때문이다. 즉 동상을 세워 그를 찬양한 그의 조국(아테네)도, 여러 도시 전부로도 헤아릴 수 없을 정도로 그 수가 많았던 그의 벗들도, 더 나아가 세이렌의 호소와도 같은 그의 학설의 매력에 완전히 포로가 되고 있었던 그의 제자들 모두가 그 증거가 되기 때문이다.―다만 스트라토니케이아의 메트로도로스*[20]만은 예외이다. 이 사람은 (새 플라톤파인) 카르네아데스에게로 떠났던 것인데, 그것은 틀림없이 에피쿠로스의 남다른 호의가 부담이 되었기 때문일 것이다.―또한 그 밖에도 그의 학통은 다른 학파가 거의 모두 끊어지고 만 뒤에도 이제까지 끊임없이 이어져 제자들 사이에서 잇따라 헤아릴 수 없을 정도의 학두(學頭)를 배출하고 있는 것도 사실이다.

(10) 그리고 부모에 대한 감사와 형제들에 대한 친절, 그리고 하인들에 대한 온정―이것은 그의 유언장으로도 명확하고 그 하인들 가운데서는 앞서 이름을 든 미스가 가장 유명하다.―또 모든 사람에 대한 그의 인간애, 이와 같은 것이 (앞의 비난이 부당했다는 것의) 증거가 되는 것이다. 실제로 신들에 대한 존경의 마음이나 조국에 대한 애정이 말로는 표현할 수 없을 정도의 것이었기 때문이다. 그것은 그가 너무나도 공정함을 중요시해서 나랏일에 연관된 일조차도 하지 않았기 때문이다. 또 그 무렵 그리스(아테네)를 엄습한 상황은 매우 어려웠는데*[21] 그는 평생 그 땅(아테네)에서 살면서, 다만, 두세 번 이오니아 주변의 땅으로 벗들을 만나기 위해 여행을 했을 뿐이었다. 그리고 그 벗들은 모

---

*20 에피쿠로스의 제자로 되어 있는데 앞에 나온 메트로도로스와는 물론 다른 사람. 이 사람은 나중에 신플라톤파인 '카르네아데스에게로 떠났다'고 쓰여 있는데 연대상으로 그것은 불가능한 것으로 생각된다(에피쿠로스는 BC 271년에 세상을 떠났는데 카르네아데스는 BC 215 무렵~130년에 살았던 사람이기 때문이다).

*21 BC 295년, 팔레론의 데메트리오스가 아테네를 포위했기 때문에 아테네는 거의 굶주림의 상태에 빠졌던 일을 가리키고 있는 것으로 생각된다. 에피쿠로스는 이때 '양식인 콩을 제자 개개인에게 배급해 학원을 유지했다'고 전해지고 있다(플루타르코스 〈데메트리오스전〉 34절).

든 지역에서 그에게로 찾아와 그의 정원(학원) 안에서 그와 함께 지내고 있었던 것이다.—이것은 아폴로도로스도 말하고 있는 것인데 그 아폴로도로스는 에피쿠로스가 그 정원을 80무나에 구입한 것이라고 전한다.

(11) 또 (마그네시아의) 디오클레스는 《(철학자) 요람》 제3권 가운데서 그들(에피쿠로스와 그 벗들)은 매우 검소한 생활을 보내고 있었다고 말하고 있다. '아무튼 1코티레(약 5분의 1리터)의 포도주가 있으면 그들은 그것으로 만족하고 있었고, 나머지는 모두 물만이 그들의 음료였다는 것이다. 또 (디오클레스가 전하고 있는 바에 따르면) 에피쿠로스는 '벗들의 것은 공동'이라고 말한 피타고라스 방식에 따라서 자신들의 재산을 공유로 하는 것이 옳지 않다고 생각했는데, 재산을 공유하면 불신이 생기고 서로 믿지 못하게 되면 우정이 깨지기 때문이라는 것이었다. 에피쿠로스 자신도 편지 속에서 자기는 다만 물과 빵 한 조각만 있으면 충분하다고 말하고 있고 또 '부디 나에게 치즈가 든 작은 단지를 보내주게. 그렇게 하면 내가 원할 때 식사를 할 수 있으니까'라고 쓰고 있다. 쾌락이 인생의 목적이라고 주장한 사람이란 실은 그와 같은 인간이었던 것이다. 아테나이오스도 에피그램으로 이 사람을 다음과 같이 찬양하고 있다.

(12) 인간들이여, 그대들은 하찮은 일에 애를 쓰고,
이득에 사로잡혀 지칠 줄 모르고 다툼을 벌이고 있다.
자연이 가져오는 부(富)는 다소곳한 어느 한도를 유지하고 있는데,
그대들의 공허한 판단은 끝없는 길을 나아가는 것이다.
이 진실을 네오클레스의 사려 깊은 아들(에피쿠로스)은 무사의 여신들로부터,
또는 델포이의 거룩한 삼각대로부터 배운 것이다.

그리고 이 점은 우리가 더욱 앞으로 나아가면 에피쿠로스의 학설에서도, 또 그 자신의 말에서도 더욱더 잘 알게 될 것이다.

그런데 디오클레스에 의하면 옛날의 철학자들 가운데서 에피쿠로스가 가장 마음에 들어했던 것은 아낙사고라스와—더욱 몇 가지 점에서는 아낙사고라스에 반대하고 있었던 것인데—, 소크라테스의 스승인 아르켈라오스였다고 한다. 또 에피쿠로스는 자신의 책을 제자들에게 기억시키는 훈련도 하고 있었

다고 한다.*22

(13) 아폴로도로스는 〈연대기〉 가운데서 이 사람(에피쿠로스)은 나우시파네스와 프라크시파네스*23로부터 가르침을 받았다고 말하고 있다. 그러나 에피쿠로스 자신은 에우릴로코스*24에게 보낸 편지 가운데서 그것을 부정하고 스스로 배운 것이라고 말하고 있다. 그뿐만 아니라 에피쿠로스 자신도 (그의 뒤를 이은) 헤르마르코스*25도, 레우키포스와 같은 철학자는 존재하지 않았다고도 말하고 있다. 다만 에피쿠로스파인 아폴로도로스를 포함해서 몇 사람들은 레우키포스는 데모크리토스의 스승이었다고 주장하고 있는데, 다른 한편 마그네시아의 데메트리오스는, 에피쿠로스는 (아카데미파인) 크세노크라테스에게서도 가르침을 받았다고 말하고 있다.

한편, 그는 여러 가지 사항을 표현할 때 일상의 보통화법을 쓰고 있었다. 그리고 문법학자인 아리스토파네스는 그의 이 용어법은 매우 독자의 것이라고 비난하고 있다. 그러나 그는 〈변론술에 대해서〉라는 저작 가운데서도 명석함 이외에는 아무것도 요구하지 않는 것이 올바르다고 생각하고 있는데, 사실 그는 명석한 저작가였던 것이다.

(14) 또한 그는 편지 가운데서 (보통 사용되고 있는) '안녕하십니까'라는 인사말 대신에 '청복(淸福)을 빕니다'라든가, '훌륭한 생활을 보낼 수 있기를'이라는 말을 사용하고 있었다.

한편 아리스톤*26은 〈에피쿠로스의 생애〉 가운데서 에피쿠로스는 나우시파네스의 〈삼각대〉에 의거해 〈기준론〉을 쓴 것이라고 말하고 있고 또 그는 나우시파네스로부터 가르침을 받았을 뿐만 아니라 사모스섬에서 플라톤학파인 팜필로스로부터도 배운 것이라고 한다. 그리고 그는 12세 때 철학공부를 시작하

---

*22 아래 36절, 83절 참조.
*23 이 프라크시파네스는 제3권 8절에 이름이 나와 있는 미틸레네(또는 로도스) 출신으로 테오프라스토스의 제자인 프라크시파네스와는 다른 사람일 것으로 짐작된다. 후자가 에피쿠로스를 가르쳤다고 하는 것은 연대상으로 보아 거의 불가능하기 때문이다. 그런데 이 사람이 누구인지는 미상. 어쩌면 아폴로도로스의 착각이었는지도 모른다.
*24 제9권 68절에 이름이 나와 있다. 피론의 제자일 것이다.
*25 에피쿠로스의 후계자가 된 인물. 아래 15절, 17절, 24절 등을 참조.
*26 케오스섬 출신이고 페리파토스파의 철학자. 리콘의 뒤를 이어 리케이온의 학두가 된 사람. 제5권 64절의 주를 참조(단, 힉스는 이 아리스톤을, 알렉산드리아 출신으로 안티오코스의 제자이며 필로데모스가 비판한 아카데미파(?)의 철학자라고 말하고 있다).

고 32세 때 자신의 학교를 개설해 지도한 것이라고 쓰고 있다.

그런데 아폴로도로스가 〈연대기〉 가운데서 쓰고 있는 바에 따르면 에피쿠로스는 제109회 올림픽대회기의 제3년째(BC 342~341년) 소시게네스가 아르콘의 직에 있었던 해인 가멜리온 달*²⁷ 제7일에 태어났는데, 그것은 플라톤이 사망한 지 7년 뒤의 일이었다.

(15) 그리고 그는 32세가 되었을 때 우선 미틸레네와 람프사코스의 땅에 학교를 세우고 그곳에서 5년간을 지냈다. 그 뒤 아테네로 옮겨 제127회 올림픽대회기인 제2년째(BC 271~270년), 피타라토스가 아르콘의 직에 있었던 해에 72세로 세상을 떠났다. 그리고 그의 학원은 미틸레네인이고 아게모르토스의 아들인 헤르마르코스가 뒤를 이었다. 에피쿠로스의 죽음은 헤르마르코스도 편지 가운데서 말하고 있는 것처럼 요도가 돌로 막혔기 때문인데 14일간 앓은 뒤에 그는 세상을 떠났다. 또 헤르미포스에 의하면 그는 그때 따뜻한 물로 가득 찬 청동으로 만든 욕조에 들어가 순수한 포도주를 가져오게 해 이를 한 번에 들이켰다고 한다.

(16) 그리고 벗들에게는 자신의 가르침을 잘 기억해두라는 말을 남기고 숨을 거두었다는 것이다.

내가 그를 위해 지은 시도 있는데 그것은 다음과 같다.

'그러면 여러분. 안녕히. 내가 가르친 것을 잘 기억해두기를.'
에피쿠로스는 마지막으로 이 말을 벗들에게 남기고 숨을 거둔 것이다.
따뜻한 물로 가득 찬 욕조에 몸을 담그고 포도주를 들이켜고는,
차디찬 하데스(죽음)까지도 그 위에 들이켠 것이므로.

—그 사람의 생애와 그 최후는 지금까지 말한 것과 같다. 또 그는 다음과 같은 내용의 유언장을 써서 남겼다.

'아래에 말하는 것과 같은 조건 아래에서 나는 나의 전 재산을, 바테구 출

---

*27 가멜리온 달이란 그리스(아티카)의 달력에서는 제7월에 해당하는데, 오늘날의 태양력에서는 1월 말에서 2월 초쯤이 된다. 따라서 그 달의 제7일은 1월 하순이고, 에피쿠로스가 탄생한 해도 오늘날의 달력으로는 BC 341년이 된다.

신으로서 필로크라테스의 아들인 아미노마코스와 포타모스구민으로서 데메트리오스의 아들인 티모크라테스에게 메트로온(공문서보존소)에 등기되어 있는 양자(兩者)에 대한 각 승여승서에 의거해 유증하기로 한다.'

(17) '이 두 사람은 정원과 그것에 곁달린 시설을 미틸레네인으로서 아게모르토스의 아들인 헤르마르코스와 그와 함께 철학을 연구하고 있는 자들 및 나의 철학의 후계자로서 뒤에 남을 사람들에게 제공하여 이 사람들이 그 곳에서 철학연구에 힘쓰면서 살도록 할 것.

또 나는 나를 따라서 철학을 하는 사람들에게 앞으로 계속 이 정원에서의 연구생활을 허용하는데, 그 사람들은 될 수 있는 대로 아미노마코스와 티모크라테스에 협력해 이 정원을 유지하도록 힘쓰기 바란다.

또 그들(아미노마코스와 티모크라테스)의 상속인에 대해서도 이 정원의 관리를 맡기게 되는데 그 사람들도 이 정원을 가장 안전하게 유지할 방법을 생각해 이를 유지하도록 하기 바란다. 그 점은 나를 따라서 철학하는 사람들, 그리고 이 정원에서의 연구를 다음에 맡기게 될 사람들의 경우에 대해서도 같다.

또한 아미노마코스와 티모크라테스는 멜리테구에 있는 집을, 헤르마르코스가 생존 중에는 헤르마르코스와 그와 함께 철학연구를 하고 있는 사람들에게 그들의 주거로서 제공해 주길 바란다.'

(18) '또 아미노마코스와 티모크라테스는 내가 증여한 재산에서 나오는 수입 가운데서 헤르마르코스와 의논한 뒤에 가능한 범위 안에서 이를 분할해 그 일부는 나의 아버지와 어머니, 형제들 무덤의 공물료로 충당하고 또 다른 일부는 해마다 가멜리온 달의 제10일*28에 행하여 관습이 되고 있는 나의 탄생일 축하에 충당해 주기 바란다. 마찬가지로 또 나머지 일부는 나와 메트로도로스를 기념하기 위해 마련되고 있는 매월 20일에 열리는 나의 철학동료들의 집회비용에 충당하기 바란다.

또한 포세이데온 달*29의 나의 형제들 기념일과 메타게이토니온 달*30의

---

*28 앞에서는 (14절), 에피쿠로스의 탄생일은 가멜리온 달의 제7일로 되어 있었는데 여기에서는 제10일에 탄생일 축하 모임이 열린 것으로 되어 있다.

*29 그리스(아티카) 달력에서는 제6월. 현재 태양력에서는 12월 말에서 이듬해 1월 초쯤.

*30 그리스(아티카) 달력에서는 제2월. 현재 태양력에서는 8월 말에서 9월 초쯤.

폴리아이노스*31의 기념일도 내가 이제까지 해온 것처럼 함께 축하하기 바란다.'

(19) '그리고 아미노마코스와 티모크라테스는 메트로도로스의 아들인 에피쿠로스와 폴리아이노스의 아들이 철학에 정진하면서 헤르마르코스와 살고 있는 동안은 그 아들들을 보살펴 주도록. 또 메트로도로스의 딸*32도 마찬가지로 보살펴 줄 것. 그리고 그녀가 나이가 찼을 때, 행실이 바르고 헤르마르코스의 말에 잘 따른다면 헤르마르코스가 그의 철학동료들 가운데서 택한 사람과 그녀가 결혼할 수 있도록 해주기 바란다.

또한 아미노마코스와 티모크라테스는 나의 재산에서 나오는 수입 가운데서 헤르마르코스와 의논한 뒤에 해마다 지장이 없을 것으로 생각되는 것만큼의 금액을 양육비로서 위에 적은 아들들에게 지급해줄 것.'

(20) '또 (아미노마코스와 티모크라테스는) 자기들 외에 헤르마르코스도 수입재산의 관리자로 할 것. 그것은 이 사람이 철학연구 가운데서 나만큼 나이가 많지만 나의 철학동료들의 지도자로서 내 뒤에 남은 경우에는 이 사람의 협력을 얻어 일이 모두 잘 진행되도록 하기 위해서이다. 그리고 그(헤르마르코스)의 딸이 적령기에 이르렀을 때에 아미노마코스와 티모크라테스는 헤르마르코스의 의견도 들은 뒤에 내 재산(보다 웃도는 수입) 가운데서 허용되는 것만큼의 금액을 꺼내 이를 그 딸에게 결혼지참금으로서 나누어줄 것. 또 니카노르*33에 대해서도 내가 이제까지 해왔던 것처럼 보살펴 줄 것. 그것은 나의 철학동료들 가운데서 사적인 사항에서도 나에게 도움이 되어주고 있고 모든 방법으로 나에게 친절하게 하면서 철학연구 가운데서 나와 함께 늙어가는 길을 택한 이상, 모든 사람들이 나의 힘이 미치는 범위 안에서 생활에 필요한 것을 아무것도 부족함이 없도록 하기 위해서이다.'

(21) '또 내가 소유하는 책은 모두 헤르마르코스에게 줄 것.

또한 메트로도로스의 아이들이 성년에 이르기 전에 만일 헤르마르코스

---

*31 이미 나온 메트로도로스나 헤르마르코스와 함께 학원 창립에 이바지한 에피쿠로스의 가장 절친한 친구. 아래 24절 참조. 이 유언장을 쓸 때에는 메트로도로스와 폴리아이노스 모두 이미 사망했던 것이 이 기록에 의해서 알려졌다.

*32 메트로도로스와 레온티온 사이의 이 딸은 '다나에'란 이름이었던 것으로 알려져 있다(아테나이오스, 제13권 593B-C).

*33 여기에 쓰여 있는 것처럼 에피쿠로스의 제자이자 도우미였다는 것 외에는 미상.

의 신상에 인간에게 일어날 수 있는 무언가의 일이 발생했을 경우에 아미노마코스와 티모크라테스는 그 아이들이 품행이 좋은 한 생활에 필요한 것을 손에 넣을 수 있도록 나의 유산에서 웃도는 수입 가운데 될 수 있는 대로의 금액을 그 아이들에게 주기 바란다. 그리고 그 밖의 모든 사항에 관해서도 내가 정해둔 대로 일이 될 수 있는 대로 실현될 수 있도록 배려해주기 바란다.

그리고 노예들 가운데 미스와 니키아스, 리코사는 해방시킬 것. 또 (여자노예인) 파이드리온도 자유의 몸이 되게 해줄 것.'

(22) 또 그는 이미 죽음이 다가오고 있을 때 (제자인) 이도메네우스에게 다음과 같은 편지를 쓰고 있다.

'나의 생애 마지막 날이기도 하다, 이 축복된 날을 맞이하면서 나는 그대에게 다음과 같이 기록해둔다.

배뇨의 어려움과 적리(赤痢)의 증상은 여전히 계속되고 있고, 그 도를 넘는 괴로움은 사라지지 않고 있다. 그러나 나는 그대와 이제까지 주고받은 대화를 떠올리면서 영혼이 누리는 기쁨으로써 이런 모든 괴로움과 맞서고 있는 것이다. 그대는 젊어서부터 나와 철학에 헌신해 주었는데, 부디 그것에 걸맞게 메트로도로스의 아이들을 보살펴주기 바라네.'

—그의 유언장 내용은 위와 같은 것이었다.

한편, 그에게는 수많은 제자가 있었는데 특히 다음의 사람들이 유명하다. 즉 우선 아테나이오스—또는 티모크라테스—와 산데 사이의 아들로서 람프사코스 출신의 메트로도로스가 있다. 이 사람은 에피쿠로스와 알게 된 뒤로는 단 한 번 6개월쯤 고국으로 돌아와 보냈으며 그 뒤 다시 돌아온 뒤로는 스승의 곁을 떠난 적이 없었다.

(23) 에피쿠로스도 그의 여러 저작 '머리말' 가운데나 〈티모크라테스〉란 책의 제3권 가운데서 증언하고 있듯이 이 메트로도로스는 모든 면에서 뛰어난 인물이었다. 그는 그와 같은 인물이었는데 자신의 누이동생 파티스를 (제자인)

이도메네우스와 결혼시켰고 자기 자신은 아테네의 창녀인 레온티온을 자신의 내연의 아내로 삼고 있었다. 그는 또 에피쿠로스가 〈메트로도로스(의 추억)〉 제1권 가운데서 말하고 있는 바와 같이 여러 가지로 어려움에 부딪혀도 조금도 흔들림이 없는 사람이었다. 그는 에피쿠로스보다도 7년 전에 53세로 죽은 것으로 전해지고 있다. 그리고 에피쿠로스 자신도 위에서 말한 유언장 가운데서 메트로도로스는 명확히 자기보다도 먼저 죽은 자로서 그의 아이들을 보살펴 주도록 (유산상속인들에게) 명하고 있다.*³⁴

또한 앞서 이름을 든 메트로도로스의 형제로서 경박한 인물인 티모크라테스도 에피쿠로스의 제자 가운데 한 사람이었다.*³⁵

(24) 다음에 드는 것은 메트로도로스가 저술한 책이다.

의사들을 논박한다, 3권
감각에 대해서
티모크라테스에 대한 반론
도량의 크기에 대해서
에피쿠로스의 병약함에 대해서
문답법가들을 논박한다
궤변가들을 논박한다, 9권
지혜에 이르는 길에 대해서
변화에 대해서
부(富)에 대해서
데모크리토스에 대한 반론
고귀한 태생에 대해서

다음으로 아테노도로스의 아들로서 람프사코스의 사람 폴리아이노스도, 에피쿠로스의 제자 가운데 한 사람이었다. 이 사람은 필로데모스*³⁶가 말하고

---

*34 위 19절 참조.
*35 '한편, ……' 이하의 글은 난외의 주가 본문 안에 들어간 것으로 생각된다(힉스). 베일리는 이 한 글을〔 〕안에 넣고 있다.
*36 이 사람에 대해서는 3절의 주를 참조.

있듯이 공정하고 우정이 두터웠다.

그 다음은 에피쿠로스의 후계자가 된 사람으로서 아게모르토스의 아들이며 미틸레네 출신인 헤르마르코스인데 그의 부친은 가난했고 그는 처음에 변론술에 전념하고 있었다. 이 사람에게도 매우 훌륭한 저작이 있는데 다음의 것이 전해지고 있다.

(25) 엠페도클레스에 관한 22편의 편지 형식 논집
　　　수학에 대해서
　　　플라톤에 대한 반론
　　　아리스토텔레스에 대한 반론

그는 유능한 사내였는데 중풍으로 죽었다.[37]

마찬가지로 람프사코스 출신의 레온테우스와 그의 아내 테미스타도 에피쿠로스의 제자였다. 이 테미스타에 대해서 에피쿠로스는 또 편지를 쓰고 있다. 그리고 콜로테스[38]와 이도메네우스도 제자인데 그들도 람프사코스 사람이었다.

위에 든 사람들은 모두 세상에 그 이름이 알려진 제자들인데 폴리스트라토스도 그 가운데 한 사람으로서 이 사람은 헤르마르코스의 뒤를 이어 교장이 된 사람이다. 그리고 그 사람의 뒤를 이은 것이 디시오스, 또 그 뒤를 이은 것은 바실레이데스이다. 또 '정원의 독재자' 아폴로도로스도 유명했는데 이 사람은 400권이 넘는 책을 썼다. 그리고 알렉산드리아의 프톨레마이오스가의 두 사람—한 사람은 흑인이고 한 사람은 백인—도 있다. 또한 아폴로도로스의 제자이고 시돈 출신인 제논도 있는데, 이 사람은 작품을 많이 썼다.

(26) 또 '라코니아인'으로 별명이 붙여진 데메트리오스도 있으며 강의선집을 저술한 타르수스인 디오게네스와 오리온, 그 밖에도 정통의 에피쿠로스파 사

---

*37 위의 세 사람, 메트로도로스·폴리아이노스·헤르마르코스에 에피쿠로스를 더해 '정원'의 '4인방'으로 일컬어졌다.

*38 람프사코스 출신으로 BC 4~3세기 사람. 에피쿠로스의 제자로서 스승을 열광적으로 찬미했다. 에피쿠로스의 교의가 아닌 〈다른 철학자들의 교의를 따라서 살 수는 없다〉는 표제의 저작도 있다. 이에 대해서 플루타르코스는 〈코르테스를 논박한다〉는 책을 쓰고 있다.

람들이 '궤변가'로 부르고 있었던 사람들도 있다.

그런데 에피쿠로스란 이름을 가진 사람은 그 밖에도 세 사람이 있었다. 한 사람은 레온테우스와 테미스타의 아들이고, 다른 한 사람은 마그네시아 사람, 네 번째는 중무장으로 싸운 병사이다.

또한 철학자인 에피쿠로스는 수많은 작품을 남겼고 책의 수로는 모든 사람을 능가하고 있었다. 왜냐하면 그의 책은 약 300권을 웃돌고 있었기 때문이다. 더구나 그 가운데에는 남의 책으로부터의 인용은 하나도 없고 그 전부가 에피쿠로스 자신의 말이다. 그런데 (스토아파인) 크리시포스는 에피쿠로스와 다작을 겨루려 하고 있었던 것인데 (새 아카데미파인) 카르네아데스는 이 크리시포스를 에피쿠로스의 책을 좀먹는 기생충으로 불렀다. 즉 에피쿠로스가 어느 것을 쓰면 크리시포스는 이에 지지 않으려고 같은 분량만큼 쓰려고 했다.

(27) 그 때문에 크리시포스는 때때로 같은 것을 되풀이해 쓰고 있었고 마음에 떠오른 것은 무엇이든 썼다. 또 그는 서둘러 썼기 때문에 쓴 것을 고치지 않고 그대로 두었다. 더구나 남의 책으로부터 매우 많이 인용했기 때문에 그의 책은 인용만으로 가득했을 정도인데, 이와 같은 일은 제논이나 아리스토텔레스의 경우에도 볼 수 있는 일이라고 카르네아데스는 말하고 있다.*39 에피쿠로스의 저작은 그토록 수가 많았고 또 그와 같이 훌륭한 것이기도 했는데 그런 것 가운데서 가장 뛰어난 저작은 다음과 같다.

> 자연에 대해서, 37권
> 아톰(원자)과 공허에 대해서
> 자연학자들에 대한 반론의 요강
> 메가라파에 대한 반론
> 문제집
> 주요 교설
> 선택과 기피에 대해서
> (삶의) 목적에 대해서
> (진리의) 기준에 대해서 또는 기준론

---

*39 크리시포스의 다작에 대해서는 제7권 180~181절 참조.

카레이데모스
신들에 대해서
경건함에 대해서
(28) 헤게시아낙스
다양한 삶의 방식에 대해서, 4권
올바른 행위에 대해서
네오클레스―테미스타에게
향연
에우릴로코스―메트로도로스에게
시각에 대해서
아톰 가운데의 각(角)에 대해서
촉각에 대해서
숙명에 대해서
감정에 관한 여러 학설―티모크라테스에 대한 반론
예지에 관한 것
철학의 권유
영상에 대해서
표상에 대해서
아리스토불로스
음악에 대해서
정의와 그 밖의 덕에 대해서
선물과 감사에 대해서
폴리메데스
티모크라테스, 3권
메트로도로스, 5권
안티도로스, 2권
질환에 관한 여러 학설―미트라스에 대한 반론
칼리스톨라스
왕권제도에 대해서
아낙시메네스

그러면 이런 저작 가운데서 말하고 있는 에피쿠로스의 학설을 그가 쓴 3통의 편지를 인용함으로써 명확히 하는 데 힘써보자. 그런 편지 가운데서 그는 자신의 철학 전체를 요약해 말하고 있기 때문이다.

(29) 그러나 또 그의 〈주요 교설〉이나 그 밖에도 그가 말하고 있는 것 가운데 인용할 만한 것으로 생각되는 것이 무언가 있다면 그것도 나는 여기에 제시하기로 한다. 그것은 당신*⁴⁰이 모든 각도에서 이 사람을 잘 이해하고 판정할 수 있도록 하기 위해서이다.

그런데 첫 번째 편지는 헤로도토스 앞으로 쓰인 것으로 자연학에 관한 것을 다루고 있다. 또 두 번째 편지는 피토클레스에게 보낸 것으로 천계(天界)의 사상(事象)에 관한 것을 다루고 있다. 그리고 마지막 편지는 메노이케우스 앞으로 보낸 것으로 삶의 방식에 관한 것을 다루고 있다. 그러면 첫 번째 편지부터 시작해야만 하는데 그 전에 그가 행한 철학의 구분에 관해서 조금만 말해두기로 한다.

그의 철학은 세 개의 부문, 즉 기준에 관한 것과 자연학에 관한 것, 윤리학에 관한 것의 3부문으로 나뉘어져 있다.

(30) 기준에 관한 부문은 그가 세운 철학체계로의 도입부가 되는데, 이것을 〈기준론〉이란 한 권의 책 속에서 논의하고 있다. 또 자연학에 관한 부문은 자연에 관한 고찰 전체를 포함하는데, 이것을 〈자연에 대해서〉란 37권의 책 가운데서, 또 요약한 형태에서는 몇 통의 편지 가운데서 논의하고 있다. 그리고 윤리학에 관한 부문은 선택과 기피에 관한 사항을 다루는 것이고, 이것을 〈다양한 삶의 방식에 대해서〉라는 책과 몇 통의 편지, 그리고 〈(삶의)목적에 대해서〉라는 책 속에서 논의하고 있다. 그러나 에피쿠로스파의 사람들은 습관처럼 기준론 부문을 자연학 부문에 인접시키고 있다. 그리고 전자를 (진리의) 기준이나 근본원리를 다루는 학문 또는 (철학의) 기초론으로 그들은 부르고 있다. 다른 한편 자연학 부문이 (사물의) 생성과 소멸 및 자연(전반)을 다루는 학문이

*40 여기에서 '당신'으로 호칭이 된 인물이 누구인지,−일반 독자는 아닐 것이다− 제3권 (47절) 가운데에도 같은 호칭의 말이 보이므로 이 책의 성립과정 또는 집필동기에도 연관이 있는 흥미로운 문제인데, 이 점은 '해설'에서 말하기로 한다.

라면 윤리학 부문은 선택하는 것이나 기피하는 것, 또 인간의 다양한 삶의 방식이나 목적을 다루는 학문이라고 그들은 주장한다.

(31) 그러나 문답법을 그들(에피쿠로스파)은 사람을 잘못 이끄는 필요 없는 것으로서 배제하고 있다. 왜냐하면 자연학자들은 (탐구에서는) 사물 그 자체가 말해주는 것에 따르고 나아가는 데 충분하다고 생각하고 있기 때문이다.*41

한편 에피쿠로스는 〈기준론〉 가운데서 감각과 선취관념(프롤렙시스*42)과 감정(파토스)이 진리의 기준이라고 말하고 있는데, 에피쿠로스파의 사람들은 그런 것에 더해서 정신의 표상적인 파악까지도 진리의 기준으로 하고 있다. 그러나 에피쿠로스 자신도 헤로도토스에게 보낸 '학설의 개요'*43와 〈주요 교설〉에서는*44 그와 같이 말하고 있다. 그것은 그가 다음과 같이 주장하고 있기 때문이다. '감각은 어느 것이나 모두 추론을 포함하지 않은 것이며 어떤 기억도 받아들이지 않는 것이다. 왜냐하면 감각은 그 자체에 의해서 작용을 받는 일은 없으며 또 다른 것에 의해서 작용을 받는 경우에도 무언가를 그 감각 내용에 부가하거나 그것에서 제거하거나 할 수는 없기 때문이다. 또 감각을 반박(해 그것을 거짓이라고)할 수 있는 것은 존재하지 않는 것이다.'

(32) '왜냐하면 동종의 감각이 (다른) 동종의 감각과 동등한 (진리 인식의) 힘을 지니고 있기 때문에 반박할 수가 없고, 또 이종(異種)의 감각이 (다른) 이종의 감각과 같은 대상을 식별하는 것은 아니므로 반박할 수가 없기 때문이다.

그러나 또 이성(추론, 로고스)도 감각을 반박할 수는 없다. 왜냐하면 이성은 모두 감각에 의존하고 있기 때문이다. 그렇다고 해서 하나의 감각이 다른 감각을 반박할 수도 없다. 우리는 어느 감각에 대해서나 (똑같이) 마음을 돌리기 때문이다.

더욱이 지각하고 있는 것은 사실로서 있다는 것도 감각의 진리성을 보증하고 있는 것이다. 그런데도 우리가 보거나 듣거나 하고 있는 것은 괴로움을 느끼고 있는 것과 마찬가지로 사실로서 존재하는 것이다. 그렇기 때문에 또 (감각에) 명확하지 않은 사항에 대해서는 감각에 나타나고 있는 사실에 의거해

---

*41 문답법이 불필요한 데 대해서는 아래 37, 73, 82, 152절 참조.
*42 이 '선취관념'에 대해서는 아래 33절에 설명이 되어 있다.
*43 아래 '헤로도토스에게 보낸 편지' 38절, 51절, 62절 참조.
*44 〈주요 교설〉(24) 참조.

그것들을 징(徵, 증거)으로 하면서 추리해야 하는 것이다. 실제로 모든 관념도 감각에서 유래하는 것이며 그런 관념은 (감각되는 것끼리 사이의) 일치나 비교, 유사성이나 짜맞춤에 의해서 만들어진 것이기 때문이다. 그리고 그때에는 추리도 어느 정도의 이바지를 하고 있는 것이다. 또 정신이상자들이 가지는 망상이나 꿈속에서 나타나는 상(像)도 참(사실로서 있는 것)인 것이다. 왜냐하면 그런 것들은 우리들 마음에 작용하기 때문이며, 이에 반해서 없는 것은 작용하는 일이 없는 것이다'(라고 에피쿠로스는 주장하고 있기 때문이다).

(33) 그런데 그들(에피쿠로스의 사람들)이 선취관념으로 말하고 있는 것은 일종의 직접 파악(直覺像) 또는 올바른 생각이 없이, 또는 심상(心像)이나 마음속에 축적되어 있는 보편 개념, 이를테면 '이러이런 자는 인간이다'라는 것과 같은 외계(外界)에 때때로 나타나는 것에 대한 기억을 말하는 것이다. 왜냐하면 '인간'이란 말을 꺼내자마자 곧 선취관념에 따라서 인간의 형상도 감각이 이끄는 대로 마음에 떠올리게 되기 때문이다. 그러므로 어떤 명사(名辭)에 대해서도 그것에 포함되어 있는 중요한 의미 내용은 명확한 것이다. 게다가 또 우리는 탐구의 대상이 되고 있는 것에 대해서 미리 지식을 가지고 있는 것이 아니라면 그 자체를 탐구할 수는 없었을 것이다. 이를테면 '저 멀리 서있는 것은 말인가, 소인가'라고 묻는 경우가 그것이다. 왜냐하면 그 물음에서는 말이나 소의 형태를 선취관념에 의해서 어느 땐가 이미 알고 있었던 것이 아니면 안 되기 때문이다. 그렇지 않고 만일 우리가 선취관념에 의해서 그 자체의 형상을 미리 배우고 있었던 것이 아니었다면 우리는 그것을 무엇이라고 이름을 붙일 수도 없었을 것이다. 그러므로 선취관념은 명백하게 증명된 것이다.

그리고 판단되고 있는 것은 그것에 앞선 명백하게 증명된 것에 의존하고 있는 것이며 우리는 그 명백하게 증명된 것에 연관시키면서 어느 사항을 판단하라고 이야기하는 것이다. 이를테면 '이것이 인간인지의 여부를, 우리 어디서부터 알고 있는가'와 같은 경우를 생각해보면 좋다.

(34) 또 그들(에피쿠로스파의 사람들)은 판단하는 것을 '추측(推測, 하이폴렙시스)'으로 부르고 있고 그것에는 참과 거짓이 있다고 주장하고 있다. 즉 만일 어떤 판단이 (감각의 증언에 의해서) 확증되거나, 또는 반증되지 않을 경우에는 그 판단은 참이지만, 확증되지 않거나 또는 반증될 경우에는 그 판단은 거짓이라고 말하는 것이다. 이런 점에서 '(확증)을 기다리고 있는 것(프로스메논)'이

란 표현이 도입된 것이다. 이를테면 기다리면서 탑으로 다가가 그 탑이 가까운 곳에서는 어떻게 보이는가를 배운다는 것이 그것이다.*45

그들은 쾌락과 괴로움이라는 두 개의 감정이 있다고 말하고 있다. 그리고 이런 감정은 모든 생물에게 일어나는 것이며 그 한편(의 쾌락)은 생물에 친근한 것인데, 다른 한편(의 괴로움)은 서먹한 것이라고 한다. 또 이런 감정에 의해서 선택과 기피를 결정하는 것이라고 한다.

그리고 그들은 여러 가지 탐구(고찰) 가운데 어떤 것은 책에 관한 고찰인데 다른 것은 단순한 음성(말)에 대한 고찰이라고 말하고 있다.*46

─이상은 철학의 구분과 진리의 기준에 대한 에피쿠로스 및 그의 학파 사람들의 사고방식을 개략해 살펴보았다.

이제 우리는 그의 편지로 이야기를 되돌려야 한다.

　헤로도토스에게
　안녕하길 빌면서
　에피쿠로스

(35) '헤로도토스여, 자연에 대해서 내가 써낸 논설의 하나하나를 정밀하게 살펴보지 못하는 사람들을 위해, 또 내가 저술한 더 많은 책*47을 보지 못하는 사람들을 위해서도 그들이 하다못해 나의 학설의 개략이라도 충분히 기억해주길 바라는 마음에서 나 자신의 힘으로 나의 철학체계 전체의 '적요'*48를 정리해둔 것이다. 그것은 그들이 자연 연구에 종사하는 한 저마다 필요한 때에 가장 중요한 점에 관해서 그들이 이것을 자신들에게 도움이 되게 할 수 있도록 하기 위한 것이었다. 그러나 또 나의 학설 전체에 눈을 돌리고 있다는 점에서는 이미 충분히 진보한 사람들이라도 그것의 기본원리를 제시하고 있는, 나의 철학체계 전체의 개요를 마음에 담아두어야만 한다. 왜냐하면 우리에게

─────────────

*45 아래 50절, 147절 참조.
*46 아래 37절 참조.
*47 〈자연에 대해서〉라는 37권의 책을 말한다.
*48 〈대적요〉라고 부르고 있었던 것(현존하지 않는다). 이에 대해서 이 편지는 에피쿠로스파 사람들 사이에서 〈소적요〉라고 부르고 있었다.

필요한 것은 종합된 이해이며, 개개의 특수한 사항까지 종합되게 이해할 필요는 없기 때문이다.

(36) 그렇기 때문에 또 우리는 그 기본원리로 끊임없이 되돌아가 그것만의 것은 기억해두어야만 한다. 그렇게 함으로써 사물에 대한 가장 중요한 이해는 얻을 수 있을 것이며 게다가 개략이라도 나의 학설의 개요를 올바르게 파악하고 기억하고 있는 것이라면 개개의 특수한 사항에 대한 정확한 지식도 모두 발견할 것이다. 왜냐하면 이미 충분히 철학 수업을 쌓은 사람에게도 자신이 이해하고 있는 것을 재빠르게 활용할 수 있다는 것, 이것이야말로 모든 정확한 지식이 갖추고 있어야 할 가장 중요한 것이며, (그리고 그것은 모든 사항이 *49) 단순한 기본원리로 환원되어 말로 표현됨으로써 가능해질 것이기 때문이다. 개개의 특수한 사항에 관한 것이 모두 정확하게 알려졌다고 해도 그것을 간결한 말로 자기자신 속에 받아들이지 (기억해두지) 못한다면 그것은 학설 전체를 끊임없이 열심히 연구해온 것의 성과가 될 수 없기 때문이다.

(37) 이와 같은 방법은 자연 연구에 친숙해지고 있는 모든 사람들에게는 유익한 것이므로 자연 연구에 종사하는 사람들에게 끊임없이 권하고 있고 또 그와 같은 생활을 보냄으로써 무엇보다도 마음 편하게 지내고 있는 나로서는 그대를 위해 다음과 같은 하나의 적요를, 즉 나의 학설 전체의 요강을 만들어준 것이다.

헤로도토스여, 우선 첫째로는 여러 가지 말의 바탕에 있는 것(각 말의 의미 내용, 선취관념)을 우리는 파악할 수 있도록 해야 한다. 그것은 판단하고 있는 것이나 탐구하고 있는 것, 또 문제로 되고 있는 것을 말의 바탕에 있는 것으로 연관지움으로써 판정할 수 있게 하기 위함이며, 또 우리가 한없이 증명을 거듭해가도 아무것도 판명이 되지 않거나 또는 의미가 없는 공허한 발언을 하거나 하는 일이 없도록 하기 위함이기도 하다.

(38) 실제로 그것을 위해서는 하나하나의 발언에서 최초로 마음에 떠오르는 것(선취관념)에 착안해야만 하며 그것은 그 이상 아무런 설명도 필요치 않은 것이어야 한다. 적어도 우리는 탐구하고 있는 것이나 문제가 되고 있는 것,

---

*49 이 부분은 베일리의 교본에 따라서 읽어둔다.

또 판단하고 있는 것을 그것에 연관지으려 하기 때문이다.

다음으로 우리는 감각에 따라서, 그리고 일반적으로는 정신에 따른 것이든, 또는 진리를 판정하는 기준인 나른 무엇에 의한 깃이든, 눈앞에서 직각(直覺)하는 파악에 따라서 모든 것을 관찰하도록 해야 한다. 마찬가지로 행위에서는 우리에게 현실로 있는 쾌락·괴로움의 감정에 따라서 무슨 일이든 하도록 해야만 한다. 그것은 확증을 가지고 있는 것이나 감각에는 명확하지 않은 사항에 대해서, 우리가 그 조짐을 느낌으로 추리하게 되는 근거를 갖기 위해서이다.

위의 일을 충분히 이해한 다음에는 이제 (감각에는) 명확하지 않은 사항에 대해서 이해해야 할 때이다. 그것은 (1) 우선 첫째로 무(無)에서는 아무것도 낳지 않는다는 것이다. 왜냐하면 만일 그렇지 않다면 무엇이든 어디에서나 생기고 사물이 생기기 위한 원인인 씨앗은 아무것도 필요치 않았을 것이기 때문이다.

(39) (2) 만일 모습이 사라져 보이지 않게 되는 것이 멸망되어 무로 돌아감이 없다면 모든 사물은 소멸해 없어지고 말았을 것이다. 왜냐하면 그런 것들이 해체된 앞의 것은 존재하는 것이 아니기 때문이다. 그리고 또 (3) (우주) 만유는 이제까지도 언제나 지금 존재하는 것이었고 앞으로도 언제나 지금처럼 존재할 것이다. 왜냐하면 만유가 그것으로 변화해 가는 것은 아무것도 없기 때문이다. 왜냐하면 만유의 바깥쪽에는 만유 속으로 파고들어 이것에 변화를 불러일으키게 하는 것은 아무것도 없기 때문이다.

뿐만 아니라 또—[이것은 에피쿠로스가 〈대적요(大摘要)〉의 첫머리에서, 또 〈자연에 대해서〉 제1권 가운데서 쓰고 있는 것인데*50]—만유(우주)는 물체와 공허(허공)로 이루어져 있다는 것이다. 그것은 물체가 존재하는 것에 대해서는 감각 그 자체가 만인 앞에서 증언할 수 있는 것이며, 또 (감각에) 명확하지 않은 것(공허)의 존재에 대해서는 앞에서도 말한 바와 같이 감각을 근거로 추론함으로써 입증해야만 하기 때문이다.

(40) 또 만일 우리가 공허라든가, 장소라든가, 접할 수 없는 본성의 것(아나페스 퓌시스)으로 이름 붙이고 있는 것이 존재하지 않았다면 여러 가지 물체는 존재할 곳을 갖지 못했을 것이고, 또 그런 물체는 명백히 움직이고 있는 것

---

*50 〔 〕 안의 문장은 본문 안에 들어간 고주(古註)이다. 이하의 경우도 같다.

을 볼 수 있는데, 그 속을 관통해 움직일 곳도 갖지 못했을 것이다.

또 이들 물체와 공허 외에는 완전한 실재로서 파악되며 그것의 우유성(偶有性)이나 속성(屬性)으로 일컬어지는 것으로서 파악되는 것이 아닌 것은 상상에 의해서든, 상상되는 것과의 비교에 의해서든 아무것도 생각할 수 없는 것이다.

그리고—〔이것도 〈자연학〉의 제1권·제14권 및 〈대적요〉 가운데서 말하고 있는 것인데〕—물체 가운데 어느 것은 합성된 것인데, 다른 것은 이들 합성물의 구성요소로 되어 있다.

(41) 그리고 이런 구성요소는 나뉠 수 없는 것이며 변화하지 않는 것이다. 적어도 만물은 소멸해서 무로 돌아가는 것은 아니고 합성물이 해체될 때에는 이런 구성요소는 견고한 것으로서 잔존할 것이기 때문이다. 즉 그런 구성요소는 본성상 충실한 것으로 어느 점에서나, 또는 어느 방법에서나 해체되는 일은 없을 것이다. 따라서 여러 가지 물체의 시원(始原)은 나뉠 수 없는 본성의 것이어야만 하는 것이다.

그러나 또 (우주) 만유는 한이 없는 것이다. 왜냐하면 한정되어 있는 것은 끝을 지니고 있으며, 그 끝은 (그 앞에 있는) 다른 무언가에 있는 것을 볼 수 있다 (그런데 만유는 다른 무언가에 있는 것을 볼 수 있다는 것은 없기 때문이다*51). 따라서 만유는 끝이 없기 때문에 한이 없는 것이다. 그런데 한이 없다면 만유는 한이 없는 것이며 한정된 것이 아닐 것이다.

뿐만 아니라 만유는 물체(아톰)의 수에서나 공허의 크기에서나 한이 없는 것이다.

(42) 왜냐하면 만일 공허가 한없이 큰데 물체는 한정된 수의 것이라고 한다면 물체는 이를 지탱하거나 저항해서 되돌리거나 하는 것이 없기 때문에 어디에도 머무는 곳은 없어 무한한 공허 속에 흩어져 운반되어 갈 것이고, 만일 공허의 크기가 한정되어 있다고 한다면 무수한 물체는 존재해야 할 곳을 갖지 않게 될 것이기 때문이다.

그리고 여러 가지 물체 가운데서도 불가분으로 충실한 것, 즉 합성물이 그것에서 낳고 또 그것으로 분해되는 요소(아톰)에는 우리에게는 생각할 수 없을 정도로 수많은 형태의 차이가 있는 것이다. 왜냐하면 (우리가 보고 있는 합

---

*51 우제너에 따라서 ( )의 글을 보충해둔다.

성물의) 이 정도로까지 수많은 차이가 우리가 생각할 수 있을 정도로 (한정된 수의) 같은 형(의 아톰)에서 생길 수는 없기 때문이다. 그리고 각 형태마다 비슷한 것(아톰)은 수에서 완전히 무한하게 있지만, 형태가 다른 것은 결코 무한으로 수없이 있는 것은 아니고 우리가 생각할 수 없을 정도로 수없이 많이 있을 뿐인 것이다.

(43) 〔왜냐하면 그는 분할이 무한히 이루어지는 것이 아니라는 것도 그것에 이어서 주장하고 있기 때문이다. 그러나 사물의 성질은 변화하는 것이므로 (아톰형의 무한한 다양성을 추측하려고 하는데)〕 만일 사람이 크기라는 관점에서도 아톰 속에 있는 것을 완전히 한없이 큰 것으로(해서 눈에 보일 정도의 것으로) 하려는 것이 아니라면 (앞서와 같이 추측할 필요는 없다)고 그는 말하고 있는 것이다*[52]

또 아톰은 끊임없이 그리고 영원히 운동을 하고 있는 것이다. 〔한편, 아톰은 같은 속도로 움직이고 있는 것인데, 그것은 공허가 가장 가벼운 아톰에게도 똑같이 장소를 양보하고 있기 때문이라고 그는 그 바로 뒤에 말하고 있다.〕 그리고 그런 아톰 가운데에는 (A) 서로 상당한 거리를 두고 운동하고 있는 것도 있는가 하면 (B) 장소에서(합성물 가운데에서)*[53] 계속 진동하고 있는 것도 있다. 그리고 이 후자인 경우에는 (가) 그런 아톰은 서로 뒤얽힘으로써 합성물 속에 갇힌 상태에 있거나 또는 (나) 뒤얽혀 있는 (다른) 아톰(의 덩어리)에 의해서 주위에서 뒤덮여 있거나 어느 한쪽이다.*[54]

(44) 그것은 전자 (A)인 경우에는 저마다 아톰을 (다른 아톰으로부터) 분리시키는 것을 본성으로 하고 있는 공허가 아톰의 운동을 저지할 버팀목이 되지 못하므로, 그와 같이 서로 떨어져 있는 상태를 만들어내고 있기 때문이다. 또, 후자 (B)인 경우에는 아톰에 갖추어져 있는 견고함이 서로 충돌했을 때에 아톰을 물리칠 수 있는데, 그것은 뒤얽혀 있는 아톰이 서로 충돌하고 나서도 복원(되돌림)될 수 있을 정도의 거리 안에서 물리치기 때문에 가능한 것이다. 그리고 이런 아톰의 운동 중에 시작은 없는 것이다. 왜냐하면 아톰과 공허는 영원히 존재하고 있기 때문이다.

---

*52 이 고주의 내용은 베일리의 해석에 따라서 어구를 보충해 번역해 둔다.
*53 힉스의 교본대로 읽는다.
*54 (A)는 기체, (B)의 (가)는 고체, (B)의 (나)는 액체를 가리킨다.

〔또 그는 더욱 계속해서 아톰은 형태와 크기, 무게라는 성질만 지니고 있다고 주장하고 있다. 그리고 사물의 색깔은 아톰의 배치에 의해서 변화하는 것이라고 〈열두 가지 기본원리〉 가운데서 그는 말하고 있다. 그리고 아톰은 눈에 보이는 어떤 크기도 지니고 있지 않다고 그는 말하고 있다. 아무튼 아톰은 우리의 감각에 의해서는 일찍이 본 적이 없었기 때문이다.〕

(45) 그리고 위에서 말한 것을 모두 기억해 둔다면 이 정도의 짧은 설명이라도 존재하는 것의 본성을 보는 우리의 견해가 주장하는 바의 개요를 충분하게 설명하는 것이다.

그런데 또 세계는 수없이 무한히 있고 그 어느 것은 우리의 이 세계와 비슷한데 다른 것은 비슷하지 않은 것이다. 왜냐하면 아톰은 앞서 명확해진 것처럼 수없이 무한히 있고 그런 것들은 매우 멀리까지 운반되기 때문이다. 그것은 세계가 그런 것에서 생길 수 있는, 또는 그런 것에 의해서 형성될 수 있는, 그와 같은 여러 가지 아톰은 하나의 세계를 위해, 또는 한정된 수의 세계를 위해—그런 것들의 세계가 우리들의 세계와 비슷한 것이든, 다른 것이든—모두 사용되고 만 것은 아니기 때문이다. 따라서 세계가 무한히 많은 것을 방해하는 것은 아무것도 없는 것이다.

(46) 그리고 고체와 비슷한 형상으로 된 것이 (공중에) 존재하고 있는데 그런 것들은 희박함이라는 관점에서는 (감각에) 나타나 있는 사물을 훨씬 능가하고 있다. 그것은 우리를 둘러싸고 있는 대기 가운데 그와 같이 종류가 다른 물질이 생길 수 있으며 또 그와 같이 텅 비고 희박한 것을 만들어내는 데 편리한 상태가 되는 것도, 더 나아가 (고체로부터의 그와 같은) 유출물이 고체 가운데서 지니고 있었던 대로 일련의 순서가 된 배열과 질서를 계속 유지할 수도 있기 때문이다. 그리고 이런 것을 본뜬 것을 우리는 '환영(幻影)'으로 부르고 있는 것이다.

또한*55 공허 가운데서의 (환영의) 운동은 이것에 저항할 것 같은 물체를 만나는 일이 전혀 없는 경우에는 생각되지 않을 정도의 (짧은) 시간 안에 생각할 수 있는 어떤 (먼) 거리에도 이르는 것이다. 그것은 겉으로 보기에는 저항이 있

---

*55 46절의 나머지 글은 '환영'의 이야기가 중단되어 아톰의 운동에 대해서 말한 것으로 하고, 베일리의 교본에서는 61절의 끝으로 옮겨져 있는데 이것도 '환영'에 대한 논술로 해석해 둔다.

는 것과 없는 것이 느림과 빠름과도 같은 모습을 이루기 때문이다.

(47) 그러나 다른 한편 또 운반되고 있는 이 물체(환영) 그 자체는 이성에 의해서 생각할 수 있는 (매우 짧은) 시간 사이에 여느 때의 장소에 동시에 이르는 일도 없다. 이것은 생각할 수 없는 일이기 때문이다. 그러나 감각되는 시간 안에서는 이 물체가 무한(한 공허) 속의 어느 지점에서나 다른 물체와 함께 이르러 있다고 하면 그 물체가 통과하는 거리는, 우리가 그 운동은 그곳에서부터 시작된 것일 것이라고 상상할 수 있는 어느 장소로부터 비롯된 거리도 아닐 것이다.(즉 그 거리는 생각할 수 없을 정도로 멀 것이다). 그렇지 않다면 충돌해 방해를 만난 경우와 비슷한 일이 될 것이기 때문이다. 예컨대 우리가 그 물체의 운동속도를 저항을 만나지 않는 경우까지 인정해도 그렇다.—위의 일도 이해해 두어야 할 유익한 원칙이다.[*56]

다음으로 '에이돌론'(환영=별종)이 아무것에도 능가되지 않을 정도로 희박하다는 것은 (감각에) 나타나 있는 사실의 어느 하나도 이에 반증은 하지 않는 것이다. 그러므로 에이돌론은 이를 초월하는 것이 없을 정도의 속도를 갖추고 있는 것이다. 그것들은 모두가 자기에게 적합한 통로를 가지고 있기 때문이다. 게다가 이런 사물의 유출에는 아무것도 충돌하는 것이 없거나 또는 있다고 해도 매우 조금인데 그것에 반해서 수많은, 끝없는 아톰(으로 이루어지는 물체)에는 바로 무언가가 충돌하기 때문이다.

(48) 그리고 위의 것에 더해서 에이돌론(환영)을 낳는 것은 사상(思想)을 낳는 것과 마찬가지로 재빠르며, 이것에도 감각에 나타나 있는 사실은 아무것도 반증하지 않는다. 실제로 물체의 표면으로부터는 끊임없이 (에이돌론이) 유출되고 있는 것인데—이것이 물체 크기의 감소라는 형태로 눈에 보이지 않는 잃어버린 부분은 다른 아톰이 보충하기 때문이다.—이 유출은 때로는 혼란스런 상태로 될 때가 있다고 해도 고체 속에 있을 때의 아톰의 위치와 배열을 긴 시간 계속 유지하고 있는 것이다.

또 우리를 둘러싼 대기 속에 (에이돌론)이 급속하게 집적[*57]될 때가 있는데 그런 것은 내부 깊숙이까지 충실하게 이루어질 필요는 없기 때문이다. 이 밖에

[*56] 이상 47절의 문장도 아톰의 운동에 관한 것으로 하고 베일리의 교본에서는 62절의 끝으로 옮겨져 있는데 이것도 '환영'에 대한 논술로 이해하고 이대로 둔다.

[*57] 이를테면 신기루나 이상한 형태의 구름 등(힉스).

도 그 같은 것이 만들어지는 방법은 몇 가지 있다. 그것은, 감각은 외계의 사물에서 어떤 방법으로 명증성을 우리에게 가져다 주는가 하는 것—그것으로 인해서 외계의 사물에 대응하는 심적인 상태도 우리에게 일어나게 되는데—그 점을 만일 사람이 생각해 본다면*58 위에 든 사상(事象)의 어느 하나도 감각에 의해서 반증되지는 않기 때문이다.

(49) 그런데 외계의 사물에서 어떤 것(에이돌론)이 우리 안에 들어옴으로써 우리는 그런 사물의 형태를 보거나 그런 사물에 대해서 사고하는 것이라고 생각해야 한다. 왜냐하면 외계의 사물이 그것들 자체가 지닌 색깔이나 형체의 있는 그대로 우리에게 인상을 남기는 것은 우리와 그런 사물의 중간에 개재하는 공기에 의해서도, 또는 (눈에서 나오는) 광선에 의해서도, 또는 우리에게서 그 사물에 이르고 있는 무언가의 흐름에 의해서도 다음에 말하는 것과 같은 방법에 따를 정도로는 원활하게 이루어지지 않을 것이기 때문이다. 즉 그것은 사물 그 자체에서 색깔도 형체도 사물과 비슷한 일종의 모방된 것(티포스=에이돌론)이 우리에게로 와 저마다 상응한 크기에 따라서 우리의 시각이나 정신에 잠입하는 데 따른 것이기 때문이다. 더구나 그런 모방된 것(환영)은 매우 신속하게 움직이고 있다.

(50) 그래서 그와 같이 모방된 것(환영)은 하나의 연속된 것이란 표상을 우리에게 주는 것이며, 또 대상으로부터의 적당한 충격에 의해서—이 충격은(대상인) 고체의 내부 깊숙한 곳에서 아톰이 진동하고 있는 데 따른 것인데—이런 모방된 것(환영)은 그 대상에서 유래하는 곳의, 그것과 대응하는 상태를 유지하고 있는 것이다.

그리고 우리가 정신에 따라서든, 다양한 감각기관에 따라서든, 직접적으로 파악하는 방법으로 어떤 표상을 갖는다고 해도—형태를 표상한 것이든, 속성을 표상한 것이든—이 표상되고 있는 것이 (그것의) 고체 형태(또는 속성)이고 그것은 에이돌론(환영)이 잇따라 응집함으로써, 또는 우리의 정신 속에 잔존하고 있음으로써 낳게 된 것이다.

그런데 거짓과 오류는 확증되거나 또는 반증되지 않기를 기대하면서, 그 뒤에 확증되지 않거나, 또는 반증이 될 것 같은 사항에 대한 (표상에) 부가되는

---

*58 베일리의 교본에 따라 읽는다.

판단 가운데서 언제나 나타나는 것이다. 이 판단의 부가는 표상적인 파악과(밀접하게) 연결되고는 있으나 그것과는 구별되는 우리 자신 안의 일종의 움직임에 따른 것이며, 이 움직임에 의해서 거짓은 나타나는 것이다.

(51) 즉 수면 중에 생기는 표상상(表象像)이든, 또는 정신이든, 그 밖의 판단능력(감각)에 의한 다른 무언가의 직각적 파악에 의거해서 생기는 표상상이든, 아무튼 마치 사물의 비슷한 상(像)인 것처럼 받아들여지고 있는 표상상이 실재하고 있어 진실한 것으로 불리는 사물을 닮고 있다는 것은, 만일 우리에게 부딪쳐 오는 무언가 위에 말한 것과 같은 것(에이돌론)이 존재하지 않고 있었다면 결코 있을 수 없었을 것이기 때문이다.

또 오류는 표상적인 파악과 연결되고는 있는데, 그것과는 구별되는 어떤 다른 (판단을 한다는) 움직임을 만일 우리가 자기 자신 안에 가지고 있었다면 일어날 수 있었을 것이다. 그리고 그 움직임에 의해서 표상적인 파악이 확증되지 않거나 반증되는 것이라면 거짓이 나타나고 다른 한편 확증되거나 반증되는 것이 아니면 그것은 참이 되는 것이다.

(52) 그렇기 때문에 명증성(明證性)에 의거한 진리의 기준이 파기되지 않기 위해서도, 또 오류를 (진실로) 똑같이 확실하게 해 모든 것을 혼란에 빠뜨리지 않기 위해서도 우리는 위에 말한 주장을 확실하게 유지해야 한다.

그리고 듣는다는 지각도 그것이 성립하는 것은 목소리를 내거나, 소리를 내거나 소음을 내거나 하는 것에서, 또는 어떤 방법에 따르건 들린다는 상태를 가져오는 것에서, 어느 유체(流體)가 운반되는 데 따른 것이다. 그리고 이 유체는 동질의 부분으로 이루어지는 덩어리(粒子)로 분산되는데 이들 입자는 동시에 상호간 일종의 대응상태를 유지하고 있는 것과 동시에 이들 입자를 방출한 것에까지 미치고 있는 독자의 일체성을 유지하고 있으며, 이 일체성을 통해서 대개의 경우 소리를 내는 사물을 지각하는 것이다. 단, 그렇지 않은 경우에는 단순히 우리들 외부에 사물이 존재함을 명확히 할 뿐이다.

(53) 그것은 그(소리를 내는) 사물에서 그 자체에 대응하는 무언가의 상태가 우리에게 전해지는 것이 아니면 그렇게 지각할 수 없을 것이기 때문이다. 그렇기 때문에 어떤 사람이 말하듯이[59] 공기 그 자체가 내게 된 목소리나 그 밖

---

[59] 데모크리토스의 설로 되어 있다.

에 이와 동류의 소리에 의해서 어느 형태의 것이 될 것으로 생각해서는 안 된다. 공기가 목소리나 그 밖의 것에 의해서 그와 같은 형태의 것이 된다는 것 등은 도저히 있을 것 같지 않은 것이기 때문이다. 오히려 우리가 목소리를 낼 때에 우리 내부에 생기는 충격이 날숨(呼氣)과 비슷한 흐름을 만들어내는 일종의 입자들을 바로 밀어내는 것이며, 그리고 그것이 우리에게 들리는 상태를 가져오는 것으로 생각해야 한다.

그리고 후각도 청각의 경우와 마찬가지로 사물에서 운반되어 이 감각기관을 자극하기에 적합한 크기의 일종의 입자들이 존재하지 않았다면 어떤 지각 상태도 만들어낼 수는 없었을 것이라고 생각해야 한다. 단, 이 입자들에는 여러 가지 성질이 있고 그 어느 것들은 어수선하고 감각기관과 낯선 것인데 다른 것들은 정연하게 되어 있고 감각기관과 친근한 것이다.

(54) 또 아톰은 형태와 무게와 크기에 필연적으로 따르고 있는 것*60을 제외하면 감각에 나타나는 사물이 지니고 있는 어떤 성질도 나타내는 일은 없다고 생각해야 한다. 왜냐하면 모든 성질은 변화하지만 아톰은 결코 변화하지 않기 때문이다. 그것은 합성물이 분해할 때에는 견고해서 분해되는 일이 없는 무언가(아톰)가 존속해 있어야만 하는데, 이것은 무(無)로 변화하는 일도 없는가 하면 무에서 변화해 오는 일도 없기 때문이다. 몇 개의 아톰의 위치가 바뀜으로써 또 몇 개의 아톰이 가까워지거나 멀어지거나 함으로써 변화는 일어나는 것이기 때문이다. 그러므로 위치가 바뀌는 것(아톰) 쪽은 필연적으로 멸하는 일이 없으며 변화하는 것이 지니고 있는 본성을 갖는 일은 없고 그런 것에 고유한 부분과 형상*61을 갖추고 있어야만 한다. 왜냐하면 이런 부분이나 형상이 반드시 존속해야 하기 때문이다.

(55) 그것은 우리에게 있는 것이고 주위가 깎여나감으로써 그 형체가 작아지는 것에서도 형체는 그 안에 있지만, 여러 가지 성질 쪽은 형체가 남아 있는 것과 똑같이 그 변화하는 것 속에 남아 있지는 않고 그 물체 전체에서 잃게 되고 마는 것을 볼 수 있기 때문이다. 그렇기 때문에 뒤에 남겨지는 것(아톰)만으로 합성물의 다양한 차이를 충분히 만들어낼 수 있다. 아무튼 무언가가 반드시 뒤에 남겨지는 것이며 무(無)로 소멸하고 마는 것은 아니기 때문이다.

---

*60 다른 아톰(원자)에 타격을 주는 힘을 말한다.
*61 '부분'은 아톰 내의 '최소의 분리할 수 없는 부분'. '형상'은 그런 부분의 배열에 의거한 모양.

그리고 또 감각에 나타나 있는 사실에 의해서 반증되지 않기 위해서는 아톰에는 온갖 크기의 것이 있다*[62]라고 생각해서는 안 되는데, 그러나 아톰의 크기에는 어떤 차이(다양성)가 있다는 식으로 생각해야만 한다. 그것은 이것을 덧붙임으로써 우리의 감정이나 감각에 생기는 사항을 더욱 잘 설명할 것이기 때문이다.

(56) 이에 반해서 아톰에는 온갖 크기가 있다고 하는 것은 (사물의) 여러 성질의 차이를 설명하는 데 도움이 안 될 뿐만 아니라 만일 그렇다면 눈에 보일 정도로 큰 아톰이 우리에게도 와 있을 것이다. 그러나 그와 같은 일이 일어나고 있는 사실은 관찰되지 않고 또 도대체 어떻게 눈에 보이는 정도로 큰 아톰이 생길 수 있는지 상상조차 할 수 없는 것이다.

그리고 위의 것에 더해서 한정된 크기의 물체 안에 무수히 많은 작은 부분이 있다고 생각해서는 안 되고, 또 그 가운데에는 어떤 작은 부분(무한히 작은 부분)이라도 있는 것이다, 라는 식으로도 생각해서도 안 된다. 따라서 우리는 모든 것을 취약한 것으로 만들지 않기 위해서도, 또 집합물을 파악할 경우에 그것을 구성하는 어떤 것들(아톰)을 어쩔 수 없이 으깨어 무(無)로 만들어 버리지 않기 위해서도 더 작은 부분으로 향한 무한분할을 물리쳐야 할 뿐만 아니라 한정된 크기의 물체에서는 (같은 부분이나 더 큰 부분으로는 물론이고) 더 작은 부분으로 향해서도 한없이 이행하는 것이 가능하다는 것 등은 생각할 것도 없다.

(57) 왜냐하면 어느 것(물체) 속에 무수히 많은 (작은) 부분이 있다거나, 또는 어떤 작은 부분(무한히 작은 부분)이 있는 것이라고 누군가가 말하려고 해도 그것이 왜 그런지를 생각할 수는 없기 때문이다. 또 만일 그렇다면 왜 이 물체의 크기는 그래도 여전히 한정된 크기의 것일 수 있을까. 그것은 명백히 그런 무수히 많은 작은 부분은 저마다 어느 정도 크기의 것이며, 그런 작은 부분이 어느 정도 작은 것이라고 해도(그런 작은 부분으로 이루어지는) 이 물체는 무한히 큰 것이었을 것이다. 그리고 한정된 크기의 물체에는 비록 그 자체로서 관찰될 수 없다고 해도, 구별할 수 있는 극소부분(아크론)이 있는 것이므로 그것에 이어지는 부분도 이것과 같은 것이라고 생각하지 않을 수 없으며, 그리고

---

*[62] 데모크리토스의 설.

그렇게 해서 잇따라 앞으로 나아간다면 그와 같은 부분에 따라서 사람은 사고 속에서 무한에 이르게 된다는 것이다.

(58) 또 감각에 의해서 파악되는 최소의 것은 (하나의 부분에서 다른 부분으로) 옮겨갈 수 있는 것(한정된 크기의 물체)과 똑같은 것은 아닌데, 그렇다고 해서 모든 점에서 그것과는 완전히 닮지 않은 것도 아니며 오히려 (부분에서 부분으로) 옮겨갈 수 있는 것과 어느 공통점을 지니고는 있다. 다만 그 자체의 여러 부분은 구별될 수 없는 것으로 생각해야만 한다. 그런데 공통점을 지니고 있다는 유사성에 의해 감각에 의해서 파악되는 최소의 것 가운데의 무언가 어느 부분은 구별될 것이라고—즉 어느 부분은 최소의 것인 이쪽에 있고, 어느 부분은 저쪽에 있는 것이라는 식으로—우리가 생각하려고 한다면 그때에 우리가 보게 되는 것은 그 최소의 것에 같은 크기의 다른 최소의 것임에 틀림없다. 그리고 우리는 물체 가운데서 이들 최소의 것이 첫 번째 최소의 것에서 시작해 잇따라 연속해 있는 것을 관찰하는데 그런 최소의 것은 같은 것 가운데에 있는 것은 아니고, 또 그것들은 부분끼리 서로 접촉하고 있는 것도 아니다. 다만 그런 것들 자체의 고유한 특성에 의해서 (즉 그런 것들은 구별될 수 있는 부분을 지니고는 있지 않은데다 범위가 넓은 덕분에) 물체의 크기를 측정하는 척도(단위)가 되고 있음을 알 수 있는 것이다. 즉 더 큰 물체에는 감각에 의해서 파악되는 최소의 것이 더 많이 있고, 더 작은 물체에는 더 적게 있는 것이다.

한편, (감각에 의해서 파악되는 최소의 것과 감각되는 물체 사이의) 이 비교관계는 아톰 안에 있는 최초의 것과 아톰 그 자체의 사이에도 들어맞는 것으로 생각해야 한다.

(59) 그것은 아톰은 그 작음에서는 명백히 감각에 의해서 관찰되는 것을 능가하고 있는데, 어떤 방식에 의해서든 그 자체와 비교관계를 지니고 있기 때문이다. 실제로 아톰이 크기를 지니고 있다는 것도 이 지상에 있는 사물과의 비교에 의거해서 단언한 것이기 때문이다. 단 아톰은 작은 것이므로 그것을 지상의 사물보다 훨씬 멀리 내몬 것일 뿐인 것이다.

또 우리는 볼 수 없는 것에 대해서는 이성에 의한 고찰을 통해서(아톰 내부의) 혼합해 있지 않은 (부분을 갖지 않은) 최소의 것이 더 큰 아톰이나 더 작은 아톰에 대해서, 그런 대소를 측정하는 척도를 자기 자신이 최초에 제공하고 있는 것의 한도라는 식으로 생각해야만 한다. 그것은 이들 (아톰 내부의) 최소한의 것이 변화하는 것(감각될 수 있는 최소한의 것)에 대해서 지니고 있는 공통성이 위에 말한 정도까지의 결론을 내리는 데는 충분한 보증이 되기 때문이다. 그러나 이들(아톰 내부의) 최소한 것은 운동을 하고 있고 그런 것의 집합이 아톰이 된다는 것은 있을 수 없는 것이다.

(60) 우리는 무한 가운데에서는 마치 가장 윗부분의 지점이나 가장 아랫부분의 지점이 있다는 듯이 그런 것들과 연관시켜서 '위'라든가 '아래'라든가를 말해서는 안 된다. 그렇지만 우리가 어디에 서 있든, 그곳에서 우리의 머리 위 방향으로 한없이 선을 뻗을 수가 있다면 그 위쪽의 지점, 또는 (마찬가지로) 추측되는 어느 곳으로부터도 무한히 아래쪽에 있는 지점이 똑같은 것에 대해서, 동시에 위이기도 하고 아래이기도 한 어느 곳으로부터도 무한히 아래쪽에 있는 지점이 같은 것에 대해서, 동시에 위이기도 하고 아래이기도 한 것처럼 우리에게 보이는 일은 결코 없을 것이라는 것을 우리는 알고 있는 것이다. 왜냐하면 그것은 생각할 수 없는 일이기 때문이다. 따라서 한없이 위쪽으로 향할 것으로 추측되는 운동을 하나의 운동으로서 파악할 수 있으며, 또 한없이 아래쪽으로 향할 것으로 추측되는 운동을 (다른) 또 하나의 운동으로서 파악할 수 있다. 우리가 있는 곳에서 우리의 머리 위로 향해 운반되어 가는 것이 위쪽(의 세계)에 있는 사람들 발 아래에 1만 회 이른다고 해도, 또는 우리가 있는 곳에서 아래 방향으로 운반되어 가는 것이 아래쪽(의 세계)에 있는 사람들 머리 위에 (1만 회) 이른다고 해도 그렇다. 그것은 (위 두 운동의) 한쪽은 다른 쪽과 대립하면서 운동 전체는 무한으로 향해 이루어지는 것으로 생각되기 때문이다.

(61) 그리고 여러 가지 아톰은 그것들과 충돌하는 것이 아무것도 없고 공허 속을 운반되어 갈 때에는 반드시 같은 속도로 운동하는 것이 아니면 안 된다. 왜냐하면 (크고) 무거운 아톰 쪽이 작고 가벼운 아톰보다도—이 가벼운 아톰과 충돌하는 것이 아무것도 없는 한—더 빠르게 운반되는 일은 없을 것이며 또 모든 아톰이 자기에게 적합한 통로를 가지고 있는 것이기 때문에 작은 아톰 쪽이 큰 아톰보다도—이 큰 아톰과 충돌하는 것이 없는 한—더 빠르게 운반되는 일도 없을 것이기 때문이다.

또 (다른 아톰의) 충격에 의해서 가져오게 되는 아톰 위쪽으로의 운동이나 측면으로의 운동도, 더 나아가 아톰 고유의 무게로 인한 아래쪽으로의 운동도 그 속도를 바꾸는 일은 없다. 그것은 아톰이 이 가운데 어느 진로를 취해 얼마나 거리를 나아가든, 그만한 거리를 아톰은 사고와 똑같은 속도로 움직일 것이기 때문이다. 외부 충격에 따르거나, 또는 타격을 준 힘에 대항하는 자기 자신의 무게에 따르거나 해서 아톰이 무언가의 저항에 직면할 때까지는 그런 것이다.

(62) 그러나 실제로 아톰은 모두 같은 속도로 운동을 하고 있는데 합성체인 경우에 어느 아톰은 다른 아톰보다도 더 빠르게 움직인다고 말할 때도 있을 것이다. 그것은, 집합체 가운데의 아톰은 (지각될 수 있는) 최소의 연속된 시간 사이에서도 그 집합체가 움직여 가는 하나의 곳으로 향해 운동하고 있기 때문이다. 다만 이성에 의해서 생각될 수 있는(것 같은 매우 짧은) 시간 사이에서 아톰은 하나의 곳으로 향해 운동을 하고 있는 것은 아니고 오히려 그 집합체 가운데서도 끊임없이 서로 충돌하고 있으며, 그것은 아톰 운동의 연속성을 우리가 감각에 의해서 파악할 때까지는 그런 것이다. 그것은 이성에 의해서 생각할 수 있는 (것처럼 짧은) 시간 사이에도 그와 같은 운동의 연속성이 있을 것이란 식으로 생각해 눈에 보이지 않는 사항에 대해서 덧붙여 판단되고 있는 것은 지금 문제로 삼고 있는 것과 같은 사항(아톰의 운동)에 관해서는 참이 아닐 것이기 때문이다. 왜냐하면 (우리의 기준에 따르면) 감각에 의해서 관찰하는 것이, 또는 정신에 의해서 직접 파악하는 것이 참이기 때문이다.

(63) 그 다음에는 (진리의 기준인) 감각이나 감정과 연관시킴으로써―그것은 그렇게 함으로써 가장 확고한 믿음을 얻을 수 있기 때문인데―혼은 다음과 같은 것임을 이해해야만 한다. 즉 혼은 미세한 부분(아톰)으로 이루어지는 물체이고 인간이라는 집합체 전체에 보편적으로 미치고 있으며, 그리고 그것은 열과 어느 방법으로 뒤섞여 있는 바람(공기)과 매우 비슷한 것이다. 즉 그것은 어느 점에서는 바람을, 다른 점에서는 열을 닮은 것이다. 그러나 혼은 미세한 부분으로 성립해 있는 점에서 바람이나 열 그 자체보다도 훨씬 뛰어나며 그 때문에 (인간이라는) 집합체의 나머지 부분(몸)과도 더욱 잘 공감하는 (제3의)*63 부분이 있는 것이다. 그리고 이와 같은 것은 모두 혼의 여러 능력이나

---

*63 '제3의'란 말은 가상디의 주장에 따라서 딜스가 보충한 것, 힉스의 교본도 이에 따르고 있다. '제3의'란 것은 바람과 열 이외에 제3의 요소를 말한다.

감정, 혼의 움직이기 쉬운 성질이나 사고의 기능 및 그런 것을 잃게 되면 우리는 죽게 되는 것과 같은 혼의 여러 특성을 명확히 하는 것이다.

그리고 혼은 감각의 가장 수요한 원인인 것도 마음에 새겨두어야 한다.

(64) 그러나 만일 혼이 인간이라는 집합체의 나머지 부분(몸)에 의해서 무언가의 방법으로 뒤덮여 있는 것이 아니었다면 혼이 감각을 갖는 일은 없었을 것이다. 그리고 그 나머지 부분(몸)은 혼에 대해서 감각을 가져온다는 이 원인을 제공해주고 있는 것이므로 몸 자체도, 또 혼에서 이 같은 곁달린 능력을 나누어 갖게 되는 것이다.—그렇긴 한데 몸은 혼이 지니고 있는 그와 같은 곁달린 능력의 모든 것을 나누어 갖는 것은 아닌데*⁶⁴—그 때문에 혼이 몸에서 떠났을 때 몸은 감각을 갖지 않는 것이다. 왜냐하면 몸은 몸 자체 속에 이 능력을 처음부터 지니고 있었던 것은 아니고 오히려 몸과 함께 낳은 다른 것(혼)에 그 능력을 가져올 기회를 부여한 것에 지나지 않기 때문이다. 그리고 이 밖의 것(혼)은 그것을 구성하고 있는 아톰의 운동에 따라서 그 자체 속에 완성된 능력에 의해 감각할 수 있다는 곁달린 능력을 바로 자기 자신에 대해서 만들어내는 것인데, 혼과 몸은 인접해 있어 서로 공감하고 있기 때문에 앞서 말한 바와 같이 어느 것(몸)에도 곁달린 능력(감각)을 부여하게 된 것이다.

(65) 그러므로 혼은 몸 속에 머물고 있는 한 몸의 무언가 다른 부분을 잃게 되어도 결코 감각을 잃는 일은 없을 것이다. 혼을 감싸는 것(몸)이 그 전체이건, 무언가 그 일부분이건 파괴될 때에는 혼 안의 그것에 대응하는 부분도 함께 없어지고 말 것인데, 만일 혼의 나머지 부분(몸)이 존속하고 있다면 그 부분은 또한 감각을 지닐 것이다. 이에 반해서 집합체의 나머지 부분(몸)이 그 전체이든, 그 일부분이든 존속하고 있어도 혼의 본성을 만들어내는 데 필요한 수의 아톰이—그것이 어느 정도의 수이건, 그만한 수의 아톰이—혼에서 떠나고 말았을 때에 몸은 이미 감각을 지니고 있지 않은 것이다.

그리고 또 집합체 전체가 해체되면 혼은 분산해서 흩어지고 더 이상 전과 같은 능력을 갖는 일은 없고 또 운동을 하는 일도 없다. 따라서 다시 감각을 갖는 일도 없는 것이다.

(66) 왜냐하면 혼을 감싸고 있는 것(몸)이 지금 현실로 그 안에 있어 그와 같

---

*64 즉 몸은 사고능력을 갖지 않는다는 것.

은 운동을 행하고 있는 것과 같지 않을 때에는 혼은 이 합성체 안에 있는 것은 아니고, 또 그와 같은 운동을 행하고 있지도 않기 때문에 그와 같은 혼을 감각하고 있는 것으로 생각할 수는 없기 때문이다.

〔그(에피쿠로스)는 다른 곳에서 다음과 같이 말하고 있다. 즉 혼은 가장 매끄럽고 가장 둥근 아톰, 즉 그 두 가지 점에서 불의 아톰보다도 매우 뛰어난 아톰으로 구성되어 있다는 것, 또 혼 안에 있는 부분은 비이성적인 것이며 이것은 몸 안의(흉부 이외의) 다른 부분으로 퍼져 있는데, 혼 안의 이성적인 부분쪽은 두려움이나 기쁨의 감정에서 명확한 것처럼 흉부에 깃들고 있다는 것, 그리고 합성체 전체에 퍼지고 있는 혼의 여러 부분은 합성체 안에서 확실하게 유지되고 있거나, 또 흩어져 있거나 하는데 그 후 그런 여러 부분이 충돌에 의해서 서로 부딪쳐 운동을 하지 않게 되었을 때에는 잠(이라는 현상)이 생긴다는 것이다. 한편, 씨앗(정자)은 몸 전체에서 방출되는 것이라고 그는 말하고 있다.〕

(67) 그러나 또 위의 일에 더해서 다음의 것도 확실하게 이해해 두어야 한다. 즉 '비물체적인 것'이란 그 말의 가장 보통의 용법에서는 '자체적'(그 자체로 독립으로 존재하는)으로 생각할 수 있는 것에 대해서 말할 수 있다는 것이다. 그런데 공허 이외에는 그 자체로 독립으로 존재하는 비물체적인 것을 우리는 생각할 수 없는 것이다. 그런데 공허는 (접할 수가 없는 것이므로) 작용하는 일도 작용을 받는 일도 없는 것이며, 그것은 다만 여러 물체가 자기 안을 지나 운동하는 것을 허용하는 것뿐이다. 따라서 혼은 비물체적인 것이라고 말하고 있는 사람들은 어리석은 말을 하고 있는 것이다. 왜냐하면 가령 만일 혼이 그와 같은 비물체적인 것이었다면 혼은 작용하는 것도 작용을 받을 수도 없었을 것인데 그러나 사실은 이런 양쪽의 곁달린 능력이 혼에 관해서는 분명하게 간파되기 때문이다.

(68) 한편 혼에 관해서 위에서 논의되어온 것 모두를 만일 사람이 (진리의 기준인) 감정이나 감각과 연관시킨다면, 그리고 이 편지의 첫머리에서 쓰여 온 것을 기억하고 있다면 이런 논의는 그것에 의거해서 세부 사항도 확실하게 마무리되기에 충분할 정도로 일반 원칙의 형태로 정리되어 있는 것을 사람들은 인정할 것이다.

또 형·색깔·크기·무게 및 그 밖의 물체의 영속되는 속성으로서 기록되는 한의 것은—이들 속성은 모든 물체에, 또는 눈에 보이는 물체, 즉 그런 속성을 감각함으로써 그것으로 알 수 있는 물체에 속하고 있는 것인데—이런 속성은 그 자체로 독립으로 존재한다는 식으로 생각해서는 안 된다. 그런 것을 추측할 수는 없기 때문이다.

(69) 그러나 또 그런 속성은 전혀 존재하지 않는다고 생각해서는 안 되고 더욱이 물체에 덧대인 무언가 다른 종류의 비물체적인 것으로도 생각해서는 안 된다. 그리고 또 그것은 물체의 부분이라고도 생각해서는 안 되는 것이며 오히려 다음과 같이 생각해야 한다. 즉 물체 전체는 일반적으로 그 자체의 영속되는 본성을 그런 속성의 모든 것에서 얻고 있는데 그러나 물체는 그런 속성을 그러모은 것과 같은 것은 아니다. 즉 보다 큰 집합체가 그것을 구성하는 여러 부분 그 자체로부터—이런 여러 부분이 그 집합체의 최초의 부분(감각될 수 있는 최소한의 부분)이든, 또는 무언가 이 특정한 것으로서의 전체보다는 작은 부분이든—그와 같은 여러 부분으로 조립되어 있는 경우와 똑같은 것으로서 존재하는 것은 아니다. 오히려 내가 지금 쓰고 있는 것처럼 물체는 그 자체의 영속되는 본성을 그것들 모두의 속성에서 얻고 있는데 지나지 않은 것이다. 그리고 이런 속성은 모두 저마다 고유한 방법으로 파악되고 식별되지만 그것은 그런 속성이 따르고 있고 이들 속성에서 결코 분리되는 일은 없으며, 오히려 그런 속성과 함께 생각됨으로써 물체로 불리고 있는 복합체가 있는 경우를 말하는 것이다.

(70) 또 물체에는 때때로 다만 우연히 일으킬 뿐 영속되게 따르는 것은 아닌 것이 있는데 이런 것은 눈으로 볼 수 없는 부류에 드는 것은 아니고 또 비물체적인 것도 아닐 것이다. 거기에서 우리는 가장 보통의 용어법에 따라서 그 말을 사용하면서 '우유(偶有)한 것'을 명확히 하기로 하자. 즉 '우유한 것'은 전체인 것이 지닌 본성 (독립으로 존재한다는 본성)을 지니고도 있지 않고—이 '전체인 것'이란 우리가 이를 복합체로서 파악해 '물체'로 부르고 있는 것인데—또 그런 것 없이는 물체라는 것을 생각할 수 없는 영속되게 따르는 것(속성)의 본성도 지니고 있지 않은 것이다. 그러나 복합체(물체)에 이런 것이 따르고 있는 경우에 그런 것은 어느 방법으로 파악됨에 따라서 저마다 '우유한 것'으로 불리게 되는 것이다.

(71) 그러나 그와 같이 불리는 것은 그런 우유한 것 하나하나가 물체에 따라

서 생기는 것이 관찰되는 바로 그때에 한정되는 것이다. 우유한 것은 영속되게 따르는 것이 아니기 때문이다. 또 이 우유한 것은 그것이 따라서 일으키는 것의 전체인 것―이것을 실제로 또 우리는 '물체'로도 부르고 있는 것인데*[65]―그 전체인 것의 본성을 지니고 있지는 않고 또 영속되게 따르는 것(속성)의 본성도 지니고 있지 않기 때문이란 이유로 그 명증하는 것(우유한 것)을 존재하는 것의 영역에서 몰아내야만 할 일은 아닌 것이다. 또 우유한 것은 그 자체로 독립으로 존재하는 것으로도 생각해서는 안 된다.―그것은 이런 우유한 것에 대해서도 또 영속되게 따르는 것(속성)에 대해서도 생각할 수 없는 일이기 때문이다.―그런 우유한 것은 모두 우리(의 감각)에게 나타나는 바로 그대로 물체에 따르고 있는 것뿐이고 영속되게 따르는 것은 아니며, 또 그 자체로 독립으로 존재하는 것이란 신분을 갖는 것도 아니라고 생각해야 한다. 오히려 감각 그 자체가 그런 것을 독자의 성격으로 하고 있는 방법으로 우유한 속성이 관찰되는 것이다.

(72) 그리고 또 이상의 것에 더해서 다음의 것도 확실하게 마음에 담아두어야만 한다. 즉 시간에 대해서는 그 밖의 것을 탐구하는 것과 똑같은 방법으로 탐구해서는 안 되는 것이다. 즉 그 밖의 것(속성이나 우유성)은 우리는 이를 자기 자신 속에 인정되는 선취관념과 연관시킴으로써 그런 것의 기체(基體)가 되고 있는 것에서 탐구하고 있는 것이다. 그러나 시간에 대해서는 우리가 '긴 시간'이라든가, '짧은 시간'이라든가 소리내어 말할 때의 근거인 명료하고 직각(直覺)한 사실 그 자체를―시간의 길이와 짧음은 동류의 것으로서 이 직각적 사실을 시간에 적용하면서―고려해야 한다.

또 시간에 대해서는 다른 쪽의 표현이 이보다도 뛰어난 것으로 여겨 그 표현에 변경해야 할 것은 없으며, 보통 일반적으로 이루어지고 있는 표현을 채용해야 한다. 그리고 시간에 관계가 없는 무언가 다른 일을 마치 그것이 이 독자의 것(시간)과 똑같은 본성을 지니고 있는 것처럼 생각해서 그것을 시간에 대해서 말해도 안 된다.―그것은 이것도 일부의 사람들이 행하고 있는 것이기 때문이다.*[66]―오히려 우리는 다만 (시간이라는) 이 독자의 것을 그것과 연

---

*[65] 이 삽입문은 고주가 본문 안에 들어간 것으로서 베일리는 본문에서 삭제하고 있다. 앞절에서도 똑같이 말하고 있기 때문이다.
*[66] 플라톤이나 아리스토텔레스의 '시간'의 정의를 염두에 둔 것으로 생각된다.

결시키고 있으며 그것에 의거해 (시간을) 측정하고 있는 것에 무엇보다도 먼저 고려를 해야 한다.

(73) 그것은 실제로 그 위에 논증이 필요하게 되는 것은 아니고 우리의 경험적 사실을 돌아보는 것만으로 알 수 있는 것이기 때문이다. 즉 우리는 시간이라는 이 독자의 것을 낮이나 밤에, 또 그런 부분에 연결시키고 있으며 마찬가지로 쾌락·즐거움의 감정이나 그 감정이 없는 상태에, 그리고 운동이나 정지(靜止)와도 연결시키고 있는 것인데, 더 나아가 이 독자의 것 그 자체를 위에 든 것에 연관이 있는 어느 특수한 우유한 것으로서 염두에 두면서 그것에 즉응해 우리는 '시간'이라는 말을 사용하고 있는 것이기 때문이다. 〔그러나 이와 같은 것을 그(에피쿠로스)는 〈자연에 대해서〉 제2권과 〈대적요〉 가운데서도 쓰고 있다.〕

한편, 위에 쓴 것에 더해서 우리는 더욱 다음의 것도 생각해 두어야만 한다. 즉 여러 세계도 우리들 세계에서 관찰되는 사물에 매우 비슷한 모습의 한정된 (크기의) 합성체 어느 것이나 무한한 것에서 생성한 것이며 이런 것은 모두 더 큰 것이나, 더 작은 것이나 (아톰이) 특유한 방법으로 응집하고 있는 상태에서 분리해 생겼다는 것이다. 그리고 그런 것은 모두 다시 해체되어 가는 것인데, 어느 것의 경우에는 보다 빠르게 해체되는데 다른 것인 경우에는 더 천천히 해체되고 또 어느 것은 이런저런 원인에 의해, 다른 것은 이러이러한 원인에 의해 해체된다는 것이다. 〔그래서 여러 세계는 그런 여러 부분이 변화하는 것이므로 소멸하는 것이기도 하다고 그(에피쿠로스)가 주장하고 있는 것은 명확하다. 또 다른 곳에서 대지는 공기 위에 떠 있다고 그는 말하고 있다.〕

(74) 또 이들 여러 세계는 필연에 의해서 하나의 똑같은 형을 지니고 '생성한'*67 것이라고 생각해서는 안 된다. 그러나 온갖 형태를 지니고 생성한 것이라고 생각해서도 안 된다. 이런 모든 세계에는 동물이나 식물, 그밖에 우리가 이 세계에서 볼 수 있는 모든 것이 존재하고 있는 것이라고 생각해야 한다.*68 '그뿐만 아니라 이들 여러 세계는 다양한 형태를 지니고 있다고도 그(에피쿠로스) 자신이 〈자연에 대해서〉 제12권 가운데서 쓰고 있다. 즉 어느 세계는 둥근

---

*67 베일리의 이 부분의 주에 따라서 교본에는 없지만 말을 보충해 번역해 둔다.
*68 이 부분의 빠진 문장 가운데에도 우제너나 베일리에 따라서 ( ) 안의 문장을 보충해 번역해 둔다.

공 모양이고 다른 세계는 계란 모양이며 또 다른 세계는 그것과는 다른 형상을 이루고 있는데, 그러나 온갖 형태를 지니고 있는 것은 아니라고 그는 말하고 있는 것이다. 그리고 생명이 있는 것은 무한한 것에서 (직접) 분리되어 존재하고 있는 것은 아니라고 그는 말하고 있다.' 그것은 동물이나 식물이나 그 밖에 (우리의 세계에서) 관찰되는 모든 것이 그런 것에서 낳게 되는 씨앗이 여기저기의 세계 속에는 포함되어 있었겠지만—또 사정에 따라서는 포함되어 있지 않았을 때도 있었겠지만—그러나 이런저런 세계 속에 포함되어 있는 일은 절대로 있을 수 없었을 것이다. 이와 같은 일을 아무도 논증할 수 없을 것이기 때문이다. [또 동물 그 밖의 것이 (태어난 후에) 세계 속에서 키워진다는 점도 똑같다. 그리고 그것은 어느 세계에서나 대지 위에 똑같은 방법으로 이루어지는 것이라고 생각해야만 한다.]

(75) 그리고 다음의 것도 우리는 이해해야만 한다. 즉 인간이 지니고 태어난 본성도 현실의 사태 그 자체에 의해서 온갖 많은 것을 배우거나 강요되거나 한 것이다. 그러나 그 후, 인간은 여러 가지로 추리계산을 함으로써 자연이 준 것을 정교하게 만들어내거나 새롭게 발견하거나 한 것인데, 이것이 어느 사항에서는 보다 빠르게 이루어졌는데 다른 사항에서는 더욱 느리게만 이루어졌다. 또 어느 시대나 어느 시기에는 (더 큰 진보를 이루었는데) 다른 시대나 다른 시기에 진보는 더 작았던 것이다.

그러므로 사물의 이름도 최초부터 인위적으로 정해져 생긴 것은 아니고, 인간이 지니고 태어난 그 본성 그 자체에 의해서 각 종족마다 사람들은 고유의 감정을 안고 고유한 인상을 받아 이런 감정이나 인상에 제각기 밀려난 공기(날숨)를 저마다 고유한 방법으로 (말로서) 내게 된 것이다. 그 방법은 개개의 종족이 살고 있는 지역에 의한 차이도 있었을 것이다.

(76) 그리고 뒤에 말의 의미가 서로간에 모호함이 적어지고 또 더 간결한 표현이 될 수 있도록 하기 위해 종족마다 저마다 자신들에게 고유한 이름이 공통의 이해 아래에 정해진 것이다. 또 이제까지 알려져 있지 않았던 무언가의 사항에 대해서는 그것을 이해한 사람들이 이를 사람들에게 소개해 그것에 대한 무언가의 말을 제공해 준 것으로, 그때 그들 가운데 어떤 자들은 그런 말을 불가피하게 입에 올린 것뿐인데, 다른 자들은 매우 보통의 조어법(造語法)에 의존하면서 잘 생각한 다음 적절한 말을 골라 그 사항의 의미를 전한 것

이다.

그리고 또 천공에서의 (여러 천체의) 운행이나 회귀, 태양과 달의 이지러짐, 떠오름과 짐 빛 이런 것들에 이어지는 일련의 현상이 생기는 것은 무언가 있는 것(神)이 그런 것에 손을 빌려 현재도 장래도 그 질서를 갖추고 있기 때문이다. 더구나 그 자체는 동시에 또 불멸성과 함께 완전한 지복(至福)을 누리고 있는 것이다, 라는 식으로 생각해서는 안 된다.

(77) 왜냐하면 수고로운 일이나 배려, 또 분노나 호의는 지복과는 양립하지 않는 것이며 나약함이나 두려움, 이웃에 의존하는 것에 그런 것은 생기는 것이기 때문이다. 또 응집한 불이기도 한 것들(여러 천체)이 지복을 갖추고 있고 더구나 자신의 의지로 그와 같은 운동을 하고 있는 것이라는 식으로 생각해서는 안 된다. 아니, (우리가 신들에게로 돌아가고 있는) 그와 같은 여러 관념에 적용되는 어떤 말에서나 우리는 신들의 존엄성을 충분히 지키도록 해야 하는 것이다, 그것은 우리의 언어 사용에서부터 존엄성과는 모순되는 생각이 일어나지 않도록 하기 위해서이다. 그렇지 않으면 이 모순 그 자체가 우리의 혼 속에 가장 큰 동요를 불러일으키게 될 것이다. 그러므로 (여러 천체의) 이 필연적인 운행도 세계의 생성에 임해서 최초로 (여러 천체가 되어야 할) 이런 것들의 (아톰의) 덩어리가 세계를 만들어야할, 보다 큰 덩어리 속에 받아들여짐으로써 이루어지게 된 것이다, 라는 식으로 생각해야 한다.

(78) 그리고 또 이와 같은 가장 중요한 사항에 관한 원인을 구명하는 것이 자연 연구의 일이며, 우리 인간의 행복은 이런 천계(天界)의 사항에 관한 지식 속에 존재하는 것으로 생각해야만 한다. 즉 이 천계를 통해 바라볼 수 있는 것들이 어느 본성의 것인지를 인식하는 것, 또 그 밖에 우리를 행복하게 하기 위한 정확한 지식과 밀접하게 연결이 되어 있는 한의 것을 인식하는 것, 그런 것 가운데 우리의 행복이 있다고 생각해야 하는 것이다. 또한 이와 같이 가장 중요한 사항에서는 그것이 몇 갈래나 되는 방법으로 일어난다거나, 무언가 다른 방법으로도 일어날 수 있다거나 하는 것은 아니고 불멸로서 지복의 본성 가운데에는 우리에게 의혹이나 동요를 불러일으키는 것은 아무것도 포함되어 있지 않다는 것을 인식하는 것 가운데에도 우리의 행복은 있는 것이라고 생각해야 한다. 그리고 이것이 절대적으로 그렇다는 것은 우리의 정신에 의해서 파악할 수 있는 것이다.

(79) 이에 반해서 (여러 천체의) 떠오름이나 짐, 회귀와 이지러짐, 그 밖에 이런 것과 동류의 여러 사상(事象)의 연구에 속하는 것은 이제는 아무것도 앞의 인식이 가져다 주는 행복에 이바지하지 않는다. 도리어 그런 개개의 사상에 대해서는 (관찰에 의해서) 숙지하고는 있어도 그런 것의 본질이 무엇인지, 또 가장 결정적인 원인이 무엇인지를 모르고 있는 자들은 이런 사상에 대해서 아무것도 몰랐던 경우와 마찬가지로 두려움을 안고 있는 것이다. 그뿐만 아니라 이런 사상을 관찰하는 것에서 낳게 되는 경이로운 마음이 아무런 해결도 발견하지 못하고, 또 이런 사상을 가장 결정적인 원인으로 돌리지도 못하고 있는 경우에는 그들의 두려움은 더욱더 커지게 될 것이다.

그러므로 (여러 천체의) 회귀, 짐과 떠오름, 이지러짐, 그밖에 이 같은 여러 사상에 관해서는 다른 특수한 여러 현상을 연구한 경우에도 그렇게 하고 있었던 것과 마찬가지로, 우리가 같은 현상에 대해서 하나 이상의 많은 원인을 발견했다고 해도 같을 것이다.

(80) 그렇다고 해서 이런 사항에 관한 연구가, 우리의 평정한 마음과 행복에 이바지하기에 충분할 만큼 정확하지는 않다는 식으로 생각해서는 안 된다. 천공의 사상이나 모두 (감각에) 명확하지 않은 사항의 원인을 탐구할 때에는, 우리가 있는 곳(지상)에서 발생하는 그런 것들과 비슷한 현상이 얼마나 몇 갈래의 방법으로 일어나는가 하는 것과 비교 고찰하면서 탐구하도록 해야 한다. 그리고 그때에는 단 한 가지 방법으로만 존재하거나 생성하거나 하고 있는 것을 인식도 하고 있어야만, 또 원거리로부터 모습을 나타내고 있는 것인 경우에는 그것이 몇 갈래의 방법으로 발생한다는 것을 인식도 하지 않고 있는 사람들, 그리고 또 어떤 상황 아래에서는 사람이 마음을 흐트러뜨리지 않고 있을 수 없는지, (또 마찬가지로 어떤 상황 아래에서 그것이 가능한지[69])에 대해서 무지한 사람들, 그런 사람들 모두를 우리는 경멸해야만 한다. 그렇게 하면 우리가 어느 현상은 무언가 이런저런 방법으로 일으킬 수 있다고 생각하고 있는 경우에, 그것이 실제로는 몇 갈래의 방법으로 일어나는 것을 알았다고 해도, 그것은 특정의 이런저런 방법으로 일어난다는 것을 알고 있는 경우와 마찬가지로 우리는 마음이 흐트러지는 일은 없을 것이다.

---

[69] 원본대로 이 삽입문은 폰 밀의 제안에 따라 이곳으로 옮긴다.

(81) 하지만 위의 모든 것에 더해서 전반적으로는 다음의 것을 잘 이해해 두어야 한다. 즉 인간의 혼에서 가장 결정적인 동요는 이런 것(여러 천체)은 지복이고 불멸의 것이면서, 동시에 그것과는 모순되는 의지나 동기를 갖추고 있는 것으로 생각하는 곳에 생긴다는 것이다. 또 그 동요는 사람들이 신화의 영향으로 사후에 언제까지나 이어지는 무언가 두려운 것을 끊임없이 예기(豫期)하거나 두려워하거나 함으로써 생기고, 더욱이 죽어서 감각이 없는 것 그 자체를 마치 그것이 자신들에게 관계가 있는 것처럼 두려워하거나 하는 경우에도 생긴다는 것이다. 그리고 또 다양한 학설에 의해서가 아니고 오히려 무언가의 비합리적인 망상에 의해서 사람들이 지금 말한 것과 같은 심경에 빠지는 경우에도 혼의 동요는 생기는 것이다. 따라서 이 경우에 사람들은 그 두려움에 한도를 설정하지 않고 있으므로 그런 사정에 대해서 여러 가지로 생각을 한 경우에도 생기는 것과 같은 정도의 또는 그보다도 더 격한 동요조차 받게 되는 것이다.

(82) 그러나 평정한 마음이란 이런 모든 동요에서 완전히 해방되어 있는 것이며 사물의 전체에 걸친 가장 중요한 원칙을 끊임없이 마음에 담아두고 있는 것이다.

그러므로 우리는 그때그때 나타나는 감정이나 감각에 주의해야만 한다. 그 경우 사람들에게 공통인 사항에 관해서는 공통인 감정이나 감각에, 또 개개인에게 고유한 사항에 관해서는 개개인에게 고유한 그런 것에 대해서이다. 또 그런 것 이외의 (진리의) 기준인 것에 의거하는 모든 명증성에도 주의해야만 한다. 그것은 이런 것에 주의하면 혼의 동요와 두려움이 그곳에서 생기고 있었던 것의 원인을 우리는 올바르게 구명하게 될 것이며, 또 천공의 사상의, 그밖에 그때그때 우리에게 덮쳐오는 사건의 원인을 규명함으로써 다른 사람들을 매우 두렵게 하고 있는 모든 것에서 우리 자신을 자유롭게 할 것이기 때문이다.

그런데 헤로도토스여, 위가 나의 학설 전체가 어떤 것인가에 대해서 그 가장 주요한 점을 그대를 위해 요약한 것이다.

(83) 따라서 만일 나의 이 설명을 정확하게 파악할 수 있다면 사람이 개개의 사항을 모두 정확하게 알지는 못한다고 해도 그 사람은 다른 사람들과는

비교가 되지 않을 만큼 잘 알게 될 것이라고 나는 생각한다. 그것은 실제로 그 사람은 나의 학설 체계 전체에 의거해 개개의 사항에 관한 수많은 정확한 것을 자기 자신이 명확히 할 것이기 때문이다. 그리고 바로 이런 원칙적인 사항이 기억 속에 담겨져 있다면 그것은 끊임없이 그 사람의 연구에 도움이 되어줄 것이다. 그것은 이런 원칙적인 사항은 그와 같은 효과를 갖는 것이기 때문에 따라서 개개 사항을 이미 충분하게, 또는 완벽하게 알고 있는 사람일지라도 그 지식을 이와 같은 원칙적인 사항의 파악으로 환원함으로써 자연 전체에 관한 연구의 대부분의 것을 수행할 수 있는 것이다. 다른 한편 또 아직 완전하게 나의 학설을 습득하고 있지 않은 사람들에 속하는 자들 쪽은 구술에 따르지 않은 학습방법이라도 이곳에 언급되고 있는 원칙에 의거해 혼의 평안에 도움이 되는 가장 중요한 사항을 매우 짧은 기간 안에 대충 살펴 보게 되는 것이다.'

─한편, 이것이 자연학에 관한 사항에 대한 그의 편지이다. 다른 한편 천공의 사상에 관한 사항에 대한 편지는 아래에 든 것이 그것이다.

피토클레스에게
평안하길 기원하면서
에피쿠로스

(84) '클레온*[70]이 그대의 편지를 나에게 전해주었는데 그 편지 가운데서 그대는 나의 그대 자신에 대한 호의에 걸맞은 방법으로 계속해서 나에게 친애의 정을 표시해 주고 또 행복한 삶으로 이끄는 데 도움이 되는 나의 이론을 이해할 수 있도록 기억에 남겨두려고 노력하고 있소. 더욱이 그대는 천공의 사상에 관해서 그대가 쉽게 기억에 남겨둘 수 있도록 간결하고 요령이 있는 논설을 써 보내도록 나에게 요망하고 있소. 그것은 이 문제에 대해서 다른 책 속에 내가 써 둔 것은 비록 그것을 손에 들고 있다고 해도 기억하는 것이 어렵기 때문이라는 것이오. 그래서 나는 그대의 부탁을 기꺼이 받아들이고 또 그 일 덕분

─────────────
*70 이곳 이외에서는 알려지지 않은 인물.

에 나의 마음은 즐거운 기대로 충만해 있는 것이오.

(85) 그러므로 나는 다른 저작은 모두 마친 시점이기 때문에 그대가 요구해 온 것을 이제 수행하겠소. 이제부터 논의하는 것은 그대뿐만 아니라 다른 많은 사람들에게도 도움이 될 것인데, 특히 진정으로 자연 연구에 최근에 갓 종사한 사람들이나 또 무언가 일반교양 사항에 지나치게 관여해 (자연 연구의) 틈이 없는 사람들에게도 그것은 도움이 될 것이오. 그래서 그대는 이런 논술을 잘 이해하고 이를 기억 속에 남겨두면서 헤로도토스에게 보낸 〈소적요〉 가운데서 내가 써 보낸 다른 것과 함께 이들 논술을 훑어보길 바라는 것이오.

우선 첫째로 천공의 사상에 대한 지식에서 얻게 되는 목적은—그런 사상이 다른 사항과 연결해서 논의하고 있는 것이든, 그것만이 다른 것으로부터 분리해서 논의하고 있는 것이든—그 밖의 사항에 대한 지식의 경우도 마찬가지로 평정한 마음과 확고한 신념을 얻는 것 이외에 다른 무엇일 것이라고는 생각지 않는 것이오.

(86) 다음으로 천공의 사상에 대해서는 불가능한 설명을 무리하게 밀어붙여서는 안 되고, 또 어떤 사상에 대해서도 삶의 방식에 관한(윤리학의) 논의라면 자연학상의 그 밖의 여러 문제에 관한 논의이건, 그와 같은 논의의 경우와 똑같은 방법으로 고찰해서도 안 된다.—그와 같은 논의란 이를테면 '만유는 물체와 접할 수 없는 본성의 것(공허)으로 이루어져 있다'거나 '만물의 구성요소는 나뉠 수 없는 것(아톰)이다'라든가와 같은 논의를 말하는 것이며, 또 감각에 나타나 있는 사실과 합치하는 곳에 단 한 번의 설명이 있을 뿐인 것과 같은 그와 같은 논의 모두를 말하는 것이다. 그러나 한 번의 설명만 있을 수 있다는 것은 천공의 사상에는 들어맞지 않는 것이며 오히려 이런 천공의 사상은 그 생성에도 몇 가지 (가능한) 원인이 있고, 그 존재에 대해서도 감각과 합치하는 몇 가지 설명방법이 있는 것이다. 왜냐하면 자연 연구는 근거 없는 추측이나 (임의(任意)의) 입법에*71 따라 하는 것이 아니라, 감각으로 표현되는 사실이 요구하는 방식으로 해야만 하기 때문이다.

(87) 그것은 우리의 생활에 필요한 것은 이제 이치에 반하는 것도 아니고 근거가 없는 허무한 생각도 아니며, 우리가 혼을 혼란하게 하는 일 없이 사는 것

---

*71 이 '입법'이란 플라톤의 〈법률〉 제10권의 논술을 염두에 둔 것이 아닌가 추측한다.

이기 때문이다. 그래서 감각에 나타나 있는 사실에 합치하면서 몇 가지 방법으로 설명할 수 있는 모든 사항에 관해서는 마땅히 그래야만 하듯이 만일 사람이 이해할 수 있는 이론을 받아들인다면 만사가 아무런 혼란 없이 잘 진행이 되는데, 이에 반해서 만일 사람이 (몇 가지 설명 가운데) 어느 것은 받아들이면서 다른 것은 똑같이 (감각에) 나타나 있는 사실에 합치하고 있음에도 이를 거부한다면 명백히 그 사람은 자연 연구에서 완전히 벗어나 신화로 빠지게 되는 것이다. 그런데 우리에게 지상에서 나타나고 있는 사실 가운데 어떤 것은 천공에서 일으키는 사상(을 해명하기 위해)의 조짐을 주는 것인데 그것은, 이렇게 지상에 나타나 있는 사실은 그것들이 어떻게 일어나는지는 관찰할 수 있지만 천공에 나타나는 사상을 관찰할 수는 없기 때문이다. 그것은 이런 천공의 사상은 몇 가지 방법으로 일어날 수 있는 것이기 때문이다.

(88) 그렇지만 천공에 나타나는 이런 사상이 지닌 모습에 주의를 돌려야만 한다. 그리고 이것과 연결되어 있는 것(감각에 부가되는 판단)에 관해서는 몇 가지 방법으로 발생한다는 것을, 지상에 발생하고 있는 것에 의해서 반증될 수 없는 것과 있는 것을 구별해야만 하는 것이다.

한편, 세계(코스모스)는 여러 천체와 지구와 그 밖에 모든 천공의 현상을 포괄하고 있는, 하늘이 있는 둘러싸인 부분으로서, 그것이 분해되면 그 안에 있는 모든 것이 혼돈상태가 될 것이란 것이다. 즉 세계는 무한한 것(공허)에서 분리된 것으로 어느 경계에서 끝나고 있는데, 그 경계는 희박하거나 농밀하고 또 회전하거나 정지하고 있거나 한다. 그리고 그 윤곽은 삼각형이거나 또는 그 밖의 어떤 형태의 것이기도 하다. 그것은 위에 든 어느 것이든 가능하기 때문이다. 왜냐하면 우리의 이 세계에는—그 경계를 우리는 파악할 수 없어도—감각에 나타나 있는 사실 가운데 무엇 하나 위의 것을 반증할 수는 없기 때문이다.

(89) 또 이와 같은 여러 세계가 수없이 있다는 것도 이해할 수 있고 또 그와 같은 세계는 이미 생기고 있는 세계 가운데서도 또 중간계—세계와 세계 사이의 공간을 우리는 그렇게 부르고 있는 것인데—그 중간계에서도 생길 수 있다는 것도 이해할 수 있는 것이다. 다만 그것은 일부의 사람들*72이 주장하듯

---

*72 특히 레우키포스를 가리키고 있는 것으로 생각된다. 제9권 31절 참조.

이 드넓고 전혀 섞임이 없는 순수하게 공허한 곳 가운데서, 라는 것은 아니고 공허가 많은 곳 가운데서, 라는 것이다. 즉 세계를 만드는 데 적합한 일종의 씨앗(아톰)이 하나의 세계 또는 중간계에서, 또는 몇 개의 세계 또는 중간계에서 (이 공허가 많은 곳으로 흘러들어와 조금씩 어우러지거나 나뉘거나, 경우에 따라서는 다른 곳으로 위치를 바꾸거나 함으로써) 세계는 생기는 것이다. 그리고 이런 씨앗은 세계가 완성되어 안정이 될 때까지 적당한 곳으로부터 계속 유입하는 것인데, 이와 같은 과정은 세계의 바탕이 되는 밑에 놓인 씨앗이 새로운 씨앗을 받아들일 수 있는 한 계속되는 것이다.

(90) 왜냐하면 세계가 생기기 위해서는 단순히 아톰의 덩어리가 생기는 것만으로는 충분하지 않으며,[73] 또 이른바 자연학자들 가운데 한 사람[74]이 말하는 바와 같이, 세계가 그 안에 생길 수 있는 공허 속에 단순한 상상에 의거해 소용돌이가 생길 수밖에 없기 때문이란 것으로도 충분하지는 않기 때문이다. 더욱이 이 세계가 차츰 커져서 결국에는 다른 세계와 충돌(해서 해체)하게 된다고도 해서는 안 되기 때문이다. 왜냐하면 그런 일은 감각에 나타나 있는 사실과 모순하기 때문이다.

태양과 달과 그 밖의 별들은 우선 그 자체에서 독립으로 생겨나 그런 뒤에 이 세계가 감싼 것은 아니고 최초부터 (세계 속에서) 형성된 것이며 일종의 희박한 부분(입자)으로 이루어진 것이—그것은 바람과 같은 것이거나, 불의 형태를 띤 것이거나, 또는 그 두 가지가 하나로 된 것인데—그와 같은 본성의 것이 결합해서 선회함으로써 커지게 된 것이다. 그것은 이런 것들도 감각은 그와 같이 시사하고 있기 때문이다.

(91) 또 태양이나 달이나 그 밖의 별들의 크기는 우리에게 보이고 있는 것만의 것이다. 〔그(에피쿠로스)는 이것을 두고서 〈자연에 대해서〉 제11권 가운데서 '만일 태양이 거리에 의해서 크기를 줄이는 것이라면 빛나는 쪽은 더 많이 잃었을 것이므로'라고 말하고 있다. 실제로 그 크기나 빛남을 잃는′데 적합한 거리로서는 태양과의 거리보다도 더 적합한 거리는 달리 없기 때문이다.〕 그러나 여러 천체는 그 자체로서는 우리가 보는 것보다도 조금 크거나 조금 작거나, 또는 보는 그대로의 크기이거나 어느 한쪽이다. 그것은 우리에게(지상에) 있는 불

---

*73 이것으로 충분하다고 하는 것은 레우키포스의 설.

*74 데모크리토스.

도 멀리 떨어진 곳에서 관찰할 때에는 감각으로는 그렇게 보이기 때문이다. 그리고 자연 연구의 이 부분으로 돌려지는 어떤 이론도 〈자연에 대해서〉의 저작 가운데서 내가 보여주고 있는 것처럼 만일 사람이 감각에 나타나는 명료한 사실에 주의를 돌린다면 쉽게 해소될 것이다.

(92) 태양이나 달이나 그 밖의 별들이 떠오르고 지는 것은 불이 켜지거나 꺼지면서 일어날 수 있는 것이다. 그것은 떠오르고 지는 것을 볼 수 있는 양쪽의 어느 곳(동과 서)에도 지금 말한 일이 일어나게 되는 것과 같은 상황이 일어나고 있기 때문이다. 그것은 감각에 나타나고 있는 사실 가운데에는 이것의 반증이 되는 것은 아무것도 없기 때문이다.

또 여러 천체의 운동은 하늘 전체의 회전에 의해서 일어날 수도 있고, 또는 하늘 전체는 정지하고 있는 것인데 여러 천체 쪽이 회전하는 것이고, 이것은 여러 천체가 세계가 생성될 때 처음부터 동쪽으로 움직일 수밖에 없기 때문이라고 말할 수도 있는 것이다.

(93) ……(빠짐)……(그리고), (천체의) 불이 가까운 곳으로 끊임없이 잇따라 옮겨갈 때 그 불의 일종의 확산에서 비롯된 지나친 열 때문에 여러 천체가 운동한다고 말할 수도 있는 것이다.

태양과 달의 회귀는 하나로는 시기(계절)에 따라서 이렇게 되도록 필연적으로 정해져 있는 하늘(전체)의 기울기에 의해서도 일어날 수 있는 것이다. 마찬가지로 공기가 태양이나 달을 되밀어서 일어날 수도 있고, 또는 그때까지 있었던 연료가 바닥이 나 그때마다 새롭게 적당한 연료가 잇따라 점화됨으로써도 일어나는 것이다.*75 또는 이들 별(태양이나 달)에는 이른바 일종의 소용돌이 모양의 곡선을 그리며 운동하듯이 처음부터 그와 같은 회전운동이 내재하고 있을 수도 있다. 그것은 모두 이와 같은 설명이나 이와 비슷한 설명은 (감각에) 분명한 사실의 어느 하나도 모순이 되지 않고 있기 때문이다. 이와 같은 특수한 문제에 관해서는 가능한 설명을 견지하면서 천문학자들의 시답잖은 잔재주를 두려워하지 않고 이런 설명 하나하나를 (감각에) 나타나고 있는 사실과 일치하는 것으로 귀착시킬 수 있다.

(94) 또 달이 기울거나 다시 차거나 하는 것은 이 물체의 회전에 의해서도

---

*75 즉 태양이나 달의 연료가 잇따라 점화됨으로써 그것들이 회귀하게 되어 있기 때문일 것이다.

일어날 수 있을 것이고, 또 공기가 만드는 형(形)에 따라서도 똑같이 일어날 수 있을 것이다. 그리고 또 다른 물체가 사이에 개재함으로써도 일어날 수 있을 것이며, 그 밖에 우리에게 (지상에) 나타나고 있는 사실이 달의 이 모습을 설명하기 위해 요구하는 것과 같은 온갖 방법에 의해서도 일어날 수 있을 것이다. 만일 사람이 한 차례의 설명방법에 완전히 만족해 그 밖의 설명방법을 근거도 없이 거부하는 것이 아니라면. 그런 것은 인간이 관찰할 수 있는 것과 없는 것을 잘 생각해 두지 않았던 데서 비롯된 것이며, 또한 관찰할 수 없는 것을 관찰하고자 하는 욕망에서 비롯된 것이기도 한 것이다.

또 달은 스스로 빛을 낼 때도 있을 수 있고 태양빛을 빌려서 낼 때도 있을 수 있다.

(95) 그것은 우리는 많은 것이 스스로 빛을 내는 것을 관찰하고, 또한 많은 것이 다른 것의 빛을 빌려서 빛을 내는 것을 볼 수 있기 때문이다. 그리고 천공에 생기는 현상 가운데에는 무엇하나 이와 같은 설명을 방해하는 것은 없다. 만일 사람이 몇 가지 설명방법을 언제나 마음 속에 담아두고 (감각에) 나타나고 있는 사실에 따르는 가정과 동시에 또 그 원인을 종합해서 고찰하는 것이라면 그렇다. 그리고 사실과 양립하지 않는 가정이나 원인에는 눈을 돌리면서 이런 것들을 쓸데없이 거론해 그때마다 다른 방법일지언정 단 한 번의 설명방법에 빠지는 것이 아니라면.

또 달 표면의 겉모습은 그 여러 부분이 바뀜으로써 일어날 수 있고 다른 물체가 사이에 개재함으로써 일어날 수 있다. 그 밖에 감각에 나타나고 있는 사실과 일치하고 있는 것이라면 관찰되는 한 어떤 방법을 통해서도 일어날 수 있다.

(96) 그것은 모든 천공의 사상에 관해서 이와 같은 탐구방법을 결코 포기해서는 안 되기 때문이다. 왜냐하면 만일 사람이 (감각에) 명료한 사실과 다투고 있다면 그 사람은 결코 진정으로 평정한 마음을 손에 넣을 수는 없을 것이기 때문이다.

태양이나 달의 이지러짐은 마치 그와 같은 일이 우리에게도 일어나는 것이 관찰되는 듯이 태양이나 달의 불이 꺼지면서 일어날 수도 있고, 또 실제로 무언가 다른 것이—지구이든, 또는 무언가 눈에 보이지 않는 것이든, 또는 다른 그와 같은 것이든—사이에 끼어들어가서 일어날 수도 있다. 그리고 이처럼 우리는 서로 밀접한 관계에 있는 설명방법을 종합해서 고찰해야 하며 또 몇 가지 일이 겹쳐져 일어날 수도 있다는 것도 이해해야 한다. [그(에피쿠로스)는 이와 똑같은 것을 〈자연에 대해서〉 제12권 가운데서 쓰고 있는데, 그것에 더해서 일식은 달이 태양 위에 그림자를 드리우기 때문이며, 또 월식은 지구가 드리운 그림자 때문만이 아니고 달이 꺼지는 것에 따른 것이라고 말하고 있다.]

(97) [이것은 에피쿠로스파인 디오게네스도 〈발췌집〉 제1권 가운데서 인용하고 있는 것이다.]

(여러 천체, 특히 태양과 달의) 주기의 규칙성은 우리에게도 몇 가지 사건은 규칙적으로 발생하고 있으므로 그것에 따라서 이해해 주기 바란다. 그리고 그런 것을 설명하기 위해 신령한 본성의 것(신들)을 결코 끄집어내서는 안 된다. 오히려 신령한 것은 골치 아픈 의무를 떠맡는 일 없이 완전히 지복 속에서 머물게 해두자. 만일 그런 식으로 안 된다면 천공의 사상에 관한 원인론 전체가 무익한 것이 될 것이기 때문이다. 이와 같은 일은 사실 일부의 사람들[*76]이 이제까지 행해 온 방법이며, 그들은 가능한 설명방법에 매달리는 일 없이 천공의 사상은 다만 한 차례의 방법에 의해서만 일어나는 것으로 단정하고 가능성에 의거한 그 밖의 모든 설명방법을 거부한다는, 무익한 방법에 빠져 있었던 것이고, 이렇게 해서 그들은 이해할 수 없는 영역으로 내몰려 조짐(증거)으로서 받아들여야 할 감각에 나타나 있는 사실을 천공의 사상과 함께 고찰할 수 없게 되어 있는 것이다.

(98) 밤과 낮의 길이에 변화가 있는 것은 대지 위쪽에서의 태양의 운동이 빨라지거나 또다시 느리게 되거나 하는 것에 따른 것인데, 그것은 태양이 길이가 다른 곳을 통과하기 때문이기도 하고 또 태양이 어느 일정한 곳을 더 빠르게 또는 더 느리게 통과하기 때문이기도 하다. 이와 같은 일은 우리가 사는 지상의 몇 개의 사물에 대해서도 관찰되는 것으로, 이 지상의 사물에 대한 설명과 합치하는 방법으로 천공의 사상에 대해서는 이야기해야 한다. 이에 반해서 단 하나의 설명만을 채택하고 있는 사람들은 감각에 나타나 있는 사실과 다투고 있는 것이며, 인간이 천공의 사상을 고찰할 수 있는 방법이라는 관점에서 완전히 잘못을 저지르고 있는 것이다.

---

*76 플라톤이나 아리스토텔레스를 가리키는 것으로 생각된다.

날씨를 알리는 여러 가지 표징(表徵)은 우리가 지상에서 익숙해지고 있는 동물들의 경우가 그런 것처럼 시기가 공교롭게 일치하고 있는 것에 따라서도 일어날 수 있고, 대기의 변질이나 변화에 의해서도 일어날 수 있다. 그런 설명은 양쪽 모두 감각에 나타나고 있는 사실과 모순하지 않는다.

(99) 그러나 실제로 어떤 상황 아래에서 그 원인은 이것에 따른다거나, 또는 그것에 따른다는 것을 규명할 수는 없는 것이다.

구름은 바람이 압박해 공기가 응축함으로써 형성될 수 있고 또 서로 결합해 이와 같은 결과를 가져오기에 적합한 아톰이 뒤엉킴으로써도 형성될 수 있다. 더욱이 대지나 (강의) 물에서 피어오르는 흐름(수증기)이 모이는 것에 따라서도 형성될 수도 있다.

또한 그밖의 많은 방법에 의해서도 이렇게 형성될 수도 있다.

그런데 일단 구름이 만들어지면 그 구름에서, 어느 경우에는 겹쳐지고 있는 위의 구름에 의해서 압착되거나, 어느 경우에는 구름 자체가 변하거나 해서 비가 형성될 수도 있다.

(100) 또 비는 어느 곳에서 상승해 대기 속을 움직이고 있는 유체(流體)가 지상으로 되돌아감으로써 형성될 수도 있다. 더욱더 심한 호우는 그와 같은 장대비에 걸맞은 일종의 집적물에서 형성되는 것이다.

천둥은 지상에 있는 주둥아리가 좁은 단지 안에서 그와 같은 일이 일어나듯이, 구름 속의 공동(空洞)에 바람이 갇혀짐(빙빙 도는데)으로써 발생할 수도 있고 바람을 가득 안은 불이 구름 속에서 울리는 것으로도 발생할 수 있다. 또 구름이 찢기는 데 따라서도 발생할 수 있는 것이다. 그리고 기상 전체의 일도, 이 특수한 사상(事象, 천둥)도 몇 가지 양상으로 일어나는 것임을 우리에게 이야기하듯이 감각에 나타나며 사실을 우리에게 요구하고 있는 것이다.

(101) 번개도 마찬가지로 몇 가지 방법으로 발생하는 것이다. 즉 구름이 서로 마찰을 일으키거나 정면으로 부딪침으로써 불을 만들 수 있는 형체의 것(불의 아톰)이 구름에서 나타나 번개를 낳을 때도 있고, 또 이 섬광을 가져오는 그와 같은 물체(불의 아톰)가 바람 때문에 분출하는 데 따라서도 번개는 발생한다. 더욱이 구름이 상호간에 의해서나, 바람에 의해서나, 압축될 때에 그와 같은 물체가 구름에서 짜내지는 데 따라서도 번개는 발생하는 것이다.

더욱이 여러 천체에서 내고 있는 빛이 구름 속에 감싸안긴 뒤, 그것으로부터 구름과 바람의 움직임에 따라서 함께 구름이 빠져나가 낙하할 때에도 번개는 발생하고, 또는 가장 미세한 입자로 이루어진 빛이 구름 속을 지나면서 걸러질 때도 발생한다.(그 경우의 구름은 불에 의해서 불타고 그 불탄 구름이 움직임으로써 천둥번개를 일으키는 것이다.*77)

또 (구름 속) 바람이 심하게 움직이거나, 세게 압축되거나 하기 때문에 그 바람에 불이 붙는 데 따라서도 번개는 발생하는 것이다.

(102) 번개는 또 구름이 바람에 의해서 찢겨져 불을 만들 수 있으며, 더구나 번개의 현상을 일으키게 하는 아톰이 구름 속에서 낙하하는 데 따라서도 발생하는 것이다. 그리고 그 밖의 많은 방법으로도 번개가 발생하는 것은, 만일 사람이 감각에 나타나 있는 사실에 언제나 가깝게 위에 든 사상과 비슷한 지상의 현상을 그것과 함께 고찰할 수 있다면 쉽게 간파할 수 있을 것이다.

그런데 구름이 무언가 위에서 말한 것과 같은 상태에 있는 경우에는 번개가 천둥보다 먼저 발생하는데 그 이유의 하나는 바람이 구름 속에 돌입하는 것과 동시에 번개를 가져올 수 있는 아톰이 밖으로 밀려나 번개가 발생하고, 그 뒤에 구름 속에서 돌고 있는 바람이 천둥소리를 만들어 내기 때문이다. 또 하나는 양쪽 모두가 동시에 구름 속에서 나오는 경우에도 번개는 더욱 맹렬한 속도로 우리를 향해 다가오는데, 천둥은 그보다는 늦게 오기 때문이다.

(103) 그것은 마치 어떤 사람들이 무언가를 타격하고 있고 그것이 아득히 먼 곳에서 보이고 있는 경우와 같다.

벼락은 바람이 엄청나게 밀집해서 압축하고, 그리고 격렬하게 불타올라 그 일부가 파열해 아래쪽을 향해 더욱 맹렬한 기세로 낙하함으로써도 발생할 수 있다. 그 파열이 생기는 것은 구름의 응집에 따라서 가까운 장소가 잇따라 더욱 농밀한 상태로 되기 때문에 그쪽으로 향할 수는 없기 때문이다. 또 천둥을 일으키는 것과 마찬가지로 (구름 속에서) 소용돌이치고 있는 불이 (구름을 깨고) 낙하한다는 단순한 그 일만으로도 벼락은 발생할 수 있는 것이다. 불이 차츰 커지며 더욱더 격렬한 바람에 부채질되어 상승하고 가까운 곳에는 구름이 언제나 서로 압축된 상태로 되어 있기 때문에, 그곳으로는 물러날 수 없어 그 불이 구름을 잡아 찢기 때문이다.

---

*77 이 ( ) 안의 문장은 비뇨네나 베일리의 해석에 따르면서 ( ) 안에 넣어둔다.

(104) 그리고 그 밖의 많은 방법으로도 벼락은 발생할 수 있다. 다만 신화에 의한 설명만은 멀리하도록 한다. 만일 사람이 감각에 나타나고 있는 사실에 올바르게 따르면서 눈에 보이지 않는 사항에 대해서는 그 사실을 증거로서 추리한다면 신화를 멀리할 수 있다.

회오리바람은 구름이 모인 바람에 의해서 눌리고 그 격렬한 바람에 의해 운반되면서 또 동시에 외부의 바람이 그 구름을 옆쪽으로 밀어낼 때에 그 구름이 아래쪽 곳으로 기둥 모양으로 하강해 감으로써 발생할 수 있다. 또 바람이 원(소용돌이)을 그리면서 움직이는 것 같은 상태에 있을 때에 위쪽에서 일종의 공기가 그 바람 속으로 함께 밀림으로써도 발생할 수 있다. 더욱이 바람이 격한 흐름을 일으켜 주위의 공기가 짙기 때문에 그 흐름이 가로로 향해 흘러갈 수 없을 때에도 발생할 수 있다.

(105) 그리고 이 회오리바람이 지상에까지 내려올 때에는 바람의 움직임에 따라서 그 발생방법은 다양해 회오리바람을 일으키고, 다른 한편 해상까지 내려올 때에는 물기둥이 생기는 것이다.

지진은 바람이 땅속에 갇혀 작은 흙덩어리 속에 파고들어 끊임없이 움직이는 데에 따라서도—그렇게 함으로써 대지에 진동을 가져오는 것인데—발생할 수 있는 것이다. 그리고 이때 대지는 이 바람을 외부로부터 받아들이고 있거나, 또는 흙덩어리가 땅속의 동굴과 같은 곳에 낙하함으로써 그곳에 갇혀 있는 공기를 부채질해 바람을 만들고 있거나 그 어느 한쪽이다. 그러나 지진은 또 많은 양의 흙덩어리가 낙하하면서 더 견고하고 밀도가 높은 지반에 부딪칠 때에 그 충격이 거꾸로 되돌아옴으로써 발생할 수도 있다.

(106) 또 그 밖에 많은 방법에 의해서도 대지의 이와 같은 진동은 발생하는 것이다.

……(빠짐)……

그런데 (화산과 관계가 있는[78]) 이런 바람은 때에 따라서 무언가 다른 물질이 끊임없이 그리고 조금씩 공기 속에 잠입할 때에 발생하며, 또 많은 양의 물이(화산 밑 동굴 속에) 모임으로써 그 안의 공기가 바람을 일으킴으로써 발생할 수도 있다. 하지만 그 밖의 바람은 적은 양의 기류가 수많은 파인 장소로

---

[78] 본문에 빠진 부분이 있으므로 전후 연결은 명확하지 않은데, 이곳에서 언급이 되고 있는 바람은 화산과 관계가 있는 것으로 해석해 두었다.

빠져들어 내부 공기를 움직일 때에 발생하는 것이며, 이렇게 해서 이들 기류는 흩어지면서 널리 퍼져 가는 것이다.

우박이 만들어지는 것은 더욱 심한 동결에 따른 것인데 그것은 바람과 비슷한 일종의 입자가 여기저기에서 모여들어 어떤 형태를 지닌 것이 되고, 그것이 여러 부분으로 분할될 때이다. 또 물과 비슷한 일종의 입자가 더 온화하게 동결함과 동시에 분열하는 데 따라서도 우박은 발생하는 것이다. 즉 이 동결은 물과 비슷한 입자를 응집시킴과 동시에 분열시키는 것이며, 그 결과 그런 입자는 부분적으로도 또 전체의 덩어리로서도 응고한 것으로 되는 것이다.

(107) 우박이 둥근 형으로 되는 것은 그것이 낙하할 때에 그 끝 부분이 어디나 모두 녹기 때문이다, 라고 하는 것은 불가능하지는 않고 또 일부에서 말하고 있는 것처럼 우박이 형성될 때에 물과 같은 일종의 입자이든, 바람을 닮은 입자이든 그들 입자는 우박의 어느 부분도 균등해지도록 온갖 곳에서 모인 것이기 때문이라고 해도 불가능하지는 않다.

눈은 미세한 물방울이 구름에서 흘러나와—그것은 그 물방울이 지나는데 적합한 구멍이 그 구름 속에 있기 때문이고, 또 그것에 적합한 구름이 끊임없이 바람에 의해서 심하게 압축되기 때문인데—이어서 그 물방울이 낙하하는 동안에 구름보다도 낮은 곳에서 무언가의 강렬한 냉각작용 때문에 동결됨으로써 형성될 수 있는 것이다. 그러나 또 균일하게 희박한 구름 속에서 동결됨으로써 가까이에서 서로 마찰을 일으키고 있는 수분을 포함한 구름에서 이렇게 (눈이) 떨어질 수도 있을 것이다. 또한 이와 같은 구름은 이른바 응고해서 구름을 만들어내는 것인데 이것은 봄에 흔히 일어나는 현상이다.

(108) 그리고 동결한 구름이 상호 마찰을 일으킴으로써 이 눈덩어리가 형성될 수도 있을 것이다. 또한 그 밖에 여러 가지 방법에 의해서도 눈은 형성될 수 있다.

이슬은 이와 같은 수분을 생기게 할 수 있는 곳의 그와 같은 물의 입자가 대기 속에서 발생해 서로 마주침으로써 생기는 것이다. 그러나 또 이슬이 가장 생기기 쉬운 장소인 습한 곳(습지)이나 물이 있는 곳(연못이나 개울)에서 그와 같은 물의 입자가 피어오르고, 이어서 그들 입자는 같은 것과 합체해 수분을 만들어낸 다음 거기에서 다시 아래 장소(지상)로 내려옴으로써 생기는 것이다. 그것은 마치 우리들이 있는 곳에서도 수많은 것에서 이와 비슷한 현상을 일으키는 것을 관찰하는 것과 같다.

(109) 또 서리는 이슬이 되는 것과 다른 방법으로 생기는 것은 아니고, 위에서 말한 솟과 같은 일종의 (물)입자가 찬 대기가 있는 상태에서 무언가 그와 같은 식으로 동결되기 때문이다.

얼음은 둥근 형의 입자가 물 속에서 밀려나 물 속에 있었던 각 변의 길이가 다른 형태의 입자나 직각보다 작은 각의 형태의 입자가 압축됨으로써도 만들어진다. 그러나 또 그와 같은 형체를 한 입자가 외부로부터 부가되고 그들 입자가 어느 양의 원형입자를 (밖으로) 밀어낸 뒤에 압축되어 물을 동결시킨 경우에도 얼음은 만들어지는 것이다.

(110) 그런데 무지개가 이렇게 둥근 형으로 나타나는 것은 그 어느 지점으로부터 우리까지의 거리도, 우리의 시각으로는 같은 거리로 관찰되기 때문이거나, 또는 대기 속에 있는 빛의 아톰이나 또는 같은 대기에서 생겨 구름 속에 이미 있는 공기의 아톰이 위에서 말한 것과 같은 방법으로 연결되어 있어서 이들 두 아톰의 짜맞춤이 일종의 원형이 되어 아래로 뻗어 있기 때문이다.

달무리가 생기는 것은 공기가 곳곳에서 달을 향해 날아오기 때문이거나, 또는 달에서 흘러나오는 유체를 공기가 균등하게 저지해 그 구름 모양의 것을 달 주위에 둘러두고 그것을 전혀 끊어짐이 없게 할 정도로 유지하기 때문이거나, 그렇지 않으면 바깥쪽 공기가 달 주위의 공기를 모든 측면에서 고르게 저지해 달을 둘러싸고 있는 공기를 둥근 형으로, 그리고 어느 부분이나 짙게 유지되도록 하기 때문이다,

(111) 그리고 이 마지막에 말한 것은 달이 통과하는 천계(天界)의 여러 가지 부분에서 일으키는 것인데, 그 이유는 일종의 유체가 밖에서 (달을 둘러싸고 있는) 공기를 강하게 압박하기 때문이거나, 또는 이와 같은 현상을 일으키도록 열이 적절하게 (공기가 빠져나가는) 통로를 포착해 막기 때문이다.

혜성이 나타나는 것은 천공의 어느 곳에 일정 시간의 간격을 두고 어느 상황이 발생하여 불을 한 곳에 모을 수 있기 때문이다. 또는 하늘(전체)이 우리의 위쪽에서 (일정) 시간의 간격을 두고 무언가 특수한 운동을 하기 위해 그 결과로서 (이전에는 가려져 있었던) 이와 같은 별이 모습이 드러나기 때문이다. 또는 그런 별 그 자체가 어느 시기에 무언가 주위의 사정 때문에 움직이기 시작해 우리가 있는 시계(視界)로 들어오는 곳으로 와 눈에 보이게 되기 때문이

다. 그리고 혜성이 보이지 않게 되는 것은 위와 반대의 이유에 따른 것이다.

(112) 별들 가운데 어떤 것(항성)은 그것들이 위치하고 있는 곳에서 회전하고 있는데, 그것은 일부의 사람들이 주장하고 있는 것처럼 단순히 우주의 그 부분이 정지하고 있고 그 밖의 부분은 그 둘레를 회전하고 있다는 것에만 따른 것이 아니라, 공기의 소용돌이가 그 부분을 둥글게 둘러싸고 있고 이들 별이 다른 별들처럼 움직이는 것을 그 소용돌이가 방해하고 있는 것에도 따른 것이다. 또 그런 별에는 적당한 연료가 잇따라 없어진다는 (연료가 있는 곳으로 움직이는) 것은 아니고 이런 별이 위치하고 있는 것이 관찰되는 그 곳에는 그런 별에게 고유한 연료가 있다(따라서 움직이며 나아갈 필요가 없다)는 것에도 따른 것이다. 그리고 만일 사람이 감각에 나타나 있는 사실에 합치하는 것을 추론할 수 있다면, 그 밖에도 수많은 방법으로 이러한 현상은 일어날 수 있다.

또 별들 가운데 어떤 것들(행성)은 움직이며 나아가고 있는 것처럼 보이는데—만일 실제로 이들 별이 그와 같은 운동을 하고 있는 것으로 가정하고 하는 이야기인데—다른 한편 어느 별들(규칙적인 별)은 그와 같은 운동을 하고 있지 않다는 것은 다음과 같은 이유에 의해서 일어날 수 있는 것이다. 즉 이런 별은 모두가 최초부터 원형운동을 행하고 있는 것인데 후자는 규칙에 따른 선회운동을 하는 데 대해서, 전자는 그것과 동시에 일종의 규칙이 없는 선회운동을 하도록 필연에 의해서 정해져 있기 때문이다. 그러나 또 그런 별이 운동하는 곳에 따라서 어느 곳에서는 대기가 균등하게 퍼짐으로써 그런 별을 잇따라 같은 방향으로 밀어내고 규칙적으로 그런 별에 불을 붙이는 데, 다른 곳에서는 대기가 균등하게 퍼지지 않기 때문에 관측되는 것처럼 규칙에서 벗어난 운동을 할 수 있는 것이다.

그런데 감각에 나타나고 있는 사실에는 몇 가지 설명이 요구되고 있는데도 이런 현상에 대해서 단 하나의 원인만 부여하는 것은 부당한 방법인데, 그러나 이것은 무익한 별의 학문(신학적 천문학)에 열중하고 있어 다양한 현상들에 근거가 없는 원인을 부여하고 있는 자들이 신령스러운 본성의 것(신)을 골치아픈 의무에서 해방하는 것을 결코 중단하지 않는 경우에 행하고 있는 일인 것이다.

(114) 또 어느 별은 다른 별보다도 뒤에 남겨지는 것이 관찰되는데 그것은 이 별도 다른 별과 같은 원을 그리면서 돌고 있는 것이며, 다른 별보다도 더 느

리게 돌고 있는데 따른 것이다. 또 어느 별은 실제로는 다른 별과는 반대방향으로 움직이고 있는데, 같은 소용돌이에 의해서 되돌려지기 때문이기도 하다. (그 결과 그 별은 더 느리게 움직이고 있는 것처럼 보이는 것이다.) 그리고 또 어느 별이나 같은 선회운동을 하고 있는 것인데, 한쪽은 더 드넓은 곳 안을 돌고 있는데도 다른 쪽은 더 좁은 곳 안을 돌고 있기 때문이다. 그런데도 이런 사상에 대해서 단일한 설명만 부여하는 것은 대중에게 무언가 마술이라도 보이려는 자들에게만 어울리는 방법이다.

이른바 유성(流星)은 어느 경우에는 별끼리 서로 마찰을 함으로써 그 일부가 떨어져 나가고, 번개인 경우에도 이미 말해둔 것처럼 (101절) 바람이 날려보내는 것이라면 어디라도 그런 별들의 일부가 낙하함으로써 나타날 수 있는 것이다.

(115) 그러나 또 불을 만들어낼 수 있는 아톰이 모여서 하나가 되고—동족의 물질은 그런 식으로 모이기 때문인데—그리고 하나가 됨으로써 생긴 집합물(불)이 최초로 돌진하려는 어느 방향으로라도 운동(낙하)함으로써 유성은 생길 수 있는 것이다. 그리고 또 바람이 안개와 같은 어느 짙은 것(구름) 속에 모여서 그것이 압축됨으로써 불을 피우고 이어서 주위의 (짙은) 것을 깨고 나와 어디로 향해 돌진하려고 운동을 하고 있는 것이든, 그 곳으로 그와 같은 불이 붙은 바람이 불어올 때에도 유성은 생길 수 있다. 그리고 이런 것 이외에도 이 현상이 나타날 수 있는 것에 대해 신화에 의존하지 않는 설명방법은 있다.

일종의 동물(의 출현)에 의해서 가져오게 되는 계절의 조짐은 시기가 때마침 일치함으로써 나타나고 있을 뿐이다. 그것은 동물이, 겨울이 끝나는 것에 대한 무언가의 필연성을 제공하는 것은 아니고 또 무언가의 신령스러운 본성의 것이 앉아 있어 이들 동물의 출현을 주의 깊게 지켜보면서 이와 같은 계절의 조짐을 실현시키는 것은 아니기 때문이다.

(116) 게다가 또 다른 동물보다 조금 영리하다고 해도,[79] 매우 흔한 동물이 (전조를 알리는 것과 같은) 그와 같은 흉내는 내지 않을 것이고 하물며 완전한 행복을 소유하고 있는 자(신)가 그와 같은 일을 할 리는 없다.

---

[79] 이 부분은 힉스가 옮긴 문장에 따른다.

피토클레스여, 위에 말한 것 모두를 그대는 명심하기 바란다. 왜냐하면 그렇게 함으로써 그대는 신화로부터 멀어질 것이며 또 위에 든 사상과 같은 종류의 사항까지도 이해할 수 있기 때문이다. 하지만 무엇보다도 그대가 전념하길 바라는 것은 만물의 시원(아톰과 공허)이나 그런 것들의 무한성 및 이런 것들과 같은 종류인 사항을 연구하는 것이며 더 나아가 진리의 기준(감각과 선취관념)이나 감정을 연구하는 것, 그리고 또 우리가 그 때문에 이런 것을 고찰하는 목적(영혼의 평정)을 연구하는 것이다. 그것은 무엇보다도 이런 사항을 종합연구한다면 (자연계의) 개개 사상의 다양한 원인을 쉽게 이해할 것이기 때문이다. 하지만 위에 말해온 것을 될 수 있는 대로 받아들이려 하지 않았던 자들은 이런 문제 그 자체를 훌륭한 방법으로 종합연구는 할 수 없을 것이며, 또 무엇 때문에 그런 것을 연구해야 하는가 하는 그 목적까지도 손에 넣을 수는 없을 것이다.'

(117)―천공의 사상에 관한 그의 학설은 위와 같은 것이다.

그러나 삶의 방식에 연관된 사항에 관해서는 즉 우리는 어떻게 어느 것을 선택하고 다른 것을 기피해야 할 것인가에 대해서 에피쿠로스는 아래에 드는 것과 같은 편지를 쓰고 있다. 하지만 그 전에 에피쿠로스 및 그를 따르는 사람들이 현자를 어떻게 생각하고 있었는지를 말해두기로 하자.

그들의 사고에 따르면 세상 사람들에 의한 해악은 증오, 질투, 경멸의 어느 것에 의거해 이루어지는데 현자는 이런 것을 이성에 의해서 극복하고 있는 것이다. 뿐만 아니라 한 번 현자가 된 자는 더 이상 현자에 어긋나는 성질을 갖는 일은 없고, 또 스스로 그렇게 하려는 일도 없다.

또 현자는 다른 사람들보다도 더욱 감정에 사로잡히게 되겠지만 그러나 그것은 그의 지혜라는 관점에서는 방해가 되지 않을 것이다. 그러나 사람은 어떤 몸의 상태에 있든, 또 어떤 종족 가운데에 태어나든, 현자가 될 수 있다는 것은 아니다.

(118) 현자는 고문을 당해도 행복하다. 또 현자만이 홀로 감사하는 마음을 잊지 않을 것이다. 그리고 벗들에 대해서는 눈앞에 있을 때도 없을 때도 마찬가지로 그들을 계속 칭찬할 것이다. 그러나 고문을 당하고 있는 바로 그때에는 현자라 할지라도 신음소리를 내고 울부짖을 것이다.

또 타르수스의 디오게네스*[80]가 〈에피쿠로스의 윤리학설 적요〉 가운데서 말하고 있는 것처럼 현자는 법률이 금지하는 여자와는 관계하지 않을 것이다.

또 하인(노예)들에게 벌주는 일도 없이 오히려 그들을 위로하고 훌륭한 심성을 지닌 자에게는 너그러운 태도를 취할 것이다.

또 디오게네스가 ……(빠짐)……*[81] 가운데서 말하고 있는 것처럼 사랑은 신으로부터의 선물은 아닌 것이다.

그리고 현자는 멋진 변론을 행하는 일도 없을 것이다.

또 성관계는 어떤 경우에도 결코 사람을 이롭게 한 적은 없는데 그러나 해를 주지 않았다면 허용될 일이다, 라고 그들은 말하고 있다.

(119) 그리고 현자는 결혼을 해 아이를 갖는 일도 없을 것이다, 라고 에피쿠로스는 〈문제집〉이나 〈자연에 대해서〉 가운데서 말하고 있다. 다만 현자도 인생의 사정에 따라서는 언젠가 결혼을 할지도 모른다.

또 현자는 어떤 사람들에 대해서는 창피한 생각을 갖게 되겠지만 그러나 또 술기운으로 그들을 모욕하는 일도 없을 것이다, 라고 에피쿠로스는 〈향연〉 가운데서 말하고 있다.

또 현자는 정치에 관여하는 일도 없겠지만, 이것은 〈다양한 삶의 방식에 대해서〉 제1권 가운데서 그가 말하고 있는 바이다.

또 현자는 참주(僭主)처럼 행동하는 일도 없을 것이다. 더욱이 〈다양한 삶의 방식에 대해서〉 제2권에서 가운데서 말하고 있는 것처럼 현자는 키니코스파 식의 삶을 사는 일도 없을 것이고 구걸도 하지 않을 것이다. 그리고 시력을 잃어도 현자는 이 세상의 삶을 유지하고 있을 것이라고 같은 책 가운데서 그는 말하고 있다.

그러나 디오게네스가 〈잡록집〉 제5권 가운데서 말하고 있는 것처럼 현자는 괴로움을 맛볼 때도 있을 것이다.

(120a) 또 현자는 소송을 제기할 때도 있을 것이고 저작을 남기는 일도 있을 것이다. 하지만 공공 집회에서 연설을 하는 일은 없을 것이다.

또 현자는 자기 재산에 맞추어 장래에 대비할 것이다. 또 전원을 사랑할 것

---

*80 이 사람은 에피쿠로스파에 속하는 사람으로서 위 26절, 97절에 그 이름이 올라 있다.
*81 힉스의 교본에서는 이곳을 빠진 문장으로 하지 않고 '디오게네스의 책 제12권' 내에서로 하고 있다.

이다. 그리고 운명에는 과감하고 용감하게 맞서고 어느 벗도 버리지 않을 것이다. 또 경멸당하지 않을 정도로 세상의 평판에는 두루 신경을 쓸 것이다. 또 국가 제례 때에는 다른 사람들 이상으로 즐길 것이다.

(121b)*82 또 현자는 신들의 상을 바칠 것이다. 그러나 자신이 행복한지의 여부는 그에게는 아무래도 상관이 없을 것이다.

현자만이 음악이나 시의 창작에 대해서 올바르게 논할 수가 있을 것인데 스스로 실제로 시를 짓지는 않을 것이다.

어느 현자가 다른 현자보다 현명하다는 것은 없다.

현자는 돈벌이를 하는 일도 없을 것이다. 그러나 그것은 가난했을 때 자신의 지혜만으로 그렇게 하는 것이다.

또 때에 따라서는 독재군주에 봉사하는 일도 있을 것이다.

또 누군가에게 잘못을 지적당했을 때에는 그것을 기쁘게 생각할 것이다.

또 학파를 만들 때도 있는데, 그것은 군중의 지도자가 되기 위한 것은 아닐 것이다.

또 대중 앞에서 강연을 할 때도 있겠지만 스스로 그렇게 하는 것은 아니다. 그리고 그렇게 할 경우에는 자신의 견해를 확실하게 말하여 (회의주의자처럼) 문제점을 지적하는 것만으로 그치지 않을 것이다.

또 잠을 자고 있을 때에도 (깨어나 있을 때와) 같은 인간일 것이다.

그리고 때로는 벗을 위해 목숨을 버릴 때도 있을 것이다.

(120b) 또 그들(에피쿠로스파)의 사고에 따르면 스토아파의 교의와는 달라서 다양한 잘못들을 모두 똑같이 다루지는 않을 것이다.

또 건강은 어떤 사람들에게는 선한 것인데 어떤 사람들에게는 아무래도 좋은, 선악에 무관한 것이다.

또 용기는 천부적으로 자연스럽게 갖추어지는 것은 아니고 이익이 되는 것을 계산함으로써 낳게 되는 것이다.

우정도 도움을 필요로 함으로써 낳게 되는 것인데 그러나 사람은 자기 쪽에서 먼저 상대를 도와주어야만 한다.(수확을 얻기 위해서 우리는 먼저 씨앗을 뿌리는 것이므로). 그러나 기쁨으로 충만해 있는 사람들 사이에서의 공동 생활

---

*82 절의 순서가 흐트러져 있는데 원본에 따른다.

에 의해서만 (참된) 우정은 형성되는 것이다.

(121a) 또 (그들은) 행복을 둘로 나누어 생각하고 있다. 즉 그 하나는 신에게 있는 것과 같은 그 이상 증대하는 일이 없는 최고의 행복이며, 또 하나는 쾌락의 증감에 의존하는 행복이다.

그런데 우리는 이제 그의 편지로 이야기를 옮겨야만 한다.

　메노이케우스에게
　평안하길 기원하면서
　에피쿠로스

(122) '사람은 아직 젊다고 해서 철학하는 것을 다음으로 미루어서는 안 되며 이미 나이가 들었다고 해서 철학에 싫증을 내서도 안 된다. 왜냐하면 누구나 영혼의 건강을 손에 넣는데 지나치게 젊다는 것도 없는가 하면 지나치게 나이가 들었다는 것도 없기 때문이다. 아직 철학할 나이에 이르지 않았다거나, 이제 그 시기는 지나고 말았다거나 하는 말을 하는 사람은 마치 행복해지려고 하는데 아직 그 나이가 안 됐다거나, 이제 그럴 나이가 아니라고 말하는 사람과 같은 것이다. 그러므로 젊은이나 늙은이나 똑같이 철학을 해야만 한다. 젊은이는 늙었을 때 지나간 일들에 감사함으로써 여러 가지 좋은 일로 젊음을 유지할 수 있게 하기 위함이고, 다른 한편 늙은이는 앞으로 일어날 것으로 예상되는 것을 두려워하지 않음으로써 늙어서도 동시에 젊게 있을 수 있게 하기 위해서이다. 그렇기 때문에 우리는 행복을 가져다 주는 사항을 숙고해야만 한다. 적어도 행복이 현실로 가까이에 있다면 우리는 모든 것을 소유하고 있는 것인데, 그것이 가까이에 없을 때에는 그것을 손에 넣기 위해서 온갖 수단을 모색하기 때문이다.

(123) 한편, 내가 이제까지도 끊임없이 들려준 것, 그것이야말로 훌륭하게 살기 위한 기본원리로 생각해 그것을 생각함과 동시에 다음과 같은 것들을 실행하도록 하기 바란다. 우선 첫째로 신에 대한 공통의 관념이 사람들 마음에 새겨 있는 대로 신은 불멸이며 지복한 삶으로 믿고 신의 불멸성과는 무관한 일도, 또 그 지복성에 걸맞지 않은 일도, 아무것도 신에게 밀어붙여서는 안 된

다. 신의 불멸성과 지복성을 유지할 수 있는 모든 것을 신에 대해서는 생각하도록 해야 한다. 그것은 신들은 확실히 존재하고 있고 신들의 인식은 명료하고 (직각하는) 사실이기 때문이다. 그렇지만 그 신들은 세상의 많은 사람들이 믿고 있는 것과 같은 것은 아니다. 왜냐하면 대부분의 사람들은 그들이 생각하고 있는 것과 같은 것으로서 계속 지키고 있지는 않기 때문이다. 그렇기 때문에 많은 사람들이 믿고 있는 신들을 부인하는 자가 신을 공경하지 않는 사람이 아니고 많은 사람들이 안고 있는 사고를 신에게 밀어붙이고 있는 자가 오히려 신을 공경하지 않는 사람인 것이다.

(124) 그것은 많은 사람들이 신들에 대해서 밝히고 있는 것은 (참된) 선취관념에 따른 것은 아니고 거짓된 추측이며 그것에 의하면 악인들에게는 최대의 해악이, 또 선한 사람들에게는 최대의 이익이 신들로부터 가져오게 된다고 말하기 때문이다. 그것은 신들이 자신들에게 고유한 덕에 언제나 친숙함을 느끼고 있기 때문에 자신들을 닮은 자들은 받아들이지만 그렇지 않은 자는 모두 거리감을 느껴 물리치기 때문이라는 것이다.

또 죽음은 우리에게 아무것도 아니라고 생각하는 것에 익숙해지도록 하라, 그것은 선한 것이나 악한 것은 모두 감각에 속하는 것인데 죽음이란 바로 그 감각을 잃는 것이기 때문이다. 그러므로 죽음은 우리에게 아무것도 아니라고 올바르게 인식한다면 그 인식은 죽어야 할 이 삶을 즐거운 것으로 해주는데, 그것은 이 삶에 무한한 시간을 부가하는 것에 따른 것은 아니고 죽지 않음을 (헛되게) 동경하지 않도록 함으로써 그렇게 하는 것이다.

(125) 왜냐하면 삶이 없는 곳에는 아무것도 두려울 것이 없다는 것을 진실로 이해하고 있는 자에게는, 삶이 있는 곳에 아무 두려움도 없기 때문이다. 따라서 사람이 죽음을 두려워하는 것은 죽음이 현실로 다가온 경우에 그것이 우리를 괴롭힐 것이라는 이유에 따른 것이 아니라 오히려 죽음이 머지않아 닥쳐올 것이라는 예측이 우리를 괴롭히기 때문이라고 말하고 있는 자[*83]는 어리석은 사람이다. 왜냐하면 현실로 닥쳤을 때에는 아무런 고뇌도 주지 않는 것이 예기됨으로써 우리를 괴롭히는 것이라면 그것은 근거가 없는 고뇌이기 때문이다.

---

*83 에피카르모스를 가리키는 것으로 추측되고 있다(단편, 11(딜스–크란츠 엮음) 참조).

그렇기 때문에 죽음은 여러 가지 재액 가운데서도 가장 두려운 것으로 되어 있는데 사실 우리에게는 아무것도 아닌 것이다. 왜냐하면 현재 우리가 살아서 존재하고 있을 때에는 죽음은 우리가 있는 곳에는 없고, 죽음이 실제로 우리에게 닥쳐왔을 때에는 우리는 이미 존재하지 않기 때문이다. 따라서 죽음은 살아 있는 사람들에게나, 죽어버린 사람들에게나 아무것도 아닌 것이다. 살아 있는 사람들이 있는 곳에 죽음은 존재하지 않고 있으며 죽은 사람들은 그들 자신이 더 이상 존재하지 않기 때문이다. 그러나 많은 사람들은 죽음을, 어느 때에는 여러 가지 재액 가운데서 가장 큰 것으로서 기피하며 또 어느 때에는 이 세상의 여러 가지 재액으로부터 평온을 찾기 위해서 이를 선택하는 것이다.

(126) 그러나 현자는 삶을 회피하지도 않거니와 삶의 중단을 두려워하지도 않는다. 왜냐하면 현자에게는 살아 있는 것이 아무런 번뇌도 되지 않고 또 삶을 중단하는 것이 무언가 나쁜 일로 생각되지도 않기 때문이다. 그리고 현자는 먹는 것만 해도 무턱대고 양이 많은 것을 택하는 것은 아니고 가장 맛있는 것을 택하는 것인데, 바로 그것과 마찬가지로 시간만 해도 가장 긴 시간이 아니라 가장 유쾌한 시간을 맛보고 즐기는 것이다.

또 젊은이에게는 훌륭하게 살도록 설득을 하면서 노인에게는 훌륭하게 삶을 마치도록 권하는 사람[84]은 단순한 사람이다. 그것은 단순히 살아 있는 것이 (젊은이에게나 노인에게나) 바람직한 일이기 때문만이 아니라 훌륭하게 살기 위한 수련과 훌륭하게 죽기 위한 수련은 본디 같은 것이기 때문이다.

그러나 더욱 좋지 않은 것은 다음과 같이 말하는 사람이다. 즉 '태어나지 않는 것이 좋은 것이다.

하지만 태어난 이상 될 수 있는 대로 저승의 문으로 들어갈 것.'[85]

이렇게 말하고 있는 사람이다.

(127) 왜냐하면 만일 그 사람이 확신을 가지고 그렇게 주장하고 있는 것이라면 왜 그는 이 세상의 삶에서 일찌감치 사라지지 않는 것인가. 만일 그가 신

---

[84] 밈네르모스를 염두에 두고 있는 것으로 생각된다.
[85] 테오그니스, 단편, 425, 427행(에드먼즈 엮음). 단, 425행은 정확한 인용은 아니다.

중하게 생각해서 그렇게 말한 것이라면, 그렇게 하는 것은 그에게는 바로 실천할 수 있는 일이기 때문이다. 하지만 만일 그가 농담 삼아 그렇게 말한 것이라면 그런 말을 받아들이지 않는 사람들 사이에서는 그의 말이 헛된 것이 될 것이다.

또 미래의 일은 우리의 것이 아니라는 것, 그렇다고 해서 전혀 우리의 것이 아닌 것도 아니라는 것, 이것도 마음에 담아두어야 한다. 그것은 미래의 일은 틀림없이 일어날 것이라고 우리가 그것에 오롯이 기대하는 일이 없도록 하기 위함이기도 하고, 또 절대로 일어나는 일은 없을 것이라고 희망을 버리는 일도 없도록 하기 위함인 것이다.

그리고 숙고해야 할 일은 여러 가지 욕망 가운데 어떤 것은 자연스러운 것인데 어떤 것은 쓸데없는 것이라는 것, 또 자연스러운 욕망 가운데 어떤 것은 필요(불가결)한 것인데 어떤 것은 단순히 자연스러운 것에 지나지 않는다는 것, 더욱이 필요한 욕망 가운데 어떤 것은 행복을 위해 필요한 것인데 어떤 것은 몸에 지장이 없도록 하기 위해 필요한 것이며, 또 다른 것은 삶 그 자체를 위해 필요하다는 것이다.

(128) 왜냐하면 그와 같은 것을 헷갈리지 않고 고찰함으로써 모든 선택과 기피를 몸의 건강과 혼의 평온에 연관시킬 수 있기 때문이다. 생각건대 그것(몸의 건강과 혼의 평정함)이야말로 지복한 삶의 목적이기 때문이다. 그것은 그 목적을 위해서만, 즉 몸이 괴로움을 느끼는 일도 없이 또 정신이 두려움에 사로잡히는 일도 없도록 하기 위해 우리는 온갖 것을 행하는 것이기 때문이다. 그리고 한 번 그와 같은 상태가 우리에게 일어난다면 뒤죽박죽이 된 혼은 완전히 진정되는 것이다. 왜냐하면 그때에 이미 살아 있는 것은 무언가 자신에게 부족한 것 쪽으로 향하듯이 걸어갈 필요도 없는가 하면, 혼의 선(善)과 몸의 선을 충족시킬 다른 것을 찾을 필요도 없기 때문이다. 우리가 쾌락을 필요로 하는 것은 쾌락이 현실로 가까이에 없기 때문에 괴로움을 느끼고 있을 때이며, 괴로움을 느끼고 있지 않을 때에는 우리는 쾌락을 지복한 삶의 시작이고 또 끝이기도 하다고 말하고 있는 것이다.

(129) 그것은 우리가 태어나면서 지니고 있는 쾌락을 가장 중요한 선으로 인정하고 있기 때문이며 이 쾌락을 출발점으로 모든 선택과 기피를 행하고 있고 또 쾌락으로 되돌아가면서 이 감정을 기준으로 모든 선을 판정하기 때문이다.

그러나 이것(쾌락)이 가장 중요한 선이며 우리에게 선천적으로 갖추어져 있는 것이라고 해서 쾌락이라면 어느 것이든 선택하지는 않는다. 그런 쾌락에서 더 많은 불쾌한 일이 결과로서 우리에게 생기거나 하는 경우에는 그와 같은 쾌락의 대부분을 지나쳐 버릴 때도 있는 것이다. 또 괴로움만 해도 그것을 오랜 시간 견뎌내면 그 결과로서 더 큰 기쁨이 우리에게 생기는 것과 같은 경우에는 많은 괴로움 쪽이 쾌락보다도 뛰어나다고 여기는 것이다. 그러므로 쾌락은 어느 것이나 모두 우리의 본성에 친근한 것이기 때문에 선한 것인데, 그렇다고 해서 모든 쾌락을 선택해야 하는 것은 아닌 것이다. 그것은 마치 괴로움도 모든 것이 악한 것이긴 한데 그러나 모든 괴로움이 언제나 피해야만 할 본성이 아닌 것도 똑같다.

(130) 그러나 쾌락과 괴로움을 서로 비교 측정해, 이익과 불이익에 눈을 돌림으로써 이런 모든 사항을 판정하는 것이 적절한 방법이다. 그것은 우리가 때에 따라서 선한 것을 나쁜 것으로서 다루고, 거꾸로 또 나쁜 것을 선한 것으로서 다룰 수 있기 때문이다.

우리는 또 자족(自足)을 커다란 선으로 생각하고 있는데, 그것은 어떤 경우에도 약간의 것으로 끝내기 위한 것은 아니고 오히려 많은 것을 소유하고 있지 않은 경우에는 약간의 것으로 마치기 위한 것이다. 즉 그것은 사치를 필요로 하는 가장 적은 사람들이야말로 가장 즐겁게 사치를 누린다는 것, 또 자연에 걸맞은 것(자연스러운 욕망을 충족시키는 것)은 모두 쉽게 손에 들어오는데 쓸모없는 것(필요하지 않은 욕망을 충족시키는 것)을 손에 넣기는 힘들다는 것을, 그 사람들은 정말로 확신하고 있기 때문인 것이다. 그리고 또 개운한 맛이 있는 것이라도 그것으로 인해서 결핍에 의한 괴로움이 모두 제거된다면 사치스런 식사와 다를 바 없는 쾌락을 가져다 주는 것이다.

(131) 빵이나 물도 사람이 빈속일 때에 섭취하면 최고의 쾌락을 가져다 주는 것이다. 그렇기 때문에 검소하고 사치가 아닌 식생활에 익숙해지는 것은 우리를 충분히 건강하게 할 수 있고, 또 생활상 불가피한 일에 대해서도 사람을 주저 없이 향하도록 하는 것이다. 또한 오랜만에 성찬을 얻어먹게 된 경우에는 이를 더욱 즐겁게 맛볼 수 있게 하고 운명을 두려워하지 않는 자로 만들어 주는 것이다.

그러므로 쾌락이 인생의 목적이라고 말할 경우, 그 쾌락이란 일부의 사람들이 우리의 주장에 무지했거나 이에 동의하지 않았거나, 또는 오해하거나 해서 생각하고 있는 것처럼 방탕자들의 쾌락이나 성적인 향락 속에 있는 쾌락을 말하는 것은 아니고 몸에 괴로움이 없는 것과 혼에 동요가 없는 것에 다름 아닌 것이다.

(132) 그것은 쾌적한 생활을 가져오는 것이 주연이나 마시고 노래하는 소동을 계속 벌이는 것도 아니고, 소년이나 소녀들과의 (성적인) 교제를 즐기는 것도 아니며 또 생선이나 그 밖에 사치스런 음식을 맛보는 것도 아니고 오히려 모든 선택과 기피의 원인을 찾아내거나, 또 극도의 동요로 말미암아 혼을 파악하게 되는, 여러 가지 사고를 몰아내는 깨우친 분별이야말로 쾌적한 생활을 가져오는 것이다.

그런데 그와 같은 것 모두의 출발점이고 또 최대의 선인 것은 사려(프로네시스)이다. 그러므로 또 사려는 (순수한 지식애로서의) 철학보다도 더욱더 존귀한 것이다. 그리고 그 사려에서 그 이외의 모든 덕을 낳게 되는 것이다. 즉 사려 깊고, 훌륭하게 또한 올바르게 사는 것이라면 쾌적하게 살 수는 있고 또 반대로 쾌적하게 사는 것 없이는 사려 깊고 훌륭하게, 또한 올바르게 살 수도 없다는 것을 사려는 가르쳐 주기 때문이다. 그것은 모든 덕이 쾌적하게 사는 것과 본디 일체로 되어 있는 것이며 쾌적하게 사는 것은 여러 가지 덕에서 분리할 수 없기 때문이다.

(133) 도대체 누가 다음과 같은 사람보다도 뛰어나다고 그대는 생각하고 있는가. 그 사람이란, 신들을 경건하게 생각하며 어느 때라도 죽음을 두려워하지 않고, 자연이 정한 목적(쾌락)을 깊이 생각하기에 이른 사람을 말하는 것이다. 또 선한 것의 한도(괴로움이 없는 것)는 쉽게 이룩되고 쉽게 손에 넣을 수 있으며 나쁜 것 쪽의 한도는 그것이 이어지는 시간이 짧거나, 또는 그 괴로움은 가벼운 것임을 이해하고 있는 사람을 말하는 것이다. 그리고 또 일부의 사람들이 만물의 여왕으로서 도입하고 있는 숙명을 비웃으며 오히려*[86] 어느 것은 필연에 의해서 일어나는데 어느 것은 우연에 의해서 일어나고, 또 어느 것은 우리 힘의 범위 안에 있는 것이다, 라고 말하는 사람이다. 그것은 필연은 인간이 어찌할 수도 없는 것이며 우연은 불안정한 것인데, 우리의 힘 범위 안에

---

*86 이 부분은 본문에 문제가 있는데(빠진 문장으로 하고 있는 교본도 있다), 일단 원본에 따른다.

있는 것은 어느 것에도 지배되는 일이 없는 것이고 이것에야말로 비난도 또 그 반대인 상찬도 본디 따르는 것임을, 그 사람은 알고 있기 때문이다.

(134) (실제로 자연학자들이 주장하는 '숙명'의 노예가 될 정도라면 신들에 대한 꾸민 이야기에 따르는 것이 차라리 낫기 때문이었을 것이다. 왜냐하면 신화는 신들을 공경함으로써 기도가 받아들여진다는 희망을 시사하고 있지만 자연학자들이 주장하는 '숙명' 쪽은 어느 기도도 이루어지지 않는 필연성을 갖추고 있기 때문이다.)

또 우연(운)에 대해서 사려 있는 사람은 세상의 많은 사람들처럼 이를 신으로 여기지는 않고(그것은 신에 의해서는 아무것도 무질서하게 이루어지는 일은 없기 때문에) 또 우연을 온갖 사항의 불확실한 원인으로도 여기지는 않는다.(왜냐하면 선한 일이나 나쁜 일이 지복한 삶을 보내기 위해 우연스럽게 인간들에게 주어진다고는, 사려 있는 사람은 생각하고 있지 않기 때문이다. 다만 커다란 선이건, 악이건 그런 것의 계기가 되는 것은 우연스럽게 비롯된다고 생각하는 것이다.)

(135) 그리고 사려 있는 사람은 잘 생각함도 없이 행동하면서 행운이기 보다는 잘 생각해서 행동하면서 불운인 쪽이 낫다고 믿고 있다. 왜냐하면 여러 가지 행위에서는 훌륭하게 판단한 것이 우연한 탓으로 잘 안 된다고 해도 그쪽이 더 낫기 때문이다.*87

그러면 위에서 말한 것과 이와 비슷한 것 등에 그대는 그대 혼자서라도, 또 그대와 뜻을 같이 하는 자와 함께라도 밤이나 낮이나 좋은 생각을 하도록 하라. 그렇게 하면 그대는 깨어나 있을 때나 잠들어 있을 때나 결코 혼이 흐트러지는 일이 없고, 사람들 가운데서 신처럼 살게 될 것이다. 왜냐하면 죽지 않는 선한 자들 사이에서 삶을 보내는 인간은 죽어야 할 생물과는 조금도 닮은 점이 없기 때문이다.'

그런데 에피쿠로스는 〈소적요〉 가운데서도 말하고 있는 것처럼*88 그 밖의 몇 개 저작 가운데서 점술 전체를 부인하고 있다. 그리고 그는 이렇게 말한다. '점술 따위는 있을 수 없다. 설사 그것이 있다고 해도 그것으로 인해서 생기는

---

*87 이 부분은 일단 원본대로 읽는다.

*88 〈소적요〉란 위의 '헤로도토스 앞 편지'를 가리키는 것인데 그 편지 안에 점술에 대한 말은 없다.

사항은 우리와는 아무런 관계도 없다고 생각해야 한다'고.

─ 삶의 방식에 연관된 사항에 대해서도 그는 이것만을 (편지 가운데서) 말하고 있는데 다른 곳에서는 더욱 상세히 논하고 있는 것이다.

(136) 그런데 쾌락에 관해서 에피쿠로스는 키레네파의 사람들과는 생각이 다르다. 즉 키레네파 사람들은 평온한 쾌락을 인정하지 않고 오직 활력에 찬 쾌락만을 인정하고 있는데, 이에 대해서 에피쿠로스는 이들 양쪽 종류의 쾌락이 혼에도 몸에도 있다고 하는 것이다. 이것은 〈선택과 기피에 대해서〉와 〈(삶의) 목적에 대해서〉, 그리고 〈다양한 삶의 방식에 대해서〉 제1권 및 미틸레네의 벗들에게 보낸 편지 가운데서 그가 말하고 있는 것이다. 마찬가지로 또 디오게네스는 〈잡록집〉 제7권에서, 메트로도로스는 〈티모크라테스〉 가운데서 다음과 같이 말하고 있다. '쾌락에는 활력에 찬 것과 평온한 것을 생각할 수 있기 때문에'라고 말한 것이다. 한편 에피쿠로스는 〈선택에 대해서〉 가운데서 다음과 같이 말하고 있다. '혼에 동요가 없다는 것과 몸에 괴로움이 없다는 것은 평온한 쾌락인데 기쁨이나 쾌활함은 활력에 찬 활동상태로 보여지고 있다.'

(137) 더욱이 키레네파 사람들과는 다음의 점에서도 생각이 다르다. 즉 키레네파 사람들은 신체의 괴로움이 혼의 고뇌보다도 더 나쁜 것으로 생각하고 있는데―어쨌든 잘못을 저지른 자들은 신체상으로 응징을 받는 것이므로―이에 대해서 에피쿠로스는 혼의 고뇌 쪽을 더 나쁘다고 생각하는 것이다. 어쨌든 몸에 괴로움의 폭풍이 휘몰아치는 것은 현재만의 일인데, 혼은 과거나 현재나 미래나 괴로움을 당하기 때문이라는 것이다.

이렇게 해서 또 에피쿠로스는 혼의 쾌락이 몸의 쾌락보다 더 크다고 생각하는 것이다. 그런데 그는 쾌락이 삶의 목적이라는 것의 증거로서 생명이 있는 것은 태어나면 바로 쾌락에 기쁨을 느끼는데 노고(괴로움)에는 본성적으로, 그리고 이유 없이 반발한다는 사실을 들고 있다. 따라서 우리가 괴로움을 피하는 것이 본능이다. 그렇기 때문에 그 헤라클레스도 독을 바른 옷이 몸에 스며들었을 때에는 비명을 지르고 있는 것이다.

울부짖거나 소리치거나 하여, 그 때문에 주위의 바위들이나,
로크리스의 산꼭대기, 에우보이아의 곳까지도 비명을 지른 것이다.

(138) 또 에피쿠로스에 의하면 우리가 덕을 선택하는 것도 쾌라 때문이며 덕 그 자체를 위한 것은 아니라는 것이다. 그것은 마치 건강을 위해 의술을 택하는 것과 똑같은 것이다. 이것은 디오게네스도 〈잡록집〉 제20권 가운데서 말하고 있는 것인데, 이 디오게네스는 또 교육이란 인생을 지내는 방법이라고도 말한다.

에피쿠로스는 또 덕만은 쾌락에서 분리할 수 없는 것인데 그 밖의 것, 이를테면 음식은 쾌락에서 분리할 수 있는 것이라고 주장하고 있다.

그러면 이제 그의 '주요 교설'을 여기에 적고 그 '교설'로 나의 이 책 전체를 닫으면서, 이 매듭이 행복의 시작이 될 수 있도록 한 다음 이 철학자의 생애만이 아니라 이 책 전체에도 이른바 관석(冠石)을 두기로 하자.

(139) (1) 지복이고 불멸인 것(신)은 그 자신이 번뇌가 있는 것도 아니며 다른 것에 번뇌를 가져오는 것도 아니다. 따라서 분노에 사로잡히는 일도 없거니와 호의에 이끌리게 되는 일도 없다. 왜냐하면 그와 같은 일은 모두 약한 자에게만 있는 것이기 때문이다. 〔그러나 그(에피쿠로스)는 다른 곳에서는 다음과 같이 말하고 있다. 신들은 이성에 의해서 통찰될 수 있는 것인데, 숫자상으로는 여러 가지 신들이 존재하고 있지만 (아톰에 의해서 만들어진) 비슷한 영상(映像)이 끊임없이 같은 곳에 (인간의 정신에) 흘러들기 때문에 신들은 같은 형태를 하고 있는 것이며 인간의 모습을 한 것이다.〕[89]

(2) 죽음은 우리에게 아무것도 아니다. 왜냐하면 죽음이란 살아 있는 것이 구성요소인 아톰으로 해체되는 것인데, 그것은 감각을 갖지 않으며 감각을 갖지 않은 것은 우리에게 아무것도 아니기 때문이다.

(3) 즐거움에서 크기의 한도는 괴로움을 주는 것 모두가 제거되는 것이다. 또 편안함이 있는 곳, 그리고 그것이 있는 동안은 몸의 괴로움도 정신의 고뇌도, 또는 그것들 양자를 합친 것도 존재하지 않는다.

(140) (4) 몸 가운데서는 괴로움이 끊임없이 이어지는 일은 없다. 괴로움은 그것이 극도의 것이라면 아주 잠깐 그곳에 존재하고, 또 몸으로 느끼는 즐거움을 단순히 넘고 있는 정도의 괴로움은 오랫동안 지속하는 일도 없다. 더욱

---

[89] 이 고주의 내용에 대해서는 여러 연구자에 의해서 해석이 갈라져 그 진의는 파악하기 어려운 점이 있는데, 일단 원본대로 읽고 하나의 해석을 붙여둔다.

이 오래 묵은 병은 몸에 괴로움을 준다기보다도 즐거움을 준다는 것이다.

(5) 사려 깊고 훌륭하고도 올바르게 살지 않고서는 쾌적하게 살 수 없다. 또 거꾸로 쾌적하게 살아야만 사려 깊고 훌륭하며 올바르게 살 수도 있다. 그런데도 사람이 그것에 따라서 사려 깊고 훌륭하고도 올바르게 사는 것(사려)이 결여되어 있다면 그 사람은 쾌적하게 살 수 없다.*90

(6) 세상 사람들로부터 (시달림을 받지 않고) 안심하고 있을 수 있는 그와 같은 목적을 이룩하기 위한 수단이 되는 것은 무엇이든 자연에 걸맞은 선이다.

(141) (7) 어떤 사람들은 유명해져 주위에서 주목을 받는 인물이 되길 바랐는데, 그렇게 하면 세상 사람들로부터의 안전을 확보하게 될 것이라고 그들은 생각했기 때문이다. 그리고 그 결과 그런 사람들의 생활이 만일 정말로 안전하다면 자연에 걸맞은 선을 그들은 손에 넣은 것인데, 만일 안전하지 않다면 그들이 (인간의) 자연본성에 친근한 것(즐거움을 좇는 본능)에 따라서 처음부터 열망하고 있었던 것을 그들은 손에 넣고 있지 않은 것이 된다.

(8) 어떤 쾌락도 그 자체는 나쁜 것이 아니다. 하지만 일종의 쾌락을 만들어 내는 것은 그런 쾌락 그 자체보다도 몇 배나 많은 번뇌를 가져오는 것이다.

(142) (9) 만일 모든 쾌락이 그 정도가 강해지는 것이고 그것은 시간적으로도 그렇고 또 우리의 (심신의) 조직 전체에 관해서도, 또는 우리에게 내재된 본성의 가장 중요한 부분(혼)에 관해서도 그렇다면, 쾌락은 결코 서로 다른 것으로는 되지 않았을 것이다.*91

(10) 만일 방탕자들의 쾌락을 만들어내는 것이 천공의 사상이나 죽음이나 몸의 괴로움에 관해서 정신이 안은 두려움을 해소해 주는 것이라면, 그리고 욕망이나 괴로움의 한도도 가르쳐 주는 것이라면, 우리는 방탕자들을 전혀 비난할 수 없게 될 것이다. 그들은 온갖 곳에서 얻은 쾌락으로 충만해 있으며 몸의 괴로움도 혼의 고뇌도—이런 것이야말로 바로 악인데—어디에서도 얻고 있지 않을 것이기 때문이다.

(11) 만일 천공의 사상에 관한 우려라든가, 또 죽음은 우리에게 무엇일까 하는 죽음에 관한 우려라든가, 그리고 괴로움이나 욕망의 한계를 확실하게 파

---

*90 베일리는 후반 문장의 본문을 수정하고 있는데 원본대로 읽어둔다.

*91 에피쿠로스는 쾌락의 한도는 괴로움이 사라지는 것으로 생각하고 있고, 그 이상의 쾌락의 증대는 쾌락의 다양성에 지나지 않는다고 말하고 있다. 아래(18) 참조.

악하지 않고 있다거나, 그와 같은 것이 우리를 조금이라도 괴롭히지 않았다면 우리는 자연을 연구하지는 않았을 것이다.

(143) (12) 만일 사람이 전 우주의 본성이 무엇인가를 명확하게 인식하지 않고 신화의 형식으로 이야기되고 있는 것의 무언가가 마음에 걸리고 있다면, 가장 중요한 사항을 두려워할 수밖에 없을 것이다. 따라서 자연을 연구함으로써 순수한 형태로서의 쾌락을 손에 넣을 수 있을 것이다.

(13) 천상의 일이나 지하의 일, 또 모두가 무한한 영역 안에 있는 것(우리들 세계의 밖에 있는 것이나 신들의 일)이 마음에 걸리고 있는 그대로라면, 세상 사람들에 대한 안전이 갖추어졌다고 해도 아무런 이익도 안 될 것이다.

(14) 사람들로부터의 안전은 방해를 배제하는 무언가의 힘이나 (물질과 관련된) 번영에 의해서 어느 정도까지는 얻을 수 있어도, 세상의 많은 사람들로부터 벗어난 평온한 생활이 가져오는 안전이야말로 가장 순수한 (참된) 안전인 것이다.

(144) (15) (인간의) 자연본성이 추구하는 부(富)는 한정된 것이며 쉽게 얻을 수 있는 것이다. 그러나 헛된 욕망이 추구하는 부는 한없이 퍼져가는 것이다.

(16) 운(우연)이 현자에게 간섭하는 것은 사소한 사항에 대해서이다. 무엇보다 가장 중요한 사항은 이성이 이제까지도 관리해 왔고, 생애의 전 기간에 걸쳐서 지금도 관리하고 있고 앞으로도 관리할 것이다.

(17) 올바른 사람은 동요하는 일이 가장 적은 사람인데, 올바르지 않은 사람은 동요로 가득 차 있다.*92

(18) 몸에서의 쾌락은 결핍에 의한 괴로움이 한 번 제거되면 더 이상 증대하는 일은 없으며 그 뒤로는 다만 (질이라는 측면에서) 다양하게 바뀔 뿐이다. 다른 한편 정신에서의 쾌락의 한도는 정신에 가장 큰 두려움을 가져오고 있었던 바로 그와 같은 사항(신들이나 죽음에 관한 사항)이나 이와 같은 사항을 잘 고려함으로써 이룩되는 것이다.

(145) (19) 한없는 시간도 한정된 시간이 주는 것과 똑같은 쾌락을 줄 뿐이다. 만일 사람이 쾌락의 한도를 이성에 의해서 측정한다면.

(20) 몸은 쾌락의 한도를 끝없는 것(한없이 증대하거나 오래 지속하는 것)으

---

*92 '올바른 사람', '올바르지 않은 사람'으로 번역했는데, '올바른 생활', '올바르지 않은 생활'로 번역하는 것이 어쩌면 좋을지도 모른다.

로 받아들이고 있다. 그렇다면 그와 같은 쾌락을 제공하려면 한없는 시간이 걸리는 것이다. 그러나 정신 쪽은 몸의 목적(괴로움이 없는 것)과 그 한도를 잘 참작함으로써, 또 이 세상을 뛰어넘은 (사후의) 삶에 관한 두려움을 몰아냄으로써 우리에게 완전한 삶을 가져다 주는 것이다. 따라서 우리에게 가장 필요한 것은 한없는 시간이다. 그러나 정신은 쾌락을 피하고 있는 것은 아니고 이 삶에서 떠나는 사태가 된 때에도 최선의 삶에 속하는 것을 무언가 뒤에 남겨 두고 있는 것처럼 삶을 마치는 일도 없는 것이다.

(146) (21) 삶의 한도를 잘 터득하고 있는 자는 결핍으로 인한 (몸의) 괴로움을 없애고 전 생애를 완전한 것으로 해주는 것이 얼마나 손쉬운가를 알고 있는 것이다. 그렇기 때문에 사람들의 경쟁을 불러일으키는 것과 같은 사항(권력이나 지위 등)은 조금도 필요치 않은 것이다.

(22) 우리는 사실 참된 목적과 여러 가지 판단을 귀착시켜야 할 기준으로서의 감각이나 감정의 직접적인 명증성 모두를 잘 고려해야만 한다. 그렇지 않으면 모두가 분별 없이 혼란으로 가득 차게 될 것이다.

(23) 만일 그대가, 모든 감각에 반대해 이것과 다툰다면, 감각 가운데서 그대가 거짓이라고 주장하는 것조차 무엇에 연관시켜서 그것을 거짓이라고 판정하는 것인지, 그 기준을 갖지 못하게 될 것이다.

(147) (24) 만일 그대가, 무언가 어느 감각을 무조건 물리치고, 확증을 기다리고 있는 것*93에 대해서 판단하고 있는 것과 감각·감정 또는 정신에 의한 모든 상징성을 띤 직각(直覺)에 의거해 이미 마음에 나타나고 있는 것을 구별하지 않는다면, 그대는 그 이외의 감각까지도 몰아내게 될 것이다.

그러나 다른 한편 만일 그대가 판단에 의해서 가져오게 되는 관념 가운데서 확증을 기다리고 있는 모든 것, 또 확증을 기다릴 필요가 없는 것 양자 모두를 확실한 것으로 여긴다면, 그 경우에도 그대는 잘못에 빠지는 것을 면하지 못할 것이다. 그것은 판단이 올바르냐 올바르지 않으냐를 결정하는 모든 경우에서 문제로 삼아야 할 점을 모두 그대로 둘 것이기 때문이다.

(148) (25) 만일 그대가 어느 때라도 그대의 행위 하나하나를 자연 본디의 목

---

*93 멀리서 보았을 때의 '둥근 탑'이라는 지각과 '저 탑은 둥글다'는 그 지각에 부가된 판단을 구별해, 후자(및 그 대상)는 '확증을 기다리고 있는 것'으로 되어 있는 점에 대해서는 위 34절 참조.

적에 연관시키지 않고 기피하든 추구하든 무언가 다른 목적으로 벗어나 본디의 목적에 이르는 일이 없다고 한다면, 그대의 행위는 그대가 주장하는 이론을 따르게 되지는 못할 것이다.

(26) 여러 가지 욕망 가운데서 그런 것들이 충족되지 않더라도 그 때문에 결코 괴로워해서는 안 된다고 말하는 것은 아니다. 그런 욕망의 대상이 손에 들어오기 어려운 것이었거나 또는 해를 가져오는 것으로 생각하거나 할 경우에는 그와 같은 욕망에 포함되는 기쁨이나 두려움은 쉽게 없앨 수 있는 것이다.

(27) 전 생애의 지복을 지향해 지혜가 갖추어지게 되는 것 가운데 무엇보다도 가장 중요한 것은 우정을 얻는 것이다.

(28) 영구히 이어질 것만 같은 두려운 일은 일어나지 않는다는 점에 관해서 우리를 안심시키는 그 똑같은 견식(見識)은, 또 이 바로 한정된 인생의 상태 안에서는 우정이 가져오는 안전이 가장 완전한 것임을 잘 알고 있는 것이다.

(149) (29) 여러 가지 욕망 가운데 어느 것은 자연스러운 것이고, 또 필요(불가결)한 것인데 어느 것은 자연스러운 것이긴 한데 필요치 않은 것이다. 또 어느 것은 자연스럽지도 않고 필요치도 않은 헛된 상념에 의해서 생기는 것이다. 〔에피쿠로스가 자연스럽고 필요(불가결)한 욕망으로 생각하고 있는 것은 이를테면 목마를 때 음료를 원하듯이 괴로움을 없애는 욕망을 말하는 것이다. 또 자연스러운 것이긴 한데 필요치 않은 욕망으로 생각하고 있는 것은 사치스러운 식사를 원하듯이 괴로움을 제거하는 것은 아니고 쾌락을 단순히 다양한 것으로 만드는 욕망을 말하는 것이다. 또 자연스럽지도 않고 필요치도 않은 욕망으로서는 이를테면 왕관이나 동상의 건립을 바라는 것이다.〕

(30) 자연스러운 욕망이기는 한데 충족되지 않아도 괴로움으로 이끄는 일이 없는 욕망 가운데 대상에 대한 격한 욕망이 깃들고 있는 경우에는, 그와 같은 욕망은 헛된 망상에 의해서 낳고 있는 것이다. 그리고 이런 욕망이 없어지지 않는 것은 욕망 자체의 본성 탓은 아니고 그 사람의 헛된 망상에 따른 것이다.

(150) (31) 자연 본디의 올바름이란 서로 해치는 일도 해를 입을 일도 없도록 서로의 이익을 보증하는 것이다.

(32) 동물들 가운데서 서로 해치는 일도 해를 입는 일도 없도록 하기 위한 계약을 맺을 능력이 없었던 것들은 올바른 것도 올바르지 않은 것도 아무것도 없었던 것이다. 이것은 (인간의) 종족 가운데서 서로 해치는 일도 해를 입는 일

도 없도록 하기 위한 계약을 맺을 수 없었거나, 또는 그 의지가 없었던 것에서도 똑같다.

(33) 정의는 그 자체로 존재하는 것은 아니다. 그것은 오히려 언제 어느 곳에서나 사람들이 서로 교제할 때에 상대를 해치는 일도 없는가 하면 해를 입는 일도 없도록 하기 위한 일종의 계약인 것이다.

(151) (34) 부정은 그 자체가 악은 아니다. 그것은, 그와 같은 부정행위를 처벌할 자리에 있는 사람들에게 발견되지는 않을 것이라는 마음에서 일어나는 두려움 가운데 있는 것이다.

(35) 서로 해치는 일도 해를 입을 일도 없도록 하기 위해 서로간에 맺은 계약 가운데 있는 조항을 남몰래 어기고 있는 사람이 지금까지는 1만 회나 발견되지 않고 있다고 해도 앞으로도 발견되지 않을 것이라고 믿을 수는 없다. 앞으로도 발견되지 않고 있을 수 있는지의 여부는 삶을 마칠 때까지 알 수 없기 때문이다.

(36) 전반적으로 보면 올바르다는 것은 모든 사람에게 똑같다. 그것은 즉 인간의 교류에서 일종의 이익이 되는 것이다. 그러나 지역의 특수성이라든가, 그밖에 여러 가지 원인에 따른 특수한 사정에 의해서 똑같은 일이 모든 사람에게 올바른 것으로 되지 않는 경우도 있다.

(152) (37) 법률에 의해서 올바르다고 인정되고 있는 행위 가운데 인간의 교류에 필요상 이익이 되는 것이 입증되는 것은 그것이 모든 사람에게 같은 것이건 아니건 올바른 것의 범위 안에 있는 것이다. 하지만 사람이 법률을 제정해도 그것이 인간 교류에 이익이 되지 않는다면 그 법률은 더 이상 올바름의 본질을 갖추고 있지 않은 것이다. 또 올바름에 따른 이익이 상황에 따라서 여러 가지로 변화한다고 해도 그것이 어느 기간 사람들의 올바름에 대한 선취관념에 어울린다면 그 기간은 어쨌든 또한 올바른 것이다.—적어도 공허한 말에 의해서 자신을 혼란하게 하는 일 없이 사실에 순순히 눈을 돌리고 있는 사람들에게는 그렇다.

(153) (38) 주위의 상황에는 아무것도 새로운 변화가 없었는데도 올바른 것으로 인정되고 있었던 행위가 실제로 이루어진 결과 올바름에 대한 선취관념에 어울리지 않은 것이 명확해진 경우에 그와 같은 행위는 처음부터 올바르지 않았던 것이다.

다른 한편, 상황이 변화해 이제까지 올바른 것으로 되어 있었던 그 똑같은 행위가 이제는 이익이 될 수 없게 된 경우에는 그와 같은 행위는 이전에 같은 시민들 사이의 교제에서 이익이 되고 있었던 그때에는 올바른 것이었지만, 나중에 이익이 되지 않게 되었을 때에는 더 이상 올바른 것일 수 없게 된 것이다.

(154) (39) 외부의 여러 사정으로 인해 사람을 불안하게 하는 사항에 가장 잘 대처하고 있는 사람은 될 수 있는 대로의 것은 자신과 가까운 것으로 하고 될 수 없는 것도 적어도 자기와 거리감이 있는 것으로는 하지 않는다. 하지만 그렇게 하는 것조차도 될 수 없는 것은 모두 접촉하는 것을 그 사람은 피하고 있고 또 접촉을 피하는 것이 득이 된다고 한다면 모두(자신의 생활에서) 멀리하고 있는 것이다.

(40) 사람들로부터 시달리게 될 우려가 없도록 하는 힘을 가장 많이 갖추고 있는 사람들은 모두가 그렇게 함으로써 가장 확고한 (안심의) 보증을 얻고 있기 때문에 서로 타인과 가장 즐거운 생활을 보내게 되는 것이다. 그리고 그들은 가장 충족한 친교를 누린 뒤에는 (친했던) 벗의 한 사람이 먼저 죽어도 그것을 애도해야 할 일로서 슬퍼하거나 하지는 않는 것이다.

디오게네스의 그리스철학자들 이야기

1. 이 책 이름에 대하여

이 책의 이름은 번역 대본으로 사용한 H. S. 롱의 교본(校本)에서는 단순히 〈철학자전〉으로 되어 있다. 이 책에서는 〈그리스철학자열전〉으로 바꾸었다. '그리스'로 한정한 것은 나중에도 쓰는데, 이 책에서 다루고 있는 것은 모두 그리스 철학자들뿐이기 때문에 그 점을 고려한 것이다. 또 '전'을 '열전'으로 바꾼 것은 이런 종류의 책의 표제로서 오랫동안 써 왔던 것에 따른 것이다.

그러나 이 책에는 사실 일찍부터 여러 가지 표제가 붙여져 있었다. 이를테면 이 책의 최초 완전한 인쇄본인, 프로베니우스가 라틴어로 옮긴 그리스어본(1533년)에는 〈철학으로 알려진 사람들의 생애, 학설 및 경구에 대해서 10권〉이란 책이름이 붙여져 있었던 것 같다. 그리고 이어서 펴낸 스테파누스가 라틴어로 옮긴 그리스어본(1570년 초판)에도 앞의 책과 똑같은 책이름이 붙여져 있었다고 한다(한편, 근대의 대표 교본인 H. G. 휘브너의 주석이 딸린 책(4권, 1828~1833년)에도 이와 똑같은 책이름이 사용되고 있다). 그러나 이들 인쇄본에 앞선 중세 사본(寫本)에서는—그런 것들 가운데 오랜 것은 13세기 또는 14세기까지 거슬러 올라간 것이 확인되고 있는데—그런 것들의 책이름은 크게 나누어 두 가지가 있다고 한다. 즉 유력한 사본의 하나(B 사본)에서는 〈철학자들의 생애와 학설의 집성 10권〉으로 되어 있는데 또 하나의 유력한 사본(P 사본)에는 〈철학자들 가운데서 알려진 사람들의 생애와 의견 및 각 학파 학설의 요약적 집성〉이란 표제가 붙여져 있었다는 것이다(그 밖의 대부분 사본의 책이름도 후자에 가까운 것이고 다만 책이름의 끝 부분이 '요약적 집성' 대신에 '10권'으로 되어 있는 것뿐이라고 한다).

그러나 사본 이전의 시대에도 일찍이 4세기부터 늦어도 6세기 이후, 이 책의 존재를 말한 몇 사람이 있었던 것으로 되어 있고 그것은 새 플라톤학파인 이암블리코스의 제자 소파테르스(4세기 무렵), 일종의 지리학사전의 엮은이 비잔티온의 스테파노스(6세기), 콘스탄티노폴리스의 총주교이며 그리스 고전에 대한 관심을 일으킨 보티오스(9세기), 그리고 헤스키오스를 통해서 이 책에서 수많은 인용을 한 것으로 생각되는 수다의 사전편자(10세기) 등이 있는데, 그들 가운데서도 예를 들면 포티스는 단순히 〈철학자전〉이란 식의 간략한 형태로 이 책을 말하고 있었던 것으로 알려져 있다.

이와 비슷한 간략한 책이름은 오늘날 널리 사용되고 있는 힉스의 영어 대역본(〈저명한 철학자들의 생애(전기)〉 1925년)에서도 사용되고 있다(최근 디칸테에 의한 이탈리아어 역서(1987년)의 표제도 단순한 〈철학자전〉이다). 또 여기에 '학설(의견)'이란 용어를 덧붙인 〈저명한 철학자들의 생애와 의견〉이란 책이름이 롱의 영역본(1853년)이나 아페르트의 독일어 번역본(1921년, 제2판 1967년)에서는 사용되고 있다.—위에 간단하게 보아온 것처럼 이 책에는 일찍부터 여러 가지 책이름이 붙여져 왔는데, 바로 뒤에서 말하는 바와 같이 이 책에 대해서는 지은이도 집필연대도 정확한 것은 아무것도 모르는 것과 마찬가지로 본디 책이름도 알 수가 없다.

2. 지은이, 디오게네스 라에르티오스

다음으로 이 책의 지은이인데 이 번역본에서는 현재 일반적으로 관례가 되고 있는 것에 따라서 '디오게네스 라에르티오스'란 식으로 했는데, 이것도 일찍부터 표기 방법이 여러 가지가 있어 확실한 것은 알 수 없다고 할 수밖에 없다. 그것은 '디오게네스 라에르티오스'란 호칭은 일찍이 비잔티온의 스테파노스나 〈팔라티나 사화집〉(9세기)에서 사용되고 있었는데, 이 두 용어의 순서를 거꾸로 해서 '라에르티오스 디오게네스'란 호칭이 똑같이 일찍부터 이를테면 소파테르나 수다의 사전에도, 또 중세 사본이나 인쇄본에서도 사용되고 있기 때문이다(그리고 '디오게네스'와 '라에르티오스'란 두 이름이 나란히 씌어 있는 이유도 잘 알 수 없는 점이 있고 이에 대해서는 몇 가지 해석이 이루어지고 있는 것 같지만, 후자인 '라에르티오스'는 이른바 '별명'이고 디오게네스란 이름을 가진 사람은 많이 있었기 때문에 다른 사람과 구별하기 위해 이 '별명'이 붙여진 것이라는 해석〔E. Schwartz, Diogenes ; Jørgen Mejer, Diogenes Laertius and his Hellenistic Background〕을 여기에서는 택하고 싶다). 그러나 이것을 하나의 이름만으로 해단순히 '디오게네스'라든가, 또는 '라에르티오스'라든가(19세기 학자들은 때때

로 이 호칭을 사용하고 있
다) 더욱이 '라에르테스'로
말하고 있는 경우도 있고,
또 '라에르테의 사람 디오
게네스'란 식으로 해석하
고 있는 사람도 있는 것이
다. 그와 같은 이유로 이
책의 지은이조차도 잘 알
수 없는 것이다.

이렇게 해서 그 이름이
확실하지 않은 것과 마찬
가지로 지은이의 연대도
생애도 전혀 불확실하고,
또 이 책이 언제쯤 쓰였는
지를 확정하는 것도 어려
운 것이다. 다만 후자의 점
에 대해서는 그것을 추측

디오게네스 라에르티오스(?~?)

하는 실마리가 되는 것이 전혀 없지는 않다. 그것은 이 책의 제9권 마지막 절
(116절)에 회의주의 철학자들의 사제계보가 기록되어 있고 그 계보는 잘 알려
져 있는 섹스투스 엠피리쿠스와 그의 제자인 사토르니노스로 그치고 있으므
로, 이 사람들의 연대가 집필 연대의 상한선이 될 것으로 생각되기 때문이다.
그런데 사토르니노스는 말할 것도 없고 섹스투스의 연대도 잘 모르는데 일반
적으로 그는 2세기 후반에 활동한 사람일 것으로 추정되고 있다. 이 추정이
올바르다면 이 책 가운데에 그들의 이름이 쓰이고 있는 것이므로 이 책이 쓰
인 연대는 적어도 섹스투스나 사토르니노스보다 뒤의 일, 즉 2세기 종반 무렵
내지는 3세기 전반의 빠른 시기 이후, 어쩌면 그 동안일 것이라는 게 현재 대
부분 학자의 일치된 견해이다.

또 이 점에 관해서는 이 책의 제3권 47절에 지은이가 플라톤의 생애를 간략
하게 서술한 뒤에 계속해서 그의 학설, 특히 그의 논의 방법이나 대화편의 성
격과 분류 등을 기록할 때 그 처음에 다음과 같이 쓰고 있는 것도 하나의 단

서가 될지도 모른다. 그 부분에서는 '그런데 당신은 바로 플라톤의 애호자이고 다른 어느 칠학자의 학설보다도 이 철학자의 학설을 열심히 추구하고 있으므로' 이런 식으로 쓰여 있다. 이 특정 독자에 대한 호칭은 이 책이 여기에서 '당신'으로 불리고 있는 사람에게 헌정된 것임을 보여주고 있는 것인데, 그 사람이란 이 부분의 주(註)에도 쓰고 있는 바와 같이 의학자 갈레노스(129 무렵~199년)가 말했다고 하는 '아리아'란 이름의 여성이거나, 또는 오히려 셉티미우스 세베루스 황제(193~211년 재위)의 비 '율리아 돔나'(217년 죽음)에 대한 것이 아닌가 추측되고 있다(R. D. Hicks, *Diogenes Laertius, Lives of Eminent Philosophers* ; R. Hope, *The Book of Diogenes Laertius*). 그것에서 만일 이것이 사실이라면 이 기록도 이 책의 집필연대에 대한 앞의 추정을 방증하는 것의 하나가 될 것이다. 게다가 또 플라톤 철학에 관심을 가진 한 여성에게 바쳐진 이 책이 3세기 후반에 플로티노스(205~270년)에 의해서 부흥된 새 플라톤주의의 철학에는—플로티노스는 로마의 철학자들로부터 제외되었다는 점도 있을지 모르는데—전혀 말하고 있지 않다는 것도 집필연대의 하한선을 추정하기 위한 하나의 간접증거가 될지도 모른다.

3. 말하고자 하는 것

이 책을 통독한 독자가 먼저 깨달아야 할 것은, 이 책 가운데에는 '어느 누가 어떤 책 가운데서 말하고 있는 바에 따르면'과 같은 형식을 갖춘 선인들이 쓴 책으로부터의 인용이 실로 많이 포함되어 있다는 것이 아닐까. 실제로 이 책은 선인들이 쓴 책으로부터의 인용을 단순히 잡다하게 모으기만 한 편찬서이며 타인의 책에서 발췌한 것을 이른바 '짜깁기'만 한 작품에 지나지 않은 것은 아닌가 하는 인상을 줄 것이다. 그리고 인용되는 책의 수와 그 다양성은 참으로 놀랄 만한데 어느 학자의 계산에 따르면(R. Hope, 앞의 책, pp. 59~60, 힉스는 인용된 문헌의 수를 200으로 보고 있고, H. S. 롱은 200인 이상의 지은이, 300권 이상의 책으로 보고 있다) 이 책 가운데에는 '250명의 지은이에 대한 1186회를 밑돌지 않는 언급이 있고 문헌으로서 거론되고 있는 책의 수는 365에 이른다'는 것이다.

또한 그것이 사실이라면 때때로 비판이 되고 있듯이 이 책의 가치는 그 책 자체 속에 있는 것이 아니고 문헌으로 된 자료 가운데에만 있다는 것이 될 것

ΛΑΕΡΤΙΟΥ
ΔΙΟΓΕΝΟΥΣ
ΠΕΡΙ ΒΙΩΝ ΔΟΓΜΑΤΩΝ
ΚΑΙ ΑΠΟΦΘΕΓΜΑΤΩΝ
ΤΩΝ ΕΝ ΦΙΛΟΣΟΦΙΑ ΕΥΔΟΚΙΜΗΣΑΝΤΩΝ
ΒΙΒΛΙΑ ί.

LAERTII DIOGENIS
DE VITIS DOGMATIS
ET APOPHTHEGMATIS
EORVM

QVI IN PHILOSOPHIA CLARVERVNT
LIBRI X.

Thoma Aldobrandino interprete.

Cum Adnotationibus eiusdem.

SVPERIOR.VM PERMISSV.
ROMAE
Apud Aloyſium Zanettum. M.D.XCIV.

디오게네스 라에르티오스의 《저명한 철학자들의 생애와 의견》 속표지(1594) 그리스어, 라틴어판이다. 그러나 만일 이 책 가운데에도 무언가의 독창성이 인정되어야 한다면 그 것은 각 철학자에 관해서 지은이가 수많은 문헌 가운데 어떤 자료를 선택하고 각 철학자에 관해서 이것들을 어떻게 배열하고 있는가 하는, 자료의 선택과 배열에 있게 될 것이다. 하지만 과연 그와 같은 독창성을 이 책 가운데서 인정할 수가 있을까. 배열에 대해서는 나중에 쓰기로 하고 먼저 선택의 점을 문제로 한다면 이 책의 지은이는 수많은 자료의 선택에서 도대체 무엇을 기준으로 하고 있었는지, 과연 그는 공정하고 객관적인 기록을 목적으로 선택한 것일까. 이와 같은 것이 다음의 의문이 될 것이다.

왜냐하면 그는 자신의 취향에 따라서, 또는 그 무렵 일반 독자의 기호에 맞추어서 자료를 선택한 것이 아닌가 의문시되기 때문이다. 즉 '저명한 철학자들의 생활과 의견'에 대한 지은이의 설명은 객관성을 지향한 것이라기보다는 오히려 그 자신의 개인적인 관심에 따라서 특수한 자료만을 임의로 선택한 것이 아닐까, 라는 의문이 생기기 때문이다. 더구나 그가 선택한 자료는 대개의 경우 재미있고 익살스런 일화나 기발한 언행에 관한 단편이며, 적어도 학설에 관한 것에 대해서는 오늘날 알려져 있는 다른 자료와 대조해본 경우에는 신뢰가 가지 않는 것도 많이 포함되어 있다고 볼 때, 각 철학자의 생애와 학설에 대한 이 책의 기록은 한 쪽으로 치우쳐 있고 종합적인 이해가 결여된 것이며 학문적 가치도 매우 부족한 것이 되지 않을 수 없다.

그러나 이와 같은 평가를 내리기 전에 우리로서는 먼저 이 지은이의 전기기술 방법 그 자체에 대해서 미리 이해해야 한다. 그것은 그의 기술방법이 헬레니즘 시대 이래 오랫동안 전통이 되어온 전기기술의 자세 전반에 따른 것이라고도 추측이 되기 때문이다. 여기에서 '오랫동안 전통이 되어온 전기기술의 자세'란 우리에게 익숙한 예로 말한다면 이 지은이보다 거의 1세기 정도 전의 전기작가인 플루타르코스의 〈영웅전〉을—이 지은이도 플루타르코스에 대해서는 거듭 언급하고 있는데—그 하나의 전형으로서 거론할 수 있을 것이다. 그래서 이 책의 전기기술 방법을 이해하기 위해 우선 처음에 플루타르코스가 '알렉산드로스전'의 첫머리에서 말하고 있는 것을 대략 여기에서 소개해 두기로 한다.

플루타르코스는 알렉산드로스 대왕의 전기를 씀에 앞서서 최초로 하나의 변명을 하고 있다. 그것은 다루어야 할 업적이 너무나도 많아서 유명한 것 모두를 쓰거나, 하나하나의 일을 정밀하게 쓰지는 않고 대부분은 요약하는 형태로 전하기로 하는데, 독자는 그것에 불만을 하지 말아달라는 단서이다. 그것은 자신은 '역사'를 쓰는 것이 아니라 '전기'를 쓰려는 것이기 때문이라고 말한 다음, 더 나아가 유명한 업적 가운데 그 사람의 덕이나 악덕은 충분히 나타나 있지 아니한데, '약간의 행동이나 언어나 농담 쪽이 몇만의 전사자를 낸 전투나 대규모의 진지나 도시의 포위보다 오히려 그 사람의 성격을 명확하게 보여주기 때문이다'라고 덧붙이고 있다. 그리고 그것은 '마치

키티움의 제논(BC 333~264) 스토아철학 창립자

화가가 그 사람의 성격이 나타나 있는 곳의 얼굴이나 눈의 표정에서 그 사람의 비슷한 모습을 포착해 몸 그 밖의 부분에는 주의를 기울이지 않도록, 나도 또 대사업이나 전투에 대한 일은 타인에게 맡기고 마음(정신)의 표징을 향해 나아가면서 그런 것들에 의해서 저마다 다른 사람의 생애의 상을 만들어내고 싶다'고 쓰고 있다.

디오게네스도 이 〈철학자전〉을 저술할 때 지금 소개한 것과 같은 플루타르코스의 선례에 따르려 한 것이라고 보아도 좋지 않을까 생각한다. 물론 플루타르코스의 〈영웅전〉은 사람의 생애와 연대를 좇아서 상세하게 쓴 것이며 이 〈철학자전〉 기록이 매우 단편적이고 통일성이 떨어진 것과는 비교할 수 없지만, 기록의 의도와 목적은 양자에게 공통이라고 해도 좋을 것이다. 그것은 디오게네스도 이 책의 대부분에서 철학자들 학설의 '역사'를 쓰려고 한 것은 아니고, 오히려 '생애'(전기)를 쓰려는 데 목적이 있기 때문이다. 그것은 좀 까다로

운 철학의 학설보다는 철학자들의 '약간의 행동이나 말, 잡담' 쪽이 그들의 '성격'을, 즉 철학자로서의 인품이나 풍모를 명확하게 보여주는 것이라고 이 지은이도 생각했기 때문일 것이다.

이를테면 '철학을 배워서 무엇을 얻었는가'라는, 그 무렵 철학자들이 자주 받은 질문에 키레네파인 아리스티포스와 키니코스파의 개(犬)인 디오게네스가 저마다 간결한 말로 대답하고 있는 것을 보면(제2권 68절, 제6권 63절), 그 말 속에 이 두 철학자의 인간상이 또렷하게 부각되고 있는 것을 볼 수 있기 때문이다. 그것은 마치 현대의 예로 말하자면 풍자만화가가 정치가, 그 밖의 인물의 눈이나 입, 얼굴 모양 전체의 변형된 비슷한 얼굴 모습의 그림에 의해서 그들의 특징을 단번에 보여주고 있는 것과 닮았다고도 말할 수 있을 것이다. 또 다른 예를 들자면 우리나라의 어느 시기의 역사학은 사회경제사를 중시하는 경향이 강해 '인간' 부재라는 비판을 받은 적이 있었는데 마찬가지로 이른바 학문이 된 철학사도 무미건조하고 난해한 학설의 나열로 일관해 철학자 자신의 인간상에는 무관심한 경우가 많은 것과 비교해서, 이 책은 철학사로서는 학문성이 떨어지고 '다양한 일화와 경구, 또 재미있고 익살스런 언행의 모음'에 지나지 않는다고 비판받는다고 해도 이 지은이의 의도나 목적은 별도로 있었던 것이며, 이 책에는 적어도 '인간'은 묘사되어 있다고 변호할 수 있을 것이다.

4. 철학자들의 생애와 의견

그렇기 때문에 〈저명한 철학자들의 생애와 의견〉이란 표제를 지닌 이 책에서는 '의견(학설)'보다도 '생애(생활, 전기)' 쪽에 중점을 두고 있는 것이다. 그리고 이것이 또 고전기의 종말(기원전 4세기 후반)에서 헬레니즘 시대 전체를 통한 전기문학의 전통이 되고 있었던 특색인 것이다. 즉 그것은 한마디로 말해서 정치나 군사에 관한 사항을 중심으로 한 '역사' 기록에 대해서 개인의 성격을 명확히 하는 것을 주된 목표로 하면서 그것을 위해서는 진실뿐만 아니라 허구를 덧붙이는 것도 서슴지 않는다는 것이 '전기'를 써나가는 전통적인 자세였기 때문이다(A. Momigliano, *The Development of Greek Biography* 참조).

지은이도 그와 같은 전통에 따르면서 다음 절에 그 주된 것이 거론되는 것과 같은 선인들의 '철학자전'에서 자료를 수집해 이 책은 이 책 나름의 특색을 지닌 하나의 작품을 완성했을 것으로 생각된다. 그 특색의 하나는 이를테면

DELLE VITE
DE' FILOSOFI
DI DIOGENE LAERTIO
Libri dieci.

RIPIENI D'ISTORIE GIOVEVOLI,
Soggetti piaceuoli, Eſſempi morali, & di Sentenze graui.

Accreſciute, & migliorate di molto, da quelle ch'erano le date fuori nelle
paſſate editioni. Dal R. P. D. Gio. Felice Aſtolfi.

Con l'Aggiunta d'un Compendio delle Vite de' più Illuſtri ORATORI, &
POETI, che ſieno fioriti per tutto'l mondo ne' ſecoli adietro.

Abbellite pur' hora di figure belliſſime di Gioſeffo Saluiati : &
accomodate a' luoghi loro.

Con due Tauole, vna delle Vite de' Filoſofi, e l'altra delle Vite de gli Oratori,& Poeti.

CON LICENTIA, ET PRIVILEGIO.

SALVS   VITA.

IN VENETIA, M. DCXI.

Appreſſo Gratioſo Perchacino.

이 책에서 다루고 있는 대부분 철학자들의 '전기' 마지막에 '내가 그를 위해 지은 시도 있다'는 식으로 말해, 이 지은이가 자신의 〈에피그램집(풍자시집)〉 가운데서 하나의 시를 발췌해 각 철학자의 생애를 이른바 총괄하는 형식으로 풍자하는 짧은 언급을 곁들이고 있는 것에서도 볼 수 있다.

이와 같이 이 책에서는 전반적으로 보아 '전기' 쪽을 '학설'보다도 중요하게 생각하고 있는데, 그렇지만 물론 '학설'을 중요하게 생각하고 있는 경우도 없는 것은 아니다. 특히 제7권 제1장 '제논전' 가운데 포함된 스토아파 학설의 개략이나 제9권 제11장 '피론전' 가운데의 회의주의자들 주장의 설명, 그리고 제10권 제1장 '에피쿠로스전'에서는 에피쿠로스의 세 통의 편지를 그대로 인용한 그의 견해 소개 및 '주요 교설' 등에 의한 에피쿠로스파 학설의 요점 기술, 더 나아가 제3권 제1장 '플라톤전' 가운데서의 플라톤의 대화편과 논의 방법 설명 등, 학설을 총괄하는 기록이 있고, 이런 것들은 '학설지'로서도 매우 귀중한 자료이다. 그러나 그 밖의 권(卷)의 개개의 철학자에 대해서는 '전기'에 관한 기록이 주로 있고, 그 사람의 '학설'은 건성으로 덧붙여 있을 뿐이란 인상을 면할 수 없을 것이다. 어떤 것에는 '학설'이 전혀 포함되어 있지 않은 경우도 적지 않다.

그런데 이 책에서는 이와 같이 '학설'보다도 '전기'에 중점을 두고 있는 것은 앞에서 말한 바와 같이 전기문학의 전통에 따른 것으로 생각되는데, 그 밖에도 이 지은이 자신이 철학자가 아니고 철학을 즐긴 사람이었다는 사정이 있었는지 모른다. 또는 이 책의 목적이 전문학자를 대상으로 한 것이 아니라 일반 교양을 추구하는 사람들을 독자로서 예상하고 있었다는 것도 있었을지 모른다. 게다가 그 무렵의 철학은 헬레니즘시대 이래, '학문'이기보다는 '삶의 방식'이 되어 있었던 것이다.

그렇기 때문에 '학설'보다도 '삶의 방식'에 관한 것이 주가 된 것으로 보인다. 학설지(學說誌)의 성격을 띠는 철학사의 창시자는 아리스토텔레스이며 그의 제자인 테오프라스토스의 〈자연학자들의 학설〉은 그 뒤에 나온 '학설지' 전통의 연원이 된 것인데—이 책은 간접적일지언정 지은이도 힘입은 바가 있었던 것으로 생각되는데—그러나 이 책은 테오프라스토스의 그 책의 전통에 따른 것보다도 오히려 〈다양한 (성격론)〉 쪽의 전통에 속하는 것이라고 말할 수 있을지 모른다. 아리스토텔레스의 다른 제자들도 저마다 학문에 대한 역사서를 저술했는데 전기작가들의 대부분도 페리파토스파의 사람들이었던 것으로 전해지기 때문이다.

지금 간단하게 이 책 가운데서 비교적 많이 언급되고 있는 전거를 기원전 3세기 이후의 것에 한해서 시대 순으로 순서 없이 늘어놓아 보면, 다음과 같은 사람들의 책이다(단, 그 사람들의 정확한 연대는 불확실하며 그 연대도 두 세기에 걸친 경우도 있는데 지금은 대략으로 해둔다. 책도 대표적인 것만을 다룬다).

Ta fage inftruction fert de riche couronne
A Trajan, efleué par deffus tous humains.
Si les grands te portoient au cœur & dans leurs mains,
Vertu viuroit au lieu de Venus & Bellone

1565년 차크 오미오가 번역한 플루타르코스의 《영웅전》에 그려진 플루타르코스 초상

기원전 3세기
안티고노스(카리스토스의) 〈철학자전〉
헤르미포스 〈철학자전〉 〈현자론〉
사티로스 〈저명인들의 전기〉(〈철학자전〉)
히포보토스 〈철학의 여러 학파에 대해서〉 〈철학자명감〉
네안테스 〈저명인들에 대해서〉

기원전 2세기
소티온 〈철학자들의 계보〉
헤라클레이데스 〈사티로스의 '철학자전' 적요〉 〈소티온의 '계보'의 발췌〉
소시크라테스 〈철학자들의 계보〉
안티스테네스(로도스의) 〈철학자들의 계보〉
아폴로도로스(아테네의) 〈연대기〉

기원전 1세기

데메트리오스(마그네시아의) 〈동명인록〉《동명의 시인이나 산문작가들에 대해서》)

1세기

팜필레 〈역사연구 잡록(각서)〉

2세기

파보리누스 〈역사연구 잡록집〉〈비망록(각서)〉

위에 든 것은 디오게네스가 때때로 말하고 있는 지은이와 그 책인데, 물론 이런 것 외에도 플라톤의 몇 가지 대화편이나 아리스토텔레스의 현존하지 않은 여러 작품, 탈라스의 아리스토크세누스와 폰토스의 헤라클레이데스의 주로 '전기'에 관한 책, 그리고 팔레룸의 데메트리오스의 〈아르콘록〉 등, 기원전 4세기에 속하는 것에도 몇 번이고 언급이 되어 있다. 또 철학에 관한 책 이외에도 이를테면 호메로스를 비롯한 시인들, 그 가운데서도 비극이나 희극작가들의 작품으로부터의 시구가 거듭 인용되고 있으며, 티몬의 〈실로이(풍자시)〉로부터는 많은 시구가 마치 디오게네스의 '에피쿠로스'에 대응하는 듯이 각 철학자에 대한 신랄한 비평으로서 덧붙여져 있다.

이와 같이 이 책 가운데에는 실로 놀랄 정도로 수많은 지은이와 그 책이 전거로서 인용되고 있으며, 그것들을 모두 합하면 앞서 말한 바와 같이 지은이의 수는 250명에 이르고 책의 수도 350권을 넘는 것으로 알려져 있다.

그러나 여기에는 하나의 문제가 생긴다. 그것은 디오게네스는 과연 이들 책의 원전을 모두 자신이 읽고 거기에서 발췌하면서 이것을 이 책의 자료로 했을까. 그러나 그것은 있을 것 같지도 않은 일이라고 한다면—그 까닭은 그 자신도 간접으로 인용하고 있는 취지의 말을 하고 있는 부분도 있기 때문인데—그런 책 가운데서 그가 직접 자신의 눈으로 읽고 이용한 것은 어느 것이고, 어느 것은 간접적으로 아는 것만으로 인용했는지의 문제이다. 또 그런 경우에는 그가 주로 의거한 것은 누구의 어느 책인지, 즉 수많은 전거의 이른바 바탕에 있는 주요 전거는 무엇인가 하는 것이 문제가 되는 것이다.

이와 같은 디오게네스의 전거(자료) 문제(Quellenforschung)에 대해서는 고전고대의 학문 영역에 속하는 다른 여러 문제의 경우와 마찬가지로 19세기 후반 이후부터 20세기 초에 걸쳐서 주로 독일을 중심으로 하는 고전문헌학의 발

플루타르코스의 《영웅전》 1470년 울리치 한이 출간. 인물의 생애와 연대를 좇아서 쓴 것.

전에 따르면서 많은 학자들의 연구가 이루어져 왔는데, 그들 간의 논쟁은 저마다 자기 주장을 내세우면서 논쟁하는 형식을 띤 것이었다. 즉 두세 가지 예를 들자면 19세기에 잘 알려져 있듯이 젊은 니체는 디오클레스의 책을 거의 유일한 전거라고 주장하고 '라에르티오스(디오게네스)는 디오클레스의 요약 (epitomē)이라고'조차 말했는데(1868~1869년), 이에 대해서 E. 마스란 학자는 주요 자료 가운데서도 연대적으로도 디오게네스에게 가장 가까운데 이 책 가운데서 가장 빈번하게 (약 50회) 인용되고 있다. 파보리누스의 이 2권의 책이 유일한 전거라고 주장한 것이다(1880년).

그러나 이와 같은 단일 자료설은 너무나도 극단적인 것이므로 이에 대해서는 빌라모비츠를 비롯한 많은 학자들의 반론이 있는데, 20세기로 접어든 뒤에는 단일자료설을 주장하는 학자는 없고 학자들은 저마다 위의 지은이들 가운데서 몇 사람을 골라내 그 사람들의 책을 주요 전거로 삼고 있는 실정이다. 그러나 이와 같은 문제는 전문연구에 속하는 것이므로 여기에서는 더 이상 이 문제에 관여하지 않기로 한다(앞서 든 호프의 책 제2장에 이 문제에 관한 연구사를 개략해서 이야기하고 있다. 한편 새로운 문헌으로서는 이것도 앞서 든 예르겐 마이어의 책을 참조하기 바란다).

하지만 이 점에 대해서도 조금 보완을 해두기 위해 지금 예컨대 디오게네스의 이른바 '작업 현장'을 엿보았다고 상상해보자. 그 결과 그가 이 책을 집필한 수순은 간단히 말해서 다음과 같은 것이 아닐까 추측이 된다. 즉 그는 어느 철학자의 전기를 쓰려고 할 때 먼저 그것에 연관이 있는 하나의 책을 읽고 그 가운데서 그의 관심과 흥미를 끈 부분을 발췌하는 것에서부터 시작했을 것이다. 마찬가지로 다른 책에서도 그것에 연관이 있는 부분을 발췌했을 것이다. 그리고 이렇게 해서 수집된 여러 가지 발췌를—그렇게 하는 것이 공평한 방법이라면 그뿐인데—그는 아무렇게나, 또 난잡하게 나란히 적어서 어떤 철학자의 전기 부분 내용으로 한 것으로 보인다. '아무렇게나, 또 난잡하게'라고 말한 것은 이 책의 전기기술 거의 모두가 단편을 발췌한데다 안이하게 벌여놓다보니 인용이 잘 연결되지 않고 있기 때문이다. 따라서 전기 내용에는 아무런 진행도 전개도 볼 수 없고, 또 하나의 절에서 다른 절로의 이행에도 논리적 연속성이 결여되어 있기 때문이다. 그것은 어느 철학자의 전기인 경우에도 대체로 그러한데, 예를 들자면 엠페도클레스의 죽음을 다룬 부분(제8권 67~74

절)이나 헤라클레이토스의 전기(제9권 1~17절)에서 전형적으로 인정될 것이다.

그렇다면 앞에 이 책의 독자성이라는 것에서 문제가 되었던 발췌의 '배열'의 점에 관해서 그는 전기작가로서는 그다지 유능하지 않고 오히려 빈약한 작가였다고 말할 수밖에 없다. 그의 저술방법이 위와 같은 것이었다고 한다면 그가 기술의 자료로 삼은 발췌는 직접 읽은 제1차 자료에서도, 간접적으로 안 제2차 자료에서도 일정한 기준이나 원칙 없이 채택했을 것이므로, 그런 것들이 이미 뒤섞이고 만 기록 가운데서는 그가 직접 읽은 것과 간접적으로 안 것을 구별하는 것은 원자료가 되는 것을 모두 잃고 만 오늘날에는 거의 불가능하다고 말해야 할 것이다(다만, 이 점에 대해서는 그가 전거로 언급하고 있는 방법을 분석함으로써 이른바 정황증거에 의거하면서 그 구별을 시도하고 있는 연구는 있는데 지금은 이 점에도 이 이상 관여하지 않기로 한다).

한편 디오게네스가 이용하고 있는 전거는 크게 나누어서 다음 네 종류로, 즉 '전기'와 '철학자들의 계보'와, '여러 학파에 대해서'와, '학설'로 나뉘는데 이런 네 종류의 책에 대해서 각각, 여기에서 간단히 설명해두기로 한다. 즉 '전기'는 기원전 4세기에서 기원후 2세기 사이에 쓰인 것이 대부분이고 기원전 1세기 이후의 것은 적었던 것으로 되어 있고, 또 이 '전기' 가운데에는 학설은 포함되지 않는 것이 일반적이었던 것으로 알려진다. '연대기'도 '전기'의 부류에 속하는 것이다. 다음으로 '계보'는—이 제명은 복수형으로 쓰이는 것이 통례인데—한 학파의 스승과 제자의 계승관계에 대해서 쓴 책이며 이것도 학설을 포함하는 일은 거의 없고 오히려 전기로서의 성격이 강했던 것으로 되어 있다. 그 다음의 '여러 학파에 대해서'는—물론 특정의 한 학파에 대한 것도 많이 있는데—여러 학파의 철학체계를 설명한 것이며 특히 소크라테스 이후의 학파에 관한 것이 대부분인 것으로 알려진다. 그리고 끝으로 '학설'인데 이것을 표제로 하는 전거는 제7권의 스토아파 학설을 요약한 곳(38~159절)에는 수많은 책을 다루고 있는데 그 밖의 부분의 학설에 관한 기술에서는 그 전거를 거의 거론하지 않고 있는 점에 주의해도 좋다. 이것은 디오게네스가 비교적 많이 인용하는 전거의 위 일람표를 보아도 그 대부분이 '전기'나 '계보'에 관한 것에서도 예상할 수 있는 일이다.

5. 이 책의 구성

이 책은 모두 10권으로 이루어지는데, 제1권 서장(序章)의 첫머리에서 디오게네스는 철학이라는 활동이 그리스인 이외의 이민족 사이에서 비롯되었다는 설을 물리치고 철학은 그리스인 사이에서 비롯된 것이라고 단정하고 있다. 그리고 철학은 또 철학이라는 용어 그 자체도 본디 그리스인의 것이라고 생각하는 것 같다. 그렇기 때문에 이 책에서 다루는 철학자들은 모두 그리스인이며 그들과 같은 시대에 활약한 저명한 철학자도, 이를테면 스토아파에서는 세네카나 마르쿠스 아우렐리우스나 에픽테토스도, 또는 에피쿠로스파인 루크레티우스도, 대체로 로마인 철학자들은 이 책 가운데서는 다루지 않고 있는 것이다.

다음으로 그 철학의 기원은 두 가지가 있으며 따라서 학파도 크게 둘로 나뉘는데, 한쪽은 탈레스의 가르침을 받은 아낙시만드로스로부터 시작하는 이오니아학파이고 다른 쪽은 페레키데스의 제자인 피타고라스로부터 시작되는 이탈리아학파라고 한 다음, 두 학파에 속하는 철학자의 계보를 저마다 차례로 거치고 있다. 그 다음으로는 철학의 세 부문에 대해서 간단히 말한 뒤, 제1권의 나머지 11장에서는 '철학자전'으로부터는 구별되어야 한다고 해 탈레스 이하의 이른바 '현인'으로 불리던 사람들의 전기를 다룬다.

그래서 본디 '철학자전'은 제2권 이후부터 시작되는데 먼저 크게 나눈 두 학파 가운데 이오니아학파 쪽은 제2권에서 제7권까지, 이탈리아학파 쪽은 제8권에서 마지막 권인 제10권까지, 원칙적으로는 저마다 스승에서 제자로의 순서에 따르면서 두 학파에 속하는 철학자들의 생애와 학설을 담고 있는 것이다. 그러나 이른바 '스포라덴'(고립파)으로 일컬어지는 어느 학파에도 속하지 않은 철학자들도 있고 이 사람들이 제9권 최초의 2장에서 다루어지고 있는데, 그것은 헤라클레이토스와 크세노파네스 두 사람만으로 보아도 된다.

이 점은 제9권 제2장 끝에는 확실하게 쓰여 있다. 그러나 이 '고립파'의 철학자들은 다음 장의 파르메니데스 이하의 사람들도 그렇다는 해석도 있으므로 그 점에 대해서 여기에서 주를 조금 덧붙여둔다.

즉, 파르메니데스(제3장)는 크세노파네스보다도 오히려 피타고라스파인 아메이니아스의 제자로 되어 있고 이하, 멜리소스(제4장)와 제논(제5장)은 파

르메니데스의, 레우
키포스(제6장)는 제
논의, 데모크리토스
(제7장)는 레우키포
스의, 그리고 프로타
고라스(제8장)는 데
모크리토스의 제자
로 알려져 있기 때문
이다. 다만 제9장에
나오는 아폴로니아
의 디오게네스는 이
오니아파인 아낙시메
네스의 제자였다고
하므로 여기에 삽입
되어 있는 것은 부자
연스럽다. 그러나 그

해시계를 들고 있는 아낙시만드로스를 그린 트리어의 3세기 모자이
크 탈레스의 가르침을 받은 밀레토스학파. 디오게네스는 이오니
아학파의 시조로 분류했다.

다음 제10장의 아낙사르코스는 그 스승이 스미르나의 디오게네스인데, 이
디오게네스는 데모크리토스파인 메트로도로스의 제자이므로 데모크리토
스에 이어지게 된다. 그리고 아낙사르코스의 제자가 피론(제10장), 그 제자가
티몬(제12장), 또 피론의 제자인 나우시파네스가 에피쿠로스(제10권)의 스승
이라는 식으로 이탈리아학파의 학통은 이어지고 있다.

그런데 이 책의 지은이 디오게네스는 철학의 학파를 위와 같이 이오니아학
파와 이탈리아학파의 둘로 크게 나누어서 두 학파의 철학자들을 차례로 다루
고 있는데, 이것은 그가 전거로 한 선인들의 〈철학자들의 계보〉에 선례가 있어
그는 그것에 따른 것인지, 그렇지 않으면 학파 분류에 관해서 쓴 곳에서(제1권
19절), 다른 사람(히포보토스)의 다른 설도 부기되어 있으므로 이것은 디오게
네스의 독창적인 관점으로 보는 것이 좋을지, 그 점은 단정하기 어렵다. 다만
이와 같은 학파를 크게 둘로 나누어 서술하는 방법을 취했기 때문에, 이를테
면 이른바 '소크라테스 이전의 철학자들'은 연대순이란 점에서는 전후로 나누

어 다루게 되고, 제2권 최초의 4장까지 와서, 그 뒤 일시 중단한 뒤에 제8권에 접어든 뒤부터 다시 다루고 있다.

이 점을 상세히 설명하면 제2권의 서술이 아낙시만드로스 → 아낙시메네스 → 아낙사고라스 → 아르켈라오스 → 소크라테스 → 소크라테스의 제자라는 순서로 마무리한 뒤에, 그 후에는 제1권의 서장(14~15절)에서 간단히 쓰고 있듯이 이오니아학파의 계보는 다음의 3계열로 나누어 서술하게 된다. 즉 제1의 계열은 플라톤(제3권)에서 시작되고, 이어서 옛 아카데미파, 그리고 중기 아카데미파, 그 다음에 새 아카데미파라는 순서로 저마다 아카데미의 교장이었던 사람들을 차례로 다루며, 마지막은 클레이토마코스로 끝나는 것이다(제4권). 제2의 계열은 플라톤의 제자인 아리스토텔레스로 시작되는 리케이온의 교장들과 그밖에 페리파토스파에 속하는 대표적인 철학자들이다(제5권). 그리고 제3의 계열은 소크라테스의 제자인 안티스테네스에서 시작되는 키니코스학파의 사람들(제6권), 그리고 키니코스파인 크라테스의 제자 제논(키티온)에서 시작되는 스토아학파 철학자들이며 크리시포스까지 다루고 있다(제7권).

그러나 이 세 계열에 관한 부분의 기록에서는 서장에 쓰여 있었던 인명만의 계보와 그 뒤 본론에서 실제로 다루어지는 사람들 사이에 조금 차이가 있음을 여기에서 주의해 두는 것이 좋다. 상세한 것은 줄이고 서너 가지 예를 들자면 서장에서는 페리파토스의 계보가 테오프라스토스까지로 되어 있는데, 제5권에서는 테오프라스토스 이후, 스트라톤·리콘·팔레룸의 데메트리오스, 그리고 헤라클레이데스, 이 네 사람의 전기가 추가되어 있다. 또 서장에서 키니코스파의 철학자로서는 안티스테네스, 개(犬)라고 불린 디오게네스, 크라테스의 세 사람 이름을 다루었을 뿐인데 제6권에서는 6명의 철학자가 이에 추가되어 있다. 더욱이 제7권의 스토아파에 관해서 서장에서는 제논·클레안테스·크리시포스 세 사람의 이름만 쓰여 있었는데, 이 권에서는 스토아파의 이단에 속하는 사람들의 전기도 그 사이에 삽입되어 있다. 한편, 이 제7권의 끝에는 사본에 결손이 있는 것으로 보이기 때문에 원서에는 크리시포스를 승계한 스토아파 학두들의 전기도 있었지 않았을까 추측되고 있다.

그런데 그와 같은 세세한 점은 그렇다 치고 이 책 전10권 가운데 제3권과 제10권은 각각 플라톤과 에피쿠로스라는 단 한 사람의 철학자를 위해 전권을 바친 탓에 다른 권과는 다르게 크게 균형을 잃고 있는 점이 주목된다. 이것은 이 두 사람의 철학자만을 특별히 중요하게 생각하고 있음을 보여주는 것으로 여겨지는데, 그것은 지은이의 어떤 의도에 따른 것일까? 플라톤에 대해서는 앞에서도 말한 바와 같이 이 책은 열렬한 '플라톤 애호자'였던 한 부인에게 헌정된 것으로 추측되므로(제3권 47절 참조), 그 때문에 지은이는 '플라톤전'에는 특별히 지면을 할애한 것으로 생각할 수도 있다. 그러나 이와 마찬가지로 제10권 29절에도 지은이는 에피쿠로스의 학설을 소개하기 전에 '그것은 당신이

피타고라스(BC 570~495) 피타고라스학파의 시조. 디오게네스는 이탈리아학파의 시조로 분류했다.

모든 각도에서 이 사람(에피쿠로스)을 잘 이해하고 판정할 수 있게 하기 위함이다'라는 식으로 쓰고 있다.

여기에서 다시 부름을 받고 있는 '당신'이 단순히 불특정의 일반독자를 가리키는 것에 지나지 않은지, 그렇지 않으면 누군가 특정인인지, 그리고 그 경우에는 제3권에서 '당신'으로 부름을 받았던 인물과 같은 사람인지의 여부, 그 점에 대해서는 여기에서 결론을 낼 수는 없다. 하지만 지은이가 에피쿠로스에게 특별한 관심을 가지고 있었으리라는 것은 사실인데, 그것은 다른 철학자들의 경우와 달리 에피쿠로스 학설에 대해서는 그 사람 자신의 세 통의 편지가 직접 인용되고 있는 것으로도 알 수 있다.

그리고 에피쿠로스의 쾌락주의에 대한 세상의 비방을 지은이가 특별히 변호하고 있는 점에서도 이 지은이를 에피쿠로스파의 사람으로 해석한 학자들도 이전에는 많이 있었다. 그러나 또 이 점에 관해서는 제9권에서 회의주의자

의 주장이 소개되는 가운데 지은이는 때때로 '우리는'이라는 화법으로 이야기하고 있기 때문에 디오게네스는 회의주의자에 속하는 사람이었다고 하는 학자들도 적지 않게 있었다. 하지만 필자로서는 앞에서도 말한 바와 같이 디오게네스를 어딘가 일정한 학파에 소속한 철학자로 생각하기보다는 그가 오히려 철학 애호가로서 그 본질은 전기작가였던 것으로 보고 싶기 때문에 위의 어느 해석에도 따르지 않는데, 아무튼 어떤 이유로 지은이는 플라톤과 에피쿠로스에게는 남다른 애착을 갖고 있었다는 점으로 그쳐둔다.

6. 철학사의 자료 보물창고

이 책은 고대로부터 다양한 관심을 가지고 읽혀 왔다. 어떤 사람은 옛것에 대한 관심에서 이 책에 흥미를 갖고 어떤 사람은 문헌학적인 관심에서 이 책 가운데의 기사에 주목했다. 또 사전 편집을 위해 이 책에서 발췌해 이용한 사람도 있다. 그 밖에도 이 책에 쓰여 있는 철학자들의 일화나 명언경구에 주로 관심을 보인 사람도 있는가 하면 제각기 전기 끝에 덧붙여 있는 디오게네스 자신의(총계 52의) 에피그램을 고대 '사화집(詞華集)'의 일부로서 편찬한 사람도 있다.

그러나 이 책 전체를 자료로 해서 이것의 번안이라고도 할 수 있는 〈철학자들의 행실에 대해서〉라는 라틴어 책을 펴낸 사람은 스콜라철학자 둔스 스코투스의 제자인 영국인 월터 벌리(1275?~1357)였다고 하는데, 그의 책은 그 무렵 매우 호평을 얻었다고 한다. 그리고 이 책에 대한 관심의 고조에서, 그 뒤 (처음에도 말한 바와 같이) 프로베니우스에 의해 이 책 그 자체로 라틴어 번역이 된 그리스어 교본(校本)도 펴내게 되었는데(1533년), 몽테뉴(1533~1592)도 〈에세〉(제2권 제10장) 가운데서 플루타르코스와 함께 디오게네스에 대해서도 말하고 이 책이 널리 읽혀서 잘 이해되기를 기대하면서 그 자신도 〈에세〉 가운데서 이 책으로부터 자주 인용하고 있다.

그러나 〈철학사〉로 부를 만한 본격적인 책이 나타났는데 그것을 선도하는 역할을 한 것이 토머스 스탠리의 〈철학사〉(1655년)이다. 이 책은 흔히 말하듯 디오게네스의 책을 단순히 재현한 것만은 아니고 다른 자료도 덧붙이고 있는데, 그러나 그 책의 구성도 내용도 디오게네스의 책에 오롯이 의존한 것으로 알려진다. 그리고 이 스탠리의 책은 그 무렵 인기가 높아서 영국에서도 그 뒤

몇 번이나 판을 거듭했고, 라틴어로도 번역되어 18세기 중반 무렵까지 유럽 각지에서 간행되었다고 한다. 이렇게 해서 18세기 중반 무렵까지는 스탠리의 이 책이 철학사의 유일한 권위 있는 책이 됨으로써 '고대철학사는 실질적으로는 디오게네스 라에르티오스의 그것이었다'고 평가될 정도이다.

그러나 이 18세기 중반에는 또 하나 잘 알려져 있는 철학사의 책, 야코브 브리커의 〈비판적 철학사〉(5권, 1740~1767년)가 간행되었다. 이 대부분의 책은 다루고 있는 시대범위도 넓고 또 학설지를 중심으로 해서 학설의 진위를 음미 검토한 것인데, 그러나 '비판적'이라고 해도 그것은 요컨대 '상찬과 비난'에 다름 아니었다는 비평을 받고 있다. 하지만 어쨌든 칸트나 계몽사상가들에게는 브리커의 이 방대한 책이 주요한 권위를 지니고 있었던 것 같다. 그 뒤, 이 브리커의 책을 비판한 D. 티데만이나 G. 텐네만의 철학사 책이 간행되었는데, 그러나 철학사를 하나의 '학문'으로서 세운 사람은 헤겔이다. 헤겔은 학설을 나열한 듯한 선인들의 철학사를 '어리석음의 진열소'(Galerie der Narrheiten)에 지나지 않는다고 비판하고 그의 독자 철학관에 의거한, 즉 철학사에도 '발전의 개념'을 도입해 그 자신의 철학체계를 진리의 마지막 도달점으로 여기는 새로운 구상에 의한 철학사를 강의했다. 그는 디오게네스의 이 책에 대해서는 이것을 '외면적이고 하찮은 일화의 집적'으로 비판하면서도 '철학자의 생애를 아는 데에는, 또 때로는 학설을 아는 데에도 중요한 자료'임을 인정했으며, 사실 그리스 철학사에 관한 실제 강의 가운데서는 이 책으로부터 많은 것을 빌리고 있다. 그리고 헤겔 이후에는 그리스 철학에 관해서도 문헌학적 연구에 의거한 학문적인 철학사 책이나 디오게네스 이외의 고대 '학술지'에 관한 자료를 실은 정교하고도 치밀한 학문서도 간행되고 있으므로 현대에서는 일반 평가로서 디오게네스의 이 책에는 '학문과는 거리가 먼' 철학사라는 꼬리표가 붙여져 있는 실정이다.

그러나 다른 동종의 책을 모두 잃게 되고만 가운데서 이 책만이 유일하게도 다행히 현존하고 있다는 사정도 있어 적어도 그리스 철학자들의 '생애'에 관한 한 이 책은 달리 대신할 수 없는 귀중한 자료임에는 변함이 없다. 또 '학설'에 관해서도 이미 말한 바와 같이 제7권의 스토아파 학설의 요약이나 제10권에 직접 인용하고 있는 세 통의 편지—에피쿠로스의 학설에 관해서는 이것만이 유일한 직접 자료이다—제9권의 회의주의자 주장 개요—이것은 섹스투스 엠피리쿠스의 보다 정밀하고 보다 상세한 이론에 떨어진다고는 하지만 이 또한 귀중한 하나의 자료이다—또 제3권의 플라톤 대화편에 관한 트라실로스의 편집이나 알렉산드리아의 문헌학에 의거한 귀중한 증언 등, 고대 그리스 철학의 연구에는 빼놓을 수 없는 자료라고 하지 않을 수 없다. 그렇기 때문에 H. 딜스와 W. 크란츠가 엮은 〈소크라테스 이전 철학자들의 단편집〉 가운데서도 H. 폰 아르님이 엮은 〈초기 스토아 철학자 단편집〉 가운데서도 이 책으로부터의 발췌는 커다란 위치를 차지하고 있는 것이다.

그러나 이것도 몇 번이고 되풀이해서 말해왔듯이 디오게네스의 본질은 '학설지'를 쓴 사람이라기보다 '전기'를 쓴 사람이었던 것에 있으며, 이 책의 매력과 재미도 각 철학자의 인간상이 때로는 추문까지도 포함해서 거짓과 진실이 뒤섞이면서 생생하게 그려지고 있는 점에 있을 것이다. 따라서 독자는 이 책에 등장하는 고대 그리스 철학자들에게서 인간의 다양한 삶을, 그리고 인간미에 넘친 일화나 행동, 또 명언경구를 발견해 공감할 수 있을 것이다.

옮긴이 전양범
성균관대학교 및 동대학원 졸업. 독일 BOCHUM대학 독문학과 수료.
문학박사. 성균관대학교 및 한양대학교에서 강의. 성결대학교 교수 역임.
지은책 연구논문집 다수. 옮긴책 마르틴 하이데거《존재와 시간》이 있다.

World Book 79
Diogenes Laërtios
VITAE PHILOSOPHORUM
그리스철학자열전
디오게네스 라에르티오스/전양범 옮김
1판 1쇄 발행/2008. 11. 1
2판 1쇄 발행/2020. 12. 25
발행인 고정일
발행처 동서문화사
창업 1956. 12. 12. 등록 16-3799
서울 중구 마른내로 144(쌍림동)
☎ 546-0331~6 Fax. 545-0331
www.dongsuhbook.com
잘못 만들어진 책은 바꾸어 드립니다.
＊
이 책의 출판권은 동서문화사가 소유합니다.
의장권 제호권 편집권은 저작권 법에 의해 보호를 받는 출판물이므로 무단전재와 무단복제를 금합니다
사업자등록번호 211-87-75330
ISBN 978-89-497-1788-3 04080
ISBN 978-89-497-0382-4 (세트)